# 2019 北京都市型现代农业产业发展报告

程晓仙　何忠伟　主编

中国财经出版传媒集团
中国财政经济出版社

**图书在版编目（CIP）数据**

北京都市型现代农业产业发展报告．2019/程晓仙，何忠伟主编．--北京：中国财政经济出版社，2019.12
ISBN 978-7-5095-9538-1

Ⅰ．①北…　Ⅱ．①程…②何…　Ⅲ．①现代农业-农业产业-产业发展-研究报告-北京-2019　Ⅳ．①F327.1

中国版本图书馆CIP数据核字（2020）第018260号

责任编辑：张怡然　　　　责任校对：李　丽
封面设计：兰卡绘世　　　　责任印制：张　健

中国财政经济出版社 出版
**URL**：http：//www.cfeph.cn
E-mail：cfeph@cfeph.cn

社址：北京市海淀区阜成路甲28号　邮政编码：100142
营销中心电话：010-88191537
北京中兴印刷有限公司印刷　各地新华书店经销
787×1092毫米　16开　25.25印张　612 000字
2019年12月第1版　2019年12月北京第1次印刷
定价：138.00元
ISBN 978-7-5095-9538-1
（图书出现印装问题，本社负责调换）
本社质量投诉电话：010-88190744
**打击盗版举报热线：010-88191661　QQ：2242791300**

# 编委会名单

# 编写人员名单


**主　　编：** 程晓仙　何忠伟

**副 主 编：** 范子文　王永泉　王东春

**编写组成员：** 穆月英　张领先　赵安平　刘瑞涵　胡宝贵　乔　娟
刘　雪　刘　芳　胡金有　唐　衡　徐　进　赵　鹤
杜　巍　李　博　丁俊琦　尹政清　魏金康　贺国强
赵海康　王晓东　田　东　李仁崑　周继华　宗　静
李小龙　韦　强　裴志超　张海洋　王　瑜　高玉琦
田　野　王嘉雨　薛振华　陈少康　李　爽　王　欢
韩　青　王　梁　吕学泽　杨卫芳　刘锦涛　李佳利
杜　娟　郭江鹏　杨宇泽　任　康　张　萍　袁艳云
史东杰　杨华莲　徐　睿　徐晓玲　初蔚琳　涂　皎
魏元元　徐庆宣　张华颖　徐伟楠　梅雨婷　王茂安
孙志成

# 序 言

2018年，北京市贯彻落实党的十九大乡村振兴战略，加快农业规模化转型升级，推进北京市都市农业发展新征程。北京着力打造“四个中心”建设、抓好“三件大事”工作、提升“四项服务”水平、做好“三大攻坚”战略，加强北京市城乡规范化建设能力与管理水平，对北京高质量农业提出新的要求。同时加快北京中心地区部分功能疏散转移，加快新型城镇与特色城镇建设，优化居民消费结构，加强特色农产品与品牌建设，为北京都市型现代农业引入新动能。乡村旅游与休闲农业的高水平发展，也为北京都市型现代农业产业发展创造了新机遇。农业文化与传统节日的创新融合，提升农民的积极性、主动性和创新性，彰显农业在社会发展中的基础性地位，为北京都市型现代农业模式注入新活力。政策体系与城乡一体化发展模型的不断完善与创新，促进城乡要素双向流动，为实现北京都市型农业产业转型升级提供了新支撑。北京市应紧紧抓住此次重要机遇，进一步加深对北京都市型农业产业高质量发展重要性的认识。

2018年，北京市围绕实施乡村振兴战略，以推进农业“调转节”，不断加大统筹城乡改革发展力度，牢固树立“绿水青山就是金山银山”的理念，以深化农业供给侧结构性改革为主线，以科技创新和农技推广服务体系建设为抓手，以农业增效、农民增收为目标，在生产方式、生产技术、体制机制等方面不断创新，让农业回归绿色、高质量的本色，并取得了积极进展。一是健全绿色发展制度。建立以绿色生态为导向的农业补贴制度，合理利用资源的制度。二是强化绿色科技支撑。将科技研发从增产转移到科技创新，大力支持节本增效、优质安全、绿色环保技术的开发，适应了新时代绿色发展要求。三是实施一批绿色发展重大行动。实施农业绿色发展五大行动，即畜禽粪污资源化利用、果菜茶有机肥替代化肥、秸秆处理、农膜回收，还有水生生物保护等行动，认定了40个市县作为农业绿色开展先行区，带动了农业绿色发展进程。四是“加强产地环境保护和源头治理，实行严格的农业投入品管理”的食品安全战略。健全从农田到餐桌的农产品质量和食品安全监管体系，建立全程可追溯、互联共享的信息平台，健全风险监测评估和检验检测体系，共同打造生产、屠宰、流通、加工、消费全程监管。同时，推动动物疫病防控能力，强化非洲猪瘟疫区部署和责任防治，协调生猪及其产品调运监管水平，加强非洲猪瘟疫区进出口管控，全面强化疫情排查，调整优化相关产业布局。五是围绕产业重点问题，开展联合攻关。在种业建设、营养安全、绿色发展、提质增效和智慧农业等五个方面，集成了“生物育种技术和良种推广”“农业废弃物资源化利用”“种养循环”“水肥一体化”“景观休闲农业与生态修复”等16种技术模式。六是围绕服务能力提升，加强基层农技推广体系建设。实现高起点统筹谋划、高标准组织实施推动项目转型升级与提质增效，推广应用了优质绿色高效技术模式。七是加强新型职业农民培育，造就一支善经营、会管理的“新农人”队伍。制定完善培训教育体系，优化培育模式，生产经营型、专业技能型、专业服务型职业农民“三类协同”，初、中、高职业农民“三级贯通”，市、区县、乡镇“三级共管”，培育、认定、扶持“三位一体”的职业农民培育工作格局初步形成。八是加大农业科技执法力度，切实保护农业知识产权。加强农业转基因生物安全管理，提升农业科技执法能力，同时加大了农业植物新品种权保护执法检查力度，确保植物新品种权不受侵犯。九是弘扬优秀农耕文化，提升民族凝聚力。“中国农民丰收节”的设立，传承了中国优秀的农耕传统文化，赞扬了亿万农民对乡村振兴的卓著贡献和磅礴伟力，提升了民族精神的价值认同，具有鲜明的价值取向和文化标志，凸显了传统文化的重大现实意义和深远历史意义。

今后北京都市型现代农业必须深入贯彻落实“创新、协调、绿色、开放、共享”发展理念，紧紧围绕北京的城市发展战略定位，把握首都“大城市小农业”和“大京郊小城区”的核心特色，加快实现四个目标：第一，全面实现农业现代化，为“菜篮子”的建设提供坚实基础，充分保障鲜活农产品供给，现代化农业生产要素集聚，促进都市农业多功能发展、绿色发展，同时全面推进现代化农产品物流中心建设。第二，全面实现农业科技化。充分发挥首都科技优势，加强农技推广体系建设，不断提升农业技术推广服务能力，有效聚焦首都农业产业需求，加大北京农业科技成果转化力度。同时创新科技机制，优化北京市创新团队建设，有利于北京整合资源，建设一批具有示范、引领性作用的农业科技园区。第三，全面实现北京农业强、农民富、农村美，即全面提升农业综合生产力，全面提高农民收入，全面提升农村公共服务水平。第四，全面实现“四化”同步提升，进一步强化农业现代化对城镇现代化的支撑作用以及城镇化对农业现代化的引领作用，彻底打破城乡二元结构。

北京都市型现代农业是现代农业在大城市的表现方式，是大城市郊区农村经济新的增长点，是未来城市可持续发展的基石，是农业文化弘扬与传承的重要载体。都市型现代农业与城市经济发展、社会进步以及文化传承息息相关，也是城市发展的阶段性产物，北京经济实力雄厚，同时拥有先进的科学技术和优质的人力资源，面对巨大的市场需求空间，北京有条件，也有能力实现工业反哺农业、城市支持乡村，促进城乡要素平衡交换和有效配置，推动都市型现代农业发展走在全国农业现代化前列。

# 目　录

# 第一篇　总　　论
## ——北京都市型现代农业发展报告

# 第一章　北京“三农”发展总体情况

2018 年北京都市型现代农业发展进入一个重要的转型升级期，随着新时期乡村振兴战略的实施，农业产业结构不断转型和调整，农业供给侧改革成效显著。本章主要从北京农业、农村、农民的发展与建设情况，分析北京都市型现代农业的发展规律和变化特点。

## 第一节　“三农”发展总体情况

### 一、第一产业增加值稳中有降

北京市第一、第二、第三产业结构不断优化。从横向来看，2013 年到 2018 年，第一产业占比稳中有降，第一产业的内部结构有较大改善，传统农业所占比重不断下降，都市型现代农业强势发展；第二产业产值较上年有所增加；第三产业的比重明显上升，产业结构得以不断优化。从纵向来看，2018 年北京市实现地区生产总值 30320 亿元，按可比价格计算，比上年增长 6. 6%，增速略低于上年 0. 1 个百分点。从产业看，第三产业实现增加值 24553. 6 亿元，增长 7. 3%，第三产业保持发展活力，占地区生产总值的 81%，经济增长贡献最高；第二产业实现增加值 5647. 7 亿元，增长 4. 2%，第二产业发展有所下降，占地区生产总值的 18. 6%；第一产业稳中微降，实现增加值 118. 7 亿元，下降 2. 3%，占地区生产总值的 0. 4%（见表 1 – 1）。三次产业构成由上年的 0. 4:19. 0:80. 6，变化为 0. 4:18. 6:81. 0。由于北京市推进农村三次产业融合，因此第三产业发展较快发展，这将带动第一产业和第二产业，促进多类型农村产业融合。

表 1－1　　2013～2018 年北京市地区生产总值

| 年份 | 第一产业 | | 第二产业 | | 第三产业 | |
|---|---|---|---|---|---|---|
| | 地区生产总值（亿元） | 比重（%） | 地区生产总值（亿元） | 比重（%） | 地区生产总值（亿元） | 比重（%） |
| 2013 | 159.8 | 0.79 | 4392.8 | 21.61 | 15777.5 | 77.61 |
| 2014 | 159.2 | 0.73 | 4663.4 | 21.25 | 17121.5 | 78.02 |
| 2015 | 140.4 | 0.59 | 4660.6 | 19.68 | 18884.7 | 79.73 |
| 2016 | 129.9 | 0.51 | 4944.4 | 19.26 | 20594.9 | 80.23 |
| 2017 | 120.5 | 0.43 | 5310.6 | 18.97 | 22569.3 | 80.60 |
| 2018 | 118.7 | 0.39 | 5647.7 | 18.63 | 24553.6 | 80.98 |

数据来源：北京市统计局。

## 二、农林牧渔业产值“三降一升”

2018 年北京农林牧渔业总产值为 296.8 亿元，同比下降 3.7%。农业占农林牧渔业总产值的 38.7%，同比下降 11.6%，小麦等高耗水作物继续退出。畜牧业占农林牧渔业总产值的 24.3%，同比下降 29%，猪、牛、羊等主要畜禽存栏、出栏量，禽蛋、牛奶产量同比均下降。渔业同比下降 36%。林业在新一轮百万亩造林工程拉动下实现同比增长 61.7%，占农林牧渔业总产值的 32.1%，拉动农林牧渔业总产值降幅收窄（见图 1－1）。

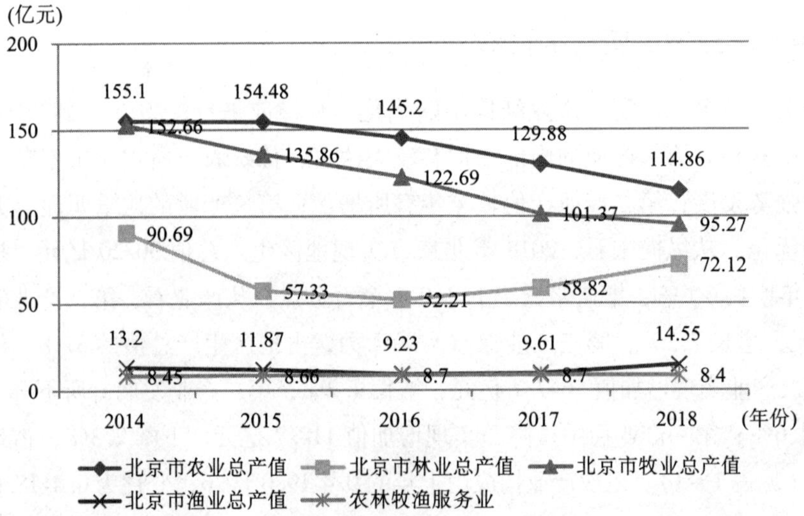


图 1－1　2018 年北京市农林牧渔业总产值

数据来源：北京市农业农村局。

# 第二节　农民增收情况

## 一、农村居民可支配收入稳步提升

2018 年北京市农村居民人均可支配收入为 26490 元，较去年同比增长 9. 28%，全市低收入农户人均可支配收入达 12524 元。从 2014 年至 2018 年北京市农村居民人均收入数据可以看出，农民收入水平不断提升，由 2014 年农民人均收入的 18867 元提高为 2015 年 20569 元，提升 9. 02%；2015 年至 2016 年农民人均收入提升了 8. 46%；2016 年至 2017 年农民人均收入提升了 8. 65%。自 2014 年之后北京农民人均收入增长一直在 8% 以上，并且政府不断重视低收入农民增收，到 2018 年农民人均收入增长率进一步提升。纵观 2014 年到 2018 年北京农村居民可支配收入增长 40. 4%，农村人们生活水平得到极大改善（见图 1 –2）。

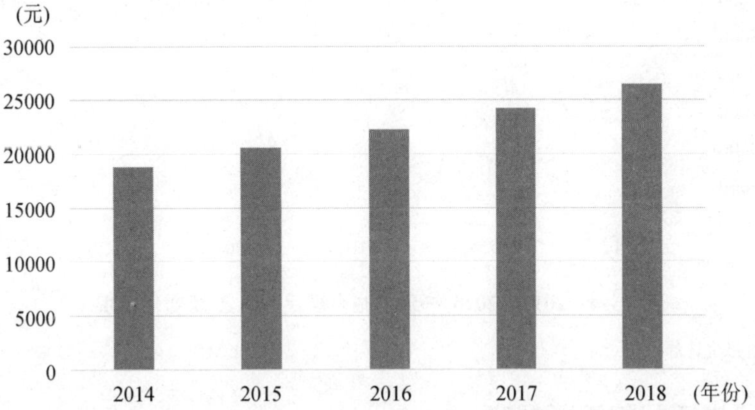


**图 1 –2　2014 ~ 2018 年北京农村居民人均可支配收入变化情况**

数据来源：国家统计局。

## 二、城乡居民收入差距呈扩大趋势

2018 年北京市城镇居民人均可支配收入达到 67990 元，较去年同比增长 8. 97%。自 2014 年到 2018 年北京市城镇居民人均可支配收入不断增加，增长情况分别为 8. 92%、8. 35%、8. 96%、8. 97%（见图 1 –3）。北京市农村人均可支配收入增长幅度较城镇居民人均收入相比，总体增长较快，除 2016 年到 2017 年之外，均超过北京市城镇居民人均收入增长率。

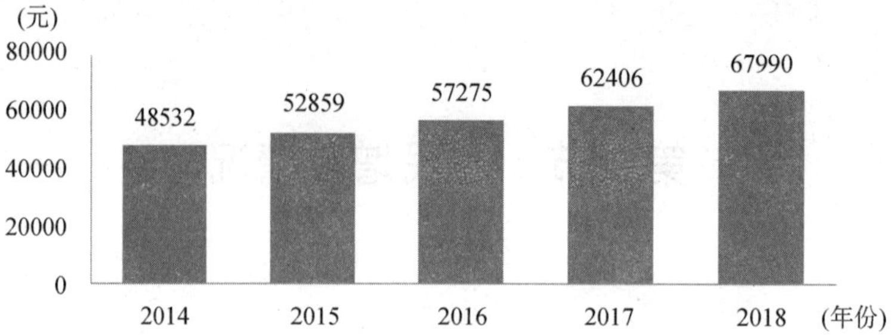


**图 1－3　北京市城镇居民人均可支配收入**

数据来源：北京市统计局。

从城乡居民收入差距来看，农村与城镇居民的人均收入也在逐步增大，2014 年到 2018 年北京市城乡居民人均收入差距分别为 29665 元、32290 元、34965 元、38166 元、41500 元。这与城镇化建设的不断推进有关，自 2014 年以来，北京市常住人口城镇化率一直保持在 80% 以上（见图 1－4）。

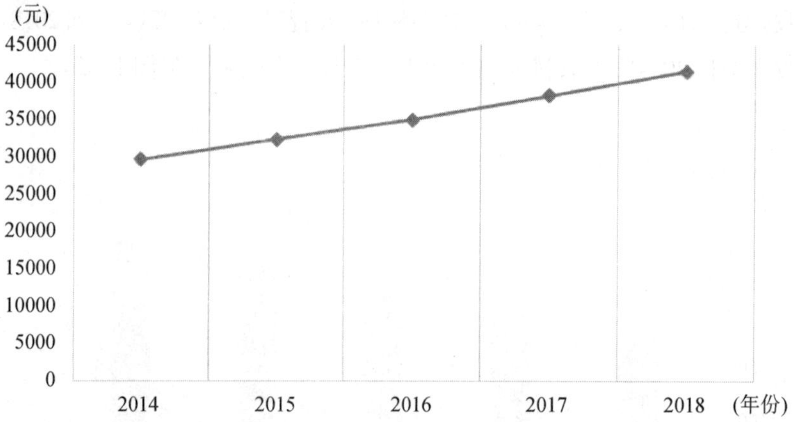


**图 1－4　2014～2018 年北京城乡居民收入差距变化情况**

数据来源：国家统计局。

## 三、农民生活保障不断提升

为帮助农民脱贫，2016 年北京市启动新一轮低收入帮扶，制定实施“六个一批”精准帮扶措施，认定低收入农户 7.26 万户、15.6 万人，低收入村 234 个。据统计，2018 年，北京市低收入农户人均可支配收入达到 12524 元。年末城镇登记失业率 1.4%，农村劳动力转移就业人数 3.7 万人。农民生活保障方面，2014 年城乡低保标准实现统一，2018 年城乡低保标准调整为家庭年收入 1.2 万元，城乡居民医疗保障制度并轨。有卫生机构的行政村数达到 3035 个，占 77.5%。未设置卫生机构的村，通过邻村卫生机构覆盖、巡回诊疗等方式提供医疗卫生服务，推进农村基层医疗卫生服务全覆盖。此外，北京市建设了乡镇养老照料中心 129 个、农村幸福晚年驿站 258 家，为农村老人提供服务。

# 第三节 农村建设情况

## 一、农村制度改革深化推进

### （一）“三块地”改革不断深化

2018 年北京农村不断深化“三块地”改革。在承包地方面，北京市基本完成了确权登记颁证工作，涉及确权地块 85.85 万块，确权承包地面积 277.35 万亩；建立了确权登记颁证信息管理平台，向农业农村部汇交了相关数据。同时北京市还积极探索承包地“三权分置”的有效途径，推动土地经营权向金融机构融资担保、入股从事农业产业化经营。目前，北京市已流转土地占确权总面积的 68%。

北京市在集体建设用地方面，开展了集体经营性建设用地入市、利用集体土地建设租赁住房、乡镇统筹利用等试点，加快推动集体建设用地腾退减量。

北京市在宅基地方面，新出台了政策意见，规范引导农民闲置房屋盘活利用，鼓励利用闲置房屋发展健康养老、度假休闲等第三产业，形成了延庆区原乡里、怀柔区田仙峪、房山区黄山店等一批典型经验。目前，北京市已有 60 个村有组织地盘活闲置农宅及院落 1062 套，2018 年投入运营的营业总收入约 2100 万元，农民在租期内获得租金总收入可达 1.8 亿元。

### （二）集体产权制度改革全面推进

2018 年北京市大力推进剩余 2% 难点村以及城镇化重点地区乡镇产权制度改革。截至 2018 年底，北京市推动 7 个村完成了改革，12 个乡镇启动了改革，累计完成村级产权制度改革 3906 个，占 98.2%；完成乡镇级产权制度改革 22 个，占 11.3%。北京市 6616 个乡村集体经济组织换发了农村合作经济组织登记证书，统一加载了社会信用代码，占存量集体经济组织的 99.6%。扎实推进海淀区农村集体产权制度改革国家试点工作。全面开展农村集体资产清产核资。

### （三）政策性农保和农村金融发展稳步推进

2018 年，北京市政策性农业保险保费收入 6.8 亿元，同比增长 19.9%；保险金额 128.3 亿元，参保农户 7 万户次；创新 27 个险种，增加保费规模 1.8 亿元，提高保障水平 27.8 亿元。北京市加大对新型农业经营主体的金融支持力度，提供利息、担保费及中介费等补贴 6138 万元，同比增长 104.6%，受益主体 201 户，支持新型农业经营主体融资 17 亿元。

## 二、低收入帮扶保障扎实推进

### （一）多途径促进农民就业增收

2018 年北京市实现了 6.4 万名农村劳动力转移就业，其中，会同相关部门督导各区做好城市公共服务类岗位安置农村劳动力工作，实现安置 11731 人。通过组织广大农民参与美丽乡村建设、巡河护河等工作，落实好平原造林管护、园林苗圃、山区营林招用本市农村劳动力分别不低于 60%、50%、80% 的要求，帮助更多农民实现就近就地就业。2018 年北京市农村居民人均可支配收入达到 26490 元，同比增长 9.3%，快于城镇居民收入增速 0.4 个百分点；扣除物价因素，实际增长 6.6%，实现与经济增长同步的目标。

### （二）扎实开展低收入帮扶

北京市认真落实市领导二季度大调研的工作部署和要求，制定了《关于进一步加强低收入农户帮扶工作的措施》，明确了 2018～2020 年的目标任务，提出了 31 条具体帮扶措施，进一步加强包括教育、医疗、住房保障等在内的综合帮扶。深入实施“六个一批”精准帮扶措施，实行有进有出的动态监测，确保对象精准。落实专项帮扶资金，扶持了一批特色种植、乡村旅游、光伏等产业项目，累计实施 582 个产业帮扶项目，带动 1.8 万低收入农户持续稳定增收。开展了系列对接大帮扶活动，中心城区与七个山区结对帮扶，组织推动 50 家市属国企、23 所市属高校以及民营企业、科技人员对接帮扶低收入村。着眼“两不愁、三保障”，积极推进低收入农户社会救助“应保尽保”，对在读学生实施精准教育帮扶，累计帮扶 8301 人次；对低收入农户参加城乡基本医疗保险给予全额补贴，低收入村实现医疗服务全覆盖；将低收入农户纳入了危房改造政策范围。举办了全市低收入村第一书记培训班、抓经济发展专题培训班，提高第一书记驻村帮扶实效。2018 年北京市低收入农户人均可支配收入达到 12524 元，同比增长 17.1%。

### （三）稳步提升农村社会保障水平

2018 年北京市各部门积极配合，做好各项社保标准的调整工作，城乡居民基础养老金从每人每月 610 元提高到 710 元；福利养老金从每人每月 525 元提高到 625 元，惠及北京市 86.6 万城乡居民。继续调整城乡社会救助标准，城乡低保、低收入家庭认定标准分别从家庭月人均 900 元、1410 元调整为 1000 元、2120 元。

## 三、美丽乡村建设卓有成效

### （一）全面实施美丽乡村建设三年行动计划

2018 年北京市把美丽乡村建设作为实施乡村振兴战略的重要载体和主要抓手，落实国家《农村人居环境整治三年行动方案》，制订实施美丽乡村建设三年行动计划。组织协调市相关部门出台了《美丽乡村建设导则》《村庄规划导则》《落实“厕所革命”要求提升公厕服务品质方案》《推进农村“户厕革命”的指导意见》等一系列政策措施，强化基层实施层面的工作指导，组织全市1081个村庄开展美丽乡村创建工作。

**（二）全面开展农村人居环境整治**

2018年北京市结合“疏解整治促提升”专项行动，在北京市农村地区全面开展“清脏、治乱、增绿、控污”工作，聚焦“厕所革命”“四好农村路”建设、垃圾污水治理等，消除盲点、补上缺项。北京市农村地区累计清理各类积存垃圾33.6万余处，拆除侵街占道私搭乱建3.9万余处，新增绿化面积920多万平方米，治理污水溢流点7000余处。完善运维管护机制，市、区、乡镇陆续把相关管护资金纳入财政保障范围，逐步探索和建立了适合北京农村特点的基础设施管护模式。

**（三）扎实推进农村地区冬季清洁取暖**

2018年北京市完成了450个村的“煤改清洁能源”改造，累计完成2963个村庄、约111万农户改造，基本实现平原地区村庄“无煤化”目标，供暖季减少散煤燃烧约330万吨，为北京市大气环境治理、打好污染防治攻坚战做出了重要贡献。

**（四）深入推进山区绿色发展**

2018年北京市抓好上一轮搬迁工程收尾工作，组织实施5年搬迁1.2万户的新一轮山区农民搬迁工程，2018年北京市计划的772户1939人搬迁任务已全面开工。推进门头沟区清水百花沟域等14条生态绿色沟域建设，涉及20个乡镇、281个行政村、6.3万农户，市级投入1.2亿元。

# 第二章　北京都市型现代农业生产体系

为建设北京都市型现代化农业生产体系，着手从传统农业生产体系、现代农业生产体系以及农业基础设施体系等不同角度进行深入分析。

## 第一节　三大农业生产体系

2018 年北京市扎实推进农业“调转节”。与 2017 年相比，农业发展实现了“五减四提升”，多数指标提前实现 2020 年的调减目标值。北京市粮食播种面积调减了 70%（从 290 万亩调减到 85 万亩）、规模养殖场调减了 71%（从 2535 家调减到 722 家）、农业年用新水量下降了 38%（从 7.3 亿立方米下降到 4.5 亿立方米）、化肥和农药施用量分别调减了 20% 和 10%；“三品一标”认证覆盖率提升了 29.8 个百分点（从 42% 提高到 71.8%），农田灌溉水有效利用系数提升了 3 个百分点（从 0.691 提高到 0.723），农业科技进步贡献率提升了 3 个百分点（从 69% 提高到 72%），农业生态服务价值提升了 1338 亿元（从 9431 亿元提高到 10769 亿元）。

### 一、种植业生产优质高效

北京市种植业受城镇化建设、种植结构调整、水库库区限种、平原造林工程等因素影响，种植业生产规模不断收缩，产业结构不断优化。就粮食作物而言，在其生产布局调整的总体原则是适度压缩粮食种植面积，继续调减退出高耗水种养业。2018 年，在经济发展和农业功能调整的背景下，北京农业种植业的生产、加工、流通、消费等方面发生了诸多变化，整体上北京市种植产业的标准化、科技化和绿色化等水平在持续提高，农作物种植播种面积从 2013 年的 290 万亩持续减少到 2018 年的 85 万亩，北京市粮食种植区全面推进保护性耕作，提高农地抗风蚀能力。同时，北京市农业设施不断提高。就蔬菜种植而言，2018 年北京市蔬菜及食用菌播种面积为 20.7 万亩，同比下降 12.2%，产量为 47.1 万吨，同比下降11.6%，进一步强化农业农村用水、治水的精细化管理。北京市蔬菜不断向设施化、标准化、特色化、优质化、生态化方向发展。

### （一）小麦等高耗水作物加快退出

2018年北京市7个区共计播种小麦，总面积为11.98万亩，较去年减少2.8万亩，减幅19%；小麦平均亩基本苗为38.2万，较去年增加1.4万/亩，增加3.8%；小麦平均补灌苗水32.7立方米/亩。其中小麦播种面积超过万亩的区有顺义区、房山区和大兴区，面积最大的是顺义区为5.6万亩，占北京市小麦总播种面积的48.3%；房山区小麦种植面积2.3万亩，占北京市中小麦播种面积的19.2%；大兴区小面播种面积约2.4万亩，占北京市小麦中播种面积的20%，而且大兴区通过补贴政策调整，累计减少高耗水粮田种植面积25万亩。另外平谷区大力扩大豌豆等节水作物种植，压缩高耗水小麦等粮食作物1.6万余亩；通州区科学划定了“两田一园”农业生产空间，划定基本耕田7.3万亩、菜田7.5万亩、果园4.3万亩，并实现上图入库与数字化管理。退出高耗水农作物2138亩，以蔬菜产业为重点，逐步推动由“保面积，稳产量”向“提质量”过渡；在乡镇地区建立精细的水资源管理制度，推进农村用水计划到村。具体到农业生产领域，统筹推进农业综合水价改革和“两田一园”高效节水工作，健全完善精准补贴和节水奖励制度，加快推动农业用水有序实现全计量、全收费。

### （二）设施农业稳定提高

2018年北京市在农作物种植面积全面调减的形势下，北京市设施农业播种面积20.8万亩，同比下降7.1%，实现产值为51.7亿元，同比下降5.1%。在减量的同时，设施农业种植结构进一步优化，效益水平有所提升。2018年北京市设施亩均效益实现2.5万元/亩，比去年提高2.2%。从设施类型来看，效益较高的温室和大棚产值占比有所增长，由去年的96.8%提高到97.6%；从设施内种植的品种来看，效益较高的瓜果和水果增长较快，实现产值同比分别增长12.4%和6.8%。近几年北京市都市型农业发展水平逐渐提升，设施农业发展更为迅速，平谷区稳步推进蔬菜产业发展，蔬菜播种面积2.3万亩，产量5.5万吨；年产值2.4亿元，完成5.1万亩蔬菜种植用地划定，建成了沱沱工社、农众物联等多个精品蔬菜基地，蔬菜产业工厂化、园区化水平稳步提升。

### （三）农作物绿色种植水平提高

2018年北京市农业不断重视农作物的生长环境、培育方式等生态化生产模式，持续提升乡村绿色生态供给能力。搞生态必须先有空间、优生态必须先调结构，加快向生态用地流转，绿化造林要及时跟进、紧密衔接，要让农业农村始终站在绿色生态产品供应的最前沿，让广大农民成为绿色生态的有力保护者和直接受益者。北京各区不断推进农业绿色发展，主要有通州区通过强化农业生态综合治理，试点建立农业有机废弃物收集、转化、利用三级网络体系，实现农作物秸秆综合利用率达到98%。持续开展化肥农药减量，农业系统化肥利用率达到37.5%，农药利用率达到43%以上；平谷区通过普及绿色科学技术，减少面源污染。推广病虫害绿色防控技术，减少农药使用。开展农膜、投入品包装等农资废弃物进行清理和回收。实施健康土壤工程，减少化肥使用；海淀区引进无人机对京西稻进行生物防治，减少农药用量；开展设施栽培高科技设备应用，改善温室内作物生长环境，减少病虫害发生及化学农药的使用；推进科学施肥和精准施肥，引进专业机械化施肥机器。

### （四）农作物区位布局优化提升

2018 年北京市根据区位优势和资源禀赋，明确平原地区以设施蔬菜为主，山区丘陵地区以谷子甘薯等杂粮、优质果品等为主的产业发展布局。建成了一批具有“小品种、个性化、适度规模”特点的蔬菜、粮经、果品专业村。完成了以耕地面积、种植面积、品种、土壤质地、市场销售、农产品质量安全等信息为主要内容的综合大数据管理平台实施方案，以便通过综合数据分析，为科学决策提供可靠依据。

## 二、养殖业生产绿色精细

### （一）禁限养区划定，助力生态保护

2018 年北京市畜牧业在农业产值中占比重虽大幅减少，但仍占据相当重要地位。生猪、家禽、奶牛三大产业是北京市畜牧业创新发展的支柱产业，在发展都市农业经济、促进农民增收和保障城乡居民消费等方面有着举足轻重的地位，是关系首都民生的重要产业。北京市农业结合首都功能定位，坚持以绿色发展为主线，深入落实农业“调转节”，积极推进农业结构优化调整，着力推进农业供给侧结构性改革。2018 年北京市各区为保护环境、维护河道水源，划定畜禽养殖禁限养区，生猪养殖规模下降，其中生态涵养区（门头沟区、怀柔区、平谷区、密云区、延庆区五区）生猪存栏从 2013 年的 53.8 万头降至 2018 年的 31.1 万头，降幅达到 42.1%。

### （二）土地腾退加快，养殖占地减少

北京市畜牧业随着城镇化进程和疏解政治促提升专项行动的推进，以及通州区城市副中心、大兴区首都新机场等项目建设促使土地腾退步伐加快，畜禽养殖场地受挤压。与 2014 年底相比，通州区和大兴区 2018 年末生猪存栏分别下降 19.5% 和 90.5%。产业结构调整，生猪养殖减少。近年来北京市休闲农业稳步发展，产业融合不断增强，部分农户通过土地流转或参与合作社经营获取收入，生猪养殖减少。畜禽养殖主动从水源地和人口集中区退出，养殖规模有序调减。2018 年北京市生猪存栏量为 45.4 万头，首次降至百万头以下，较去年减少 66.6 万头，降幅达到 59.5%（见图 2－1）。

## 三、水产业生产健康智能

### （一）水产结构不断改善

2018 年北京市为改善水产养殖结构，不断选育和引进优良水产品种。其中从欧洲引进

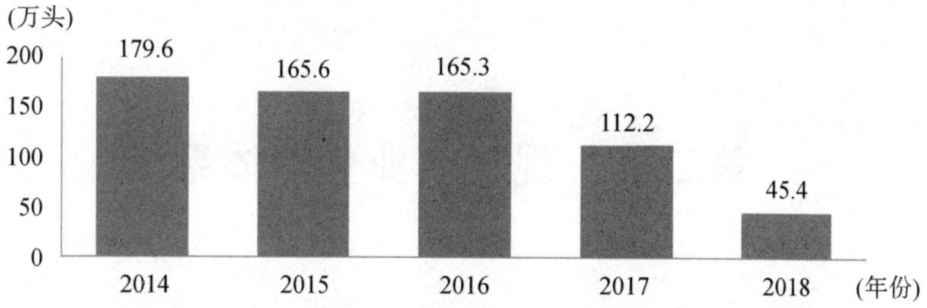


**图 2－1　2014～2018 年北京市生猪存栏量**

数据来源：北京市农业农村局。

欧洲鳇（Huso huso）200 尾，闪光鲟（Acipenser stellatus）原种 600 尾，通过对 6 种养殖杂交鲟的形态特征、生长速度、性腺发育情况、倍性和肉质成分的比较分析，认为西鳇杂交鲟、小鳇杂交鲟和俄鳇杂交鲟这三个品种是比较适合北京地区养殖条件的具有优良性状的国产杂交鲟品种，特别是小鳇杂交鲟，是一个具有较大开发潜力的杂交鲟品种。并且北京市还在持续开展达氏鳇和匙吻鲟的人工繁殖和苗种培育。引进了白点鲑、硬头鳟、金鳟、溪红点鲑、大西洋鲑等，以及国产鲑科鱼类细鳞鲑（Brachymystax Lenok）、哲罗鲑（Hucho Taimen）、马苏大麻哈鱼［Oncorhynchus Masou（Brerart）］等品种 10 余个，开展了人工繁殖和苗种培育技术研究，为北京市冷水鱼养殖储备了新品种。

**（二）育种技术不断提升**

2018 年北京市利用区域品种资源优势，加快新品种选育工作。北京市房山区有 1 家国家级鲟鱼原种场和 1 家国家级良种场，以及具有鲟鱼繁殖能力的龙头企业北京中科天利水产科技有限公司。结合现代繁育技术，采取传统选育和 BLUP 复合育种技术及系统设计理念加快新品种选育工作，尤其是区域主导品牌鲟鱼的品种选育工作。目前，位于房山区的国家级施氏鲟原种场北京渔夫水产技术开发中心不但建立了选育核心群体，为鲟鳇鱼的良种选育打下了坚实的科研基础，而且进行了鲟鳇鱼的群体杂交育种，获得了生长性能和抗病性能良好的新品种杂交鲟“鲟龙 1 号”。延庆区综合试验站培育出了杂交金鳟，生长速度较纯种金鳟提高 20%；配合鲑鳟鱼繁育岗位专家开展马苏大麻哈鱼人工繁殖、细鳞鲑、哲罗鲑人工繁殖技术试验示范，亲鱼催产率从 40% 提高到 95%，亲鱼产后成活率达到 95%，人工繁殖技术整体处于国内先进水平，在怀柔区渤海镇 2 家养殖场开展养殖试验示范。同进，引进了雅鱼、裸鲤、河鲈等冷水鱼苗 10000 余尾，在北京利康万茂种养殖有限公司和渤海镇田仙峪的养殖场进行养殖试验，2017 年成功繁育出河鲈苗 10 万尾。

# 第二节　现代农业生产体系

## 一、有机农业

有机农业的发展遵循自然规律和生态学原理、采取与自然相融合的耕作方式、协调种植业和养殖业的平衡、禁止基因工程获得的生物及其产物和禁止使用人工合成的化学物质标准下，进行有机农业产品的供应。对有机农业产品进行分类主要包含有机畜牧业和有机种植业，有机畜牧业主要是通过喂养有机农产品而非饲料等喂养长大的畜禽；而有机种植业主要包含有机粮食、有机蔬菜、果品和茶叶等食品，其在生产过程中以满足复合标准的情况下利用有机肥料进行农作物的种植。我国加入 WTO 后，农产品的安全性和品质是出口的瓶颈，大力发展有机农业是我国农业可持续发展和走向世界的必由之路。

有机农业作为提升北京市农业质量的一种有效方式，目前发展还很欠缺。2018 年北京的有机农产品占量较少，未来北京市还需大力发展有机农业，打造绿色优质安全的农产品，满足广大消费者的不同需求。2018 年北京市 7 个区县有机农业面积累计 18 万亩，其中有机种植约 30 万亩，养殖 15 万亩。有机种植行业从业企业上百家，有致力于网上配送的网店和公社；有依靠超市营销的生态农场；还有经营专类水果的合作社、企业等。市场"指挥棒"引领，各地纷纷上马绿色农业、有机农业，全国"三品一标"产品总数达到 12.2 万个，农产品质量安全水平不断提升；其中比较典型的有北京三山蔬菜产销专业合作社，合作社建立了三山有机农场电商销售平台，并进行了无公害和有机食品认证，建立完善了有机农产品的品质保障措施，2018 年其主要科普资源包括：高效种植区 200 余亩、农作物展览馆 4000 平方米、科普展览馆 840 平方米、蔬菜加工厂 2000 平方米、农机展览馆 650 平方米、动物饲养展示区 1200 平方米、科普活动拓展区等，可同时接待人数为 500 人次。怀柔区琉璃庙镇梁根村的段木有机黑木耳种植基地年收入可达 30 余万元。

## 二、会展农业

会展农业是以农业种植知识交流、分享以及农产品贸易为主要内容，举办形式主要有会议、论坛、展销等众多形式，要依托一定的场馆设施和展示平台为基础。农业会展主要有政府批准，由专业公司组织策划，由众多的农产品消费者、市场经营主体为主的商贸经济文化活动。

北京会展农业不仅带动旅游、物流、交通、饭店服务等产业的发展，而且聚合农业产业链上的诸多环节和产品，是都市型现代农业的高端产业形式和经济形态，是引领京郊农业全面升级和布局结构调整优化的重要形式，具有广阔的发展前景。北京市具有发展会展农业的良好条件，例如会展行业的快速发展、首都优势、丰富的特色农业等。北京会展农业的发展势必要以会展行业为依托，需要良好的会展设施及交通、住宿等各项条件保障，同时，离不开高素质会展人才的参与，因此，北京会展行业的发展为会展农业的发展创造了良好的条件，起到了巨大的推进作用。2018 年北京会展农业突出高端化、服务化、集聚化、融合化、低碳化，取得显著成效（见表 2－1）。

**表 2－1　2018 年北京会展农业一览表**

| 时间 | 会展名称 | 地点 |
|---|---|---|
| 2018 年 3 月 17 日 | 第六届北京农业嘉年华 | 北京昌平区草莓博览园 |
| 2018 年 3 月 25 日 | 中国种子大会 | 北京国家会议中心 |
| 2018 年 3 月 26 日 | 第六届中国（北京）国际智慧农业装备与技术博览会<br>第六届中国（北京）国际灌溉技术博览会<br>第六届中国（北京）国际设施农业及园艺资材展览会 | 北京展览馆 |
| 2018 年 4 月 8 日 | 第九届中国国际现代农业博览会 | 中国国际展览中心 |
| 2018 年 4 月 19 日 | 第二届中国国际农业生物刺激素应用峰会 | 北京世纪莲花酒店 |
| 2018 年 4 月 27 日 | 第九届中国北京国际园林景观技术与设施展览会 | 中国国际展览中心 |
| 2018 年 5 月 10 日 | 第二十届中国国际花卉园艺展览会 | 中国国际展览中心 |
| 2018 年 5 月 20 日 | 第八届北京（通州区）国际都市农业科技节 | 北京国际都市农业科技园 |
| 2018 年 5 月 21 日 | 中国北京国际葡萄酒博览会 | 北京国家会议中心 |
| 2018 年 9 月 15 日 | 第二十届中国国际有机食品和绿色食品博览会 | 北京、上海 |
| 2018 年 10 月 12 日 | 第三届国际农业创新研讨会——农业全球化与跨境电子商务论坛 | 中国农业大学金马大厦 |
| 2018 年 10 月 12 日 | 第五届北京国际优质农产品展示交易会 | 北京全国农业展览馆 |
| 2018 年 10 月 20 日 | 第十届中国国际茶业及茶艺博览会 | 中国国际展览中心 |
| 2018 年 11 月 16 日 | 第十八届（北京）国际有机食品和绿色食品博览会 | 中国国际展览中心 |
| 2018 年 11 月 16 日 | 北京国际高端油展会 | 中国国际会展中心 |
| 2018 年 11 月 21 日 | 北京世界食品博览会 | 北京国家会议中心 |
| 2018 年 12 月 6～8 日 | 第九届 IEOE 中国国际食用油产业博览会<br>第九届 INIE 中国国际高端食品、饮品产业博览会暨 CDIE 国际乳品展览会<br>FEED 中国国际饲料及饲料加工技术展览会 | 中国国际展览中心 |

数据来源：北京市农业农村局等网站汇总。

举办农业会展能促进北京市农业的标准化、专业化、国际化，提高农业贸易的成交额。因此，促进农业和会展农业的协同发展，更好地发挥会展农业在北京市农业中的经济功能。

## 三、设施农业

设施农业是采用人工技术手段，改变自然光温条件，创造优化动植物生长的环境因子，使之能够全天候生长的设施工程。设施农业是个新的生产技术体系，它的核心设施就是环境安全型温室、韩静安全型畜禽舍、环境安全型菇房。北京设施农业的发展起步较早，20世纪80年代初京郊就开始发展设施农业，主要以加温温室为主，生产成本较高。20世纪90年代，北京市陆续从东北、山东等地引入了不同类型的日光温室，在京相关科研院也在此基础上自行研制了符合本地区发展的日光温室。经过几十年的发展，日光温室已成为京郊设施农业生产的主要形式。北京市农委于2018年6月22日印发了《北京市农村工作委员会关于全市设施农业开展集中清理整治工作的通知》，明确了七项重点工作。目前，北京已初步在大兴区、通州区、顺义区、昌平区和房山区等区形成了7带40群的设施农业布局。北京市农业农村局局委托第三方调查公司，对北京市2018年市级单独补贴品目范围内的产品进行了市场调查，并组织开展了补贴额测算工作，经专家审议，编制了“2018年度市级补贴机具补贴额一览表”，如表2-2所示。

表2-2　　北京市2018年设施农业设备补贴额一览表

| 档次名称 | 补贴额（元） |
| --- | --- |
| 电动卷膜机 | 2425 |
| 太阳能式杀虫灯 | 2900 |
| 交流电杀虫灯 | 900 |
| 栽培槽（元/延米） | 20 |
| 食用菌培养基用蒸汽灭菌器 | 80000~140000 |
| 混合容积混合机 | 5400~13200 |
| 扎口机 | 900 |
| 自动扎口机 | 4400 |
| 翻堆机 | 1000 |
| 上料成套设备 | 300000 |
| 自动装袋机 | 3500~19000 |
| 自动装袋扎口机 | 9000 |
| 自动制棒流水线 | 35500 |

数据来源：农业农村部办公厅、财政部办公厅。

2018年北京市根据“棚户改造和环境整治任务”文件，对北京市13区的棚户进行腾退、拆迁等改造，对北京市设施农业产生影响。从2010年到2018年设施农业的收入来看，2013年设施农业总收入达到顶峰为57亿元，之后开始回落2014年降至51亿元，随后设施农业收入情况基本稳定，2018年受“棚改”的影响，设施农业播种面积合计32323.6公顷，设施农业收入达51.73亿元（其中温室设施实现收入34.27亿元；大棚设施实现收入 15. 86 亿元；中小棚设施实现收入 1. 60 亿元），较上年下降 5. 14%（见表 2 –3）。但北京市设施农业开发质量仍在不断加大，围绕设施农业发展的产前、产中、产后各环节，北京市级支农资金参照不同标准，对不同类型的温室予以扶持，重点扶持新品种推广、节水型设施建设、园区基地设施、产后分级、初加工、产品营销等环节的建设。

**表 2 –3　　2010 ~2018 年北京设施农业收入**

| 时间（年） | 收入（亿元） |
| --- | --- |
| 2010 | 40. 7 |
| 2011 | 45. 6 |
| 2012 | 52. 0 |
| 2013 | 57. 3 |
| 2014 | 51. 3 |
| 2015 | 55. 5 |
| 2016 | 54. 4 |
| 2017 | 54. 5 |
| 2018 | 51. 7 |

数据来源：《北京统计年鉴》。

随着都市型现代农业的发展，设施农业在北京农业中所占的比重也在逐渐增大，设施农业已经成为北京发展都市型现代农业不可或缺的一种产业形态。

## 四、休闲农业

北京的休闲农业是以乡村的生产生活方式、民风民俗、景观环境等为主要内容，利用创意设计手段，挖掘、提炼、吸收、重塑地域特色，美化场景景观，并与游客的想象、偏好、理念等建立联系，为市民游客提供高质量的服务。党的十九大提出的乡村振兴战略，是新时代三农工作的总抓手、新旗帜、大战略。乡村振兴，就是要集聚全社会的力量和资源，开发、拓展、实现乡村的新价值。休闲农业，一头连着三农资源，一头连接城市需求；一头连着绿水青山，一头连着金山银山。北京郊区的乡村振兴，休闲农业大有作为。乡村振兴，产业兴旺是重点，休闲农业有了广阔的用武之地；中央经济工作会议明确提出，要“健全城乡融合发展体制机制，清除阻碍要素下乡各种障碍”，新农人、新乡贤蓄势待发；《北京城市总体规划（2016—2035 年）》用专门篇幅，为乡村观光休闲旅游描绘了新蓝图，“疏解整治促提升”，为优秀的休闲农业与乡村旅游项目提供了新的发展空间。因此，休闲农业是北京都市型现代农业的重要组成部分，是推进城乡一体化发展的重要内容，是落实“绿水青山就是金山银山”的重要载体，在推动农业供给侧结构性改革、建设美丽乡村、带动农民就业增收、传承农耕文明等方面有着重要作用。

经北京市乡村旅游特色业态评定委员会评定，2018 年评定 34 家单位为北京市乡村旅游特色业态；评定48家民俗户为五星级民俗户，4个民俗村为四星级民俗旅游村，3个民俗村为五星级民俗旅游村。北京市现有1200多个农业观光采摘园区、农业观光园1172个，8300多个民俗旅游接待户，2018年接待游客稳定在4000万人次以上，实现总收入27.3亿元，接待游客人均消费143.7元。全市民俗旅游总收入13.04亿元，高峰期从业人员达21203人，接待游客2042.3万人次。其中，北京有5个村新获得了“中国美丽休闲乡村”称号，“美丽乡村”累计达到25个。2018年，北京成功举办了多个农业节庆活动，拉动了京郊旅游经济发展。以“首届中国农民丰收节”为龙头，举办了一系列农业节庆活动，选调房山区、门头沟区、平谷区优秀民俗表演团队参加全国首届“中国农民丰收节”主会场的文艺节目表演，推荐顺义区、延庆区的民间手工艺匠人参加非遗展演。金秋九月，房山区举办了秋收节，延庆区举办了“2018欢乐丰收节暨第二届延怀河谷葡萄文化节”，海淀区、朝阳区、平谷区举办了庆丰收、农事体验、农村文艺作品汇报演出等庆祝活动。在丰收节期间，还评选发布了2018年北京农业好品牌30个、北京农业好把式20名；举办了农村妇女创业就业带头人分享会等多个京郊旅游推介活动。

2018年北京都市型现代农业稳步发展，休闲农业观光园带动北京市本地就业增长，2018年北京市农业观光园1172个，高峰期从业人员39726人，共接待1897.6万人次，实现总收入27.3亿元。2018年，北京市组织开展新一轮大棚房排查整治工作。北京市规划国土委根据《国土资源部农业部关于进一步支持设施农业健康发展的通知》等有关规定制定了《整改标准》，围绕单栋大棚违法违规用地问题，杜绝“大棚变住房”或者是“圈建成庄园”的现象出现，坚决有序推进“大棚房”整治和浅山区违法占地。受此影响，北京部分不合规农业观光园展开清理整治，2018年，北京农业观光园总个数较去年有所下降，占2017年总数的96.4%，近八年农业观光园个数整体业城不断下降趋势，由此可以看出北京市农业观光园正在不断精简提升（见表2-4）。

**表2-4　2010~2018年北京观光园数量与收入**

| 时间（年） | 数量（个） | 收入（亿元） |
|---|---|---|
| 2010 | 1303 | 17.8 |
| 2011 | 1300 | 21.7 |
| 2012 | 1283 | 26.9 |
| 2013 | 1299 | 27.4 |
| 2014 | 1301 | 24.9 |
| 2015 | 1328 | 26.3 |
| 2016 | 1258 | 28.0 |
| 2017 | 1216 | 29.9 |
| 2018 | 1172 | 27.3 |

数据来源：《北京统计年鉴》。

从实施乡村振兴战略的要求来看，首都的休闲农业依然是朝阳产业，发展方兴未艾，对未来要充满信心。首都的特点，除了强大的资源优势、资金优势、智力优势之外，各种约束也是最多的，各项要求也是最严的，各类标准也是最高的。作为全国最早发展休闲农业的地区，坐拥全国最好的消费市场，北京的休闲农业产业在有压力的同时，也有基础、有底气、有自信化“危”为“机”，共创共享、共生、共赢的首都休闲农业发展新格局。

## 五、创意农业

创意农业起源于20世纪90年代后期，目前已经形成了农艺工坊、农产品专营店等专业型农业文化创意产业项目和亲子农园、主题农庄等综合型农业文化创意产业项目，是继生态农业、循环农业、休闲农业等业态后兴起的一种新的农业产业模式，其将传统农业和文化创意产业有机结合，丰富了农业产业形态，提升了传统农业价值。创意农业属于都市型现代农业的重要组成部分，是现代农业新的经济增长点和新亮点。北京市农业现代化发展程度高，是我国农业文化创意产业的“领头羊”和“排头兵”。在北京市政府和相关部门领导下，北京市各区积极探索创意农业产业的新模式，整合各方资源和力量，不断拓展和丰富创意农业的内涵和形式，拓展农业发展空间，取得了较好的成效，对北京乡村经济发展产生了一定的辐射和带动作用。

北京以都市型现代农业发展为背景，基于浓厚的文化熏陶和市场巨大需求拉动，通过科技创新和艺术创意，将文化内涵融入农业生产过程及产品，赋予农产品较高文化、生态、科技以及服务附加值，满足了周边农民和北京市民的精神和文化需求。经过近年来的发展，北京创意农业产业已初步形成其独特的创意产品，目前主要类型如表2－5所示。

表2－5　北京市创意农业产业创意产品类型、案例及主要供给形式

| 创意产品类型 | 创意形式 | 典型创意实例 | 主要供给形式 |
|---|---|---|---|
| 农业文化创意产品 | 通过栽培、用途以及亲情创意等手段，改变农产品传统功能和用途，提高农产品附加值 | 玻璃西瓜、盆栽果菜、五谷画、羽毛画、蛋壳工艺品、晒字果等 | 设施农业创意农业观光园 |
| 农业文化创意主题园 | 按照公园的经营思路，把特定的整体设计，把农业生产、农产品消费和休闲旅游场所结合为一体，创造出特色鲜明的体验空间，兼有休闲娱乐和教育普及的双重功能 | 通过南瓜园、昌平区天翼草莓园、房山区磨盘柿主题公园、大兴区庞各庄的御西瓜、怀柔区的凤山百果园、密云区的红香酥梨庄园等 | 设施农业创意农业观光创意园民俗旅游 |

续表

| 创意产品类型 | 创意形式 | 典型创意实例 | 主要供给形式 |
| --- | --- | --- | --- |
| 创意节庆活动 | 将体验和消费相结合，在农业生产活动中开成和开发出的节庆活动，主要包括：（1）农作物类节庆；（2）动物类节庆；（3）民俗文化类节庆；（4）综合活动开发类节庆。兼有吃、玩、赏、教等多项活动功能 | （1）北京稻收割节、昌平区草莓节、昌平区农业嘉年华、平谷区桃花节、大兴区西瓜节等；（2）朝阳和通州区螃蟹节、密云区鱼王美食节、怀柔区虹鳟鱼美食节等；（3）怀柔区长哨营满族乡举办的满族文化节等；（4）房山区、密云区、朝阳农耕文化节，大兴区的农民艺术节等 | 设施农业创意农业观光创意园民俗旅游 |
| 创意融合产业 | 以农业为基础，将之向第二、第三产业延伸，使之具有多个产业特征 | 农业与旅游业的融合（旅游农业），农业与动漫业的融合（农业动漫），农业与体育产业的融合（牲畜比赛） | 民俗旅游设施农业创意农业创意观光园 |
| 创意农食文化 | 通过对饮食文化和饮食形式创意，将特色农产品与创意农村饮食文化相结合，提高农产品附加值 | 延庆区“柳沟豆腐宴”，大兴区西瓜宴，平谷区桃花宴，通州区田桑宴，怀柔区板栗宴等 | 设施农业创意农业观光创意园民俗旅游 |
| 创意医农同根研发 | 将特色农产品与健康饮食文化相结合，以健康饮食为基准，创意健康饮食文化，从而提高特色农产品附加值 | 桑瑞生态庄园的桑芽茶、桑叶茶等；海滨凤凰有机公社从健康饮食、中医养生等层面向会员提供健康管理和调整方案 | 民俗旅游设施农业创意 |

资料来源：刘军萍、王爱玲：《北京市农业文化创业产业发展的典型模式及主要做法》，本课题研究整理。

自2018年起，将每年秋分设立为“中国农民丰收节”，这是第一个从国家层面为农民设立的节日。北京市将结合传统节日文化，精心策划并组织开展好一系列庆祝活动，主要包括四大板块。“中国农民丰收节”是创意农业的典型代表，农民丰收节期间，北京市宣传推介30项“北京乡村特色好活动”，包括“北京市第29届农民艺术节”“房山区秋收节”两项被列入首届“中国农民丰收节”全国系列活动的重点活动，以及“美丽乡村·筑梦有我”大型新闻公益行动“讲述丰收故事、品味乡村振兴”专场活动、朝阳区农村地区文艺作品汇报演出等26项彰显传统节日文化、富有北京乡村特色的好活动。还将宣传推介40个“北京乡村休闲好去处”。

2018年9月23日，中国农民迎来了第一个“农民丰收节”，北京市最具典型的地区所开展活动见表2－6。

表 2-6　　北京“农民丰收节”开展活动表

| 区县 | 活动 | 主题 | 内容 |
|---|---|---|---|
| 通州区 | 展民俗文化品通州区美食 | “金色北京·醉美田园·共享成果·欢庆丰收” | 活动期间，将有玉米主景观、巨型大南瓜、研发温室新品种景观、萌宠乐园景观、主题观光车等五大景观亮点 |
| 房山区 | 秋收节里赏大美田园 | 观赏稻田美景、品稻作文化；水稻文化节；以多种时令蔬菜采摘活动为主题的“百菜总动员”“薯”文化 | 观赏稻田美景，进行时令蔬菜采摘，了解“薯”文化 |
| 延庆区 | 品葡萄、赏菊花、庆丰收 | “仪式祈丰收、成果晒丰收、全民享丰收、各界话丰收” | 联动休闲农庄、旅行社展开金秋丰收采摘体验季活动，整合吃住行游购娱资源，联动旅行社设计上线一日游二日游旅游产品，通过节庆经济，促进农民增收 |
| 顺义区 | 收获金秋、梦回田园 | 丰收的喜悦 | 新增具有亮点、看点的非遗民间表演、大型稻草艺术嘉年华、现代化农业机械展示，以创意艺术造景展示农民智慧，打造特色乡村市集、浪漫花海，并增设观光采摘、科普体验、娱乐休闲系列活动，营造出张灯结彩、欢乐祥和的丰收节文化氛围 |
| 丰台 | 怪村农民丰收节 | 活动结合当地传统文化风情，以传统农事为基础，邀请市民通过亲手体验农事，来了解传统农事的脉络 | 市民可参与项目：掰玉米、玉米脱粒，玉米磨面；应季蔬菜采摘、制作蔬菜花束；软陶制作农作物；手工制作月饼；体验书法为粮仓写“丰”“福”；盆栽植物种植等。观赏参与非遗文化太平鼓的表演，来体会传统农民对丰收的庆祝 |

资料来源：根据公开资料整理所得。

此次活动通过带领市民参与丰收节及采摘活动，让市民们亲身见证了北京市创意农业的发展成果。

## 六、现代种业

### （一）种业生产提质稳收

2018 年北京农业种业实现总收入 12.4 亿元，这其中农业方面，小麦种和玉米种产量分别为 62.2 万与 6.82 万千克，分别为上年产量的 54.7% 与 16.8%。值得一提的是 2018 年北京蔬菜种产量实现 15.7 万千克，相较 2017 年的 8393 千克提升了 1771%，蔬菜种对于北京种业收入提升明显。林业方面，2018 年北京树苗产量 4484.1 百株，相较上年度下降明显，产量为 2017 年的 19.8%。牧业方面，2018 年受非洲猪瘟影响，种猪产量下降明显，为 71718 头，产量仅为 2017 年的 51.6%；种雏禽与种蛋 2018 年产量分别为 2734.4 万只与 29456 万枚，分别为 2017 年度产量的 96.5% 与 103.8%。渔业方面，2018 年种鱼苗产量 9836.9 万尾，为 2017 年的 133.5%。由此可见，北京种业在实现减量生产的同时，稳定种业收入，持续巩固北京种业优势。具体如表 2－7 所示。

表 2－7　北京种业生产产量收入统计表

| 项目 | 产量 | | 收入（万元） | |
|---|---|---|---|---|
| | 2018 年 | 2017 年 | 2018 年 | 2017 年 |
| 合计 | | | 124351.6 | 127071.7 |
| 农业 | | | 8673.1 | 7495.5 |
| 小麦种（千克） | 622000 | 1136500 | 140.6 | 280.1 |
| 玉米种（千克） | 68219 | 406621 | 47 | 267.7 |
| 蔬菜种（千克） | 157045 | 8393 | 3226.6 | 430.9 |
| 林业 | | | 5046.2 | 6107.6 |
| 树苗（百株） | 4484.1 | 22624 | 5046.2 | 6107.6 |
| 牧业 | | | 108381.4 | 110730.7 |
| 种猪（头） | 71718 | 139035 | 16709.6 | 34901.9 |
| 种雏禽（万只） | 2734.41 | 2833.46 | 42324.4 | 30869.9 |
| 种蛋（万枚） | 29456 | 28364.6 | 39356.2 | 34268.4 |
| 渔业 | | | 2250.9 | 2737.9 |
| 种鱼苗（万尾） | 9836.91 | 7368.2 | 2246.4 | 2737.9 |

数据来源：北京市统计局。

### （二）种业科技水平不断提高

2018 年北京市种业收入为 12.4 亿元，种业属于一产中的“高精尖”产业，符合高质量发展要求。要充分发挥首都的科技和人才优势，以建设国家（北京）现代种业创新示范区为载体，大力发展籽种农业，带头把民族种业搞上去，从源头上为保障国家粮食安全做出贡献。北京聚集了全国最具实力的种业科研、教学机构，拥有涉农科研院所 24 所、种业研发机构 80 多家，涉农国家工程技术研究中心 10 多个、涉农重点实验室 41 个，聚集了约 50% 的两院院士，专业育种人员 1000 多人、农业科技人员近 2 万人，保存国家级种质资源 40 余万份，居世界第二位。北京农业科技贡献率超过 70%，高出全国平均水平 16 个百分点，接近发达国家水平。

同时，北京市聚焦种业优势和信息化建设两大板块，以科技创新驱动农业供给侧结构性改革。以建设国家种子“硅谷”为目标，大力推进国际种业园区发展，建设了种业研发中心及四大高科技应用平台，中国农业科学研究院、中国水产科学研究院等一批国内外机构和企业入驻园区，打造了集种业育种、展示、评价、交易、服务于一体的高端现代农作物种业产业集聚地。实施园艺作物数字建设农业部信息化试点项目，重点开展智能化蔬菜生产控制系统和软件系统研发，推动大数据等现代信息技术在设施园艺生产各环节的深度应用。大力推进信息进村入户工程，建设益农信息社 165 家，智慧农业园区 12 个。筹备建立通州区数字农业信息管理系统，进一步提升以科技引领农业发展能力。

### （三）种业科技创新机制不断优化

2018 年北京市积极探索育种产业产学研紧密结合、科技要素有效转移、运行高效的种业发展新机制，建立企业为主体、科研院所参与的商业化运作模式，开展种业创新工作交流和趋势研讨。加快实施创新驱动发展战略和乡村振兴战略的新背景、新要求，把握种业科技创新的新机遇，加强协同创新、开放创新和体制机制创新，打造“种业之都”，服务全国科技创新中心建设。为推动加强种业开放创新、联合创新、协同创新、机制创新形成创新合力，促进种业跨越式发展。

# 第三节　农业基础设施体系

## 一、农业装备水平日益改善

2018 年北京市主要农作物耕种收机械化水平已经达到 90%，坚持继续推进主要农作物生产全程机械化、积极发展畜牧水产养殖机械化的基础上，重点发力蔬菜生产全程机械化和设施农业生产机械化。在露地蔬菜方面，继续完善露地甘蓝生产全程机械化技术模式，2018 年该项技术被农业农村部列入全国农业主推技术，在此基础上，陆续推进了大白菜、生菜、菜花、胡萝卜等露地主栽品种的全程机械化生产；在设施农业方面，通过对塑料大棚结构改造，优化配套旋耕机、起垄机、秧苗移栽机、高效植保机、叶菜收获机等装备，初步实现了塑料大棚叶类菜生产的全程机械化作业，果类菜除收获环节外的机械化作业；以油菜生产全程机械化为突破口推进日光温室生产机械化，通过有机肥撒施、精量直播和收获三个环节引进先进农机装备，集成旋耕起垄、植保打药、水肥一体化灌溉等技术，形成油菜生产全程机械化技术解决方案。

2018 年北京市扎实推进粮食生产机械化示范，重点围绕绿色蔬菜、应时鲜果、花卉苗木、中药材等高效作物种植，以及渔业等高效养殖领域，加快设施农业“机器换人”和绿色环保技术装备的推进步伐。加快推广适应农业产业结构调整需要的新机具、新技术，力争形成农机技术推广与农业产业紧密联系、良性互动、共同发展的新局面。创新农机农艺融合，推动农田地块小并大、短并长、弯变直和互联互通，推动农业生产“宜机化”改造，推进良种、良法、良田、良机集成配套，力争形成农机农艺“一条龙”的技术推广模式。加快推广测土配方施肥和水肥一体化技术，加快深翻深松、保护性耕作、节水灌溉、精准施药、配方定位施肥、秸秆还田收贮、病死畜禽无害化处理及粪便处理等机械化技术应用，提高绿色环保农机装备技术水平，促进北京市农机向全程全面高质高效发展。

## 二、农业信息化水平加速提升

2018 年北京市大力推进互联网、物联网、云计算、大数据、移动互联等信息化技术和装备在农业生产、流通领域的应用，推进农业信息进村入户工程，促进农业发展方式转变。积极建设智能农业示范应用基地，在畜禽养殖、园艺生产、水产养殖、大田种植、农产品加工流通等领域，开展设施智能化生产、精准化监测控制等技术研发和应用。推进气象灾害预警应急中心建设，畅通气象灾害预警信息传播渠道，构建城乡一体化气象防灾网络，提升气象为农服务能力。

北京市不断加强信息化对重点任务支撑力度，提高业务管理现代化水平，开展美丽乡村台账管理系统建设，实现对农村地区基础设施运维及管护资金的动态管理；用好农村土地确权登记颁证系统，实现信息联通共享，加强日常监管，拓展农村管理信息化综合应用平台的应用范围；开展农业产业化龙头企业、农业信息化龙头企业、农民专业合作社示范社的运行监测，继续加强低收入村户立档建卡信息系统的应用；采集与核实北京市基本农田的空间和属性信息，完善农业生产空间管理信息系统；开展农业生产主体普查，建立生产主体数据库；开展农产品质量安全追溯管理平台和畜禽种质资源管理信息系统建设。

# 第三章　北京都市型现代农业经营体系

为构建北京都市型现代农业经营体系，从大力培养新型农业经营主体、新型职业农民以及建设农业现代化服务体系三种类别进行描述。

## 第一节　新型农业经营主体

2018年北京市农业经营户42万多户，规模农业经营户3282多户，农业生产经营单位达1.2万多个，农业经营单位数量增长主要源于农民合作社数量大幅度增加。从各地区来看，北京市农业经营户和农业经营单位数量最多的是生态涵养发展区，分别占北京市的57%和49%以上；其次是城市发展新区，分别占北京市的41%和45%以上；规模农业经营户数量最多的是城市发展新区，占北京的比重为56%以上，其次是生态涵养发展区，占北京市的比重为40%以上。

北京开展对新型农业经营主体培训活动。通过进行系统化的培训，对家庭农场、农业生产合作社、农业龙头企业、农业社会化服务组织以及农业产业化联合体进行技术指导和经营方式培训。通过强化政策支持，引导农民利用土地、资金、劳动、技术等自有资源，进行不同形式的协同合作。在家庭承包经营方式较多区域，以培育农业合作社为主，在不违背农民自身意愿的前提下，将提升农户经营规模，提高农民组织化程度落实到位。

### 一、农业大户和家庭农场逐步释放新活力

#### （一）大力培育农业大户和家庭农场

根据北京在农业产业发展规划中明确提出，将建成由畜禽养殖基地1333公顷、渔业养殖基地1333公顷、菜田46667公顷、粮田53333公顷（其中包括景观农田13333公顷）以及果园6666公顷组成的“2578”格局。畜禽、渔业、蔬菜、粮食、花卉以及林果产业是农业大户和家庭农场主要集聚地。从调转节出发，依据北京市委提出的“调粮、保菜、

做精畜牧水产”农业生产总体要求，农业大户以及家庭农场具有较大发展可能。以都市型现代农业为发展背景，北京因其独特的地区特点，使得本地农业大户和家庭农场具有了新的时代特点，以农业大户和家庭农场成员为主要人力资本，通过规模化、集约化经营，形成产业链，建设囊括生产、休闲、观光、旅游等为一体的现代化农业新型经营组织。

**（二）现代化家庭农场发展模式不断创新**

北京现有的家庭农场产生了两种类型的发展模式。

1. “种植业 + 服务业”模式

主要包括四种模式：“粮食种植 + 服务业”“蔬菜种植 + 服务业”“花卉种植 + 服务业”和“果树种植 + 服务业”。

（1）“粮食种植 + 服务业”。以种植小麦、玉米等粮食作物为特色，在此基础上提供服务业。可在平原及浅山区，如顺义区、通州区等地推广经营。

（2）“蔬菜种植 + 服务业”。以种植叶菜等经济作物为特色，在此基础上提供服务业。结合各区环境特征，提高蔬菜种植的区域针对性。例如，昌平区等近郊区，距中心城区较近，可生产叶菜；远郊则可利用土地价格相对低廉的优势，种植大陆蔬菜。这种模式可提高北京粮食自给率，将传统的种植模式转变为新型农业规模化经营组织。

（3）“花卉种植 + 服务业”。北京花卉产业成熟度较高，丰台花乡花卉市场、小汤山农业示范基地等花卉种植基地较为有名，市场潜力大，依托北京现有首都优势、市场优势、文化优势等，北京花卉种植业具有强大的发展前景。

（4）“果树种植 + 服务业”。结合北京各区县的资源优势和优化农业产业结构，形成了以昌平区和苹果和草莓、平谷区大桃、怀柔区板栗、大兴区西瓜和梨等为主的北京果树种植特色区域和以种植、加工、观光采摘、文化创意等为产业链条的高附加值产业，市场竞争力强大。

2. “种养结合的生态产业 + 服务业”模式

对家庭农场所产生的排泄物进行循环利用，既满足北京都市型现代农业发展的需求，也节省成本，对促进生态循环农业的自然、绿色、可持续发展具有明显作用。种养结合的生态产业有两种形式：

（1）以养殖业为主体，养殖为种植提高肥料，种植为养殖提高饲料。以动物养殖所需营养为依据配置耕地种植作物，获取饲料，作物生长所需肥料则由动物粪便经加工后变为有机肥。而种植业所需肥料全部来自动物排出的粪便经加工处理的有机肥。以牧草—作物—奶牛种养模式为例，以奶牛饲养为主建立牧草、杂粮的种养模式，以奶牛草料标准为依据配置耕地中牧草及杂粮范围，通过无害化技术处理奶牛粪便，以有机肥种植牧草，防止污染环境的同时，产出符合绿色标准的鲜奶。

（2）种养结合，延伸产业链。利用生物之间进行的物质能量转化，在原有产业中不断加入新物种，延长生态产业链。以稻—菇—鹅种养模式为例，将秸秆粉碎充作食用菌平菇营养基，再将平菇副产品菌糠经生物处理后充作鹅饲料，将养鹅产生的产品副产品及鹅粪经过无害化处理还田作为肥料，形成一个闭合的小生态系统。

## 二、农业合作社助力现代农业经济建设

### （一）农业合作社的支持力度不断加大

北京市各区农民专业合作社的结构分布，既与当地产业发展的比较优势有关，也与当地主管部门的重视有关。例如，密云区和平谷区都专门设立了农民专业合作社服务中心，是专门从事合作社登记注册、指导服务等相关工作的机构，对促进当地合作社发展具有积极作用。农民专业合作社形成了生产、加工、运输、销售、服务的一体化产业链，开辟了一条适合北京都市型现代农业融合发展的路径。农民专业合作社能够充分发挥竞争优势，实现更大程度上的增产增收。可以为农民提供一系列先进的农业生产技术，带领首都农民实现信息时代农业的机械化生产、机械化加工，实现农产品的最大化增收，促进北京农业提质增效。

北京市各种农民专业合作社的发展不仅促进了农业产业结构的调整，还拓展了农村就业岗位和就业渠道，通过新的就业方式强化了农民之间的联系。农民专业合作社加强了农民与政府之间的紧密联系，让政府充分了解到农民遇到的困难和农民的需求，同时也将最新政策传达给农民。农民专业合作社的建立不仅加强了干部与群众的联系，更是促进了农村的经济建设。农民专业合作社成为生产者和市场的重要纽带，成为社会发展的催化剂。

### （二）农业合作社成为现代农业发展的中坚力量

2018 年北京市有将近 7000 多个农民合作社，是重要的新型农业经营主体和建设现代农业的中坚力量。通过政策支持、相关部门指导帮扶和企业积极参与，农民专业合作社有力地推动了农业专业化生产，大幅提高了农业生产效率。北京市农民专业合作社带动的工商登记成员总数是 163654 个，也是集中于密云区和平谷区。其中，97.3% 的成员是普通农民，带动的专业大户及家庭农场成员数占总成员数的 1.45%，主要集中于密云区、昌平区和房山区（见图 3－1）。

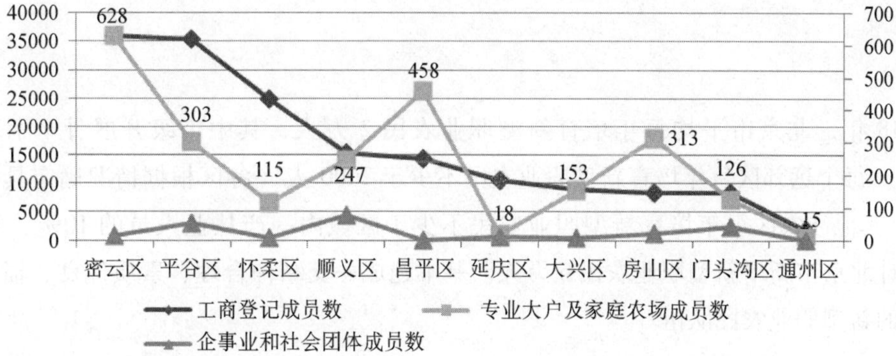


**图 3－1　2018 年北京市农民专业合作社各类成员数量的区域分布**

数据来源：北京市农村经济研究中心。

## 三、农业龙头企业辐射示范作用加大

### （一）农业龙头企业的示范作用不断加强

农业龙头企业具有强大的经济实力，对提高农业发展质量，强化农业基础地位、实现农民增收具有关键作用。北京作为全国政治文化中心、国际交流中心和科技创新中心，本地农业龙头企业发展直接影响了农业产业化经营效果，对全国农业发展起到明显示范作用。企业竞争力作为企业生存的根基，北京的农业龙头企业立足首都，面临激烈竞争。所以，在新时期，增强北京农业龙头企业竞争力尤为关键。

### （二）农业龙头企业经济实力稳步提升

2018 年，北京有市级以上农业龙头企业 190 多家，其中国家级农业龙头企业 39 家，涉及农产品生产、加工、运销等诸多环节。其中，大兴区在工商注册的合作社有 793 家，国家级农业龙头企业 2 家，市级农业龙头企业 9 家，创新建立了“一会一社一中心”，统筹区域农业产销资源，农超、农社、农宅等经营模式逐渐成熟。市级各农业产业化龙头企业以传统企业类型为主，经济实力雄厚，主要集中在生产、流通、加工行业。

### （三）农业龙头企业扶持和优惠力度逐年增加

2018 年北京各农业产业化龙头企业经过努力经营，盈利能力不断提升，在企业壮大同时，积极承担社会责任，带领农民致富。为更好履行社会责任，100 家企业与低收入村按照就地便利、产业关联、资源互补原则，结对帮扶。帮扶效果显著。建立畜禽、蔬菜、果品、奶业等 16 个种养殖生产基地，达 80 多万亩，实现总产值 640 亿元以上，辐射面积达 600 多万亩，带动 55 万多农户，直接增加农民收入 36 亿元。

# 第二节　新型职业农民

2018 年，北京市平均每年培育新型职业农民 2 万人，其中市级开展骨干示范培育 2000 人。每个远郊区每年培育新型职业农民不少于 2000 人（各区根据情况确定具体培育数量），其他涉农区每年培育新型职业农民不少于区域内一产从业人员的 10%。到 2020 年，预计北京市新增新型职业农民 6 万人。基本建成一支结构合理、素质优良、辐射带动能力强的新型职业农民队伍。

## 一、新型职业农民人才培养不断加强

目前，新型职业农民主要包括生产经营型、专业技能型和社会服务型，生产经营型职业农民是复合型技术人才，直接从事生产经营活动，最能体现其职业特点；专业技能型职业农民是具有一定专业技能的从事农业生产的劳动力；社会服务型职业农民与农业生产社会化伴随出现，在农业生产的各个环节提供服务（见表3－1）。

表3－1　　新型职业农民的类型"主要工作和主要岗位群

| 从业类型 | 内涵 | 主要工作 | 主要岗位群 |
|---|---|---|---|
| 生产经营性 | 以农业为职业占有一定的资源、具有一定的专业技能、有一定的资金投入能力、收入主要来自农业的农业劳动力 | 既亲自从事农业生产活动，又承担本单位的经营管理活动，兼具劳动者和管理者双重任务 | 种养专业大户<br>家庭农场主<br>农民合作社带头人 |
| 专业技能型 | 在农民合作社、家庭农场、种养专业大户、农业企业等新型生产经营主体中较为稳定地从事农业劳动作业，并以此为主要收入来源，具有一定专业技能的农业劳动力 | 生产技术活动，如农机操作与维护、植物保护、园艺作物栽培、畜禽饲养繁育 | 农业工人<br>农业雇员 |
| 社会服务型 | 在社会化服务组织中或个体直接从事农业产前、产中、产后服务，并以此为主要收入来源，具有相应服务能力的农业社会化服务人员 | 农业信息服务、农资与农产品购销服务、作物病虫草害防治指导与服务、动物疾疫防控指导与服务 | 农村信息员<br>农村经纪人<br>农机服务人员<br>统防统治植保员<br>村级动物防疫员 |

资料来源：农业农村部。

2018年中央财政通过农业生产发展资金继续对北京市新型职业农民培育工作给予支持。北京市培育现代青年农场主（农业职业经理人）超过100人，培训新型农业经营主体带头人超过963人。对职业农民的培训工作涉及大兴区、密云区、昌平区、房山区、顺义区、平谷区、怀柔区、门头沟8个。北京市积极完成2018年新兴职业农民的培育任务，培育农业职业经理人超过50人，跟踪培养现代青年农场主超过50人，培养休闲农业和乡村旅游以及农产品加工人才超过100人；北京区级单位积极承担新型农业经营主体带头人培训任务，完成培训蔬菜种植大户超过150人，培训职业渔民超过50人，培训其他各类新型农业经营主体带头人超过663人。

## 二、新型职业农民生产技术不断推广

2018年北京市对职业农民的培养，在农业生产技术的推广方面较为集中，这也能够体现出农民对先进生产技术的迫切需求。据统计，2018 全年北京市农业技术推广站及各区级农业技术推广部门积极对农民进行技术进行培训，以月为单位开展不同类型的农业生产技术培训会，例如 12 月北京市农业技术推广站共举行 6 场培训会，培训内容涉及育苗、农田节水、绿色栽培等农业种植技术，顺义区种植业服务中心针对冬季果菜种植举办了一次培训（见表 3-2）。

表 3-2　　2018 年 12 月北京市农业技术推广培训情况

| 序号 | 培训活动 | 培训单位 |
| --- | --- | --- |
| 1 | 北京市集约化育苗暨育苗种植效果田间培训会 | 北京市农业技术推广站 |
| 2 | “南果北种、水肥一体化节水提质技术”培训会 | 北京市农业技术推广站 |
| 3 | “食用菌绿色高效栽培技术系统”培训会 | 北京市农业技术推广站 |
| 4 | 南果节水提质技术培训会 | 北京市农业技术推广站 |
| 5 | 培训藜麦知识 | 北京市农业技术推广站 |
| 6 | 农膜高效利用和生态种植技术培训会 | 北京市农业技术推广站 |
| 7 | 冬季果菜知识培训 | 顺义区种植业服务中心 |

资料来源：北京市农业农村局。

其中，大兴区的蔬菜技术推广站，到 2018 年农民辅导员培养工作已连续开展了 5 年。通过多种形式的培训，促进了基层辅导员队伍推广服务能力的提升。大兴区蔬菜技术推广站继续开展实用技术系统培训项目，对农村实用技术人员进行技术培训，提高农民种养技术，推动产业优化进步（见表 3-3）。

表 3-3　　2018 年大兴区职业农民培养情况

| 序号 | 工作情况 |
| --- | --- |
| 1 | 考评结合，明确辅导员工作职能。2018 年大兴区蔬菜站继续抓好农民辅导员队伍建设，通过考评结合的方式，明确辅导员工作职能，共聘任农民辅导员 11 名。辅导员上午种植特长涵盖育苗、果菜栽培、叶菜栽培等多个方面，提高了辅导员队伍的综合推广服务能力 |
| 2 | 多种形式培训，促进实用技术转化落地。区蔬菜站通过举办专题培训、外出观摩等活动，提高了农民辅导员的技术水平，也拓宽了农民辅导员种植思路。农民辅导员通过自己的辐射带动作用，促进了水肥一体化、无土栽培、熊蜂授粉这些实用新技术的转化应用 |
| 3 | 技术指导贴近生产，培训内容受好评。农民辅导员及时总结生产中的经验，在田间地头为其他蔬菜种植户讲解栽培管理技术，为更多的蔬菜种植户提供了及时高效的技术服务。贴近生产、通俗易懂的授课内容与指导方式受到了一致好评。张月强、薛砚龙等 6 名辅导员在蔬菜种植基地、园区关键技术岗位担任技术员，成为园区蔬菜发展不可或缺的技术骨干力量 |
| 4 | 课堂授课和现场观摩相结合开展技术培训。全年以课堂授课和现场观摩相结合的方式，重点围绕熊蜂授粉、设施蔬菜水肥一体化技术、无土栽培技术、叶类蔬菜育苗新技术、设施农业安全用电、农产品质量安全等方面内容进行了的专题培训，累计培训农民和技术人员 300 余人次，提高了蔬菜种植技术水平和综合素质水平，丰富了技术知识和栽培管理经验 |

续表

| 序号 | 工作情况 |
|---|---|
| 5 | 开展示范展示，促新品种新技术更新、落地与推广。在重点园区开展蔬菜新品种新技术的示范展示，为实用技术观摩以及设施蔬菜的新品种筛选、新技术示范推广奠定基础，促进新品种新技术的更新、落地与推广 |
| 6 | 培养了一批科技带头人，社会效益显著。通过开展实用技术系统培训，培养出刘福娟等一批蔬菜种植水平高、综合素质好的新型职业农民，这些农户、园区技术员在提高自己种植技术水平的同时，充分利用他们辐射带动作用，提高周边菜农的科技意识和生产技术水平，实现蔬菜生产优质、高产、增收致富的目的，促进了我区蔬菜产业的整体发展 |

资料来源：北京市农业农村局。

## 三、新型职业农民综合素质不断提升

北京市新型职业农民主要有3项职责，分别为生产产品、管理农场和保护环境。生产产品指生产满足市场需求的农产品，这是其根本职责；管理农场是为提高效率，完成经营目的，而进行的内部管理活动；保护环境则是遵循可持续发展原则，走环境友好的发展之路（见表3-4）。

**表3-4　　新型职业农民职责与任务**

| 工作职责 | 工作任务 |
|---|---|
| 生产产品 | 耕作土壤；播种移栽；田间管理；收获作物；建设养殖场；繁育动物；饲养动物；防控疾疫；采购“运营与养护农机；引进试验新技术”新产品和新农艺 |
| 管理农场 | 制订农场计划；管理财务与预算；管理投入品供应；雇佣激励员工；培训农民；控制产品质量；管理信息；申请与实施项目；销售产品与管理品牌；规避农业风险；开展农场公关 |
| 保护环境 | 保持土壤肥力；维护生物多样性；保护农业水体；收集与处理废弃物；建设农田基础设施 |

资料来源：农业经济问题。

为不断加强新型职业农民的培养，在提高农民农业技术的同时，北京市农业农村局会同北京农学院、北京市科委等有关部门，对农民的综合素质进行全方位、多角度、立体化的培训。2018年，北京市及各区共举办6次综合培训，涉及市科委、各区科委、各区农业农村局、各区成人教育中心等多个部门（见表3-5）。培训内容涉及电商、食品安全、农产品市场营销等多个领域，培训活动每次大约持续两到三天。

表 3－5　　2018 年农民培训活动清单

| 序号 | 培训活动 | 时间 | 主办单位 |
|---|---|---|---|
| 1 | 怀柔区启动“农民提素行动”活动 | 2018 年 3 月 12 日 | 怀柔区科委科协等 |
| 2 | 昌平区 2018 年新型职业农民培育活动 | 2018 年 11 月 28 日、29 日、30 日 | 昌平区农业局等 |
| 3 | 房山区新型职业农民培育工程培训班 | 2018 年 11 月 | 房山区成人教育中心等 |
| 4 | 昌平区百余农户参加新型职业农民培训 | 2018 年 11 月 | 昌平区农业服务中心 |
| 5 | 房山区 2018 年新型职业农民培育工程 | 2018 年 9 月 28 日 | 房山区农服中心 |
| 6 | 举办“农产品电商技术培训” | 2018 年 9 月 19～20 日 | 北京市农业技术推广站 |

资料来源：北京市农业农村局。

## 第三节　新型农业社会化服务体系

北京新型社会化服务体系，将坚持和完善农村基本经营制度与构建集约化、专业化、组织化、社会化体系结合。以扶持新型农业经营主体拓展经营模式和建立新型农业社会化服务体系为着手点，搭建新型农业经营体系，完善农村基本经营制度。目前北京市已基本建立健全了比较完善的新型农业社会化服务体系。北京致力于形成公益与经营结合、专项与综合协调、整体统筹共进的“一主多元”都市型现代农业新型服务体系格局。作为北京都市农业的重要部分，一个功能完备、内容丰富、上下贯通、横向到底、纵向到边的新型农业社会化服务体系正在逐渐形成。截至目前，北京已完成覆盖农业全产业链，服务产前、产中、产后的九大服务体系搭建工作。

### 一、依托农村综合服务社，农村基层服务体系进一步强化

北京市农村综合服务社经营网点在巩固供销社传统的农资、日用品销售及再生资源回收等业务的基础上，拓展家电及农机具维修、科技咨询、文体娱乐、代办代收等公益性服务项目。积极与邮政、保险、电信公司合作，改造完善农村综合服务社，促进基层经营服务网点将经营性和服务性相结合，为农民提供方便的生产、生活服务。2018 年北京市为加强农业培训，提升经营服务水平，政府或农村综合服务社主要提供农业技术推广和培训服务 20.42%、疫病防控统治服务 19.12%、良种引进和推广服务 11.21% 以及质量检测检验服务 10.11%。

### 二、依托创新团队平台，农资经营服务体系进一步拓展

北京市坚定为农服务方向，扩大经营服务范围，提升科技服务水平，提高流通网络质

量，全面提升农资经营服务水平，构建新型农资经营服务体系，推进农资经营服务规模化。加强配送中心建设，提升配送能力，增强市场调控力；加强农资连锁加盟店管理，促进连锁网络品牌化、规范化，提高连锁配送率；加强农技培训平台建设，发挥技物结合优势，通过积极探索合作式、订单式、托管式、农机具租赁等形式拓展服务项目和服务内容，创新科技推广机制；加强农业技术人才培训，提升农资经营人员的农技知识水平和服务能力。到 2018 年，北京市农业依托创新团队等项目选育农业新品种 150 余个，示范推广新品种 280 余个；研发和集成新技术 550 余项，示范推广新技术 720 余项；获得专利授权 600 余项，培训农民 28 万余人次，产生经济效益超过 150 亿元，为北京农业提质增效和转型升级提供了重要支撑。

## 三、依托农产品电子商务平台，农产品营销体系进一步打通

北京市依托农产品电子商务平台，整合系统网络资源，强化农产品与市场的对接能力，畅通农产品销售渠道。借助农产品集配中心，将分散的农产品集中起来与大市场对接，带动农产品规模化生产；借助销地市场专销区，实现内江农产品在批发市场的展示与销售，从而真正实现农产品产销对接。目前，北京推广农业智能化环境控制等物联网控制技术，积极推动“农业 + 互联网”发展。就平谷区来讲，培育了鑫桃园、大集网等十多家农业电商，“互联网 + 大桃”工程再上一个台阶，2018 年电商销售量同比增长 45.6%，实现销售额 3 亿元，促进农民增收 1.2 亿元。搭建了电子商务孵化基地，打造电商服务平台，实现全天候、一站式综合服务；引入“农村淘宝”，通过搭建镇村两级服务站点，实现“网货下乡”和“农产品进城”的双向流通。

## 四、积极探索土地托管，农业经营规模进一步扩大

北京市农资公司、农业服务公司、基层社、农民专业合作社等新型农业经营服务主体，积极探索农资供应、农机作业、统防统治、农产品加工销售等方面服务，为农民提供代耕、代种、代收、浇水施肥、病虫防治、统一销售、储存加工等环节的“菜单式”托管服务，建立市场化运作、可持续服务的机制，推进农业适度规模经营。2018 年北京市平谷区通过政策引导，积极发展适度规模经营。培育了京东绿谷、互联农业等品牌规模化营销、植保规模化服务、农机“保姆式”规模化服务等主体。培养了一批返乡创业的桃乡新农人，如岳巧云（绿农兴云）、陈国松（鑫桃源）等。

## 五、依托政策扶持优势，农村公共服务水平进一步提升

北京落实市、区、乡三级促进就业政策，为群众提供多层次、多元化就业服务。优先启动配套教育用地建设，鼓励引进公办优质中小学和幼儿园，提升乡域教育质量。发挥“互联网 + 家庭医生”的优势，持续推进社区“智慧家医”工作，使居民享受更便捷的家

庭医生签约服务。继续推广养老服务“连心通”工程和“喘息服务”，逐步建立居家养老、社区养老、机构养老互为补充的养老体系。规范推进低保、大病救助等民生工程，持续对特殊群体提供帮扶救助，实现“无社会救助盲点”。继续做好对口协作和精准帮扶各项工作，助力受援地区如期打赢脱贫攻坚战。

# 第四章　北京都市型现代农业产业体系

为加强北京都市型现代化农业产业体系建设，以下从农业全产业链体系、特色农产品体系以及产业融合发展体系等不同方面进行分析。

## 第一节　农业全产业链体系

### 一、种养加一体化提质增效

#### （一）种养加一体化快速发展

2018 年北京市大力推进种养加一体化发展。种养加一体化是指种植业、养殖业和农产品加工业相结合，以产品为纽带、产业化经营为组织模式、价值增值为导向，通过管理和利益联结机制等制约，推动从种植到养殖再到加工各环节相互结合、产业链上下联动、生产加工运营相互协调，实现整体生产率提高、农牧民收入增加、产业竞争力提升的多重效果，形成产业链互惠互利综合体。种养加一体化是三次产业融合发展的新型模式，以提质增效为最终目标。

#### （二）农业废弃物循环利用深入推进

2018 年北京市注重发展生态循环农业，多年来围绕“种养加循环，第一、第二、第三产业融合”的发展目标，全面推进畜禽粪污、秸秆、农膜等农业废弃物资源化利用。经过不断探索，北京市研究出了农业废弃物有机肥加工、秸秆机械化捡拾打捆、蔬菜废弃物机械化打碎、林果残枝有机覆盖物加工等先进技术模式，促进了畜禽粪污、秸秆、林果残枝、蔬菜废弃物等多种农业废弃物的资源化利用，经过专业加工的农业废弃物可以回用于农业生产。北京市还给予完善的装备和技术支持，大力促进农业生态绿色发展。

1. 农作物秸秆就地还田

北京市郊区农作物秸秆种类多、分布广泛，玉米和小麦秸秆占大部分。目前秸秆废弃物处理最简单易行的办法是就地粉碎还田，部分无法还田的区域采用秸秆机械化捡拾打捆进行离田应用。北京市主要采取两项秸秆利用技术，分别为机械化粉碎还田和机械化捡拾打捆。机械化秸秆还田主要是收获农作物的同时粉碎秸秆，将秸秆渣铺撒在田地中，秸秆腐烂后所含的氮磷钾等微量元素更易被土壤吸收，达到增加土壤有机质的目的。秸秆打捆主要是将小麦、玉米等收获后的残留秸秆通过秸秆捡拾打捆机捡拾打捆，秸秆经过打捆体积缩小，更便于存储和运输，后续有利于饲料、基料、秸秆气化等，实现秸秆的综合利用。

北京市农作物秸秆处理已经形成了以农机合作社为核心的社会化服务体系，政府提供技术指导、设备补贴、人才输入等，不断加大对合作社的扶持力度。近年来，政府积极采取措施提高合作社秸秆收集处理能力，使其逐渐成为秸秆处理的主力军，促进秸秆利用工作向前推进。目前，北京市基本实现了秸秆全利用，秸秆综合利用率已达98.5%以上，取得了良好的成果。

2. 蔬菜废弃物有机肥加工

北京市蔬菜种植在满足消费者菜篮子的同时也产生了大量蔬菜废弃物。据计算，北京市蔬菜大棚每年可产生3吨/亩左右的废弃物（茎秆、烂果等），大量蔬菜废弃物的堆积导致生态环境破坏严重。北京市遵循“绿色北京、宜居城市”的目标定位，探索建立了蔬菜废弃物有机肥加工技术模式，推进蔬菜废弃物转化有机肥回用于蔬菜的种植。蔬菜废弃物有机肥主要通过好氧堆肥技术实现转化，首先将蔬菜烂果残株等植物性废弃物粉碎，然后按一定比例与畜禽粪污混合后联合堆肥，在好氧条件下利用微生物降解有机废弃物，产出生物有机肥料，实现种养加循环发展。目前，北京市顺义区、房山区、通州区等京郊蔬菜产区均应用了该技术，实现了蔬菜废弃物有机肥加工产业化发展。

3. 畜禽粪污循环利用

北京市根据养殖业的特点，探寻形成了“固液分离、肥料加工、循环利用”的技术模式，设计建造与养殖企业养殖规模相匹配的固液分离、固体粪肥还田、污水生化处理等系统，提升养殖废弃物资源化利用效率。畜禽粪污经过固液分离可分为干粪和粪水两种，分别对其进行资源化利用，干粪主要通过搅拌机与蔬菜废弃物混合发酵成为有机肥料，回用于农业生产。粪水经过特殊加工处理后，利用液肥施肥罐车、液肥喷洒器等撒施设备回用于农业生产，从而实现了畜禽粪污的全量化处理和资源化利用。北京市作为首都，绿色环境、绿色生态是坚守的目标，严禁未经处理的畜禽粪便随意堆放可能造成的水体、空气以及土壤污染问题，其对环境保护具有重要意义。

**（三）具体案例分析**

北京京鹏环宇畜牧公司依据现代生态循环农业核心技术，创建种养加康养一体化的现代生态智慧农庄，在第一产业实施种养结合，在第一、第二产业实现种养加结合，在第一、第二、第三产业实现种养加休闲观光康养一体化生态多产业融合，追求经济效益、生态效益和社会效益共赢的现代化高效产业。公司以打造民族品牌为目标，积极投身于我国现代化牧业建设，在健康、福利、环保、生态、可持续发展、新能源利用等领域的研发能力和成果转化机制处于行业前列，打造了种养加生态农场，多产联动，和谐共赢（见图4－1）。

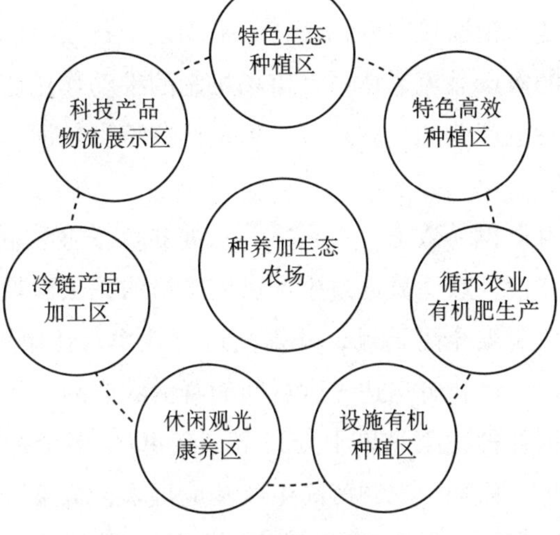


**图4－1　种养加生态农场**

第一产业种植业给养殖业提供饲料，养殖业的畜禽粪便可以作为种植业的肥料，实现“以养定种，以种促养，种养结合”。

第二产业种养收获的产品用于农牧加工，推动农产品产地批发市场建设，完善农产品物流体系，加强鲜活农产品冷藏运输能力，推进农产品流通转型升级，提高农产品附加值与经济效益，同时又可根据加工后产品的市场反馈来调节种植业和养殖业的规模和品种，其中重点投入在加工配送，延伸产业链，提升附加值上，主要包括：乳制品加工、果蔬加工、牧草加工、有机肥加工、冷链物流－销售中心、家庭配送套餐、网络销售平台等。

第三产业围绕农业开发多种功能，推动农业与文化、旅游、康养、教育等产业深度融合，促使农业由单一功能向生态、养生、文化等多功能拓展，延长产业链、提升产业附加值，从而形成“一产接二连三”的互动型、融合型发展模式，实现农业的高效循环生产、市场化运营。围绕牧场打造的一体化生态服务，主要包括：特色民宿、生态餐厅、种养加科普馆、农事体验、休闲风光等。

## 二、产销一体化全面协同

### （一）产销一体化全面推广

2018年北京都市型现代农业全面推广产销一体化发展。产销一体化是把生产企业和特选的销售企业以经营联营的方式组成垂直型销售系统。双方签订的合同规定了生产者只能把产品交给联营企业销售，特选的销售企业作为中间商也只能销售合作生产企业的产品而不得销售其他企业的产品。生产企业和销售企业相联合，更加有利于促进产品的销售。

### （二）京津冀协同助力产销一体化发展

京津冀现代农业协同发展，农业生产是基础，市场流通是枢纽。2018 中央一号文件明确提出，加强农产品产后包装、分级、营销，建设现代化农产品冷链仓储物流体系等。2018 年是京津冀协同发展上升为重大国家战略四周年，也是京津冀品牌农产品产销对接活动的第三年，京津冀三地产销衔接、顺畅销售，推动建立长效机制，促成稳定购销合作关系，构建优质高效现代的农产品流通体系，市场机制的推动作用越来越明显，积极塑造京津冀大品牌，增强优势特色产业的品牌效应，为京津冀特别是河北贫困地区特色产业提质增效发挥了积极作用。

京津冀深入推进“互联网 + 农业”模式，进一步扩大农业物联网应用范围，推动重要农产品全产业链大数据建设。京津冀通过生产供应网络的无限联通真正实现一体化，推进流通各环节信息透明和质量安全可追溯，并提高运行效率，让市民吃得新鲜、吃得放心。京津冀肉蛋菜奶 1 小时之内可新鲜送达，区域间的鲜活农产品产销一体化大大降低了流通成本。北京市的生鲜店内各种蔬菜水果十分齐全，有 4000 多个种类，大部分农产品都是产地直采，价格低品质优。依赖于农副产品生产基地直采，蔬菜等产品的供应链从原来的 5 至 7 个环节减少到 3 至 4 个，成本和损耗都有所降低，实现产销一体化发展。

2018 年北京市农产品电子商务快速发展，淘宝、京东等电商平台推出了“京津冀农产品包邮”促销活动，从农产品生产地到北京城区和天津、河北，时效有保障，就价格而言，发往北京城区和发往天津、河北，运费差别并不大，许多店家推出京津冀免费配送套餐，保持了良好的销量。北京市场每天需要消费约 2 万头猪、2 万只羊、几百头牛，而牛羊肉都是在河北屠宰，再运到北京进行销售，批发时再进行抽检。北京已经在津冀建立畜牧业外埠基地 57 个，年出栏生猪 45 万头，肉禽 6000 万只，年产生鲜乳 7 万吨，实现了产业疏解和首都市场畜产品安全供应的有机结合。

### （三）具体案例分析

1. 北京新发地市场发展产销一体化经营

北京市为构筑首都农产品安全稳定供应的“护城河”，北京新发地提出“内生外扩”的发展战略，以批发市场为中心，延长市场经营链条，构建从生产源头、批发交易到消费终端的垂直产业体系，上下联动，两头扩张。北京新发地市场注重加强从源头上把握食品安全关，确保产地市场货源稳定，实行供应基地安全风险评估机制，深入种养殖源头，对基地的水质土壤、种植规模、检测能力、政府监管责任落实等情况进行考察，做好食品安全风险评估。北京新发地市场通过线上线下联动发展，拓展社区服务功能，专门设立了北京新发地菜篮子配送有限公司，开通社区直通车 200 余辆，服务 900 多个居民小区。积极应用“互联网 +”，便民网点与外卖平台等企业合作，提供 3 公里内配送服务，还联合社会资本投资设立了“新发地生鲜网”服务集团客户，实现网上下单、线下统一配送。

北京新发地市场积极开展产销对接，以产销一体化经营促进精准扶贫事业。北京新发地市场通过举办优质农产品宣传推介会，让贫困地区的优质农产品走向首都市场。近年来，山西富平、河北阜平、河南兰考、内蒙古扎莱特旗等地在北京新发地市场举办了农产品主题展销推介活动，有力地提升了贫困地区农产品的品牌价值。北京新发地市场的“全国名特优农产品展销中心”专门开设河南兰考馆、山西富平馆、内蒙古名特优农产品展销馆，汇聚了当地的优质产品，成为贫困地区优质农产品在京销售永不落幕的农展会。北京新发地市场还引导和组织市场经销大户深入当地收购农产品，帮助农民解决农产品卖难问题。北京新发地市场在农产品主产区投资开设了 11 家分市场和 300 多万亩生产基地，既引导当地农产品标准、规模化种植，也帮助当地农民就业，解决农产品卖难问题。

2. 北京天安农业“互联网 +”设施蔬菜产销经营

北京天安农业发展有限公司是北京市农业信息化龙头企业、北京市农业农村信息化示范基地和北京市农业产业化龙头企业。按照国家相关政策和事业单位改革规范，北京市天安农业发展有限公司成立于 2006 年 6 月 1 日，其前身为北京市农业农村局组建的小汤山特菜基地，是全国最早最大的蔬菜基地。公司主要从事蔬菜生产、加工、销售、科研等，集多环节于一身。在蔬菜生产基地、仓储保鲜、加工设备、电子信息管理、安全监控、物流运输、质量安全、市场销售等方面形成了完善的生产、加工、销售一体化体系和有效的管理机制。北京天安农业发展有限公司产品年产量可达 780 万千克，日常供应的蔬菜品种 150 余个。“小汤山”品牌注册于 1999 年，2009 年被评为北京市著名商标，“小汤山”牌蔬菜是北京市商超覆盖率最大的蔬菜品牌，在美廉美、华联、物美等 140 多家超市设有销售专柜，受到广大消费者的喜爱。

北京天安农业发展有限公司建立了集蔬菜研发、生产、加工、销售、配送于一体的业务体系，在整体供应链各环节实现了全面的信息化，互联网和大数据贯穿于上游的企业、农民、合作社以及下游的商超、社区和消费者，推动了天安农业信息和数据管理全面化，大幅提高了蔬菜产业信息化水平，实现了蔬菜产销体系高效联动（见图 4 - 2）。

天安农业供应链上游生产管理系统主要包括三个核心功能：第一是运用互联网技术进行田间档案管理，安全管控；第二是运用互联网远程实现采购管理，验收结算；第三是制定合同，智能排产。

运用农业科技创新实现产业转型是天安农业十多年来的奋斗目标，通过不懈努力，天安农业已经探索出了特色的“龙头企业 + 合作社 + 农户”的生产管理模式，企业蔬菜产业链利用信息化手段提高了运作效率和产品价值，促进了企业与农户以及合作社的融合，推动了产业链上游和下游联合发展。企业为合作社和农户提供农资捐赠、技术支持，并且开展蔬菜绿色防控工作。企业通过延伸加工产业链条、拓宽蔬菜下游销售渠道来增强产业链环节之间的连接和约束性，满足消费者多元化需求，提升产品市场竞争力。

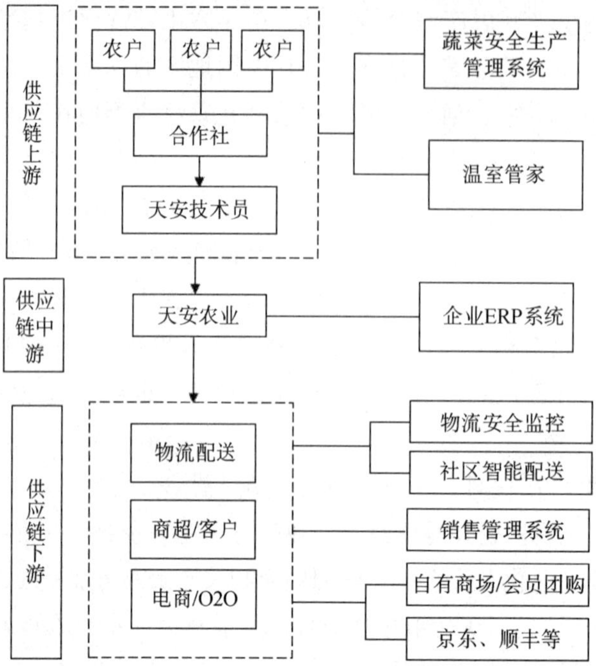


**图4－2　天安农业供应链**

# 第二节　农业产业品牌

## 一、特色农产品品牌涉及广泛

北京市根据《共建北京农产品绿色优质安全示范区合作协议》，着力打造绿色生产、品牌过硬、产品优质、全程监管、区域协同的北京“安全农业”品牌，加强特优基地和名优品牌的遴选培育工作。加强农产品全链条监管和品牌保护，农产品安全合格率继续保持全国领先水平，评选了30个北京农业好品牌、20名农业好把式，恢复示范30余种北京“老口味”蔬菜产品。北京市大力推动国家现代农业产业园建设，9个村镇被认定为第八批全国一村一品示范村镇，评定了4家市级现代农业产业园、19个都市型现代农业示范乡镇和10家市级特色专业示范村。

2018年北京市的农业好品牌30个。加上2017年评选的44个北京市农业好品牌。现北京市农业好品牌共有74个。2018年所评选的北京市农业好品牌中，昌平区占3个、大兴区占7个、房山区占3个、丰台区占1个、怀柔区占3个、门头沟占1个、密云区占4个、平谷区占3个、顺义区占3个、延庆区占2个（见表4－1）。上榜品牌涉及蔬菜、水果、禽类、农业科技等多个方面。

表 4-1　　2018 年北京市特色农产品品牌一览表

| 序号 | 品牌 | 企业 | 所属区县 |
|---|---|---|---|
| 1 | 密云区农业 | 北京市密云区农民专业合作社服务中心 | 密云区 |
| 2 | 怀柔区板栗 | 北京市怀柔区农业发展促进会 | 怀柔区 |
| 3 | 鑫桃源 | 鑫桃源北京鑫桃源商贸有限公司 | 平谷区 |
| 4 | 百舸湾 | 北京新发地百舸湾农副产品物流有限责任公司 | 丰台 |
| 5 | 密农人家 | 北京密农人家农业科技有限公司 | 密云区 |
| 6 | 奥斯云 | 北京奥斯云肉食品有限公司 | 密云区 |
| 7 | 赤萝秀 | 北京金华林养蜂专业合作社 | 昌平区 |
| 8 | 北郎中 | 北京市北郎中农工贸集团 | 顺义区 |
| 9 | 龙湾巧嫂 | 北京龙湾巧嫂果品产销专业合作社 | 顺义区 |
| 10 | 兴农鼎力 | 北京兴农鼎力种植专业合作社 | 顺义区 |
| 11 | 红泥乐农场 | 北京圣泉农业专业合作社 | 昌平区 |
| 12 | 京绿谷源 | 北京京东绿谷蔬菜产销专业合作社 | 平谷区 |
| 13 | 里炮 | 北京市八达岭镇里炮果品专业合作社 | 延庆区 |
| 14 | 前龙 | 北京市前庙村葡萄专业合作社 | 延庆区 |
| 15 | 蜂珍 | 北京蜂珍科技开发有限公司 | 门头沟 |
| 16 | 绿园天星 | 北京绿园天星蔬菜种植专业合作社 | 大兴区 |
| 17 | 兴庞农 | 北京庞农兴农产品产销专业合作社 | 大兴区 |
| 18 | 贾尚 | 北京安定贾尚精品种植园 | 大兴区 |
| 19 | 立征春雨 | 北京立征春雨农业专业合作社 | 大兴区 |
| 20 | 中科天利 | 北京中科天利水产科技有限公司 | 房山区 |
| 21 | 金星填 | 北京金星鸭业有限公司 | 大兴区 |
| 22 | 颐园 | 颐寿园（北京）蜂产品有限公司 | 怀柔区 |
| 23 | 万德庄园 | 北京万德园农业科技发展有限公司 | 昌平区 |
| 24 | 京密 | 北京京纯养蜂专业合作社 | 密云区 |
| 25 | 茅山后佛见喜 | 北京元宝山果品产销专业合作社 | 平谷区 |
| 26 | 乐乐菇 | 北京利民恒华农业科技有限公司 | 房山区 |
| 27 | 京　根 | 北京德润通农业科技发展有限公司 | 房山区 |
| 28 | 栗山翁 | 北京张泽林板栗购销专业合作社 | 怀柔区 |
| 29 | 益君 | 北京资源亚太食品有限公司 | 大兴区 |
| 30 | 搜菇 | 金珠满江农业有限公司 | 大兴区 |

资料来源：北京市农业农村局。

在 2018 年中国区域农业品牌影响力排行榜前 100 强中，平谷区大桃在果品排行榜中位居第三。北京市菜篮子产品“三品”认证率居于全国第二，认证产量达 179 万吨，占同类产品产量的60%，已经提前完成了“十三五”规划的目标，为北京市创建国家农产品质量安全提供保障。

## 二、农产品地理标志享誉各地

农产品地理标志是标示农产品来源的特定区域、农产品的特定品质、特征或信誉的标志，主要取决于该地区的自然环境和历史人文情况，主要以地域名称来命名的农产品标志。地理标志产品市场地位的确立结合了一个民族长期的历史传统、饮食文化与民俗习惯，过程漫长而复杂。可以说，农产品地理标志产品是一种新型旅游资源，是文化旅游产业中潜在的优势商品。

北京市十分重视地理标志工作，2009 年就出台了《北京市人民政府关于实施首都知识产权战略的意见》，该文件对地理标志工作进行了详细的部署。2018 年北京市共拥有地理标志 39 个，其中农产品地理标志、地理标志商标以及地理标志保护产品各为 13 个。平谷区大桃、怀柔区板栗、大兴区西瓜、丰台芍药、昌平区草莓、北京鸭、门头沟京白梨、花乡牡丹、延庆区葡萄、房山区磨盘柿、牛栏山二锅头等地理标志农产品享誉中外。

据统计，北京农产品地理标志分布于 12 各区，具体包括昌平区占 4 个、大兴区占 3 个、房山区占 1 个、丰台占 5 个、海淀占 2 个、怀柔区占 3 个、门头沟占 3 个、密云区占 1 个、平谷区占 4 个、顺义区占 1 个、通州区占 3 个、延庆区占 3 个。在 2010 年 12 月之前，共确认 11 个、2011 年 1 月到 2016 年 12 月，共确认 15 个、2017 年确认 2 个（见表 4 -2）。

**表 4 -2　　2010 ~2018 年北京农产品地理标志产品名录**

| 序号 | 产品名称 | 确立时间 | 所属区 |
|---|---|---|---|
| 1 | 昌平区草莓 | 2011 年 | 昌平区 |
| 2 | 京白梨 | 2013 年 | 昌平区 |
| 3 | 茅山后佛见喜梨 | 2016 年 | 平谷区 |
| 4 | 妙峰山玫瑰花 | 2011 年 | 门头沟区 |
| 5 | 丰台芍药 | — | 丰台区 |
| 6 | 桥梓尜尜枣 | 2016 年 | 怀柔区 |
| 7 | 延庆区葡萄 | 2011 年 | 延庆区 |
| 8 | 北寨红杏 | 2014 年 | 平谷区 |
| 9 | 龙山矿泉水 | 2016 年 | 怀柔区 |
| 10 | 安定桑葚 | 2010 年 | 大兴区 |
| 11 | 海淀玉巴达杏 | 2014 年 | 海淀区 |
| 12 | 京西稻 | 2014 年 | 海淀区 |
| 13 | 草桥菊花 | 2017 年 | 丰台区 |
| 14 | 通州区大樱桃 | 2010 年 | 通州区 |

续表

| 序号 | 产品名称 | 确立时间 | 所属区 |
|---|---|---|---|
| 15 | 长辛店白枣 | 2012 年 | 丰台区 |
| 16 | 张家湾葡萄 | 2015 年 | 通州区 |
| 17 | 庞各庄金把黄鸭梨 | 2015 年 | 大兴区 |
| 18 | 泗家水红头香椿 | 2014 年 | 门头沟 |
| 19 | 延怀河谷葡萄 | 2014 年 | 延庆区 |
| 20 | 门头沟京西白蜜 | 2017 年 | 门头沟 |
| 21 | 花乡牡丹 | — | 丰台区 |

资料来源：国家地理标志网。

### 三、农业产业区域品牌逐步完善

北京大力开展农业产业区域品牌建设，在北京市《十三五都市型现代农业发展规划》中，也明确提出要加强农业区域品牌建设，推动都市型现代农业发展。北京农业要挖掘特色、提升品质、做强品牌；北京农业不仅要体现“农”味，还要体现“京”味，真正让“京”字牌农产品畅销、热销。2018 年，延庆区被评为北京市唯一的中国有机产品有机认证示范区。在此基础上，延庆区立足北京大都市发展现代都市农业，利用生态优势，地域优势以绿色有机、产业融合发展为支撑，通过品质控制保证产品质量，加大宣传推广力度，实现产品溢价。

## 第三节　农业产业融合体系

### 一、与科技融合，创新型企业和园区不断涌现

北京市借助首都丰富的科技创新资源，积极推动农业与科研机构、央企合作，发挥科技研发、应用、推广、展示等作用，打造“高精尖”农业，形成了一批科技创新型现代农业产业项目。2018 年北京市农业科技贡献率达到 70%，其中通州区国际种业科技园区吸引中国农业科学研究院、中国水产科学研究院等科研单位以及国内外知名育种企业 60 余家，连续举办五届北京现代种业博览会。通过搭建公共实验中心、种质资源交流中心、品种权交易中心，成为“产学研相结合，育繁推一体化”的种业全产业链创新示范园区。几年来，北京国家现代农业科技城不断创新机制体制、突破技术瓶颈、优化产业链条，建设了 5 个国家农业科技支撑服务平台和 7 个国家农业科技园区，已成为国家“一城两区百

园”农业科技协同创新体系的龙头，并被列入《北京市“十三五”时期加强全国科技创新中心建设规划》。目前，北京市已建成“星创天地”50 家，农业高新技术企业 605 家，农业标准化生产基地 1500 多家，已成为现代农业的集成创新平台、成果转化辐射源、双新双创策源地，有效提升了北京都市现代农业的发展水平，引领带动全国现代农业发展。

中国北京农业生态谷是中粮集团、中国农业科学研究院与房山区政府深度合作开发的集种植、加工、体验、展示为一体的全产业链现代农业项目。中粮智慧农场和中粮健康生态科技园以科技为主轴线，创新工厂化农业、生态农业、观光农业、综合农业等业态，吸引蒙牛乳业、金帝巧克力、华夏长城酒庄等数十家企业进驻园区。农众物联植物工厂是集工厂农业、循环农业、精准农业、休闲观光、科普教育融为一体的立体化农业形态。运用物联网、现代生物等技术，生产食用菌、山野菜等高附加值产品。平谷区正大蛋业是正大集团 300 万只蛋鸡的现代化规模养殖项目，构建了“政府建平台，农民当老板、企业来打工，银行放贷款”的“四位一体”经营模式。农民以土地入股，4 年累计分红 1704 万元，企业年销售收入 7.3 亿元，带动合作社农户 852 户，并优先解决了残疾户、低收入户就业。

## 二、与生态融合，乡村旅游休闲产业纵深发展

北京市农村依托丰富的山水生态景观资源，大力推动乡村旅游休闲产业发展。沟域经济是北京市山区自发形成的新型业态，近几年以重大项目储备规划为引领，市政府安排 8 亿元专项资金支持完善道路、绿化、水环境等配套基础设施，带动社会投资超过 60 亿元，打造了延庆区四季花海、怀柔区白河湾等 30 多条特色品牌沟域。把昔日的穷山沟，变成了今日的生态谷、市民的大氧吧、农民的聚宝盆。

平谷区依托 22 万亩“桃花海”打造了集农业生产、音乐文化、旅游休闲为一体的桃花音乐节活动。丰台南宫村依托地热资源，发展集温泉养殖、种植、垂钓、健身、科普于一体的温泉产业，年接待游客 110 万人次，壮大了集体经济，农民人均纯收入达 4.6 万元/年，成为全国首批生态休闲旅游示范区。延庆区正式发布了“妫水农耕”农产品区域品牌，构建了以蔬菜、园艺花卉、果品、杂粮、畜牧产品为核心的产业体系，将为本地及北京市民提供优质可靠、品类丰富的农副产品，围绕“妫水农耕健康之源”的品牌内涵，实施严格质量管控溯源，并制定完善的进入退出机制。门头沟区随着首都经济结构和城市功能定位的战略性调整，对资源型产业和低端产业进行全面清盘，打造了百万亩造林绿化、京津风沙源治理等工程。近年来，门头沟区还推出了“精品经济、精品旅游、精品小镇”的生态牌，打造绿色 GDP，以精品民宿为着力点，精心培育绿色产业体系。

## 三、与会展融合，示范辐射带动能力大幅提升

北京市以特色农产品优势区为基础，大力发展国际性会展农业，通过举办一个展会、

拉动一个产业、富裕一方农民。近年来，陆续在郊区成功举办世界草莓大会、世界食用菌大会、世界种子大会、世界葡萄大会、世界马铃薯大会、世界月季洲际大会等国际性农业会展。2018 年举办了第六届北京农业嘉年华，共展出 660 多种农产品，推出 210 余项互动体验活动，接待游客 112.9 万人次，实现经济收入 4520 余万元。让游客在观赏农业美景的同时感受到首都农业发展的新模式。2018 年 10 月，北京市举办了“第五届北京国际优质农产品展示交易会”，主题为“创新流通形式，促进农民增收”，紧跟我国当前农产品产业结构调整、消费理念变化和流通环境革新的发展趋势，主要立足于农产品生产企业与国内外批发商、代理商、经销商及采购商的合作和贸易。2019 年北京市还将在延庆区举办世界园艺博览会。

通过举办一系列农业领域“奥林匹克”级别的大型国际会议展览项目，北京市农业逐步迈向高端化国际化。另外，北京市注重会展场馆的后续利用，利用世界草莓大会场馆连续五年举办集科技展示、园艺观光、娱乐休闲、科普教育等功能于一体的北京农业嘉年华活动。

## 四、与互联网融合，产销对接的通道更加畅通

北京市依托现代信息技术和物流手段，大力推动“互联网 + 农业”发展。以互联网技术为基础的信息技术，打破传统农业生产方式，将以往通过农民经验来完成的生产过程转变为以传感器、物联网、云计算等设备控制的智能化生产流程，让农业获得类工业的产业属性，有效地实现农业的信息化、集约化和智能化。

2018 年北京市涉农电商平台 200 多家，销售额约 10 亿元，涌现了“沱沱工社”“任我在线”等一批农产品电商企业，培育了“嘉农在线”“猪联网”等全国行业垂直电商平台，扶持了“阿卡农庄”“密农人家”等一批博士、“海归”、白领进行农业创业的“农业创客”。其中平谷区“沱沱工社”将自产的有机农产品插上互联网的翅膀，建立起国内最大的集农产品生产、加工、网络销售及冷链宅配物流等为一体的综合运营体系，累积服务会员家庭 130 余万个，每年带动有机、生态种植基地 2.2 万亩，成为有机生态农产品线上交易的“领头羊”；“密农人家”是集农产品生产、加工、运输、仓储、配送为一体的电商平台企业，与 50 多家农民专业合作社合作，连续三年成为淘宝平台蔬菜类销售冠军，销售额年均增长率超过 100%。

## 五、与文化融合，北京历史文化特色日益彰显

北京市保护和利用古都历史文化资源，恢复和传承农村地区历史文化风貌，融合现代文明发展要素，助推农村产业发展。2018 年北京市筹办了全国首届“中国农民丰收节”主会场活动，精心组织北京市首届“中国农民丰收节”系列活动 29 项，并以此为契机广泛开展农事体验、乡村文化演出、乡村旅游推介、优质农产品营销等活动，营造了浓厚氛

围。另外，密云区古北水镇把彰显长城历史文化作为项目建设重点，通过进行古民居重建，重塑长城书院、古北镖局等建筑群，最大限度地还原长城周边地区历史风貌，引入中青旅集团打造成集观光旅游、休闲度假、商务会展、文化创意于一体的文化旅游项目；以及“京西稻”作为拥有数百年种植历史的专供皇家食用的优良稻米品种，引入现代企业化运营机制，建成京西稻农耕文化休闲园，开展插秧节、收割节等农事休闲体验活动，传承了历史文化，促进了产业融合发展。

# 第五章　北京都市型现代农业支持与保障体系

为构建新型北京都市型现代农业保障体系建设，本章从农业支持体系、农业保障体系两个角度着重分析。

## 第一节　农业支持体系

### 一、政策支持体系

2018年国家出台了一系列农业支持政策，其中农机具补贴政策、耕地保护政策、质量安全政策、品牌遴选政策以及农村清洁取暖政策等。这些政策的出台有利于北京市进一步改善农村环境问题，优化农村生态，保障农民基本生存需求。同时也不断强化对农产品安全技术，保障北京市农产品保持高质量、高效率、高营养的能力，通过政府各项优惠政策的颁布，以及农村产业的带动对北京市农村贫困人口的扶持力度也在逐步加强（见表5－1）。

表5－1　国家级农业政策文件统计

| 颁布时间 | 单位 | 名称 |
|---|---|---|
| 2018年1月 | 国务院 | 《关于推进农业高新技术产业示范区建设发展的指导意见》 |
| 2018年1月 | 农业部 | 《2018年种植业工作要点》 |
| 1979年6月 | 国务院 | 《国务院批转公安部、粮食部关于严格控制农业人口转为非农业人口的意见的报告》 |
| 2018年5月 | 农业农村部 | 《2018年推进农业机械化全程全面发展重点技术推广行动方案》 |
| 2018年6月 | 国务院 | 《关于打赢脱贫攻坚战三年行动的指导意见》 |

续表

| 颁布时间 | 单位 | 名称 |
|---|---|---|
| 2018 年 6 月 | 国务院 | 《关于推进奶业振兴保障乳品质量安全的意见》 |
| 1979 年 12 月 | 国务院 | 《国务院批转农业部、外贸部关于加强进口种畜管理工作的报告》 |
| 2018 年 11 月 | 农业农村部 | 《关于农产品质量安全追溯与农业农村重大创建认定、农产品优质品牌推选、农产品认证、农业展会等工作挂钩的意见》 |
| 2018 年 12 月 | 农业农村部 | 《关于进一步促进奶业振兴的若干意见》 |
| 2018 年 12 月 | 农业部、药品监督局 | 《全国道地药材生产基地建设规划（2018—2025 年）》 |
| 2018 年 12 月 | 国务院 | 《关于加快推进农业机械化和农机装备产业转型升级的指导意见》 |

数据来源：根据中国农业农村网站与北京市农业农村网站整理。

2018 年北京市为了保障北京都市型现代化农业得到更好的发展，北京市政府在国务院相关法律文件的基础上，也出台了一系列农业支持政策。主要围绕着乡村治理、农业补贴、收入保障和乡村旅游等方面（见表 5－2），并取得了较好的成效，不断推动北京都市型现代农业向高质量方向转变。

**表 5－2　　北京市农业政策文件统计**

| 颁布时间 | 单位 | 名称 |
|---|---|---|
| 2016 年 4 月 | 北京市农委 | 《北京市级现代农业示范区创建管理办法（试行）》 |
| 2016 年 8 月 | 北京市农业局 | 《关于 2016 年北京市农业支持保护补贴政策的指导意见》 |
| 2016 年 8 月 | 北京市农委、财政局 | 《北京市开展农业“三项补贴”改革工作实施方案》 |
| 2016 年 10 月 | 北京市农委 | 《北京市农业产业化项目管理办法（试行）》 |
| 2016 年 11 月 | 北京市农业局 | 《北京市种业人才发展和科技成果权益改革工作方案》 |
| 2016 年 12 月 | 北京市农委 | 《2016 年全国休闲农业和乡村旅游示范区的通知》 |
| 2016 年 12 月 | 北京市农委 | 《北京市“十三五”时期都市现代农业发展规划》 |
| 2017 年 1 月 | 北京市农委 | 《北京市 2017 年政策性农业保险统颁条款》 |
| 2017 年 1 月 | 北京市农委 | 《北京市农业科技示范推广项目管理办法》 |
| 2017 年 1 月 | 北京市环保局、农业局 | 《关于进一步做好畜禽养殖污染防治工作》 |
| 2017 年 1 月 | 北京市农委 | 《加快转变农业发展方式深入推进农村产业融合发展的实施意见》 |
| 2017 年 3 月 | 北京市农委 | 《北京市特色专业示范村认定管理办法》 |
| 2017 年 9 月 | 北京市农委 | 《2017 年北京市整区推进农村一二三产业融合发展试点工作的实施方案》 |
| 2018 年 1 月 | 北京市农业局 | 《实施乡村振兴战略推进美丽乡村建设专项行动计划》 |
| 2018 年 3 月 | 北京市农业农村局 | 《关于规范引导盘活利用农民闲置房屋增加农民财产性收入的指导意见》 |
| 2018 年 4 月 | 北京市农委 | 《关于规范新型农村集体经济组织收益分配工作的意见》 |
| 2018 年 4 月 | 北京市政府 | 《北京市农业机械安全监督管理规定》 |
| 2018 年 5 月 | 北京市农委 | 《2018 年北京市农业农村信息化重点工作》 |
| 2018 年 5 月 | 北京市人民政府办公厅 | 《2018 年北京市农村地区村庄冬季清洁取暖工作方案》 |

续表

| 颁布时间 | 单位 | 名称 |
| --- | --- | --- |
| 2018 年 5 月 | 中共北京市委北京市人民政府 | 《关于实施乡村振兴战略的措施》 |
| 2018 年 6 月 | 北京市农业农村局 | 《关于实施新一轮山区农民搬迁工程的意见》 |
| 2018 年 7 月 | 北京市农业农村局、财政局 | 《关于 2018 年北京市耕地地力保护补贴的实施意见》 |
| 2018 年 7 月 | 北京新农村建设领导小组 | 《关于进一步加强低收入农户帮扶工作的措施》 |
| 2018 年 8 月 | 北京市农业农村局 | 《北京市种子监管三年行动计划（2018—2020 年）及 2018 年工作方案》 |
| 2018 年 9 月 | 北京市农业农村局、财政局 | 《北京市 2018 年农村实用人才带头人培训项目实施方案》 |
| 2018 年 10 月 | 国家发展和改革委员会、财政部 | 《促进乡村旅游发展提质升级行动方案（2018—2020 年）》 |
| 2018 年 11 月 | 北京市农业农村局 | 《北京市新型职业农民培育三年行动计划（2018—2020 年）》 |

数据来源：北京市农业农村局、北京市财政局等网站整理。

## （一）农业补贴力度不断加大

### 1. 农机具补贴政策

为了贯彻落实党的十九大精神，紧紧围绕实施乡村振兴战略，深入推进本市整体创建国家可持续发展试验示范区，促进农业机械化高质量发展，2018 年北京市利用中央财政资金补贴的机具种类范围从《2018—2020 年农机购置补贴实施指导意见》（农办财〔2018〕13 号）发布的品目中，根据北京市农业各产业发展需要，按年度调整和发布补贴机具品目，对其实行补贴。2018 年根据北京市农业重点产业发展需要，确定北京市级财政资金累加补贴机具种类范围，在本市 13 个涉农区，按年度调整和发布补贴机具品目。北京市级财政资金累加补贴机具种类范围 7 大类 10 小类 16 个品目。其补贴比例严格按照农业部、财政部规定标准执行，按 30% 测算。利用市级财政资金进行累加补贴的累加补贴比例按照 20% 测算，单独补贴按照 50% 测算。个人年度内享受补贴资金累计不超过 50 万元，农业生产经营组织年度内享受补贴资金累计不超过 500 万元。

### 2. 耕地保护补贴政策

2018 年北京市耕地地力保护补贴政策导向是以绿色生态为主，从而提高北京市耕地保护补贴政策的实效性、精准性和指向性，保护和提升耕地地力是补贴政策得核心目标，全面提高北京市农业的综合生产力。双河农场的部分粮田以及农业生产空间划定范围内的粮田根据北京市相关规定，补贴地块主要为种植小麦、杂粮、杂豆、玉米、水稻等粮食作物等，除此之外种植具有提升耕地地力功能的经济作物和生态作物的耕地也为主要补贴地块。耕地地力保护补贴资金分配主要依据是各个相关区域划定的粮田面积。

各有关区获得当年补贴资金主要为北京市财政局通过粮食风险基金专户拨付所得，同时将当年补贴资金安排情况与前一年度补贴资金结余情况结合起来以制定该区域实施方案并明确补贴标准和补贴范围。耕地地力补贴的发放标准是计税面积内种植一季农作物的每亩每年发放 105 元，计税面积内种植双季稻的每亩每年发放 175 元，计税面积外种植双季稻的每亩每年发放 70 元。其中海淀区以海淀区政府名义印发建立农田生态补偿机制的意见，加强耕地保护，缩小土地收益差别，加大对违法用地，裸露撂荒，非农利用等处罚力度，上调生态农田补贴标准，保持基础农田补贴标准挑高到每年 2500 元/亩，一般农田补贴标准挑高到每年 1500 元/亩。

### （二）种子监管与创新能力增强

“北京市种子监管工作会议”于 2018 年召开，发布了《北京市种子监管三年行动计划（2018—2020 年）及 2018 年工作方案》，正式启动北京市种子监管三年行动计划，提出到 2020 年基本实现主要农作物种子以及蔬菜作物种子质量合格率分别达 96% 以上和 90% 以上，依法查处种子大案要案，实现逐步规范品种权使用行为、生物品种监管“零死角”“百分百”等目标。加强培训宣传，采取多种形式开展种子法及相关配套章程宣传工作，正确引导农民购买合格种子。在通知加工、销售等关键环节，有计划和步骤的开展种子市场监督检查工作。检查重点种子生产经营企业的内部质量控制措施，督促企业增强质量意识，建立健全企业内部质量管理制度。在北京市知识产权局与农业农村局共同印发的《北京市开展农业植物新品种权规范使用示范活动工作方案（2018—2020 年）》中，对农业植物新品种使用行为进行了逐步的规范，组织开展规范使用植物新品种权的示范活动，对植物新品种权保护途径、方式及长效保护机制进行进一步的探索，建立品种权保护服务平台，规范农业植物品种权授权、使用行为，全面提高北京市现代种业创新能力和对农业植物品种权的保护水平。

### （三）农村冬季清洁取暖持续推进

2018 年既是全市农村地区平原地区村庄开展“煤改清洁能源”工作的基本收尾年，也是南部七区从清洁取暖设备安装到运行服务管理的转变年，更是山区村庄清洁取暖工作的试点年，区、乡镇各级政府及相关部门要高度重视，精心部署，加强各项工作的全程协调管理。为加快推进北京市农村地区村庄冬季清洁取暖工作，助力打好蓝天保卫战，北京市人民政府办公厅印发了《北京市农村地区村庄冬季清洁取暖工作方案》（以下简称《方案》）。《方案》以“煤改电”为主，循序渐进、因地制宜改善农村地区冬季清洁取暖工作。截至 2018 年已完成住户“煤改清洁能源”任务的共有 450 个农村地区村庄，且有 5.38 万平方米籽种农业设施“煤改清洁能源”、450 个村委会和村民公共活动场所工作同步完成，北京市平原地区村庄住户“无煤化”已经基本实现。大力推进农村地区燃气、电力配套设施建设，平稳推进农村山区冬季清洁取暖试点工作。对使用空气源热泵、非整村安装地源热泵取暖的，市财政按照采暖面积每平方米 100 元的标准进行补贴；对使用其他清洁能源取暖设备的，市财政按照设备采购价格的三分之一进行补贴。制定延庆区地区山区村庄冬季清洁取暖工作专项规划，推进 2022 年北京冬残奥会、冬奥会和 2019 年北京世园会场馆周边相关道路沿线村庄清洁取暖改造工作的实施。除此之外尚未实施冬季清洁取暖改造的山区村庄，全部以优质燃煤替代。

### （四）农业机械监管体系逐步完善

2018 年发布了《北京市农业机械安全监督管理规定》（以下简称《规定》），这一规定将完善北京市农业机械安全监督管理体系，明确各级政府及其有关部门的农业机械安全监督管理职责。《规定》重点在于建设北京市农业机械安全管理监督的长期有效机制，强调并加强了危及人身财产安全的农业机械使用操作所对应的监管服务和安全保障。同步强调了农业机械持有人的责任、强化了农业生产经营组织以及明确各级人民政府及其部门的监管责任；近年来结合“放管服”改革，加强相关部门事中事后监管以及同时对政府部门服务职能进行强化；加大生态环境保护力度，结合相关排放标准控制联合收割机和拖拉机的大气污染物排放量。

## 二、财政支持体系

### （一）财政支农投入资金呈上升趋势

北京市进一步强化支农财政投入，促进农村经济发展并大力发挥财政资金的效用。2018 年乡村振兴战略规划提出，北京市重点关注并且采取行动以支持规划的实施，北京市政府将大量的财政专项资金投向农村，完善和丰富了郊区村庄的社区生活服务、公共服务设施。北京市政府财政支农趋势较好，财政努力方向一直是在强化农业的基础地位。

北京市财政支农投入，从 2011 年 187.34 亿元，增加到 2017 年的 518.35 亿元（见图 5－1）。2017 年北京市财政支农投入骤增的原因是 17 年是“十三五”规划、农业供给侧结构性改革最重要的一年，北京市着力推进农业提质增效，加大了财政支农投入，支出金额同比上升了 16.9%。

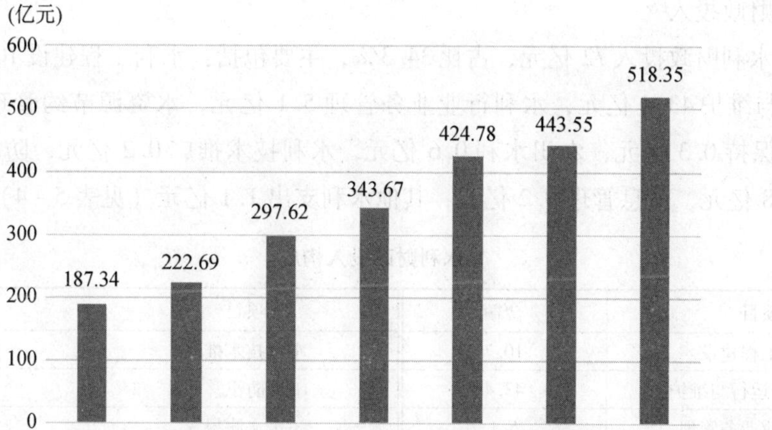


**图 5－1　2011～2017 年北京市财政支农投入**

数据来源：《北京统计年鉴》。

### （二）财政支农投入结构更为精准

2018 年北京市财政投入结构做了简单的调整，整体财政投入力度有所下降、加大了农业环节的资金投入力度、在水利资金投入中取消了水资源费安排的支出，其他财政投入中取消了农村综合改革支出，由此从农林水支出分析，更能准确地了解资金的流向，以及落实的各项强农惠农富农政策措施，强化监督检查，积极完善相关制度，防范财务风险，提高资金使用效益。

1. 农业财政投入

2018 年农林水总投入资金共 210.1 亿元，其中农业为 34.1 亿元，占比 16.2%，主要包括：农业结构调整补贴 16 亿元，农业生产支持补贴 2.5 亿元，农业组织化与产业化经营 1.6 亿元，科技转化与推广服务 1.3 亿元，农产品质量安全 0.5 亿元，病虫害控制 3.4 亿元，执法监管 0.1 亿元，统计监测与信息服务 0.3 亿元，农业行业业务管理 0.8 亿元，农产品加工与促销 1.3 亿元，农业资源保护修复与利用 0.3 亿元，其他农业支出 0.4 亿元（见表 5 –3）。

**表 5 –3　　农业财政投入构成**　　单位：亿元

| 项目 | 金额 | 项目 | 金额 |
|---|---|---|---|
| 农业结构调整补贴 | 16 | 执法监管 | 0.1 |
| 农业生产支持补贴 | 2.5 | 统计检测与信息服务 | 0.3 |
| 农业组织化与产业化经营 | 1.6 | 农业行业业务管理 | 0.8 |
| 科技转化与推广服务 | 1.3 | 农产品加工与促销 | 1.3 |
| 农产品质量安全 | 0.5 | 农业资源保护修复与利用 | 0.3 |
| 病虫害控制 | 3.4 | 其他农业支出 | 0.4 |

数据来源：北京市财政局。

2. 水利财政投入

2018 年水利财政投入 72 亿元，占比 34.3%，主要包括：水利工程建设 10.7 亿元，水利工程运行与维护 43.4 亿元，水利行业业务管理 5.1 亿元，水资源节约管理与保护 4.5 亿元，水土保持 0.3 亿元，农田水利 0.6 亿元，水利技术推广 0.2 亿元，防汛 3.5 亿元，水文测报 0.8 亿元，信息管理 0.2 亿元，其他水利支出 1.1 亿元（见表 5 –4）。

**表 5 –4　　水利财政投入构成**　　单位：亿元

| 项目 | 金额 | 项目 | 金额 |
|---|---|---|---|
| 水利工程建设 | 10.7 | 水利技术推广 | 0.2 |
| 水利工程运行与维护 | 43.4 | 防汛 | 3.5 |
| 水利行业业务管理 | 5.1 | 水文测报 | 0.8 |
| 水资源节约管理与保护 | 4.5 | 信息管理 | 0.2 |
| 水土保持 | 0.3 | 其他水利支出 | 1.1 |
| 农田水利 | 0.6 | | |

数据来源：北京市财政局。

3. 林业财政投入

2018 年北京市林业财政投入 68.3 亿元，占比 32.5%，主要包括：森林培育 44.6 亿元，动植物保护 3 亿元，森林生态效益补偿 0.4 亿元，湿地保护 0.03 亿元，林业执法与监督 0.1 亿元，林业工程与项目管理 0.4 亿元，林业产业化 4.5 亿元，林区公共支出 0.3 亿元，林业防灾减灾 1 亿元，林业技术推广 0.8 亿元，其他林业支出 3.3 亿元（见表 5－5）。

**表 5－5　林业财政投入构成**

单位：亿元

| 项目 | 金额 | 项目 | 金额 |
|---|---|---|---|
| 森林培育 | 44.6 | 林业产业化 | 4.5 |
| 动植物保护 | 3 | 林区公共支出 | 0.3 |
| 森林生态效益补偿 | 0.4 | 林业防灾减灾 | 1 |
| 湿地保护 | 0.03 | 林业技术推广 | 0.8 |
| 林业执法与监督 | 0.1 | 其他林业支出 | 3.3 |
| 林业工程与项目管理 | 0.4 | | |

数据来源：《北京统计年鉴》。

4. 其他财政投入

2018 年其他财政投入 39.4 亿元，占比 18.8%，主要包括：南水北调 15 亿元（南水北调工程建设 9.2 亿元），农业综合开发 16.9 亿元（产业化经营 0.5 亿元），普惠金融发展支出 3.8 亿元（农业保险保费补贴 3.3 亿元）和其他农林水支出 3.7 亿元（见表 5－6）。

**表 5－6　其他财政投入构成**

单位：亿元

| 项目 | 金额 |
|---|---|
| 南水北调 | 15 |
| 农业综合开发 | 16.9 |
| 普惠金融发展支出 | 3.8 |
| 其他农林水支出 | 3.7 |

数据来源：北京市财政局。

# 第二节　农业保障体系

2018 年北京市按照国家“双安双创”工作总体部署，以打造北京“安全农业”品牌为导向，以提高农产品基层监管能力和质量安全管理水平为目标，以完善农产品质量安全监管体系为核心，以落实地方政府管理工作为重点，以国家农产品质量安全区创建为抓手，坚持“产出来”和“管出来”两手抓，全面持续推进农产品质量安全管理监督工作，健全全过程覆盖的农产品质量安全监管制度，为建设国际一流的和谐宜居之都提供有力保障。打造了“全程农产品质量安全标准化基地”22 家；菜篮子产品“三品一标”覆盖率达 60%，有效备案农业标准化基地达 1556 家；北京市农产品合格率水平处于全国前列，其中畜禽合格率为 100%，蔬菜合格率为 98.1%，水产品合格率为 98.6%。

## 一、农产品质量安全体系

### （一）开展农产品质量安全认证与标准化体系

北京市全面建立食用农产品产地准出、销地准入规范，实行食用农产品质量安全证明制度，建立安全优质食用农产品种植养殖基地。通过现场调研、蹲点测试、现场指导、专家咨询等方式。到 2018 年，北京市现行有效的农业地方标准共有 284 项，总体上初步建立了符合本地特色的农业标准化体系；北京市现有 1556 家有效备案农业标准化基地，其中达标级基地 326 家，良好级 467 家，市优级农业标准化基地 585 家，建设“全程农产品质量安全标准化示范基地”22 家；明确生产现状、生产需求以及农产品质量安全关键控制点 30 余个；确定了全程标准化管理要素 102 个；构建了覆盖蔬菜、西甜瓜、鲟、番茄等产品的全程标准化管理模式（管理体系）4 套；制定了企业标准 59 个，对关键生产环节形成了质量控制闭环。

### （二）积极推进农产品质量安全监管体系

北京市 2018 年逐步建立“市—区—乡镇”农产品质量安全监管体系，对乡镇农产品质量安全监管点实施等级评定，并对评定结果实施动态管理，使基层监管体系水平和能力有效提升。与此同时，北京市积极将农产品的监管链条延伸，在原有的监管体系基础上，依托全市 3413 名村级动物防疫员和 2481 名村级农技员，实现了监管链条从原有的“市—区—乡镇”级向村级的延伸。此外，北京市还有效运用信息化手段开展监管。如大兴区追溯平台已完成基础信息管理模块、移动客户端、农资模块、服务管理平台模块、防伪追溯模块、官网平台模块的开发运用，并在全区 36 家农业企业、合作社建立了严谨完善的追溯体系，实现了农产品全过程跟踪与溯源。

### （三）完善农产品质量安全评定

2018 年北京市完成了对 13 个区级 178 个乡镇管理站完成自评工作，包括基础设施建设、人员配备、工作任务等 12 方面 54 项指标。并且完成 7 个单位的农产品质量安全检测机构考核并依据行政许可程序发放合格证书；2018 年北京市农业农村局对 13 家获得检测机构考核合格证的检测机构进行了监督检查，督促检测机构强化内部管理、依法依规开展检测工作；第四次无公害农产品质量安全跟踪监测，对延庆区、顺义区、房山区、平谷区、通州区、怀柔区、密云区、朝阳 8 个区的生产基地及 6 个销售点的 42 个无公害农产品产品进行抽样，2018 年合格率 97.5%。对监测中发现的问题，已责令企业整改完毕。乡镇农产品质量安全管理站作为北京市农产品质量安全三级（市级、区级、乡镇级）监管体系的重要一环，通过实施乡镇管理站动态管理工作，将进一步强化乡镇管理站建设，落实属地管理责任，全面提升北京市农产品质量安全水平，助力“国家农产品质量安全市”创建和北京市农产品绿色优质安全示范区建设。

## 二、科技创新与应用体系

### （一）农业技术推广形式越发多样

2018 年农业科技推广项目将重点围绕国家现代农业示范区、国家农业可持续发展试验示范区、国家农产品质量安全城市和国家（北京）现代种业创新试验示范区，在农业节水、生态环保、高产高效、智能装备、质量安全、繁种育种等领域的关键技术示范推广。通过项目实施，示范和推广一批农业新品种、新技术，解决一批制约农业生产的关键技术问题，培养一批农业生产技术骨干。通过科技的引领和带动，提高农业科技成果的转化效率，提升农业劳动生产率、资源利用率和土地产出率，促进北京市农业结构加快调整，促进生态环境持续改善、促进主导产业安全高效、促进种业快速发展，推动农业供给侧结构性改革和城乡一体化建设。

1. 农业育种繁种技术推广

北京市按照北京种业之都建设要求，重点支持具有突破性的抗逆、优质、高产、特色等品种的引进、选育与示范推广，提高良种覆盖率和品种更新速度，丰富生产中的名特优新品种种类；支持现代育种繁种新技术、新方法的示范应用，提高育种效率和种子质量；支持工厂化种苗繁育及试管苗技术示范推广，支持 DNA 分子检测及分子标记技术的示范应用。

2. 农业节水技术示范推广

北京市以农业主导产业为重点，以提高水资源利用效率为目标，重点支持农业节水灌溉设施设备与配套技术的示范推广，农业节水灌溉数字化智能控制技术的示范推广，设施农业水肥一体化技术的集成及示范推广，农业高效精量节水技术的研发与示范，农业旱作技术试验示范，农业节水品种的引进与示范等。

3. 生态农业技术示范推广

北京市支持农业休闲观光景观营造技术的示范推广，包括观赏生态草、特色花果等方面的新品种、新技术的示范推广；支持农业面源污染防治技术示范推广，重点技术为农业化肥减量技术，注重畜禽生态养殖技术示范推广；农作物秸秆综合利用技术的推广可以提高秸秆综合开发利用率，促进废弃物综合治理和资源利用；示范推广土壤培肥与改良利用技术，可提高耕地质量；支持沟域经济可持续发展，在新型沟域集群中开展农村环境保护与生态修复等关键技术集成与示范；支持北京农家品种和特色品种的恢复和提升。

4. 农产品质量安全技术示范推广

北京市支持新型高效生物农药、安全低毒兽药、微生态制剂的饲料添加剂、生物肥料等安全农业投入品的研发与推广；针对农产品质量安全关键技术，支持快速或新型检测技术、质量安全追溯技术等关键性技术的研发推广；支持在种植、畜牧、水产等食用农产品重点生产区域，开展质量安全全程标准化生产技术集成及示范；支持动植物疫病诊断以及防控技术的推广。

### （二）农业技术服务模式推陈出新

近几年，北京农林科学院联合北京市农业农村局打造了一款网约农技服务平台“咘咘农技”，平台上汇集了北京市专业认证的农技专家和农技资源。农户遇到难解的农技问题，可通过在线询问的方法加以解决。自“咘咘农技”平台一经推出到现在，逐渐流行于房山区、密云区、大兴区等京郊多地。农户可通过农技专家和农技员学到更多的专业知识，提升农技教育水平。农技员还可以自主学习平台上的专业知识，提高农技水平。北京市农林科学院信息与经济所的专家通过 13 次的推广培训，使北京市房山区、密云区、大兴区三区以及怀柔区、门头沟的部分农户、乡镇农技员很熟练的利用起“咘咘农技”服务平台，增强了农机技术水平。2018 年北京市举办了很多农技教育培训活动，旨在通过教育，提高农户的技术水平，进而提升北京市整体农业技术水平。

## 三、资源环境保护体系

2018 年北京市贯彻落实国家污染防治攻坚战，大气、水、土壤等污染的防治取得重大进展，实现生态环境质量持续改善。

### （一）北京空气质量不断优化

北京市 2018 年发布实施了打赢蓝天保卫战三年行动计划，空气质量得到持续提升。北京市 $SO_2$ 年均浓度为 6 微克/立方米，连续两年浓度为个位数，再创新低。同时 PM2.5 年均浓度为 51 微克/立方米，这两项指标的持续下降表明北京市的空气质量持续改善。2018 年北京市 PM2.5 年平均浓度与去年相比下降 12.1%，另外 $SO_2$ 年均浓度为 6 微克/立方米，较去年下降 25.0%；二氧化氮（$NO_2$）年均浓度为 42 微克/立方米，较去年下降 8.7%；可吸入颗粒物（PM10）年均浓度为 78 微克/立方米，较去年下降 7.1%（见表 5-7）。

表 5-7　　2017~2018 年四项污染物年均浓度变化

| | $SO_2$（微克/立方米） | PM2.5（微克/立方米） | $NO_2$（微克/立方米） | PM10（微克/立方米） |
|---|---|---|---|---|
| 2017 年 | 8 | 58 | 46 | 84 |
| 2018 年 | 6 | 51 | 42 | 78 |
| 同比下降（%） | 25 | 12.1 | 8.7 | 7.1 |

数据来源：北京市气象局。

### （二）北京生态环境逐步改善

1. 强化农业农村用水、治水的精细化管理

2018 年北京市在乡镇地区建立精细的水资源管理制度，推进农村用水计划到村。具体到农业生产领域，统筹推进农业综合水价改革和“两田一园”高效节水工作，健全完善精准补贴和节水奖励制度。对园林绿化用水实施规范化、精细化管理，努力形成农业、园林科学节水与高效用水的良性运行机制。在农村治污方面，注重用生态办法解决生态问题，把可持续运行作为根本要求，创新思路理念和工程治理模式，因地制宜推进农村的污水处理。

2. 持续提升乡村绿色生态供给能力

北京市认为搞生态必须先有空间、优生态必须先调结构，通过深入实施农业“调转节”、村庄整理、拆除违建等，对调减退出的高耗水种植业、养殖业、腾退减量的集体建设用地，加快向生态用地流转，绿化造林及时跟进、紧密衔接，要让农业农村始终站在绿色生态产品供应的最前沿，让广大农民成为绿色生态的有力保护者和直接受益者。同时，开展新型集体林场经营管理体制试点，全面提升集体林业的生态、经济和社会效益。

## 四、农业保险体系

2018 年北京市的农业保险市场发展规模不断增大，财政资金逐渐雄厚起来，农业保险的补贴程度也较高，因此北京市的农业政策性保险体系相对完善。2018 年北京分行为支持津冀地区生态旅游观光建设项目的开展，与首都龙头农业集团签署战略合作协议，协议内容为项日提供全面金融服务和资金支持，其中包括绿色食品的生产、加工及销售等项目。2018 年北京市生态保护和环境治理业投资、农业固定资产投资（不含农户）分别较上年增长 43.0% 和 15.4% 。

### （一）增大农业保险保障制度范围

2018 年北京市政策性农业保险累计为 171 万户次农户，提供风险保障 1993.1 亿元，支付赔款 44.3 亿元，惠农作用显著。2018 年北京市政策性农业保险条款，较去年增设对仔猪的承保。除此之外北京市还提高了部分农业保险产品的保险金额以及保险费率，例如生猪保险的保险金额从 1000 元每头增长为 1300 元，水果梨的保险费率从 10% 上升为 11% 。

### （二）加强农业保险保障制度建设

北京市在不断提高补贴资金的使用效益和效率的同时完善农业保险补贴资金管理制度。制定《北京市政策性农业保险补贴资金管理办法》，强调按步骤明确资金使用范围和补贴标准、严格按规定开启拨付程序和资金的管理、强化资金的检查和监督等内容，有计划性和前瞻性的加大补贴资金预算，保证与农业保险信息平台进行有效对接。提升信息传报过程的时效和质量，完善农业保险信息传报体系建设。强化农业保险各项检查制度和第

三方审计制度，加强农业保险稽核审计制度，对保险公司的监管进行严格监督，逐步实现审计结果衔接与公司经营管理费用补贴。

### （三）加强农业巨灾风险防范制度建设

北京市继续推进防范农业巨灾风险体系建设，不断加强农业巨灾风险分散体系制度。完善农业再保险体系制度，深化财政支持下的农业巨灾风险分散机制改革，为提高农业巨灾风险分散能力充分利用保险、再保险等方式，探寻与巨灾风险分散方式的结合形式，保障巨灾后农业生产能力的快速恢复，同时实现农业巨灾风险财政资金使用效率的最大化。

### （四）研究建立绩效考核评价制度

为使第三方审计机构、保险公司和其他参与主体得到严格有效的绩效考核，北京市逐步建立并完善绩效考核评价制度，对绩效考核的考核方式、评价指标、奖惩细则等内容进行了明确。制定出保险公司经营管理费用农业保险补贴的绩效考核办法，其中补贴资金使用管理、承保理赔工作、第三方审计结果和农民满意度等将被逐步纳入考核范畴。

### （五）提升农业保险保障金融服务

2018 年北京市协调、改善和推进农村金融的改革发展；指导农村金融综合改革实验区建设与发展；改善农村金融发展环境，加强农村产品服务创新和金融体系建设；协调推动中介服务机构和涉农金融机构；加强惠农强农能力。2018 年北京市金融局会同人民银行营业管理部推动大兴区、平谷区农村承包土地的经营权抵押贷款试点工作，推动农业银行北京分行、邮储银行北京分行开办试点业务，推动北京银行、北京农商银行加大投放力度；开展 4 次金融服务“三农”专业培训；启动对农村资金互助合作组织监管研究工作。

北京市大兴区作为“农村金融改革试验区”之一，面临加快推进农业城镇化、产业化的潮流。大兴区在推动农民市民化取得显著成效的同时也促进了农业与第二、第三产业的融合。围绕突破农村金融贷款瓶颈做了大量工作，创新推出了“流转贷”和“租益贷”等贷款产品，开展了合作组织信用评价及贷款工作，对新型经营主体等进行贷款贴息扶持。2018 年大兴区开展了土地承包经营权抵押担保的国家级试点，建立完善了抵押权处置风险控制补偿等机制，目前已成功发放农地经营权抵押贷款 1000 多万元。此外，大兴区还积极开展“三农”保险创新示范工作，以市场化的形式赋予农民更多的保障权。三年来，向 14.9 万户次的农户和农民合作组织提供了 110 多亿元的风险责任保障，创新开设了生猪价格指数、露地花卉、果树树体、西瓜人工成本险、露地蔬菜气象指数保险等 8 个险种，目前保险品种已超过 30 个。2018 年大兴区重点探索农业政策性保险全覆盖的模式，把保费中农民自筹的比例从 20% 降到 10%，进一步降低农民负担，不断强化农民依托保险防范自然风险和市场风险的意识和能力。

# 第六章　北京都市型现代农业发展的新动能与趋势

北京作为都市型现代农业发展的先行者，新时代下，面临乡村振兴战略这一具有历史性意义的新课题新挑战，更是要立足首都的定位，结合自身农业的特点，坚定不移地扎实推进首都农业朝着更高目标继续前进，推进工业供给侧结构性改革，实现北京乡村全面振兴，农业强、农村美、农民富全面实现。结合乡村振兴战略的时代背景，北京都市型现代农业的发展也有了更加明确和具体的要求，如何推进北京都市型现代农业更好发展已成为新的重要的课题。

## 第一节　北京都市型现代农业发展任务

### 一、创新强农

近十年来，北京市着力推进农业科技体制机制创新，加快农业转型升级，加快培育更健康更可持续的增长动力。北京依托现代农业产业创新团队共开展 2400 余项试验研究，分别示范推广新品种、新技术、新产品 280 余个、720 余项、330 余项，共产生超过 150 亿元的经济效益，成为北京农业提质增效和转型升级的重要支撑。创新团队接下来的任务就是继续加大创新力度，开发出更多产品品种与技术，促进北京市农业的发展。《强化创新驱动科技支撑北京乡村振兴行动方案（2018—2020 年）》指出，北京市接下来的重点工作任务：一是完善科技创新体系，加大科技成果供给；二是优化创新创业载体，增强创新驱动能力；三是实施科技支撑行动，服务乡村振兴战略；四是落实科技精准帮扶，推动低收入村脱低增收。2018 年选出的农村优秀企业中，大部分带有科技创新基因，可见创新强农是北京市未来的农业发展任务。

## 二、协调惠农

2018 年北京农业的任务是继续推进农业“调、转、节”，统筹打好都市型现代农业发展“四张牌”，实现北京农业全域协调发展。北京市要精心培育各农业经营主体，完善利益联结机制；横向拓展农业多种功能，促进产业转型升级；着重完善保障机制，推进产业融合发展。北京市要加大与外省市的农业区域合作，合作模式和方式进行不断创新。开展北京农业区域合作是发展现代农业必须长期坚持的重要战略，通过农业协调发展，可大力促进不同区域农业均衡发展，提高农业发展水平。着力促进北京农业均衡发展，实现北京农业现代化水平整体提升，加快推进产业融合、区域统筹、主体协同，以协调惠农助力北京农业的未来。

## 三、绿色兴农

2018 年，北京市指出重点任务是以新一轮美丽乡村建设为抓手，重点盯住农村突出环境问题整治，全面改变农村环境面貌、提升人居环境水平。北京市通过建设农产品绿色优质安全示范区，净化农业发展的产地环境，进而提升北京绿色农产品的影响力，实现北京农业绿色发展。农业绿色发展一直是我国五大发展理念之一，北京的任务是着力农业可持续发展，在资源节约、环境友好、生态环保和农产品质量方面做足功课，持续改善农村人居环境，做好垃圾污水处理，落实践行“农村厕所革命”，提升北京乡村村容村貌。此外要借北京“世园会”这一契机，加快资源节约型、环境友好型城市建设，提升北京园艺事业发展繁荣，建设北京多姿多彩的美好家园。未来，绿色兴农是北京农业发展的重要任务，并以此带动首都实现资源利用高校、生态系统稳定、产地环境良好与农产品质量安全，提升首都农业可持续发展水平。

## 四、开放助农

北京是国际交往中心，2018 年北京首都要重点强化在推进国家新型城镇化战略中的转型与创新示范作用，提升京津冀城市群在全球城市体系中的引领地位。充分结合“一带一路”建设北京都市型农业发展契机，发挥京郊乡村所具有的自然田园风光和悠久传统文化的独特魅力，将京郊乡村建设成为可承担重大外交外事活动的重要舞台。重点在京郊乡村规划建设外交外事活动区、国际会议会展区、国际体育文化交流区、国际科技文化交流区、国际乡村旅游区、国际组织集聚区等国际交往活动场所。扩大乡村对外开放力度，使乡村成为向世界展示首都改革开放与农业农村现代化建设成就的重要窗口。

## 五、共享富农

2018 年，北京市的任务以精准帮扶低收入村和低收入户为重点，进一步健全和完善促进农民增收长效机制，努力实现农民收入增速与经济发展同步，低收入农户收入增速快于农民整体。通过乡村治理、基层建设和法治保护提升农民的幸福感；通过产权保护、民生保障提升农民的安全感，从不同方面增进农民福祉。真正要解决三农问题，就必须要跳出农村看农村，建设城乡基础设施均等化、公共服务均等化体系，通过互联网、物联网等将城乡连接起来，实现共享。所以，共享富农是北京市乃至全中国未来农业发展的重要任务。北京通过推进产业精准脱贫、特殊区域农业发展、农村基础设施建设、城乡公共服务均等化的方式增进民生福祉，实现农民现代化成功共享。

## 第二节　北京都市型现代农业乡村产业发展新动能

根据《北京城市总体规划（2016~2035 年）》，北京要构建“一核一主一副、两轴多点一区”的城市空间结构。为落实城市战略定位、疏解非首都功能、促进京津冀协同发展，充分考虑延续古都历史格局、治理“大城市病”的现实需要和面向未来的可持续发展，着眼打造以首都为核心的世界级城市群，完善城市体系，在北京市域范围内形成“一核一主一副、两轴多点一区”的城市空间结构，着力改变单中心集聚的发展模式，构建北京新的城市发展格局。

怎样建设首都？必须抓住京津冀协同发展战略契机，以疏解非首都功能为“牛鼻子”，统筹考虑疏解与整治、疏解与提升、疏解与承接、疏解与协同的关系，突出把握首都发展、减量集约、创新驱动、改善民生的要求，大力调整空间结构，明确核心区功能重组、中心城区疏解提升、北京城市副中心和河北雄安新区形成北京新的两翼、平原地区疏解承接、新城多点支撑、山区生态涵养的规划任务，从而优化提升首都功能，做到功能清晰、分工合理、主副结合，走出一条内涵集约发展的新路子，探索出人口经济密集地区优化开发的新模式，为实现首都长远可持续发展奠定坚实基础。

当前，北京的农业农村正处在转变发展方式、调整产业结构、转换发展动力的关键期。要坚持质量兴农、绿色兴农，深入推进农业供给侧结构性改革，不断拓展农业多种功能，积极培育农村发展新动能。

### 一、中心城区乡村产业发展新动能

中心城区是全国政治中心、文化中心、国际交往中心、科技创新中心的集中承载地区，是建设国际一流的和谐宜居之都的关键地区，是疏解非首都功能的主要地区。

#### （一）深化农村综合改革，壮大农村集体经济

壮大农村集体经济，是引领农民实现共同富裕，增强农村基层党组织的凝聚力和战斗

力的重要途径。在此方面，朝阳区不断深化农村改革，一方面持续推进产权制度改革，坚持因地制宜、分类实施的原则，积极稳妥推进农村集体产权制度改革，进一步强化了集体资产管理，规范了集体经济运行；另一方面强化集体“三资”管理，在巩固和完善农村基本经营制度的基础上，坚持向创新要动力，向改革要活力，持续深化农村集体“三资”管理工作，不断加强农村“三资”管理的顶层设计和制度建设，2012 年出台了三资管理“1 +7”政策，着力构建以“三方监管”“五项制度”和“一个平台”为内容的“351”监管模式，实现事前、事中、事后全过程监管和资金、资产、资源全范围覆盖。

海淀区在深化农村改革，壮大农村集体经济方面，圆满完成了全国农村集体产权制度改革试点任务，并获评全国试点典型单位，试点中，温泉镇股份合作经济联合社获得农业农村部颁发全国首家农村集体经济组织登记证，四季青镇镇级产权制度改革进入筹备成立股份社的最后阶段，1.8 万人选择入股，股权管理、示范章程、收益分配等改革文件以区政府名义印发；深化农村土地承包经营制度改革，按照自愿有偿原则，依法出台奖励补贴办法，引导农用地适度规模经营，推进土地所有权、承包权、经营权“三权分置”；在全市范围内率先推进村账分离改革。在北部四镇探索明晰集体经济组织与村民委员会的职能关系，探索财政保障村级基本公共服务指出新路径，解决了长期以来村委会与村股份社账务合一，不利于内部监管的弊端；加快城市化进程，推进农转居及撤村改革，2018 年完成六里屯等 3 个村的 2520 人整村农转非工作，温泉、东升、四季青镇已实现整建制农转非，在 84 个行政村中，有 39 个村完成农转非。

丰台区在 2018 年完成花乡、长辛店镇的乡镇级改制工作，成为北京市最早完成乡镇级集体产权制度改革的区之一。通过改制，农民成为集体经济组织的股东，不仅能够分享集体资产增值收益，而且能够获取稳定的分红收入。2018 年丰台全区个人股东分红总额 41453.1 万元，同比增长 10.5%；人均分红 4632.67 元，同比增长 9.0%。下一步丰台区拟出台《关于认真做好集体经济组织换届选举工作的实施意见》，加强对改制后的集体经济组织的班子成员换届选举的指导和把关，改善班子整体结构，进一步完善集体经济组织法人治理结构。此外丰台区逐步规范集体“三资”管理，先后出台了农村征地补偿费管理办法、农村征地补偿费专用存储账户管理办法、农村集体租赁合同管理办法、农村集体经济组织财务预算管理办法等文件，不断健全完善“三资”管理制度。

深化农村综合改革，壮大农村集体经济，积极探索出了符合市场经济要求的集体经济发展新机制，确保了农村集体资产保值增值，通过完善乡村利益完结机制，确保了集体和农民受益，在疏解非首都功能的大背景下，深化农村综合改革，帮助集体经济发展，已成为中心城区（朝阳、海淀、丰台）乡村产业发展的新动能。

**（二）坚持城市化为主线，推进城乡融合发展**

深入落实首都城市战略定位，建设国际一流的和谐宜居之都，必须把城市和乡村作为有机整体统筹谋划，破解城乡二元结构，推进城乡要素平等交换、合理配置和基本公共服务均等化，推动城乡统筹协调发展，充分挖掘和发挥城镇与农村、平原与山区各自优势与作用，优化完善功能互补、特色分明、融合发展的网络型城镇格局。朝阳、海淀、丰台三区按照北京城市总体规划的要求，作为北京中心城区，应严格落实各自功能定位，全面推进城乡发展一体化，加快人口城镇化和经济结构城镇化进程，构建和谐共生的城乡关系，形成城乡共同繁荣的良好局面，成为现代化超大城市城乡治理的典范。按照城市总体规划，位于中心城区的乡镇，要重点推进土地征转、完善社会保障，实现城市化改造，为此，朝阳区加快推动重点产业项目建设，自2000年实施绿隔建设以来，农村地区已建成产业项目36个，在建项目6个，还有18个项目已通过“一绿”联审会审议，目前正办理相关手续。针对集体产业项目手续办理较慢的情况，我们创新工作机制，2019年成立了农村建设项目审批协调机制工作专班，统筹协调推动产业项目、安置房等相关手续办理，切实加快项目建设；此外积极探索农村集体产业用地区级统筹，为充分利用好农村宝贵的产业发展资源，推动集体产业用地集约高效利用，进一步优化产业结构，转换增长动力。

海淀区以无煤化、美丽乡村建设、村庄准物业化管理等为抓手，实现农村人居环境提升，加快推进城乡公共服务均等化。无煤化方面，通过各种技术路径，用工程化手段，项目式管理，克服了人口密度大，施工苦难等问题，完成了4.1万余户和近800家单位的无煤化改革；美丽乡村建设方面，在42个现状村庄全方位开展环境整治，补全影响村民生活品质短板，筛选基础设施完备，资源禀赋良好，管理措施有力的村庄，打造成为服务“双创”，科技、生态、文化融合发展的宜居宜业示范村；在村庄准物业管理方面，引入专业物业公司进行管理，不断提高农村地区社区化管理及公共服务水平，加快推进城乡公共服务均等化。

丰台区按照新版城市总体规划赋予的功能定位，贯彻减量发展理念，编制分区规划，明确区域发展目标、功能定位、减量任务等内容，实现城乡规划一张图，为城乡一体化发展指明方向。同步推进22个专项规划编制，为补齐基础设施、公共服务短板打下了坚实基础。编制《丰台区城乡街巷设计导则》，提出10大类40小类街巷核心控制要素，做到了分则引导、分类施策。按照“北城南苑”的空间格局，完成南中轴地区概念性规划及永外—大红门地区—南苑森林湿地公园详细规划国际方案征集和整合工作。在此基础上，全面推进“一绿”地区城市化。按照新版总规“2035年实现一绿建成”的总体目标，加强区域统筹、组团发展；加快实施“二绿”地区城乡一体化。“二绿”地区作为全国首批、北京市唯一产城融合示范区，按照“生产空间集约高效、生活空间宜居适度、生态空间山清水秀”的原则，积极探索产城融合发展的新型城镇化路径；并积极探索集体产业用地统筹使用和多用途经营。

朝阳、海淀、三区创新完善中心城区新型农村社区的现代城乡体系，制定分区指导、分类推动、分级管控的城乡一体化发展策略，形成以城带乡、城乡一体、协调发展的新型城乡关系，成为北京乡村产业发展的新动能。

### （三）科技市场两翼支撑，融入高端经济结构

北京农业，只从产业一维看微不足道，从产业、科技、市场三维审视则大有可为。朝阳、海淀、丰台作为北京市中心城区，是高端要素聚集、服务业发达的重要区域，同时中心城区也是全国政治中心、文化中心、国际交往中心、科技创新中心的集中承载地区，是建设国际一流的和谐宜居之都的关键地区，是疏解非首都功能的主要地区。要将农业融入科技创新的建设步伐当中，充分利用中关村科学城建设、高校人才资源，为农业发展注入新的活力。

2019 年，海淀区将美丽乡村建设融入中关村科学城建设中，从乡村规划编制、公共服务配套、基础设施建设、集体产业发展、生态环境保护等方面，全方面促进农村农业的发展，推动城乡一体化建设，从城市维度全方位推进创新，形成农业农村与科技文化发展融合新动力，并成为中关村科学城建设的生力军。

来自清华大学、北京林业大学、北京交通大学三所高校的 29 名高校合伙人，以及法铁（AREP）、NBBJ（美国）、NEXT（荷兰）、凯达环球（香港）、中国建筑设计研究院和华通等 10 多家国内外知名设计团队，与海淀 29 个街镇顺利对接合作，深入基层走访调研，对街镇现实情况展开摸底调查，合力制订《街镇责任规划师工作初步计划》和《高校合伙人工作计划》，共同参与海淀建设。

丰台区将农业与电子商务结合，大力发挥花卉产业优势，以花乡草桥村为例，逐步从传统种植向研发、展示、电子商务转型升级，建设了世界花卉大观园 5A 级休闲农业园区，探索了花卉销售超市模式，承担了北京奥运会、国庆天安门布景、央视春晚、“雄安第一标”、中非论坛等重大活动花艺绿墙布置等任务，在北京世界园艺博览会中，承建了北京世园会中国馆北京展区、大师园区美国园、英国园等多个园区，充分展现了中国花卉花艺的高超水准。加快互联网 + 农业发展，促进物联网和互联网技术与农业园区生产和农产品经营的深度融合应用，农产品电商蓬勃发展，在全市甚至全国起到了示范、引领作用。

科技是手段、产品是成果、市场是终端，形成闭环才能发现价值。要全面畅通农产品销售渠道，以电子商务为平台，推进农产品全产业链大数据应用，引导和支持品牌连锁企业将服务网点和服务功能向乡村延伸，实施“互联网 +”农产品出村进城工程，不光是卖产品，还要把地产环境、文化创意、传统味道一起打包来卖，提升产品附加值，进而转化为乡村产业发展的新动能。

## 二、生态涵养区乡村发展新动能

按照北京城市总体规划的要求，生态涵养区是首都重要的生态屏障和水源保护地，也是城乡一体化发展的敏感区域，应将保障首都生态安全作为主要任务，坚持绿色发展，建设宜居宜业宜游的生态发展示范区、展现北京历史文化和美丽自然山水的典范区。

### （一）坚守绿色屏障，彰显生态价值

门头沟区、平谷区、怀柔区、密云区、延庆区以及昌平区和房山区的山区作为首都的

生态涵养区，其良好的生态环境是乡村产业发展最大的优势和宝贵的财富。生态涵养区乡村产业发展要坚持生态环境保护与农民生活改善相协调、与山区乡镇生态化发展相促进，发挥自然山水优势和民俗文化特色，促进山区特色生态农业与旅游休闲服务融合发展。依托资源特色和发展基础，适度承接与绿色生态发展相适应的科技创新、国际交往、会议会展、文化服务、健康养老等部分功能，形成文化底蕴深厚、山水风貌协调、宜居宜业宜游的绿色发展示范区。

要加强生态保育和生态建设，统筹山水林田湖等生态资源保护利用，严格保护生态用地，提升生态服务功能。山区开展整体生态保育和生态修复，加强森林抚育和低效林改造，提高林分质量。推进对泥石流多发区、矿山治理恢复区等重点地区的土地利用综合整治。平原地区重点提高绿地总量和质量，构建乔灌草立体配置、系统稳定、生物多样性丰富的森林生态系统，强化生态网络建设，优化生态空间格局。统筹考虑生态控制区内村庄长远发展和农民增收问题，建设美丽乡村。

**（二）完善乡村旅游，发展民宿经济**

生态涵养区要依靠自然资源优势，把乡村旅游作为农村的支柱产业来抓，完善相关政策，促进农业、林业与旅游休闲、农耕体验、文化传承、健康养老等产业深度融合，大力发展民宿经济，推动田园变公园，农房变客房，劳作变体验，努力把绿水青山转化为生产力和发展优势。为此，门头沟区整合资源发展旅游文化休闲健康产业，引进社会资本打造水峪嘴“古道客舍”“黄土贵土店”“碣石”“槐井石舍”等一批精品民宿。引入云峰果业等有实力的龙头企业发展壮大农村集体经济，有效带动低收入村发展和低收入农户增收；平谷区利用田园风光、山水资源和乡村文化，推动产业融合发展，促进一产三产化。以世界休闲大会为契机，推进马昌营现代农业产业园、大兴区庄休闲农庄建设，打造集循环农业、创意农业、农事体验于一体的田园综合体。

发展有北京特色的民宿经济，是推动北京农业与旅游业联合纵深发展的引擎，也是服务首都功能疏解、提升经济发展质量、推进城乡一体化和京津冀协同发展的必然要求。在发展过程中，首先要尽快制定北京市民宿产业发展规划，按照“总量控制、合理布局、突出特色”的要求，科学制定和实施发展规划纲要，根据北京市实际认真制定民宿业发展规划，明确指导思想和工作重点，将民宿业布局纳入城乡商业网点与旅游发展规划，重点做好景区（点）、功能区、特色小镇、美丽乡村等场所的旅游、住宿、餐饮网点规划，明确民宿重点发展区域；其次要挖掘人文内涵，推动民宿品牌化升级，政府有关部门应不断提升服务水平，引导民宿业向大众化、绿色化、特色化、智慧化转型，促进民宿业与旅游购物、文化娱乐等相关产业良性互动，避免民宿经济低效发展，要注重挖掘乡村人文内涵，凸显乡村文化特色，提供个性化产品；最后要加强乡村民宿的基础设施建设，研究出台支持民宿发展政策，加快完善乡村旅游的基础设施建设，尤其是在偏僻、边远山区、贫困乡镇，加大政府投资力度，改善交通、市政、安全设施，完善污水管、垃圾回收等环保工作；对分散的民宿提供个性化环保方案，研究出台一系列支持民宿发展的各项政策。通过完善乡村旅游，发展民宿经济来带动北京郊区特别是生态涵养区形成乡村产业发展的新动能。

### （三）落实生态补偿，缩小城乡差距

强化城乡发展与生态保护的共同责任，将多元化生态补偿机制作为促进山区可持续发展的重要保障，重点支持水资源保护、生态保育建设、污染治理、危村险村搬迁安置、基础设施和基本公共服务提升，切实改善乡村地区生产生活条件。

通过健全生态涵养区生态保护补偿机制，完善生态涵养区综合化生态保护补偿相关政策。健全转移支付制度，重点支持生态涵养区水资源保护、生态保育、污染治理、山区危村险村搬迁安置、基础设施与基本公共服务提升等方面工作，切实改善生态涵养区尤其是山区村镇生产生活条件。结合生态保护补偿促进低收入农户就业增收。生态保护补偿要与低收入农户就业增收相结合，生态保护补偿资金、生态建设项目资金向低收入农户和低收入村倾斜，生态管护队伍优先吸纳有劳动能力的低收入农民。鼓励生态保护补偿资金用于山区采空区、泥石流等地质灾害易发区生态恢复和农民易地搬迁。以多种方式实施生态保护补偿。因地制宜把资金补偿、实物服务补偿、干部人才支持、精准帮扶、产业扶持等补偿方式结合起来，通过开展多元化、综合化补偿，建立生态保护和绿色发展相互促进的长效机制，以生态补偿缩小城乡差距，形成生态涵养区乡村发展新动能。

## 三、北京新城与城市副中心发展新动能

顺义区、大兴区、亦庄、昌平区、房山区的新城以及通州区城市副中心，是首都面向区域协同发展的重要战略门户，也是承接中心城区适宜功能、服务保障首都功能的重点地区。坚持集约高效发展，控制建设规模，提升城市发展水平和综合服务能力，建设高新技术和战略性新兴产业集聚区、城乡综合治理和新型城镇化发展示范区，是探寻农业发展新动能的必要途径。

### （一）落实区域定位，提升发展质量

当前，市委赋予了大兴区“三区一门户”的功能定位，要求大兴区加快成为面向京津冀的协同发展示范区，具有全球影响力的科技创新引领区，首都南部国际交往新门户，城乡发展深化改革先行区，要求大兴区在产城融合、城乡一体、生态文明建设等方面做出示范，努力打造首都南部发展新高地。这也将赋予大兴区农业发展的新动能，京津冀协同发展示范少不了城乡一体化的先行奠基，科技创新引领少不了农业现代化这一重要版块，国际交往新门户少不了美丽乡村的绚烂背景，深化改革少不了“三农”领域的答卷破题，这些都为大兴区“三农”工作提出了新的命题，推动农业向更高质量发展。

按照新版城市总体规划，当前市委赋予昌平区“四区”的功能定位，分别是首都西北部重点生态保育及区域生态治理协作区；具有全球影响力的全国科技创新中心重要组成部

分和国际一流的科教新区；特色历史文化旅游和生态休闲区；城乡综合治理和协调发展的先行示范区。为此，要依托“嘉年华”“草莓”品牌优势，积极发展生态休闲农业，构建“农工商文旅”融合发展新模式。创新经营模式，积极打造农业观光、乡村漫游、农耕体验、创意制作、休闲养生、旅游购物等农家休闲旅游系列，重点发展一批特色品尝型、农事参与型、垂钓休闲型、果实采摘型及制作体验型等特色农家乐，不断开辟居民增收新空间。

房山区将建设成为首都西南部重点生态保育及区域生态治理协作区；京津冀区域京保石发展轴上的重要节点；科技金融创新转型发展示范区；历史文化和地质遗迹相融合的国际旅游休闲区。按照“生态宜居示范区、科技金融创新城”的发展定位，房山区从优化产业布局、拓宽功能、创新模式、打响品牌等方面入手，赋予农业发展新动能。

通州区作为北京城市副中心和北京新两翼中的一翼。应当坚持世界眼光、国际标准、中国特色、高点定位，以创造历史、追求艺术的精神，以最先进的理念、最高的标准、最好的质量推进北京城市副中心规划建设，着力打造国际一流的和谐宜居之都示范区、新型城镇化示范区和京津冀区域协同发展示范区。行政副中心新定位赋予城市发展新使命。建设市行政副中心，基本出发点是疏解非首都功能，最终目标是落实好首都城市战略定位、履行好“四个服务”职责。新定位新使命也必将赋予农业新的动能，推动通州区农业更高质量发展。

**（二）把握创新优势，提升现代水平**

顺义区、大兴区、亦庄、昌平区、房山区的新城及通州区城市副中心，是首都面向区域协同发展的重要战略门户，也是承接中心城区适宜功能、服务保障首都功能的重点地区。提升城市发展水平和综合服务能力，建设高新技术和战略性新兴产业集聚区、城乡综合治理和新型城镇化发展示范区是北京城市发展新区的重要定位，借助这一创新优势定位，提升首都农业现代化水平是农业产业发展的新动能。大兴区新区新建设、新改革的实施，将为全区农业注入更多的发展能量。北京大兴区国际机场建设、开发区创新发展、城乡接合部改造、农村集体土地制度改革试点的推进、农村金融改革试点的深化、世界月季洲际大会的举办，将带来政策的倾斜、规划的统筹、人才的支撑、资金的支持，全区农业建设可充分利用这一有利时机，加快向高端、高效、高辐射迈进，推动农业现代化与新型城镇化、工业化和信息化的深度融合、协调发展。

昌平区依托国家农业科技园，整合利用北京各类农业科技资源，推动现代高端农业集群发展，加强高效型农业示范平台建设，大力推进农业的新品种研发和技术交易，精心打造先进农业科技推广孵化基地，建设世界一流的、代表农业产业研发国际水平的国家现代农业科技示范园区。积极推广“互联网＋农业”，大力推动农产品电子商务快速发展，强力推进京东农业示范项目，加快建设农村电商生态体系，健全科技服务、品牌化农产品营销、创业人才培训等服务体系，带动农业生产方式和消费模式转变，全面提升农业现代化水平。

房山区成功创建了国家现代农业示范区、全国农产品质量安全示范区、国家农业科技园区、全国休闲农业与乡村旅游示范区。开展了房山区（良乡）国家现代农业产业园和窦店、大石窝两个市级现代农业产业园创建工作。北京都市型现代农业（高效农业）示范创建乡镇 9 个，全国一村一品示范村 9 个。

通州区抓住机会，抢位农业发展制高点，坚持“科技化、文旅化、资本化”导向，升级现有农业体系，占据农业价值链的顶端，打造科技农业。高端化发展科技农业。依托国际种业科技园区，打造种业硅谷，大力引进中国农科院等科研院所和种业重点企业。以农业创新成果专利认证、交易为突破，完成种业研发中心、种质资源库及产权交易中心等平台建设，加快构建农业交易市场，增强农业科技创新的国际辐射力。推进农业发展规模化、数字化、标准化，合理调整常规农业用地比例，充分发挥农业的生态休闲价值，发展庄园经济，挖掘文化内涵，以旅游为核心，打造观光休闲、养生度假、商务会议等多种功能于一体的庄园综合体，实现农业与旅游、文化等相关产业的融合。

**（三）服务功能疏解，以减量促提升**

大兴区以贡献更多的绿色 GDP 为目标，调整产业结构和布局，几年来，通过补贴政策调整，累计减少高耗水粮田种植面积 25 万亩。通过支持外埠基地建设、划定禁养区等措施缩小养殖体量，清退禁养区养殖企业 331 家，目前，大兴区还在持续推动经营性养殖散户的退出。在设施农业方面，2018 年以来共拆除农业设施和地窝棚 8715 个，清理农田和农业设施住人 1.4 万。同时，分类处置未备案农业设施，存在问题的进行整改，符合标准的补办手续。这样，大兴区对农村领域的空间资源进行了重组，置换出的部分用于生态造林、景观农业及特色产业，提升了农业生态质量。

房山区深入实施农业“调转节”，进一步优化农业生产结构和空间布局。落实市政府部署，坚决查处“大棚房”和农业设施违法违规问题，着力开展畜禽压减工作，2018 年底已累计压减畜禽 33.8 万头只。划定新版禁养区，规模养殖场粪污治理设备装备配套率 95% 以上，今年一季度畜牧产值同比下降 52.6%。主要农作物秸秆实现全面禁烧，同时提高了蔬菜废弃物、景观作物秸秆及食用菌菌棒、沼液资源化利用率。同时加大了农业综合执法、农产品质量安全、农资安全、行业生产安全监管等工作力度，探索创建房山区农产品质量安全“654321”模式，成功创建“国家级农产品质量安全示范县”。切实抓好疏解工作，推进产业发展方式变革。

昌平区持续开展养殖清退工作，完成 6 个镇（街）清退拆除 74 家养殖户（场），清退畜禽 14 万头只，拆除建筑面积 14.5 万平方米。推进农田农药化肥减量，2018 年全区农田农药总用量为 71.64 吨（折百量），比 2017 年减少 2.53%，农药利用率提升至 43.7%；农作物病虫绿色防控覆盖率达 55%；农作物病虫统防统治覆盖率达 38%；单位耕地面积亩均农药用量 254 克/亩（折百量），比 2017 年减少 12.6%。设施农业煤改清洁能源，对

12 个镇（街）22 处农业园区进行改造，完成改造面积 1.73 万平方米。此外，还积极推进“大棚类”设施农业清理整治工作，市规土委对项目逐棚进行了拉网式、地毯式验收，按照政策对重点、难点问题进行严格把关、准确分类处置，最后全部通过市级验收，以疏解整治促进农业提质升级。

## 第三节　北京都市型现代农业发展面临挑战

### 一、农业生产布局不合理

北京市近年来随着永久基本农田划定，农业生产布局出现了多点、线状、碎片化问题，严重影响农业机械化生产和规模化经营。同时，受土地性质和政策限制，一般农用地上无法实施高端，新型农业项目，而高端农业所需的建设用地指标较为紧缺，传统粗犷的农业无法向高端新型的都市型现代农业合理转型。因此，促进农业第一、第二、第三产融合发展，急需配套建设用地指标。

### 二、乡村产业发展能力尚待提升

农业规模化、绿色化、品牌化发展仍不充分，规模经营耕地面积仅有 27.5%，经营户不足 1%。通过电商销售产品的农户仅占 2%，仍有近 60% 的农户仍采取传统自销方式。乡村旅游人均消费仅 100 元，远低于全国 200 元的平均水平。

### 三、新产业新业态增收乏力

北京都市型现代农业民俗旅游呈“三下降”的趋势。2018 年北京市民俗旅游实际经营户 7783 户，比上年减少了 580 户。民俗旅游总收入 13 亿元，比上年下降了 8.5 个百分点，接待约 2322 万人次，比上年下降了近 3 个百分点，而北京民俗旅游的人均消费水平更是仅在 70 元左右。受制于北京民俗旅游淡季时间长等因素的制约，未来北京都市型现代农业民俗旅游如何发展成为亟待解决的新课题。除此之外，2018 年初以来，在全国大棚房治理行动中，北京部分休闲园区被治理整顿，使得休闲农业园区遭遇重创；而北京高端民宿的发展受制于投资运营成本过高、淡季时间长、客源市场开发力度小等因素也出现了后继乏力的局面。

### 四、城乡居民收入差距扩大

2005～2017 年，农民人均可支配收入平均递增 9.8%，低于城镇居民 1.3 个百分点，城乡居民人均可支配收入绝对差从 9793 元扩大至 38166 元，收入比从 2. 25:1 扩大到 2. 58:1，同期全国城乡居民收入比从 3. 25:1 缩小到 2. 71:1，上海、天津的扩大幅度均小于北京。

### 五、农村集体经济发展相差悬殊

城市功能拓展区农村集体资产占全市总量的 67%，众多偏远地区乡村集体经济非常薄弱，全市仅三分之一的村能够分红，80% 的村没有自营资产，资不抵债的村占 8. 3%，收不抵支的高达 47%。近十年间，村庄净资产极差扩大 1. 59 倍、人均所得极差扩大 2. 7 倍。2017 年，丰台区卢沟桥乡三路居村的集体资产接近平谷区、怀柔区两区的总和。

### 六、农村人口老龄化趋势严重

农一代已老去，农二代正在老龄化，农三代大量离土离乡，外出人口占户籍人口比重超 25% 的村庄约占三分之一。农业经营主体中，35 岁及以下的人口仅占 10%，55 岁以上占 40. 6%，受教育程度总体较低，初中及以下学历占 80. 2%。

### 七、农村基础保障水平薄弱

农村的设施保障难以满足农民的提档升级需求，农村互联网入户率仅为 64. 28%，垃圾分类的村仅占 37. 23%，部分偏远村庄供水保障和饮水安全仍存问题。农民养老保险参保率不足三分之一，人均养老金、退休金不足城市的 20%。

## 第四节　北京都市型现代农业发展制约因素

### 一、乡村振兴有资源缺要素

北京农村的自然景观、乡土文化等优势资源丰富，集体建设用地和农宅等固定资产存量庞大，集体土地面积 2049. 3 万亩，占全市总面积的 83%，因缺乏人才、资金、技术等关键要素，价值尚未得到有效激活。生态涵养区丰富的生态资源缺少由实物价值向货币价值的转化渠道，区域内 86% 的村庄没有集体经营资产，部分群众思想上产生了守着“绿水青山”如何换来“金山银山”的困惑。

### 二、乡村建设有基础缺革新

北京支农的物质投入巨大，但改革力度不足，创新性举措不多，缺少全国引领性的农村改革典型。相较上海的乡村振兴“1+1+19”政策体系，北京市多级联动、全面统筹的工作局面尚未有效形成，组合性支农惠农强农制度不多，部分部门仍把“三农”发展看成农业农村部门一家的事，存在铁路警察各管一段的问题。

### 三、融合发展有树木缺森林

北京城乡融合的发展典型，个案居多、难言模式，试点居多、难以推广。有的就试点论试点、为试点而试点，缺少普适性成果，如大望京城市化试点、50个重点村建设试点等。有的是建设指标堆起来的、集中财力推出来的，模式不可复制。有的是民间壮着胆子打擦边球闯出来的，怕社会关注，更怕形成同业竞争。

### 四、惠农政策有菜单缺菜品

政策的持续性、稳定性不足，落实落细不够，缺少操作层面的配套制度和举措，政策发挥作用的“最后一公里”问题尚未得到有效解决。基层反映很多政策总在天上飘着，看着让人垂涎欲滴，但却不能真正拿来充饥饱腹、解决问题。农村规划建设管理方面的一些招投标制度，生硬套用城市做法，出现了水土不服问题。

### 五、基层组织有资源缺要素

主管部门在标准、主体方面统得太严、管得太死，基层政府有硬约束、无话语权，对具体建设项目无力协调、无权统筹，工程建设中出现不少规划脱节、时序错配、环节错位的问题。农民的想法和愿望反映不上来，当地的基础和需求接入不进来，农民的事农民无法做决定，部分工程政府买单农民却不买账。

## 第五节　北京都市型现代农业发展趋势

### 一、绿色化趋势助力生态

#### （一）减少化肥施用量，加快绿色农业发展

2018年北京市通过测土配方施肥化肥减量技术，针对性地补充作物所需元素，扩大配方肥的推广应用，这种配方肥中污染物量十分少，有助于绿色农业的发展。目前，北京市每亩耕地施化肥减少到60千克，肥料利用率提升了9%，10年来累计减少化肥施用11.87万吨，折合减排二氧化碳43.88万吨。有机肥替代化肥技术取得了新的进展，在掌握鸡

粪、牛粪、猪粪、蘑菇渣等主要有机肥品种的养分释放规律的基础上，对不同肥力土壤进行田间试验，确定不同肥力等级土壤在保持产量稳定前提下的有机肥替代率。

### （二）扩大补贴范围，带动农业示范区发展

北京通过政策补贴在京郊粮田、露地菜田、设施菜田示范推广商品有机肥、生物有机肥替代化肥物化技术 17 万多亩，亩替代减少化肥 8 千克，取得了很好的示范带动作用。水肥一体化技术的应用也在一定程度上降低了化肥的使用量。围绕果菜、叶菜、草莓、果树水肥一体化管理模式，加强试验示范与推广，研发专用水溶肥配方 5 个，通过项目带动、政策补贴推广蔬菜专用水溶肥 502 吨，示范面积 1 万亩，实现年亩节肥（养分纯量）5.4 千克，亩节水 85 立方米，亩增收节支 546 元，北京市辐射推广 10 余万亩。最终化肥“减量增效”成效显著，利用率达到 35%。2018 年乡村振兴战略中明确指出让乡村绿色发展，化肥农药使用的减少可以很好地保护土地资源，种植出健康的农产品，是新时代的农业趋势。

### （三）加大农业面源治理，实现美丽乡村建设

北京通过重点发展生态循环农业，推进畜禽粪污、农膜等农业废弃物资源化利用，着力治理白色污染，统筹推进山水林田湖系统治理模式，开展农业节肥节药行动，加大农业面源污染治理力度，实现化肥农药使用量零增长。2018 年，北京市怀柔区明确面源污染治理目标，一是加大畜禽养殖腾退力度，实现禁养区内 187 家经营散户和 208 家重点区域养殖场户全部腾退；二是有序开展渔业综合整治工作，腾退渔业养殖户 30 家；三是做好畜禽粪污防治工作，实现设施配备率达到 100%，粪污综合利用率达到 75% 以上，经营性散户实现粪便和污水收集贮存 100% 全覆盖；四是推进化肥农药减量增效；五是做好秸秆综合利用。

### （四）完善农业耕作制度，保护农村生态环境

北京通过实施农业轮作休耕制度试点，创建农业绿色发展先行示范区，将乡村与森林完美融合，保护名木古树，保护湿地并开展生态效益补偿，实施乡村绿化美化行动，建设保护天然森林。此外，北京还加大“三北”防护林修复工程，扩大退耕还林全面保护农村生态环境。

## 二、技术化趋势推动创新

### （一）提升农产品贮藏技术，拓宽农产品产业链条

通过提升农产品贮藏技术，进而延长农产品供应时间，改变农产品季节差异，调解地区余缺，实现农产品全年不间断供应。此外贮藏技术的提高使得人们得以获得各种加工后的农产品，丰富消费者食物结构。

北京市由于其特殊的地理位置，并不适合大规模的农业开发，因此北京市农产品的供应主要以外埠为主，远距离的长途运输就使贮藏技术显得尤其重要。目前，果品的采后处

理技术、病虫害防治技术、运输和包装技术、薄膜自然气调保鲜技术等一系列的贮藏保鲜技术已有明显提高。2018 年北京市农村工作委员会提出以蔬菜、食用菌等产品为重点，开展产品采收、运输、贮藏、加工技术的示范推广的合格项目会提供资金支持。北京市对于农产品及其加工产品的需求量日益增加，且大部分产品依靠外省供应，贮藏加工技术应用范围有逐渐增加的趋势。

**（二）深化农业无土栽培技术，提高资源配置效率**

为了推动农业发展方式的转变，缓解用水用工的压力，2018 年北京市农业技术推广站将高精尖的无土栽培技术引入了京郊的普通大棚，在昌平区，番茄和黄瓜通过应用槽培模式的无土栽培，实现了每亩增产 20%、节水 14.5%、节肥 23.1%，节省人工 25 人/天，提高了资源产出率和劳动生产率。

为推进京津冀向蔬菜工厂化方向迈进，北京市农业技术推广站成立了京津冀区域首个蔬菜工厂化生产研发和示范中心。2018 年通过引进国内外先进的蔬菜工厂化生产技术、设备和管理技术，建成集示范、推广、检测、培训等功能为一体的全国性设施农业创新平台，并通过在河北、天津建基地示范带动，加快了蔬菜工厂化生产技术在京津冀推广应用。工厂化的生产技术让蔬菜产量提高了一倍，价格提高了 10 倍，这种生产技术就是以无土栽培生产技术为核心发展的。

**（三）推动农业创新发展，释放产业发展新活力**

北京积极推动农业创新驱动发展，着力攻关农业关键技术，切实推动生物种业、智慧农业、绿色农业、农业机械等领域自主创新，培育农业战略科技力量；通过打造农业产学研深度融合平台，建设农业领域国家重点实验室等科技创新平台，加强现代农业产业技术体系、产业创新中心、科技园区建设；扶持有相应条件资质的企业带头开展农业技术创新项目，着力打造农业创新型企业，强化农业企业技术创新主体地位；加快选育和推广优质草种，组织实施水稻、玉米、小麦以及畜禽良种联合攻关；加快农业机械设备提质升级，支持农业薄弱环节农机研发项目，提升农业机械化水平；加快先进实用技术集成创新与推广应用，促进农产品提质增效。

北京市将以“高端、高效、高辐射”为导向，以农业高端研发、产业链创新和现代服务业引领为重心，大力提升农业高端服务、产业链创新和先导示范功能。预计到 2020 年，北京建设落成全国农业高端创新人才和农业高端业态首选聚集地、以科技创新为核心的农业创新驱动先行区、京津冀协同床共同体核心支撑区，农业科技创新体系更加完善，北京农业创新科技引领能力进一步完善，实现北京农业信息化、智能化、生态化、农村宜居化。

## 三、网络化趋势优化渠道

随着互联网带来的农业信息化水平不断提高，通过收集农业大数据指导农业生产和农业项目的投资决策已经成为现代农业发展需求。

### （一）依托“互联网 + 农业”，促进现代农业发展

近年来，北京不断扩大农业互联网示范应用，深入推进“互联网 + 农业”发展。推进重要农产品全产业链大数据建设，加强国家数字农业农村系统建设。继续开展电子商务进农村综合示范，实施“互联网 +”农产品出村进城工程。全面推进信息进村入户，依托“互联网 +”推动公共服务向农村延伸。“互联网 + 农业”组合可以优化资源配置，使传统农业向智能化、规模化的现代农业方向发展，北京市拥有良好的农业技术和推广力量，通过结合互联网信息化，农业会以较快的速度发展。

### （二）依托现代农业服务平台，推动农业高质量发展

2018 年北京市开展智慧乡村建设，不断探索互联网农业小镇建设，加深信息化在农业产业链中的深度应用，培育新型农业精英主体信息化能力，形成经营网络化、服务在线化、管理数据化的发展模式。以节本增收为目标，加强北京现代农业物联网应用平台的服务能力，提高农业的发展质量。北京市鼓励发展农村电子商务，通过掌握更多的信息推进“一村一品 + 电商”建设。在这个信息化的时代，农业发展信息化趋势会带来更多的优势。

## 四、品牌化趋势提升品质

农产品消费已经进入注重质量和品牌的历史时期，品牌化是农业现代化的重要标志，农产品品牌建设正呈燎原趋势。食品安全问题不容忽视，打造安全食品品牌，是消费升级的必然选择。2018 年北京的情况已经从“吃品种”到“吃品牌”进行了转化，北京市已经与各地的政府部门、生产基地、企业签订协议，启动了食品安全全程监管模式，预计北京市的重点食品中将会有 70% 的果蔬、60% 的猪牛羊鸡肉、50% 的禽蛋和水产品会由标准化的基地生产，甚至会有食品品牌。北京市引导京内的龙头企业在全国打造了符合首都标准和首都市民需求的优质食品基地和企业，使消费者吃的农产品更加安全，更放心，同时也促进农产品品牌化发展。

# 第七章　北京都市型现代农业发展的政策建议

北京市围绕乡村振兴，统筹农民、农业和农村发展，2018 年北京完善农民承包地三权分置制度，持续深化农村土地制度改革，加快农村集体产权制度改革，壮大北京农村集体经济，保障农民财产权益。此外，借助北京城乡一体化发展契机，以新技术、新模式、新业态促进要素向乡村渗透，并以美丽乡村建设为支持，打造农村新兴支柱产业，实现城乡互融共荣。

## 第一节　围绕产业振兴，推进首都农业高质量发展

北京落实高质量发展要求，北京扎实推进实施乡村振兴战略，围绕产业振兴，着力提升农业农村发展水平，激发乡村振兴内生发展动力。2018 年，北京市农村居民人均可支配收入达到26490 元，增长6.6%，与经济增长同步。此外，北京还出台《推动生态涵养区生态保护和绿色发展实施意见》，对占全市面积近七成的生态涵养区发展划出“红线”：确保区域生态空间只增不减、土地开发强度只降不升。这意味着北京乡村发展也走上了“减量提质”之路，将以更为绿色的 GDP 留住美丽乡村。

### 一、打造首都安全绿色农业品牌

北京要力争全力打造绿色生产、全程监管、产品优质、品牌过硬、区域协同的北京“安全农业”品牌。按照“都市引导、区域特色、错位竞争、功能拓展”的思路，大力发展唯一性特色农产品，打造培育一批高端、优质、安全的农产品品牌，提升品牌知名度。在未来实现绿色有效供给能力的全面提升，进一步提升“三品一标”农产品认证覆盖率，并全部实现农产品可追溯，北京生产的农产品质量安全监测抽检合格率达到98%以上，全

市涉农区全部创建成为国家农产品质量安全区。

此外，北京都市型现代农业充分挖掘各区传统优势农产品资源，进一步优化品种、提升品质、培育品牌，大力扶持“一村一品”个性化、标准化发展，加强地理标志农产品的标注与“三品一标”农产品的可追溯，做好农产品产后分级、包装和贮藏，为其进超市、进社区、进电商、进专店疏通渠道、提供服务。

## 二、推进农业产业信息科技化发展

提升“菜篮子”生产基地。加快菜田信息技术装备配套，推广设施农业现代化生产方式，发展绿色优质高效蔬菜生产，建设一批高档次、高质量、高效益、具有北京特色的设施农业基地。同时，对现有规模化畜禽养殖场与屠宰场实施标准化改造提升，建立紧密型的“菜、肉、蛋、奶、鱼”外埠生产基地和屠宰场，切实提高北京鲜活农产品日常供应能力和应急保障能力。

北京都市型现代农业以数字农业信息化建设为核心，建设集农业生产、经营、监管、服务、销售、质量追溯为一体的农业全产业链数字信息化管理平台，形成农户、合作社，农业企业的管理、监管、服务联结机制。通过“一卡通＋社会化服务软件”方式，简化农户与政府平台对接程序，推动现代农业，科技农业全面发展。

## 三、建立完善设施农业长效监管机制

北京都市型现代农业的发展按照“发现—处置—整改”全流程闭环监管要求，建立了市区镇（乡）村四级、农业与规划国土部门联动的监管机制，压实各级各部门监管责任。落实日常巡查报告制度，加强技防手段，完善问题处置制度，实施市级季抽查、区级季巡查、镇级月检查、村级日常巡查，做到随时发现、随时处理。形成了目标明确、上下一体、部门联动、职责清晰、标准统一的设施农业长效监管机制，确保及时、有效地制止和查处设施农业违法违规建设行为，防止“大棚房”问题出现反弹。

## 四、加强政策统筹全面推动农业产业发展

北京都市型现代农业统筹制定强农惠农政策，继续做好政策汇编，确保政策简单易懂，程序简便、快捷，做到事前环节有谋划、有统筹，事中环节有调度、有监管，事后经验有总结、有推广。

## 第二节 围绕生态振兴，加速绿色生产方式转变

北京都市型现代农业切实把生态文明理念融入农业现代化建设，大力发展生态农业，循环农业，形成绿色、低碳、循环的农业现代生产体系和产业体系实施畜禽养殖污染物减排，推动畜禽养殖粪污治理和资源化利用全面推进化肥减量，秸秆综合利用、绿色统防统治农膜农药废弃物循环，有效治理农业面源污染。

### 一、深化农业结构调整，统筹推进农业布局优化调整

北京都市型现代农业在优化发展区着力提升适度规模经营水平，在保护发展区着力调减高耗水粮食种植，在禁区着力引导经营性畜禽养殖户有序退出，在限养区着力推进高污染养殖场向生态环保型生产转变，要认真做好农业“调转节”中转出劳动力的就业服务，切实让农民转得有出路、就业有门路。

### 二、借助科技创新与服务业发展优势，全面推进农业绿色生产

北京都市型现代农业深入开展化肥农药减量行动，实施农业投入品绿色评估和准入管理，强化土壤污染管控和修复，着力改善产地生态环境。集成发挥北京所具有的各项资源优势，培育发展各类专业化、市场化服务组织，依靠科技提升质量、依靠服务提升水平，大力发展现代种业、“互联网＋现代农业”、休闲体验农业，建设和改造提升特色优质生产示范基地。

### 三、强化农产品质量安全全程监管，逐步完善农业信息化水平

北京都市型现代农业重点是强化基层监管，全面推行网格化管理，切实做到源头严防、过程严管、风险严控，把产品安全、资源节约、环境友好的要求落实到每个地块。对农业生产经营主体开展信用评价与等级管理，并逐步纳入全市公共信用信息服务平台。

## 第三节 围绕人才振兴，聚力新型职业农业主体培育

北京农业通过完善土地流转，加强科技推广和政策支持机制，培育发展农民专业合作

社，扶持家庭经营，做大、做强农业龙头企业，培育新型农业经营主体，加快培育一批职业农民、青年农场主、农业职业经理人和有一技之长的农民，支持返乡下乡人员创新创业，加强经营主体在技术合作、信息交流、产业链构建等方面的协同，打造一支都市型现代农业发展的主力军，助力北京都市型现代农业更高质量发展。

### 一、加快培育农业职业人才，建立新型职业农民制度

北京都市型现代农业的发展要积极推动各方面对农业的支持政策，通过土流流转、财政补贴、社会保障、产业发展等政策的落实，向家庭林场、合作社、龙头企业、农业产业化联合体等新型农业经营主体倾斜，让农民成为有吸引力的职业。

### 二、加快培育农业科技人才，深化农业科技成果转化

北京都市型现代农业的发展离不开人才的支撑，而种植业作为首都农业优势产业，健全该产业领域科研人员培养，以知识产权明晰为基础、以知识价值为导向的分配政策，支持农业技术人员提供增值服务并合理索取薪酬，在高端农业产业领域培养一批杰出创新人才，进一步提升北京农业科技竞争水平。

### 三、加快培育农村专业人才，创建新型农业产业形式

北京都市型现代农业的发展需要一批相关领域的专业人才深入农村创新创业，从而使得科技、金融、文化创意、互联网等产业在农村得到更好的发展，并且要大力支持高等院校毕业生、大学生村官等群体到农村发展农业企业，提升农村经济水平。

### 四、加快培育农村乡土人才，促进传统农业文化渗透

北京都市型现代农业要加强对乡村教育、文化、卫生、旅游等本土人才的培育，扶持培育一批农业职业经理人，对乡村工匠、乡村文化能人、乡村非文化遗产传承人等农村乡土人才加强保护，同时鼓励北京高校等机构围绕乡村振兴战略要求，设置相关课程，促进传统农业文化渗透。

## 第四节　围绕农村土地改革，创新体制机制新动能

北京农村土地制度改革，要紧扣落实城市总体规划，对集体经营性建设用地入市、征地制度、宅基地制度改革做出统筹谋划，形成联动机制、整体“套路”，为构建城乡统一

的建设用地市场、促进城乡融合发展提供支撑。

### 一、放活土地经营权，创新土地流转方式

北京积极探索创新土地流转方式，以承包地、集体林地“三权分置”的实现形式，加快放活农村土地经营权，从而提高土地融资灵活性，便于入股从事农业产业化经营，另外，也可以鼓励以多渠道方式提升农业适度规模经营程度，探索乡镇统一组织经营管理试点，提升农业现代化水平。此外，农村土地确权颁证工作也要有序做好，让农民吃上长效“定心丸”。

### 二、激活集体经营性建设用地，完善农村体制建设

北京要激活、利用好集体经营性建设用地这一资源，对正在开展的集体经营性建设用地入市、利用集体土地建设租赁住房、乡镇统筹利用集体产业用地、“村地乡管”等各类试点，要加强经验总结，完善体制机制，有序提速扩面，实现集体经济“腾笼换鸟”。

### 三、探索宅基地“三权分置”，实现城乡要素双向自由流动

北京要根据闲置农房发展项目落实研究出台相应的管理办法，使得工商、消防、特种行业经营等领域便于市场准入，闲置农房盘活要守住底线，不得违规违法买卖宅基地，严防外部资本侵占控制。切实抓好土地制度改革这一关键问题，充分激活主体、激活要素、激活市场，实现城乡要素双向自由流动、平等交换。但在深化农村改革过程中，既要注重保护集体经济组织的利益，不能“洒汤漏水”，要防止城市化进程中农民的合法权益被侵占、被挤用，切实维护从城市化进程中农民的利益。

## 第五节　围绕城乡融合，助力农业发展方式转变

### 一、依托城市资源，都市农业实现提质增效

以适应居民消费升级趋势、满足超大城市的中高端市场需求为方向，在供给侧和需求端双向发力，都市农业实现了产品升级、服务升级，在市场中觅得新商机，既丰富了首都市民的“菜篮子”，又充实了农民兄弟的“钱袋子”。老牌蔬菜种植地延庆区“北菜园”，种植有机蔬菜，服务城市高端需求，研发以虫治虫产品，用生态办法解决生态问题，启动资金十几万元的小合作社发展成了产值千万的大企业。平谷区的沱沱工社依托互联网升级

农业生产、深挖附加值，综合发展有机种植、农耕体验、蔬菜宅配、科普教育等项目，初具田园综合体雏形，首农食品集团旗下峪口禽业公司，依托科技创新中心的智力资源，研发国产蛋鸡育种专用基因芯片，推动蛋鸡业从中国制造走向中国创造，有效助力了种业之都建设。

## 二、建设新型城镇，城乡空间强化有效连接

一批具有引领示范作用的新市镇、特色小镇、特色小城镇在京郊大地如雨后春笋般涌现，这些“村庄里的城市”，一手牵着现代都市一手牵着美丽乡村，服务“四个中心”建设，承接首都高端溢出功能，带动周边农村发展，构建起了以城带乡、城乡一体、协调发展的新型城乡关系。顺义区赵全营镇整合城乡优质资源，打造高水平的城镇营商环境，建设高质量的农村人居环境，吸引30余家三板公司落户，给村民建齐了水电气热设施，配备了流动医疗车、安全校车、便民菜车。怀柔区雁栖镇依托优质山水资源，建设“国际会都”，服务国际交往，吸纳了雁栖镇7000余人就业。通州区台湖镇统筹集体建设用地用于演艺小镇发展，与国家大剧院形成产业链衔接、错位发展，在农村的土地上建成了小剧场，办起了艺术节，引来了艺术家，有效对接了中心城、保障了副中心、服务了城乡人。

## 三、发展融合生态，城乡主体实现合作双赢

北京立足乡村生态资源，融合城市创新资源，激活农村人力资源，吸引返乡人才资源，培育多元化产业融合主体，建立多形式利益共享机制，各种融合性新产业、新业态精彩纷呈，服务了市民休闲需求，促进了农民增收致富，带动了乡村建设发展。孔博带领返乡大学生团队创办农业电商“密农人家”，与密云区60余家生产基地和农户建立合作，满足了近60万人的消费需求。国奥集团依托怀柔区田仙峪村40余处闲置农宅，发展“乡居式养老”，满足了城市的养老需求，提升了乡村的面貌品质。房山区黄山店村改造闲置农宅，委托远方网经营高端民宿，企业出策划、经营，集体出组织、管理，农民出房产、劳力，收入按比例分割，一个平台整合了多方的智力资源、网络资源、农宅资源、劳力资源，也使山货、野菜等农民手中销路不畅的“存货”，变成了游客眼中炙手可热的“尖货”，多主体共同办成一件城乡双赢、合作共赢的好事。

## 四、深化改革，城乡要素加速双向融通

农村土地、产权制度深化改革，为城乡融合奠定了资源、权属和组织基轴。承包地确权颁证、有序流转，推动了农业的“调转节”和规模化经营。截至2018年年底，流转率已达69.7%，13万个经营主体，平均经营规模22.8亩，延庆区四海镇流转土地5320亩，依托新型经营主体种植、加工菊花，打造出著名的“四季花海”。集体建设用地入市和乡镇统筹利用试点，通过“腾退减量”“腾笼换鸟”，拓展了城市的高质量发展空间。大兴

区西红门镇、大兴区旧宫镇拆除集体工业大院，建设鸿坤金融谷和首农中科电商谷，并已吸引400余家企业入住，正在配套建设集体租赁住房，集体产权制度改革，明晰了产权关系，激活了发展潜力。截至2018年年底，村级改革完成98%，336万农民成为股东。丰台区西局村为集体经济引入现代企业制度、配置产业用地资源，主动融入城市发展服务市民需求，旧厂房变身大商场，出租房升级成写字楼。

# 第二篇　分　　论
# ——现代农业产业技术体系创新团队发展报告

# 第八章　现代农业产业技术体系创新团队产业技术支撑作用

2018 年现代农业产业体系北京市创新团队充分确定了以“绿色发展、营养安全、优质高效、智慧农业”为核心的践行“调转节”之路，实践了“立足北京、引领津冀、辐射全国”的团队工作核心，在“生态环保、高端高效、优质安全、示范引领”等方面开展了大量工作，为把北京及其周边建设成为“立足北京、引领津冀、辐射全国”的都市型现代农业模范基地。

## 第一节　团队总体情况

10 个现代农业产业体系北京市创新团队（以下简称“创新团队”）分别为种植组的果类蔬菜创新团队、叶类蔬菜创新团队、粮经作物创新团队、食用菌和西甜瓜创新团队；养殖组的生猪创新团队、家禽创新团队、奶牛创新团队、观赏鱼创新团队和鲟鱼鲑鳟鱼创新团队。通过对产业区域的全面调研，开展团队技术研发、新品种突破、新产品创新，推广农民技术服务与培训活动；创建农产品信息平台，确保在生产、管理、销售、服务的全方位监控，提高农民收入、提升农产品质量；收集相关农业政策，为产业发展趋势提供政策依据，为政府决策提供理论依据，为农业社会化服务体系建设提供现实依据；不断扩大媒体宣传，发挥地区优势，总结经验、模式，打造产业品牌，扩大产业知名度，获得大量的科技进步奖项，示范效应明显。

### 一、团队目标制定

2018 年北京市创新团队紧紧围绕绿色发展的理念，以节水、节肥、减药为手段，不断开展粪污处理和循环利用技术攻关，大力发展生态农业和循环有机农业。面对北京种植业空间不断压缩，中小型、污染型养殖业退出的趋势下，大力推进农业产业结构的调整，减少化肥施用量、减少耗水农作物种植、改善农产品生产模式、创新农业技术，打造新型都市型农业。同时，根据政府相关产业带动低收入村帮扶政策，团队不断利用新技术推广、新产品的研发、新品种的宣传等多种形式，带动北京低收入村致富，成效显著。

## 二、团队内部建设

北京市创新团队岗位融合度不断加强不断，不断重视组织机制、管理制度、文化建设和考核机制等方面的协调与创新，不断创新组织模式，充分发挥创新团队的“纽带作用”，加强专家—试验站—田间学校的合作，指导开展相关的试验示范；不断加强团队建设，已经形成首席办公室、功能研究室、综合试验站和农民田间学校工作站为网络的组织结构；不断构建多种互联网平台，加强会议、语音、视频等沟通交流，提高工作效率。以团队总体目标为工作方向，营造团队文化，有效增强了团队的工作积极性，扩大团队的社会影响。

## 三、团队沟通协作

北京市创新团队非常注重团队内部融合度，通过组织会议交流、观摩学习、学术活动以及材料报送等方式，加强内部沟通协作。2018 年各创新团队会议出勤率均达到 90% 以上，其中达 98% 的团队有 5 个，占据创新团队的一半；材料报送共 7283 余条，被科教处采纳近 140 条。其中，果类蔬菜团队和叶类蔬菜团队材料报送均超过 1000 条，家禽团队材料被科教处采纳较多，达到 29%（见表 8 – 1）。团队高效的材料报送保证了创新团队运行的顺畅。其中，家禽团队形成了“定期协商、联合作战、协同攻关”的工作模式，保证了各项团队任务能够高效、顺利完成。

**表 8 – 1　创新团队会议、材料报送情况总结**

| 创新团队 | 会议效率（以上） | 材料报送（条） | 科教处采纳（条） |
|---|---|---|---|
| 果类蔬菜 | 95% | 1576 | — |
| 叶类蔬菜 | 98% | 3786 | 19 |
| 食用菌 | 98% | 340 | 30 |
| 粮经作物 | 90% | 441 | — |
| 西甜瓜 | 99% | 160 | — |
| 生猪 | 95% | 200 | — |
| 家禽 | — | 286 | 82 |
| 奶牛 | 98% | 350 | 6 |
| 观赏鱼 | 98% | — | — |
| 鲟鱼鲑鳟鱼 | 90% | 144 | — |

### 四、团队资金管理

各创新团队按照《现代农业产业技术体系北京市创新团队建设专项资金管理办法》均制定了具有团队特色的资金管理制度，不断更新、逐步完善、严格执行；年度任务开始前根据团队研究需要进行合理的资金的预算，并严格遵循国家与市政府相关管理制度，按照团队资金管理制度使用资金，保证了资金使用的合理、规范、高效。各岗位专家任务书均列举年度经费的使用明细。同时，北京市农业局每年组织相关人员对团队的专项资金使用、支出范围、财务管理等方面进行重点检查。

## 第二节　团队技术研发情况

北京市创新团队在2018年瞄准团队目标，紧跟年度预定指标，进行了大量的项目研发、技术示范。充分发挥团队的创新作用，引领企业、试验站、农户等发展。技术研发项目311项，示范技术288项，申报并获得专利104项，获国家级、省部级奖项达14项，出版著作74部，发表论文433余篇。同时，各团队在政策建议、制定标准方面发挥了重要作用。根据统计，2018年创新团队共提出政策建议17项、编写标准1项、撰写研究报告6篇，为政府、企业及个体的发展起到了有效的促进作用（见表8-2）。

**表8-2　　2018年创新团队技术成果统计**

| 创新团队 | 研发项目 | 示范技术 | 获得专利 | 获奖 | 著作 | 论文 | 其他 |
|---|---|---|---|---|---|---|---|
| 果类蔬菜 | 34 | 12 | 23 | 7 | — | 32 | 提出政策建议17项 |
| 叶类蔬菜 | 18 | 20 | 19 | 3 | 4 | 68 | 撰写研究报告3篇 |
| 食用菌 | 10 | 13 | 6 | 1 | — | 16 | — |
| 粮经作物 | 45 | 48 | 19 | 0 | 3 | 29 | — |
| 西甜瓜 | 14 | 35 | 4 | — | — | 35 | 推广新品种22个 |
| 生猪 | 26 | 10 | 2 | 1 | 3 | 28 | — |
| 家禽 | 30 | 26 | 5 | 2 | 7 | 76 | 研发与引进筛选新产品29项 |
| 奶牛 | 89 | 86 | 10 | — | 15 | 69 | — |
| 观赏鱼 | 41 | 22 | 12 | — | 13 | 15 | 撰写研究报告3篇<br>编写标准1项 |
| 鲟鱼鲑鳟鱼 | 4 | 16 | 4 | — | 29 | 65 | — |
| 合计 | 311 | 288 | 104 | 14 | 74 | 433 | |

# 第三节 团队产品成果研发情况

在研发项目的同时，创新团队不断促进新技术和新产品的研发推广。2018 年团队共研发、集成新技术 240 余项，研发新产品 142 项。促进产业技术进步，并丰富市场的品种，满足消费需求，有效推动农业供给侧结构性改革（见表 8－3）。例如，家禽团队开展系列新产品联合攻关与示范推广工作，重点对绿壳蛋鸡新品系和红羽粉壳蛋鸡新配套系开展持续选育，示范生产富硒鸡蛋、叶酸鸡蛋、欧米伽 3 鸡蛋等功能性鸡蛋，研发成功种公鸡专用料和复合微生态制剂，升级改造新翻抛机和带式清粪系统。

**表 8－3　技术产品创新统计表**

| 创新团队 | 研发新技术 | 研发新产品 | 代表性新产品 |
|---|---|---|---|
| 果类蔬菜 | 12 | 7 | 蔬菜育苗专用生根菌 |
| 叶类蔬菜 | 18 | 22 | — |
| 食用菌 | 10 | 2 | 菊花栽培机制 |
| 粮经作物 | 45 | 30 | 通州区公主 |
| 西甜瓜 | 14 | 22 | 嘉帅美红 |
| 生猪 | 9 | 7 | 种猪自动化测定管理系统 |
| 家禽 | 26 | 12 | 种公鸡专用料和复合微生态制剂 |
| 奶牛 | 55 | 14 | 衡安堂 166“超级酸奶” |
| 观赏鱼 | 22 | 22 | 蓝色系金鱼保色饲料 |
| 鲟鱼鲑鳟鱼 | 30 | 4 | — |
| 合计 | 241 | 142 | |

# 第四节 团队综合效益

## 一、经济效益

促进农民增收、带动农民致富是北京市创新团队的落脚点，通过对新技术、新产品的示范推广、对农民进行培训指导，扩大了新技术、新产品的应用范围，提高了农业生产效率，增加了农民收入，取得了良好的经济效益（见表8-4）。

其主要表现为以下几方面。第一，通过使用新技术新产品促进单位产量的提升。果菜、叶菜、粮经团队新技术研发使用促进单产提高平均15%以上，食用菌和西甜瓜团队单产提高10%以上，养殖组团队提高单产方面同样效益突出。第二，产品质量改善方面，团队不断筛选和培育新品种，其中果蔬团队尤为突出进行有效品种改良和筛选80种。第三，在要素投入量减少量方面，团队更是效益突出。其中果类蔬菜机械化水平的提高，替代劳动力的投入量，平均节约劳动力投入量41.5%，降低人工成本，也给农业劳动力高龄化的北京，解决了谁来种菜的难题；粮经团队带动农民增收明显，通过团队成员的技术创新和推广，为示范户增收总计840.4万元；观赏鱼团队以每亩放养锦鲤水花10万尾为例，养殖期间的饲料、苗种、电、人工、鱼药等成本约为51000元/亩，期间要扣除损耗0.8%左右，如果推广6500亩，可产生直接经济效益4500万元。

表8-4　创新团队经济效益总结

| 创新团队 | 单位产量提升 | 产品品质改善 | 要素投入减少 | 农民增收/企业增收 |
|---|---|---|---|---|
| 果类蔬菜 | 单位产量平均提升了18.3%以上 | 品种改良/良种筛选80种 | 1. 全市平均减少化肥投入11.6%<br>2. 平均节约劳动力投入量41.5% | 增收2.25亿元 |
| 叶类蔬菜 | 单位产量平均提升了15%以上 | 品种改良/良种筛选49种 | — | 农民收益长幅度均增在10%以上 |
| 食用菌 | 单位产量平均提升了11.68% | 夏季菇品质得到改善 | 1. 减少化学药剂投入2~4次<br>2. 节水13.4万立方米 | 1. 低温平菇品种农民亩增收2000元<br>2. 夏季菇亩增收2000~3000元 |
| 粮经作物 | 单位产量平均提升了19.8% | 1. 甘薯新品种7个以上<br>2. 鲜食玉米新品种20个 | 1. 化肥/农药/添加剂等物质使用明显下降（12.9%）<br>2. 节水目标实现79.3% | 示范户增收总计840.4万元 |
| 西甜瓜 | 1. 小型西瓜比普通种植增加产量15%<br>2. 商品瓜总增产65万个、113.8万千克<br>3. 中型西瓜简约化栽培技术示范点单位产量提升14.5% | 全年推广西瓜新品种22个 | 1. 减少种子投入5%~10%<br>2. 减少用工量和劳务投入5%<br>3. 总节水15.2万立方米 | 瓜农增收901.6万元 |
| 生猪 | 单位产量提升5%以上 | — | — | 带动（示范点）农民年增收10%以上 |

续表

| 创新团队 | 单位产量提升 | 产品品质改善 | 要素投入减少 | 农民增收/企业增收 |
| --- | --- | --- | --- | --- |
| 家禽 | 1. 蛋鸡平均产蛋率提高2%<br>2. 种鸭产蛋率提高1.5% | 1. 选育推广新品种3个<br>2. 鸡蛋功能性物质和营养成分得到明显提高 | 1. 北京鸭节省人工成本60%以上<br>2. 抗生素投入量减少 | 可为家禽养殖户带来直接经济效益4545万元 |
| 奶牛 | 成乳牛单位产量平均年增产69.54千克 | — | — | 为奶农增加直接经济效益约9015.9万元 |
| 观赏鱼 | — | 1. 共引进、驯化、筛选观赏鱼新品种12个，研发新产品22个<br>2. 泼洒光合细菌试验池养殖金鱼生长速度比对照池增加7.4%；养殖锦鲤生长速度增长8% | 观赏鱼繁育技术体系节水效果非常明显 | 经济效益4500万元 |
| 鲟鱼鲑鳟鱼 | 在区县应用了鲟鱼全年人工繁育技术、优质苗种推广技术和推广优良的硬头鳟、虹鳟、金鳟、哲罗鲑等品种，推广了生物浮床、水质净化、优质饲料等技术、液氧添加技术，比传统养殖单位产量提升15% | 品种改良/良种筛选数目完成700万尾 | 通过对鱼粉蛋白源的替代和投喂策略的研究，有效降低了养殖过程中的饲料成本，提高饲料的利用率，降低投入产出比 | 经统计，被培训农民收入平均增加15% |

## 二、社会效益

北京市创新团队通过媒体宣传报道、参加国内外交流、组织观摩及对农民进行培训指导等多方面措施，加强团队对先进经验的借鉴学习，同时增强社会对创新团队的认知，社会影响力明显提升，并且逐步走出北京，影响力扩大到京津冀甚至全国。第一，2018年共进行媒体宣传1086次，宣传力度较2017年加大。参加国内外交流451余次，组织观摩555余次，培训人员近2.7万人次（见表8-5），有效扩大创新团队在产业内、领域内的影响力。第二，宣传、技术推广方式创新，各个团队根据本产业特点，积极尝试新的宣传、推广方式，取得良好的效果，观赏鱼团队通过“大赛、品评会、展览、进社区、进学校、进公园”等方式，推进观赏鱼产业融入市民生活，为养殖户提供全方位产业服务；奶牛团队以“奶牛保姆行动——京津冀精准服务牧场行”活动为主导，促进三地奶牛养殖技术水平提高。

**表 8－5　　　　社会效益总结**

| 创新团队 | 媒体宣传（次） | 国内外交流（次） | 组织观摩（次） | 培训人员（人次） |
|---|---|---|---|---|
| 果类蔬菜 | 104 | 16 | 70 | 3812 |
| 叶类蔬菜 | 345 | 4 | 11 | 1000 |
| 食用菌 | 26 | — | 41 | 3425 |
| 粮经作物 | 62 | 47 | 98 | 1917 |
| 西甜瓜 | 32 | 29 | 60 | 1900 |
| 生猪 | 68 | 37 | 83 | 2649 |
| 家禽 | 7 | 37 | 83 | 2649 |
| 奶牛 | 199 | 106 | 8 | 4353 |
| 观赏鱼 | 38 | 24 | 19 | 2900 |
| 鲟鱼鲑鳟鱼 | 205 | 151 | 82 | 2320 |
| 合计 | 1086 | 451 | 555 | 26925 |

## 三、生态效益

2018 年北京市对生态建设的力度增加到前所唯有的高度，新一轮百万亩造林行动已经启动，生态效益已成为北京农业产业的生命线。因此，北京市创新团队紧跟时代的发展潮流，顺应“调结构、转方式、发展高效节水农业、生态农业”的思路，在节水减排、粪污处理方面成效显著，已产生有较大影响力的生态效益（见表 8－6）。

第一，节水技术、产品的应用。如果菜团队将循环利用技术与农业生产生活技术相结合，研发节水、减肥技术 4 项，基质栽培技术 5 项；叶菜团队实施滴灌、膜下滴灌、地上微喷、地插式微喷、悬挂式微喷、旋转微喷 5 种节水技术，节约水资源利用。第二，减排技术、产品的应用。主要是通过降低氮、磷等的排放、控制二氧化碳等气体和污水排放，减少环境污染，如果菜团队减少果类蔬菜生产中化学投入物的使用量，开展蔬菜秸秆利用技术。第三，在粪污处理的模式和技术研发方面，2018 年生猪团队实现了重大突破，即将面向市场进行推广应用。利用携氧材料进行沼液调节池、生化反应池中水生植物定植生长研究，其结果不仅能降低猪场污水处理区域的气味，还能增加污水处理区域的绿色景观，从而大大改善猪场及周边环境。经过对示范点的工程改造设计、施工和调试，已经正式运行的结果好于预期效果，生化反应池水生植物成活率达到 90%，沼液调节池水生植物成活率达到 80%，示范点的工程改造后的可生化性，已经能够掩盖臭味和改善猪场环境。

表 8－6　　创新团队节水减排技术总结

| 创新团队 | 节水措施 | 减排措施 |
|---|---|---|
| 果类蔬菜 | 节水高效技术及智能自动化设备的应用有效提高了资源利用率 | 减少了果类蔬菜生产中化学投入物的使用量 |
| 叶类蔬菜 | 1. 采用节水关键技术和水肥一体化技术<br>2. 实施滴灌、膜下滴灌、地上微喷、地插式微喷、悬挂式微喷、旋转微喷 5 种节水技术 | 1. 绿色防控示范：减少农药使用实现绿色防控<br>2. 利用 RPS 太阳能集热供热系统该系统冬季给蔬菜大棚供热，以替代燃煤炉，发展低碳、环保清洁能源 |
| 食用菌 | 节水技术得到广泛应用，累计应用面积 1.5 万亩，累计节水 13.4 万立方米 | 积极进行循环利用模式研究，推广循环利用技术，将循环利用技术与农业生产生活技术相结合，开发了菌糠资源化利用的多个方向 |
| 粮经作物 | 1. 在示范点生产中进行了节水轻简化技术集成应用，结合科学的水肥管理，比改造实现年节水 160 立方米/亩，亩节本增 200 元以上<br>2. 在甘薯育苗中应用倒挂微喷及电热育苗等技术较传统育苗方式节水 30%<br>3. 在田间学校草莓示范园区推广水肥一体化技术 | 粮食作物秸秆综合利用 |
| 西甜瓜 | 1. 西瓜团队在水肥一体化技术方面：有效节水节肥，降低了资源消耗，加强生态系统的良性、高效循环<br>2. 甜瓜栽培技术中一系列技术的应用减少了水肥等资源的消耗，有力地促进了资源节约型和环境友好型甜瓜产业的成长 | 1. 通过蜜蜂授粉技术的推广，减少了面源污染<br>2. 有效减少农药投入，降低了土壤污染 |
| 生猪 | 团队研发、推广了新型节水饮水器。对保育猪用饮水器进行了水位控制方面的改进，饮水器中水位有所降低，猪只在饮水的过程中不易溢出，减少了饮水浪费 | 1. 团队专家谯仕彦研发了低氮排放日粮技术。经测算，最高实现 N 减排 27.2%，P 减排 25%，同时不会影响生长性能各项指标，做到了从源头控制养殖废弃物的产生<br>2. 开展养殖过程中的节能减排技术工作。通过猪舍保温节能改造技术和猪舍空气源热泵供暖技术，有效解决了养殖业煤改清洁能源后，用电量大的问题 |
| 家禽 | 1. 节水型饮水技术<br>2. 播种式消毒平均节水率约为 40% 以上，二流体消毒平均节水率 60%<br>3. 雨水回用技术年收集回用雨水近 12 吨 | 1. 异位发酵床养殖技术实现了养殖废弃物的零排放，示范场每年可减少粪污排放约 300 吨<br>2. 节粮型蛋鸡的推广可减少鸡粪排放量 2210 吨，减少 N 排量 108.069 吨，减少 P 排量 23.426 吨 |

续表

| 创新团队 | 节水措施 | 减排措施 |
| --- | --- | --- |
| 奶牛 | 加强养殖场节水培训，节水意识贯穿了奶业链各个环节，奶牛养殖业逐步向节水高效转变 | 在饲料转化方面，鼓励饲草与农作物秸秆相结合的粗饲料高效利用模式，不断提高奶牛日粮转化率，降低饲料废弃的二次环境污染 |
| 观赏鱼 | 1. 进一步完善了观赏鱼繁育技术体系，半水龟类的黄缘闭壳龟幼龟 5 个月耗水 8.94 ~ 29.8 升，水龟类的黄喉拟水龟龟略多些，5 个月耗水 17.88 ~52.15 升，养殖耗水量非常少<br>2. 开展了金鱼和张金生渔场开展了锦鲤土池利用光合细菌的节水应用试验，在接近相同用水量情况下，生长速度分别比对照增加了 7.4% 和 8% | 通过饲料中合理的营养配比提高金鱼对蛋白、脂肪的吸收和转化，减少氮磷的浪费 |
| 鲟鱼鲑鳟鱼 | 1. 开展了山区流水养殖模式水净化技术研究，通过“源头净化—过程消减—尾水深度处理”的流水养殖水体综合养护系统进行尾水处理，对环境没有污染，下游可直接利用，节水率达到 100%<br>2. 开展了鲟鱼工厂化循环水养殖高效水处理系统的研发初步构建了适合北京地区的安全、高效、低廉的水质净化模式每天少换水 3%，按 1.2 米水深计，则每亩每年节约用水 9000 吨 | 构建低鱼粉沉性膨化饲料加工关键参数及容重模型，每吨饲料降低养殖过程中氮排放 10%、磷排放 20% |

## 四、应急工作

北京市创新团队在开展团队常规工作、完成团队既定目标任务的基础上，合理解决基层工作站面临的问题，防范各种极端天气及时，应对各项应急性工作，使得灾害得到解决甚至完全解决，使团队、基层组织等减少大量损失。2018 年团队共处理突发性事件 89 次，解决了由市场、气候、病虫害等突发因素带来风险，为企业和农民等挽回了大量的损失。尤其是生猪团队 2018 年在非洲生猪疫情的爆发事件北京生猪管理工作加强，应急工作及时、有效，保障了北京市猪肉市场的稳定（见表 8 −7）。

**表 8－7　　　　创新团队应急工作总结**

| 创新团队 | 应急工作（次数） | 主要解决问题 |
|---|---|---|
| 奶牛团队 | 12 | 1. 应急服务方旭养殖中心乳房炎<br>2. 入户解决密云区牛场生产难题<br>3. 应急服务解决牛死亡问题<br>4. 专家联合解决延庆区大地群生养殖场突发受胎率低的难题 |
| 生猪团队 | 4 | 1. 积极应对和防控非洲猪瘟疫情<br>2. 积极应对养殖行业面临的大豆和豆粕短缺问题<br>3. 保障两会和中非论坛峰会的肉品供应<br>4. 积极开展对低收入农户科技帮扶的工作<br>5. 灾害处理 |
| 家禽团队 | 6 | 1. 应对中美贸易战对美国大豆依赖，制定了“蛋鸡，肉鸡配合饲料”团体标准<br>2. 团队周密部署、提前应对，高度重视禽流感、新城疫等重大家禽疫情防控工作<br>3. 应对不利气候<br>4. 应对低收入帮扶 |
| 叶菜团队 | 2 | 1. 分批培育芹菜苗<br>2. 为了解降雨对叶菜生产造成的影响<br>3. 应对北京地区高温、连续降雨 |
| 果菜团队 | 5 | 1. 完成政府应急任务<br>2. 北京市暴雨来袭，积极做好预防与善后工作<br>3. 疑难病害发生，团队专家积极应对解决 |
| 粮经团队 | 5 | 1. 临时性工作：追加评审报告、为农业局粮经处开展轮作休耕政策需求调研等<br>2. 灾害处理：栽培/植保等岗位专家实时追踪气象和病虫草害动态，及时报道发布预警信息，提出减灾措施 |
| 食用菌团队 | 17 | 1. 在临时工作方面，及时、高效地完成农业局等政府部门安排部署的各项临时工作<br>2. 在灾害处理方面，北京市食用菌创新团队建立了三级灾害应急处理程序，灾害发生后，先由田间试验站站长组织当地力量对受灾情况进行充分了解；然后由综合试验站收集信息，统一上报至首席办；最后由首席办组织专家，筹集资源对灾情进行救助 |
| 西甜瓜团队 | 28 | 1. 针对品种、栽培、植保、政策等出现的临时性突发问题各岗位专家、综合试验站站长、田间学校工作站相关人员及时到达现场，处理突发问题<br>2. 大兴区上半年出现大风、倒春寒、强冷空气、连续阴雨降温等自然灾情况，灾情出现后团队提前或事后及时解决，将灾害避免或降低到最小状态 |

续表

| 创新团队 | 应急工作（次数） | 主要解决问题 |
| --- | --- | --- |
| 观赏鱼团队 | 7 | 1. 发布灾害性气象预警信息 1 条<br>2. 鱼病灾难预警信息 1 条<br>3. 已设立观赏鱼病害监测点 15 个<br>4. 检测观赏鱼易感的重大水生动物疫病样品 28 个 |
| 鲟鱼、鲑鳟鱼 | 3 | 制订了《传染性造血器官坏死病应急预案》《洪灾过后渔业生产补救措施》《暴雨、雷阵雨渔业生产须知》，及时报道发布预警信息，提出减灾措施。有效减少灾害损失 80% 以上 |
| 总计 | 89 | |

# 第五节　团队标志性成果

## 一、质量安全技术

### （一）番茄病虫害检测及鉴定技术

开展番茄上主要病虫害的检测及鉴定研究，建立相关检测鉴定方法；研发快速分子检测试剂盒。研发了番茄灰霉的快速检测试剂盒，建立了番茄灰霉病的快速分子检测方法，实现病原菌的快速微量检测，获得国家授权发明专利一项。2018 年研发和示范南方番茄病毒（STV）常规分子检测技术（RT - PCR 检测），通过对昌平区、房山区番茄样品的检测，获得了稳定的检测效果，适用于田间样品检测。

### （二）新型土壤消毒技术体系

针对新型土壤火焰消毒技术在昌平区地区选择土传病害发生较为严重的两个温室大棚作为试验场地，开展了效果的评估。结果表明，黄瓜大棚和辣椒大棚采用火焰消毒处理后显著增加了作物产量，显著减少土壤中的病原线虫、镰刀菌和疫霉菌数量，显著减少了禾本科杂草和阔叶杂草的数量，减少根结指数。并且火焰消毒二次处理比一次效果更好。

### （三）新进二联灭活疫苗技术（aSG10 株 + G 株）

北京市家禽产业创新团队通过对新城疫病毒（NDV）国内流行毒株进行遗传改造成功获得基因 VII 型 NDV 弱毒株（aSG10 株）并证明其具有可良好的安全性和免疫效力，联合 H9 亚型禽流感病毒流行毒株（G 株）研制了“重组新城疫病毒、禽流感病毒（H9 亚型）二联灭活疫苗（aSG10 株 + G 株）”并获得国家三类新兽药证书（2019 新兽药证字 26 号）。该二联灭活疫苗免疫后免疫产生期早、免疫持续期长、保护率高，对近五年田间分离株的免疫保护效果均在90%以上，对于养禽生产中鸡新城疫和H9亚型禽流感的防控具有重要意义。

（四）鲟鱼种质鉴定技术

该技术综合利用线粒体控制区种特异性引物扩增法和微卫星DNA分子标记进行鲟鱼种质鉴定。鉴定出正确的鲟鱼种质是解决因种质混乱引起的纠纷及提高养殖鲟鱼产业价值的保障。该技术已经用于制定北京市地方标准，并已于2018年12月获得国家发明专利授权（专利号：ZL 2014 1 0524751.3）。

（五）鸭驯化和鸭白羽基因鉴定技术

该技术利用Illumina Hiseq 2500对纯种北京鸭（n=8），樱桃谷鸭A系（n=8），枫叶鸭D系（n=8）进行重测序。基因组变异分析结果显示北京鸭共得到10263531个SNP和808336个INDEL，其中包含可以作为北京鸭特异性分子标记的北京鸭特有SNP和INDEL分别为18个和4个；樱桃谷鸭共得到9169343个SNP和789370个INDEL，其中特有SNP和INDEL分别为90个和9个；分化基因注释和功能聚类结果显示主要聚类到肌肉细胞的增殖与分化、蛋白磷酸化以及骨骼生长发育方面，基因注释和功能聚类结果显示主要聚类到无机盐离子跨膜转运，生长及生长因子应答，胚胎发育，肌肉结构发育以及神经系统发育相关。此外，鉴定到北京鸭白羽基因为MITF基因。

（六）种公鸡繁殖性能营养调控技术

该技术针对种公鸡繁殖质量问题相继开展了种公鸡日粮不同能量和蛋白水平，不同水平蛋氨酸、赖氨酸、钙、磷、微量元素和维生素以及其他不同营养素如丁酸梭菌、n-3/n-6 PUFA、大豆异黄酮等对不同时期种公鸡精液品质、种蛋受精率、孵化率、健雏率、抗氧化与抗应激能力、机体免疫力及肠道健康等指标的影响，取得了阶段性成果，明确了蛋用种公鸡饲粮能量和蛋白适宜水平，明确了蛋氨酸、赖氨酸、维生素A、维生素E、维生素C、钙、磷、硒、锌在蛋用种公鸡饲粮中的适宜添加量。通过对营养调控技术的集成与优化，种公鸡精液量平均提高10%以上，精子活力提高20%以上，种蛋受精率和孵化率提高1%以上，效果十分显著。该技术成果的实施弥补了国内该技术领域的空白，每套蛋种鸡可实现增收15元/年，该技术已覆盖种鸡群累计100余万套，经济效益每年可增收1500余万元。为推动家禽良种产业的健康、快速发展提供了强有力的技术支持。

（七）贮藏加工产后处理技术

北京果类蔬菜创新团队研发次氯酸钠自动杀菌加注装备，与人工配置和检测杀菌剂相比，杀菌池内次氯酸钠的浓度相对稳定，鲜切产品残留氯浓度均一性一致，残留氯浓度一般在3~4ppm。使用自动加注系统后，可以减少用工一人。同时减少次氯酸钠的投加量21%，综合计算每吨鲜切产品减少成本最低24.91元（见图8-1）。

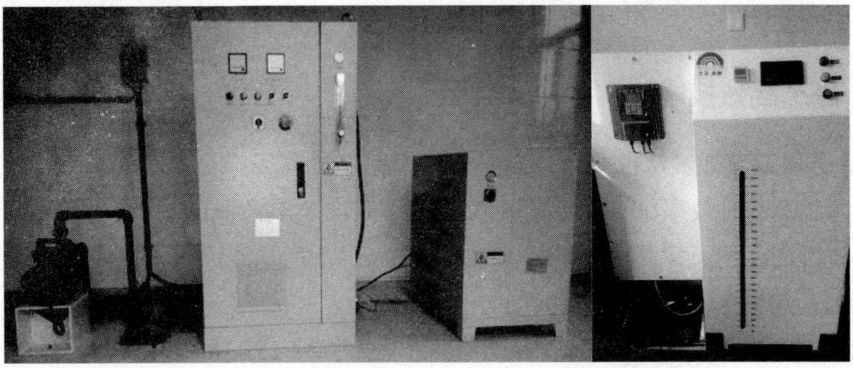

图 8-1　贮藏加工处理设备图

### （八）酶淬灭酶与饲用几丁质酶创制技术

肠道健康调节用抗毒力群体淬灭酶和廉价饲用几丁质酶，分别在细菌病害防控及几丁质资源利用率改善等方面具有广阔的应用前景。这两项技术具有自主知识产权并获得授权专利 17 项（含国际专利 1 项），淬灭酶获批转基因生物安全证书。生产的“淬灭素”和“几丁质酶”（几丁质酶与几丁质结合蛋白复合制剂）应用于鲟鱼、鲑鳟鱼养殖，细菌病死亡率下降 50% 以上，降低了抗生素及化学药剂使用。从水产养殖环境适应性、工业化生产经济性、产品有效性等角度，淬灭酶、几丁质酶两项产品具备国际先进性。

### （九）传染性造血器官坏死病防控技术

根据流行病学的原则，通过消灭传染源，切断传播途径的思路，建立一套严格的控制措施，达到阻止病毒和鱼苗接触的目的。已有研究表明 IHNV 附着在卵的表面，在孵化车间内苗种有可能与 IHNV 接触的途径主要有：带病毒的卵壳和被 IHNV 污染的孵化用水、孵化用工具及设施。因此，通过对孵化用水、工具、卵消毒以及严格的封闭式管理，即可控制 IHNV。孵化车间苗种的成活率可达 90% 以上。

### （十）设施厚皮甜瓜优质栽培技术

该技术适解决设施保温增温、甜瓜贴接换根提早育苗，采用流滴膜多膜覆盖，合理整枝，防止植株早衰。厚皮甜瓜果实成熟时间长，利用塑料大棚进行设施提早栽培，可以在高温季节到来之前进行采收，达到早上市、提高果实品质和收益的目标。选用子蔓坐瓜品种；选用砧木品种京欣砧 1 号、京欣砧 4 号、新土佐等嫁接育大苗（定植苗龄 7 ~9 叶）；2 月 10 日 ~15 日播种；密度 1800 株/亩 ~2200 株/亩；甜瓜定植后整枝和留瓜主要采用吊蔓栽培，主蔓单蔓整枝法；12 ~15 节子蔓留瓜，用座瓜灵连续同时喷瓜胎 3 ~4 个。幼瓜鸡蛋大小时，每株定瓜 1 个；主蔓长到 28 ~30 片叶时摘心。在头茬瓜定个后将转色时，及时给 2 茬瓜授粉，选留 1 个瓜。

该项技术的能够产生一般亩产 3000 千克以上，增产 8.0% 以上，增效 900 元以上的效益。

## 二、高产高效技术

### （一）果类蔬菜开发辣椒 GMS 雄性不育 msc－2 的基因标记技术

该技术提高育种效率 50% 以上，在辣椒上逐步建立分子标记辅助育种技术体系，并应用于优异资源的创制。开发辣椒 GMS 雄性不育 msc－2 的基因标记，提高育种效率 50% 以上（转育时间缩短 50% 以上）。

### （二）辣椒高效 DH 育种技术

该技术通过多重调整与优化培养基、培养条件、热激处理温度与时间，提高小孢子胚胎发生率 15% 左右。2018 年累计获得辣椒 DH 株系 540 余株，完成 360 余份 DH 株系的评价。

### （三）黄瓜育种技术

该技术明确了黄瓜果刺类型结构，为黄瓜以果刺为目标建立了基于 CsTS1 基因为技术基础的果瘤大小 SNP 标记从事黄瓜辅助选择的选择技术，并利用该技术应用于本课题组黄瓜材料筛选，大幅度提高了选择效率。

### （四）绣球菌 RB 亮蓝褪色法育种筛选体系

该技术利用绣球菌菌丝培养时不能使 RB 亮蓝（Remazol brilliant blue R）褪色；而添加漆酶后，菌丝生长粗壮可以使 RB 褪色的原理，建立绣球菌育种筛选体系，并应用于绣球菌与白平菇的原生体融合育种，成功选育目标菌株 2 个（见图 8－2）。

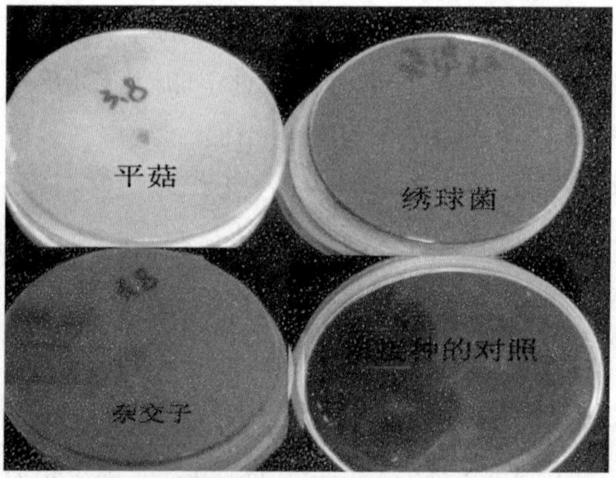


图 8－2　绣球菌、平菇及杂交子对 RB 亮蓝褪色比较

### （五）鲟鱼周年全人工育种技术

该技术可实现五种鲟鱼纯种及杂交种的周年全人工繁殖（处于国际先进水平）。针对人工养殖条件下鲟鱼性腺发育不同步而采取的亲鱼挑选，配合环境调控以及筛选出的高效鲟鱼催产剂，同时针对鲟鱼输卵管的特殊构造而采取的剖腹取卵手术，在春夏秋冬不同季节进行鲟鱼人工繁殖。正常鲟鱼繁殖季节是春季 4～5 月，为了避开鲟鱼繁殖高峰，尤其

在冬季和夏季反季节鲟鱼人工繁殖技术取得突破性进展。

### （六）叶类蔬菜周年安全生产技术

该技术自主选育出耐热、耐腐烂，抗干烧心力强的“北生1号”“北生2号”和“北散生1号”“北散生2号”等4个生菜新品种，填补了春夏高温季节国内外缺乏耐热生菜品种的空白。

在北京、河北、天津推广，平均增产13%，净菜率80%以上（见表8-8）。

表8-8　　叶类蔬菜品种性能表

| 品种 | 抗逆性 | 单球重 | 净菜率 | 亩产量 | 增产 |
|---|---|---|---|---|---|
| 北生1号 | 耐热、抗干烧心，抗病 | 500克 | >80% | >3000千克 | >15% |
| 北生2号 | 耐热、抗干烧心，抗病 | 500克 | >85% | >3000千克 | >10% |
| 北散生1号 | 耐抽薹、抗干烧边，抗病 | 300克 | >85% | >2000千克 | >10% |
| 北散生2号 | 耐抽薹、抗干烧边，抗病 | 300克 | >85% | >2000千克 | >8% |

### （七）白菜高效育种技术体系

该技术大白菜生产中新流行的土传病害黄萎病和根肿病，在国内首次建立了黄萎病和根肿病精准抗性鉴定评价技术，并大规模用于抗原材料筛选，获得高抗黄萎病材料9份，兼抗根肿病4号和7号生理小种材料3份；率先开发出了在大白菜10条染色体上均匀分布、覆盖全基因组的583个SNP标记，建立了高通量种质资源基因型精准鉴定与全基因组背景选择技术体系；克隆或定位了控制大白菜抗霜霉病、抗TuMV病毒、抗根肿病、抗干烧心、耐抽薹、桔红心和叶片紫色性状的基因或QTL，并开发出了功能基因或紧密连锁的SNP标记，建立了国内首个大白菜高通量分子标记辅助育种技术平台。

### （八）无线远程水质动态监控技术

2018年北京市观赏鱼创新团队建立了水质监测技术推广示范点，该技术减少了人工使用和养殖管理的劳动强度，提高了劳动生产率，降低成本15%。节能减排，精确测量与控制，做到精准增氧、精准投喂、降低饵料投放，节省换水次数与用电量25%。提高产品品质，减少鱼病，增加收益10%。利用该项新技术，年综合提高收益20%。

### （九）原生观赏鱼的引进及驯化技术

通过野外采集光唇鱼、鳑鲏和长鳍鬣三种原生观赏鱼，应用室内循环养殖系统进行驯化养殖成功。光唇鱼和鳑鲏对环境适应能力较强，分别经25d和30d的驯化，可主动摄食配合饲料，驯化期成活率分别达93%和87.5%，长鳍鬣对环境的变化敏感，胆小易惊吓，对水质要求高，驯化期成活率不足50%，人工驯化35d可摄食配合饲料。光唇、鳑鲏和长鳍鬣均为底层摄食鱼类，喜遮蔽，可混养，长鳍鬣善跳跃，养殖鱼缸需加盖。光唇和长鳍鬣口径大，摄食小型沉性颗粒饲料，鳑鲏口径小摄食微型沉性颗粒饲料。三种中国原生动物可作为观赏鱼家养新品种进行进一步的研究开发，是调整京郊观赏鱼品种结构的优良品种，同时也丰富了我国观赏鱼品种资源库。

### （十）鲜食甘薯高效贮藏保鲜技术体系

鲜食甘薯高效贮藏保鲜是一项综合应用品种耐贮性鉴定、鲜薯适时采收、鲜薯产地分级、预贮愈伤处理、贮藏设施功能提升、病虫害绿色药剂防控和贮藏环境智能控制等措施的技术体系，涉及育种、栽培、农机、植保、信息化和贮藏加工等多学科领域。

一是品种耐贮性鉴定：明确了不同主栽品种的贮藏适宜环境、安全贮藏期及最佳食用期。二是鲜薯适时采收：提出了地温稳定在15℃左右时适时收获，地温降至12℃之前全部入贮，避免薯块受到冻害。三是鲜薯产地分级：商品质量合格的鲜薯按照重量将鲜薯分为五级，提出了不同等级鲜薯的适宜食用方法和销售方式。四是预贮愈伤处理：采收时选用适配农机减少机械损伤，并将损伤进行伤情分级，在温度24～27℃、湿度85%～90%，进行愈伤处理5～6天，避免因薯块损伤导致的烂窖，延长不同伤情等级薯块的安全贮藏期。五是贮藏设施功能提升：增强保温性能，半地下贮藏库顶覆土层大于150厘米，库内顶部喷涂厚度大于5厘米的保温泡沫，保障窖内温度为10～13℃。强化通风性能，控制窖内在相对湿度80%～90%，$CO_2$浓度不得高于5%。六是病虫害绿色药剂防控：入贮前贮藏库采用药物熏蒸消毒，贮藏过程中定期通入臭氧灭菌。七是贮藏环境智能控制：应用物联网在线监测与自动调控加温、通风设备，保证甘薯适宜贮藏的温度、湿度、二氧化碳浓度（见图8-3）。

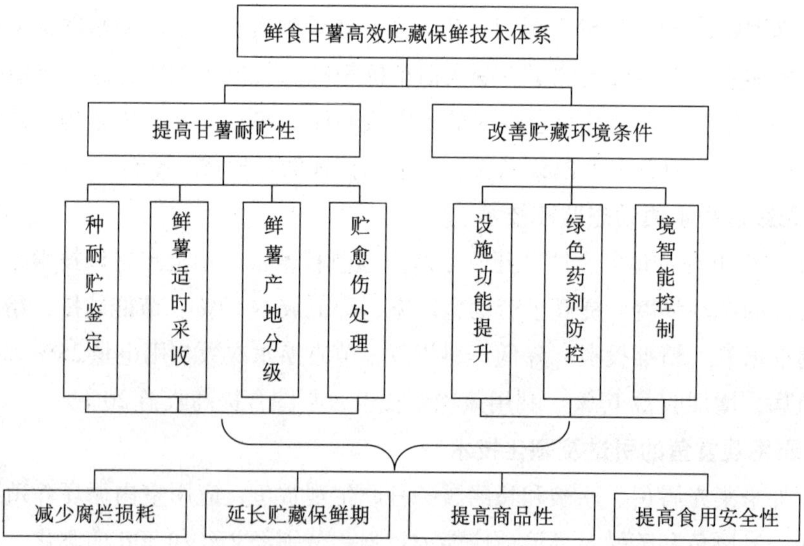


**图8-3 鲜食甘薯高效贮藏保鲜技术体系**

该技术体系通过品种耐贮性鉴定、适时采收、产地分级和预贮愈伤等措施，提高了甘薯的耐贮性；通过贮藏设施功能提升、绿色药剂应用和贮藏环境智能调控，改善了贮藏环境条件，减少了贮藏期间甘薯病害发生。多种措施综合应用，有效减少了贮藏甘薯的腐烂损耗，延长了贮藏保鲜期，提高食用安全性，最终实现提高经济效益的目标。

针对京郊甘薯产业发展情况及首都市场对高端甘薯需求，率先研发鲜食甘薯高效贮藏保鲜技术体系，使甘薯贮藏损耗率由30%以上降低至10%以下，贮藏期由小于120天延长至180天以上，好薯率由75%以下提高到90%以上。同时，避免了有害药剂使用，提高了食用安全性，改善了生态环境，为甘薯产业发展提供了原动力。

## 三、绿色生态技术

### （一）废水处理回用技术

连续回分式活性污泥处理工艺是将汇集至集粪池的畜舍污水经过粗、精两级分离后，固体物送至牛床垫料发酵堆场，液体进入初次沉淀池，沉淀后的上清液进入连续回分式污泥处理系统的一级曝气池，加入环保酵素，采用自动化进水、曝气、沉淀、排水等工艺控制，通过五级生化处理，实现优势菌群的自然分级、有机污染物的降低和臭气物质的分解。在第五级出水经沉淀、过滤回收环保酵素和悬浮物去除后，经消毒后终水用于牛场回用或达标排放（见图8－4、图8－5）。

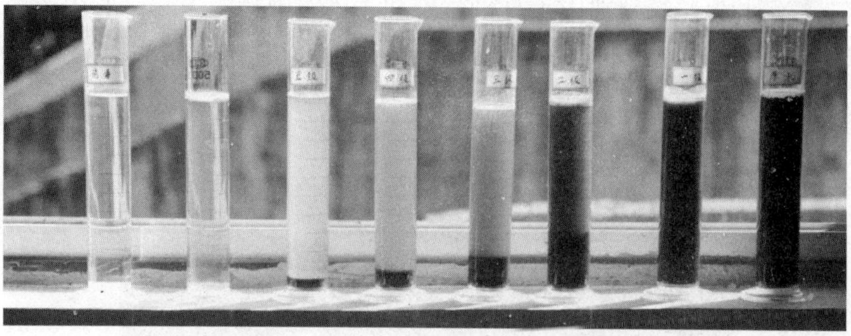

图8－4　奶牛场废水处理过滤过程图

图8－5　奶牛场废水处理技术

该工艺是一种将好氧处理工艺与酶解技术完美结合的高浓度有机废水处理工艺，具有耐受高浓度有机物的好氧菌驯化能力，实现高梯度降解有机物的效果。经该工艺处理，可使经干湿分离后的高浓度有机废水（COD12000～32000mg/L，SS5000～20000mg/L）的出水指标完全达到《农田灌溉水质标准》（GB 5084－2005）的要求。工艺既具有活性污泥法的高效性和运转灵活性，又具有传统生物膜法耐冲击负荷、泥龄长、剩余污泥少的特点。同时，该工艺可显著降低养殖场恶臭及蚊蝇的滋生，有效改善养殖场的环境。

连续回分式活性污泥处理工艺可以实现对奶牛养殖场废水的有效处理，出水水质完全能够达到《国家农田灌溉水质标准》（GB 5084－2005）的要求。该技术相关成果已分别申报国家发明专利和实用新型专利。

**（二）污水膜生物反应器深度处理技术**

针对奶牛场污水污染防治技术难题，团队开展膜生物反应器（MBR）处理技术研究，试制体积10立方米的MBR中试装置，并进行奶牛场污水的中试试验研究。

北京市奶牛创新团队设计了容积10立方米的膜生物反应器（MBR）中试装置。考虑到进水污染物浓度高，容易导致膜污染，因此需要定期对膜材料进行维护性清洗。维护性清洗采用次氯酸钠和柠檬酸分别用于有机污染和无机污染物的去除，所用药品浓度较低，不需排空膜池，只需简易操作即可完成清洗。奶牛团队委托南京瑞洁特膜分离科技有限公司试制完成奶牛场污水MBR处理中试装置（见图8－6）。

**图8－6　膜生物反应器中试装置实物图**

膜生物反应器由膜池、设备间和控制器三部分组成（见图8－7），其中，膜池装有平板膜组件和曝气盘，设备间主要放置电机和自吸泵等、控制器对反应器的运行进行调控。试验装置已于6月初在北京久兴奶牛场现场安装，首先对试验装置的设备运行进行调试，设备调试进水COD浓度54000mg/L，膜组件对COD的去除率为83.3%；设备运行调试完成后，团队从北京市密云区污水处理厂获取活性污泥1立方米，于6月13日投加到膜生物反应器膜池中，通过逐渐提高膜池进水浓度，开始膜生物反应器系统调试。

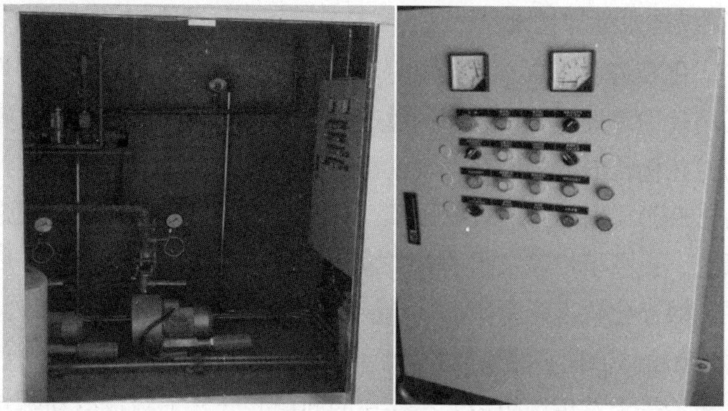

图 8－7　膜生物反应器的设备间和控制器

### （三）低氮排放日粮技术

该项技术研究将《中国猪饲养标准》（2004）推荐的生长肥育猪日粮蛋白质水平降低 3～4 个百分点，相应的豆粕用量可减少 6～8 个百分点；而在生产应用中，该标准将不同阶段猪日粮蛋白质水平降低 1～3 个百分点。根据该标准测算，猪配合饲料平均蛋白水平下调 1.5 个百分点，有望将生产 1 千克猪肉的蛋白质消耗从 0.45 千克降至 0.39 千克，降幅达 13%。新标准在全行业全面推行后，养殖业豆粕年消耗量有望降低约 1100 万吨，带动减少大豆需求约 1400 万吨。该成果近 3 年新增销售额 428.8 亿元，新增利润 36 亿元；培训人员 15 万余人次，推广新型饲用氨基酸 120 多万吨，低氮排放饲料 1.1 亿吨，推广面达 45%；年减少豆粕用量 500 多万吨，减少氮排放超过 35 万吨。研制的赖氨酸硫酸盐、NCG 等新型饲用氨基酸产品已推广到全国 31 个省市自治区和台湾地区以及欧美和东南亚的 35 个国家，专利转让和服务收入 2640 万元。相关成果获发明专利 10 余件，获新饲料添加剂证书 2 个，主持修订国家标准 3 项，发表论文 100 余篇。项目成果获 2014～2015 年度中华农业科技奖一等奖和 2015 年度大北农科技成果一等奖。

以低蛋白质和低磷日粮为主导、绿色环保为理念的中国饲料工业协会团体标准《仔猪、生长肥育猪配合饲料》，并于 2018 年 10 月 26 日批准发布，11 月 1 日正式实施。该标准聚焦降低配合饲料蛋白含量，倡导高效低蛋白日粮体系应用，具有前瞻性和指导性，在我国饲料行业内具有里程碑式的意义，并将对绿色发展产生深远影响。

### （四）高致病性猪蓝耳病弱毒疫苗

建立了高致病性猪蓝耳病的快速鉴别诊断技术。高致病性猪蓝耳病弱毒疫苗已经获得新兽药注册证书（证号：〔2011〕新兽药证字 08 号）。该病的快速诊断鉴别技术，已获得 2 项发明专利（专利号分别为 ZL 2010 1 0602083.3 和 ZL 2010 1 0602121.5）。并形成了产品检验标准和质量规程。高致病性猪蓝耳病弱毒疫苗获得北京市发明专利一等奖。更为重要的是，该项技术自 2010 年开始已被列入动物疫病强制免疫计划，在国内外广泛使用，有力提升了我国在全球动物疫病防控工作中的地位和话语权。

### （五）工厂化循环水处理技术

通过鲟鱼工厂化养殖水体悬浮颗粒物的来源、途径、迁移规律及一系列处理关键技术研究形成了一套高效物理过滤净化技术；通过大量生物填料挂膜的研究与筛选以及固相反硝化技术研究与工艺优化形成了一套高效生物净化技术；在房山区十渡鲟鱼养殖场等地集成应用了池塘流态聚污、高效物理过滤系统（鼓式过滤器＋SDDP 高速过滤器）和快速启动的生物过滤系统，提高单位养殖水的养殖效益和水资源利用率，构建了一套鲟鱼工厂化高密度养殖水质高效净化技术体系。

### （六）弥粉机喷粉防治病害轻简化技术

该针对病害防治需求及传统防治方法存在的问题，开发了精量电动弥粉机及配套的微粉剂（见图8－8、图8－9）。该新型精量电动弥粉机是最新喷粉设备，采用背负式设计，工作重量（含电池）为7千克，每亩地喷粉量为25～100克，实现微量粉尘剂的全田均匀扩散，控粉精度可以达到0.15～0.6g/s，单棚作业时间为3～5分钟。该技术成熟，已经实现商品化生产，在传统农药登记的基础上采用新型加工工艺，产品符合农药法要求。

该技术突破传统喷雾施药的用水量大，增加田间湿度的问题，解决了低温高湿及雾霾天施药的难题，每亩地施药时间3～5分钟，节约劳动力，节省工作时间，应用前景广阔。该北京多地区推广示范时，明确新型弥粉机的应用条件，在京津冀等地，包括北京大兴区、北京通州区、北京顺义区、北京大兴区、北京昌平区、天津市、河北廊坊市、河北青县，开展了对叶类蔬菜病害防控的示范推广，核心示范面积500亩。

图8－8　喷粉施药现场

图8－9　弥粉剂系列产品

### （七）防治生菜根蛆技术

该技术用于解决北京多个区县生菜基地发现迟眼蕈蚊幼虫即根蛆的危害，并日益严重。根蛆咬食生菜根茎，造成生菜严重减产；更有甚者，造成生菜缺苗断垄，严重影响了生菜的生产，对生菜生产造成严重损失。目前，对生菜上根蛆的研究很少，很多对根蛆的防治方法多是针对葱蒜类蔬菜上的根蛆，两种作物的栽培方式和生长情况完全不同，对韭菜上根蛆的防治方法不能完全照搬到生菜上。且根蛆栖息和为害位置隐蔽，防治极为困难，目前生产上主要采用化学农药灌根防治，农药滥用问题严重，不仅污染环境还严重威胁食品安全。而生菜生长周期短，对农药残留问题更应严格要求，减少农药使用量成为刻不容缓亟待解决的问题。挂放黄板防治生菜根蛆地上部分虫态——成虫（迟眼蚊），生菜根部土壤中撒放捕食螨防治生菜根蛆地下虫态——卵及幼虫的生菜防治根蛆技术集成模式。此模式既可防控生菜根蛆，又可减少化学农药的施用，对环境无污染，减轻劳动强度，具有很好的示范和应用推广价值。

技术在推广过程中，产量不减少，减轻劳动强度和化学农药的使用，品质增加，总的效益每亩增加200元。在生菜定苗初期在土壤中撒放剑毛帕厉螨，以后每两周撒放一次，用于捕食根蛆地下虫态。每亩挂放黄板20～30张，诱杀根蛆地上虫态——成虫（迟眼蕈蚊）。

### （八）精量灌溉施肥体系

灌溉技依据光辐射能的集成灌溉模型，通过后台设置好的灌溉系数，系统自动灌溉。整个生育期系统运行正常，番茄最终产量6584千克/亩，与常规农户管理相比节水114立方米/亩，节肥100千克/亩，节省人工1个/亩。选型引进国外先进小型自走式有机肥撒施机1台，并开展技术设备试验示范，示范作业30亩。参考该成熟产品，结合北京市设施塑料大棚实际应用情况及肥料特点，制定小型有机肥撒施机研制方案，委托农机公司进行产品的加工制作。

无土栽培技术普遍存在着营养液开放管理、根系通气性差、回流液裸露等问题，一方面造成设施棚内湿度大易诱发病虫害，另一方面回流液的开放或半开放管理既造成水肥资源的浪费、也存在严重的水土环境污染问题。有鉴于此，研发了潮汐式灌溉基质栽培槽：解决了根系通气性差、回流液裸露的问题，同时实现了营养液的循环利用。同时，其探索了潮汐灌溉栽培模，实现了营养液的封闭运行。

在塑料大棚开展了应用试验，自8月21日定植至11月8日生产结束，共80天，累计用水仅53.5立方米/亩，较土壤栽培亩节水150立方米、较常规基质栽培亩节水130立方米。但由于定植期较晚，目前产量不高，亩产仅1735.5千克，单立方米水产出黄瓜32.4千克，水分生产效率有进一步提升空间，但实现了水肥的零排放。

### （九）日光温室草莓套种西瓜甜瓜栽培技术

该技术适解决增加园区或合作社的采摘时间，提高园区生产效益，满足市民对高品质西甜瓜的需求。选择耐低温弱光、易坐果、品质好、经济效益高的小型西瓜品种，采取育苗移栽，3 月中下旬定植。每隔 1 行草莓种 1 行西瓜，西瓜行距 160 ~ 180 厘米，667 平方米套种 670 株左右。采取吊蔓立架栽培方式，采取双蔓或 3 蔓整枝。依据长势可留 1 ~ 2 个果。主蔓选第三雌花留果，侧蔓选第二雌花留果。小西瓜在整个生长期内不用追肥；只在定植时浇 1 次水，以后的灌水与草莓一致。定植后的 1 周内，温室白天 25 ~ 28℃，夜间 15℃，有利于西瓜缓苗；1 周后，温度可适当降低，白天保持 20 ~ 25℃，夜间 13 ~ 15℃；之后正常管理。应用该技术的示范点平均亩产量增加 650 千克，亩增收 4400. 0 元。

**（十）西瓜大棚一种多收（长季节）栽培技术**

该技术适解决省工、高效、延长西甜瓜的供应周期，提高农民收入。通过整枝打叉、水肥管理等栽培措施，使西瓜生育期延长，形成春、夏、秋一大茬（3 月 ~ 10 月）的种植模式。①品种选择：选择瓜码较密、低温、高温条件下均坐果良好的西瓜品种，如中型西瓜“早佳”、小型无籽西瓜“墨童”等。②设施条件始终保留地膜和棚膜，保证整个生育期间全程避雨，减少病害的发生；采用水肥一体化全程膜下微灌。③地爬栽培，多蔓整枝。每茬瓜采收之前加强沸水河病虫害管理，给下茬瓜授粉，去除多余枝蔓。

该项技术的示范田总平均单产 4285. 7 千克，亩用工 13. 5 个，亩产值 1. 35 万元，人均生产率比普通栽培高 2. 3 倍。

**（十一）鲜切叶类蔬菜加工节水技术**

该技术对清洗设备进行了改造升级，将传统的喷淋式清洗改为滚动式气泡清洗，并通过在过滤结构上加置自动清洗装置，实现了设备换产时的自动化清洗；此外还增加了自动化水温控制系统及自动化添加消毒液系统。本技术成功解决了温度控制难、消毒液浓度不稳定的问题，显著减少用水量及消毒液使用量，减少人工及清洗时间，提高生产效率，保障产品的安全。

示范推广地区及规模有北京市裕农优质农产品种植有限公司怀柔区分公司，年生产鲜切蔬菜约 800 万千克；成都顶鲜农产品种植有限公司，年生产鲜切蔬菜约 3500 万千克。产生的经济效益：实现企业节水 0. 75 万吨，有效带动社会年节水 2. 03 万吨及社会和企业年节水 20. 3 万吨以上。

# 第九章　北京市果类蔬菜产业发展报告

果类蔬菜产业是北京蔬菜产业的重要构成，果类蔬菜（番茄、黄瓜、青椒和茄子）的播种面积和产量始终保持在占蔬菜总体20%的水平，产业发展关乎农户收入，对京郊农业发展发挥带动作用；果类蔬菜又是北京市居民的重要消费品，北京是拥有超过2000万常住人口的特大型城市，而居民对黄瓜、番茄等具有消费偏好，果类蔬菜在居民蔬菜消费中所占比重较高。因此，果类蔬菜产业发展是北京都市农业发展的重要构成，又是保障居民食品数量质量安全的重要基础。

在农业资源约束、农业生产风险大以及疏解非首都功能大背景下，北京市果类蔬菜产业发展面临诸多挑战；一方面北京市农业老龄化问题严重、生产成本较大，果类蔬菜生产功能向周边转移速度加快；另一方面果类蔬菜产业链正在不断延伸，而全产业链的发展又受到诸多硬件和软件条件的限制，而消费者对果类蔬菜质量安全、获得便捷性上有了更高的要求。针对果类蔬菜产业面临的严峻形势以及果类蔬菜产业发展的重要性，北京市政府出台果类蔬菜产业支持政策，并且成立果类蔬菜产业创新团队，在解决果类蔬菜产业面临着的内外诸多问题上，在促进果类蔬菜产业发展上，取得了令人瞩目的成绩并且促使果类产业发展外部环境整体向好。

当前，蔬菜产业已成为北京现代农业的重要产业，果类蔬菜产业作为蔬菜产业的重要构成，在北京农业产业发展中的地位日益凸显。为把握北京市果类蔬菜产业的发展问题和支持效果，本报告基于宏观统计数据和微观实地调研数据，分别从产业发展现状、创新团队技术支撑作用、典型案例进行分析，揭示2018年果类蔬菜产业发展的新变化，并在此基础上提出北京果类蔬菜产业发展的具体对策建议。

## 第一节　果类蔬菜产业发展现状

2018年在经济发展和农业功能调整的背景下，北京市果类蔬菜的生产、加工、流通、消费等方面发生了诸多变化，整体上北京市果类蔬菜产业的标准化、科技化和绿色化等水平持续提高，同时也面临新的困难与挑战。因此，需在把握和北京市果类蔬菜产业发展现状的基础上，梳理出具有建设性的建议，进一步促进果类蔬菜产业高质量发展。

本报告所依据的宏观数据来自北京市统计局和农业农村局，微观数据来自2018年4～6月在大兴区、顺义区、通州区、密云区和延庆区5个区19个乡镇44个村展开的调研，采用分层抽样和随机抽样相结合的方式进行抽样，共获得190个有效样本。调研内容涵盖了农户基本特征、果类蔬菜种植成本收益情况、农户技术采用情况、蔬菜质量安全生产情况等内容，能详细地反映果类蔬菜生产实际情况。

## 一、果类蔬菜生产

在对北京市蔬类产业地位分析的基础上，基于实地调研数据和统计数据，对果类蔬菜的生产情况进行分析，具体包括生产结构、地区结构、品种结构、技术结构、从业人口结构、经营主体结构等内容的分析。值得说明的是，报告中果类蔬菜主要指番茄、黄瓜、青椒和茄子。

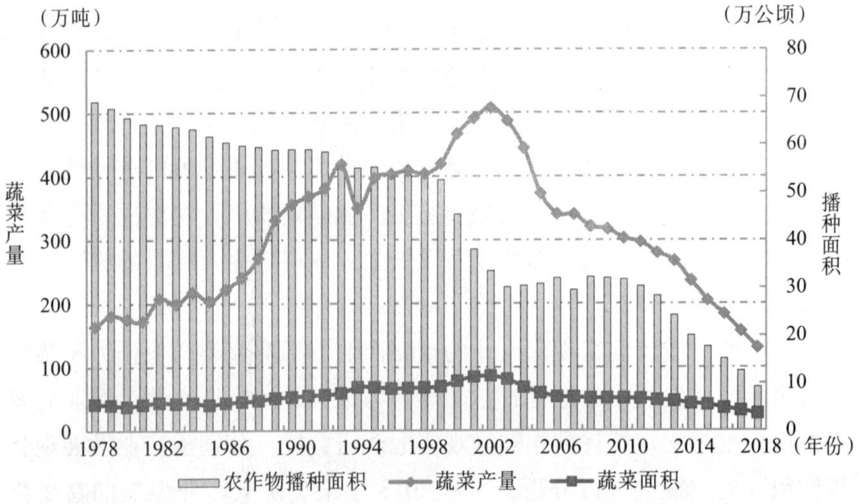


**图9－1　1978～2018年北京市蔬菜播种面积和产量**

数据来源：北京市统计局网站。

北京市农业生产和蔬菜生产的发展演变，在一定程度上反映了果类蔬菜生产的发展演变。如图9－1所示，随着农村产业结构变化以及受到自然资源、社会条件的影响，全市农作物播种面积长期以来处于减少态势，2000年前后下降幅度较大，之后逐年缓慢减少，近年来每年减少约10万公顷。在这样的背景下，蔬菜作物播种面积和产量也呈现减少趋势。但农作物播种面积和蔬菜播种面积在同时减少，蔬菜播种面积在农作物播种面积中所占比重在逐年增加，从1978年到2018年，蔬菜播种面积占农作物比重面积从8.1%上升到 38.8%，表明在传统农业产业逐渐退出北京市的历史趋势下，蔬菜产业对于现代农业发展的作用越来越重要。2018 年，全市蔬菜播种面积为 53.6 万亩，蔬菜产量 130.6 万吨，分别比 2017 年减少 17.6% 和 20.1%。

### （一）果类蔬菜生产的品种变化

表 9－1 表示的是四种果类蔬菜生产的生产及变化。在北京市农业生产功能退出、总体蔬菜面积缩减和其他种类蔬菜种植的竞争下，2018 年四种果类蔬菜播种为 8.8 万亩，比 2017 年减少 18.6%；2018 年果类蔬菜产量为 49.9 万吨，比上年减少 8.6%，可见在播种面积大幅度下降的背景下，果类蔬菜产量是小幅度下降，并且果类蔬菜占全市蔬菜产量比例从 34.8% 提高到 38.2%。

**表 9－1　2017～2018 年北京市果类蔬菜播种面积和产量**

| 品种 | 播种面积（万亩） | | 产量（万吨） | | 单产（千克/亩） | |
|---|---|---|---|---|---|---|
| | 2017 年 | 2018 年 | 2017 年 | 2018 年 | 2017 年 | 2018 年 |
| 番茄 | 4.4 | 3.6 | 27.1 | 24.6 | 6154.2 | 6255.8 |
| 黄瓜 | 3.1 | 2.7 | 13.8 | 13.1 | 4435.1 | 4920.2 |
| 茄子 | 2.3 | 1.6 | 8.8 | 7.6 | 3851.5 | 4061.6 |
| 青椒 | 1.1 | 0.9 | 5.0 | 4.6 | 4424.8 | 4748.0 |
| 合计 | 10.9 | 8.8 | 54.7 | 49.9 | 5018.3 | 5670.5 |

数据来源：根据北京市农业农村局数据整理。

在单位面积产量方面（见图 9－2），2018 年四种果类蔬菜平均单产从上年的 5108.3 千克/亩，提高到 5670.5 千克/亩。2018 年四种果类蔬菜的单产比例，即番茄、黄瓜、茄子和青椒的单产相对比例为 1.3∶1.0∶0.9∶1.0，番茄的单产水平远高于其他果类蔬菜，与去年比品种间单产差距在缩小；2018 年与上年的相比的单产变动幅度，即番茄、黄瓜、茄子和青椒的单产提高幅度为 1.7%、10.9%、5.5% 和 7.3%，表明当年黄瓜种植的管理和技术水平提升速度较快，生产重心正向提高附加值和控制成本方面转移。

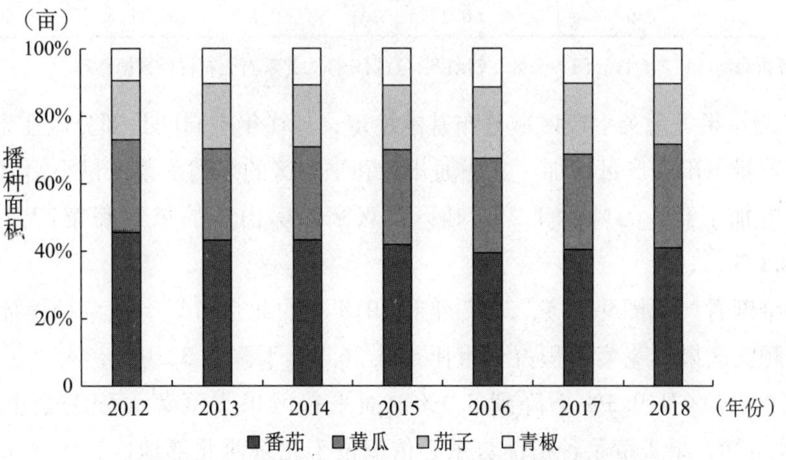


**图 9－2　四种果类蔬菜播种面积结构变化趋势**

数据来源：根据北京市农业农村局数据整理。

果类蔬菜的四个品种近年来的变动如图 9 －2 所示。2013 ~2018 年四种果类蔬菜的播种面积在不断下降，内部品种结构也发生了变化。2018 年四种果类蔬菜播种面积 8. 8 万亩，其中番茄从 2013 年的 8. 1 万亩下降到 3. 6 万亩，黄瓜从 5. 1 万亩下降到 2. 8 万亩，茄子从 3. 6 万亩下降到 1. 7 万亩，青椒从 1. 9 万亩下降到 0. 9 万亩。从播种面积看，番茄、黄瓜、茄子相对青椒的比例从 2013 年的 4. 2∶2. 6∶1. 9∶1. 0 变为 2018 年的 3. 9∶3. 0∶1. 8∶1. 0，可见黄瓜减少速度较慢，番茄减少速度较快。

### （二）果类蔬菜生产的空间分布

1. 区域间比较优势变化

如表 9 －2 所示，从产量和播种面积看，顺义区具有显著的种植规模优势，属于北京市果类蔬菜的核心产区；平谷区、房山区和大兴区是区具有一定规模的产区，其中大兴区果类蔬菜种植的单产高达 7. 9 吨/亩，具有明显的技术优势；通州区和密云区的果类蔬菜种植表现为特色化和品种专业化。

**表 9 －2　2018 年北京各区果类蔬菜产量和播种面积及其占全市比重**

| 区 | 产量（万吨） | 播种面积（万亩） | 产量占全市比重（%） | 播种面积占全市比重（%） |
| --- | --- | --- | --- | --- |
| 顺义区 | 19. 5 | 2. 9 | 39. 0 | 32. 9 |
| 大兴区 | 6. 8 | 0. 9 | 13. 6 | 9. 7 |
| 通州区 | 5. 5 | 1. 0 | 9. 6 | 7. 8 |
| 房山区 | 4. 8 | 0. 7 | 11. 0 | 11. 5 |
| 密云区 | 4. 5 | 0. 7 | 8. 9 | 8. 3 |
| 平谷区 | 4. 7 | 1. 5 | 9. 4 | 16. 9 |
| 延庆区 | 2. 3 | 0. 6 | 4. 5 | 6. 2 |
| 怀柔区 | 0. 8 | 0. 2 | 1. 5 | 2. 1 |
| 昌平区 | 0. 6 | 0. 2 | 1. 1 | 2. 4 |
| 其他区 | 0. 6 | 0. 2 | 1. 3 | 2. 4 |

注：其他区指海淀区、丰台区、门头沟区、朝阳区；数据来源为北京农业农村局数据整理。

2018 年北京果类蔬菜生产区域分布基本稳定，与往年不同的是部分区在果类蔬菜种植面积减少的背景下出现产量增加。其中通州区和平谷区的果类蔬菜产量小幅增加，与 2017 年相比分别增加了 0. 5 万吨和 1. 3 万吨；大兴区和房山区的果类蔬菜产量分别下降了 39. 8% 和 18. 6%。

从时间维度看（见图 9 －3），2017 年和 2018 年的北京市果类蔬菜种植播种面积进一发生变化。顺义区果类蔬菜面积占全市比重从 36. 7% 下降到 32. 9%，大兴区从 16. 9% 下降到 9. 7%，密云区从 9. 3% 下降到 8. 3%，而平谷区果类蔬菜面积占全市比重增加了 6. 6%。由此可知，果类蔬菜种植优势重心依旧位于北京西北部地区，大兴区的果类蔬菜种植规模优势完全消失。

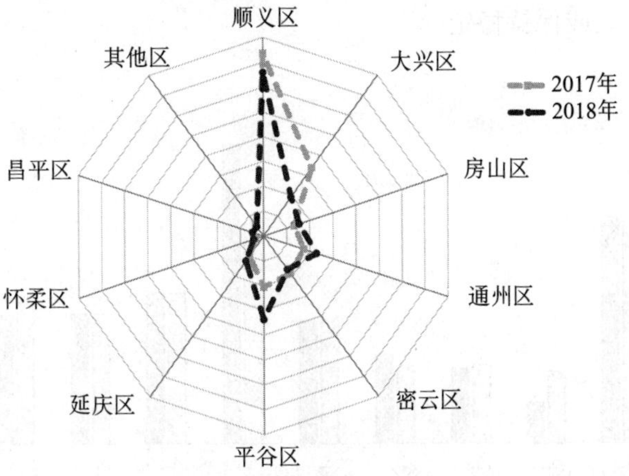


**图 9-3　2017 年和 2018 年果类蔬菜产量占全市的比重对比**

注：从内到外的范围分别表示 10%、20%、30% 和 40%；数据来源为北京农业农村局。

从技术进步看（见图 9-4），2018 年北京市果类蔬菜单产总体较上一年提高了 12.3%。其中，顺义区、大兴区和密云区增长率最高，分别为 34.0%、30.5% 和 27.2%，实际上，2018 年顺义区、密云区和大兴区的设施蔬菜种植比例分别为 82.9%、76.1% 和 73.0%。因此，果类蔬菜的设施化种植水平是促进技术进步、提高单产的重要技术。

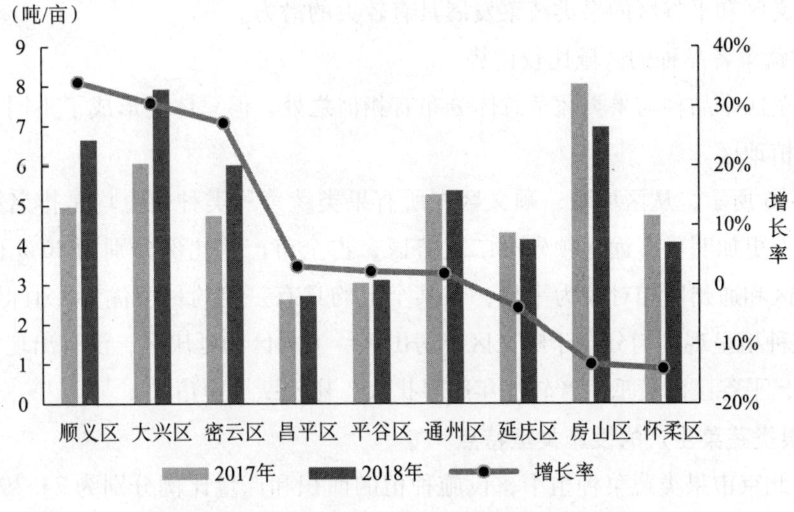


**图 9-4　2017 年与 2018 年北京各区果类单产对比**

数据来源：根据北京市农业农村局数据整理。

2. 区域内比较优势变化

以下分析同一区内果类蔬菜相对于其他农作物的比较优势，即区域内比较优势。区域内比较优势可以用果类蔬菜播种面积占蔬菜播种面积比例表示，如图 9-5 所示。2018 年顺义区、平谷区、延庆区和通州区的果类蔬菜种植面积占比分别为 31.3%、41.3%、21.0% 和 12.3%，果类蔬菜相对于其他蔬菜作物，种植面积进一步扩大。其他地区果类蔬菜的种植面积相对缩减或保持稳定。

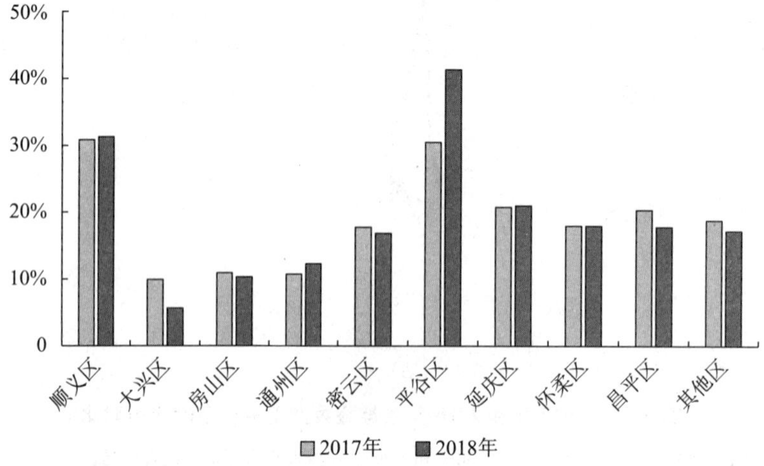


**图 9－5　2017 年与 2018 年各区果类蔬菜播种面积占蔬菜播种面积比重分布**

数据来源：根据北京市农业农村局数据整理。

总体上，2018 年果类蔬菜种植比例在各个区均不超过 40%，但是平谷区较 2017 年提高近 10%，顺义区、延庆区也有一定的提升。结合区域间比较优势结果和全市城市规划看，未来顺义区和平谷区的果类蔬菜发展具有较大的潜力。

3. 果类蔬菜各品种的区域比较优势

果类蔬菜四个品种与果类蔬菜总体分布有相似之处，但总体上形成了不同果类蔬菜品种的优势种植地区。

如图 9－6 所示，从区域看，顺义区在所有果类蔬菜种类种植上均是排名第一，番茄和茄子种植上更加明显，远远领先第二优势区，占全市产量比例分别为 46% 和 52%；大兴区、房山区和通州区相对较为平均，在某个上均具有一定的种植优势。值得注意的是，2018 年青椒种植呈现均匀分布于顺义区、房山区、大兴区和延庆区，没有出现明显的优势产区。此外，平谷区的黄瓜生产较往年明显扩大，比例跃居全市第二。

**（三）果类蔬菜生产的设施类型特点**

2018 年北京市果类蔬菜种植中，设施种植的面积和产量比例分别为 74.7% 和 83.0%（见图 9－7），而全部蔬菜生产的设施种植面积比例为 70.7%，果类蔬菜种植中的设施化程度高；在果类蔬菜设施种植面积中，大棚、普通温室、连栋温室和小拱棚分别占 46.9%、50.8%、0.9% 和 1.4%。与 2017 年相比，2018 年果类蔬菜设施化总体种植比例提高 4% 左右，而且普通温室和联动温室的种植比例相对提高，大棚的种植比例相对下降，可能与北京市集中清理违规“大棚房”项目相关。

从果类蔬菜分品种看，2018 年番茄、黄瓜、茄子和青椒的设施化种植水平为 84.1%、64.2%、70.7 和 75.5%。除黄瓜外，其他三种都是大棚种植占相对优势。总体上，番茄

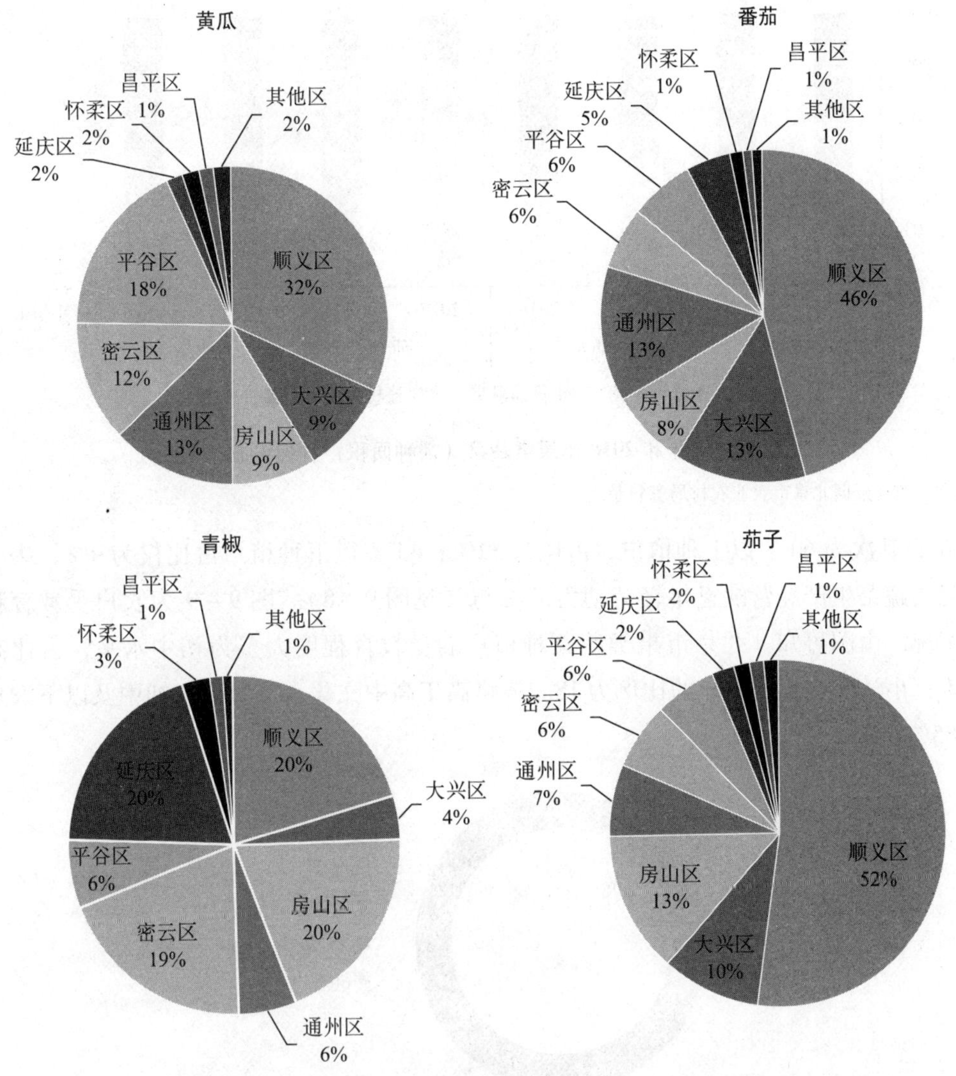


**图 9－6　2017 年北京果类蔬菜四个品种产量的地区分布**

数据来源：根据北京市农业农村局数据整理。

生产设施化水平已较高，其他三种果类蔬菜生产的设施化水平还有提高空间，同时 2018 年果类蔬菜种植情况与 2017 年相比具有显著变化，说明市政基础设施建设和清理“大棚房”项目主要对果类蔬菜的大棚种植产生了负向影响。

**（四）果类蔬菜生产的经营主体特点**

近年来，北京市果类蔬菜生产的新型经营主体也在快速发展，但是在相当长时间内，小规模种植户仍然会是果类蔬菜产业中无可替代的经营主体。以下侧重对调研农户的户主特点来揭示果类蔬菜生产经营主体的特点。

1. 农户年龄分布、受教育程度

果类蔬菜种植户户主年龄大多为 45～59 岁之间，分布于这一年龄区间的农户，占比

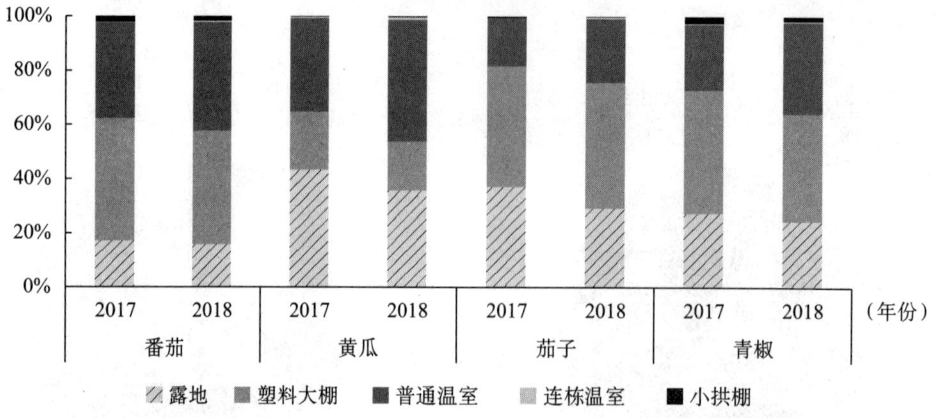


**图9－7　2017年和2018年果类蔬菜（播种面积）种植设施结构变化**

数据来源：根据北京市农业农村局资料整理。

达59%；其次为60岁以上种植户，占比为32%；45岁以下种植户占比仅为9%，表明北京市果类蔬菜生产经营缺乏年轻劳动力的参与（见图9－8）。图9－9为农户受教育程度分布情况。由图可知，北京市果类蔬菜种植户的受教育程度大多为初中水平，占比高达61.5%；小学文化程度农户的比例为18.2%略高于高中文化水平农户；初中及以下农户占比达85%。

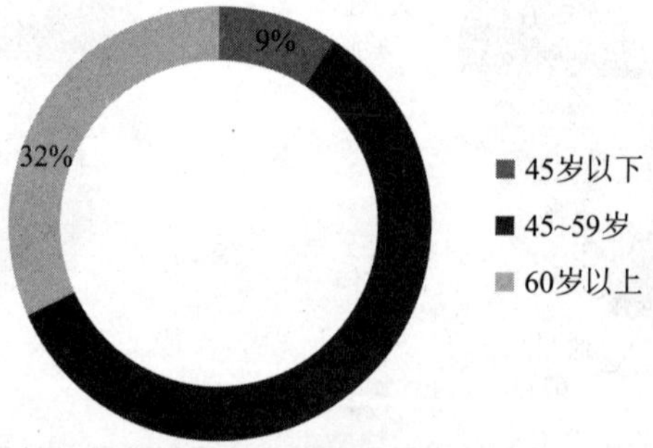


**图9－8　农户户主年龄分布**

数据来源：根据北京市果类蔬菜产业经济岗位调研数据整理。

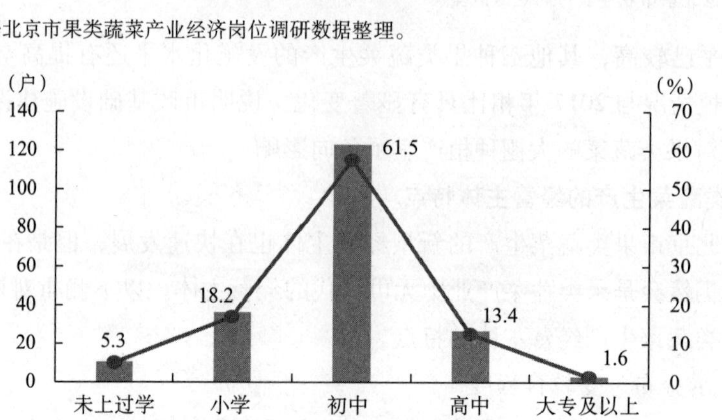


**图9－9　农户受教育程度分布**

2. 农户家庭、劳动力及收入结构

果类蔬菜种植户家庭基本特征。样本农户家庭构成以三口或四口之家为主，3~4 人规模家庭占比为40.11%。家庭劳动力以2 人左右为主，家庭拥有劳动力为2 人及以下的家庭占比为66.8%，3~4 人的家庭占比为25.7%，两者合计比例超过90%，体现出京郊果类蔬菜种植农户生产经营规模较小的特点。由于蔬菜产业具有劳动密集型特点，北京市果类蔬菜种植户中蔬菜生产劳动力占比达70%以上的农户比例为61%。

就收入情况而言，样本农户户均农业收入为55714.2 元，户均蔬菜收入为50471.2 元。此外，蔬菜收入占比达70%以上的农户占比为86.9%，表明果类蔬菜收入是农户收入的主要来源。蔬菜劳动力占比和蔬菜收入占比分布情况体现出了样本农户蔬菜生产专业化程度较高的特点。

## 二、果类蔬菜加工和流通

果类蔬菜的加工流通环节处于产业链的重要增值环节，加工流通环节对市场价格产生影响，从而反作用于农户收入的增加。

### （一）果类蔬菜的加工

蔬菜加工是指用脱水、干制、冷藏、冷冻、腌制等方法，对蔬菜的标准化处理过程。蔬菜食品加工不仅可以延长贮藏期，有利于保存运输，还可以改进蔬菜食品风味、增加花色品种。蔬菜加工品可分为生鲜蔬菜、腌制蔬菜、脱水蔬菜、速冻蔬菜、蔬菜汁、蔬菜罐头等类别。我国80%以上的蔬果都用于直接销售，蔬菜加工转化能力约为10%，采后损失达到20%~25%，甚至有的高达50%。在我国每年约有8000 万吨蔬菜、水果腐烂，损失总价值近800 亿元。

北京蔬菜加工业中鲜切蔬菜增长较快，但与国外发发达国家鲜切蔬菜占据蔬菜消费市场60%以上份额相比，北京市蔬菜加工量仅占蔬菜生产量的20%作用。实际上，发展鲜切蔬菜加工有利于促进北京蔬菜产业发展，具体表现如下：

第一，降低餐饮业成本，提高劳动生产率；目前北京餐饮门店超过17 万家，每天约有2 万吨的毛菜进行再加工，其中近40%被浪费。此外，餐饮门店对蔬菜进行再加工耗费大量成本，1 台切菜设备1 个小时可切10 吨，等于50 个人的工作量，利用蔬菜加工可以节约成本25%~35%。

第二，提高蔬菜质量，提高资源高效利用水平。一方面，只有优质专用原料才能生产出高质量的加工制品，蔬菜加工业发展会倒逼蔬菜生产的质量升级。另一方面，洗1 斤菜需要7~14 斤水，而利用流水线作业1 斤菜只用1 斤水。此外，净菜产品会显著减少居民和企业的厨余垃圾数量，可减少垃圾运输车、减少尾气排放的同时节约垃圾处理费。

根据调研数据，有63.1%的果类蔬菜种植户在产后加工环节对蔬菜进行装框处理，仍有28.3%的农户对蔬菜不作任何处理，仅有2.7%的农户对蔬菜进行分装，1.6%的农户对蔬菜进行清洗，另有3.2%的农户选择了其他处理，各有0.5%的农户分别选择捆扎和初加工。由此可知，农户对蔬菜的分级和加工不够重视且没有能力进行标准化。因此，北京市蔬菜加工主体以现代企业为主，全市共有蔬菜加工和配送企业100多家，10多家鲜切果蔬生产企业，年加工蔬菜总量达到60万吨左右，占郊区蔬菜生产总量的20%左右。

### （二）果类蔬菜的流通

1. 生产者视角下的果类蔬菜流通情况

蔬菜流通渠道的畅通与否决定了蔬菜生产经营在最后一个环节能够顺利实现收益。农产品在不同的销售市场有着不同的市场价格。越接近“最后一公里”向消费者提供农产品，越能尽可能地卖到最高的价格。因此，如果蔬菜种植户想要得到更高的收益，就必须从产后的流通渠道的选择入手。传统格局下，农户生产的蔬菜主要是由中间商收购再向下一级市场流通。而随着农产品市场化以及交通运输的发展，一些使农户更能接近最终消费市场从而获得更高价格的流通方式出现，如农户自己送市场零售和批发。同时，也出现了许多可以带来更大收益的新型流通方式，如订单农业、超市直供等。农民专业合作社的壮大与发展也为农户提供了合作社收购这样一条流通渠道的选择。

中间商收购和农户自己送批发市场批发是两条主要的销售渠道。由于紧邻消费市场和蔬菜生产专业化程度较高的原因，北京、天津农户选择的流通渠道最为多样化。河北农户主要选择的流通渠道是中间商地头收购，占73%，其次是北京和辽宁，分别占58%和43%。北京农户中选择送自行运输部分蔬菜送到附近零售市场销售的比例最高，达16%。像订单收购、超市直供这样具有较高经济效益的流通方式以及新兴起的网络销售或电商销售的渠道，农户选择的很少，仅有各2%的北京市农户选择。根据调研，北京、天津农户选择其他流通渠道的农户分别占2%和3%，一般为游客以采摘进行销售和流通。

从北京果类蔬菜种植户对不同渠道收益的评价看（见图9-10），中间商收购、农户送往批发市场和农贸市场三种销售渠道而言，认为该渠道获利较多的农户比例与选择该渠道的农户比例呈现相反态势，仅有11.1%的农户认为通过中间商销售获利较多，有16.8%的农户认为送往农贸市场零售获利较多。由此可看出，大多数农户对蔬菜价格不满意；结合实地调研的信息，农户之所以仍然选择中间商渠道销售是由于该渠道交易成本低，加之果类蔬菜具有采摘期蔬菜仍然生长的特性，使得面临较强劳动力约束的农户更多选择中间商或送到临近批发市场销售渠道。

2. 消费者视角下的果类蔬菜流通情况

2011~2015年，北京市初步建成了“市管批发、区管零售”农产品流通管理体制，以农产品生产基地和产地批发市场为源头，以销地批发市场为枢纽，以城市物流为链条，以社区菜市场、菜店、超市等为终端的多渠道、多层次、多样化农产品流通体系。近年来，随着果类蔬菜流通制度不断完善，已逐渐形成了“漏斗型”流通结构（见图9-11），具有较高的市场效率，形成“监管好中间，放活化两面”的管理格局。

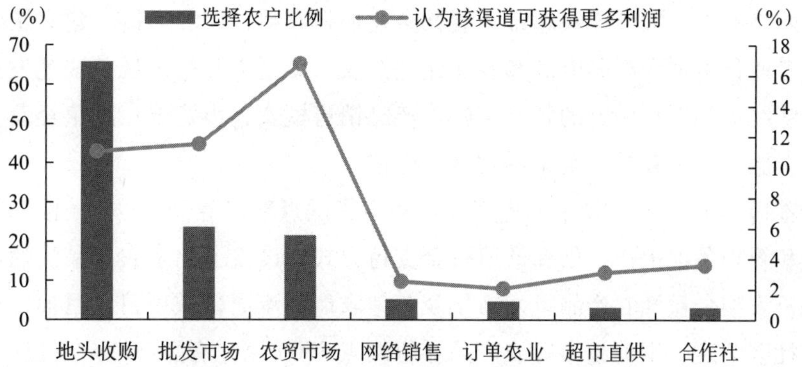


**图 9－10　北京市农户销售渠道分布及满意度**

数据来源：根据北京市果类蔬菜产业经济岗位调研数据整理。

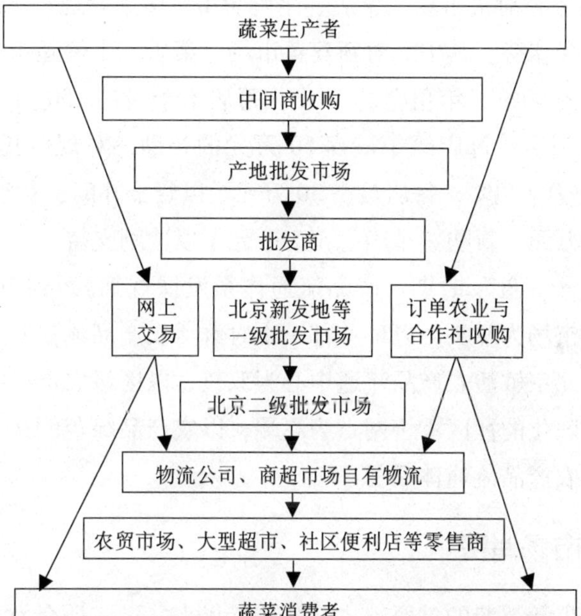


**图 9－11　北京市果类蔬菜“漏斗型”流通体系**

在批发市场和流通主体方面，在农产品批发集散功能基础上，强化公共物流配送功能，发展形成“批发集散＋电子商务＋物流配送”的现代化农产品流通枢纽：第一，中心城区以外的各区，原则上保留一个符合规划要求的区级农产品综合批发市场，鼓励承接中心城区农产品专业批发市场疏解转移，结合农产品产销需求发展产地农产品批发市场；第二，大型传统农产品批发市场开始向“集散批发＋物流配送＋电子商务”转型，尤其是四环内的农产品综合批发市场和专业批发市场应向农产品零售市场或农产品配送中心转型；第三，新发地农产品批发市场转型建设为运营北京鲜活农产品流通中心，共同构成农产品流通“双核”保障格局。

在新型网络方面，大型连锁超市、餐饮企业加强农超、农餐对接，建立了农产品直采直供体系；专业化生鲜农产品电商和专业化生鲜农产品超市开始出现并快速发展；网络平台与实体店铺线上线下相融合的新型生鲜农产品销售模式起步发展；蔬菜经营企业积极开通社区直通车服务，填补社区蔬菜零售网点空白。

在终端零售主体方面，出台《北京市蔬菜零售网点建设管理办法》，推动本市蔬菜零售网点建设和管理各项工作。创新政府资金支持方式，设立了北京农产品流通产业发展基金，股权投资大型公益性农产品批发市场及其他农产品流通领域项目。目前，全市共有社区菜市场、社区菜店、生鲜超市等农产品零售网点8500家，有2400多个社区具备两个以上蔬菜零售网点，连锁化率28.2%，城六区实现蔬菜零售社区全覆盖。蔬菜储备应急供应天数达到5天，建立了城六区12个集散地、236个网点的应急投放网络。

2018年北京市商务委对菜市场、菜店、生鲜超市、蔬菜直通车、厢式售菜点等各类蔬菜网点建设进行了资金支持。其中，对新建菜市场、菜店、生鲜超市项目，按店面装修和软硬件设备购置投资的50%、年租金的50%，每店给予最高150万元的资金补助；对新建搭载蔬菜零售的便利店，每店给予最高50万元的补助；对规范提升的菜市场、菜店、生鲜超市项目，按投资的30%，每店最高30万元予以资金补助；对社区蔬菜直通车项目，按每服务一个社区1万元、新购置车辆每车5万元予以奖励支持。

根据《北京市“十三五”时期农产品流通体系发展规划》，到2020年基本建成以农产品生产基地、产地市场为源头，以环首都一小时鲜活农产品流通圈为基础保障，以新发地农产品批发市场和北京鲜活农产品流通中心为双核，以区级农产品批发市场为节点，以规范化、连锁化、品牌化的社区零售网点为终端，以农产品绿色配送系统为链条，以生鲜电商为补充的现代化农产品流通体系。

## 三、果类蔬菜市场消费

蔬菜是北京居民生活消费的重要组成部分。近年来，经济社会发展和收入水平提升使北京居民蔬菜消费行为和消费结构发生了巨大的转变，不仅关系到蔬菜消费选择，而且对北京蔬菜产业的健康发展具有重大的意义。

为分析北京城镇居民蔬菜消费行为，选择了经常购买生鲜蔬菜的北京市城镇居民开展了调研，包括中关村太阳园社区、绿苑社区、雅宝里社区、水碓子社区等。采用随机抽样方式共发放调研问卷300份，问卷回收有效率达87.3%。在262份问卷中，男性消费者有80份，占比30.4%。样本年龄结构上，被调查者中41~60岁的人群最多，占总样本数的28.9%；从受教育程度方面看，被调查者中具有本科学历的消费者较多，占32.32%；从家庭常住人口和家庭结构来看，被调查者的家庭常住人口主要是以三口之家为主，占总样本数的36.9%；从家庭月收入方面看，有33.5%的被调查者家庭月收入为10000~20000元。

## （一）果类蔬菜消费量和消费支出

北京市城镇居民每次蔬菜购买量主要是0.5～1.5千克，占样本总数的45.4%；购买0.5～1.5千克和2～3千克蔬菜数量的消费者占比为76.7%；单次购买数量在0.5千克以下和5千克以上的消费者相对较少，呈现中间高两边低的形态分布。因此，北京城镇蔬菜选购上居民倾向于选择单次购买数量较少的方式，在所有选择这两种购买数量的家庭中三口之家分别占40.8%和85.4%。

整体上，消费者购买蔬菜数量与实际消费的蔬菜数量基本保持一致，其消费行为较为理性。在调研样本中，在蔬菜购买后很少存在大范围的浪费情况，并且“几乎没有浪费”和“偶尔浪费一次”的占比相同，均为44.7%。经常浪费的消费者占比最少，为10.7%。由表9－3可得，从横向上看，单次购买蔬菜0.5千克以下的消费者大部分没有浪费行为，单次购买0.5～1.5千克的消费者偶尔浪费比例最大，购买2～3千克的消费者中“经常”浪费比例最高。从纵向上来看，单次购买0.5千克以下，3～5千克和5千克以上的消费者几乎没有浪费占比最多，偶尔浪费的其次，经常浪费的最少；购买0.5～1.5千克和2～3千克的消费者存在偶尔浪费现象的占比较多，几乎没有浪费的占比次之，经常浪费的最少，并且前两类之间相差不大。

表9－3　　　　蔬菜购买数量与浪费情况交叉分析

| 蔬菜浪费 | 每次购买数量 | | | | | 占样本比例 |
|---|---|---|---|---|---|---|
| | 0.5千克以下 | 0.5～1.5千克 | 2～3千克 | 3～5千克 | 5千克以上 | |
| “几乎没有”所占比例 | 63.2% | 41.2% | 41.5% | 51.5% | 55.6% | 44.7% |
| “偶尔”所占比例 | 26.3% | 48.7% | 46.3% | 39.4% | 33.3% | 44.7% |
| “经常”所占比例 | 10.5% | 10.1% | 12.2% | 9.1% | 11.1% | 10.7% |
| 占样本比例 | 7.3% | 45.4% | 31.3% | 12.6% | 3.4% | 100% |

数据来源：根据北京市果类蔬菜产业经济岗位调研数据整理。

## （二）果类蔬菜消费渠道

由于蔬菜具有易腐、不耐储存等特点，在流通体系不发达时，北京市居民可选择的蔬菜购买的渠道很少，而快捷物流业的出现解决了供给难题，特别是冷链物流系统的日益完善，使得跨区域供给成为可能，蔬菜供求格局进一步优化升级。流通模式多样化带动了“农超对接”、订单农业、电商配送等蔬菜供应模式兴起，增加了居民的蔬菜购买渠道。现阶段，北京市居民蔬菜购买渠道主要包括农贸市场、超市、电商平台和会员制农场。

在多种蔬菜购买渠道下，居民受收入水平、价格水平、购物便利性等影响会做出不同选择。在上述四种渠道中，以农贸市场＋超市的结合占比最多，达到91.6%，说明传统零售市场依然是北京市城镇居民的主流蔬菜消费渠道。选择一种购买渠道的居民所占比例为24.0%，购买渠道也是以仅去农贸市场和仅去超市为主，只有一个家庭仅在电商上购买。选择三种和四种渠道的居民占总数的19.5%和1.9%，是在农贸市场和超市的基础上增加了电商平台和会员制农场，这说明电商平台和会员制农业模式也处在不断发展之中，但还没有成为主流消费渠道。目前，蔬菜生鲜类农产品网上交易平台逐步形成，线上渠道满足了消费者多样化的选择，逐渐改变着人们的消费方式。

随着网络技术水平的提高和网络用户的增加，网络销售模式逐渐兴起电商平台初具规模。相对于传统的蔬菜购买渠道，新兴网上购买渠道不仅丰富了蔬菜消费渠道选择，而且购买便利性、送货到家等优势服务给居民提供了良好的购物新体验。在所调研的样本中，有电商平台购买意愿的北京市城镇居民人数为150人，占到总人数的57.25%。其中有购买意愿并且实际购买的消费者为69人，占有购买意愿人数的46%，多数居民认为在电商平台购买可以节约时间，但是北京市城镇居民蔬菜消费渠道选择上容易受到过去消费习惯的影响，同过去相比渠道发生变化的消费者所占比例为42.75%，渠道依赖性使他们不愿意主动尝试新的消费方式，同时部分居民不会网络支付或对网络支付的安全性担忧，尽管有购买的意愿却没有实现真正的消费行为。

## 四、果类蔬菜生产新型经营主体

2018年北京市果类蔬菜设施化种植的产量比重超过80%，同时北京市果类蔬菜设施经营向规模化和专业化方向发展，设施农业经营主体数量大幅增加，农业机械装备水平不断提升，农田水利不断加强，设施农业数量增长迅速。随着设施农业的不断发展，以农业专业大户、农民专业合作社和农业企业为代表的新型农业经营主体日益显示出发展生机与潜力。以下从设施农业经营主体角度分析和概括果类蔬菜生产新型经营主体发展现状。

### （一）不同农业经营主体发展概况

1. 不同农业经营主体结构

图9-12反映了从事设施种植的各类生产经营主体的设施面积分布情况。从面积上看，农户是最主要的生产经营主体，在各类经营主体中占比为42.6%；其次为农业企业和外来农户，所占比重为24.2%。各类型经营主体在数量上的分布和面积分布情况保持一致。由此可见，单个设施生产面积在不同生产经营主体间的差异不大。

2. 蔬菜生产经营主体呈现多元化发展

主要包括本村村民、村委会、企业、合作社和其他等。其中本村村民作为经营主体所占比重达到86%，按比重大小分别是村委会、企业、合作社和其他的顺序。如图9-13所示，截至2018年年底，北京市设施蔬菜经营主体共计2.7万个。

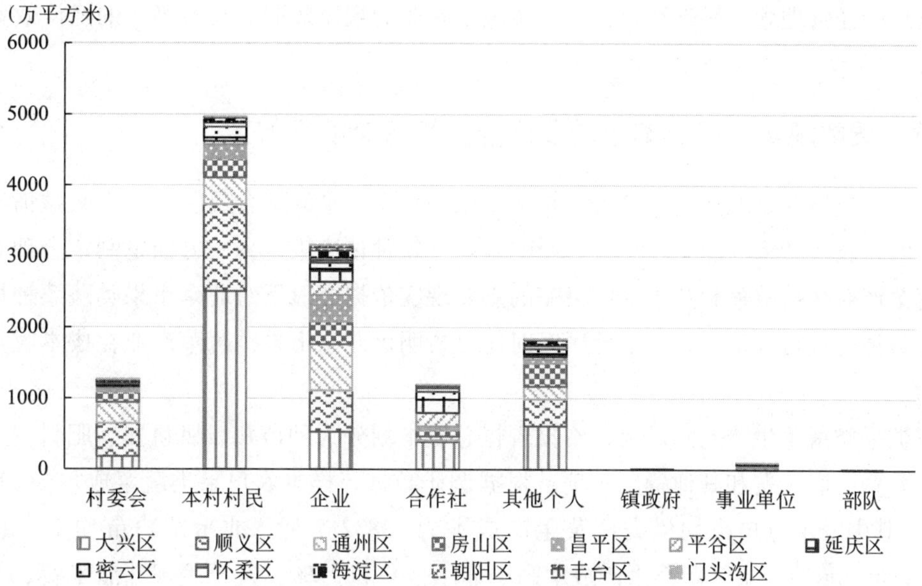


**图 9－12　不同类经营主体面积分布**

数据来源：根据北京市农业农村局数据整理。

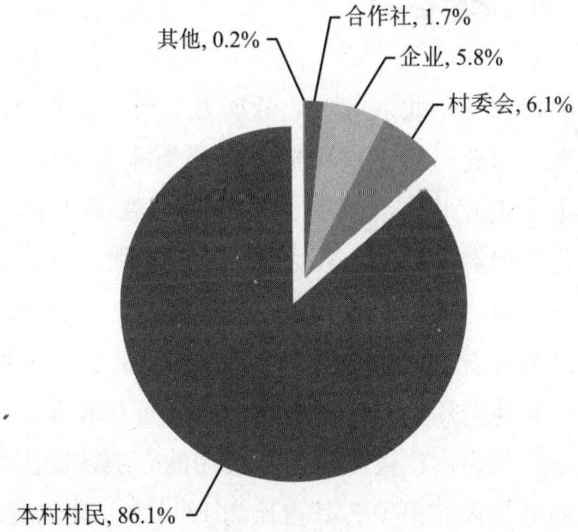


**图 9－13　2018 年北京市设施农业经营主体数量分布**

数据来源：北京市农业农村局提供。

## （二）蔬菜新型经营主体的功能

新型经营主体对于国家的食品安全具有重要的意义。专业大户、家庭农场、农民合作社、产业化龙头企业把分散的不利于监管的农户组织起来，一方面，实现了自然农户向法人农户的转变，有利于从制度规范的层面约束农户的生产行为，有利于建立农产品的检验监管体系以及农产品质量安全可溯源制度的完善，从源头保障农产品质量安全。另一方面，统一组织，统一指导，统一生产，大大提高了农业生产的组织化专业化和规模化，提高了农户的经营理念、科学知识，而且实现了农业的规模效应，具有极大的经济效益和社会效益。

## 五、果类蔬菜生产成本收益及产业支持政策实施效果

成本收益情况是农户资金投入、技术采用和管理水平的综合反映。成本收益情况一方面事关农户收入和果类蔬菜再生产、影响农户下年种植决策；另一方面是制定合理有效的果类蔬菜产业扶持政策和技术推广策略的重要现实依据。以下对北京市果类蔬菜种植户的成本收益情况进行分析，并通过地区间对比分析明确北京市果类蔬菜产业在成本收益上的竞争力。

根据果类蔬菜生产实际情况，本报告将总成本划分为种苗费、机耕费、肥料费、农膜费、农药费、雇工费和其他费用7项。根据调研数据，样本农户果类蔬菜成本为11068.1元/亩；其中，示范户亩均果类蔬菜生产成本为13832.7元，非示范户亩均生产总成本10569.9元。示范户果类蔬菜生产成本高于非示范户30.9%，突出表现在雇工费、肥料费和种苗费三项。从收益情况来看，农户总体亩均收益为15670.4元，示范户为18231.1元，非示范户为15213.7元，示范户收益高出非示范户19.8%。

### （一）果类蔬菜生产的成本收益分析

1. 成本收益情况

在新型城镇化建设的背景下，北京市农业劳动力受到利益驱动向其他行业不断转移导致农业雇工成本不断升高。因此，雇工费用成为在果类蔬菜生产成本中占比较大的项目。此外，肥料费在生产成本中占比也较大，体现出现阶段蔬菜生集约化程度有待进一步提高；在肥料内部构成中化肥和农家肥占比较大，商品有机肥占比最小，化肥和未经腐熟的农家肥可能带来质量安全风险，农户肥料投入结构有待进一步优化。

从四种果类蔬菜分品种来看（见图9－14），番茄、黄瓜的亩均生产成本构成较为类似，占总成本比例最高为其他费用，其中，其他费用在番茄和黄瓜中占比分别为42.7%和49.3%。就番茄而言，雇工费为占比仅次于其他费用的一项，比例高达为21.6%，而种苗费是构成黄瓜生产成本的第二大支出项，其占比为13.4%。其他费用、肥料费和雇工费为构成青椒生产成本的三类主要支出，其在总成本中的占比分别为23.8%，21.8%和17.1%，三项支出之和在总成本占比超过60%。就茄子而言，雇工费在总成本中占比为37.98，为构成茄子生产成本中最高的一项支出；其次为肥料费，占比为21.72%。从成本收益比来看，青椒的亩均收益虽然在四种蔬菜中最低，但其益本比最高，达1.91。其次为番茄和茄子，益本比分别为1.48和1.10，黄瓜的益本比最低。

根据以上分析，黄瓜生产投入较高，尤其对生产设施有较高要求；青椒属于高收益型蔬菜，但近年来生产规模逐渐减小。因此北京市果类蔬菜产业发展应当注重稳定番茄和青椒生产，尤其是关注果类蔬菜价格的稳定和保障农户收入作用。

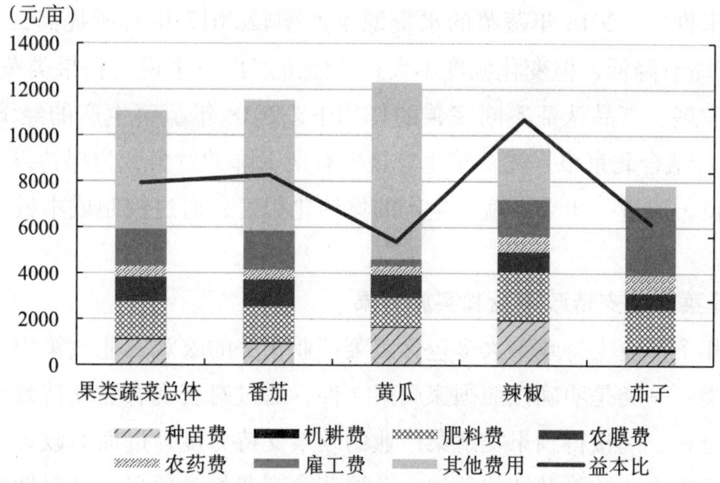


**图 9－14　四种果类蔬菜成本收益情况**

数据来源：根据北京市果类蔬菜产业经济岗位调研数据整理。

2. 果类蔬菜生产的“三率”分析

按照产量口径，2018 年蔬菜生产的土地、劳动、水资源和肥料生产率分别为 5458.6 千克/亩、13075 千克/人、7214.4 千克/元和 3.7 千克/元；按照产值口径，北京市蔬菜生产的土地、劳动、水资源和肥料生产率分别为 15181.4 元/亩、30193.2 元/人、78.9 元/元和 8.7 元/元。对比分析 2017 年与 2018 年的生产经营情况（见表 9－4），可以看出，按产量核算的“三率”在两年间的变化不大，略有降低；水资源生产率有所提高，表明“调转节”效果良好。但 2018 年按产值核算的三率指标较 2017 年又较大幅度增长，土地、劳动、水资源和肥料生产率分别较 2017 年增长了 15.2%、23.8%、45.4% 和 3.3%，表明果类蔬菜市场有所增长；肥料的经济生产率增长幅度较低，表明生产资料中肥料价格增长较快。

**表 9－4　果类蔬菜生产经营对比**

| | | | | | | | | |
|---|---|---|---|---|---|---|---|---|
| 成本（元/亩） | 指标 | 种苗费 | 肥料费 | 水电费 | 雇工费 | 病虫害防治费 | 销售费 | 设施维修费 |
| | 2017 | 35.7 | 1570.2 | 242.5 | 577.1 | 687.5 | 119.3 | 2950.5 |
| | 2018 | 1099.1 | 1602.1 | 322.3 | 1614.6 | 477.3 | 278.7 | 2703.2 |
| 实际产出率 | 指标 | 土地生产率（千克/亩） | 劳动生产率（千克/人） | 水资源生产率（千克/元） | 肥料生产率（千克/元） | — | — | — |
| | 2017 | 7450.3 | 13796.9 | 30.7 | 4.7 | — | — | — |
| | 2018 | 5458.6 | 13075.0 | 30.9 | 3.7 | — | — | — |
| 经济产出率 | 指标 | 元/亩 | 劳动生产率（元/人） | 水资源生产率（元/元） | 肥料生产率（元/元） | 成本收益率（%） | | |
| | 2017 | 13174.1 | 24396.5 | 54.3 | 8.4 | 86.0 | | |
| | 2018 | 15181.4 | 30193.2 | 78.9 | 8.7 | 59.6 | | |

数据来源：根据北京市果类蔬菜产业经济岗位调研数据整理。

通过节水技术推广，2018 年蔬菜的水资源生产率较 2017 年有所提高，其他“三率”指标相较 2017 年略有降低，但变化幅度不大；从经济产出率来说，在果类蔬菜价格提高、销售渠道多元化发展、三品认证不断完善的作用下，2018 年蔬菜生产的经济“三率”较 2017 年有所增长。结合北京市果类蔬菜生产规模有所下降的背景，为保持果类蔬菜在京郊农业中的优势地位，应进一步果类蔬菜生产的集约化程度，通过控制成本投入扩大经济效益竞争力。

### （二）果类蔬菜产业支持政策及其实施效果

果类蔬菜的相关产业支持政策大多包含蔬菜产业相关的宏观农业政策中。政策作用途径主要可分为两类：一类是明确按照国家政策文件，通过对宏观农业支持政策以及蔬菜专项支持政策进行分析，间接得到果类蔬菜产业的政策支持力度，进而对政策支持效果进行评价。另一类是根据农业政策及法律法规，开展蔬菜产业相关项目，针对性地对地区果类蔬菜产业进行扶持，并对项目效果进行评价。

1. 果类蔬菜产业相关支持政策

2018 年与蔬菜产业相关的宏观政策详情如表 9 – 5 所示。按照政策支持类型，其可以大致分为技术创新类、生产服务类、质量安全类、流通类等。通过比较可以发现，当前蔬菜产业政策更倾向于质量安全和生产服务两类方向。

从蔬菜生产的补贴来看方面来看，一是重视耕地地力的提升同事稳定菜田面积，补贴的激励作用由提高生产积极性、提高农机使用主动性向提高生产过程和蔬菜产品的质量安全逐步递进；二是提升补贴指向性和精确性，对促进农业生产、优化产业结构的补贴申领条件明确划分；三是加强对补贴政策的资金管理和监管检查力度，确保补贴能真正到达农民手中，并用于农业生产。从质量安全方面来看，一是继续加强对生产过程中农药和化肥的使用进行管理，并通过废物利用等辅助手段控制农业生产带来的土壤污染；二是加强污水集中处理管理和节水改造，从生产的成本和产生的污染两方面发展环境友好型农业。

**表 9 – 5　　2018 年北京市蔬菜产业相关政策详情**

| 政策类型 | 政策支持力度 | 政策目标 | 部门 | 政策文件 |
|---|---|---|---|---|
| 技术创新类 | 给品种权规范使用企业授牌给予支持，全力搭建服务平台；严格市场监管，严厉打击扰乱市场秩序行为；生物品种专项治理 | 建设种业示范区，打造农业高精尖，推动北京现代种业健康繁荣发展 | 北京市农业农村局 | 《北京市种子监管三年行动计划（2018—2020 年）》 |
| 技术创新类 | 对成果转化类项目、产业化类项目、产业技术联盟、科研院所等各类创新主体，符合农业综合开发、高效节水灌溉等给予资金支持 | 开展植物新品种、园艺精品、特色衍生产品等重大前沿原创技术成果转化和产业化 | 中关村科技园区管理委员会等 | 《促进中关村国家自主创新示范区现代园艺产业创新发展的若干措施》 |

续表

| 政策类型 | 政策支持力度 | 政策目标 | 部门 | 政策文件 |
| --- | --- | --- | --- | --- |
| 生产服务类 | 支持房山区、大兴区、密云区、门头沟区实施基层农技推广体系改革创新试点建设；对农技人员培训、农业科技示范主体培育、农业科技示范基地，优质绿色高效模式等改革创新试点建设进行补助 | 推广服务水平明显提高，优质绿色高效技术模式进村入户，农业科技示范服务平台作用发挥充分，农技推广信息化建设有所突破等 | 北京市农业农村局 | 《2018 年北京市基层农技推广体系改革与建设补助项目实施指导意见》 |
| 质量安全类 | 补贴种植具有提升耕地地力功能的生态作物和经济作物的地块，具体补贴范围由各有关区结合实际确定 | 保护和提升耕地地力，提高农业综合生产能力，进一步提高补贴政策的指向性、精准性和实效性 | 北京市农业农村局等 | 《2018 年北京市耕地地力保护补贴的实施意见》 |
| 流通类 | 2017 年以来在社区服务满一年的社区蔬菜直通车项目和 2018 年以来新购置的社区蔬菜直通车给予奖励 | 进一步满足社区居民购菜需求，充分发挥社区蔬菜直通车作用 | 北京市商务委员会 | 《申报 2018 年度第二批商务发展项目（社区蔬菜直通车）的通知》 |
| 流通类 | 市区两级政府协同，对搭载早餐和蔬菜零售、针头线脑等基本便民服务功能的连锁便利店新建门店租金投入，给予财政资金补助 | 加大对搭载蔬菜的零售店以资金支持，降低其经营成本 | 北京市商务委员会等 | 《进一步促进便利店发展的若干措施》 |

数据来源：北京市人民政府门户网站整理所得。

2. 根据宏观目标对支持政策的评价

第一，多渠道保证北京蔬菜稳定供给。2018 年北京市蔬菜自给率仅为 8.3%，果类蔬菜自给率相对更低，为保障首都居民菜篮子的稳定供给。2017 年北京新建了 3.9 万亩外埠蔬菜基地，已在津冀地区建设了 57 个畜牧业外埠生产基地。其次，作为北京蔬菜供给主体的新发地市场，2018 年年各类农产品总交易量实现 1689 万吨，与 2017 年相比增增幅为 4%；全年实现总交易额 1080 亿元，增幅为 32%。北京新发地在全国各地标准化种植基地建设达到 330 万亩，分市场建设在稳定中前进。

第二，提升蔬菜产业技术水平，提高农户收入。在乡村振兴背景下，加快推进农村农业基础设施建设，不断提高土地产出率、资源利用率和劳动生产率，对稳增长、调结构、提高农民收入意义重大。近几年，北京市蔬菜产量下降，但蔬菜产值在增加，其原因主要有：一是受疏解非首都功能行动和大型基础设施建设的影响；二是北京市在蔬菜种子研发、社会化服务和流通销售等高附加值领域拥有相对优势，上述环节的附加值均价高。

第三，提高蔬菜产业设施化水平。在北京蔬菜产量大幅下降背景下，从设施蔬菜占比来看，2011 年设施蔬菜产量占比仅 37%，2018 年占比为 70.3%，而 2018 年果类蔬菜设施产量比高已高达 83.0%，番茄、黄瓜、青椒和茄子分别为 91.3%、74.0%、81.6% 和

72.9%，蔬菜设施化水平得到显著提升。

第四，提高蔬菜质量安全，实现产业绿色发展。截至2017年年底，菜篮子产品“三品”认证产量共计179.12万吨，占同类产品生产量的60%，认证率位居全国第二。全市绿色食品企业64家、产品321个、实物总量120.4万吨、年销售量111万吨、国内年销售额70.11亿元、监测面积19.29万亩，并提前两年完成了“十三五”目标，标志着北京市创建国家农产品质量安全市工作取得阶段性成果。

3. 根据项目效果对支持政策的评价

以农业政策为依托，2018年北京市以区为试点开展了多个蔬菜产业相关项目，并对之前在试点区开展效果良好的项目进行推广。实施详情及实施效果整理如表9-6所示。北京市蔬菜产业项目试点区域涉及怀柔区、大兴区、顺义区、通州区以及延庆区等区，项目类型包括技术创新类、质量安全类、生产保险类以及流通类。

在农业部确定2018年为“农业质量年”和当前农业政策背景下，各区在农药化肥使用、节水改造等方面开展试点项目和部分项目全面推广，项目实施效果显著。以怀柔区为例，其向蔬菜基地发放的防虫板、防虫网、太阳灯杀虫灯等绿色防控技术有效降低了化学农药使用造成的农业面源污染；大兴区实施的农产品产销对接项目利用农超对接、农社对接和电商对接等省去了蔬菜销售过程的中间流通环节，提高蔬菜种植户收入的同时，解决了消费者买菜难的问题。

**表9-6　2018年北京市各区蔬菜产业相关项目实施**

| 类型 | 项目名称 | 实施目标 | 实施效果 |
|---|---|---|---|
| 生产补贴类 | 平谷区2018年基本菜田补贴实施方案 | 进一步稳定菜田面积，提高农民种菜积极性 | 补贴标准为：露地菜田450元/亩；钢架大棚550元/亩；日光温室650元/亩；对获得“三品”认证中一项或多项认证的菜田，额外给予100元/亩，工厂化蔬菜生产按日光温室补贴标准650元/亩 |
| 技术创新类 | 顺义区“两田一园”高效节水一期工程 | 节约农业用水，提升土地灌溉效率 | 已建设高效节水灌溉面积5.64万亩，更新机井326眼，完成井房主体结构270座 |
| 流通类 | 大兴区积极推进农产品产销对接项目 | 加快推进农超对接、农社对接、电商对接、农餐对接，促进农民增收的同时减少中间流通环节 | 农超对接：全区7家农民专业合作社与大型商超企业对接合作实现销售收入3608万元；农社对接：全区5家农民专业合作社通过与社区对接销售实现销售收入1.35亿元；电商对接：全区5家合作社通过网络平台实现销售收入2700万元；农餐对接实现销售收入2918万元 |
| 质量安全类 | 怀柔区提升蔬菜绿色防控覆盖率项目 | 推进蔬菜绿色防控技术覆盖率，有效降低化学农药使用造成的农业面源污染、保障食品安全示范区创建 | 全区打造蔬菜病虫害绿色示范基地8家，通过基地全面推广绿色防控技术；每茬作物可减少农药使用2至3次，有效降低化学农药使用造成的农业面源污染 |

续表

| 类型 | 项目名称 | 实施目标 | 实施效果 |
| --- | --- | --- | --- |
| 质量安全类 | 农业面源污染综合防治项目 | 开展农业面源污染综合防治，有效降低化学农药和化肥使用造成的农业面源污染 | 在蔬菜和玉米推广配方肥技术 14.3 万亩；针对设施菜田推广应用生物有机肥改良土壤技术 3000 亩；在主要蔬菜作物推广水溶肥，示范应用面积 900 亩；绿色防控物资补贴 3000 万元，补贴对象达到 4000 余人；推广天敌、理化诱控产品及生物农药等 21 项绿控技术 |
| 流通类 | 农产品直通车进社区和“菜篮子”工程建设项目 | 推进“菜篮子”进社区，为消费者提供优质优价的放心蔬菜，保障首都蔬菜质量安全供给 | 全市共建设基本便民商业网点 1529 个，其中拥有蔬菜零售功能的网点 667 个；切实解决群众买菜难问题。自建大型蔬果检测中心 |
| 技术创新类 | 北京市推进蔬菜基质化生产模式项目 | 推进蔬菜基质化生产模式，促进蔬菜产业绿色、优质、高效生产。集成 4 套蔬菜基质化生产技术模式；建设 15 个示范基地。 | 遴选出高品质番茄品种 3 个；建立标准化育苗技术规范一套；开展基质消毒技术研究，完善蔬菜基质化生产绿色防控技术规范。编制发放《北京地区蔬菜基质化生产技术模式汇编材料》。在通州区、大兴区开展蔬菜基质化生产育苗，培育优质壮苗 12 万株；完成了小汤山特菜基地、延庆区茂源广发和川府菜缘 3 个基地的建设 |
| 技术创新类 | 北京市创新团队建设项目 | 开展果类蔬菜产业研发创新与成果转化 | 组建果类蔬菜等 10 个创新团队，组织开展新品种选育、新技术研究试验示范推广、农民培训等工作，选育新品种、研发新技术、新产品 170 项，培训农民 5500 余人次 |

数据来源：北京市人民政府门户网站整理所得。

2018 年北京市果类蔬菜产业发展趋势整体没有发生变化。在生产方面，果类蔬菜由于生产风险大、相对耐储存等特性，京郊种植规模持续萎缩，但是技术水平和研发能力进一步提高；此外，作为经营主体的小规模种植户，选择通过加入合作社、大型农业公司等与现代农业衔接，“一家一户”式的封闭经营模式不再成为主流。加工和流通方面的区域协作水平提高，北京市通过千亿级交易额的新发地批发市场和丰富的零售终端，确立了京津冀果类蔬菜流通枢纽的地位，同时大力发展净菜进京加工体系。居民在果类蔬菜消费占食品支出的比例已经趋于稳定，主要是对消费便利性和质量安全的需求提高。

近年来，果类蔬菜种植户的栽培管理水平、机械化水平、节水技术使用率等技术水平的提高使得“三率”提升明显，但是，由于果类蔬菜销售价格波动大且产量增加、投入下降也无法弥补价格的下降，表示未来提高“三率”的重点工作应由“提高产量”转为“提高价格”以增加种植户收入。根据北京市相关部门出台的蔬菜产业政策，2018 年北京市政府对于果类蔬菜产业的支持重点逐渐从生产向产前、产后转移，主要从技术创新和流通两点发力。因此，果类蔬菜产业的核心政策目标已由“稳定产量，保供给”转向了“紧抓关键产业链环境，提高附加值”。

# 第二节　果类蔬菜产业发展中创新团队的技术支撑作用

现代农业产业技术体系北京市果类蔬菜产业创新团队（以下简称“果类蔬菜团队”）成立于2009年，2018年果类蔬菜团队对产业发展从多方面发挥支撑作用。

## 一、果类蔬菜团队基本情况

### （一）创新团队功能定位及其建设任务

2018年果类蔬菜团队紧紧围绕“十三五”规划做好年度任务分解和落实工作，创新团队建设目标是，以“工业思维模式”为引领，发展环境友好型和高质量果类蔬菜产业，做好团队的专业与分工协作示范，促进农业发展方式的转变，引导北京郊区果类蔬菜生产向着生产规模化、经营品牌化、管理专业化、技术标准化、操作轻简化和产品高品质化的方向发展、推动蔬菜产业提档升级。

### （二）创新团队组织架构

果类蔬菜团队主要研究对象为番茄、黄瓜、青椒、茄子四种果类蔬菜。团队共设6个功能研究室，分别为育种与繁育功能研究室、栽培技术功能研究室、土肥水调控功能研究室、设施设备功能研究室、病虫害研究功能研究室、加工、流通与经济功能研究室，涵盖了果类蔬菜生产产前、产中、产后各个环节。

团队成员包括首席专家、岗位专家、综合试验站站长、田间学校工作站站长等构成。岗位专家分别来自为北京市农业技术推广站、北京市土肥站、北京市植保、北京市农机鉴定推广站、中国农业大学、北京农学院、海淀组培室、中国农科院植保所、北京市农林科学院等。团队的6个综合试验站分别位于大兴区、顺义区、延庆区、密云区、通州区、房山区，涵盖北京主要的果类蔬菜生产区，下设44个田间学校工作站，将团队新品种、新产品、新技术及时、有效地进行推广应用。

此外，果类蔬菜团队在以上组织架构的基础上，另有创新小组和示范中心的模式进行团队运行。

一是三个创新小组，打造果类蔬菜高精尖。组成形式创新：组长负责制，跨专业、跨学科和团队的成员自由组合，首席办协调。小组中的成员包括育种、栽培、营养、水肥、病虫害、设施设备、产业政策等领域的专家，其中还充分利用团队内部人才优势和外部专业人才聘请的灵活机制。研究内容创新：针对四种果类蔬菜主要的营养品质，研究一整套切实可行，可以转化为实际成果的技术体系。每个小组设立关键研发目标，观测指标进行标准化并明显超过市场平均水平。

二是集中专家资源，打造“工厂化研究示范中心”。形成了以团队专家为核心的技术研究小组，包括栽培、病虫害防控和环境监测三个小组。据此形成以企业为依托的技术创新应用和培训展示平台，涉及水肥栽培、物联网、种植咨询、设施、品种和生物防控6个方面，与13家公司形成良好的合作。

三是形成专业操作工人培养模式，以理论培训和实践操作相结合的培训方式，培养新型职业操作工人18名，实现了田间操作技术分工职业化和工资计件制，制定并完善了工厂化生产条件下不同操作环节的操作质量标准和数量标准，目前五名职业操作工人已经在大兴区农业示范站工厂化生产番茄生产中上岗。

**（三）创新团队作用与交流机制**

1. 创新团队发挥作用的运行机制

一是注重组织领导。按照执行专家组、功能研究室、各区综合试验站和农民田间学校工作站的管理机制，采取首席专家领导下的民主集中制，由团队成员共同协商，执行专家组审议，首席专家签署发布。具体项目实施是由岗位专家、综合试验站长、田间学校工作站长全权负责。首席专家办公室代表首席专家对团队成员承担的具体项目过程和结果实施登记、考核计分。首席专家率领首席办人员，对团队成员的工作任务和资金使用情况进行督导。

二是强化目标管理。以任务目标为主要管理对象，细化创新研发中各项成绩在总考核重所占比例。坚持团队管理体系，全员参与；同时加大宣传力度与社会舆论监督力度。

三是坚持质量控制。坚持经费和做事的高度统一，坚持做事和服务对象满意为一体，在质量控制方面，比起检查，更加注重预防。

四是进行机制革新。由团队成员自行组成创新小组，实行小组负责制，针对四种果类蔬菜，聚焦其主要的营养品质的提高，在创新小组的组建中，吸收营养学方面的专家，形成合力，打造高品质果类蔬菜的生产技术研究。

2. 创新团队发挥作用的交流机制

一是定期召开会议，梳理团队工作。2018年3月到11月，团队先后召开果类蔬菜团队2018年工作部署会及任务书签订会、适度规模示范点建设工作进行部署会、春季田间生产观摩季启动仪式、2019年工作任务与经费预算论证会、果类蔬菜团队现场外部评估工作会、2019年实施方案和经费预算内部论证会等。

二是完善评分机制，强化团队纪律。为完善团队评分机制，果类蔬菜团队首席办制定了详细的评分管理办法，在中期考评和年终考评中，参加活动情况，上报材料，创新平台信息上报和日志填写情况，督导情况都将纳入考评。该评分机制，强化了团队纪律，为各项工作顺利开展也创造了有利条件。

三是进行工作督导，加强团队交流。果类蔬菜团队首席办为提高团队成员工作效率，及时了解团队成员工作动态，制订了详细的全年督导计划。在督导过程中，首席专家安排了资金督导，即在工作督导同时，要求专家或者综合试验站站长准备好创新团队专项经费的明细账，由依托单位财务人员进行查阅，以便及时发现问题并改正。7 月到 11 月，先后督导房山区综合试验站开展工作，为园区受影响的番茄生产提出适宜的管理方式；观摩了延庆区综合试验站开展的四种果类蔬菜新品种示范和果类蔬菜适度规模生产情况；在顺义区综合试验站观摩了团队岗位专家开展的四种果类蔬菜品种对比、果类蔬菜高产示范、青椒肥料试验，及青椒规模化高产技术集成示范；在通州区综合试验站工作督导，观摩了四种果类蔬菜品种对比、果类蔬菜高产示范。

四是组织团队观摩，增进团队合作。果类蔬菜团队首席办在果类蔬菜生产关键时期，组织观摩。2018 年 3 月到 11 月，先后组织通州区、延庆区、顺义区、房山区、大兴区等试验站观摩启动会，调查果类蔬菜规模化生产事宜、适度规模化生产和品种对比试验、新品种示范、规模化生产技术试验示范情况等（见图 9 – 15）。

图 9 – 15　果类蔬菜创新团队观摩

## 二、果类蔬菜团队的技术研发与主推技术

### （一）果类蔬菜团队技术研发情况

1. 果类蔬菜品种创新

2018 年果类蔬菜团队重点围绕高品质进行品种筛选，在 6 个综合试验站建立番茄、青椒、黄瓜、茄子品种比较筛选点，通过品种比较试验筛选出青椒、番茄、黄瓜 15 个优良品种（见图 9 – 16）。

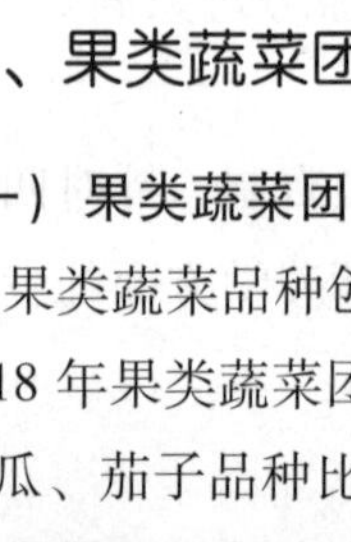

番茄高品质材料

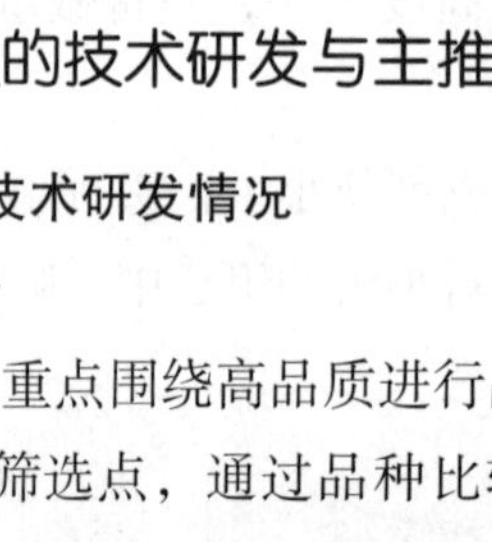

胜寒740

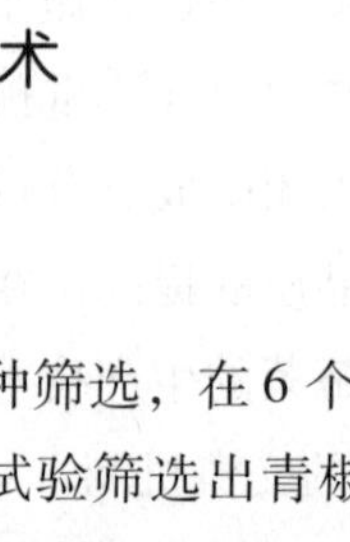

tz18350茄子

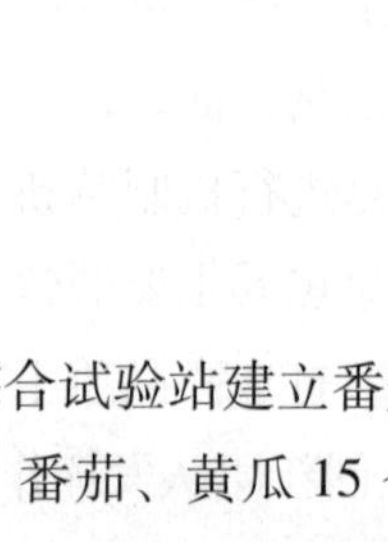

京研旱宝5号

图 9 – 16　果类蔬菜部分创新品种

通过传统育种、花培等途径育成120个辣（甜）椒、番茄、茄子新组合；“农大11－28”青椒、“ND1420”番茄等品种示范效果显著，其中“农大11－28青椒”已在全国推广，成为部分地区的主栽品种之一。完成“海丰长茄6号”的选育，并在京津冀、山西等地区获得较大面积的推广，完成“海丰190”的选育并在京津冀地区及山西、山东、黑龙江、广东、陕西等地获得较大面积的推广。在北京及周边地区累计示范推广1500亩以上，在河北、天津等地区累计推广1000亩以上。

2. 育种技术创新研究

在青椒育种方面，开发青椒GMS雄性不育msc－2的基因标记，提高育种效率50%以上；开展青椒高效DH育种技术研究，2018年累计获得青椒DH株系540余株，完成360余份DH株系的评价；开展了青椒首花节位主效QTL定位研究，青椒单倍体育种技术高诱导率基因型筛选研究。

在黄瓜育种方面，为黄瓜以果刺为目标建立了基于CsTS1基因为技术基础的果瘤大小SNP标记从事黄瓜辅助选择的选择技术，并利用该技术应用于本课题组黄瓜材料筛选，大幅度提高了选择效率。

在其他果类蔬菜方面，利用各种分子标记辅助选择技术，聚合番茄、青椒多抗育种材料。开展茄子单倍体育种技术高诱导率基因型筛选研究

3. 新品种试验示范，促进成果转化

在6个综合试验站进行了4种果类蔬菜不同品种的示范试验。对已筛选出的“农大11－28”“国福919”“海丰104”等甜青椒品种，“ND1420”（高品质）、“春展86”（仙客360）等番茄品种，“中农26号”“京研118”“S1665”等黄瓜品种及“京茄6号”“京研黑宝”等茄子品种进行了示范推广，共示范青椒、番茄、黄瓜品种近50个。2018年分别在北京郊区基地上述品种累计示范推广2000亩以上。

4. 技术量化指标研究，为标准化提供了支撑

日光温室和大棚温度光照变化与黄瓜、茄子生育及产量关系研究；日光温室和大棚番茄、青椒生长发育与温光关系研究；日光温室椰糠栽培番茄适宜营养液配方研究与应用；日光温室椰糠栽培番茄适宜供液量研究与应用；现代化大型连栋温室工厂化番茄生产与温光因子的关系。

5. 产品品质提升研究

对北京果类蔬菜产业体系试验的番茄品种以及青椒种质资源进行了营养品质分析。对20个番茄品种进行了营养品质分析，结果表明番茄果实硬度差异较大，变幅在2.7～10.7千克/$cm^2$，大果番茄可溶性糖变异幅度在3.5%～5.5%，VC含量差异较大，变幅5.5～24mg/100g，可溶性糖含量在1.1%～3.0%，酸含量在1.5%～3.5%。此外，还发现提高营养液中铁的含量，番茄果实铁含量比对照提高了20%～43.7%；早期喷施1%蔗糖溶液可提高番茄果实维生素C的含量，提高幅度达26.7%。

选取华北地区 11 个密刺型黄瓜品种，对其果实营养品质以及中反，顺 -2，6 - 壬二烯醛和丙醇二酸含量进行检测，同时结合果实外观品质、植株田间长势及产量等因素，试验筛选出高品质黄瓜品种 4 个，筛选出风味浓郁的黄瓜品种 1 个，筛选出高丙醇二酸含量品种 1 个。此外，还探究了营养的元素、盐分浓度、灌溉量以及嫁接技术对黄瓜果实品质的影响。

6. 适度规模生产示范，推进了产业升级发展

本着田间操作轻简化、栽培技术标准化、生产管理专业化和发展趋势规模化的技术需求，在前期技术积累的基础上，开展塑料大棚番茄和青椒适度规模化专业生产标准化技术集成示范。与 6 个综合试验站合作开展规模化技术集成示范工作，建立示范点 14 个，示范面积 77 栋设施、74.6 亩，示范技术 6 项。重点示范推广优新品种 25 个，节水高产技术 6 项及设施环境调控技术 10 项。省力化技术提高了劳动效率：番茄和茄子每亩地平均节省人工 7 个（人天）、黄瓜节省 10 个（人天），按推广面积 2 万亩计算，共节省人工 16 万个（人天）。

7. 围绕果类蔬菜产业进行经济分析，及时把握京津冀产业动态

2018 年果类蔬菜产业经济岗位针对北京市果类蔬菜产业进行了大量调研和分析；并针对北京市蔬菜供应圈的五省市进行了比较研究；此外，对果类蔬菜产业进行了前瞻性研究，取得了研究成果；在指导生产实践、提出政策建议等方面做了大量工作。

**（二）果类蔬菜团队主推技术情况**

为促进果类蔬菜生产向高效、节肥、节药、优质方向发展，团队从新型肥料、根际微生物、高效配套农机设备、轻简化投入品、物联网智能控制等方面进行研发。

1. 优质农业技术

第一，在封闭式和开放式基质培系统中，通过调控营养液配方，将番茄果实铁含量提高了 20% ~43.7%，在顺义区综合试验站和昌平区田间学校工作站示范了高铁番茄栽培，操作简便、效果良好。

第二，高品质彩椒栽培技术。通过调控营养液配方及 LED 顶部补光，彩椒产量提高了 24.5%；可溶性糖含量提高了 13.3%，不同品种的 VC 含量达到了 151 ~ 240mg/100gFW，在北京金六环农业园连续示范两年（2017 ~ 2018 年），效果良好，产品供应元旦、春节高端市场。

第三，黄瓜营养品质提升技术体系构建。以风味为主，围绕品种、育苗和栽培，开展了黄瓜品质提升工作，研究了营养元素、营养液浓度、根际微生物菌剂、嫁接及砧木对黄瓜品质的影响，初步构建了黄瓜营养品质提升技术体系。

2. 省力化技术提高了劳动生产率

第一，开发了拼插式自回水基质栽培槽。解决了根系通气性差等问题，促进植株的生长发育和产量形成，植株根系干鲜质量分别提高了 18.6% 和 4.4%，株高、茎粗和叶片数日均生长量提高 3.3%、27.3% 和 50.0%，提高了水肥生产效率。

第二，果类蔬菜基质栽培营养液循环运行栽培模式、潮汐灌溉模式和大流量灌溉器滴

灌模式。针对塑料大棚和日光温室基质栽培中回流液开放式或半开放式管理存在的水肥浪费、水土污染棚室空气相对湿度过大等问题，依托新型栽培槽研发，探索了营养液循环运行栽培模式，实现了水肥或回液的零排放。

图 9－17　果类蔬菜便携式栽培器（左）和农药喷洒机器人（右）

第三，在果类蔬菜种植机械化方面，研制了果类蔬菜便携式栽植器（见图 9－17），促进劳动效率提升 20%，节省劳动用工 1 人/亩，节本增效 120 元/亩；开发并示范应用了农药自动喷洒机器人，提升了药剂防效，又节约了农药、节省了人工、规避了操作人员农药中毒风险；小型有机肥撒施机的国产化，单次载肥量 300～500 千克，撒施 1 栋大棚需 40 分钟左右，相比人工作业提高效率 30%。

第四，研发了鲜切蔬菜杀菌自动检测和加注系统。该系统保证了杀菌池内次氯酸钠的浓度相对稳定，使残留氯浓度降低到 3～4ppm，减少次氯酸钠的投加量 21%，综合计算每吨鲜切产品减少成本最低 24.91 元。

第五，针对果类蔬菜嫁接后传统愈合成功率低的现状，创新开发了基于传统苗床的组装式自动化愈合棚（见图 9－18），具有温湿度自动调控功能，为嫁接苗愈伤组织的形成及嫁接苗生长创造适宜的环境，同时节省了人工。

图 9－18　果类蔬菜组装式自动化愈合棚便携式

第六，构建了大棚果蔬移栽作业配套技术方案，解决了机械化移栽过程中栽植不均匀、裸苗、露苗等问题，通过典型园区带动的方式进行转化，通过转化应用率达到100%，作业效率是人工作业的12倍，降低生产成本255.58元/亩。

第七，日光温室黄瓜越冬长季节高产高效栽培技术，提供了日光温室黄瓜亩产3万千克产量的技术保障。

第八，果类蔬菜规模化生产技术集成。2018年建立13个茬次的集成示范点，示范面积56.8亩。每个规模化示范点至少包括5个“成方连片”的生产单位，集成了优良品种、水肥一体化及省力化栽培等成熟技术。黄瓜规模化示范平均亩产7369千克，番茄平均亩产8548千克，分别较2018年全市均产增产66.2%和38.9%，并且棚室间产量平均差异仅5.2%，证明技术具有较强的复制性。

3. 生态农业

第一，南方番茄病毒检测技术。通过克隆STV背景分离物基因组全序列，设计引物，建立了准确、高效的检测STV的RT－PCR方法，通过对昌平区、房山区番茄样品的检测，获得了稳定的检测效果，适用于田间样品检测。

第二，棉隆和二甲基二硫混用防治土传病害技术，对根结线虫防治效果83%以上，对土传病原真菌防治效果在88%以上，对杂草的防治效果95%以上。

第三，蔬菜产品微生物臭氧抑生技术，臭氧处理可以有效杀灭番茄表面微生物，对细菌杀灭效果优于霉菌，具有成本投入低，易操作，减菌效果明显等特点。

第四，针对沼液应用中存在的堵塞过滤器、养分浓度不清等问题，开展沼液滴灌技术研究，将沼液存贮装置、过滤装置、混匀装置和施用装置集成为沼液滴灌技术模式，实现了农业废弃物的有效利用。

第五，蔬菜病虫害全程绿色防控20多项核心技术，包括全园清洁、无病虫育苗、产前棚室和土壤消毒、产中综合防控和产后蔬菜残体无害处理5大关键环节，在京郊建立蔬菜病虫害全程绿色防控示范基地，减少化学农药使用30%～60%。

**（三）果类蔬菜团队研发成果情况**

选育出11个果类蔬菜新品种，包括“农大17－799”“胜寒740”“海丰391”“中农大22号”等。研发新技术14项，包括高铁番茄栽培技术、塑料大棚果类蔬菜高效生产机械化作业技术模式、番茄熊蜂授粉和绿色防控集成技术、番茄疑难病毒病害鉴定技术、黄瓜高品质栽培技术等。

研发新产品15项，包括蔬菜育苗专用生根菌、小型有机肥撒施机、自动化学农药喷洒机器人、工厂化育苗催芽环境物联网采集系统、果类蔬菜物联网精准注肥系统、杀菌自动检测和加注系统等。

发表论文62篇（其中SCI文章31篇），申报专利9个，授权专利22项，编著书籍5部。所提出的政策建议14项，其内容涉及稳定蔬菜价格、北京市蔬菜价格保险、蔬菜质量安全分级监控、优质农产品生产发展、现代蔬菜产业体系建设等，相关研究成果被媒体宣传51次。

## 三、果类蔬菜团队技术示范推广效益

### （一）技术示范推广经济效益

第一，果类蔬菜单产的提升。2018年黄瓜、番茄、茄子和青椒四种作物平均亩产分别达到4435.1千克、6154.2千克、3851.5千克、4424.8千克，较2017年分别提高485.2千克/亩、101.6千克/亩、210.1千克/亩和323.2千克/亩。

第二，四种果类蔬菜平均亩增收1600元，增幅12.2%，按可比面积计算，2018年果类蔬菜总增产2.4万吨、总增收1.3亿元。

第三，通过针对果类蔬菜生产新型经营主体推进实施果类蔬菜规模化生产和工厂化生产，蔬菜种植的轻简化，机械化水平的提高，替代劳动力的投入量，示范点平均节约劳动力投入量41.5%，降低了人工成本。

第四，通过水肥一体化等措施，全市平均减少化肥投入11.6%，每亩节约生产成本50元，提高了经济效益。

### （二）技术示范推广生态效益

果类蔬菜团队在提升农业生产效率提升同时，进一步考虑了生态效益。

第一，节水高效技术及设备的应用，提高了资源利用率，2018年京郊果类蔬菜每立方米水平均产出果类蔬菜24.1千克，较2017年同期增幅达5.7%，每千克肥产出果类蔬菜143.7千克，较2017年增幅2.5%。

第二，利用土壤消毒技术，既杀灭土传病害，解决农药残留问题，还可释放土壤中养分。此项技术使得示范区年亩节本增收2317元，投入产出比1:5以上。

第三，无土栽培提高了水肥利用效率。以青椒品种农大24为例，有土栽培单产耗水量为33.27千克/千克，而无土栽培仅为24.34千克/千克。

第四，研发筛选生态循环技术2项，研发筛选生态循环新产品1项，在设施果类蔬菜上推广应用，推广应用1370亩，累计处理消纳蔬菜秸秆2600余立方米，每亩可替代化肥5千克，据测算亩可减排19.5千克$CO_2$，实现废弃物循环利用。

### （三）技术示范推广社会效益

第一，为世园会“百蔬园”建设提供有力技术支撑。果类蔬菜团队成立了统筹小组和5个工作小组，分别是观赏蔬菜品种筛选与繁育小组，观赏蔬菜预展生产与景观规划小组，观赏蔬菜病虫害测报与防控小组，盆栽蔬菜水肥调控小组，盆栽蔬菜机械化装备技术服务小组。集全团队之力，明确协同配合和职责分工，保证了2018世园会“百蔬园”预展工作的顺利有序开展。

第二，紧抓果类蔬菜应急工作。2018年4月，北京突降大雪，此时正值春季保护地果类蔬菜定植后的缓苗期，该场4月飘雪为近30年来首次。2018年8月，京城连续普降大雨，此时正值秋季果类蔬菜定植缓苗期；为了解生产受影响程度、及时指导生产者应对意外的自然灾害，团队栽培岗位专家及时深入田间地头，了解灾情，并通过网络、微信等现代传媒发布技术措施指导生产。

第三，注重媒体宣传和国内外交流。通过网络媒体、电视、电台7条，报纸报道21条、网络宣传68条，自媒体宣传8次；报送简报46期、团队成员通过北京市创新团队平台报送信息1576条；截至目前国内外交流16次，体系内部交流20次。

第四，农民素质提升。开展技术培训142次，培训3812人次，农民活动日260次，农民参与达到4159人次，组织观摩70次，观摩人员达到1933人次，使农民的技术水平和素质得到了显著提升。

第五，提高北京果类蔬菜安全水平。通过果类蔬菜工厂化推进、新品种新技术的推广以及新型职业农民的培育，配合试验示范规模化、工厂化生产，为市民提供更多更好的“放心菜”。

## 四、对果类蔬菜产业的支撑作用

### （一）对果类蔬菜产业的支持转化模式

1. 品种转化

利用多个品种共建立品种试验示范点75个，北京示范推广面积311亩，全国示范推广面积15158亩，“ND11－28”青椒成为山东青州主栽品种之一，说明新品种的推广应用促进了京郊乃至全国果类蔬菜产业的整体发展。详见表9－7。

表9－7　果类蔬菜品种示范效果

| 品种 | 示范推广面积 |
|---|---|
| “ND1420”“农大3号”番茄、“农大11－28”青椒 | 131亩 |
| “中农大22号”“中农大25号”黄瓜 | 123亩 |
| “海丰166”“海丰104”“海丰190”“海杂5号”“海丰391”“海丰长茄2号”“海丰长茄3号”“海丰长茄5号”等茄子新品种 | 57亩 |
| “ND11－28”青椒 | 青州主栽品种之一 |
| 海丰系列青椒、茄子 | 1.5万亩 |

2. 政策转化

形成政策和建议，提出了发展大型温室工厂化生产建议。已在昌平区、延庆区等6区建立示范点2市在技术、人才、管理和劳动者等方面的果类蔬菜工厂化生产优势不断显现。产业经济岗位在研究、指导生产实践、提出政策建议等方面，做出了大量工作，为果类蔬菜产业的发展提供重要的参考。

3. 产业转化

全年与河北和天津蔬菜产业技术体系创新团队的专家多次沟通，将团队技术和多年做法经验进行推广转化；另外通过中国农科院、国家团队、农业农村部蔬菜专家指导组等进行转化；还有大量的企业寻求技术合作。

4. 促进了京津冀果类蔬菜产业协同发展

在河北示范智慧农业作业系统应用平台，为果类蔬菜可溯源化生产提供了技术支撑；以日光温室越冬长季节黄瓜为研究和示范对象，进行农艺集成创新与示范，在北京大兴区、河北永清建立示范基地，形成综合配套的技术规程，促进了京津冀设施蔬菜生产的一体化进程；形成蔬菜工厂化生产技术交流机制。每年春季在京主办京津冀蔬菜工厂化生产技术交流会（4 月），秋季借助中国温室产业大会年会承办设施园艺工厂化生产技术交流论坛（分）。

**（二）对产业支持的案例分析——世界园艺博览会“百蔬园”建设为例**

2019 年 4 ~ 10 月，在北京市延庆区举办世界园艺博览会（以下简称“世园会”），这是迄今在我国举办的级别最高、规模最大的 A1 类世界园艺博览会。2019 世园会“百蔬园”，是我国首次将蔬菜园艺作物设立为世界园艺博览会的独立展览，是本届世园会的重要组成部分。“百蔬园”展示的蔬菜品种在百余种，总展示面积为 50 亩地。根据测算，单次需盆栽蔬菜 40 万 ~ 50 万盆，因此建设强有力的配套生产保障基地是“百蔬园”展示顺利进行所必需的。北京市果类蔬菜产业创新团队围绕百蔬园建设，在配套技术引进、筛选与集成项目开展了技术研发和应用工作。

1. 支持背景

为建设好世园会重要组成部分“百蔬园”，亟须解决以下问题：第一，栽培环境恶劣，对栽培管理技术、设备等要求较高；第二，如此大规模、长时间跨度的盆栽蔬菜生产和展示，适宜品种、类型、模式等需求量大；第三，在盆栽蔬菜的品种开发、家庭栽培方式、盆栽蔬菜配套园艺资材等方面还存在制约盆栽蔬菜发展的许多问题。

在上述背景下，北京市果类蔬菜团队成立了统筹小组和 5 个工作小组，分别是观赏蔬菜品种筛选与繁育小组，观赏蔬菜预展生产与景观规划小组，观赏蔬菜病虫害测报与防控小组，盆栽蔬菜水肥调控小组，盆栽蔬菜机械化装备技术服务小组。集全团队之力，明确协同配合和职责分工，保证了 2018 世园会“百蔬园”预展工作的顺利有序开展。总之，果类蔬菜团队为了更好地为世园会“百蔬园”建设提供有力技术支撑开展了一系列工作。

2. 造型技术研发

果类蔬菜立体栽培、植株管理非常关键，在盆栽过程中，植株管理应根据最终造型目标采取不同管理措施，立体栽培要依托造型架等外部辅助设施完成：

小番茄树造型（见图 9 - 19）从下部开始留侧叉的方式进行，待植株长至 6 片真叶时进行打顶，下部侧叉长出后均进行培养，每个侧叉长至 5 ~ 6 片真叶时打顶在出侧叉，依次类推直至长成树型结构，过程中采用“树枝”结构支架进行固定。

番茄伞造型是待植株长至 12 穗果，株高近 2 米时打顶，顶部留侧叉，然后侧叉上每

5～6片真叶再留侧叉的方式进行造型塑造，最终形成顶部类似伞形形状。

番茄塔造型是在番茄伞造型基础上进一步复杂化，即：在番茄长至12穗果、株高近2米时，不打顶，留侧叉，侧叉与主干同时生长管理，然后带主生长点长至8穗果时间距1米左右再打顶，然后再留侧叉的方式形成顶部伞状形状，上部伞形要小于下部的。最终形成双层或多层的番茄塔造型。

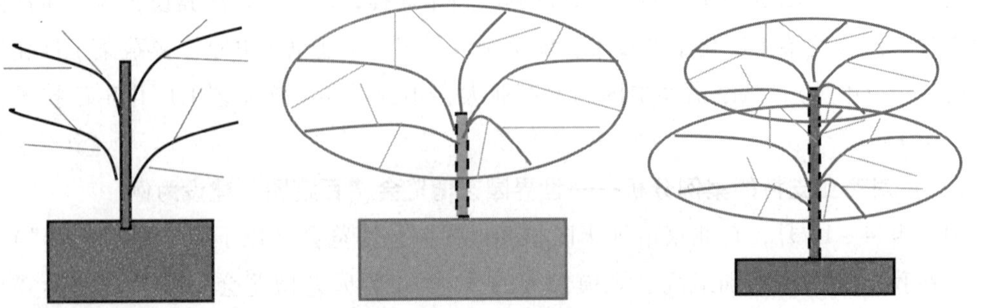

图9－19　小番茄树造型（左）、番茄伞（中）和番茄塔（右）造型

番茄屏风形造型技术研究。采用不同色彩的番茄植株进行基部贴接形成鸳鸯树类型。待番茄长至第一穗果时打顶留侧枝，下部每个侧均保留，然后将靠近果穗的两个侧枝向下拉伸消除顶端优势，调整3～4个侧枝生长均匀后固定到支架上管理，每个侧枝每两穗果再留侧枝，留2穗果打顶，孔雀扇面屏风的效果。

3. 果类蔬菜展出期间的栽培管理

由于果类蔬菜观赏其果实及造型为主，在选择品种时宜选择抗早衰能力强、果实观赏性强、观赏周期长、连续坐果能力强的品种，如番茄树立体栽培，可选用连续坐果能力强、果实耐储运、观赏周期长的“京丹6号”；茄子可选用“鸡蛋茄”“布利塔”等，青椒可选用“ND11－28”“热辣2号”等。

在基质种类方面，常用的无机基质有蛭石、珍珠岩、岩棉、沙、聚氨酯等；有机基质有泥炭、稻壳炭、树皮等。因此基质栽培又分为岩棉栽培、沙培等。采用滴灌法供给营养液。在水肥管理方面，果类蔬菜生长周期长，尤其是立体栽培生长周期长达1.5～3年，且盆栽蔬菜均采用基质无土盆栽模式，良好的水肥管理是果类蔬菜立体栽培成功与否的关键，结合北京延庆区地区气候变化规律及盆栽蔬菜植株大小等因素，建立四次浇水法和六次浇水法等浇水制度。

4. 果类蔬菜展出期间的病虫害防治

第一，综合措施进行预防，在果类立体栽培生产棚，生产前，采用辣根素等进行清洁消毒处理，并在风口、门口等位置要覆盖50目以上防虫网，在大型果类立体栽培外围设立隔离区，进行病虫害隔离。

第二，每天进行果类蔬菜病虫害发生情况巡查。采用一看、二摸、三查找的办法，一看是观察作物叶片、茎等部位是否有虫咬痕、是否有病斑等，二摸是用手轻轻触碰植株，查看是否有害虫，植株生长是否健壮，三查找是发现咬痕或病害时，查找咬痕来源、病害发生规律等以便向专业人员详细描述病虫发生情况。

第三，防控，由植保专业人士给予防控方案后，严格按照防控方案执行。另外病虫害化学药剂防控过程中严禁使用违禁、违规药剂。

5. 果类蔬菜团队的支持效果

通过项目的实施，筛选、驯化出了适宜北京地区不同气候田间下使用的盆栽蔬菜品种326个，同时形成的塔型、树形、伞形、艺术字、花坛、色系条带、景观小品等景观造型技术，将为盆栽蔬菜生产、景观打造奠定了坚实的基础，对于盆栽蔬菜产业发展具有重要意义。

通过观赏期延长技术的应用可使羽衣甘蓝观赏期延长10天以上，可降低更换频次30%以上，整个展览期可减少更换2.7次，50亩展示区按照每批次每亩的盆栽蔬菜用量为2500盆，每盆蔬菜平均生产成本7元计算，可节省办会成本141.75万元。另外，该项技术对于阳台菜园、屋顶菜园、都市农业的发展具有重要的借鉴意义，应用前景广阔。

为探索不同蔬菜品种盆栽生产配套技术，至今项目组共围绕盆栽蔬菜营养液筛选、基质配比筛选、生长调节剂对蔬菜抗性的影响等方面开展试验研究7项，目前试验已获得相关的试验结果。

为更好向“百蔬园”建设展示提供所需的盆栽蔬菜，项目组在试验结果的基础上，进行了批次性生产演练，共开展3个批次的生产，其中第一、第二批次生产耐寒性相对较强的九大类84个品种5.04万盆；第三批次生产喜温的茄果、瓜类等六大类110个品种2.92万盆。目前批次性生产与预展时间、进度基本吻合。

综上所述，在北京市政府相关产业政策引导下，2018年北京市果类蔬菜创新团队在团队建设和工作方面的不断探索和创新，进一步健全了运行机制。结合自身的科技实力、资金实力与实践经验，针对果类蔬菜产业发展突出的问题，在品种研发与推广、技术改良与升级、团队建设与人才培养上付出了巨大的努力并取得了丰硕的成果。与此同时，果类蔬菜团队积累了较为成熟的产业支持模式和手段，对果类蔬菜产业的技术研发、种子选用发展产生长期影响。

## 第三节　果类蔬菜产业发展案例分析

北京市果类蔬菜产业新业态蓬勃发展，其中新型农业经营合作社、现代农业企业等是北京农业产业新业态新兴力量，在蔬菜质量、增加北京蔬菜产业竞争力、提高农民收入方面发挥了引领作用。本部分以从事有机农业多业态发展的现代公司—北京北菜园农业科技发展有限公司（以下简称“北菜园”）为例进行典型案例分析，该案例充分展示了果类蔬菜产业新业态的特点，为北京现代农业转型升级和实施乡村振兴提供决策参考。

## 一、果类蔬菜产业发展新业态案例

### （一）北菜园概况

2011 年北菜园在北京市延庆区注册，其前身是 2007 年成立的北京绿菜园蔬菜专业合作社。2009 年有机蔬菜种植规模达到 300 亩，并于 2011 年正式获得有机认证，率先进入北京商超市场。2013 年和 2016 年公司扩大业务范围，分别成立阔野田园生物技术公司、园林园艺板块和生态农业板块，涉足生物天敌防治技术研发、培育活体蔬菜花卉和优质产品服务。2017 年北菜园布局全国有机种植基地，合作规模为 2500 亩左右，年产有机蔬菜 1000 多千克，50 余种蔬菜和大米通过了权威机构的有机认证。2018 年北菜园借助 2019 年北京市世园会参与工作，推出休闲农业板块，希望将有机产业示范、亲子农场、有机生活体验、科普教育及会员服务等纳入公司业务范围。目前，北菜园已在海南、广西、黑龙江、河北等地布局基地，实现从跨纬度生产、跨海拔生产，每天能供应 55～60 个单品。

关于管理模式方面，北菜园在确保产品的质量的前提下，将通过技术输出和管理输出等方式和更多的农业合作社和农民建立合作关系。一方面，通过生产过程的参与和管理，建立强大的有机农产品服务体系，构建联合社形式统一使用“绿菜园”商标，但注明有机蔬菜的种植成员社；另一方面，探索出了“三七开”的分配机制，即让农民在零投入的基础上，扣除产品生产的资料成本，以内部收购价格为基础的分配模式，在蔬菜销售中享受收益的 70%。具体来说，北菜园延庆区基地种植户分为三个大组，下设主任和三个组长，每个组员管理四个棚左右，管理越多相应的收入也会更多。同时，北菜园建有严格规范的人员考核制度，考核标准与产品的产量、质量直接挂钩，进而反映出员工的认真程度及技术能力水平。

### （二）北菜园的有机蔬菜生产系统

第一，源头有机系统。北菜园使用的有机肥料采用“因地制宜、综合利用、循环发展”的原则，杜绝病虫害传染源和重金属污染，引入有机蔬菜种植的信息化监测管理技术，建立有机农产品生产供应管理体系，实现了从生产包装到物流的统一标准与质量追溯。实施“六统一”原则，即统一种植规划、统一育苗、统一农资供应、统一病虫防疫、统一技术指导、统一品牌销售。这种标准化的管理，既提高了农民种菜的积极性、降低了散户种植的风险，又保障了蔬菜的质量，促进了合作社的可持续发展。

第二，有机种植系统。蔬菜播种或移栽前覆盖可降解地膜，将大部分杂草焖死在地膜下，同时配合人工除杂草，杜绝了除草剂使用，通过滴灌技术和地膜覆盖技术结合，可以维持土壤结构，土壤水分蒸发损失小，使土壤内部的水、肥、气、热保持在作物生长的适宜状态，同时对害虫侵袭和微生物滋生可以起到良好的防护作用。北菜园的滴灌体系采取全管道输水和局部微量灌溉，使水分的渗漏和损失降低到最低限度。同时，还把施肥过程与滴灌技术结合，大大提高了肥料的有效利用率，节省了劳力的投入，降低了生产成本。

第三，病虫预防系统。首先，采用对环境没有一点破坏性的生物提取辣根素为土壤消毒，消除土壤中的遇空间消毒：其次，在作物播种或意在之前，采用臭氧消毒和夏秋季高温闷棚等方法对大棚环境进行空间消毒，有效杀灭空间的有害菌群。最后，在播种前采用环保的物理方式对种子进行统一的消毒有效消灭种子上的病菌、虫卵、促进种子发芽。此外，实施有机蔬菜“轮作”生产方式，均衡利用土壤中营养元素，使土壤肥力和土壤环境逐渐改善，免除或减少某些连续特有的病虫害，促进土壤中微生物的活动抑制病原物的发生。

第四，完备的生物防治体系。人工释放天敌控制害虫也是一种有效的生物防治方法。北菜园利用生物农药技术，针对农业有害生物进行杀灭或抑制，从而减轻农药造成的环境污染、抑制目标族群逐渐养成的抗药性以及农药对于非目标族群的负面影响。北京阔野田园生物技术有限公司作为北菜园合作社成员之一，日产出“天然农药”20 万袋，完全可以满足北菜园日常种植的所需的农药量。此外，北菜园合作社还运用生物学原理，利用夜蛾引诱器代替农药，并悬挂防虫网、黄板、蓝板及杀虫灯建立起多道物理防线。

## 二、果类蔬菜产业发展典型案例分析

从北菜园的发展经历和业务模式可以看出，果类蔬菜现代农业的业态创需要两个核心要素，即技术与管理。技术进步的主要作用是帮助现代农业企业转型升级的“动力”，科学管理的主要作用是降低现代农业企业的“运行成本”。

第一，工业化管理技术引入有机蔬菜供给。有机蔬菜相较于一般蔬菜最大的特点就是标准化、信息化和科技化，上述特征均符合工业管理理念，现实操作难度在于技术供给和技术管理。从北菜园的发展历程看出，一边紧紧跟随政策导向进行调整，另一边积极与其他高新技术企业、高校和科研院所合作，然后将基础技术同化为自身的优势，进而成立专注于生物防治的公司，保障了有机蔬菜种植的技术可得性。工业化管理思维同时融入了有机蔬菜生产、流通和销售等所有环节，利用统一供给农资产品、按质量多劳多得、扁平化管理、客户服务反馈、物联网等多种成熟的工业企业管理经验，确实保证了有机蔬菜的质量安全水平。

第二，积极利用市场进行技术合作提高竞争力。依托网络技术和信息技术发展电子商务，开创了蔬菜果品“端到端”销售的交易模式，为生鲜农产品的销售开辟了新渠道。“农宅对接”模式减少了农民和消费者间的层层中间商，大大节约了中间环节的交易成本，和过去批发给中间商的销售模式比，“农宅对接”成本降了一半。合作社根据对比 5 家同款有机产品再降 10% 的价格水平来定的。

第三，具有全产业链业态创新意识。全产业链视角下的新业态创新，现代农业企业大多关注蔬菜产品市场消费者，忽略蔬菜要素市场消费者。北菜园在为蔬菜消费者提供有机蔬菜的同时，还成立公司为蔬菜种植者提供蔬菜生物防治产品和服务，将增值服务同时向上和向下延伸，跳出“微笑曲线”低端。在京津冀一体化下，位于北京的现代农业企业需要将生产和加工功能逐步转移，充分利用其他地区的比较优势，专注于附加值更高的种子创新、技术研究、物流销售等。

第四，始终把握有机蔬菜核心价值。大量现代农业企业发展过程中，由于各项业务扩展较快，容易忽略作为农业企业的核心市场价值。北菜园立足于有机蔬菜，发展了丰富的业务板块，深入发挖掘消费者对有机农产品相关的需求，包括休闲、观赏、生物防治、健康生活等。现代农业企业面临较一般企业更大的自然和市场风险，在进行业态创新时，实际上增加了更多的市场、社会和运营风险，此时最为合理的做法是通过绑定已有的产品和市场价值而逐步扩大。因此，北菜园始终将生产有机蔬菜和农产品列为立足之本，选择围绕有机农业的横向和纵向价值同时挖掘，在高价值业态上全面展开。

## 第四节　果类蔬菜产业发展政策建议

果类蔬菜生产能够在蔬菜供给侧结构性改革中起到重要的优化品种结构、提高蔬菜供给质量的作用，而且对于区域果类蔬菜产业发展的技术和模式带动功能明显。因此，北京果类蔬菜产业在稳定蔬菜市场供应、满足市民对多功能农业以及质量安全性的需求方面发挥着不可替代的功能，有必要采取相应得措施促进果类蔬菜产业发展。

### 一、果类蔬菜产业发展问题及其技术需求

#### （一）果类产业发展面临的问题

一是农业劳动力数量不足、年龄偏大。伴随着北京市工业化、城镇化的推进，劳动力不断从农村转移到城市，农业劳动力数量呈现减少趋势，北京市农业劳动力总数由 1978 年 125.9 万人下降到 2017 年的 48.8 万人，减少了 77.1 万人；根据对京郊果类蔬菜种植户的调研，种植户平均一个家庭从事生产的劳动力数为 1.9 个，家庭劳动力投入显得不足。与此同时，伴随着农村人口流动，出现了从事果类蔬菜生产的劳动者年龄偏大等问题，根据农户抽样调研数据，户主年龄超过 50 岁的占农户总数的 70%。

二是蔬菜设施的现代化水平有待提升。在一些乡村，有的仍然沿用竹架大棚等设施，与现代农业发展不相匹配；有的在设施建设上达不到现代设施水平，比如设施过于低矮造

成劳动环境差；有的设施结构不符合技术规程对越冬种植产生不利影响。

三是果类蔬菜种植户生产经营规模整体偏小。据北京市农业农村局的数据，小规模的普通农户蔬菜种植面积达到全市总面积的45%。小规模经营面临诸多问题，包括：小规模容易带来兼业化，从而不利于农业生产效率的提高；小规模会对一些新技术的采用产生阻碍；小规模容易带来农户在种植选择上根据前一期农产品市场行情变动，造成农业生产经营的不稳定；小规模农户在市场上的话语权受到限制，价格等市场因素对农业经营者产生不利影响。

四是农业生产的比较利益低下。成本收益是对农业经营可持续性的衡量。农业生产者的经营管理、经营决策乃至技术进步最终都会体现在农业经营的成本收益。近年来，由于世界石油价格波动造成的农业生产资料价格上涨，拉动了农业经营成本的上升；与此同时，农产品市场价格也因国内外环境冲击而呈现持续低迷状态，从而导致农业经营比较利益低下。

**（二）果类蔬菜产业发展的技术需求**

北京果类蔬菜生产目标呈现多元化，因而对技术的诉求也不同于传统模式，而且技术风险、技术供给渠道是影响技术需求的重要因素，引发的技术需求类型也不同。根据调研结果，有41.1%的农户属于风险偏好型农户，该类型农户在所有农户中占比最大。其次为风险规避型农户，占比为23.7%，但这类农户也表示，大多数农户使用新技术获得成功后也会考虑跟随使用，在技术扩散过程中属于“跟随型”农户。根据农户的风险态度情况可知，北京市农户倾向于使用新技术，这为技术传播奠定了坚实的基础。进一步分析农户的技术需求情况：有48.4%的农户表明自己有掌握新技术的需求；示范户中表示自己有对新技术需求的农户占比更高，为58.6%。这说明示范户在蔬菜生产技术上具有优势，且更倾向于不断学习新技术。因此示范户是先进技术示范推广的重要抓手。

良种与优质菜苗是农户最需要的一项技术，表明需要该项技术的农户占比为31.8%；其次为病虫害防治，占比为26.6%。在调研中，问卷进一步设置了农户需要但选项未列出的技术，选择其他选项的农户大多表明需要土壤消毒和无土栽培技术。根据农户的技术需求可以看出，北京市果类蔬菜种植户对新技术的需求较大，且病虫害，尤其是土传病虫害对蔬菜生产造成较大影响。

若农户上述技术需求可以自动得以解决，即具有可获得的技术供给，则政府部门只需要利用补贴加快过程即可，否则需要利用农业技术推广站和农业企业进行技术供给。根据调研结果，自学、从临近农户获得技术、技术员指导依次为农户获得新技术的最主要来源，其中，通过自学新技术是农户最为主要的一种新技术来源方式，其占比高达41.1%。其次为通过技术员指导和临近农户交流获取新技术，占比分别为18.4%和17.9%，这表明农业技术推广服务和社会网络对于果类蔬菜生产技术起到重要作用。此外，农民田间学校也是农户获取新技术的重要途径，有12%的农户通过该渠道学习新技术。

样本农户掌握新技术最大的限制为没有获得技术的渠道，受到这一因素制约的农户占比为53.8%。其次为缺乏相关政策支持，有24.7%的农户表明在政策支持对新技术学习较为重要。此外，技术掌握困难和受到资金、劳动力约束也是限制农户学习新技术的因素。

## 二、果类蔬菜产业发展趋势及其亟待解决的技术问题

### （一）果类蔬菜产业发展趋势

具有生长周期长、成本投入大和技术含量高的果类蔬菜产业，未来的发展趋势具体为以下5点。

第一，果类蔬菜生产的专业化社会化服务水平不断提高。一方面北京果类蔬菜种植主体将逐渐由小农户转变为合作社和现代农业企业等，另一方面农业合作社和企业会积极借助市场分工，打造自身特色，同时提高生产率和效益。结合北京完善的市场环境和发达的基础设施，未来将涌现大量专注于机械租赁、植保防治、嫁接育苗、收购等，不仅服务于北京果类蔬菜生产，更可能形成京津冀一体化的社会话服务体系。

第二，北京发挥果类蔬菜的技术研发、物流和交易枢纽。果类蔬菜产业分为生产、加工、流通、销售等环节，流通属于保证北京蔬菜供给的核心环节。鉴于北京雄厚的科研实力、成熟的农技推广体系和庞大的消费市场，未来必然成为区域果类蔬菜产业的核心城市。

第三，北京果类蔬菜产业附加值向上游和下游延伸。由于生产功能逐步剥离，区域产业中心的确立，果类蔬菜产业必将向附加值较高的上游和下游延伸。上游高价值业态主要为种植技术体系、农资产品开发、配套生产服务等，下游高价值业态主要为消费者饮食教育、高端蔬菜礼盒、合理的促销和定价策略等。因此，政府扶持的侧重点应在上游高价值业态，对于消费端应避免过度干预市场。

### （二）农户亟待解决的技术问题

果类蔬菜主要生产经营主体是农户，其生产经营中受到诸多因素限制，技术进步所发挥的作用仍然有提升空间。以下从农户视角提出急需技术难题：

第一，蔬菜集约化育苗技术在北京市进行大规模推广的时间相对较短，且蔬菜生产存在品种多、周期短、茬口复杂等特点。以上问题制约了育苗技术人员的技术掌握情况，从业人员多数没有经过严格的系统训练，仅初步掌握一或两种蔬菜育苗的技术人员较多，掌握多种蔬菜集约化育苗技术并且有能力开展育苗场综合业务的技术人员很少，尤其是企业管理人才更少，无法与企业发展速度相适应。

第二，设施农业由于特殊的构造环境能够引起棚内高温高湿、高蒸发量等，设施农产品多是单一化、规模化的大棚种植，使得种植范围内的生态系统失衡，导致病虫害增加，再加上空气流通状况和水肥管理措施不同于露天栽培，导致设施土壤容易出现土壤容重增

大、pH 值降低、盐分增多、养分不均衡等诸多问题。此外，大部分种植户环保意识和自制力较差，为了追求高产，常年连作、施肥量偏大等不科学的生产措施，也易造成土壤盐渍化和土传病害加重，导致土壤成分失衡，土壤质量下降，使蔬菜品质与产量降低，减少菜农收益，最终严重影响设施蔬菜的推广种植。

## 三、果类蔬菜产业发展对策建议

对北京果类蔬菜产业发展问题、趋势和技术需求进行梳理的基础上，下一步蔬菜产业发展应坚持以市场需求为导向，以产业转型升级为主线，坚持开放式创新发展理念，促进首都菜篮子稳定、高效、安全供给。根据果类蔬菜产业发展所面临的问题和产业技术需求，提出相应的政策建议：

### （一）用现代生产要素替代传统生产要素

土地和劳动力是传统农业的投入要素，发展现代农业，需要用现代生产要素替代传统生产要素，最主要的是用技术进步替代传统生产要素。

第一，发展蔬菜工厂化生产起到替代耕地的效果。有必要界定清楚的是，蔬菜工厂化生产不能等同于植物工厂，植物工厂是蔬菜工厂化生产的高级阶段，我国当前农业生产的条件还达不到发展植物工厂的阶段，也不可盲目提倡。但是蔬菜工厂化生产，可以是通过无土栽培或营养液栽培，具备多方面的有利之处，果类蔬菜产业经济岗位在多个文章里做过此方面的分析。

第二，采取相应的措施鼓励年轻人种菜。让北京市的蔬菜产业后继有人。蔬菜本身是劳动密集型和技术密集型，年轻人更容易带来蔬菜产业的创新型发展。北京有必要通过让年轻人从事蔬菜种植进行注册登录，一些种菜补贴政策可以向年轻人种菜倾斜。

第三，测土配方、生物菌肥等替代化肥的对策。可以结合当前的蔬菜质量安全对策对化肥和农药的合理施用产生促进作用。

第四，老旧设施的改造、新建设施的充分利用。京郊老旧设施较多，对于竹棚和土棚要进行重点改造；以此次北京市对大棚房的清理清查工作为契机，在摸清基本情况的前提下，各区县进行设施改造和设施利用规划，从而提升蔬菜产业的现代化水平。

### （二）强化农业技术推广、让技术优势转化为蔬菜产业优势

技术优势转化为产业优势，从而提高蔬菜生产的现实生产力。技术进步需要技术真正落地，保证宏观上的科学技术优势转化为京郊农业的生产技术创新优势，在密云区存在的“村集体设施建设 + 农户租赁”的形式值得借鉴，前者直接再建设是采取最新的技术，农户往往都会学习使用；技术补贴政策要从内容和结果同时入手，内容上突出设计环境保护的“绿箱”补贴结果上不能仅关注技术采用，而是关注技术的长期稳定应用。

### （三）发展蔬菜生产专业化服务体系

一定时期内蔬菜小而分散经营方式为基本经营格局难以发生改变的状况下，需要发展

针对小农户的蔬菜生产专业化服务，从而实现小农户与现代化生产的统一。小农户对蔬菜生产专业化服务有着旺盛的需求，近几年的调研中，农户的蔬菜生产专业化服务需求以技术、农机和劳务等三个方面为主要内容，特别是在技术服务方面。当前实践中，需要强化生产性服务供给体系建设，可以发挥农户、农技员、合作社等多方的作用，建设多种专业化服务组织。

促进农业新型经营主体蔬菜生产发展。家庭农场、合作社等农业新型经营主体，往往具有规模大，经营者自身素质和经营管理等优势，可以实现规模优势，提升蔬菜产业的现代化水平。与此同时，蔬菜工厂化生产以及技术进步水平的提高，实施主体多依赖于新型经营主体。

此外，发挥专业村在蔬菜经营体系中的作用。蔬菜专业村是蔬菜生产在地域上的专业化或地理上的集聚，专业村可以在一家一户小而分散的农户生产的蔬菜的销售、生产资料购买以及技术普及和推广等方面发挥作用。

**（四）通过蔬菜标准化促进建立蔬菜优质优价的机制**

在市场溢价下小农户有动机去保证农产品质量和安全，同时达到收入提高的效果。近年来，在北京政府各机构的综合推动下，果类蔬菜的质量安全性大大提高。但是，由于缺乏蔬菜优质优价的价格形成机制，致使农业生产者的积极性受到影响，导致果类蔬菜生产主体为应对果类蔬菜市场“柠檬”现象，倾向于使用增产增效型技术而非提质增效型技术来实现利润最大化。根据2016年对北京小规模农户果类蔬菜种植技术认知和采用的调研结果，选择使用增产增效型技术的农户高达52%，而选择使用环境保护型技术和质量安全型技术的比例仅为35%，表明果类蔬菜种植户自身没有提升果类蔬菜质量的内在动力，标准化生产没有得到更大范围推进，使得北京果类蔬菜生产质量水平参差不齐。

**（五）打造跨区域果类蔬菜的创新和流通中心**

第一，北京市果类蔬菜应当依托京津冀战略，定位为京津冀甚至全国的“果类蔬菜科技创新中心”。北京为全国的科技文化创新中心，具有科技创新优势，在果类蔬菜产业布局时，应当充分发挥这种优势，加快农业科研成果转化速度，加大技术推广力度。

第二，进一步强化技术和设施在蔬菜生产中的应用。在北京引入和发展备受发达国家瞩目的蔬菜“植物工厂”，在有限的自然资源条件下生产出较多的蔬菜；在蔬菜生产管理中引入工业化管理模式，标准化投入、生产环节的标准化规程等，节约人工成本，提高劳动生产率，进而提高北京蔬菜的市场竞争力。

第三，北京本地蔬菜通过技术推广和示范等溢出效应带动周边省市蔬菜生产的效率提升。技术溢出主要依靠两种途径：一方面，鼓励以现代农业龙头企业和合作社为首的北京新兴经营主体资金流出建设外埠供京蔬菜基地，从而以帮扶或者示范的形式带动周边农户和合作社实现技术进步，进而保障外埠蔬菜供给。另一方面，鼓励外埠从事蔬菜生产的劳动力流入，在缓解北京蔬菜种植者老龄化问题的同时帮助其进行技术学习，这部分劳动力回乡后将运用所学知识、依靠社会关系进行种植或者经营合作社，推动当地蔬菜生产效率的提升。

第四，北京应承担区域果类蔬菜流通中心的功能，大力发展蔬菜运输业和销售业，利用商业流通资源为农民开拓市场服务，同时发展蔬菜超市经营、连锁配送等现代流通业。推动建立正规化农产品上市途径，突出中高端消费的精准对接。支持龙头企业、农民专业合作组织等与城区超市、社区菜市场开展供需对接，积极引导和支持蔬菜电子商务，减少流通环节，不断提高蔬菜流通效率。注重本市农业与弱势消费群体消费结合，支持本地蔬菜生产企业参与解决低收入人群农产品消费保障问题。

**（六）发展农业收入保险或价格保险**

果类蔬菜生产发展中既面临自然灾害等带来的自然风险，也面临市场价格波动等带来的市场风险，果类蔬菜生产面临的这些风险，也是影响蔬菜生产比较利益乃至可持续发展的障碍因素。近几年国内外都在摸索构建农业收入保险，北京市也有必要完善农业保险体系，发挥政策性农业保险在蔬菜生产稳定经营和可持续发展方面的作用。

**（七）通过蔬菜品牌建设促进蔬菜产业发展**

品牌影响力整体不高，品牌溢价效应没有充分发挥。第一，果类蔬菜生产经营主体对品牌认识不到位，重注册轻经营；第二，果类蔬菜生产主体忽视了自身产品品牌的经营维护，导致自身品牌影响力不强；第三，品牌缺乏核心价值，无法清楚地识别并深刻记住果类蔬菜品牌的个性和利益点；第四，销售渠道单一，对渠道环节尚未给予足够的重视，依然停留在生产的角色层面。

扶持蔬菜自主品牌建设，积极培育农业区域品牌、企业品牌、产品品牌，加大本地品牌推介和宣传推广力度，打造优质蔬菜北京品牌。同时，建立品牌蔬菜的市场对接机制，真正让企业和农民重视品牌、创建品牌，让消费者知晓品牌、消费品牌，以增加品牌价值、提升整体竞争力。

**（八）果类蔬菜休闲景观农业发展**

加大休闲农业基础设施投入，丰富农业体验，满足市民的游乐需求。开展有特色、有创意的农事节庆活动；突出农业传统文化主题；创新农耕体验活动。建设集聚连片的休闲农业示范区，打造一批基础设施完善、景观优美、服务规范、文化主题突出的休闲观光农业园；推进创意农业开发、沟域农业休闲、水岸农业休闲、采摘旅游休闲和城市农业发展。打造符合现代农业特征和满足市民休闲需要的生态标准园、特色采摘园、休闲垂钓场、畜牧休闲体验场等，让市民季季有采摘，周周可休闲。

拓展农业绿色空间，推进生态景观农业建设。明确农田景观的分布格局，突出产业特色和亮点，形成规模化、特色化和差异化的景观农业产业集群。全面打造优美景观田、优良生态田与优势产业田，形成多层次、多模式和具规模的农田景观。开展农田环境美化工程，形成首都生产性绿色空间和优美田园。大力打造农业景观田，让市民季季都能欣赏到北京的美丽田园。

# 第十章　北京市叶类蔬菜产业发展报告

本章北京市叶类蔬菜产业发展报告主要依据《北京统计年鉴》、北京市农业局和叶类蔬菜产业技术体系北京市创新团队的内部资料，主要对北京市叶类蔬菜产业生产状况、叶类蔬菜加工现状调研和加工技术、北京市消费者购买蔬菜调研、叶类蔬菜创新团队主要研发技术和主推技术、叶类蔬菜产业形成的新业态以及产业发展过程亟待解决的问题重点分析，从而为制定现代农业产业技术体系北京市叶类蔬菜创新团队的长期研究任务以及政府的科学决策提供参考依据。

2018 年全市蔬菜种植面积明显减少、蔬菜总产量有所下降，而蔬菜单产略有提高，上市收入明显提升。叶类蔬菜各环节损耗率现状调研，主要供应链模式：农超对接模式、加工模式、散户—农贸市场模式、超市自有品牌模式。普遍认为损耗率较低的农超对接模式实际上平均损耗率最高。

影响消费者电子商务购买蔬菜关键因素有家庭收入、家庭食品支出、蔬菜安全情况、购买频率、蔬菜品牌的信任度和蔬菜高价支付意愿。

叶类蔬菜创新团队积极开展叶菜新品种筛选培育、高效节水技术、减肥减药技术、水肥一体化技术、绿色防控技术、“互联网 + 叶类蔬菜产业”模式及创新机制研究、应用示范与试验推广，取得了一定的成果，促进了蔬菜产业发展。但是叶类蔬菜品种精细化筛选和选育、绿色技术供给、蔬菜装备智能化、技术人员缺乏都是需要继续深化研究的方向。

## 第一节　产业发展现状

### 一、生产现状

#### （一）基本情况

2018 年全市蔬菜种植面积明显减少，蔬菜总产量有所下降，而蔬菜单产略有提高，上市收入明显提升。2018 年全市蔬菜种植面积由 2017 年的 63 万亩减少为 58.5 万亩，减少 4.5 万亩；蔬菜总产量由上年的 228.6 万吨下降为 215.8 万吨，减少了 12.8 万吨；蔬菜单产略有提高，2018 年蔬菜单产 3690.7 千克/亩，2017 年蔬菜单产 3628.6 千克/亩，单产每亩增加 62.1 千克，增幅 1.8%。上市收入由上年的 51.6 亿元上升为 61.3 亿元。

2018 年叶类蔬菜种植面积中，29.7% 分布在大兴区，18.7% 在顺义区，14.7% 分布在通州区，11.6% 分布在房山区，共占 74.8%，其他区分布都没有超过 10%，分布相对较少（见图 10－1）。叶类蔬菜种植面积占蔬菜种植面积比例为 54%（见图 10－2），是北京主要的蔬菜种植品种。

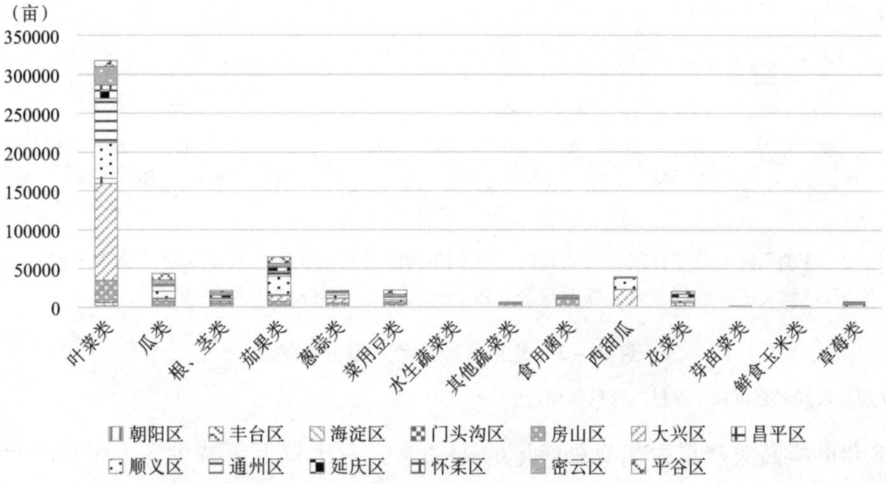


**图 10－1　北京各种蔬菜种植面积分布情况**

资料来源：根据北京市农业农村局资料整理。

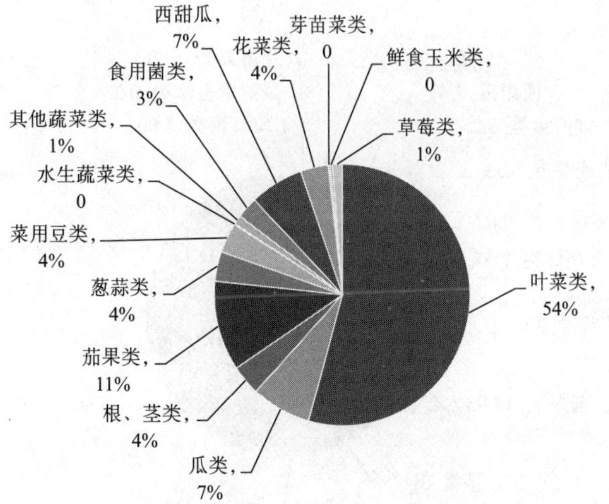


**图 10－2　北京各种蔬菜种植面积占比**

资料来源：根据北京市农业农村局资料整理。

与2017年相比，2018年北京市蔬菜总产量下降5.6%，各个区蔬菜产量所占比重有增有减，其中蔬菜产量所占比重排名前五的区分别是：顺义区 > 大兴区 > 通州区 > 房山区 > 密云区，其他区蔬菜产量所占比重均未超过5%（见图10－3）。

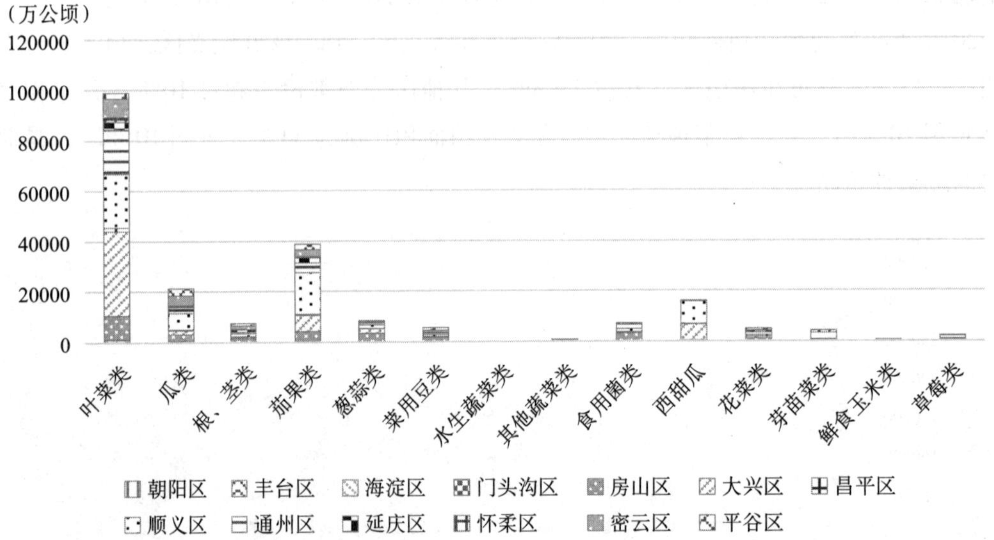


**图10－3　北京各种蔬菜产量分布情况**

资料来源：根据北京市农业农村局资料整理。

2018年叶类蔬菜产量占蔬菜总产量的45.8%，占比较上年减少3.5个百分点（见图10－4）。其中，33.6%的叶类蔬菜产自大兴区；21.6%的叶类蔬菜产自顺义区；17.7%产自通州区，占比较上年增长1.1个百分点；9.6%产自房山区，占比较上一年减少3.2个百分点。

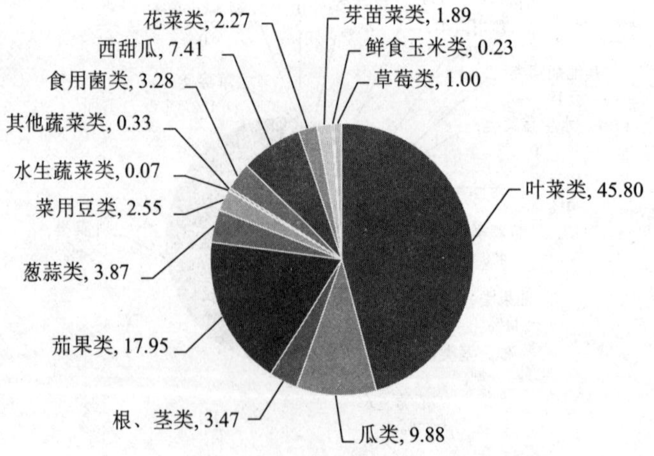


**图10－4　北京各种蔬菜产量占比（单位：%）**

资料来源：根据北京市农业农村局资料整理。

大兴区、通州区、顺义区、房山区、密云区叶类蔬菜种植面积较大，分别占北京市6种叶类蔬菜总种植面积的39.1%、17.8%、14.7%、9.1%、7.5%，共占所有区种植面积的88.2%。从叶类蔬菜生产品种来看，各区对六种叶类蔬菜均有种植，其中生菜生产面积最大，其次为大白菜，芹菜、菠菜、结球甘蓝各区生产面积差异较大（见图10-5）。

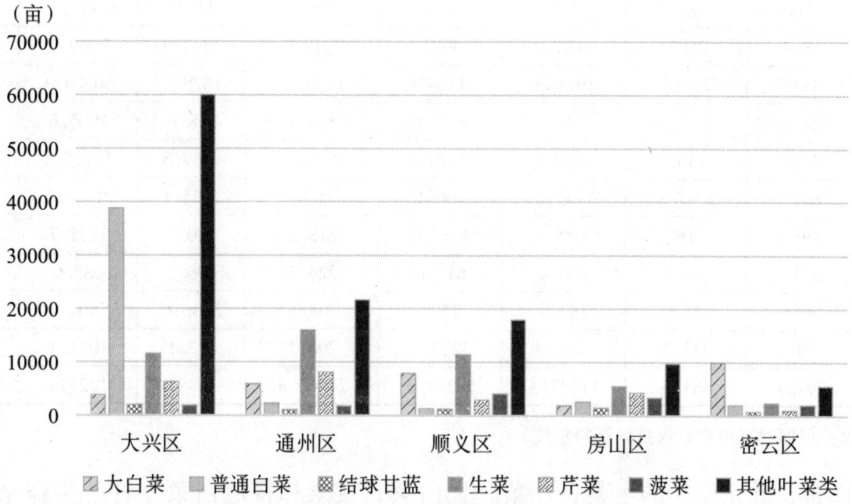


**图10-5 2018年北京市叶类蔬菜生产面积**

资料来源：根据北京市农业农村局资料整理。

## （二）叶类蔬菜生产布局

6种主要叶类蔬菜按种植面积由大到小，顺序依次是生菜>普通白菜>大白菜>芹菜>菠菜>结球甘蓝；6种主要叶类蔬菜按产量由大到小，顺序依次是生菜>大白菜>普通白菜>芹菜>菠菜>结球甘蓝（见表10-1）。

**表10-1 北京主要叶类蔬菜的种植面积和产量对比**

| 叶菜品种 | 生菜 | 普通白菜 | 大白菜 | 芹菜 | 菠菜 | 结球甘蓝 | 其他叶菜 |
|---|---|---|---|---|---|---|---|
| 面积（万亩） | 5.6 | 4.8 | 3.9 | 2.4 | 1.5 | 1.2 | 12.2 |
| 所占叶菜比（%） | 17.7 | 15.2 | 12.4 | 7.7 | 4.9 | 3.6 | 38.5 |
| 产量（万吨） | 17.4 | 13.5 | 16.5 | 10.7 | 5.0 | 4.2 | 31.4 |
| 所占叶菜比（%） | 17.6 | 13.7 | 16.7 | 10.9 | 5.1 | 4.3 | 31.8 |

资料来源：根据北京市农业农村局资料整理。

6种主要叶类蔬菜区域分布看，大兴区、通州区和顺义区是生菜、芹菜的最大产区，密云区、大兴区、通州区和顺义区是大白菜的最大产区，平谷区是结球甘蓝的最大产区，顺义区是菠菜的最大产区（见表10-2）。

表 10－2　　北京主要叶类蔬菜在不同区县的种植面积及其比例　　单位：亩

| 区 | 大白菜 | 普通白菜 | 结球甘蓝 | 生菜 | 芹菜 | 菠菜 | 其他叶菜类 | 总计 |
|---|---|---|---|---|---|---|---|---|
| 朝阳区 | 161.3 | 21.4 | 130.4 | 207.2 | 104.3 | 70.1 | 456.4 | 1151.1 |
| 丰台区 | 46.51 | 27.2 | 5.4 | 45.3 | 102.4 | 6.5 | 296.9 | 530.21 |
| 海淀区 | 1391 | 295.2 | 43.9 | 224.5 | 385.3 | 322.4 | 1498 | 4160.3 |
| 门头沟区 | 241 | 18.9 | 7.1 | 8.7 | 31.1 | 24.41 | 17.2 | 348.41 |
| 房山区 | 1894 | 2592 | 1484.9 | 5498.9 | 4310.3 | 3342.9 | 9749.7 | 28872.7 |
| 大兴区 | 3816 | 38757 | 1981.5 | 11547 | 6275.1 | 1879.2 | 60004.4 | 124260 |
| 昌平区 | 2476 | 133.7 | 390 | 817.1 | 586.8 | 218.6 | 1905.6 | 6527.8 |
| 顺义区 | 7897 | 1307 | 1189.1 | 11387.1 | 2925.4 | 4067.5 | 17926.5 | 46699.6 |
| 通州区 | 5862.3 | 2247.8 | 1041.5 | 16031 | 8092 | 1765.1 | 21647.7 | 56687.4 |
| 延庆区 | 2195.6 | 309 | 2035.8 | 4387.4 | 218.5 | 330.7 | 1621.7 | 11098.7 |
| 怀柔区 | 3521.9 | 189.1 | 230.4 | 617.6 | 226.3 | 606.7 | 682.6 | 6074.6 |
| 密云区 | 9956 | 2024 | 782.9 | 2390 | 1000 | 2046.6 | 5501.7 | 23701.2 |
| 平谷区 | 26 | 232.7 | 2204.4 | 3222.7 | 208.3 | 813.1 | 1031.1 | 7738.2 |
| 总计 | 39484 | 48155 | 11527.3 | 56384.5 | 24465.8 | 15493 | 122339 | 317850 |

资料来源：根据北京市农业农村局资料整理。

总体而言，北京生产的生菜、芹菜、大白菜、菠菜和普通白菜 5 种叶类蔬菜的产量，占到所有叶类蔬菜总产量的 63.9%，比上年减少 1.5 个百分点，其中芹菜、结球甘蓝分别比上年减少 2%、0.5%，大白菜产量比上年增加 0.5%（见图 10－6）。

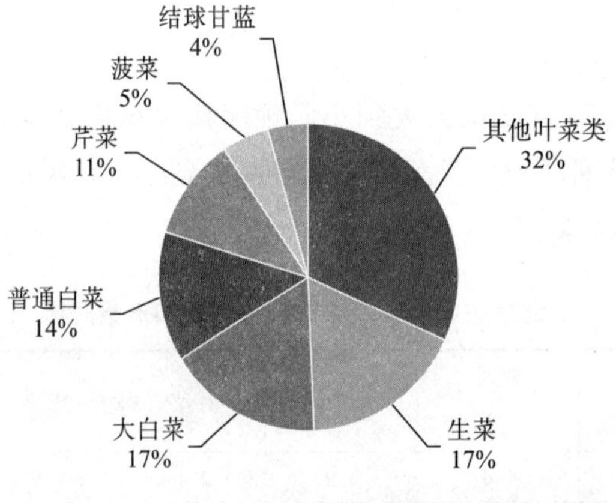


**图 10－6　2018 年各种叶类蔬菜产量占比情况**

资料来源：根据北京市农业局资料整理。

### （三）叶类蔬菜上市收入差异

2018 年叶类蔬菜上市总收入 22.2 亿元；2017 年叶类蔬菜上市总收入 21.0 亿元，较上年增加 1.2 亿元。从分区角度来看，其中大兴区在总收入中贡献最大，为 8.1 亿元，其次为顺义区 5 亿元、通州区 3.2 亿元、房山区 2.7 亿元，分别占各区叶类蔬菜上市总收入的 36.4%、22.5%、14.4%和 12.2%，与上年相比，房山区蔬菜总收入所占份额增加显著，已跃居上市收入排名第三位（见表 10－3）。

表 10－3　　2017～2018 年各区叶类蔬菜上市收入构成

| 序号 | 各区 | 2018 年 | | 2017 年 | | 占比变化 |
|---|---|---|---|---|---|---|
| | | 上市收入（亿元） | 占总收入（%） | 上市收入（亿元） | 占总收入（%） | （%） |
| 1 | 昌平区 | 0.4 | 1.8 | 0.4 | 1.9 | －0.1 |
| 2 | 朝阳区 | 0.2 | 0.8 | 0.1 | 0.4 | 0.4 |
| 3 | 大兴区 | 8.1 | 36.4 | 6.4 | 30.7 | 5.7 |
| 4 | 房山区 | 2.7 | 12.2 | 3.6 | 17.0 | －4.8 |
| 5 | 丰台区 | 0.0 | 0.1 | 0.0 | 0.1 | 0.0 |
| 6 | 海淀区 | 0.2 | 0.7 | 0.2 | 0.8 | －0.1 |
| 7 | 怀柔区 | 0.2 | 1.1 | 0.2 | 1.1 | 0.0 |
| 8 | 门头沟区 | 0.0 | 0.0 | 0.0 | 0.0 | 0.0 |
| 9 | 密云区 | 1.0 | 1.0 | 1.0 | 5.0 | －4 |
| 10 | 平谷区 | 0.7 | 3.0 | 0.7 | 3.5 | －0.5 |
| 11 | 顺义区 | 5.0 | 22.5 | 4.9 | 23.2 | －0.7 |
| 12 | 通州区 | 3.2 | 14.4 | 3.0 | 14.5 | －0.1 |
| 13 | 延庆区 | 0.6 | 2.5 | 0.4 | 2.0 | －0.5 |
| 14 | 合计 | 22.2 | 100.0 | 21.0 | 100.0 | |

资料来源：根据北京市农业农村局资料整理。

从叶菜品种角度来看，生菜的上市收入贡献最大，高达 4.3 亿元，占叶类蔬菜上市总收入的 19.6%，较上年提高 14.8 个百分点；其次是普通白菜的上市收入为 3.2 亿元，占叶类蔬菜的上市总收入的 14.7%，芹菜的上市收入为 2.5 亿元，占叶类蔬菜的上市总收入的 11.3%，较上年下降 1.3 个百分点，菠菜的上市收入为 1.4 亿元，较上年减少 0.1 亿元；大白菜和结球甘蓝的上市总收入为 0.2 亿元，收入比重较上年都有不同程度的下降（见图 10－7）。

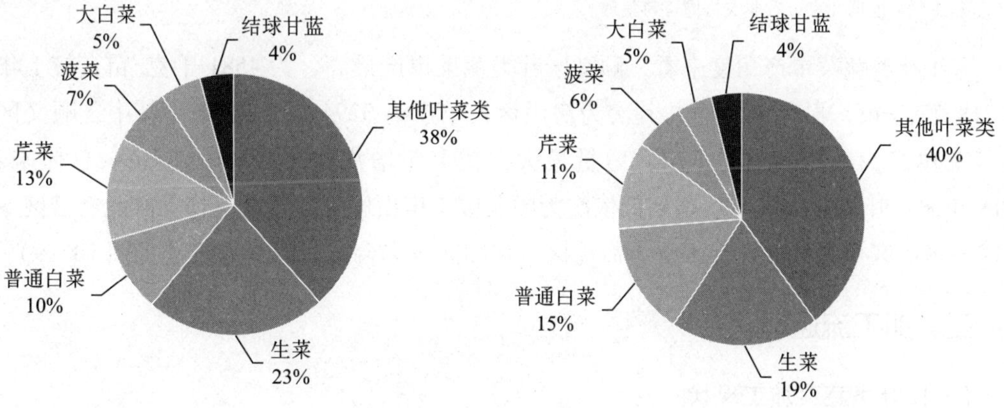


图 10－7　2017 年和 2018 年叶类蔬菜上市收入变动情况

资料来源：根据北京市农业农村局资料整理。

### （四）叶类蔬菜生产时空格局变化

2017～2018 年蔬菜种植面积均呈现出由东南向西北方向规模依次递减的空间分布规律。2018 年大兴区、顺义区属于大规模蔬菜种植区，其次是通州区和房山区属于中规模蔬菜种植区，而其余 9 个区均属于小规模蔬菜种植区，蔬菜种植规模从大到小依次为：大兴区 > 顺义区 > 通州区 > 房山区 > 密云区 > 平谷区 > 延庆区 > 昌平区 > 怀柔区 > 海淀区 > 朝阳区 > 丰台区 > 门头沟区。

基于蔬菜单产绝对增长量角度，顺义区蔬菜单产增加最多，顺义区的蔬菜每亩产量从 2017 年的 4297.9 千克增加到 2018 年的 5389 千克，每亩增加了 1091.1 千克；海淀区、门头沟区、平谷区、密云区、延庆区和通州区的蔬菜单产分别呈现不同程度的增产，而朝阳区、丰台区、房山区、大兴区、昌平区和怀柔区的蔬菜单产则呈现不同程度的减产。总体来看，2018 年北京蔬菜单产从高到低依次为：房山区 > 怀柔区 > 顺义区 > 通州区 > 密云区 > 大兴区 > 延庆区 > 昌平区 > 平谷区 > 海淀区 > 朝阳区 > 丰台区 > 门头沟区（见图10－8）。

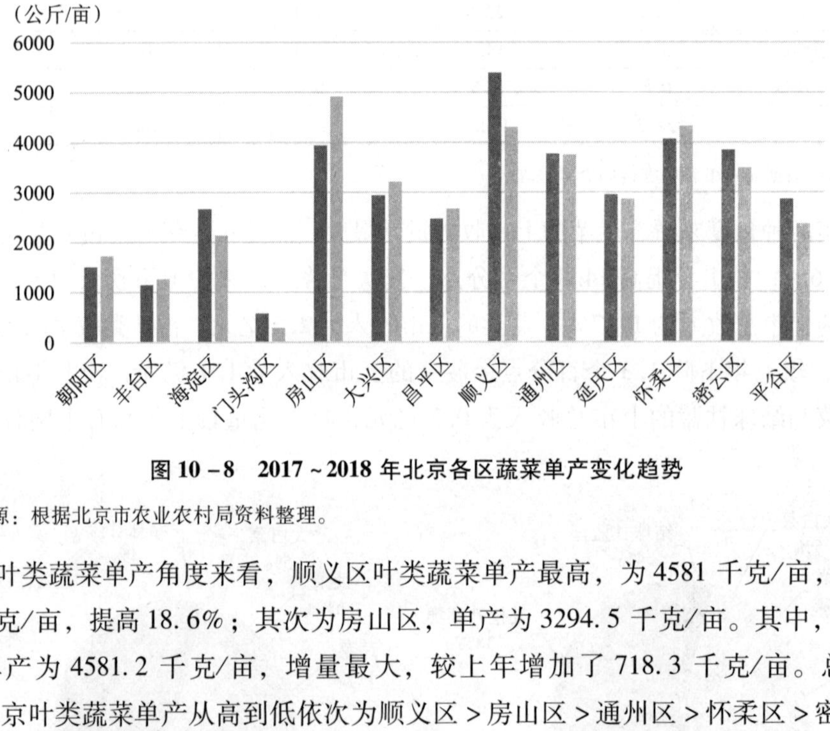


**图 10－8　2017～2018 年北京各区蔬菜单产变化趋势**

资料来源：根据北京市农业农村局资料整理。

基于叶类蔬菜单产角度来看，顺义区叶类蔬菜单产最高，为 4581 千克/亩，较上年增加 718 千克/亩，提高 18.6%；其次为房山区，单产为 3294.5 千克/亩。其中，顺义区叶类蔬菜单产为 4581.2 千克/亩，增量最大，较上年增加了 718.3 千克/亩。总体来看，2018 年北京叶类蔬菜单产从高到低依次为顺义区 > 房山区 > 通州区 > 怀柔区 > 密云区 > 平谷区 > 延庆区 > 大兴区 > 昌平区 > 海淀区 > 朝阳区 > 丰台区 > 门头沟区（见图 10－9）。

## 二、加工流通现状

### （一）叶类蔬菜加工现状

1. 鲜切叶类蔬菜货架期评价与体系的建立

研究不同因素对鲜切叶类蔬菜保质期及安全品质的影响，降低加工流通环节损耗率。

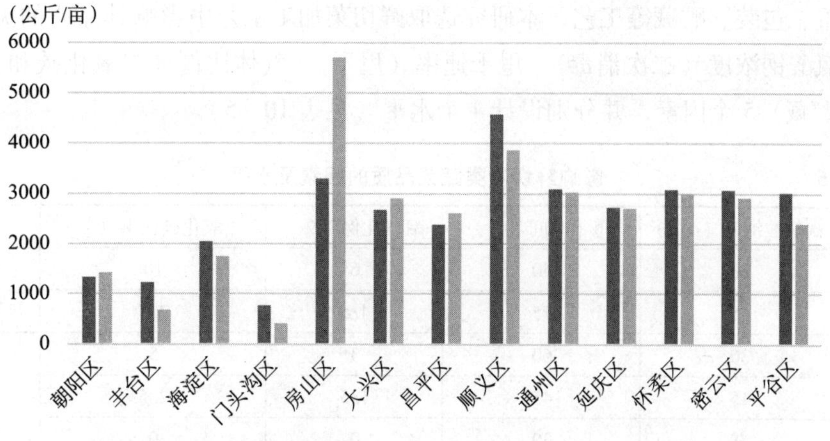


**图 10－9　2017～2018 年北京各区叶类蔬菜单产变化趋势**

资料来源：根据北京市农业农村局资料整理。

以市场上常见的鲜切叶类蔬菜（罗莎绿）为研究对象，测定各项指标（见表 10－4），筛选出关键性评价指标，建立鲜切菜品质评价体系。

**表 10－4　　鲜切罗莎绿品质评价指标**

| 品种 | 感官指标 | 生理生化指标 | 营养指标 | 微生物指标 | 有害化学物质 |
|---|---|---|---|---|---|
| 鲜切生菜 | 色泽、质地、香气、水浸 | 失重率、电导率、过氧化物酶活性、超氧化物歧化酶活性、多酚氧化酶活性、呼吸速率 | 叶绿素、维生素 C、可溶性糖含量、可溶性蛋白质含量 | 菌落总数 | 亚硝酸盐含量 |

随着贮藏时间的增加，鲜切罗莎绿：感官质量呈下降趋势，4 天后下降趋势较大，6 天后出现褐变，8 天后感官评分为 4.7 分，失去商品价值；贮藏过程中褐变 L、b 值下降，a 值上升，发生褐变、黄化与衰老；失重率呈上升趋势，水分流失，于 10 天后呈现出萎蔫状态；相对电导率呈上升趋势，细胞膜完整性受损；呼吸速率呈上升趋势；PPO 与 SOD 为下降趋势，POD 为上升趋势；叶绿素含量呈下降趋势，光合作用随贮藏时间的延长而减弱；维生素 C 含量下降；可溶性固形物含量变化不明显，但总体呈下降趋势；可溶性蛋白含量呈下降趋势；微生物均呈指数型增长；菌落总数增多，亚硝酸盐含量增加。

运用统计软件 SPSS 对贮藏期间鲜切罗莎绿各指标进行测定，并与货架期（贮藏时间）进行相关性分析得到如下结论：筛选出失重率 b、相对电导率 f、POD d、维生素 C e、菌落总数 c、亚硝酸盐 g、a 值与贮藏时间显著相关。对货架期内品质评价值进行计算，鲜切品质良好的罗莎绿综合值在 0.457 到 0.625 之间。其综合值越低，品质越好；综合值越高，品质越差，低于 0.457 即失去商品价值。

2. 鲜切叶类蔬菜最优加工工艺条件的筛选

鲜切叶菜加工工艺流程包括：原材选择、分级、修整、切割、一次消毒、二次消毒、甩干、称重、包装、贮藏等工艺，本研究选取鲜切菜加工工艺中影响其品质的关键步骤及因素：次氯酸钠浓度（二次消毒）、甩干速率（甩干）、气体比例（二氧化碳和氧气）、贮藏温度（贮藏）5 个因素，并分别设计 4 个水平（见表 10－5）。

表 10－5　影响鲜切叶类蔬菜品质的因素及水平

| 指标 | 次氯酸钠度（ppm） | 甩干时间（秒） | 氧气比例（%） | 二氧化碳比例（%） | 贮藏温度 |
|---|---|---|---|---|---|
| 2 | 60 | 90 | 6 | 10 | 32 |
| 1 | 45 | 75 | 4.5 | 7.5 | 24 |
| 0 | 30 | 60 | 3 | 5 | 16 |
| －1 | 15 | 45 | 1.5 | 2.5 | 8 |
| －2 | 0 | 30 | 0 | 0 | 0 |

采用五因素、四水平、二次正交旋转组合设计对鲜切叶菜加工工艺及贮藏条件进行优化，寻求最佳叶菜鲜切工艺及贮藏条件，以降低加工流通环节损耗率。由于 8 天时部分鲜切罗莎绿产品组腐烂严重，超出综合评价值范围，4 天时各综合值均在范围之内；为减少误差，将 4 天各指标值进行标准化，计算 4 天综合值，并以此作为评价依据。

不同因素会交互作用，影响鲜切罗莎绿货架期，通过建立模型并进行计算得到罗莎绿最佳鲜切工艺及贮藏条件：二次消毒次氯酸钠浓度为 31.43ppm、甩干时间为 59.89 秒，氧气浓度为 3.04%，二氧化碳浓度为 5.55%，贮藏温度为 3.68℃；通过最优条件加工，可贮藏至 15 天，综合评价值为 0.449，仍具有商品价值，相对于原有工艺提高 7 天。

3. 结球生菜加工专用设备配套工艺优化的研究

拟以结球生菜试材，选择不同转速及一次甩干重量等条件对鲜切菜产品进行甩干，贮藏期内以感官指标（色泽、嫩度、包装塌陷）和理化指标（呼吸速率、失重率、电导率、维生素 C、叶绿素、褐变度、丙二醇）进行测定，研究不同脱水离心方式对产品贮藏期内品质的影响，并确定其配套生产工艺。

随着贮藏时间的延长，结球生菜的感官品质不断下降，转速较低时，水分去除不充分，微生物增长迅速贮藏期易腐烂；转速较高时，脱水时易加速机械损伤，贮藏期内电导率上升，产品萎蔫变质。因此，甩干转速为 700rpm 时，其保鲜效果最好。

4. 芹菜加工专用设备配套工艺优化的研究

以芹菜为试材，选择不同产品形状及规格等条件对鲜切菜产品进行切割，贮藏期内以感官指标（色泽、嫩度、包装塌陷）和理化指标（呼吸速率、失重率、电导率、维生素 C、叶绿素、褐变度、丙二醇）进行测定，研究不同切割方式、产品规格等对产品贮藏期内品质的影响，并确定各规格产品的配套生产工艺。

本报告表明，芹菜的切割长度与贮藏期保鲜效具有一定的相关性。切割长度较短的芹菜因其产品切割面比例较大，贮藏期内易发生黄化，加速产品变质；3cm 的切割长度的芹菜，贮藏期内具有较低的呼吸速率、相对电导率以及丙二醛含量，叶绿素和维生素 C 含量损失减少，保持较高的水分和颜色，延缓芹菜质地变劣，从而延长芹菜的贮藏保鲜期。

### （二）面向可视化的蔬菜新型电子商务微信平台研究

1. 蔬菜新型电子商务微信平台功能需求分析

以实现农产品质量安全为目标、以源头质量监管为突破口、以农产品生长全程实时可视化为主要监督模式，构建农产品质量安全生产可视化公众监督平台。通过在生产基地应用物联监测设备、通信技术等采集农事环境信息，实现农产品生产环境履历信息的快速采集与实时上传；通过视频监控设备、VR 技术等实时监控或还原农事信息，记录农药、化肥等施用的农事信息。

为了打消消费者的顾虑，打通农产品生产和销售环节的对接盲点，采取“可视化平台 + 众筹”的销售模式，打造农产品“买到即看到”的质量安全销售理念。创建微信公众号、采取统一采集、审核和发布信息机制、内容定期更新、内容推送、互动管理、数据监控、对后台数据进行定期分析。

2. 蔬菜新型电子商务微信平台软件系统设计

系统总体采用基于 B/S 的多层构架体系结构，通过 Web Service 或者 Tomcat 方式向各类应用和业务功能模块提供服务；系统将数据访问层从业务系统和数据库中独立出来，使用统一的数据库连接和访问对象；整个系统采用基于 J2EE 标准下的多层结构；系统采用标准的数据共享接口，该接口能实现“手机版”和中国农机化信息网数据的无缝衔接；页面设计采用 Html5 + css3，能跨平台、语义化更好、性能更优、全面支持 Android、iOS、Windows。

3. 蔬菜新型电子商务微信平台实现

蔬菜新型电了商务微信平台功能如图 10 – 10 所示，主要包括内部推广、活动推广和其他渠道。内部推广：可要求本系统内部人员关注，邀请他们关注、监督并参与到微信平台建设中来。活动推广：开展线上线下微信推广活动，以赠送积分或小礼品等形式让更多人关注微信平台，积累用户基数，增加微信平台覆盖面。其他渠道：通过其他渠道进行宣传推广微信平台。

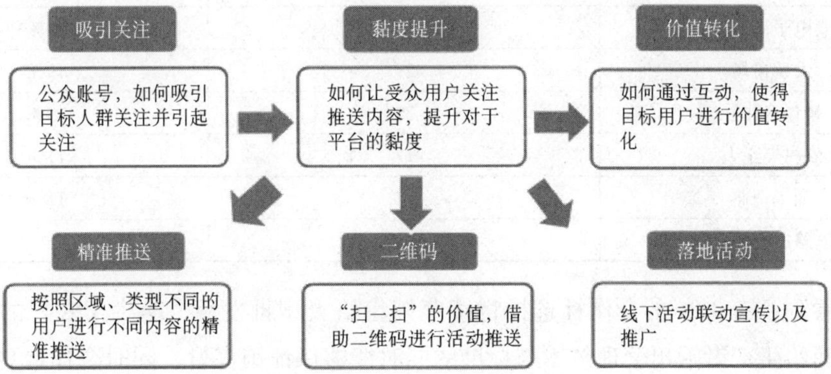


**图 10 – 10　蔬菜新型电子商务微信平台**

## 三、基于合作社角度的新型蔬菜流通模式选择意愿与选择行为分析

### （一）调研区域选择

本报告在北京市采取了横向比较调查来收集研究数据。涉及负责人特征、组织特征、蔬菜生产特征、销售特征等方面，经北京市农业局批准，通过北京市叶类蔬菜创新团队体系在北京市各区县选择农业技术推广站以及田间学校等负责人，对调查人员进行问卷内容与思想的培训后，在每个区县发放30份新型经营主体问卷，预计共调研210个新型经营主体和7个区县，最终收到有效新型经营主体问卷187份，问卷回收率分别为89%，剔除无效问卷，采纳问卷156份。在这156个新型经营主体问卷中，98%为合作社，故以下新型经营主体均以合作社为研究对象。问卷采用入户调查和访谈的形式组合完成，以提高调查结果的准确性。同时，加上笔者亲自调研的样本数据，使得这些样本分布均匀且广泛，具有很好的代表性，能够满足对北京自产蔬菜流通模式的数据分析要求。

### （二）合作社选择蔬菜销售渠道行为及销量占比分析

被调查合作社的下游销售商主要由销售合作社、大型批发商、农村经纪人、超市、加工企业、农贸市场、批发市场、路边市场、电子商务平台等组成，因选项是多选没有互斥性，故频率占比除以156份有效问卷总数。其中流通渠道占比依次是（见表10－6）：大型批发商为主（42%）＞批发市场（40%）＞超市（31%）＞电子商务（29%）＞农贸市场（19%）＝销售合作社（19%）＞农村经纪人（11%）＝加工企业（11%）＞路边市场（8%）。

表10－6　合作社的销售流通渠道选择

| 销售流通渠道 | 频数 | 频率 |
|---|---|---|
| 大型批发商 | 65 | 42% |
| 批发市场 | 63 | 40% |
| 超市 | 48 | 31% |
| 电子商务 | 46 | 29% |
| 农贸市场 | 29 | 19% |
| 销售合作社 | 29 | 19% |
| 农村经纪人 | 17 | 11% |
| 加工企业 | 17 | 11% |
| 路边市场 | 12 | 8% |

可以看到，有42%的合作社选择将蔬菜销售给大型批发商，略少于农户的42.12%。大型批发商给生产者输出管理技术与标准的同时能够保证销售量，同时合作社更有条件在蔬菜产品的生产、管理、储存、包装等方面达到大型批发商的要求；40%的合作社选择卖给批发市场；31%的合作社与超市签订订单，远远高于农户的2.62%；共有46家占样本

总数29.49%的合作社通过电子商务销售蔬菜，而没有使用电子商务的合作社中，有高达86%的合作社表示非常愿意学习并使用电子商务；生产中农户因生产规模偏小，种类不多，有18.32%的农户偏向于在农贸市场进行销售，有相当一部分合作社因量大卖不过来或者量少路途远而耽误销售拒绝去农贸市场销售。

### （三）合作社选择蔬菜流通渠道行为影响因素框架

由于合作社在选择蔬菜流通渠道时受到自身特征、家庭情况、社会经济环境、自然环境等内外因素的综合影响会产生不同的行为，对这些因素进行分析、筛选、归纳可以知道，影响合作社选择蔬菜销售渠道的因素主要包括合作社负责人特征、组织特征、生产种植因素和蔬菜销售因素，如图10-11所示。

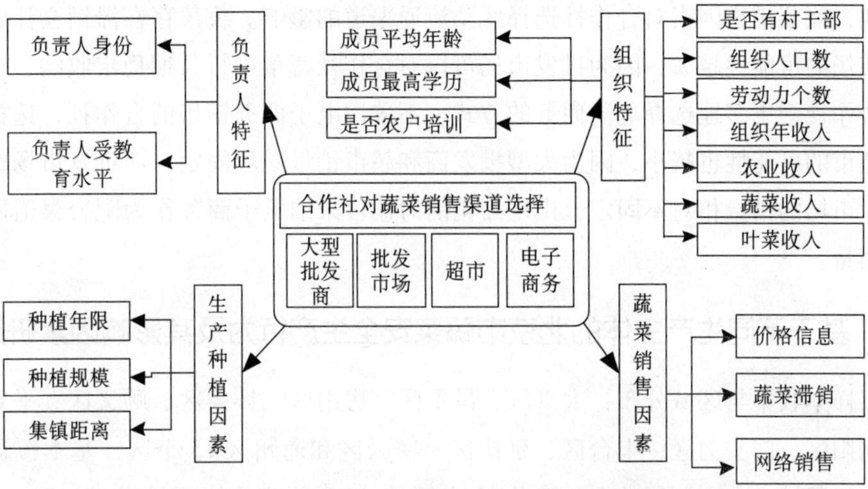


**图10-11　合作社对蔬菜销售渠道选择行为的影响因素框架**

在运用SPSS20.0对数据进行二元回归操作，得出结果如下。

第一，负责人特征对于合作社选择蔬菜流通渠道的影响。相对于选择批发市场，负责人的背景身份对于选择大型批发商和超市的影响很大，因为与大型批发商、超市进行直接对接，需要合作社负责人拥有一定的背景与眼界；选择批发市场时负责人的受教育水平越高，选择大型批发商和电子商务的可能性越大，选择批发市场的可能性小一点，负责人学历越高越能学习并掌握新的更适合自己的流通渠道，学历较低的相对而言会容易形成到市场销售蔬菜的习惯，学历高的负责人愿意学习、分析并改进现有的生产技术和模式。

第二，组织特征对于合作社选择蔬菜流通渠道的影响。是否有村干部是合作社选择销售渠道差异的一个需要考虑的因素。因为组织中的村干部与政府、外界对接较多，能够经常接收一些比较新的信息，用于改变合作社经营状况；组织人口数选择批发商、批发市场、超市、电子商务的影响都不显著，对合作社选择蔬菜流通渠道没有影响；叶类蔬菜因自身蔬菜的特性，会在一定程度影响合作社销售渠道的选择，尤其以批发市场和大型批发商这样的固定销售为主；蔬菜生产者的学历越高选择电子商务、批发市场的可能性越大，生产者的学历越高，对社会生产和流通的信息掌握的越齐全，会选择更利于蔬菜销售的合适渠道；是否对农户进行培训对选择超市销售渠道没有影响，但是对农户进行了培训的合作社对于选择电子销售渠道的可能性更大。

第三，生产种植因素对合作社选择蔬菜流通渠道的影响。蔬菜种植年限对合作社选择蔬菜流通渠道没有影响。合作社种植规模越大的选择批发市场的可能性大，因为其产量越高，在蔬菜流通竞争中的优势越大；距离最近集镇距离越远的合作社选择批发市场的可能性就越小，距离越远，流通成本就越大，利润空间就越小。而对于电子商务等销售渠道来说，有成熟的运输体系与高效的销售方式，也让距离较远的合作社腾出更多的时间来思考并选择新型流通渠道。

第四，蔬菜销售因素对合作社选择蔬菜流通渠道的影响。蔬菜存在滞销会让合作社选择批发市场的可能性越大，因为批发市场可以对合作社蔬菜进行长期稳定收购；选择批发市场的合作社会更多地选择电子商务的方式，不采用电子商务销售的合作社，选择大型批发商和超市的可能性也越小，因为大型批发商和超市销量一般固定，而批发市场空间更灵活，批发市场的销量相对不固定，出现滞销的时候可采纳电子商务作为配合渠道同步销售来扩大销量。

## 四、基于不同生产主体的北京市蔬菜安全生产行为及其影响因素研究

调研样本收集与区域分布：大兴区、昌平区、房山区、怀柔区、顺义区、平谷区、海淀区、朝阳区、门头沟区、丰台区、延庆区、密云区和通州区 13 个区，基本覆盖北京蔬菜生产加工区域。本次调研数据共涉及 13 个区县、4 种生产主体（见表 10－7）。

表 10－7　样本分布表

| 序号 | 区 | 农户 | 企业 | 合作社 | 种植大户 | 小计 |
|---|---|---|---|---|---|---|
| 1 | 朝阳区 | 0 | 13 | 0 | 0 | 13 |
| 2 | 海淀区 | 16 | 19 | 5 | 2 | 42 |
| 3 | 丰台区 | 4 | 3 | 0 | 3 | 10 |
| 4 | 顺义区 | 42 | 10 | 4 | 2 | 58 |
| 5 | 昌平区 | 176 | 56 | 24 | 8 | 264 |
| 6 | 怀柔区 | 209 | 11 | 14 | 15 | 249 |
| 7 | 密云区 | 225 | 19 | 93 | 16 | 353 |
| 8 | 平谷区 | 0 | 11 | 19 | 0 | 30 |
| 9 | 延庆区 | 50 | 18 | 24 | 5 | 97 |
| 10 | 门头沟区 | 2 | 11 | 2 | 0 | 15 |
| 11 | 大兴区 | 408 | 29 | 74 | 23 | 534 |
| 12 | 通州区 | 164 | 3 | 4 | 35 | 206 |

续表

| 序号 | 区 | 农户 | 企业 | 合作社 | 种植大户 | 小计 |
|---|---|---|---|---|---|---|
| 13 | 房山区 | 121 | 32 | 2 | 10 | 165 |
| 合计 | | 1417 | 235 | 265 | 119 | 2036 |

### （一）不同生产主体蔬菜安全生产直接风险因子识别

基于已构建的蔬菜安全生产风险框架，直接风险主要涉及种子、农药和化肥等农业投入品的使用行为。蔬菜生产过程中涉及农业投入品的主要环节包括播种、施肥、施药、病虫害防治和草害防治等环节，如图 10－12 所示。本报告从播种前对种子的处理、使用农药和化肥的依据、防治虫害方式、除草方式、农药化肥包装的处理方式以及安全间隔期执行情况 6 个方面分别对蔬菜生产企业、合作社和农户的安全生产管理现状进行了统计分析，并以此为依据识别蔬菜生产企业、合作社和农户的安全生产直接风险因子，构建直接风险因子基本框架。

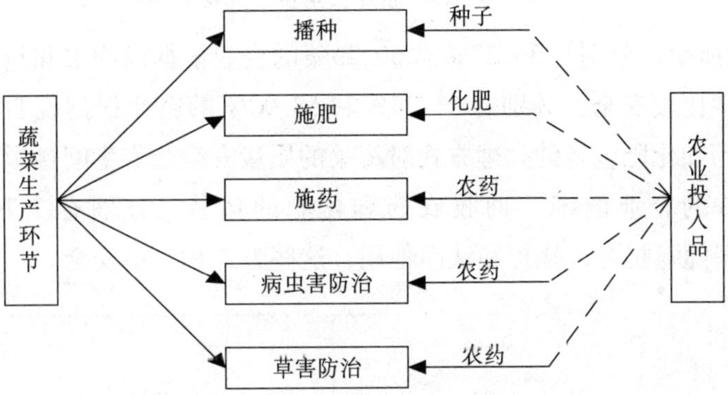


**图 10－12　蔬菜主要农业投入品与生产环节**

1. 蔬菜安全生产现状分析

生产环节中，影响蔬菜质量安全的因素主要为种子、农药和化肥等农业投入品的使用方式和使用依据，与此相关的安全生产行为主要包括播种前对种子的处理、农药和化肥的适用依据、是否使用农药防治虫害、是否严格执行农药安全间隔期、对农药化肥包装的处理方式、是否采用农药除草、是否使用禁药。

企业蔬菜安全生产现状分析：75% 的企业通过温水浸种、药剂拌种、药液浸种等方式在播种前对种子进行处理，有 25% 未对种子处理；农药防治病虫草害对蔬菜质量安全产生危害的可能性较大，63% 的企业通过高温闷棚、防虫网、杀虫灯、黄板等相对安全的方式防治虫害，但仍有 37% 使用农药；95.02% 的企业通过人工等方式除草，4.98% 的企业使用农药；严格执行农药安全间隔期能够减少因农药残留而引起的蔬菜安全问题，81.74% 的企业严格执行农药安全间隔期，但仍有 18.26% 未能严格执行；禁用农药是指国家相关法律法规严令禁止使用的农药，农药的使用会造成严重的蔬菜质量安全问题，对人的身体和环境会产生重大危害，有87.67%的企业不再使用禁药，仍有12.33%有用禁药的现象（见图10－13）。

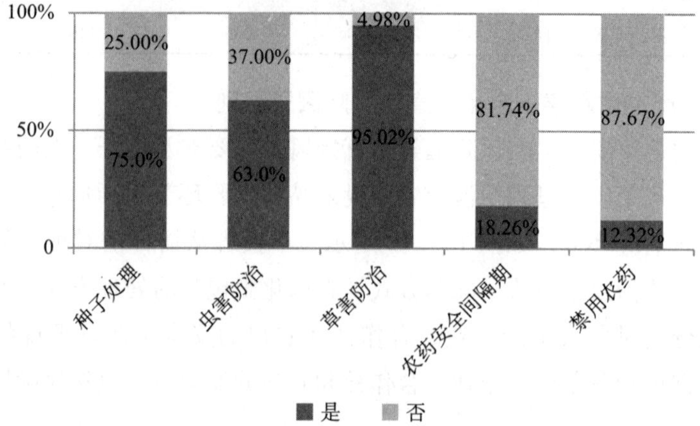


**图10－13　企业安全生产现状**

如图10－14所示，分别有39.27%和50.23%的企业根据说明书和技术人员指导使用农药，这两种方式比较安全；分别有23.74%和58.90%的企业根据说明书和技术人员指导使用化肥；农药和化肥包装的处理方式对蔬菜的质量安全会产生间接影响。如图10－15所示，有70.78%的企业的统一回收农药和化肥的包装，分别有7.76%、11.87%和9.59%的企业选择随意扔掉、烧掉和洗净他用，这些方式相对不安全。

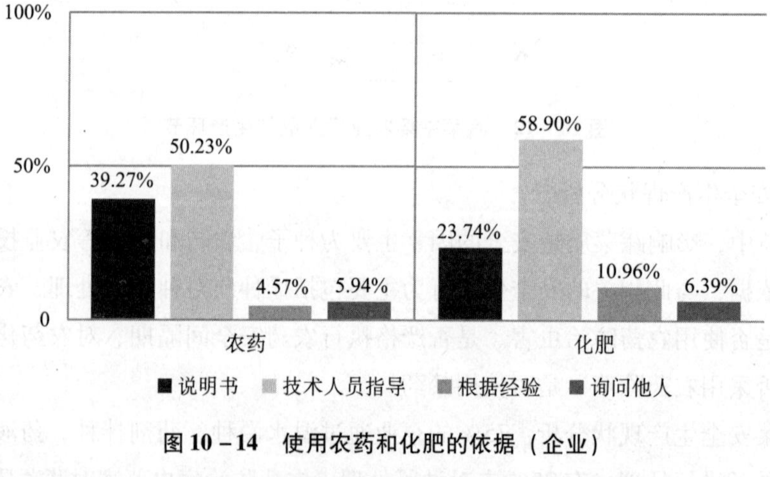


**图10－14　使用农药和化肥的依据（企业）**

合作社蔬菜安全生产现状分析：74.14%的合作社在播种前对种子进行处理，25.86%未对种子处理；62%通过高温闷棚等相对安全的方式防治虫害，仍有38%用农药；97.65%通过人工等方式除草，有2.35%用农药；83.71%的合作社严格执行农药安全间隔期，仍有16.29%未能严格执行；82.58%的合作社不使用禁药，仍有17.42%有使用禁药的现象，见图10－16。

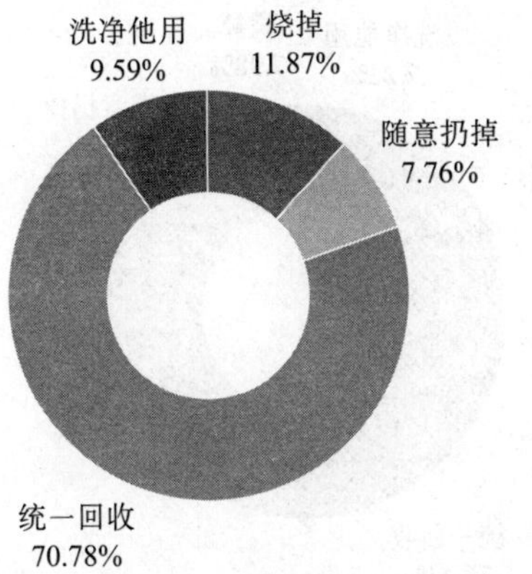


**图 10－15 对农药化肥包装的处理方式（企业）**

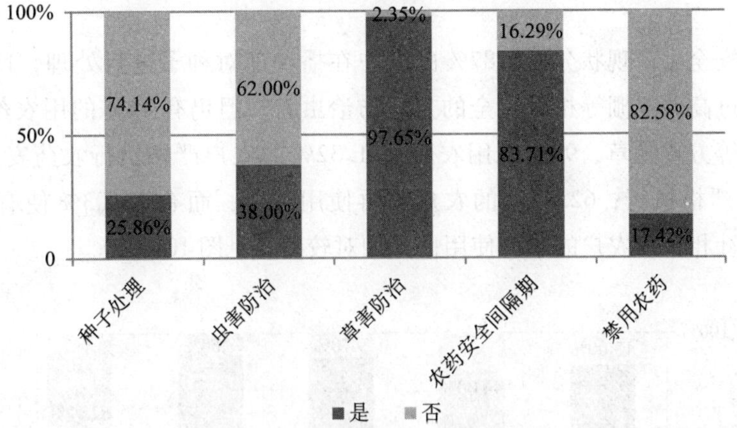


**图 10－16 合作社安全生产现状**

分别有 48.48% 和 37.88% 的合作社根据说明书和技术人员指导使用农药；分别有 19.77% 和 62.74% 的合作社根据说明书和技术人员指导使用化肥，如图 10－17 所示；在图 10－18 中，76.43% 的合作社的统一回收农药和化肥的包装，23.57% 合作社的处理方式相对不安全。

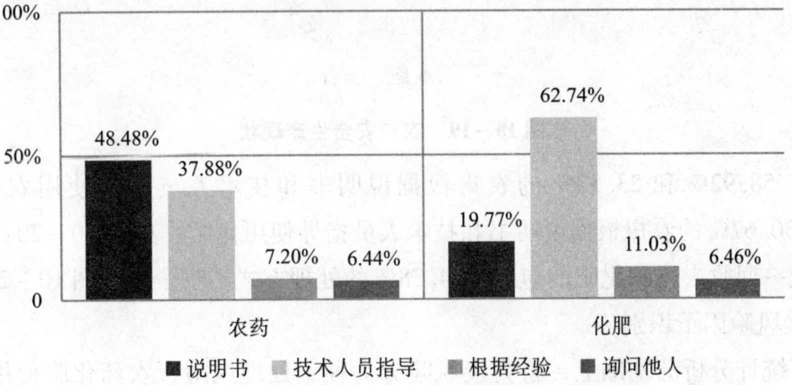


**图 10－17 使用农药和化肥的依据（合作社）**

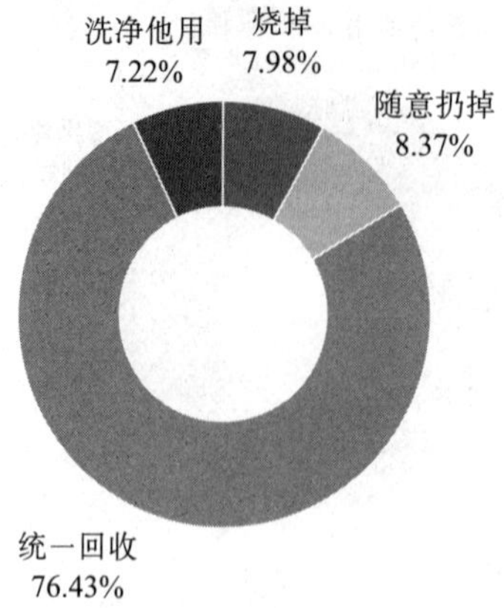


图 10－18　对农药化肥包装的处理方式（合作社）

农户蔬菜安全生产现状分析：87% 的农户在播种前对种子进行处理，13% 的未处理；56% 的农户通过高温闷棚等相对安全的方式防治虫害，但仍有 44% 的用农药；90. 30% 的农户通过人工等方式除草，9. 70% 用农药；91. 32% 的农户严格执行农药安全间隔期，但仍有 8. 68% 未严格执行；62. 97% 的农户不再使用禁药，而有 37. 03% 使有禁药的现象，与企业和合作社相比，农户的禁药使用情况相对较差，见图 10－19。

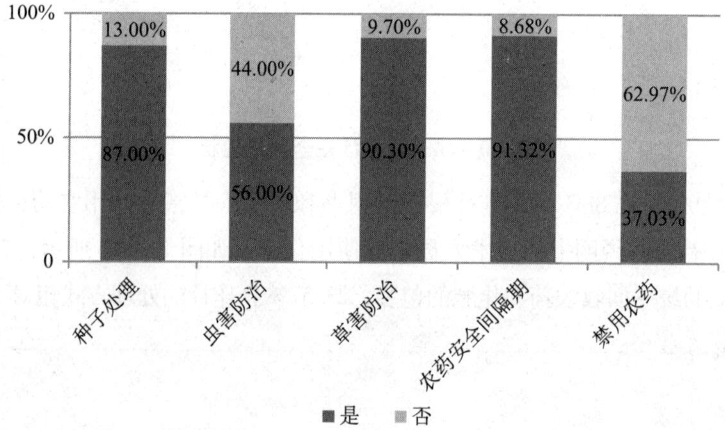


图 10－19　农户安全生产现状

分别有 58. 92% 和 23. 57% 的农户根据说明书和技术人员指导使用农药；分别有 29. 98% 和 30. 67% 的农户根据说明书和技术人员指导使用化肥，见图 10－20；有 55. 22% 的农户的统一回收农药和化肥的包装，44. 78% 的处理方式不安全，见图 10－21。

2. 直接风险因子识别

在以上统计分析的基础上，将直接风险分为种子处理风险、农药化肥使用依据风险、农药化肥使用规范风险以及病虫草害处理风险，如图 10－22 所示。

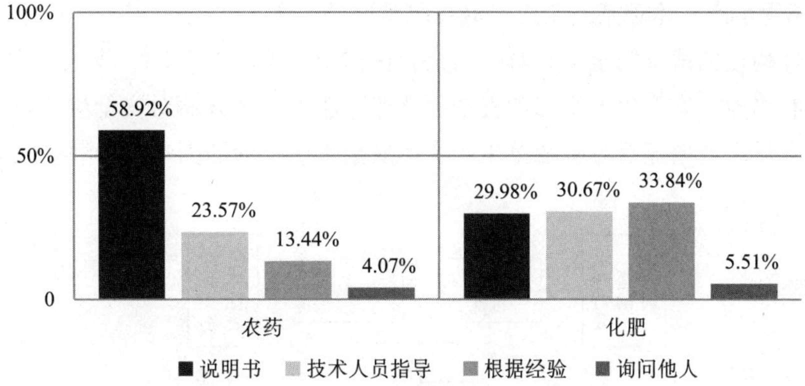


图 10－20　使用农药和化肥的依据（农户）

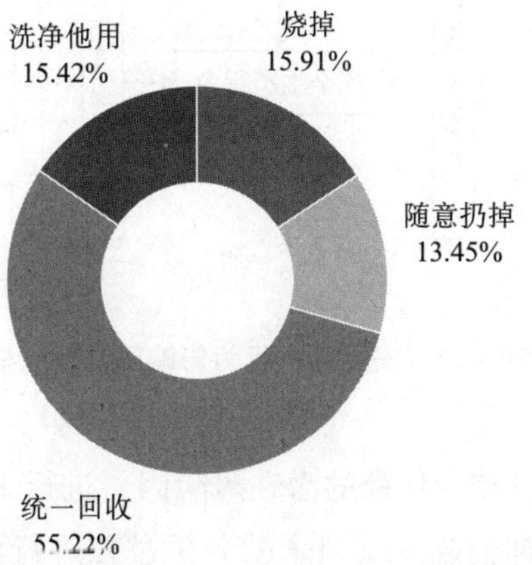


图 10－21　对农药、化肥包装的处理方式（农户）

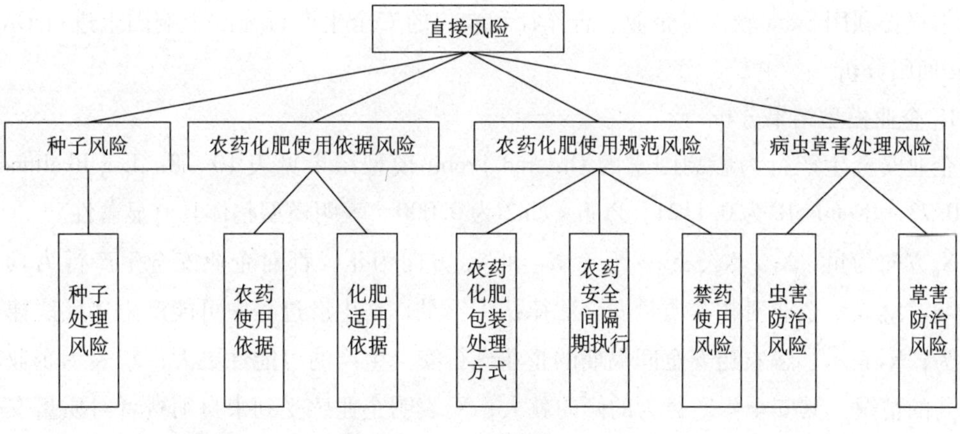


图 10－22　直接风险因子

### （二）不同生产主体蔬菜安全生产潜在风险因子识别

基于已经构建的蔬菜安全生产影响因素分析框架，见图 10－23，本报告主要从蔬菜生产主体的固有属性、安全生产意识和安全生产保障能力三个方面对安全生产行为的影响因素进行分析，从中选取显著影响蔬菜生产主体安全生产行为的因素作为潜在风险因子。

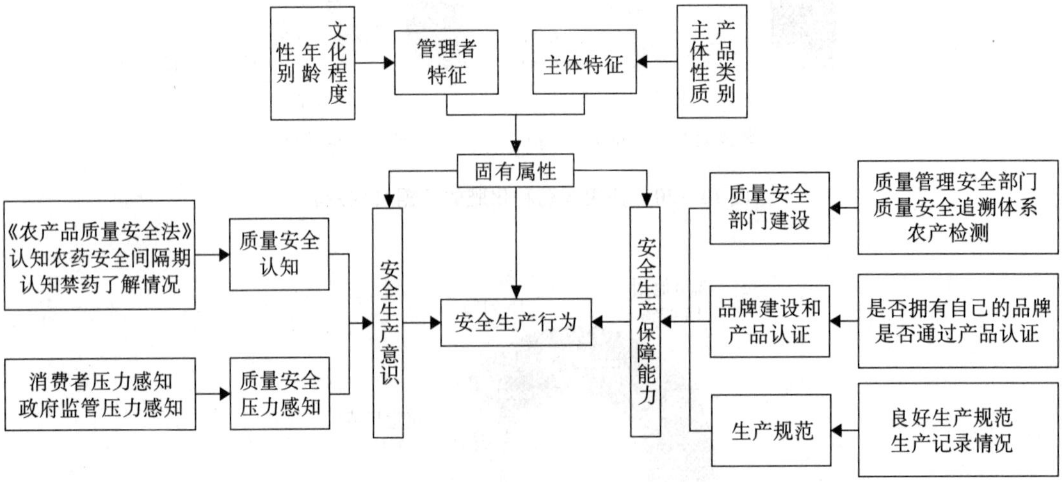


图 10－23　安全生产行为影响因素理论框架

本报告分别对企业、农户和合作社的潜在风险因子进行了分析与识别，鉴于三种主体风险分析过程相似，所以仅对企业风险因子的分析过程进行详解，而对于合作社和农户，仅对异于企业的风险进行了特殊分析。

### （三）基于 Ordered probit 模型的蔬菜安全生产影响因素模型结果分析

本报告利用 Stata 软件对企业、合作社和农户的安全生产行为的影响因素进行 Ordered Probit 回归分析。

1. 企业模型结果分析

企业安全生产行为影响因素的 Ordered Probit 模型结果见表 10－8。Log likelihood 为 －240.73，Pseudo $R^2$ 为 0.1121，Prob > chi2 为 0.000，表明模型整体具有显著性。

$X_6$ 方向为负，$X_7$、$X_8$、$X_9$、$X_{13}$、$X_{14}$ 和 $X_{16}$ 方向为正，都对企业安全生产行为具有显著影响。$X_6$ 表示企业对相关质量安全法律认识不足，在生产过程中可能产生违反法律犯规的行为；$X_7$ 表示了解农药安全间隔期的企业进行安全生产的可能性更大；$X_8$ 表示企业越了解禁药的情况，其安全生产行为的倾向就大；$X_9$ 表明企业感受到来自消费者对质量安全要求的压力越大，其安全生产行为的可能性越大；$X_{13}$ 表明蔬菜售卖前对其进行农产检测的企业安全生产行为的可能性更大；$X_{14}$ 表明拥有自己品牌的的企业安全生产行为的倾向更高；$X_{16}$ 表明采用良好生产规范的企业安全生产行为的可能性越大。

**表 10 - 8　　企业安全生产影响因素模型结果**

| 解释变量 | 系数 | 标准差 | P 值 |
|---|---|---|---|
| $X_1$ | -0.0788167 | 0.1931778 | 0.683 |
| $X_2$ | -0.0076519 | 0.0982306 | 0.938 |
| $X_3$ | -0.0178344 | 0.0831183 | 0.830 |
| $X_4$ | -0.0586452 | 0.1710271 | 0.732 |
| $X_5$ | -0.1154491 | 0.0776778 | 0.137 |
| $X_6$ | -0.2766796** | 0.1150549 | 0.016 |
| $X_7$ | 0.8641676*** | 0.2739568 | 0.002 |
| $X_8$ | -0.3912624*** | 0.1193426 | 0.001 |
| $X_9$ | 0.1106262* | 0.0598288 | 0.064 |
| $X_{10}$ | -0.0426287 | 0.0942719 | 0.651 |
| $X_{11}$ | -0.2895456 | 0.2147486 | 0.178 |
| $X_{12}$ | -0.2309452 | 0.1917426 | 0.228 |
| $X_{13}$ | 0.3052217** | 0.1980802 | 0.023 |
| $X_{14}$ | 0.4764178** | 0.2044186 | 0.020 |
| $X_{15}$ | -0.3162666 | 0.2155911 | 0.142 |
| $X_{16}$ | 0.2097206* | 0.1986582 | 0.091 |
| $X_{17}$ | 0.0295033 | 0.1451811 | 0.839 |
| /cut1 | -2.201351 | 0.896811 | |
| /cut2 | -0.9524128 | 0.8901342 | |
| /cut3 | -0.2213971 | 0.8874 | |
| Log likelihood | | -240.73 | |
| Prob > chi2 | | 0.0000 | |
| Pseudo $R^2$ | | 0.1121 | |

注：*、**、*** 分别表示在 10%、5% 和 1% 的显著水平下显著。

2. 合作社模型结果分析

合作社安全生产行为影响因素的 Ordered Probit 模型结果见表 10 - 9。Log likelihood 为 -249.23295，Pseudo $R^2$ 为 0.1404，Prob > chi2 为 0.000，表明模型整体具有显著性。

$Y_7$、$Y_{10}$、$Y_{11}$、$Y_{12}$ 和 $Y_{14}$ 方向为正，$Y_8$ 方向为负，对合作社安全生产行为具有极为显

著影响。$Y_7$表明了解农药安全间隔期的合作社进行安全生产行为的倾向更大；$Y_8$表明合作社对禁药的了解情况越差，安全生产的可能性越低；$Y_{10}$表明感受到政府监管压力越大的合作社安全生产的倾向更大；$Y_{11}$表明进行农残检测的合作社安全生产的可能性越大；$Y_{12}$表明对社员的生产情况进行监督的合作社安全生产的可能性越大；$Y_{14}$表明生产记录越详细的合作社进行安全生产的可能性越大。详见表 10－9。

**表 10－9　　合作社安全生产影响因素模型结果**

| 解释变量 | 系数 | 标准差 | P 值 |
|---|---|---|---|
| $Y_1$ | 0. 1150055 | 0. 1887386 | 0. 542 |
| $Y_2$ | －0. 0935015 | 0. 0946074 | 0. 323 |
| $Y_3$ | 0. 0205576 | 0. 0919367 | 0. 823 |
| $Y_4$ | －0. 0344112 | 0. 0811587 | 0. 672 |
| $Y_5$ | －0. 0077774 | 0. 0677028 | 0. 909 |
| $Y_6$ | 0. 1455802 | 0. 1130407 | 0. 198 |
| $Y_9$ | 0. 0699974 | 0. 0594735 | 0. 239 |
| $Y_7$ | 1. 219714 *** | 0. 2698906 | 0. 000 |
| $Y_8$ | －0. 2649573 ** | 0. 1320741 | 0. 045 |
| $Y_{10}$ | 0. 2913787 *** | 0. 1003803 | 0. 004 |
| $Y_{11}$ | 0. 3596653 * | 0. 206459 | 0. 081 |
| $Y_{12}$ | 1. 222581 *** | 0. 3502503 | 0. 000 |
| $Y_{13}$ | 0. 1484769 | 0. 1589086 | 0. 350 |
| $Y_{14}$ | 0. 1578645 * | 0. 15217 | 0. 100 |
| /cut1 | 2. 967424 | 0. 8990876 | |
| /cut2 | 4. 1396 | 0. 9156961 | |
| /cut3 | 4. 715975 | 0. 9220415 | |
| Log likelihood | | －249. 23295 | |
| Prob ＞ chi2 | | 0. 0000 | |
| Pseudo $R^2$ | | 0. 1404 | |

注：*、** 和 *** 分别表示在 10%、5% 和 1% 的显著水平下显著。

3. 农户模型结果分析

农户安全生产行为影响因素的 Ordered Probit 模型结果如表 10－10 所示。Log likelihood 为 -291.1113，Pseudo $R^2$ 为 0.1289，Prob > chi2 为 0.000，表明模型整体具有显著性。

$Z_5$、$Z_8$方向为负，$Z_6$、$Z_9$、$Z_{11}$方向为正，对农户安全生产行为具有显著影响。$Z_5$表明农户的种植年限越长，进行安全生产的可能性越低；$Z_6$表明生产瓜果类、葱蒜类的蔬菜农户安全生产的可能性更大；$Z_8$表明了解禁用农药的农户安全生产的可能性就更高；$Z_9$表明感受到政府监管压力越大的农户进行安全生产的可能性越大；$Z_{11}$表明农户的生产记录越为详细，进行安全生产的倾向更大。详见表 10-10。

**表 10-10　　农户安全生产影响因素模型结果**

| 解释变量 | 系数 | 标准差 | P 值 |
|---|---|---|---|
| $Z_1$ | 0.0973645 | 0.0829911 | 0.241 |
| $Z_2$ | -0.0522374 | 0.0590616 | 0.376 |
| $Z_3$ | 0.0206358 | 0.0575473 | 0.720 |
| $Z_4$ | -0.028125 | 0.0812198 | 0.729 |
| $Z_5$ | -0.0967369*** | 0.0247192 | 0.000 |
| $Z_6$ | 0.0593956** | 0.0332761 | 0.074 |
| $Z_7$ | 0.1532709 | 0.1620187 | 0.344 |
| $Z_8$ | -0.2397595*** | 0.0641765 | 0.000 |
| $Z_9$ | 0.1986704*** | 0.0411157 | 0.000 |
| $Z_{10}$ | 0.0363518 | 0.0830714 | 0.662 |
| $Z_{11}$ | 0.1416987** | 0.0615271 | 0.021 |
| /cut1 | -1.165764 | 0.3582336 | |
| /cut2 | -0.2297735 | 0.3580643 | |
| /cut3 | 0.614828 | 0.3579464 | |
| Log likelihood | | -291.1113 | |
| Prob > chi2 | | 0.0000 | |
| Pseudo $R^2$ | | 0.1289 | |

注：*、**、*** 分别表示在 10%、5% 和 1% 的显著水平下显著。

4. 潜在风险因子识别

在上文中，本报告已经分别对农户、企业和合作社安全生产行为的影响因素进行了分析，并得到了显著影响要素，这些要素会通过影响安全生产行为而成为安全生产的潜在风险因子。企业安全生产潜在风险因子主要来自安全生产意识和安全生产保障能力，具体见图 10-24。

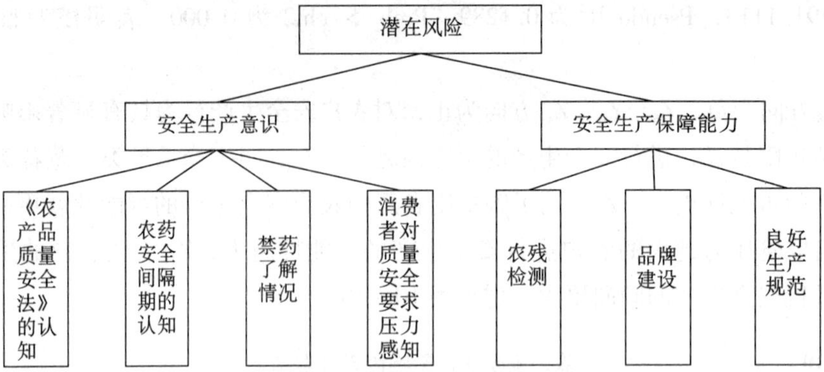


**图 10－24　企业潜在风险因子**

合作社安全生产潜在风险因子主要来自安全生产意识和安全生产保障能力，具体见图 10－25。

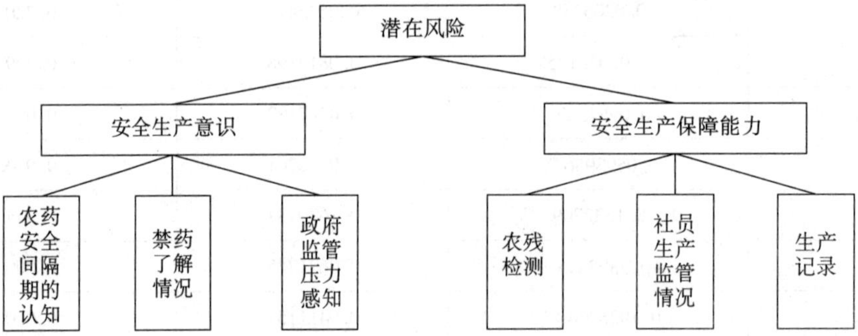


**图 10－25　合作社潜在风险因子**

农户安全生产潜在风险因子主要来自固有属性风险、安全生产意识和安全生产保障能力，具体见图 10－26。

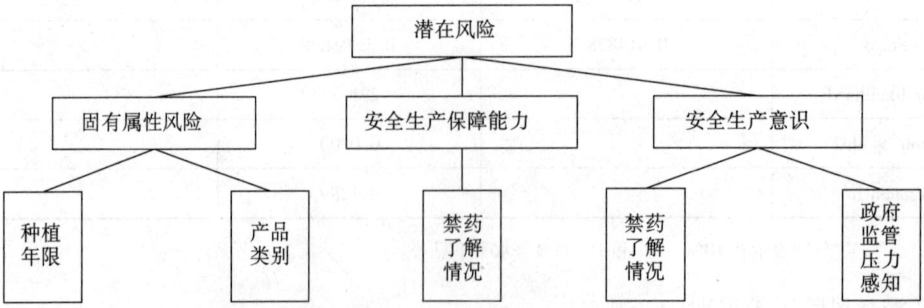


**图 10－26　农户潜在风险因子**

## （四）北京市蔬菜生产主体安全生产行为风险评估

1. 指标体系构建

在上文分析的基础上，本报告分别构建了企业、合作社和农户安全生产风险的指标体系。指标体系共分为三级，设三级指标体系的风险值范围为［0，1］，采用正向型风险评估，即：风险值越大越优，风险越小。企业、合作社和农户具体指标体系情况（见表10－11）。

表10－11　　安全生产风险评估指标体系

| 主体 | 一级指标 | 二级指标 | 三级指标 | 说明 |
|---|---|---|---|---|
| 企业 | 直接风险因子 | 种子风险 | 种子处理 | 是（1），否（0） |
| | | 农药化肥使用依据 | 农药使用依据 | 技术人员指导（1），说明书（1），询问他人（2），根据经验（3） |
| | | | 化肥使用依据 | 技术人员指导（1），说明书（1），询问他人（2），根据经验（3） |
| | | 农药化肥使用规范 | 农药化肥包装处理方式 | 统一回收（4），烧掉（3），随意扔掉（2），洗净他用（1） |
| | | | 农药安全间隔期执行 | 是（1），否（0） |
| | | | 禁药使用 | 是（1），否（0） |
| | | 病虫草害防治 | 虫害防治 | 使用农药（1），不使用农药（0） |
| | | | 草害防治 | 使用农药（1），不使用农药（0） |
| | 潜在风险因子 | 安全生产意识 | 《农产品质量安全法》认知 | 非常了解（1），比较了解（2），一般了解（3），不太了解（4），不了解（5） |
| | | | 农药安全间隔期认知 | 是（1），否（0） |
| | | | 禁药了解情况 | 非常了解（1），一般了解（2），不太了解（3），不知道（4） |
| | | | 消费者对质量安全要求的压力感知 | 没有压力（1），压力不大（2），一般（3），压力较大（4），压力很大（5） |
| | | 安全生产保障能力 | 农残检测 | 是（1），否（0） |
| | | | 品牌建设 | 有（1），没有（0） |
| | | | 良好生产规范 | 采用（1），不采用（0） |
| 合作社 | 直接风险因子 | 种子风险 | 种子处理 | 是（1），否（0） |
| | | 农药化肥使用依据 | 农药使用依据 | 技术人员指导（1），说明书（1），询问他人（2），根据经验（3） |
| | | | 化肥使用依据 | 技术人员指导（1），说明书（1），询问他人（2），根据经验（3） |
| | | 农药化肥使用规范 | 农药化肥包装处理方式 | 统一回收（4），烧掉（3），随意扔掉（2），洗净他用（1） |
| | | | 农药安全间隔期执行 | 是（1），否（0） |
| | | | 禁药使用 | 是（1），否（0） |
| | | 病虫草害防治 | 虫害防治 | 使用农药（0），不使用农药（1） |
| | | | 草害防治 | 使用农药（0），不使用农药（1） |

续表

| 主体 | 一级指标 | 二级指标 | 三级指标 | 说明 |
| --- | --- | --- | --- | --- |
| 合作社 | 潜在风险因子 | 安全生产意识 | 农药安全间隔期认知 | 是（1），否（0） |
| | | | 禁药了解情况 | 非常了解（1），一般了解（2），不太了解（3），不知道（4） |
| | | | 政府监管压力感知 | 没有压力（1），压力不大（2），一般（3），压力较大（4），压力很大（5） |
| | | 安全生产保障能力 | 农残检测 | 是（1），否（0） |
| | | | 社员生产监管情况 | 是（1），否（0） |
| | | | 生产记录 | 无生产记录（1），简单生产记录（2），详细生产记录（3） |
| 农户 | 直接风险因子 | 种子风险 | 种子处理 | 是（1），否（0） |
| | | 农药化肥使用依据 | 农药使用依据 | 技术人员指导（1），说明书（1），询问他人（2），根据经验（3） |
| | | | 化肥使用依据 | 技术人员指导（1），说明书（1），询问他人（2），根据经验（3） |
| | | 农药化肥使用规范 | 农药化肥包装处理方式 | 统一回收（4），烧掉（3），随意扔掉（2），洗净他用（1） |
| | | | 农药安全间隔期执行 | 是（1），否（0） |
| | | | 禁药使用 | 是（1），否（0） |
| | | 病虫草害防治 | 虫害防治 | 使用农药（1），不使用农药（0） |
| | | | 草害防治 | 使用农药（1），不使用农药（0） |
| | 潜在风险因子 | 安全生产意识 | 禁药了解情况 | 非常了解（1），一般了解（2），不太了解（3），不知道（4） |
| | | | 政府监管压力感知 | 没有压力（1），压力不大（2），一般（3），压力较大（4），压力很大（5） |
| | | 安全生产保障能力 | 生产记录 | 无生产记录（1），简单生产记录（2），详细生产记录（3） |
| | | 固有属性风险 | 种植年限 | 小于5年（1），5~10年（2），10~15年（3），15~20年（4），20年以上（5） |
| | | | 产品类别 | 叶菜类（1），果菜类（2），根茎类（3），瓜果类（4），葱蒜类（5） |

2. 评估结果分析

分别对其他企业、合作社和农户的安全生产风险值进行计算，最终得到风险值情况（见表10-12）。

**表 10－12　　　　蔬菜安全生产风险统计值**

| 统计参数 | 企业 | 合作社 | 农户 |
| --- | --- | --- | --- |
| 最大值 | 0. 99959355 | 0. 998994203 | 0. 996357368 |
| 最小值 | 0. 709365234 | 0. 527321368 | 0. 353553391 |
| 平均值 | 0. 920042258 | 0. 943203648 | 0. 896318783 |

由于同种生产主体的风险值相对接近，因此对其进行标准化，并以风险平均值作为标准对北京市蔬菜安全生产风险进行评估。

（1）风险区域比较。目前，北京市蔬菜生产企业安全生产风险现状中部地区蔬菜生产企业的安全生产风险较大，南北两侧风险值较小，南部的风险最小，其中昌平区、丰台区和平谷区的风险值最小，而昌平区、海淀区、朝阳区和门头沟区的风险较大。

北京市蔬菜生产合作社安全生产风险现状由西北向东南递减，其中房山区、怀柔区风险相对较大，而大兴区、平谷区和顺义区风险相对较小。

北京市蔬菜种植户安全生产风险现状，总体来看，农户安全生产风险在空间上并无规律可循，昌平区、顺义区等的风险值相对较高，而海淀区、密云区和大兴区风险值相对较低。

（2）不同品种蔬菜种植主体安全生产风险比较。果菜类和叶菜类蔬菜生产企业的安全生产风险较低，而根茎类的蔬菜生产企业的风险相对较高（见图 10－27）。

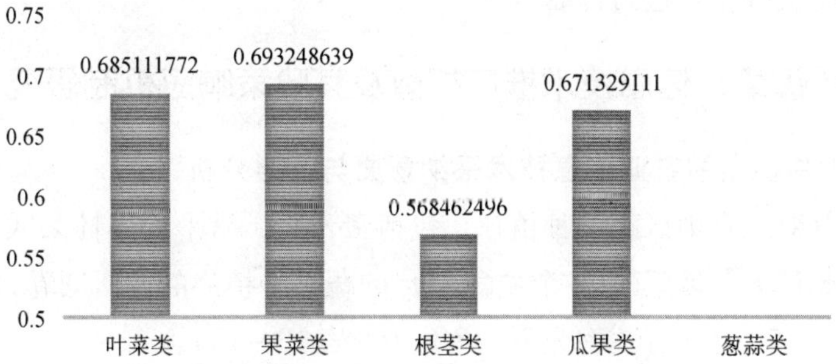


**图 10－27　不同蔬菜类别生产企业风险情况**

根茎类和叶菜类生产合作社风险值相对较大，瓜果类和葱蒜类的安全生产风险较大（见图 10－28）。

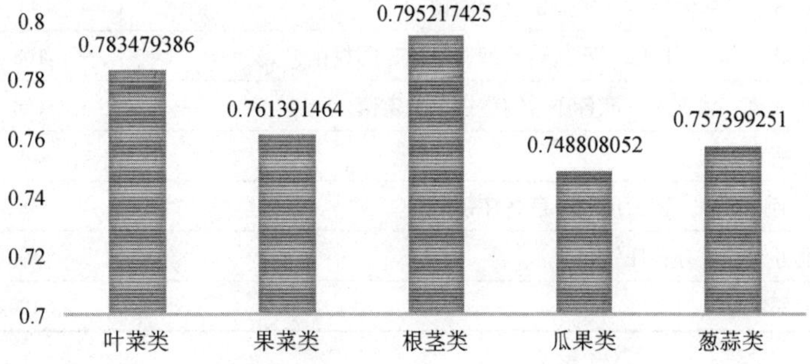


**图 10－28　不同蔬菜类别生产合作社风险情况**

叶菜类和葱蒜类种植户的安全生产风险值相对较低，瓜果类、果菜类和根茎类蔬菜种植户的安全生产风险较低（见图10－29）。

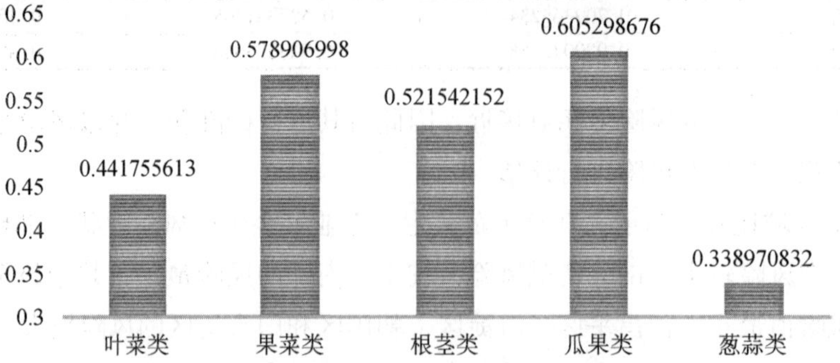


**图10－29　不同蔬菜类别生产农户风险情况**

应加强对风险较高的区域和风险较高蔬菜类别的相应蔬菜生产主体的监管，提高监管的针对性和准确性。从区域监管来看，重点对昌平区、海淀区、朝阳区和门头沟区的蔬菜生产企业，房山区、怀柔区的蔬菜生产合作社以及昌平区、顺义区的蔬菜生产种植户进行监管；从蔬菜品种来看，重点对根茎类的蔬菜生产企业，瓜果类和葱蒜类蔬菜生产合作社以及叶菜类和葱蒜类种植户进行监管。

## 五、农业（蔬菜）信息技术推广扩散及其政策响应机制研究

### （一）基于农户视角的农业信息技术采纳意愿与行为分析

调研数据是针对北京地区蔬菜种植户，包括密云区、昌平区、怀柔区、房山区、大兴区、顺义区、通州区7个远郊区28个乡（镇）的蔬菜种植户的调研问卷，共收回问卷612份，其中有效问卷454份，有效率为74.18%（见表10－13）。

**表10－13　调研样本分布情况**

| 地区 | 涉及乡（镇） | 频数/份 | 百分比（%） |
|---|---|---|---|
| 通州区 | 漷县镇、潞城镇、张家湾镇、宋庄镇、台湖镇 | 44 | 9.69 |
| 房山区 | 窦店镇、琉璃河镇、长阳镇、石楼镇、韩村河镇、阎村镇 | 108 | 23.79 |
| 大兴区 | 长子营、礼贤镇、魏善庄、庞各庄、榆垡镇、安定镇 | 168 | 37 |
| 怀柔区 | 杨宋镇、长哨营满族乡 | 74 | 16.3 |
| 密云区 | 西略庄镇、河南寨镇、密云区镇、巨各庄镇 | 38 | 8.37 |
| 顺义区 | 李桥镇、北务镇、大孙各庄镇 | 10 | 2.2 |
| 昌平区 | 百善镇、南邵镇 | 12 | 2.64 |

1. 调研农户基本信息

在本次调研样本中，男性户主占68.06%，说明户主为男性的家庭较多。从调研农户

户主基本信息表（见表10－14）中可以看出，户主年龄在41～50岁范围内最多，文化程度为初中的占比最多，说明调研样本户主的受教育程度普遍不高。从调研农户家庭生产情况表（见表10－15）中可以看出，已参加合作社的有225户，占49.56%；有30.84%户属于生产示范户；有39.87%户得到了政府资金补贴；家庭年收入处于5万～10万元这一水平的最多，超过调研样本的一半。

**表10－14　　调研农户户主基本信息**

| 受教育程度 | 频率（个） | 百分比（%） | 累计百分比（%） | 年龄（岁） | 频率（个） | 百分比（%） | 累计百分比（%） |
|---|---|---|---|---|---|---|---|
| 文盲 | 1 | 0.22 | 0.22 | < =30 | 8 | 1.76 | 1.76 |
| 小学 | 56 | 12.33 | 12.55 | 31～40 | 19 | 4.19 | 5.95 |
| 初中 | 304 | 66.96 | 79.52 | 41～50 | 229 | 50.44 | 56.39 |
| 高中 | 86 | 18.94 | 98.46 | 51～60 | 179 | 39.43 | 95.81 |
| 大专 | 6 | 1.32 | 99.78 | > =61 | 19 | 4.19 | 100 |
| 本科及以上 | 1 | 0.22 | 100 | | | | |
| 合计 | 454 | 100.0 | | 合计 | 454 | 100.0 | |

**表10－15　　调研农户家庭生产情况**

| 统计特征 | 取值（元） | 频数（个） | 百分比（%） | 统计特征 | 取值（元） | 频数（个） | 白分比（%） |
|---|---|---|---|---|---|---|---|
| 加入合作社 | 是 | 225 | 49.56 | 家庭年收入 | 1万以下 | 3 | 0.66 |
| | 否 | 229 | 50.44 | | 1万～3万 | 28 | 6.17 |
| 生产示范户 | 是 | 140 | 30.84 | | 3万～5万 | 126 | 27.75 |
| | 否 | 314 | 69.16 | | 5万～10万 | 262 | 57.71 |
| 政府补贴 | 有 | 181 | 39.87 | | 10万～20万 | 26 | 5.73 |
| | 无 | 273 | 60.13 | | 20万及以上 | 9 | 1.98 |

注：家庭年收入每阶段取值包含最小值，不包含最大值。

2. 农业信息技术应用现状

农业信息技术使用率不高，但推广使用潜力大。根据调查数据得出农业信息技术使用情况，已使用农业信息技术的户占21.73%，说明目前农业信息技术的使用率不高；在图10－30中，有269户调研农户未来打算（继续）使用信息技术，占到59%，其中126户是已经使用农业信息技术并在将来继续使用此技术，说明农业信息技术推广潜力大。

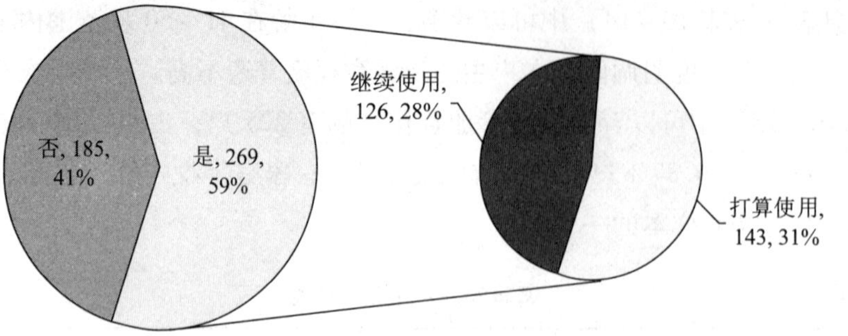


图 10－30　调研农户未来打算是否（继续）使用农业信息技术

信息技术推广使用需政府支持。农户采用农业信息技术前考虑的因素排序结果如图 10－31 所示；农户采用农业信息技术后担心因素排序的结果如图 10－32 所示。

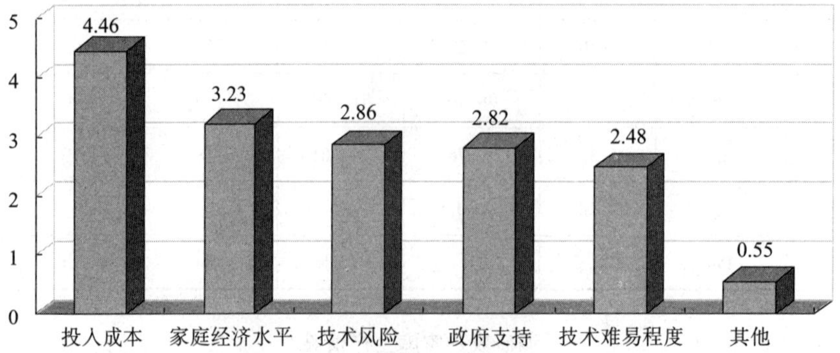


图 10－31　农户采用农业信息技术前考虑因素排序

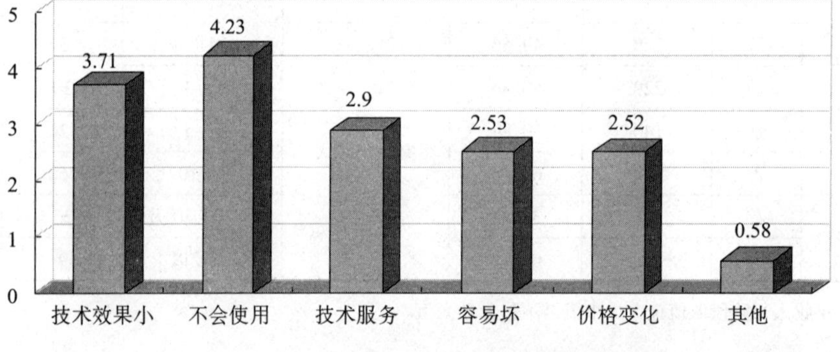


图 10－32　采用农业信息技术后担心因素排序

农户在生产过程中遇到问题时，主要是靠自己的经验、找科技示范户或种植大户请教，如图 10－33 所示。

农户了解农业信息技术主要还处于被动接受状态，农业信息技术推广宣传的主要渠道是技术培训，政府的示范还需加大力度（见图 10－34）。

多数调研农户都对农业信息技术推广提出了建议，其中提得最多的是希望得到政府的资金补贴、政府定期组织培训、政府技术人员能够到户指导等，可以看出，政府在信息技

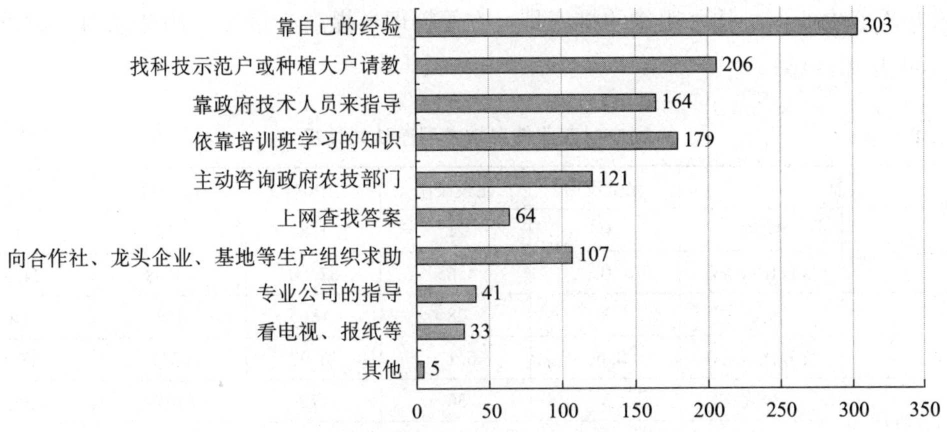


**图 10－33　解决生产中遇到问题的途径**

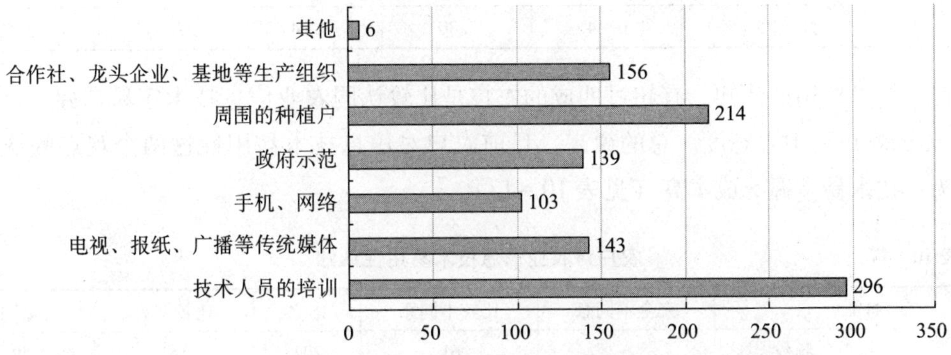


**图 10－34　关于农业信息技术的信息来源**

术推广过程中发挥着不可替代的作用。

3. 农户对农业信息技术的认知情况

信息技术用途认知：如图 10－35 所示，超过一半的农户认为农业信息技术在农业生产中是有效的 165 位农户持中立态度，没有农户认为农业信息技术是完全没用的，说明农户对于农业信息技术的有用性持乐观态度。

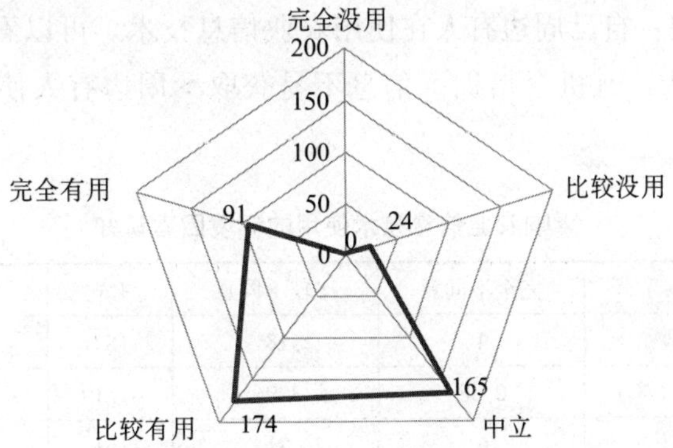


**图 10－35　农户对农业信息技术有用性认知**

农户看好农业信息技术用途的排序是：方便管理>提高产量>节约劳动力>改善生产环境（见表10－16）。

**表10－16　　农户对农业信息技术用途认知情况**

| 特征 | | 完全没用 | 比较没用 | 中立 | 比较有用 | 完全有用 |
|---|---|---|---|---|---|---|
| 提高产量 | 频数 | 0 | 21 | 168 | 152 | 113 |
| | 百分比（%） | 0 | 4.63 | 37.00 | 33.48 | 24.89 |
| 改善生产环境 | 频数 | 3 | 28 | 186 | 153 | 84 |
| | 百分比（%） | 0.66 | 6.17 | 40.97 | 33.7 | 18.5 |
| 节约劳动力 | 频数 | 3 | 36 | 172 | 147 | 96 |
| | 百分比（%） | 0.66 | 7.93 | 37.89 | 32.38 | 21.15 |
| 方便管理 | 频数 | 2 | 15 | 150 | 180 | 107 |
| | 百分比（%） | 0.44 | 3.30 | 33.04 | 39.65 | 23.57 |

信息技术易用性认知：有超过四成的农户是比较认同农业信息技术容易掌握，但还有44.93%的农户持中立态度。总的说来，目前农户对信息技术易用性这两个观点的认可度排序为：技术易掌握>成本高（见表10－17）。

**表10－17　　农户对农业信息技术易用性认知**

| 特征 | | 完全不同意 | 比较不同意 | 中立 | 比较同意 | 完全同意 |
|---|---|---|---|---|---|---|
| 技术易掌握 | 频数 | 6 | 61 | 204 | 141 | 42 |
| | 百分比（%） | 1.32 | 13.44 | 44.93 | 31.06 | 9.25 |
| 成本高 | 频数 | 40 | 23 | 247 | 95 | 49 |
| | 百分比（%） | 8.81 | 5.07 | 54.41 | 20.93 | 10.79 |

影响信息技术使用的环境认知：环境因素在一定程度上会影响农户决定是否使用信息技术。如图10－36所示，超过一半的农户认同信息不易获取，接近六成的农户同意有机会参加信息技术相关培训，有50.44%的农户不清楚使用信息技术政府是否有资金补贴，有35.02%的农户反映：自己周边有人在使用农业信息技术。可以看出，农户对于这四个环境因素认可度排序为：有机会培训>信息不易获取>周边有人使用>政府有资金支持（见表10－18）。

**表10－18　　影响农业信息技术使用的环境因素认知**

| 特征 | | 完全不同意 | 比较不同意 | 中立 | 比较同意 | 完全同意 |
|---|---|---|---|---|---|---|
| 信息不易获取 | 频数 | 4 | 18 | 187 | 165 | 80 |
| | 百分比（%） | 0.88 | 3.96 | 41.19 | 36.34 | 17.62 |
| 有机会培训 | 频数 | 6 | 21 | 161 | 150 | 116 |
| | 百分比（%） | 1.32 | 4.63 | 35.46 | 33.04 | 25.55 |

续表

| 特征 | | 完全不同意 | 比较不同意 | 中立 | 比较同意 | 完全同意 |
|---|---|---|---|---|---|---|
| 政府有资金支持 | 频数 | 11 | 56 | 229 | 103 | 55 |
| | 百分比（%） | 2.42 | 12.33 | 50.44 | 22.69 | 12.11 |
| 周边有人使用 | 频数 | 45 | 36 | 214 | 121 | 38 |
| | 百分比（%） | 9.91 | 7.93 | 47.14 | 26.65 | 8.37 |

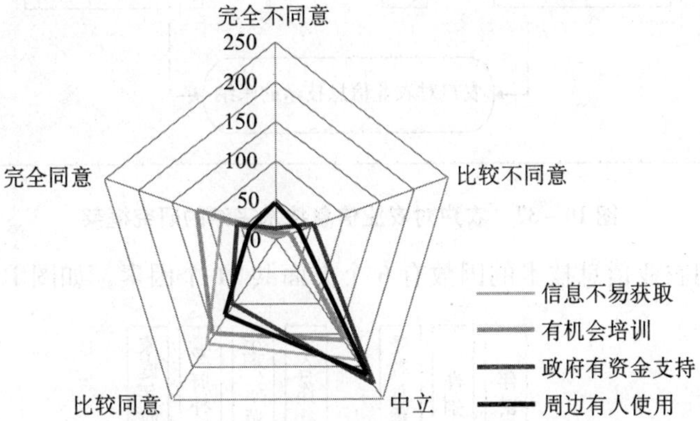


**图 10－36　影响农业信息技术使用的环境因素认知**

农户主观能力认知：接近四成的农户对其能够掌握农业信息技术的能力是有自信的，35.46%的农户认为愿意冒险新事物，农户对于自身主观能力认可度排序为：自我能力 > 资金能力 > 风险偏好（见表 10－19）。

**表 10－19　　　　农户对自身使用农业信息技术主观能力认知**

| 特征 | | 完全不自信 | 比较不自信 | 中立 | 比较自信 | 完全自信 |
|---|---|---|---|---|---|---|
| 自我能力 | 频数 | 22 | 56 | 206 | 120 | 50 |
| | 占比（%） | 4.85 | 12.33 | 45.37 | 26.43 | 11.01 |
| 特征 | | 完全不自信 | 比较不自信 | 中立 | 比较自信 | 完全自信 |
| 资金能力 | 频数 | 14 | 65 | 206 | 125 | 44 |
| | 占比（%） | 3.08 | 14.32 | 45.37 | 27.53 | 9.69 |
| 特征 | | 完全不愿冒险 | 比较不愿冒险 | 中立 | 比较愿意冒险 | 完全愿意冒险 |
| 风险偏好 | 频数 | 41 | 42 | 210 | 111 | 50 |
| | 占比（%） | 9.03 | 9.25 | 46.26 | 24.45 | 11.01 |

### （二）农户农业信息技术采纳关键影响因素

如图 10－37 所示，内部因素一般是指农户自身的因素，即农户个人特征、家庭生产情况以及自我能力认知情况；外部因素是驱动农户采纳行为的外部条件，包括外部环境和技术本身特征。

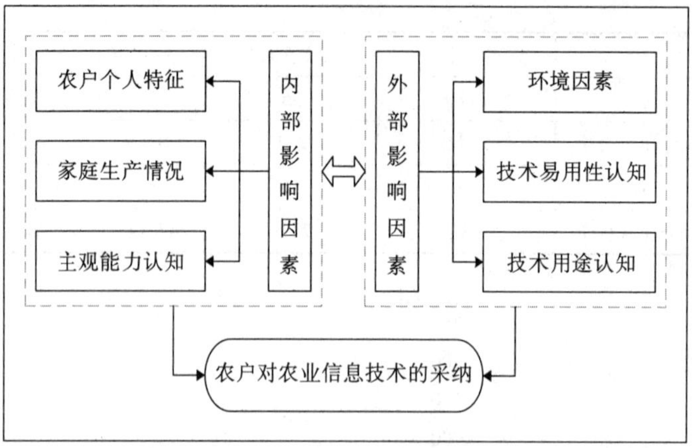


图 10－37　农户对农业信息技术采纳的研究框架

影响农户采用农业信息技术的因数有 6 个方面共 21 个因素，如图 10－38 所示。

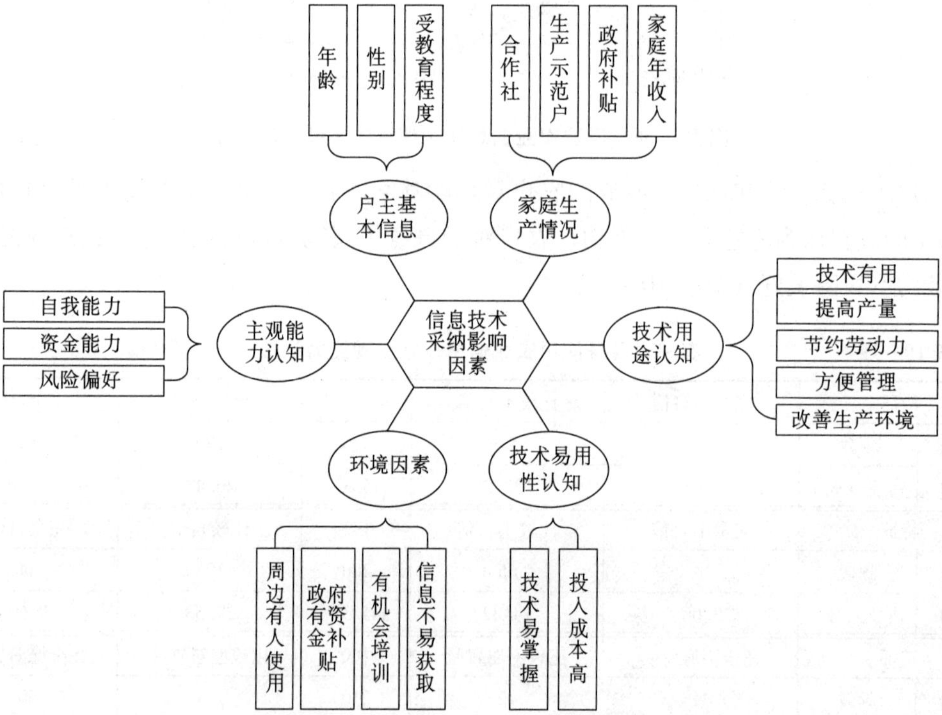


图 10－38　影响农户采纳农业信息技术因素

采用统计软件 Eviews 8.0 对调研数据进行 probit 分析，有 12 个自变量在 10% 的水平下显著，说明这 12 个因素能够显著影响农户决定是否（继续）使用农业信息技术。

（1）户主特征：户主为男性或年龄不大或受教育程度越高的农户越愿意使用农业信息技术。

（2）家庭生产情况：获得政府补贴的或是生产示范户农户更愿意使用农业信息技术，

而是否参加合作社和家庭年收入没有显著影响。

(3) 技术用途认知：农户使用农业信息技术的主要动机是方便农业生产管理。

(4) 技术易用性认知：高投入成本将阻碍农户使用农业信息技术，技术容不容易掌握没有显著影响。

(5) 环境因素认知：信息获取不畅将阻碍农户使用农业信息技术。农户相关培训的机会越多或政府资金补贴或周边越多人使用，就越会使用农业信息技术。

(6) 主观能力认知：越喜欢冒险的农户越愿意使用农业信息技术。

**(三) 农业信息技术采纳的支持政策响应机制**

影响农户采纳农业信息技术的21个影响因素当中有12个自变量在10%的水平下显著，其中有政策支持、方便管理、有机会培训等9个因素对农户使用农业信息技术有促进作用，投入成本高、年龄高、信息不易获取3个因素起到阻碍作用，如图10－39所示。

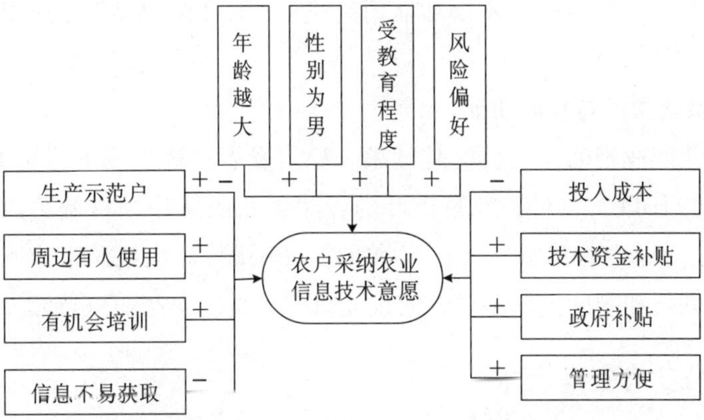


**图10－39　影响农户采纳农业信息技术关键影响因素**

# 第二节　产业发展中创新团队的技术支撑作用

## 一、团队基本情况

**(一) 创新团队功能定位及其建设任务**

依据北京市“都市型现代农业”“菜篮子工程”的功能定位及其发展战略规划，北京市叶类蔬菜产业定位体现在城市蔬菜应急供应的基地、农民增收致富的手段、现代都市农业的展示、首都技术优势的示范等4个方面，其发展方向是以北京蔬菜“三率一能力”建设为主线，以“节水、减肥（减施化肥）、减药（减施农药）”为工作方向，认真组织实施和开展叶菜新品种筛选培育、高效节水技术、减肥减药技术、水肥一体化技术、绿色防控技术研究、示范与推广，有效促进北京市叶菜产业健康有序发展。

团队以“节水轻简、安全生产、周年均衡”为目标，以生菜、芹菜、菠菜、油菜和快菜等主要叶菜为重点，开展新品种选育、种苗集约化培育、轻简省力化栽培、安全标准化生产、产品采后质量保持及现代流通技术等研究，研究成果为提高叶菜产量，保障产品安全，提升供给能力，促进农民增收，提供有效的技术支撑。

### （二）创新团队组成架构

北京市叶类蔬菜创新团队于2012年4月组建。团队由3个层级构成，产业技术研发中心依托北京农学院，团队聘任首席专家1名，功能室主任4名，岗位专家（合作专家）20名，下设综合试验站7个，农民田间学校工作站30个，团队成员共计57名。北京市叶类蔬菜创新团队是由产业技术研发中心（育种与繁育、栽培与设施设备、病虫害防控与产品安全和加工流通与产业经济等4个功能研究室）、综合试验站和农民田间学校工作站3个层级构成。

### （三）创新团队作用与交流机制

北京叶类蔬菜产业当前发展目标是健康、稳定发展；远景发展目标则是可持续发展。依据京农发〔2009〕44号文件，北京市叶类蔬菜创新团队作用机制可以解读为3个关键词：产业（对象、目标）、技术（手段）和创新（手段）。依托北京市叶类蔬菜创新团队平台，通过技术创新和制度创新手段，实现北京市叶类蔬菜产业可持续发展。

## 二、技术研发与主推技术

### （一）团队技术研发情况

1. 纸床芽苗菜生产技术

芽苗菜纸床生产，是利用芽苗菜培育专用塑料盘、以纸作为播种床，将种子播种在纸床上，利用种子所含养分、水分进行芽苗菜生产的一种方式。2018年3～7月试验的结果表明，生产生菜、油菜、快菜、芹菜和菠菜，用种量大、产量低，不适合采用水培方式生产。

2. 芹菜与黄瓜的间作栽培模式

芹菜与黄瓜间作模式，以芹菜为伴生植物，以黄瓜为主要试验作物，对黄瓜霜霉病的抑制率最高可达46.82%；生物有机肥以800千克/亩用量产量最高，产量可提高22.9%，液态有机碳肥以40千克/亩用量产量最高，产量提高了14.9%。该种模式的实施，可以提高种植芹菜的积极性，并逐步与果菜配合提高单位面积的产量和菜农的收入。

3. 生菜立体栽培技术

其涉及立体轮转式无土栽培、倒金字塔深液流管道栽培、蔬菜柱螺旋状浅液流栽培、箱式雾培、多层浅液流栽培和蔬菜墙椰糠栽培等，共计7种栽培模式。大兴区综合试验站自2016年对散叶生菜进行的立体无土栽培示范，结合椰糠栽培、水培、雾培、水肥一体化系统等多种现代农业栽培方式和技术，打造观赏性十足的创意农业，引领栽培模式创新发展。

4. 育苗播种环节轻简化

生菜种子细小，人工播种效率低，质量差，大规模种植宜选择气吸式穴盘播种机，单粒率、效率高，出苗整齐，适宜机械移栽。

5. 生菜霜霉病的高效化学防控药剂的筛选

生菜霜霉病在生菜幼苗期、成株期均可发病，对产量和品质影响较大。在生产上，采用高畦、地膜覆盖、适度密植等农业措施，在病害发生初期宜结合化学方法防治。针对当地实际情况，推荐了几种新型的杀菌剂进行防治并取得良好的效果，结果显示，喷施凯润后生菜长势浓绿、产量高。

6. 弥粉机喷粉施药关键技术

针对病害防治需求、传统防治方法存在的问题及弥粉剂在使用过程中的注意事项，完善了精量电动弥粉机及配套的弥粉剂的操作技术。该技术不需要将药剂用水稀释，直接喷粉施药，适宜冬春茬、秋冬茬低温高湿期间，棚室温差大导致的高湿问题，亩用生物弥粉剂100克/亩，100%节约杀菌剂配药的用水量，以每亩喷施杀菌剂1次，用水45千克计算，单茬节约用水45千克/亩。2018年仅春茬在北京昌平区、大兴区、通州区、顺义区、怀柔区、密云区、延庆区，河北青县和沧州市，天津武清区等京津冀地区示范面积2000亩，推广面积5万亩。

**（二）团队主推技术情况**

1. 促进叶菜新品种研发与示范

以直立性好、生长迅速、耐高温、抗病性强、色彩艳丽为选择标准，筛选出适合越夏种植的耐热苋菜品种6个（见图10-40）。

**图10-40　6个观赏苋菜品种图片**

选育快菜抗根肿病品种 5 个，生菜抗霜霉病种质 2 个，生菜抗白粉病种质 2 个。选育快菜优质品种 1 个、油菜优质品种 1 个、芹菜优质品种 5 个、韭菜高产、优质的品种 4 个。

2. 叶菜轻简化生产与示范

目前本市生菜收获大多采用人工，使用机械的很少。经过调研、筛选，目前国内可用于生菜收获的机械仅有 RAPID SL 生菜收获机，RAPID SL 生菜收获机为自走式收获机械，电动感应调整收获高度，自动润滑系统。

3. 叶类蔬菜“两减一节”

2018 年 3 ~ 6 月，在怀柔区的润禾生态农庄蔬菜生产基地进行，重点开展病虫害绿色防控技术集成与示范，微生物菌剂在生菜上的防病促生和植物源药剂防治蚜虫的实验。选用生菜品种（北散生 1 号、北散生 2 号、射手）；微生物菌剂 MH71，北京市农林科学院植保所的菌种及技术专利，委托中农绿康（北京）生物技术有限公司生产加工；抗重茬菌剂，购自中农绿康（北京）生物技术有限公司；植物源药剂——藜芦碱和除虫菊素，从农药售卖部门购买。

4. 提高叶菜营养品质关键技术

以快菜为案例，试验处理：亩施 5 千克、10 千克和 20 千克的水溶性有机碳肥处理，进行一个生长周期的试验。从品种营养成分分析，绿快 2 的营养价值高于京研 4，维生素 C 含量是京研的 1.5 倍，纤维素是京研的 1.95 倍，蛋白质含量是京研的 1.4 倍。对于京研 4，使用有机碳肥后，所有指标都有所增加，增加幅度最大的是维生素 C、纤维素和蛋白质（见表 10 – 20、表 10 – 21）。

**表 10 – 20　　对京研快菜品种的营养品质影响**

| 送样号 | 水分 | 维生素 C | 可溶性糖 | 可滴定酸 | 纤维素 | 蛋白质 |
|---|---|---|---|---|---|---|
| | (%) | (mg/100g) | (%) | (%) | (%) | (%) |
| 京研 4ck | 95.63 | 53.5 | 0.48 | 0.15 | 0.49 | 1.26 |
| 京研 – 5 | 95.3 | 61.6 | 0.55 | 0.19 | 0.67 | 1.27 |
| 京研 – 10 | 95.1 | 56.6 | 0.61 | 0.17 | 0.76 | 1.37 |
| 京研 – 20 | 95.4 | 56.6 | 0.41 | 0.16 | 0.62 | 1.33 |

**表 10 – 21　　对绿快营养品质的影响**

| 送样号 | 水分 | 维生素 C | 可溶性糖 | 可滴定酸 | 纤维素 | 蛋白质 |
|---|---|---|---|---|---|---|
| | (%) | (mg/100g) | (%) | (%) | (%) | (%) |
| 绿快 2ck | 93.66 | 78.7 | 0.48 | 0.186 | 0.957 | 1.78 |
| 绿快 – 5 | 94.2 | 80.7 | 0.36 | 0.16 | 0.85 | 1.73 |
| 绿快 – 10 | 93.7 | 72.7 | 0.56 | 0.177 | 0.77 | 1.72 |
| 绿快 – 20 | 93.7 | 82.8 | 0.69 | 0.17 | 1.36 | 1.62 |

### （三）团队研发成果情况

2017年以来，团队奖励共7项，团队专利共39项，其中授权专利26项，已受理的13项，授权13项；团队出版专著共4部；公开发表论文73篇，其中SCI 35篇、EI 6篇；团队成员出版报告共11部；主持参与制定了《无公害蔬菜结球生菜生产技术规程》等标准14项。

团队一贯注重人才建设，针对叶菜加工生产流通环节规范、叶菜保鲜技术等累计培训相关员工及技术骨干120人次以上。指导本科生69名，硕士研究生43名，博士研究生8名，博士后2名，指导大学生校外实习9名。团队成员张玮获“北京市优秀人才”光荣称号，团队成员郭仰东获“2018年度宝钢教育基金优秀教师”光荣称号。

## 三、技术示范推广效益

### （一）技术示范推广经济效益

示范实施单位长子营航食基地加工中心应用项目所提供的叶类蔬菜脱水离心设备、专用切割设备配套加工工艺操作规范，使参与建设的鲜切菜加工基地占地面积112亩，7000平方米的鲜切加工车间，鲜切菜生产线3条，每年能产3万吨。

叶部病害高效减量用药技术、芹菜、生菜根结线虫病科学防控技术、土壤生物质发酵处理技术等新技术成果，可每年亩均减少化学农药使用量35%，减少病害损失70%以上，至少增产3%～5%，按每年亩均农药投入300元、净产值1万元计，亩均节支增收至少200元。使用天敌捕食螨等替代化学农药的技术措施，使化学农药使用量减少30%以上，产量提高10%以上，劳动力投入减少10%左右，三项合计将使平均每年亩增收益300元左右，经济效益显著。

### （二）技术示范推广生态效益

通过示范推广绿色防控措施防治蔬菜病虫害，可大幅度减少农药的使用，避免因使用化学农药对非靶标生物（天敌昆虫等）造成不利影响，对于保护生态环境，促进农业可持续发展意义重大。天敌捕食螨的应用，大幅度减少农药投入，减少产品污染，可建立叶菜生态友好型生产技术体系，有力地促进北京叶菜产业健康可持续发展。弥粉机及弥粉剂的应用，具有降低化学品投入、节约用水的双重功效，有利于农业生态的良性发展。土壤生物熏蒸可100%减少化学熏蒸剂使用；贝莱斯芽孢杆菌可大幅减少叶菜病害防治用药，平均可减少叶类蔬菜病害防治化学农药使用量30%～50%以上。

叶菜工厂化生产周年生产、磷肥减量栽培及周年高效茬口安排，通过紧密排列茬口节约了紧张的土地资源，生产中营养液循环利用，节约了水肥资源，实现了零污染零排放；通过环境调创造适宜环境，降低了病虫害发生概率，减少农药使用量，减少了化学品对土地、水、空气、植物的污染，保证了产品的质量，符合人们对环境生态可持续和食品安全健康的要求，符合国家对现代化农业高产、高效、优质、安全、生态的政策要求。

### （三）技术示范推广社会效益

鲜切叶菜加工工艺操作规范的实施、示范及推广，有助于鲜切菜产品标准的统一，实现降低生产成本、提高产品质量，可以全面提升鲜切蔬菜的生产技术水平和质量安全控制能力；提高北京农产品附加值和重大活动的供应保障能力；为疏解非首都功能、实现京津冀协同发展做出贡献，具有良好的社会效益。

叶类蔬菜化学农药减施增效技术模式，是适用于北京地区叶类蔬菜规模化生产的专项技术，该项目顺利实施后，其技术模式将服务于京津冀地区及华北地区，促进京津冀地区叶类蔬菜生产的健康发展，为京津冀地区叶类蔬菜安全供给提供技术支撑。

通过多渠道向北京市及周边各蔬菜生产基地、个体种植户开展叶类蔬菜病虫害绿色防控措施的示范与培训，累计培训 50 余人次，有效地将叶类蔬菜害虫绿色防控技术向企业和种植户推广使用，促进新技术的大面积应用，从而保障绿色安全蔬菜的周年供应，确保消费者吃到“放心菜”。种植业者的病虫非化学防控意识和防控技术水平得到提高。芹菜等主要叶类蔬菜安全生产水平得到提升。

## 四、团队对产业支撑作用

### （一）创新团队对产业支持模式

1. 高产优质栽培模式新技术示范

（1）盆栽生菜示范。在绿富农合作社盆栽生菜示范共 3 亩，每亩 1400 盆，品种为北生 2 号，主要示范了穴盘育苗、土壤消毒、生物防治技术等。盆、种子、肥料、水电、设备折旧、人工等成本合计 12400 元，销售收入合计 28000 元，亩纯收益 15600 元。产品主要销往顺义区的三家供销益家超市。

（2）菠菜栽培技术示范。品种为飞虎 988，它抗病、速生、高产、晚出苔。播种时间为 8 月中旬，10 月中旬采收。植株密度 15×20 厘米，底肥使用有机肥。采用的技术是节水灌溉、遮阳网、粘虫板和植物源药剂。其平均亩产 800 千克。

（3）菜心栽培技术示范。品种为青春菜心，播种时间为 7 月 10 日，9 月 10 日采收。植株密度 15×20 厘米，底肥使用有机肥。采用的技术是节水灌溉、遮阳网、粘虫板和植物源药剂。其平均亩产 1000 千克。

（4）芹菜栽培技术示范。品种为荷兰的玉皇，它口感好，生长速度快，无筋。播种时间为 2 月，定植时间为 5 月，7 月底采收。株行距 20×20 厘米，底肥使用有机肥 3 立方米/400 平方米，复合肥 20 千克。采用的技术是节水灌溉、遮阳网、粘虫板和植物源药剂。其平均亩产 9000 千克。

（5）结球生菜栽培技术示范。拳王 201 是耐热品种。播种时间为 7 月 20 日，定植时间为 8 月 18 日，10 月 20 日采收。株行距是 25×30 厘米，底肥使用有机肥 4 立方米/亩。采用的技术是节水灌溉、遮阳网、粘虫板和植物源药剂。其平均每株重 700 克，平均亩产

3000 千克。

千胜 205 属耐寒品种。播种时间为 8 月 15 日，定植时间为 9 月 18 日，1 月 3 日采收。株行距 25 × 30 厘米，底肥使用有机肥 5 立方米/亩。采用的技术是节水灌溉、遮阳网、粘虫板和植物源药剂。其平均每株重 700 克，平均亩产 3500 千克。

（6）立体节水栽培模式示范。示范推广蔬菜立体节水栽培 360 亩，单位效益显著。马池口东闸田间学校叶菜生产示范，油菜 + 生菜 + 架豆 + 辣椒 + 莜麦菜 + 芹菜周年轮作、间作节水高效模式。生菜每亩产 890 千克，产值 3560 元；油菜每亩产 1400 千克，产值 5040 元；架豆 400 千克，产值 2400 元；辣椒 6300 千克，产值 26500 元；芹菜 4300 千克，产值 11000 元；合计亩产 47500 元。比传统种植模式经济效益增收 11000 元，生态效益（节水、节肥、少打药）1000 元。累计增收 300 万元，减少投入 30 万元，具有良好的经济效益和生态效益。

2. 叶类蔬菜轻简化示范

（1）轻简化栽培示范。品种为雪韭 791，2 月 13 日播种，每穴 10 ~ 13 粒种子，4 月 15 日定植，底肥有机肥 2 吨，牛粪 2 吨，株行距 25 × 35 厘米。采用技术有机械旋耕、72 孔穴盘育苗（见图 10 – 41）。

**图 10 – 41　轻简化栽培示范**

（2）叶类蔬菜机械推广示范。以“现代化、自动化”的装备提升传统产业，实现“减员、增效、提质、保安全”的目标，促进农业产业升级。建设蔬菜生产机械化示范点，针对园区耕整地、起垄、移栽、废弃物处理等环节，设施内缺乏省力设备、物理增产设备的情况，分别引进多功能遥控轨道车、雾化机、增效雾化剂、废弃物处理设备、耕整地、起垄覆膜、移栽设备、空间电场、割草机、苗盘点播机等先进农业机械设备；在张各庄，蔬菜基地示范使用叶菜起垄机、迷雾机、简易穴盘播种器、手持定植器、蔬菜藤蔓粉碎机等农业机具用于生产，提高了生产效率；引进示范推广新型农业机械，包括小型播种机、气吸式播种机、自动消雾器、温室自动卷帘机、温室自动开膜器、水肥一体化设备、藤蔓菜帮粉碎机、自动起垄机，提高劳动生产力，降低劳动强度，部分设备如图 10－42 所示；配套发展高效设施农业机械化技术，推广设施农业机械换人，减少人工操作，降低人工作业量，减低成本，打造绿色高产高效的农业农机生产模式。

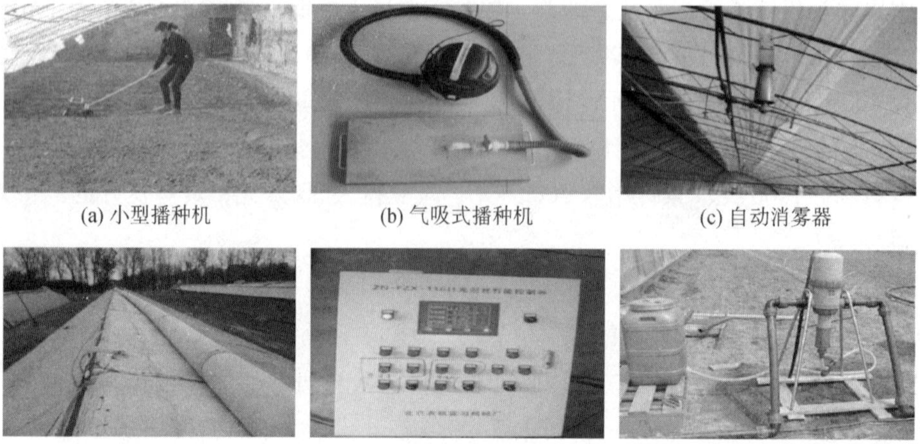

(a) 小型播种机　(b) 气吸式播种机　(c) 自动消雾器

(d) 温室自动卷帘机　(e) 温室自动开膜器　(f) 水肥一体化设备

**图 10－42　叶菜机械设备（a－f）**

快菜、生菜机械：房山区种子管理站在北京慧田蔬菜种植专业合作社安排落实了春季菠菜品种示范试验。试验涉及 3 个优秀菠菜品种，设置 3 次重复，采用温室种植，以腐熟猪粪为底肥、简易农机条播、播种后微喷浇水。推广手持式穴盘播种器（见图 10－43），是人工播种芹菜、生菜速度的 6～8 倍，适合叶菜播种。

**图 10－43　手持式穴盘播种器**

叶菜轻简化运输设备机械：主要功能是实现挂件在温室格构架上的吊挂、行走，执行运输、喷药肥作业（安装喷施的装备），主要部件为导轨、固定栓扣和挂件（见图 10－44）。其结构简单，运行方便，适宜于叶菜生产，相对于地面铺设轨道，不占用地面面积，可以运输蔬菜，肥料地方，在附加喷施装备，还可以进行喷药、喷肥等工作。

**图 10－44　叶菜轻简化运输设备**

自动精播机：永通昌盛园区应用了自动精播机（见图 10－45），精播机属园区自主从山东购置，价格为 8900 元/台。操作时根据种子大小更换模具，较适宜小颗粒种子。可手动调整控制株距（最小密度 2 厘米，行距 4 厘米）及深度。有效提高播种的工作效率，播种一亩地仅不到 10 分钟，目前园区应用良好。

**图 10－45　自动精播机**

### （二）创新团队产业支持案例分析

鲜切菜加工线建设：参与华北地区最大的鲜切菜加工基地建设——北京市裕农优质农产品种植公司大兴区分公司，参与了加工车间生产线及 2340 平方米检测中心的相关设备选型及技术支撑工作，助力最大鲜切菜加工基地的建成。该项目占地面积 112 亩，主要建设 7000 平方米的鲜切加工车间，安装 3 条生产线，预留 1 条生产线，可实现每年 3 万吨的净菜加工，年产值可达 1 亿元。

# 第三节　工作亮点与创新点

## 一、新品种助力叶菜产业稳定可持续发展

“北散生 1 号”为早熟散叶生菜品种。定植到收获 30 天左右。叶片深绿色，有光泽；叶子倒卵形，叶尖圆形，叶基部圆形，叶缘钝齿，叶无缺裂，微皱。植株生长迅速，整齐度高，单株重 300 克左右，质地脆嫩，有色泽，味道好，口感鲜嫩清香，苦中带甜。耐抽薹、抗干烧心和烧边能力强。亩产达 2000 千克以上，较对照增产 10% 以上，净菜率 85% 以上。适宜北方地区春大棚、春夏露地栽培及冷凉地区夏季种植。

“北散生 2 号”为早熟散叶生菜品种。定植到收获 30 天左右。叶片黄绿色，有光泽；叶子倒卵形，叶尖圆形，叶基部楔形，叶缘钝齿，叶无缺裂，微皱。植株生长迅速，整齐度高，单株重 300 克左右，质地脆嫩，有色泽，味道好，口感鲜嫩清香，苦中带甜。耐抽薹、抗干烧心和烧边能力强。亩产达 2000 千克以上，较对照增产 10% 以上，净菜率 85% 以上。适宜区域：适宜北方地区春大棚、春夏露地栽培及冷凉地区夏季种植。

“北生 1 号”为早熟结球生菜品种。定植到收获 50 天左右。叶片深绿色，叶扁圆形，叶尖圆形，叶基部楔形，叶缘不规则锯齿；叶面微皱，有光泽，叶缘略有缺刻，外叶较大，有色泽；叶球圆形，顶部较平，球叶向内弯曲，叶球为合抱。结球稳定整齐，单球重 500 克左右；质地脆嫩，味道好，口感鲜嫩清香，苦中带甜。耐热、耐腐烂，抗干烧心和烧边能力强，亩产达 3000 千克以上，较对照增产 15% 以上，净菜率达 80% 以上。适宜区域：适宜北方地区春大棚、春夏露地栽培及冷凉地区夏季种植。

“北生 2 号”为早熟结球生菜品种。定植到收获 45 天左右。叶片绿色，叶子匙形，叶尖圆形，叶基部楔形，叶缘钝齿，缺刻少，叶面微皱，有光泽，外叶较少；叶球圆形整齐，叶球抱合方式介于合抱至叠包之间。单球重 500 克左右；质地稍绵，品质佳，口感好。耐热、耐腐烂，抗干烧心和烧边能力强。产量表现：亩产达 3000 千克以上，较对照增产 14% 以上，净菜率达 85% 以上。适宜区域：适宜北方地区春大棚、春夏露地栽培及冷凉地区夏季种植。

## 二、探索叶菜工厂化生产模式

进行叶菜工厂化生产种类筛选试验和散叶生菜周年生产示范，得出散叶生菜、快菜、油菜较为适合工厂化栽培；散叶生菜叶菜工厂化周年生产，每平方米产量可达 21.9 千克，

效益可达258.85元/平方米。进行塑料大棚不同叶菜周年高效茬口摸索，进行了4茬生产，得出茬口效益11171.23～16222.85元的组合3个；进行露地结球生菜减施追肥示范，在追肥减少磷肥施用情况下，仍能获得较高产量；进行叶菜高产高效栽培示范，集成示范推广团队新品种北生2号、集约化育苗、机械起垄、机械移栽定植、“减肥”、滴灌、绿色防控等高产高效栽培技术，示范面积为40亩。

## 三、自动化机械装备助力叶菜产业发展

多功能田园管理机（碎土起垄铺膜机）具有自带动力，操作方便，可实现多功能的田园管理机功能特点，适用于大棚内碎土起垄、铺管、覆膜，可解决大棚内东西向叶菜生产起垄、铺管、覆膜一体化作业，设备经过安装调试后，进行了田间试验，起垄宽度为1.2米，起垄高度为15厘米，主要性能指标能满足生产作业的要求。

自走乘坐式蔬菜移栽机（A5－1200八行移栽机）解决密植蔬菜的移栽，本年度引进了一台8行自走乘座式蔬菜移栽机，8月22日在北京永盛园种植中心对该机进行安装及调试，人员操作培训，并进行散叶生菜的移栽试验。试验时株距按农艺要求为20厘米，进行4行移栽。从作业情况看，只要投苗手投苗熟练，不会出现漏栽情况，株距合格率在98%以上。

## 四、有机蔬菜吸汁性害虫防治技术提升叶菜品质

随着时代进步和人民生活水平提高，民众对日常生活中的蔬菜有更加环保、绿色和有机方面的需求。而设施蔬菜上吸汁性害虫（如蓟马、叶螨、粉虱和蚜虫）危害日益严重，成为多种蔬菜生产不能回避的主要害虫。它们以成虫和若虫锉吸多种蔬菜的幼嫩组织汁液，被害的嫩叶、嫩梢变硬卷曲枯萎，植株生长缓慢，节间缩短，严重影响产量和品质。在保护环境和食品安全的角度出发，以追求自然作用的生物防治产品与授粉昆虫相结合技术受到民众的追捧，探索出温室大棚有机蔬菜吸汁性害虫防治技术，本技术针对不同的吸汁性害虫及相应生活习性，应用不同的防控措施，提出了温室大棚有机蔬菜吸汁性害虫防治技术，在北京、河北、辽宁、山东、内蒙古等近2万亩次的示范和推广。

## 五、首批市级现代农业产业园——大兴区航食基地标准化建设

2018年，长子营航食基地现代农业产业园成为首批市级现代农业产业园。为打造高标准、高质量的长子营现代农业产业园航食基地，落实国家“双安双创”工作，叶菜创新团队受长子营镇政府的委托，研究分析国内外相关标准和规范，紧扣航空食品和鲜切蔬果的特点，制定了航食基地生产规范，规范包括基地种植生产规范和鲜切蔬果生产技术规范各1套，分别对种植过程中的条件、环境、投入品管控、种植技术、人员卫生等以及加工过程中的设施设备、加工储运、追溯召回等进行了规定。该规范为推动航食种植基地及加工

基地标准化建设，提高航食基地社会影响力提供有力支撑。

## 六、制定国标《即食鲜切蔬果生产卫生规范》，奠定行业地位

叶菜创新团队承担国家标准《食品安全国家标准即食鲜切果蔬生产卫生规范》的起草与申报工作。经过国内外相关标准和技术资料研究、行业调研情况、数据收集和形成标准草稿、召开研讨会等工作，于2018年9月成功过会，即将颁布实施。该标准的制定实施，为监管部门提供了监管依据，也有利于规范企业生产，促进行业健康、有序发展，提高整体安全控制水平，降低食品安全风险，保障国民健康。

## 七、探索北京蔬菜生产主体的安全生产行为及其影响因素

近年来，随着蔬菜质量安全问题出现以及人民生活水平的提高和消费观念的转变，消费者对蔬菜的质量安全提出了新的要求，蔬菜质量安全出现问题主要是由生产者的不安全生产行为导致的。开展蔬菜安全生产风险识别与评估研究工作，相关研究成果可为监管蔬菜生产者行为提供理论与方法支撑。本研究在分析蔬菜质量安全与生产者行为关系的理论基础之上，构建蔬菜安全生产风险分析框架，基于统计分析与ordered probit模型识别蔬菜安全生产关键风险因子，合理构建蔬菜安全生产风险评估指标体系，基于突变级数法构建蔬菜安全生产风险评估模型，设计并开发了蔬菜安全生产风险评估系统。

# 第四节　产业发展政策建议

## 一、产业发展问题及其技术需求

为进一步提升北京市叶类蔬菜单产、保障农产品的优质安全，需要进一步提升生产技术水平、农民素质、转变生产方式以及改善资产蔬菜流通中存在的优质不优价、品牌缺乏等问题。

北京叶类蔬菜产业发展的需求主要体现以下四个方面：

一是，不同生产环境要求的优质品种（满足周年均衡供应）；

二是，转变生产方式，依靠生产技术提升生态效率（资源利用率）；

三是，转变生产方式，提升劳动生产率（解决劳动密集型、散户为主的问题）；

四是，优质优价，品牌培育（叶菜生产可持续性）。

## 二、产业发展趋势及其亟待解决的技术问题

一是，工厂化生产模式及其关键技术。探索叶类蔬菜工厂化生产模式及其关键技术，提高叶类蔬菜规模化、标准化生产水平，改变生产方式；

二是，轻简化生产技术。通过轻简化生产技术，降低劳动强度，提高叶类蔬菜社会生产效率；

三是，育种繁育技术。研发适应不同生产环境（低温、高温、露天种植、设施种植、工厂化生产等）要求的优质品种，从源头保障蔬菜品质、产量；

四是，“两减一节”技术。降低农药、化肥等农业生产中主要化学投入品的使用，降低农业生产对环境的污染，同时通过节水灌溉等技术提升资源利用效率，降低经济、生态消耗的同时，也能有效保障叶菜的品质；

五是，“互联网+叶类蔬菜”模式创新。从全产业链角度搭建蔬菜产供销桥梁，推进“互联网+叶类蔬菜”产业融合升级，解决蔬菜质量安全与优质优价问题。

## 三、具体建议

一是，新品种种质资源创新与新品种选育。重点开展生菜、菠菜、芹菜、油菜及快菜五种主要叶类蔬菜的种质资源创新与新品种选育示范。

二是，现代化设施叶菜工厂化生产与示范。其包括前期集约化育苗关键技术、叶类蔬菜生长环境信息采集关键技术、生长环境物联网系统关键技术与装备、设施蔬菜精准化管控互联网+平台构建、基于大数据的叶类蔬菜生长精准控制模型设计以及设施蔬菜精准管控技术研发与应用示范。

三是，叶菜轻简化生产与示范。其包括生产环节的日光温室配套环境控制设施装备、采摘环节的设施蔬菜精准采摘机器人、加工环节的加工工艺标准制定、产品品质变化监测以及智能化设施设备的研究与应用示范。

四是，叶类蔬菜“两减一节”关键技术与集成示范。其包括叶菜病虫害预警与诊断关键技术、叶菜生产精准施药关键技术与装备、叶菜生产精准施肥控制技术与装备以及叶菜生产用水精准灌溉控制技术与装备的研究与应用示范。

五是，“互联网+叶类蔬菜”模式及创新机制。其包括北京自产蔬菜流通渠道、电子商务的选择意愿与行为、面向优质优价的北京市自产蔬菜电子商务发展模式及其支持政策研究。

六是，叶类蔬菜技术培训及农民培养。通过田间指导、农民学校、观摩活动等多种形式对农业生产者进行培训、培养，通过提高其自身素质以及生产技术水平，提高其叶类蔬菜生产效益。

七是，按照协调发展、平衡发展和融合发展思路，不断加大生产、生态、生物等环境

友好型技术集成研发、集成创新与推广应用力度，充分激发节肥、节药、减抗等资源利用的内生动力，推动传统技术研发供给向绿色蔬菜技术研发供给转变，提高绿色蔬菜发展技术供给的选择度和质量。

八是，不断加大生产体系、生态种植、生态调控、生物产品、生物技术、产地环境健康、土壤健康、采后加工保鲜、绿色农产品追溯技术、检测技术和区块链技术等环境友好型技术研发力度和集成技术推广应用。培育以企业为主体的社会化服务组织，推进服务的专业化、标准化和高效化。

# 第十一章　北京市食用菌产业发展报告

食用菌具有高蛋白、低脂肪，含人体所需多种氨基酸和微量元素，具有许多食品所无法取代的保健作用，得到联合国粮农组织的认可。在中国人口众多、耕地资源有限、水资源紧缺、农村废弃资源丰富的前提下，发展食用菌生产，有利于克服传统粗放经营对生态环境资源的污染和损害，促进了农村经济的健康持续发展，实现了环境保护与经济发展的双赢。

北京市作为特大型首都城市，土地资源十分紧缺，农业播种面积不断被压缩。而食用菌产业的“三不”特性，即不与人争粮、不与农争时、不与农争地争水，使其在北京农业经济发展中的产业优势越明显。尤其近年来北京食用菌生产品种不断增加，科技含量不断提高，投入原料成本不断降低，生产手段更加环保，组织化程度不断提升，食用菌产业已成为北京市重要的富民项目和“菜篮子”工程的组成部分。

## 第一节　食用菌产业发展现状

### 一、生产现状

#### （一）总体生产情况

1. 食用菌总体种植情况

从2011年以来，北京的食用菌播种面积呈现下降的趋势，2018年种植面积15514.4亩，同比减幅20.2%，2011~2018年食用菌种植面积年平均减幅12.2%，与北京整体蔬菜产业演变趋势基本相同，播种面积萎缩，生产功能逐渐向周边省份转移；另外，受环境综合治理的政策影响，燃煤锅炉不允许使用，部分菇农停止生产。

食用菌上市量变化不大，2011年开始呈上升趋势，2013年达到最高值，为12494.7万千克，然后逐年下降，2018年产量为7082.9万千克，比2017年减少12%，2011~2018

年产量年均减幅5.8%。

上市收入变化趋势与上市量类似，但幅度较大，在2013年达到最高值72120.58万元，然后大致逐年下降，2017年有小幅度增加，2018年再次下降为38008.72万元，比2017年下降了13%（见图11－1）。

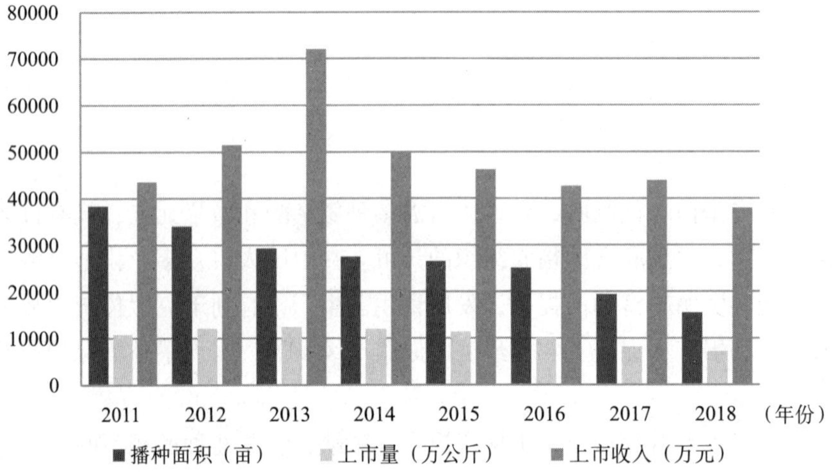


**图11－1　北京市食用菌播种面积、上市量和上市收入**

数据来源：北京市农业农村局。

2. 食用菌主要品种种植情况

（1）主要品种种植面积情况。2018年主要食用菌品种种植面积继续呈减少走势。2018年平菇种植面积为6183.6亩，同比减幅21.8%，较2011年减幅52.7%，平菇种植面积占食用菌总种植面积的39.9%。2018年香菇种植面积为5409.8亩，同比减幅2.3%，较2011年减幅61.7%，香菇种植面积占食用菌总种植面积的34.9%。香菇和平菇主要集中在房山区种植。

从图11－2可以看出，北京市种植食用菌的主要品种是香菇和平菇，占总体的70%左右。近几年，香菇的比例基本平稳，平菇比例有所上升，其他食用菌类比例在上升，以茶树菇、秀珍菇等珍稀品种以及灵芝等药用食用菌品种逐渐增多，形成了以大宗食用菌品种为主，珍稀食用菌品种、药用食用菌、野生食用菌为辅的结构（见图11－2）。

（2）各品种上市量情况。香菇的上市量从2011年的3693.99万千克增加到2013年的4846.3万千克，达到最高值，2014～2018年逐年下降，2018年下降为1486.3万千克，同比减幅14.1%。

平菇的上市量总体呈现下降趋势，2012年达到最高值，为4736.0万千克，2013～2018年逐年下降，2018年为2348.6万千克，同比减幅8.3%。

除了香菇、平菇和双孢菇，其他食用菌的上市量在逐年增加，2017年到最高值为3262.86万千克，2018年有所下降为2614.29万千克。由此可以看出，生产者的种植趋向

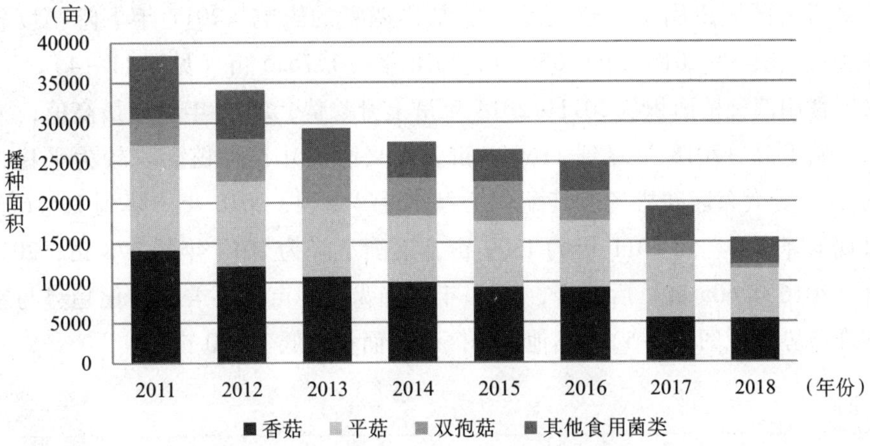


图 11-2　北京市食用菌各品种播种面积变化趋势

数据来源：北京市农业农村局。

于品种多样化（见图 11-3）。

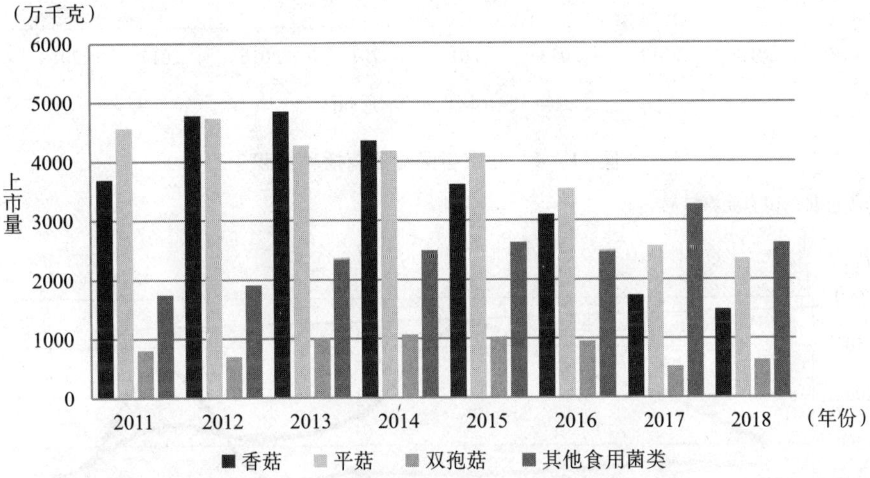


图 11-3　北京市食用菌各品种上市量变化趋势

数据来源：北京市农业农村局。

## （二）食用菌生产区域分布

1. 各区县食用菌种植情况

（1）种植面积情况。在食用菌种植地域分布方面，北京种植已由近郊区向远郊区扩展。房山区和通州区是北京食用菌第一、第二生产地，2016 年之前播种面积基本在 1 万亩以上，其次是顺义区和大兴区。2017 年通州区下降幅度较大，种植面积为 1658 亩。

2018 年食用菌种植面积最大的是房山区，2018 年种植面积为 10509 亩，同比减幅 14.1%。从历史统计来看，2011~2014 年下降幅度较大，从 2011 年的 20809.08 亩降到 2014 年的 10791.8 亩；2014~2017 年有稍许上升。通州区 2011~2016 年种植面积较为平稳，由于受通州区城市副中心建设及产业结构调整的影响，2017 年下降幅度较大，从 2016 年的 9344 亩降为 2017 年的 1658 亩，2018 年为 1576.5 亩（见图 11－4）。

顺义区食用菌种植面积从 2011～2014 年呈上升趋势，2014 年到达最高值，为 2731.6 亩；然后开始下降，2018 年降到 1168.1 亩。大兴区前几年种植面积较为平稳，基本在 1200 亩左右，受大兴区新机场及其配套工程建设等影响，2018 年下降到 704.6 亩；密云区基本呈现下降趋势，从 2011 年的 1309 亩，逐渐下降为 2014 年的 278 亩，2015～2018 年先上升（2016 年 605 亩）后下降，2018 年下降为 422 亩；怀柔区变化趋势与密云区类似，呈下降趋势（见图 11－5）；其他几个区种植面积都低于 100 亩。

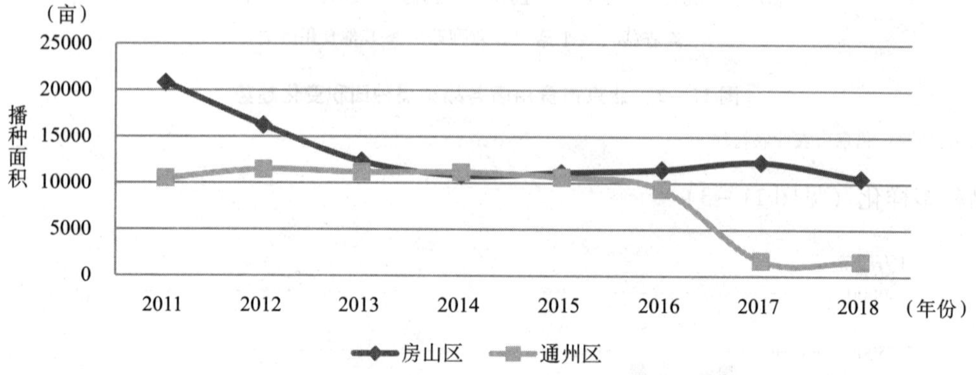


**图 11－4 北京各区食用菌播种面积**

数据来源：北京市农业农村局。

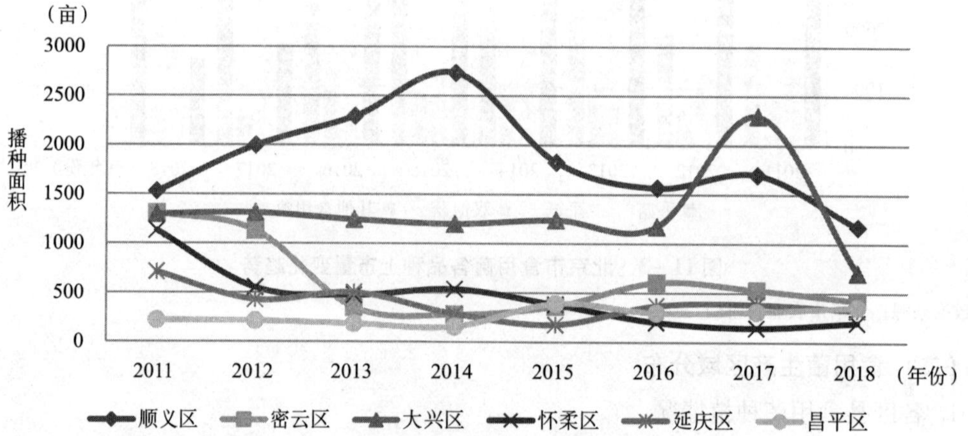


**图 11－5 北京各区食用菌播种面积**

数据来源：北京市农业农村局。

（2）食用菌上市量情况。各区县食用菌上市量的排名基本与种植面积一致。

房山区上市量在全市各区县中最高，2011～2016 年上市量基本在 5000 万千克以上，2017 年急剧下降，为 2700 万千克，2018 年上升为 3058.6 万千克。

通州区上市量居第二，2011～2013 年成增长趋势，以后各年基本在 2500 万千克左右，2018 年降为 1646.94 万千克。顺义区居第三（见图 11－6）。

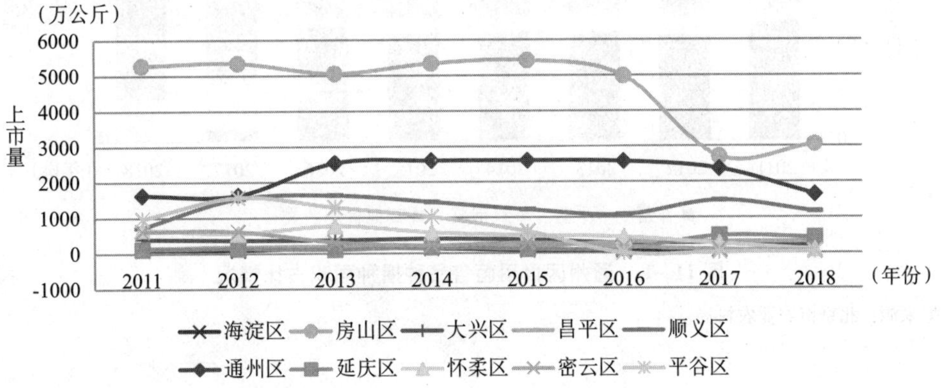


**图 11－6 北京各区食用菌上市量**

数据来源：北京市农业农村局。

2. 主要种植区食用菌各品种种植情况

房山区食用菌的主要种植品种是平菇，近 7 年来播种面积基本占房山区食用菌播种面积的 50% 左右（见图 11－7）；香菇的比重也在不断增加，2018 年比重为 40%。而通州区在 2016 年前食用菌的主要品种是香菇，品种面积所占比重基本在 45% 左右，2017 年由于通州区整体食用菌种植下降，香菇种植面积也急剧下降，主要发展其他食用菌（见图 11－8）。

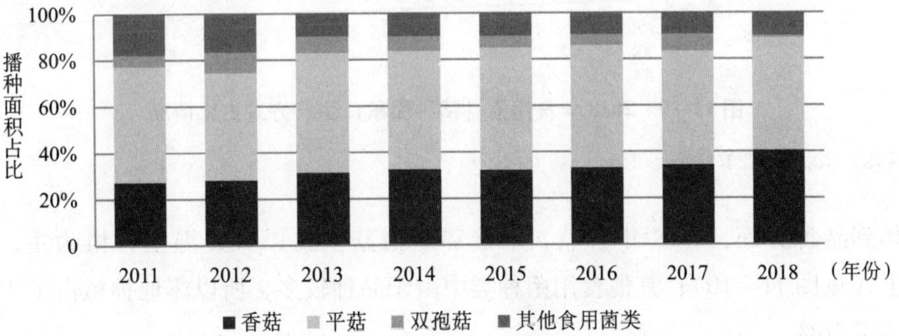


**图 11－7 房山区食用菌各品种播种面积占比情况**

数据来源：北京市农业农村局。

## （三）食用菌生产方式

总体而言，北京食用菌种植主要以设施栽培为主（见图 11－9）。2018 年食用菌设施种植面积比例为 91.6%，主要以日光温室种植为主，占比 88.2%。

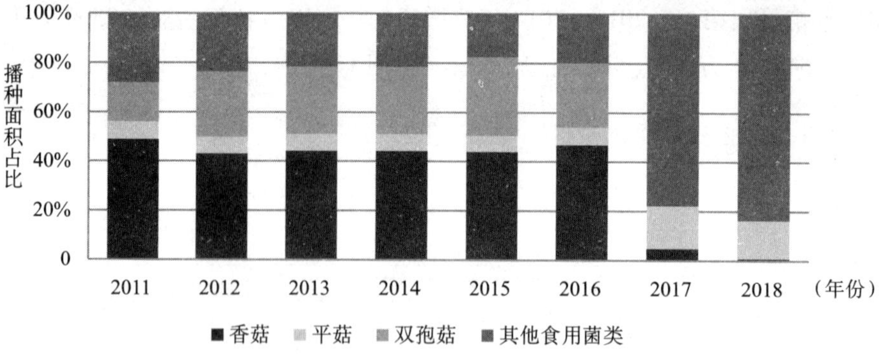


**图 11－8　通州区食用菌各品种播种面积占比情况**

数据来源：北京市农业农村局。

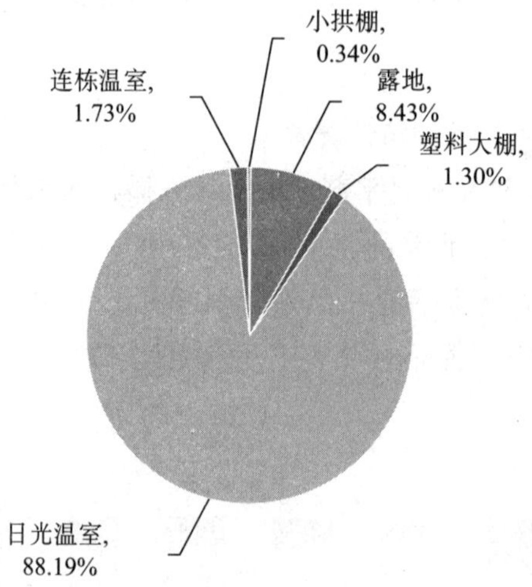


**图 11－9　2018 年食用菌（播种面积）生产方式占比情况**

数据来源：北京市农业农村局。

具体到品种方面，2018 年香菇、平菇和双孢菇主要以日光温室种植为主，比例为 95% 以上（见图 11－10）；其他食用菌种类中由于品种较多，所以露地种植占了 35%，日光温室占了 56%。

## 二、加工流通现状

### （一）加工情况

从 2018 年的调研情况来看，北京市食用菌整体加工水平一般。延庆区对 1 万千克的猴头菇和 3000 千克的黑木耳进行了简单加工。

目前，国内食用菌产业仍然停留在"种食用菌，卖食用菌"的初级形态，食用菌加工

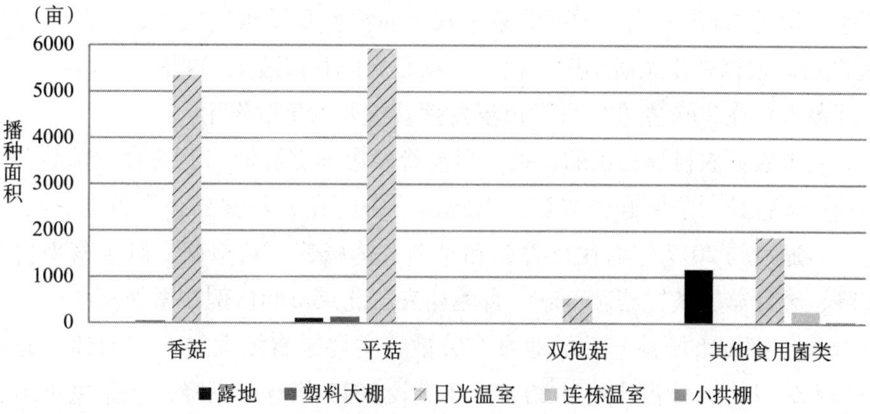


**图 11－10　2018 年食用菌各品种（播种面积）生产方式情况**

数据来源：北京市农业农村局。

还处于起步快速发展的阶段①。食用菌鲜品还是目前国内最主要的流通形式，干品、腌制品和罐头是我国食用菌在国际市场上的主要商品形式。

国内外市场上已推出的食用菌加工产品主要可以分成两大类：一类是以菌丝体为基料，利用深层发酵技术提取和开发的系列功能保健和风味调味产品。在日本、韩国或中国台湾等地区，食用菌企业利用培养出的香菇菌丝体提取香菇鲜味成分，其中含有 14 种氨基酸，可作为调味品或食品添加剂使用。同时，还可以菌丝体为原料制备各种保健饮料，充分利用发酵液中丰富的胞外酶、多糖、多肽和维生素等功能成分。另一类是以子实体为原料，利用现代食品加工技术，研制的罐头、脆片、杂粮粉、果脯、复合饮料等产品。

目前应用广泛的几类加工技术，其中食用菌主粮产品加工是常见的形式。主要是采用超微粉碎技术、面团质构改良技术和四段式干燥工艺，研发了毛木耳挂面产品，并革新产业化加工技术。采用低温真空油炸工艺开发的低含油率香菇脆片产品，通过对食用菌原料进行脱水干燥处理，使产品含油率降低到 25% 以下，避免了蘑菇皱缩变形。利用热风或真空冷冻联合微波干燥工艺，开发了系列低能耗、高营养的非油炸食用菌脆片。国内的一些科研人员以双孢菇为原料，利用复合酶解技术，研制了蘑菇盐和蘑菇精两种食用菌调味产品。国内科研团队开发出食用菌副产物多糖和蛋白的综合利用技术，利用这些技术研制的金针菇菌根活性多糖和杏鲍菇菌根免疫蛋白这两种功能产品，为下游饲料、保健食品和制药产业提供了优质的生产原料。

随着社会进步和经济发展，食用菌加工产品市场潜力巨大、前景诱人，以功能性食品、即食食品为代表的食用菌深加工是未来食用菌产业的长期发展趋势。

### （二）流通情况

食用菌在我市蔬菜产业中占有一定的比重，根据相关数据监测，北京市食用菌产量占

---

① “科技促食用菌加工异军突起” http：//www. emushroom. net/news/201810/17/29890. html，2018 年 10 月 17 日。

到全市蔬菜产量的3.6%左右。同时北京市农产品消费量需求比较大，全年蔬菜需求量在1200万吨左右。根据初步调研了解，批发市场是当前我市蔬菜主要的流通渠道，经批发市场流通的蔬菜占比在70%左右，批发市场发挥着重要的集散作用。

根据北京市农业农村局提供的数据，目前批发市场交易量较大的食用菌品种主要以鲜香菇、平菇、金针菇、茶树菇、草菇、鸡腿菇、杏鲍菇、双孢菇、海鲜菇、滑子菇等10个品种为主。通过与2017年对比，香菇和平菇、鸡腿菇、双孢菇、滑子菇来自北京市的比例在下降；金针菇、茶树菇、草菇、杏鲍菇来自北京市的比例在增加。

2018年北京批发市场香菇主供地有所分散，主要来自河北、北京两地，分别占比为57.54%和24.99%，合计占比超过80%，比例较2017年有所下降；平菇主供地也有所分散，也是主要来自北京市和河北，分别占比46.24%和37.98%，合计超过80%，较2017年有所下降，尤其是来自北京本市的比例大幅下降，比例下降了12%；金针菇来源地变化较大，主供地进一步集中，主要来自北京、河北和山东，供应比例都在30%以上，三省合计为95%，河北的比例从2017年的14.88%增长到31.69%，广东的比例从26.48%降到0.02%；茶树菇主供地变化不大，但是主供地的比例变化较为明显，来自福建的比例仍然是最大的，占比接近50%，来自北京的比例大幅增加为26.64%；草菇供应集中度较高，北京市代替了江苏省，占比接近60%，其次是河北（23.02%）；鸡腿菇主供地变化不大，主要来自山东、河北和北京，合计90%左右，山东比例在增加（21.46%增加到48.71%），河北和北京比例在下降；双孢菇主供地发生变化，从北京、山东变成河北、山东，分别占比为63.76%和22.27%，合计超过86%，北京的比例从22.25%下降到8.78%；杏鲍菇来源地进一步向京津冀集中，主要以北京和河北为主，各占比均超过30%；海鲜菇主供地变化不大，主要来自福建和北京，分别占比48.76%和32.34%；滑子菇供应以辽宁和内蒙古为主，分别占比36.87%和28.3%，合计超过65%。

## 三、市场消费现状

本篇中食用菌价格是指鲜香菇、金针菇、平菇、草菇、茶树菇、鸡腿菇、杏鲍菇7个主要食用菌品种的加权平均价格。基于2002~2018年食用菌价格的年度走势来看（见图11-11），食用菌年度价格呈现波动上行的走势，长期趋势仍处于上行周期。自2017年以来食用菌价格连续两年上涨，2018年食用菌平均价格为9.24元/千克，同比升幅为15.5%，绝对价格处于历史以来的最高水平。

通过分析2018年各月的食用菌价格（见图11-12），可以发现价格高位期基本出现在七八月份，价格低位期大多出现在冬春季，即食用菌的价格与气温呈同向变化，这与食用菌生产供应的季节性是一致的，低温环境下食用菌生产供应量较大。2018年8月食用菌平均价格最高为11.6元/千克，2018年12月平均价格最低为8.15元/千克，最高价与最低价幅度为42.3%。

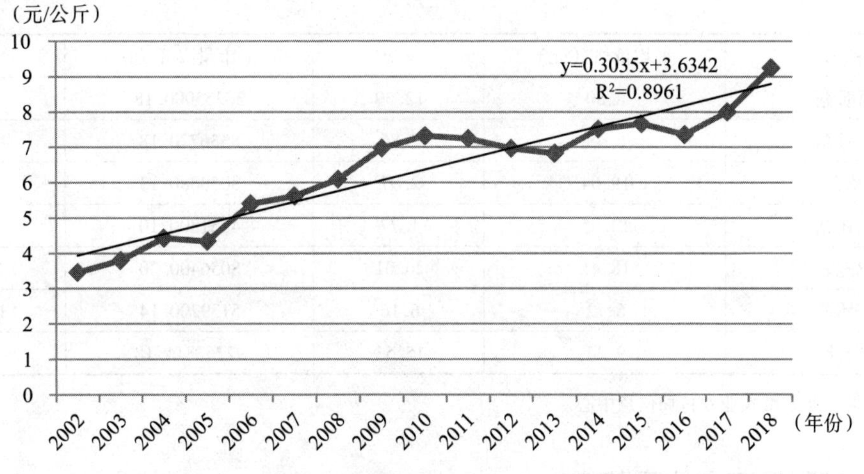


**图 11－11　2002～2018 年北京市批发市场食用菌价格走势**

数据来源：北京市农业局信息中心。

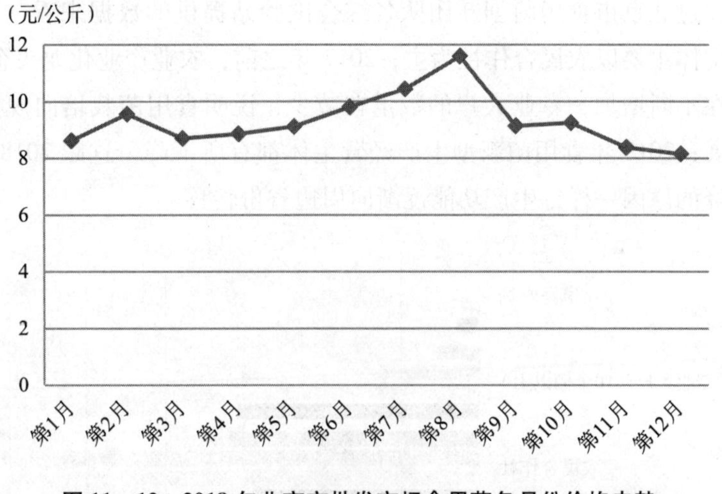


**图 11－12　2018 年北京市批发市场食用菌各月份价格走势**

数据来源：北京市农业局信息中心。

2018 年食用菌价格普涨，而市场上市量水平出现较为明显的下降，这是今年食用菌市场最为显著的特征，其中最为突出的是传统种植模式的菌类上市量减幅较为明显，例如传统的平菇、香菇、金针菇等供应量大幅下降，而价格出现了较大幅度的上升。从单品种来看（见表 11－1），平菇、香菇和金针菇上市量同比降幅分别为 17.59%、16.64% 和 17.62%，而价格同比升幅分别达到 14.0%、12.4% 和 2.9%。

**表 11－1　　2018 年主要食用菌品种价格和上市量情况**

| 品种名称 | 平均价格（元） | ±% | 上市量（千克） | ±% |
|---|---|---|---|---|
| 平菇 | 7.16 | 14.01 | 32573760.25 | -17.59 |

续表

| 品种名称 | 平均价格（元） | ±% | 上市量（千克） | ±% |
|---|---|---|---|---|
| 鲜香菇 | 8.80 | 12.39 | 30255000.18 | -16.64 |
| 金针菇 | 6.48 | 2.86 | 8336770.18 | -17.62 |
| 草菇 | 19.04 | 2.97 | 3050880.13 | 9.41 |
| 茶树菇 | 12.05 | 1.77 | 4851800.10 | 7.49 |
| 鸡腿菇 | 18.41 | 26.01 | 8056400.20 | 2.50 |
| 杏鲍菇 | 6.72 | 6.16 | 5139200.14 | 16.59 |
| 合计 | 9.24 | 15.53 | 92263811.18 | -12.56 |

数据来源：北京市农业农村局信息中心。

## 四、新型经营主体现状

食用菌生产新型经营主体主要有农业产业化龙头企业、农民专业合作社、专业大户和家庭农场等，通过北京市食用菌创新团队各综合试验站提供的数据来看（见图11-13），新型生产经营主体主要以农民合作社为主，2017年之前，农业产业化龙头企业、农民专业合作社的数量在不断增加，专业大户的数量在减少，说明食用菌栽培向规模化、标准化、协作化方向发展；2018年食用菌新型生产经营主体都有所下降，这跟2018年北京市食用菌种植面积下降的原因一样，生产功能逐渐向周边省份转移。

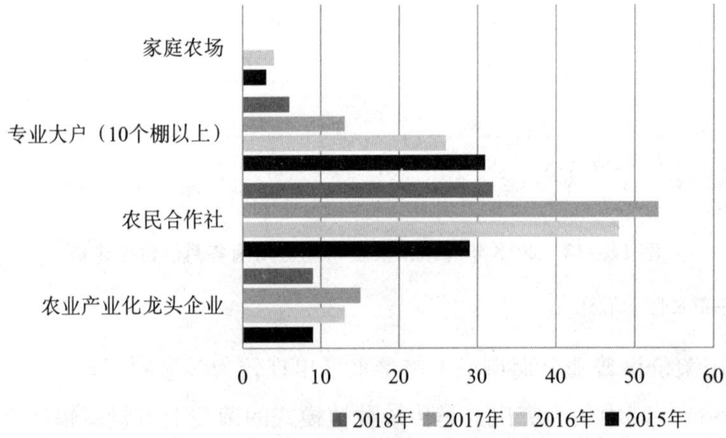


**图11-13　北京市食用菌新型经营主体2015~2018年发展情况**

数据来源：北京市食用菌创新团队。

根据创新团队的调研，2018年北京市食用菌生产经营主体中，农业生产企业的从业人员的平均年龄为42岁左右，平均受教育程度是初中及以上；农民专业合作社从业人员的平均年龄为51岁左右，平均受教育程度是初中；专业大户（10个棚以上）从业人员的平均年龄为49岁左右，平均受教育程度是初中；散户从业人员的平均年龄为53岁左右，平均受教育程度是初中。可以看出，在农业生产企业中，从业人员的文化程度比其他经营主体的高，年龄普遍较年轻。

在经营主体运行模式中，农业生产企业都是生产与销售并存。在农民专业合作社中近90%都是生产与销售并存，其余只是生产；在专业大户中，83%仅为生产；散户全部都是生产食用菌，对销售环节参与度较低。

## 五、成本收益及其产业支持政策实施效果

在当前我市农业产业结构调整的关键时期，了解和研究食用菌的比较效益情况，将为今后食用菌产业的发展提供方向性的参考。基于行业历史监测数据，从两个角度开展了食用菌比较效益的研究。

### （一）从食用菌与其他蔬菜品种的比较效益分析角度

作为北京蔬菜产业的重要组成部分，北京食用菌产业在成本效益、环境友好，产业延伸性等方面具备较强的优势，符合北京都市型现代农业发展的要求。

从播种面积来看（见表11－2），食用菌在所有蔬菜品种中的占地面积最小，符合当前北京土地资源紧缺的形势。而在上市量方面（见表11－3），食用菌的上市量总体比较稳定，2018年上市量在7000万千克左右，超过了菜用豆类与其他蔬菜，充分体现了食用菌生产占地面积少，空间利用率高的优势。

**表11－2　2011～2018年北京蔬菜及食用菌播种面积**　单位：万亩

| 年份 | 叶菜类 | 茄果类 | 瓜类 | 根、茎类 | 葱蒜类 | 菜用豆类 | 水生蔬菜类 | 食用菌类 | 其他蔬菜类 | 合计 |
|---|---|---|---|---|---|---|---|---|---|---|
| 2011 | 50.87 | 16.11 | 9.97 | 6.38 | 4.88 | 4.82 | 3.47 | 3.84 | 5.17 | 105.50 |
| 2012 | 47.36 | 15.99 | 9.39 | 6.01 | 4.40 | 4.93 | 3.41 | 3.41 | 4.09 | 99.00 |
| 2013 | 45.45 | 14.57 | 8.56 | 5.61 | 4.23 | 4.39 | 1.79 | 2.93 | 4.12 | 91.66 |
| 2014 | 44.00 | 14.39 | 8.62 | 5.58 | 4.08 | 4.10 | 0.67 | 2.75 | 3.57 | 87.77 |
| 2015 | 41.14 | 13.81 | 8.31 | 5.57 | 3.96 | 4.05 | 0.49 | 2.65 | 3.65 | 83.64 |
| 2016 | 39.39 | 13.11 | 7.90 | 4.87 | 3.94 | 3.50 | 0.25 | 2.51 | 3.28 | 78.76 |
| 2017 | 34.87 | 8.12 | 5.76 | 3.46 | 2.97 | 2.59 | 0.27 | 1.94 | 3.22 | 63.21 |
| 2018 | 31.79 | 6.49 | 4.38 | 2.18 | 2.14 | 2.19 | 0.05 | 1.55 | 2.86 | 53.63 |

数据来源：北京市农业农村局。

**表11－3　2011～2018年北京蔬菜及食用菌上市量**　单位：亿千克

| 年份 | 叶菜类 | 茄果类 | 瓜类 | 根、茎类 | 葱蒜类 | 菜用豆类 | 水生蔬菜类 | 食用菌类 | 其他蔬菜类 | 合计 |
|---|---|---|---|---|---|---|---|---|---|---|
| 2011 | 15.58 | 6.99 | 3.97 | 2.45 | 1.43 | 0.93 | 0.17 | 1.08 | 1.15 | 33.75 |
| 2012 | 15.83 | 6.85 | 3.86 | 2.18 | 1.43 | 0.88 | 0.44 | 1.21 | 1.08 | 33.77 |

续表

| 年份 | 叶菜类 | 茄果类 | 瓜类 | 根、茎类 | 葱蒜类 | 菜用豆类 | 水生蔬菜类 | 食用菌类 | 其他蔬菜类 | 合计 |
|---|---|---|---|---|---|---|---|---|---|---|
| 2013 | 15. 58 | 6. 67 | 3. 64 | 1. 97 | 1. 44 | 1. 27 | 0. 17 | 1. 25 | 1. 03 | 33. 02 |
| 2014 | 13. 9 | 6. 3 | 3. 68 | 1. 92 | 1. 29 | 1. 06 | 0. 07 | 1. 21 | 0. 97 | 30. 4 |
| 2015 | 12. 84 | 6. 08 | 3. 58 | 1. 92 | 1. 35 | 1. 04 | 0. 05 | 1. 14 | 1. 02 | 29. 02 |
| 2016 | 13. 33 | 3. 30 | 1. 90 | 5. 44 | 1. 31 | 0. 86 | 0. 04 | 1. 00 | 0. 87 | 28. 06 |
| 2017 | 11. 27 | 4. 29 | 2. 46 | 1. 22 | 1. 07 | 0. 55 | 0. 11 | 0. 81 | 1. 07 | 22. 86 |
| 2018 | 9. 89 | 3. 87 | 2. 13 | 0. 75 | 0. 84 | 0. 55 | 0. 15 | 0. 71 | 0. 97 | 19. 72 |

数据来源：北京市农业农村局。

基于《全国农产品成本收益资料汇编》与对北京食用菌的实际调研数据，比较北京市蔬菜及食用菌成本利润率①（见表11－4）。结果发现：食用菌的成本收益率较高，平菇、香菇、茶树菇成本收益率分别为60.8%、60.0%、35.4%，在主要设施蔬菜中，平菇和香菇的成本利润率是最高的。由此可见，食用菌产业整体获利效果较好。

**表11－4　　2017年北京各类蔬菜成本收益率比较**　　单位：%

| 蔬菜及食用菌品种 | 成本收益率 |
|---|---|
| 露地茄子 | 107. 24 |
| 露地大白菜 | 102. 42 |
| 平菇 | 60. 83 |
| 香菇 | 60. 00 |
| 设施黄瓜 | 48. 96 |
| 设施西红柿 | 48. 58 |
| 茶树菇 | 35. 38 |
| 露地西红柿 | 34. 54 |
| 设施茄子 | 27. 79 |
| 设施菜椒 | 24. 78 |
| 露地菜花 | 20. 04 |
| 露地菜椒 | 7. 3 |
| 露地黄瓜 | 6. 86 |

数据来源：根据全国农产品成本收益资料汇编、课题组调研数据整理得到。

## （二）从空间的角度对比研究了不同生产区的比较效益

比较优势理论对于了解某一产业生产的地域分工以及生产结构调整具有重要的理论意义。选择食用菌的播种面积和总产量作为评价北京市各区域食用菌产业比较优势的指标，

① 成本利润率＝利润÷成本×100%。

分别利用效率优势指数（EAI）、规模优势指数（SAI）、综合比较优势指数（AAI）进行了测算，并初步形成了一些结论。

1. 效率优势指数（Efficient Advantage Index，简称 EAI）

EAI 体现了物质投入、自然禀赋和科技水平等综合因素在形成比较优势中的作用，考察了某种农作物单产与该区所有农作物单产的相对水平及与全市平均水平的关系。通过测定某种作物的土地产出率与该地区所有该类作物平均土地产出率的相对水平和全市这一比率的对比关系，即效率比较优势指数，可以考察该地区该种作物的生产效率的相对优势。

$$EAI_{ij} = \frac{Y_{ij}/Y_i}{Y_J/Y} \quad (1)$$

其中，j 代表食用菌，$EAI_{ij}$ 为 i 地区食用菌的效率比较优势指数；$Y_{ij}$ 为 i 地区食用菌的单产；$Y_i$ 为 i 地区全部作物的平均单产；$Y_J$ 为北京市食用菌的平均单产；Y 为北京市全部作物的平均单产。如果 $EAI_{ij}>1$，表明与北京市水平相比，i 地区食用菌生产具有效率比较优势，且 $EAI_{ij}$ 比值越大，说明 i 地区食用菌的生产效率水平越高。$EAI_{ij}<1$ 则相反。

基于比较优势理论，利用 2011 ~ 2015 年北京各区食用菌单产水平，测算各区食用菌效率比较优势，如表 11 - 5 所示。通过区域间横向比较，2015 年密云区（2. 86）、平谷区（2. 32）、顺义区（2. 32）、房山区（2. 04）效率比较优势指数均大于 1，这些地区具有效率比较优势，尤其密云区具有较强的效率比较优势；大兴区（0. 84）、通州区（0. 60）两地效率比较优势指数均小于 1，说明在这两个地方生产食用菌不具备效率比较优势。通过年际间纵向比较，各区 2011 ~ 2015 年效率比较优势指数均有不同程度的提升，尤其是密云区和房山区两区，提升速度最快，说明各区的食用菌生产水平不断提高，科技进步带来的单产水平提升速度超过北京地区其他农作物。

**表 11 - 5　　2011 ~ 2015 年北京各区食用菌效率比较优势指数**

| 年份 | 房山区 | 大兴区 | 顺义区 | 通州区 | 怀柔区 | 密云区 | 平谷区 |
|---|---|---|---|---|---|---|---|
| 2011 | 1. 10 | 0. 73 | 1. 54 | 0. 42 | 2. 80 | 1. 41 | 2. 30 |
| 2012 | 1. 39 | 0. 61 | 2. 23 | 0. 33 | 4. 32 | 1. 47 | 3. 32 |
| 2013 | 1. 53 | 0. 62 | 1. 95 | 0. 46 | 6. 99 | 2. 55 | 2. 56 |
| 2014 | 1. 86 | 0. 81 | 1. 47 | 0. 47 | 6. 65 | 2. 51 | 17. 80 |
| 2015 | 2. 04 | 0. 84 | 2. 32 | 0. 60 | 7. 88 | 2. 86 | 2. 32 |

注：怀柔区 2015 ~ 2016 年播种面积降低速度过快，相对的单产提升速度快，导致比较优势指数增加幅度大；平谷区 2014 ~ 2015 年播种面积和上市量波动异常。

2. 规模优势指数（Scale Advantage Index，简称 SAI）

SAI 体现了某一地区某种作物的集中化程度与生产规模，考察了该种农作物播种作物占该区所有农作物总播种面积比例与全市平均水平的关系，是测度某地区某种农产品的规模优势的指标，规模优势大说明该地区有较高的生产专业化程度和较好的市场需求，如果在一定时期内能够保持较大的、不断增长的规模，说明该地区在该种产品的生产上有一定优势。

$$SAI_{ij} = \frac{S_{ij}/S_j}{S_J/S} \tag{2}$$

其中，j 代表食用菌，$SAI_{ij}$为 i 地区食用菌的规模比较优势指数；$S_{ij}$为 i 地区食用菌播种面积；$S_j$为 i 地区全部作物的播种面积；$S_J$ 为同期北京市食用菌的播种面积；S 为北京市全部作物的播种面积。如果 $SAI_{ij}$ 比值 >1，表明 i 地区食用菌生产具有规模比较优势，且 $SAI_{ij}$ 比值越大，说明 i 地区食用菌生产的规模化、专业化程度越高。$SAI_{ij}$ <1 则相反。

基于比较优势理论，利用 2011 ~2015 年北京各区食用菌播种面积数据，测算各区食用菌规模比较优势。如表 11 -6 所示，通过区域间横向比较，2015 年房山区（6.76）、通州区（5.26）两地规模比较优势指数大于 1，且数值较高，说明两地规模比较优势十分显著，尤其房山区具有较强的规模比较优势；顺义区（0.72）、怀柔区（0.47）、大兴区（0.36）、平谷区（0.34）、密云区（0.24）、怀柔区（0.47）规模比较优势指数均小于 1，说明在该区生产食用菌不具备规模比较优势。通过年际间纵向比较，各区 2011 ~2015 年规模比较优势指数均有不同程度的波动提升，尤其是房山区提升速度最快，说明在全市农作物播种面积一再被减压减少的情况下，食用菌“占地少”的优势愈发凸显。

**表 11 -6　　2011 ~2015 年北京各区食用菌规模比较优势指数**

| 年份 | 房山区 | 大兴区 | 顺义区 | 通州区 | 怀柔区 | 密云区 | 平谷区 |
|---|---|---|---|---|---|---|---|
| 2011 | 2.79 | 0.09 | 0.13 | 0.93 | 0.43 | 0.23 | 0.15 |
| 2012 | 2.89 | 0.13 | 0.23 | 1.53 | 0.28 | 0.26 | 0.20 |
| 2013 | 4.00 | 0.19 | 0.44 | 2.63 | 0.35 | 0.13 | 0.32 |
| 2014 | 5.26 | 0.27 | 0.85 | 4.32 | 0.55 | 0.15 | 0.05 |
| 2015 | 6.76 | 0.36 | 0.72 | 5.26 | 0.47 | 0.24 | 0.34 |

注：平谷区 2014 年播种面积波动异常。

3. 综合比较优势指数（Aggregated Advantage Index，简称 AAI）

对于一个地区的农作物而言，规模优势和效率优势缺一不可，而规模比较优势指数和效率比较优势指数只能反映单方面的信息，因此用规模优势指数和效率优势指数的几何平均数，即综合优势指数来更为全面地反映一个地区某种作物生产的比较优势。

$$AAI_{ij} = \sqrt[2]{SAI_{ij} \cdot EAI_{ij}} \tag{3}$$

其中，j 代表食用菌，$AAI_{ij}$为 i 地区食用菌的综合比较优势指数；$SAI_{ij}$为 i 地区食用菌的规模比较优势；$EAI_{ij}$为 i 地区食用菌的效率比较优势指数。如果 $AAI_{ij}$ >1，表明与北京市水平相比，i 地区食用菌生产具有综合比较优势，且 $AAI_{ij}$ 比值越大，说明 i 地区食用菌生产的综合比较优势越明显。

利用 2011 ~2015 年北京市各区食用菌规模比较优势和效率比较优势，测算各区食用菌综合比较优势，如表 11 -7 所示。通过区域间横向比较，2015 年房山区（2.97）、怀柔区（2.89）、通州区（2.42）、密云区（1.76）、顺义区（1.74）、平谷区（1.63）、大兴区（1.09）综合比较优势指数大于 1，各区综合比较优势显著，尤其房山区具有较强的综合比较优势；所有地区综合比较优势均大于 1，说明与其他农作物相比，北京市食用菌产业存在明显的优势。通过年际间纵向比较发现，通州区和房山区的食用菌产业综合比较优势的提升速度最快，进一步验证了房山区和通州区在食用菌产业发展方面的绝对优势。

**表 11 -7　　2011 ~2015 年北京各区食用菌综合比较优势指数**

| 年份 | 房山区 | 大兴区 | 顺义区 | 通州区 | 怀柔区 | 密云区 | 平谷区 |
|---|---|---|---|---|---|---|---|
| 2011 | 1.97 | 0.91 | 1.29 | 1.16 | 1.80 | 1.28 | 1.57 |
| 2012 | 2.07 | 0.86 | 1.57 | 1.36 | 2.14 | 1.32 | 1.88 |
| 2013 | 2.35 | 0.90 | 1.54 | 1.76 | 2.71 | 1.64 | 1.70 |
| 2014 | 2.67 | 1.04 | 1.52 | 2.19 | 2.68 | 1.63 | 4.23 |
| 2015 | 2.97 | 1.09 | 1.74 | 2.42 | 2.89 | 1.76 | 1.63 |

注：平谷区 2014 年播种面积数值异常导致综合比较优势指数异常。

综上所述，与其他农作物相比，北京市食用菌产业具有明显的综合比较优势，其中房山区和通州区食用菌产业的综合比较优势最强。在效率比较优势方面，通州区和大兴区处于劣势，不具备效率比较优势，说明这两个区域的食用菌生产能力不强，生产水平较低，需要提升其生产技术水平。在规模比较优势方面，房山区和通州区具有明显的规模优势，也进一步验证了上文得出的“产业集中度逐渐提高”。

## 第二节　产业发展中创新团队的技术支撑作用

### 一、团队基本情况

#### （一）创新团队功能定位及其建设任务

本团队遵循创新、协调、绿色、开放、共享的发展理念，以实现农业现代化和推进产业结构升级提供科技支撑为目标，加强团队作风建设和制度完善，创新育种方法、加大新品种选育、驯化速度；开展配套技术研究创新、加大示范推广力度；改进技术服务模式，促进产业发展方式转变和产业技术体系完善，协同京津冀，推动产业升级发展，为走出一条产出高效、产品安全、资源节约和环境友好的现代化食用菌产业道路提供有力支撑。

### （二）创新团队组成架构

2018 年，食用菌创新团队聘任首席专家 1 名、岗位专家 9 名、综合试验站站长 5 名、田间学校工作站站长 16 名，设功能研究室 3 个。其中，正高级职称 5 名，副高职称 10 名，中级及以下 16 名。食用菌创新团队有效整合了中央科研、市级科研、市级推广、区级推广等农业科技资源。

### （三）创新团队作用与交流机制

1. 完善的外部评估制度

通过外部评估制度，可以判断各项工作的针对性、实用性和科学性是否达到预期效果。邀请相关领导、专家对食用菌团队的各项工作进行监督、检查、指导，完善项目管理制度。

2. 严格的内部督导体制

为了解食用菌创新团队各岗位专家、综合试验站站长、田间学校工作站站长工作进展和取得的成效以及围绕落实调转节和农业供给侧改革方面的工作思路和下一步工作技术路线，食用菌团队在内部定期组织开展调研督导工作。对食用菌团队成员实行内部督导，并且在督导后进行座谈交流活动。

3. 考核管理制度

严格落实《现代农业产业技术体系北京市创新团队评估管理办法》京农发〔2015〕151 号、《现代农业产业技术体系北京市创新团队建设专项资金管理办法》京财科文〔2014〕1765 号等文件，对团队成员实行既考评过程又考评结果的机制。在每个实施阶段，对实施过程中相关事项进行档案登记打分；在半年或年度结束时，对主要课题任务进行文字总结与汇报，根据主要任务要求完成情况进行考核打分。并且按照有关管理办法规定进行相应惩处。

## 二、技术研发与主推技术

### （一）团队技术研发情况

1. 资源收集与保育

采集种质资源 133 份，包括香菇、平菇等在内的常见菇种育种材料 95 份，分离鉴定珍稀菌种（含羊肚菌、虫草）38 株，并建立了含 12 个品类 27 个品种的野外种质资源驯化与保育区。

2. 优质资源驯化

对采集到的野生双孢菇、不同交配型的中国美味蘑菇、白参菌、野生奥德蘑、珊瑚状猴头菇等均在试验室条件下人工栽培获取了子实体。

3. 珍稀栽培品种筛选

引进羊肚菌栽培品种 18 个，筛选出一个适合北京地区高产菌株 T2；引进药用真菌—

灵芝、桑黄等栽培品种8个，筛选出高产孢量品种1个。

4. 引进小众品种，开展本地适栽技术试验

引进冬荪、银耳、元蘑、金耳4种近年兴起的小众食用菌，开展了北京地区适栽试验，冬荪、银耳、元蘑形成产量，为本地化发展形成初步技术积累。

示范了鲍鱼菇、长根菇、大杯伞、榆黄菇等6个小品种及其配套技术，累计发放菌种2万余千克，在京郊9个区县的20多个示范点进行了制棒及栽培技术示范，示范面积50亩，亩收益相较平菇增加15%~55%以上。

5. 传统品种更新与优化

高温平菇：针对目前夏季平菇生产困难，优质品种匮乏的问题，引进18个平菇品种，进行了比较筛选，通过综合比较不同高温平菇品种的适应发酵料处理方式、子实体外观、产量三方面的指标，最终的筛选出新科101和科佳1号。

高温香菇：共收集9株香菇菌株，包含了国内的主栽品种、野外菌株、国外菌株等。综合代谢活力、产量和商品性等指标，越夏高温香菇品种筛选试验表明，丰-2、高温8号在丰产性和高温期出菇能力方面具有比较优势。

工厂化海鲜菇：共收集10株海鲜菇菌株，包含了国内的主栽品种、国外菌株。综合菌丝活力及发菌、产量和商品性等指标，比较表明3864号具有柄长、菌盖直径较大且产量最高的明显优势，其次为3871号也具相对优势。

6. 促进代料黑木耳产品提质增效

引进黑木耳品种6个，筛选代料黑木耳生产的丰产优质品种916。通过对不同菌棒地摆密度的产量及成本效益方面进行综合评价，结果表明当料柱高度18厘米，菌棒地摆密度为16袋/平方米时，最为经济，投入产出比可达1:1.42。沙棘木耳生产最佳沙棘果渣添加量为10%，菌丝生长速率增加，并且产量提高幅度较大，木耳黄酮含量提高25%。

**（二）团队主推技术情况**

1. 稀有品种栽培技术研发

研发的绣球菌、鹿茸菇栽培基质配方（打破国内外垄断）得到进一步优化，培养周期和生物学效率得到进一步提升；明确了羊肚菌营养袋及土壤的微生物群落变化特征，研究出羊肚菌高产栽培基质配方1个及播种采取混播、高畦栽培的技术1套，初步形成了羊肚菌高产栽培技术规范；完成了白参菌、野生奥德蘑、紫花脸蘑的碳氮源、最适pH筛选，摸清了培养条件参数。

对羊肚菌高产品种、菌种配方、播期、播种模式、整畦方式进行集成，形成羊肚菌栽培技术规范。在昌平区、大兴区、怀柔区、密云区等26个示范点上进行应用，面积52.5亩。日光温室栽培羊肚菌技术实现了鲜羊肚菌在春节前后上市，平均亩产量达191.1千克，亩效益31256元；林地栽培羊肚菌技术的亩产量达到63.9千克，亩效益9642元；组织培训及现场观摩3次，培训154人次，同时技术辐射扩散至天津、河北等外部区域，应

用面积近300亩。

2. 林地香菇高产节水栽培技术

在通州区永乐店基地建立林地香菇高效节水示范基地60亩，比较了林地香菇地栽和立架栽培两种模式，示范前期研发集成的自动开关降温系统、定量注水针、自动开关注水系统以及香菇营养液，可使林地食用菌栽培节约用水达55.23%、增产9.46%。

3. 食用菌菇蚊蝇生物防治应用技术研究

茶树菇菇蚊蝇生物防治示范约20亩，应用Bti粉剂后茶树菇增产16.1%~24.7%，应用生防线虫后茶树菇增产21.6%~33.4%，减少化学药剂使用1~4次。明确了在昆虫病原线虫实际应用时，如确需和螺螨酯及阿维菌素类杀虫剂混用时，至少稀释4000倍以上的技术参数。

4. 优化茶树菇栽培基质配方、刺激出菇方式，提升生物学效率

通过基质配方优化、调整，筛选出效益最高的栽培基质配方1个，能够有效地降低生产成本，缩短出菇周期，提升生产效益，平均亩效益达到65140元，比对照亩增效益29.9%。

通过适宜的刺激出菇方式，可以实现整齐出菇并且缩短生长发育周期30天以上，为工厂化生产提供数据支撑。

5. 菌渣肥料化技术

该技术利用菌渣中氮、磷、钾含量丰富以及有机质含量较高的特点，将其用作底肥替代化肥或用作制备有机肥的原料，在房山区、大兴区、通州区、顺义区、延庆区等推广了5000亩，在叶菜生产中替代化肥，提高叶菜产品的品质和价格，实现叶菜的有机种植，每千克叶菜价格提高2元。

6. 食用菌菌糠无害化处理循环利用

利用菌糠部分替代草炭，优化出菊花育苗和栽培基质配方各1个，其具有以下优势：①质地轻（菌糠比田园土轻约60%），减低劳动强度；②N、P、K含量较高（4%~4.5%）；③成本低。

7. 沼渣栽培平菇的适宜高产配方筛选

为挖掘沼气生产中大量过剩产物沼渣沼液的价值，避免其遗弃堆放对环境造成的二次污染，利用沼渣栽培食用菌，添加10%~20%不影响产量，可有效降低投入成本；在栽培平菇过程中并不会对其安全性造成影响，可以增加平菇子实体中氨基酸、蛋白质、糖分及脂肪酸的含量，提升了产品品质。

8. 平菇发酵料添加氨基酸水溶肥研究

结合平菇“发酵料+短时高温处理”的栽培发酵料中添加不同比例的氨基酸水溶肥，明确随着氨基酸水溶肥添加量的增加，平菇产量增加的趋势，混料施入方法佳于注水方式，初步解决了发酵料栽培工艺存在的养分损耗大及菇质韧性较差的问题，且实现产量和

品质提升（色泽和韧性均能提升）。

9. 平菇套环封口纸筛选研究

以生产中使用的报纸为对照，筛选6种不同厚度的封口纸，经综合评价筛选出$30g/m^2$的封口纸较好，在消除质量安全生产隐患的同时，子实体产量与色泽有明显提升。

**（三）团队研发成果情况**

2018年度，本团队的产品成果同样硕果累累，自行研发新产品2个：菊花栽培基质和香菇自动注水机，引进产品1个：平菇套环封口纸；研发新技术10项；集成技术模式13项，分别是高温期菇棚综合降温技术、平菇层架式栽培模式、平菇发酵料短时高温处理、平菇套环封口快速发菌定向出菇技术、竹签种加套环定向出菇技术、小孔出耳技术、平菇害虫物理隔杀技术、定时定量微喷节水装置、木条菌种制作与应用技术、生物药剂防治菇蚊蝇、林地香菇高效节水栽培技术、林下拱棚栽培模式、西甜瓜菌糠基质育苗技术，惠及种植面积2485亩以上；自主选育新品种4项，分别为平菇4142、平菇4155、卵孢侧耳、双孢菇；筛选新品种20项，包括绣球菌、鹿茸菇、高温8号、秀珍基因2005、白灵菇1433、白灵菇PS167、长根菇、平菇新科101、平菇科佳1号、平菇湖南高温、平菇苏引6号、古茶2号、平菇夏灰1号、平菇西德89、榆黄菇、灰美2号、姬菇1号、羊肚菌六妹、榆黄菇T3、韩芝。申请专利7项、授权专利4项，实物装置产品3项；发表论文16篇，1位岗位专家入选“北京市百千万人才工程”。

## 三、技术示范推广效益

**（一）技术示范推广经济效益**

2018年，本团队积极推进技术和产品（品种）的研发、引进、推广和培训。示范的低温平菇品种，产量为43496.5千克/亩，较全市平均增产91.7%，较上一年度增产11.7%，农民亩增收2000元，效益明显；昆虫病原线虫、Bti粉剂等生物药剂防治菇蚊幼虫的在田间应用效果明显，减少了因虫害带来的损失，在茶树菇上分别增产21.6%～33.4%、16.1%～24.7%。通过推广平菇发酵料短时高温处理技术，亩增收1200元以上，经济效益明显。高温期菇棚综合降温技术，提高了夏季菇的产量、品质，亩增收2000～3000元。

**（二）技术示范推广生态效益**

在考虑农业生产效率提升的同时，还综合考虑了生态效益，积极进行循环利用模式研究，推广循环利用技术，将循环利用技术与农业生产生活技术相结合，开发了菌糠资源化利用的多个方向，应用于菊花、草莓、西甜瓜育苗、栽培，根结线虫防治等环节，为产业的绿色生态发展奠定发展基础，在所推广的农业技术中占比继续提高。在病虫害防治方面，通过研发推广防虫网、杀虫灯、黄板等治理方式，有效地降低了农药等化学品的使用量；昆虫病原线虫、Bti粉剂等生物药剂防治菇蚊幼虫的田间应用效果明显，可减少化学药剂 2～4 次，保障了食品安全，提高了生态效益。而随着良种、新型技术的推广，食用菌质量安全水平显著提升，不仅生产上能够全部达到无公害水平，绿色、有机产品的比例也在逐渐上升。在节水方面，推广适合不同地区不同时期的综合节水技术，累计应用面积 1.5 万亩，累计节水 13.4 万立方米，超额完成了设定的节水目标。

**（三）技术示范推广社会效益**

2018 年，团队共获媒体宣传报道 26 次，其中报纸宣传报道 8 次，电视、电台宣传报道 8 次，网络宣传报道 10 次，有效地宣传了团队的工作成果，提升了团队的知名度。通过本团队的积极宣传推广，团队的新技术新产品对产业的辐射率高达 50% 以上，为农户带来了良好的效益，稳定了产业发展。通过农民田间学校工作站，组织农民活动日，培训食用菌种植户，涌现出了一大批高水平的种植能手，技术水平显著提高，示范和带动周边农户的能力也不断增强，使农民田间学校工作站成为食用菌科技示范的重要支点。团队综合技术示范区成为区域产业集群带动中心，有力推动了当地产业发展。例如，房山区综合展示基地依托北京海龙种植专业合作社，利用本团队技术和品种，在生产方式和优良品种应用上获得了较大进步，种植模式发生较大变化，产量上有了较大提高，并开始向休闲观光农业方向发展；通州区三宝香农业公司在团队的技术支撑下逐步建成集菌棒生产、食用菌栽培、科技成果示范推广及食用菌深加工为一体的食用菌产业园。产品有茶树菇、香菇、平菇、蛹虫草等，每年为北京市场供应优质食用菌 1000 多吨，全年总产值 1000 余万元，并为当地 50 多位农民提供就业岗位。

## 四、团队对产业支撑作用

北京市食用菌创新团队对产业的支持作用大致可概括为三个方面：一是首席专家、岗位专家进行品种、技术研发及技术集成，通过在生产中试验、示范，观摩推广服务于食用菌种植户；二是食用菌种植户在生产中出现的问题通过田间学校及综合试验站反馈至首席办及岗位专家，通过体系专家的研讨、试验解决出现的问题，实现了专家成果的快速转化，生产中的问题及时解决；三是加强与其他创新团队及对外交流，扩大创新团队的影响力。

**（一）品种支持**

在大兴区，团队在产中环节通过提供优良品种，对食用菌产业发挥支撑作用，具体品种有平菇 4142、平菇 4155、平菇灰美；香菇申香 215、香菇 0912、香菇丰 2。同样地，在房山区，团队在产中环节中为食用菌产业发展也提供了优良的品种。

**（二）技术支持**

在大兴区，团队在产中和产后两个环节中为产业发展提供了技术支撑，具体技术为平菇发酵料短时高温处理技术、生物药剂防治菇蚊蝇技术、菌糠基质西甜瓜育苗技术、木条菌种制作与应用技术、平菇害虫物理隔杀技术、短菌龄香菇品种栽培技术；在房山区，房山区石村工作站在产中环节为产业发展提供了实用技术；岗位专家师迎春以病虫情况和防控技术的电视预报发布、实地技术指导服务、物资提供的各种形式进行技术支持，如在通州区大香仪的茶树菇菇蚊蝇试验，通过试验示范基地的效果带动区内其他茶树菇基地农户尝试使用生物防治措施；岗位专家王守现在食用菌新型基质、优良品种、林地节水技术、阳台农业等方面进行示范推广，并引进了耐高温香菇优良品种高温 8 号在北京地区进行区域适应性试验，较对照 L18 增产 12%，获得了基地菇农的好评。

### （三）京津冀协同，扩大创新团队及产业影响力

2018 年 4 月团队联合河北省食用菌创新团队举办了以“飨在优质菌菇，共筑美好生活”为主题的第一届“金菇榜”暨京冀食用菌产品、园区、品牌推介活动。内容包括科普展、产品展、技术论坛与培训、品牌园区推介、产销对接、参观互动、食用菌产品 DIY 等。增进了两个团队的技术交流和协作，也为两地的优质食用菌和生产经营主体搭建了桥梁。“金菇榜”广泛调动了北京市及河北省食用菌技术推广机构、生产企业和园区的参与，在一定程度上促进了行业的交流和互鉴。除活动现场的推介外，活动策划的北京食用菌之生产区县特色受到了新媒体的关注和推广，搜狐等门户网站进行了转载，形成了一定的社会影响力。

2018 年 5 月京冀食用菌团队岗位专家进行对接，共同参加了“第三届京津冀蔬菜食用菌产销对接活动”。团队岗位专家多次赴河北的丰宁、滦平、三河、定州等地进行技术指导和培训授课，并在河北平泉兴春和农业科技公司设立双孢菇了共建示范基地。

### （四）世园会保障支撑

食用菌团队在提供科技支撑工作的同时，2 名岗位专家承担了世园会保障基地食用菌部分的预展工作，在延庆区的 3 个后备基地筛选出了 6 个适用露天景观打造的食用菌品种：有灵芝 2 个、黑木耳 1 个、平菇、黑皮鸡枞和榆黄菇各 1 个，并研发了 3 种食用菌露天景观展示模式。

### （五）低收入帮扶

以“产业帮扶”为核心，结合低收入村资源条件和低收入户意愿因地制宜的植入产业、发展产业，实现从“输血式”扶贫向“造血式”扶贫转变。团队成员先后到怀柔区梁根村、卧龙岗村以及延庆区永宁镇西灰岭村、称沟湾村、南天门村进行低收入村调研并针对当地进行产业发展规划和技术支持。

### （六）对外科技交流与援助

服务国家“一带一路”战略，岗位专家作为对外援助培训讲师，为商务部埃及、埃塞俄比亚、津巴布韦、安巴等“一带一路”沿线国家学员授课 3 次，培训 75 人次。引进来和走出去相结合，先后邀请加拿大麦克马斯特大学徐建平、墨西哥韦拉克鲁斯大学 Carlos 等教授来团队开展学术交流；赴日本鸟取大学进行交流访问，参观、研讨，为后期团队开展食用菌研究开阔了思路。

# 第三节　产业典型案例分析

## 一、产业发展新业态案例

### （一）科普休闲、家庭栽培等新业态得到发展

创新团队开发了适于家庭种植的栽培盒、栽培盆、栽培瓶、栽培筐等简便容器，形成了榆黄菇、双孢菇的家庭栽培技术和家庭园艺产品，并在顺义区、通州区、昌平区、房山区等地的生产园区和科普教育基地进行了试验示范，累计有近 9000 家庭栽培食用菌单品进入消费终端，走入市民生活。

### （二）以传统菇种为主的综合示范集成基地向现代都市型休闲观光农业发展

房山区综合展示基地依托北京海龙种植专业合作社，年产食用菌 150 吨，合作社生产的“海龙山”牌平菇和香菇通过农业部农产品质量安全中心产地认证和产品认证。在团队的协助下，合作社开始转型升级，由传统生产型向现代都市型休闲观光农业发展，食用菌种类由过去的单一平菇生产逐步向羊肚菌、灵芝、金顶侧耳等多种类拓展，在生产方式和优良品种应用上获得了较大进步，在产量上有了较大提高，种植模式发生较大变化，并开始向休闲观光农业方向发展。

## 二、典型案例分析

### （一）林下生态化出菇模式拓展生产空间

集成高产优质品种、摆放密度、省力化开口工具、标准制式小拱棚、节水微喷、病虫害综合防治等 11 项技术，形成了不占用耕地，节地、节水，质量和经济效益明显高于露天地栽的林下黑木耳、栗蘑生态化出菇模式。该模式免除了除草的投入，同时对板栗有明显增产作用。板栗修剪的枝杈也可以作为黑木耳、栗蘑的优良培养原料，而出过黑木耳、栗蘑的菌糠也可以处理后还林，作为板栗生长的有机肥料，实现了生态循环。在密云区示范黑木耳板栗林下生态化出耳模式 643 亩，菌棒 557 万棒，产值达 1400 万元。在昌平区、怀柔区等地示范栗蘑板栗林下生态化出菇模式 600 亩，菌棒 450 万棒。黑木耳干耳产量达到 491 千克/亩，栗蘑鲜菇产量达到 960 千克/亩，示范点平均产量较上一年提高了 13.6%，节水率提高了 15%。

### （二）构建菌糠高效循环利用模式

在大兴区、房山区、顺义区等的综合试验站构建了菌糠无害化处理与安全种植的一体

化模式，开展了菌糠用于蔬菜、西瓜、草莓和鲜食玉米的种植，在安全性和口感等指标有提升的基础上，减少有机肥施入三分之一以上。

房山区海龙种植专业合作社对15个平菇棚的废菌棒进行了无害化处理，得到的45吨菌糠腐熟物，应用于西瓜、蔬菜、果树和鲜食玉米等，菌糠无害化处理后的肥料化利用，既解决了废菌棒污染问题，又节约肥料费用3万元。

北京菌益农（大兴区）种植有限公司对10个香菇棚和10个金针菇棚的废菌糠进行了无害化处理。无害化处理后的香菇菌糠腐熟物与草炭和蛭石以适当的比例复配，形成新型商品基质，用于大兴区竣铭诚农业科技发展有限公司草莓育苗；无害化处理后的金针菇菌糠与有机肥复合后用于北京国良种植合作社的西瓜种植；无害化处理后的香菇菌糠与有机肥复合后用于顺义区的北京金香源科技发展有限公司的草莓种植，反馈效果良好。

北京顺义区张镇后王后村食用菌种植大户于仁东，2018年种植秋冬茬平菇10万棒，产生废菌渣30吨，产生的废菌渣全部被平谷区的种花的花农自己雇车取走，用于种植花卉，实现了废弃物的生产者和使用者的直接对接。

### （三）政策支持助力古洞沟村香菇种植专业合作社发展

古洞沟村香菇种植专业合作社于2013年成立，合作社现共有5名社员、4名本地工人以及3名外地工人。2016年得到政府“蔬菜产业化发展项目”扶持，2017年政府每棒补贴0.5元，2018年当地政府进一步提高补贴力度，每棒补贴0.8元。当前香菇种植规模为70个大棚，年定植50万菌棒左右，夏、秋、冬三季生产。其主要栽培品种为河北唐山引进的0912，另种有少部分为808和168。生产的产品分级销售，主要销往新发地批发市场，每棒的纯利润在1.5元左右。合作社自主制种，菌棒制作采用冲压式机械制棒，1小时可制1100棒，灭菌工艺采用常压蒸汽灭菌。

从成本效益来看，一个可放置9000~10000棒的设施大棚，每个菌棒的成本为2.3元，菌棒总成本在2.07万~2.3万元；雇工成本为110元/天，除去一切开支每棒的纯利润在1.5元左右，加上政府对菌棒的补贴，目前每棚的收益至少在2万元以上。

### （四）资源和科技助力梁根村黑木耳产业发展

怀柔区琉璃庙镇梁根村是一个低收入村，全村共有67户村民，共137人，常年在村的村民有60多人，且多数为60岁以上的老人，小于60岁的仅3~4位，劳动力老龄化严重。梁根村林木资源丰富，有林木13000多亩，为了给木材找一个好的出路，提高农民收入水平，怀柔区种植业中心与北京市农业技术推广站技术人员一起到当地考察后，确定尝试生产段木黑木耳，经北京市园林局审批，采伐下的椴木三分之一左右留在村里用于种植黑木耳。北京市农业技术推广站和怀柔区种植业服务中心共同为该村提供了黑木耳、银耳、香菇等菌种；示范了栽培技术；物化补贴了遮阳网；并举办了多次培训和观摩，从无到有扶植了食用菌种植产业，提升了农民的种植水平。

2016年开始因地制宜发展椴木种植黑木耳，当前种植品种为北京市农业技术推广站提供的黑 V29，另外村民自发从福建引进一小部分银耳种植，村里共有 20 多名村民长期参与生产活动。近几年种植规模呈现不断扩大的趋势，2016 年共种植 8600 椴，采收干木耳 41.5 千克，2018 年种植 13000 椴，采收干木耳 735 千克，夏干耳每斤售价为 100 元左右，秋干耳和春干耳每斤售价为 200 元左右。2018 年每椴的收入约为 19 元左右，总收入为 24.7 万元左右。

# 第四节　产业发展政策建议

## 一、产业发展存在的主要问题

### （一）菌种方面的问题

目前，北京市食用菌菌种较混乱，平菇品种同物异名现象严重，一些小品种种性不明，没有品种名，许多菌种销售单位没有相关资质。缺乏稳定、正规的优良菌种供应平台；常规品种退化严重，生产中栽培品种青黄不接，缺乏适合本地性状稳定的耐高温型品种；形成产业规模化的食用菌品种相对单一，珍稀菇类占比例较少，新品种未成规模。

### （二）政策对食用菌生产的影响

自去年开始的“大棚房”清理整治给食用菌生产带来了较大的影响，由于食用菌生产的特殊性，在清理整治之后，拌料、装袋等生产场地不足，食用菌生产易受气候的影响，生产者离设施大棚较远，容易造成生产得损失，降低了部分外地生产者的积极性。食用菌采收后一般需要预冷，当前农业用电的收取标准是参照工业用电，每度电 1 元左右，用电成本相对较高。

### （三）废弃物循环利用的问题

食用菌生产废弃物的处理和循环利用问题主要不在技术层面，而是在处理成本方面，由于废菌棒质地轻，占地面积大，无害化处理的时间长，通常需要一定的处理成本，而处理厂家通常没有有机肥生产许可资质，无害化处理产物不能以有机肥形式售出，处理菌渣的成本不能得到补偿。再加之菌渣无害化处理后的腐熟菌渣，虽然氮磷钾含量不低，但属缓释肥料，菜农使用的积极性不高，如果政府不给予补贴，无论是废菌棒的生产者还是使用者都没有无害化处理的积极性，不利于废弃物的就近处理和使用。

### （四）缺乏食用菌加工产品，产业链条延伸不够

市场价格波动较大，高温期不耐贮运的食用菌鲜销损失较大，需要挖掘食用菌的保健功能，研发功能性食用菌产品，在食用菌深加工方法与手段方面得到较高的科技支撑。

### （五）销售渠道窄，价格不稳定

目前我市食用菌销售渠道较为单一，主要依靠商贩收购，且结算方式较为原始，部分区是商贩按照出售后的价格减去利润进行结算，生产主体缺乏定价权。我市食用菌总体生产规模不大，但是平菇、香菇、茶树菇、金针菇、草菇等主栽品种在北京市场的占有率还是比较高的，但是目前议价权相对较弱，一方面是在品质上缺乏差异性，另一方面是没有形成品牌。

## 二、产业发展趋势

专业化、规模化的合作社或公司将成为地区食用菌产业的龙头，带领小的合作社或企业逐步发展。鼓励微型和小型生产者进行整合，加大力度扶持一些产业基础好、发展潜力大、带动能力强的食用菌企业和农民合作社，精心培育一批龙头企业，促进规模化发展，加快产品结构的转变，加强菌种、产品质量把关，与国际标准接轨，把食用菌产业标准和产品标准全面引入到生产、加工、流通等各个环节，提升品牌认可度，形成“一村一品”“一区一业”的乡村特色产业。

食用菌产业逐步扩大领域，如：阳台经济、休闲采摘、盆景园艺等休闲农业模式。食用菌虽然种类丰富，栽培方式多样，但其保鲜期短，采收期短，不能鲜食，栽培技术环节多，出菇要求苛刻等特性对发展休闲农业形成了一定难度。但北京人口优势、都市农业对食用菌休闲体验产品的需求市场和消费群体巨大，园艺疗法需要食用菌的空间较大，科普教育，互联网产品需求旺盛等，都将是食用菌休闲产业发展的机会。

## 三、具体建议

### （一）培育优质品种、选育工厂化专用品种

集中力量收集评价我国主要食药用菌种质资源，建立核心种质群，为育种研究提供新材料。加强野生食用菌的驯化研究，引导建立北京市食药用菌种质资源库。

针对主栽食用菌品类市场集中度过高，珍稀和药用食用菌栽培技术瓶颈突出和生产规模过小，培育珍稀和药用食用菌品种。

针对现有菌种扩繁设施设备简陋、规模小而分散、质量管理体系缺乏等问题，研究集成适宜于北京栽培的各类食用菌菌种繁育标准化技术体系。

### （二）提升食用菌标准化栽培技术和装备水平

加强研究具有区域特色的高效专用食用菌栽培基质，在集成机械化规模化制袋技术、精准化高效栽培技术、病虫害绿色综合防控技术、新型高效栽培设施与栽培管理技术等方面深化研究并形成成果。

### （三）加强食用菌保鲜和精深加工技术研发

延伸食用菌产业链条，提升食用菌产品精深加工水平，鼓励产出品多功能性生产，提

高食用菌产品加工转化率和产品附加值是北京食用菌产业建设的重要方向。

**（四）建立现代化的市场流通体系**

针对目前“批发多、配送少”的现状，建成以集贸市场、超市为基础的营销平台，引导带动生产基地发展和促进产销的联系，努力建设布局合理、覆盖全国的专业销售市场网络。

培育食用菌产前、产中、产后相应的专业化服务，提高食用菌产业专业化分工水平，支持食用菌现代化批发市场建设，包括商品交易、物流配送、质量检测、产品会展、信息中心等多功能性食用菌交易平台，完善食用菌产业配套服务体系建设。

**（五）提高食用菌产业与第二、第三产业融合的水平，打造有丰富内涵的产业文化**

食用菌孕育了丰富的历史故事和文化传奇。可以通过“食用菌 +”的多样组合，如“ + 特色小镇”“ + 旅游”“ + 医药”“ + 一带一路”“ + 脱贫”“ + 互联网”“ + 健康”等，将食用菌的文化内涵发掘出来，增强食用菌的渲染力和市场消费力。

# 第十二章　北京市粮经作物产业发展报告

北京市粮经作物创新团队目前的工作重点是草莓、鲜食玉米和甘薯（以下将三种作物简称“粮经作物”）。本报告首先简要回顾粮经作物产业发展现状，继而阐述粮经作物创新团队在技术上对产业发展的支撑作用，以及团队支撑下产业发展的典型案例，接着梳理粮经作物产业发展面临的主要问题并提出相关参考建议。

## 第一节　产业发展现状

### 一、生产现状

#### （一）北京市粮经作物 2018 年生产水平及生产区域分布

1. 草莓

2018 年北京市草莓播种面积 766.6 公顷，总产量达到 15530.9 吨，平均单产水平是 20.26 吨/公顷；播种面积、总产和单产分别比 2017 年增加了 9.4%、24.8% 和 14.1%。其中，播种面积超过百公顷的区域是昌平区、顺义区、通州区和平谷区为主，这四个区的播种面积占全区的 80.71%。单产水平在全市平均水平之上的有延庆区、昌平区和顺义区（见图 12－1）。

2. 甘薯

2018 年，北京市薯类播种面积 1181.1 公顷，鲜薯总产量 32807.7 吨，平均单产 27.78 吨/公顷。播种面积、总产量分别比 2017 年增加了 94 公顷（增长 8.6%）和 2371.1 吨（增长 7.8%）。单产水平稍有降低，主要受部分甘薯品种由高产型向优质型转变的影响；种植规模在 140 公顷以上的主产区由大到小依次是大兴区、密云区、平谷区和房山区，四区薯类面积占全市 92.8%。其中，种植面积的近三分之二集中在大兴区和密云区。单产水平超全市平均水平的有通州区、大兴区、平谷区和顺义区。这种布局既由土壤和气候等自

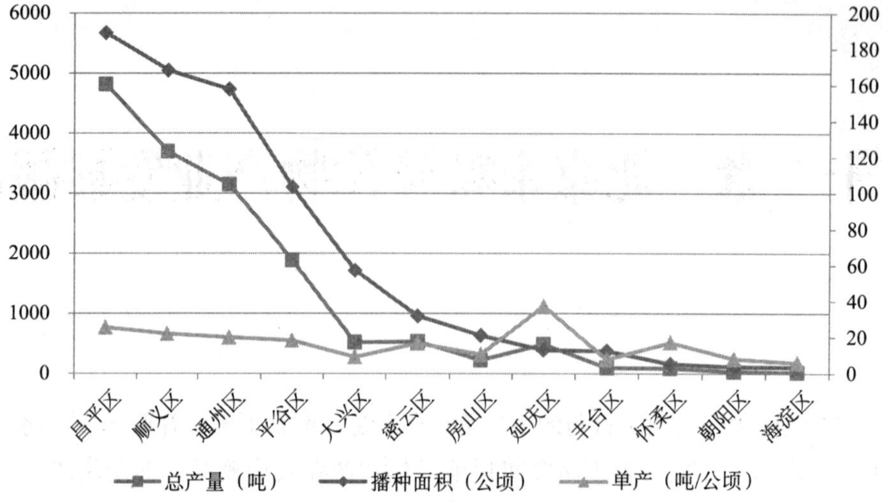


**图 12 -1　2018 年北京草莓生产水平及区域分布**

数据来源：北京市统计局。

然条件决定，也符合北京市农业生产结构总体优化方向（见图 12 -2）。

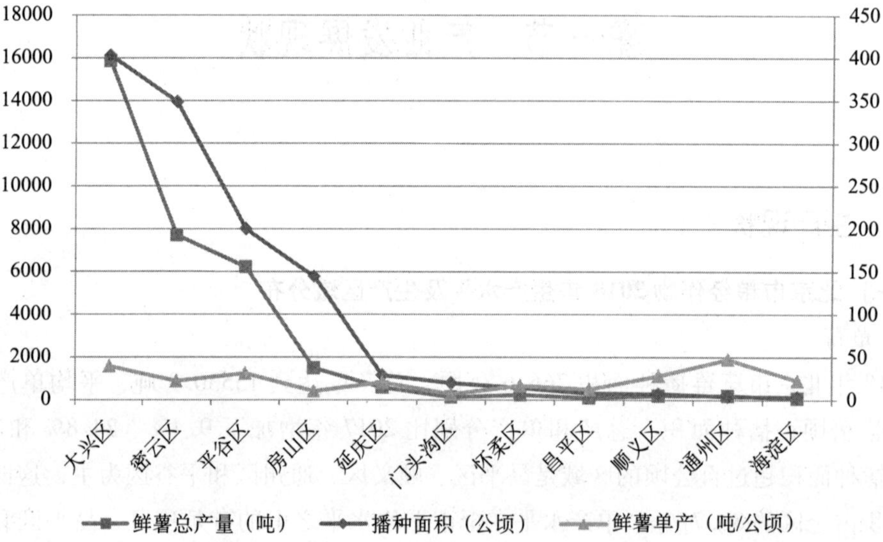


**图 12 -2　2018 年北京薯类生产水平及区域分布**

数据来源：北京市统计局。

3. 鲜食玉米

根据北京市农业技术推广站农情监测系统的调查，2018 年北京市鲜食玉米播种面积约 2040 公顷，占全市玉米播种面积的 5.1%，占比较 2017 年的 4.0% 增加 1.1 个百分点。2018 年鲜食玉米生产规模在 200 公顷以上的产区是房山区、大兴区和密云区等远郊区县，三区合计播种面积占全区的三分之二左右（见图 12 -3）。鲜食玉米的产量水平，因品种、播期和种植密度及管理水平而异，一般在12000～22500千克/公顷的范围。

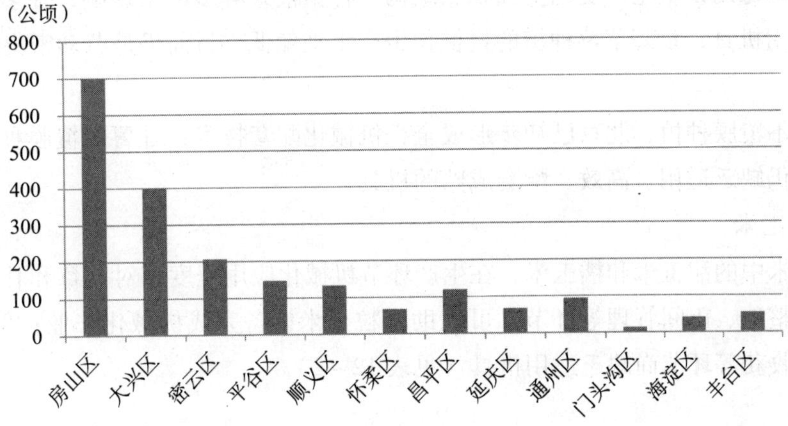


**图12－3　2018年北京鲜食玉米生产区域分布**

数据来源：根据北京市农业技术推广站农情监测系统调查数据整理。

### （二）粮经作物生产上的品种应用

北京各区种植的草莓品种以红颜为主，占全市总播种面积的83%，其余品种以章姬和圣诞红稍多。甘薯品种包括烟薯25号、龙薯32号和济薯26号等；鲜食玉米以京科糯系列为主（见表12－1）。

**表12－1　2018年北京粮经作物生产上应用的主要品种、规模和区域分布**

| 作物 | 生产主播品种（种苗）名称 | 生产应用面积（亩） | 该品种在北京生产应用的主要区域 |
|---|---|---|---|
| 草莓 | 红颜 | 5391 | 昌平区、平谷区、通州区、顺义区 |
| | 章姬 | 248 | 昌平区、通州区、平谷区 |
| | 圣诞红 | 214 | 昌平区 |
| 甘薯 | 烟薯25号 | 4300 | 密云区、大兴区、房山区、平谷区 |
| | 济薯26号 | 2900 | 密云区、大兴区 |
| | 普薯32号 | 4750 | 密云区、大兴区、房山区 |
| | 龙薯9号 | 1750 | 大兴区、密云区 |
| | 遗字138 | 1750 | 平谷区 |
| 鲜食玉米 | 京科糯2000 | 6050 | 房山区、大兴区、平谷区、顺义区等 |
| | 京科糯928 | 2322 | 房山区、顺义区、平谷区等 |
| | BMB380 | 1000 | 房山区、顺义区、密云区等 |
| | 美珍204 | 500 | 昌平区、海淀区等 |

资料来源：粮经团队作物育种、栽培岗位专家及相关试验站提供。

### （三）粮经作物机械化作业试验示范及生产应用概况

1. 草莓

因北京草莓的设施生产受温室面积、结构，种植模式等多因素影响，在多个生产环节尚无高效适用机具，京郊草莓种植的机械化生产水平偏低，目前仍是劳动密集型产业。

2. 甘薯

甘薯的不覆膜种植，北京已初步形成全程机械化配套技术；甘薯的覆膜种植，目前多个生产环节仍缺乏适用、高效、配套成熟的机具。

3. 鲜食玉米

鲜食玉米中的甜玉米和糯玉米，在生产环节机械化应用程度相对草莓和甘薯而言是最高的，在耕整地、田间管理等环节，可借助籽粒玉米设备完成机械化作业；但在间补苗、覆膜播种和收获等环节尚缺乏适用机具（见表12－2）。

表12－2　2018年北京市粮经作物机械化作业试验示范及生产应用概况

| 作物 | 机械化作业环节 | 机械化生产作业面积或机械化试验面积（亩） | 生产或试验的主要区县 |
| --- | --- | --- | --- |
| 草莓 | 起垄 | 机械化生产作业面积310亩；机械化试验面积50棚 | 昌平区；平谷区 |
| 甘薯 | 旋耕起垄 | 机械化生产作业面积2000亩 | 密云区 |
|  | 起垄移栽 | 机械化试验面积200亩 | 密云区 |
|  | 中耕 | 机械化试验面积120亩 | 密云区 |
|  | 杀秧 | 机械化生产作业面积2000亩 | 密云区 |
|  | 收获 | 机械化生产作业面积2000亩 | 密云区 |
| 鲜食玉米 | 气吸式精量单粒播种 | 机械化试验面积53亩 | 房山区 |

资料来源：粮经团队农机岗位专家提供。

## 二、产后贮藏及加工流通现状

### （一）北京市粮经作物产后贮藏及加工概况

北京市生产的草莓、甘薯和鲜食玉米，产后储藏和加工的比例相对较小，多数以销售鲜食产品为主。2018年，甘薯通过半地下贮藏库贮藏250万吨鲜薯，储藏品因售价提高增加275万元纯收益；加工品薯干的加工量达到15万千克，加工品因售价提高增加90万元纯收益；鲜食玉米冷藏50万千克鲜穗，冷藏品因售价提高增加100万元纯收益（见表12－3）。

**表 12-3　　2018 年北京粮经作物产后贮藏及加工概况**

| 环节 | | 甘薯 | 鲜食玉米 | 草莓 |
|---|---|---|---|---|
| 产后储藏 | 储藏形式 | 半地下贮藏库 | 鲜穗冷藏 | 气调保鲜 |
| | 储藏量（千克） | 2500000 | 500000 | 60 |
| | 贮藏品比鲜食品单价提高（元/千克） | 1.9 | 2.0 | — |
| | 增加的纯收益（万元） | 275 | 100 | — |
| 产后加工 | 加工形式（加工品） | 薯干 | 软包装雪糯 | 草莓干 |
| | 初级产品总加工量（千克） | 150000 | 200000 | 60 |
| | 加工品比鲜食品单价提高（元/千克） | 2.5 | 0.77 | 100 |
| | 增加的纯收益（万元） | 90 | 15.3 | 10 |

资料来源：粮经作物团队产后加工专家提供。

### （二）北京粮经作物产品流通情况

草莓生产者的产品销售渠道，主要有中间商上门收购、电商、采摘、微信订单快递到户、产地周边零售、团体礼盒或批量订单送货上门等。其中，1~3 个棚的普通小规模生产者，主要渠道是被动等待中间商收购或产地周边零售，兼有少部分数量不等的采摘或微信订单的快递到户；8 个棚及以上的大中规模生产者（合作社、大户等）的产品销售是多渠道并举。随着快递包装水平的提升，生产者从微信接单，经快递公司给老顾客送货上门，在有规模的产区和知名度较高的草莓园区开始盛行。

不耐储运而需要供求快速对接的鲜食玉米，小规模生产者通过产地周边零售、中间商上门收购、给餐馆或食堂送货等方式销售；错期播种的中大规模生产者，销售渠道更宽：批发市场批发、给电商或超市供货、向单位食堂或餐馆供货、按订单给团购供货、进社区宣传售卖、中间商上门收购等多渠道并用。

北京市甘薯生产者的产品销售，以中间商上门收购为主，占鲜食甘薯总产量的 80% 以上。部分产品也会在当地农贸市场零售。京郊出产的鲜薯，深加工比例很小，主产区大中规模经营者一般以产后储藏从错峰销售中获利。

## 三、市场消费现状

### （一）商品消费形式及消费者需求行为特征

北京生产的草莓、甘薯及鲜食玉米，被消费的主要形式以初级产品的鲜食为主，深加工比例很小；本团队于 2017 年 6 月 ~2018 年 7 月间，重点针对到北京草莓主产区——昌平区草莓园有采摘经历的消费者，通过入户走访、消费现场面访和留置问卷并结合电话调研等方式，进行问卷调查。共发放问卷 615 份，收回的有效问卷有 587 份，有效回收率 96%。

有采摘经历的消费者样本覆盖了北京 16 个区的城镇居民。受访群体中，有固定工作且平均月收入超过万元、本科及以上学历的女性、30 ~ 40 岁之间的中青年儿童家长所占比例在 2/3 左右。被调查者草莓采摘消费的决策及行为特征主要表现在：

1. 采摘单元以 2 ~ 7 人家庭出游为主，采摘意愿主要来源于孩子及老人需求

草莓采摘单元 90% 以上是由 2 ~ 7 人的年轻家长带家里学龄前儿童、长辈和配偶等组成，很少有单独一人采摘的。同时，采摘决策的确定以孩子需求和尊重老人意愿为主，考虑到自己和配偶的据次。可见，家长带孩子及老人的家庭出游采摘，是草莓园的主要顾客群。

2. 采摘信息主要来自亲朋或同事推荐

虽然网络的发达对采摘信息的获取提供了极大方便，但消费者最信任的信息渠道仍以亲朋和同事推荐为主。可见，口碑传播在采摘园形象树立和促销中的重要作用。

3. 采摘频率每年 1 ~ 2 次居多，采摘时段以春节前后到 3 月底为主

调研显示，消费者草莓采摘频次以每年 1 ~ 2 次居多，说明消费者对草莓采摘的重复消费意愿总体上并没有想象的那样高。采摘时段主要集中在适合带孩子出游的寒假和春节后到 3 月底之间的假日。随着 4 月及之后春暖花开景象对草莓采摘休闲的替代性上升，采摘活动渐少。

4. 交通出行方式以自驾车为主，在草莓园逗留时间多数不超过 3 小时

在交通出行方式中，75% 的草莓采摘者选择自驾车出游，位居第二的公交出行不足 10%。消费者在草莓园停留 2 ~ 3 小时的合计占 88%（1 ~ 2 小时的占比 55%；2 ~ 3 小时的占比 33%），时间过短，不能充分体验采摘乐趣（调研显示 1 小时以内的仅占 3%）。采摘时间过长（超过 3 小时），因草莓棚内温度偏高湿度较大，身体感觉不舒服；消费者很少有仅仅因采摘而在草莓园区附近停留过夜的。表明北京消费者草莓采摘活动多数是短途当天往返的假日出行。

5. 采摘群体人均消费以 51 ~ 100 元的人数最多

调查结果显示，消费者在草莓采摘园内的人均消费额度在 51 ~ 200 元的比例占总样本量的四分之三；可见，草莓采摘群体人均总消费额度并不高。北京市所有草莓采摘园不收门票，消费者的免费进入和自由采摘，便于采摘者按照采摘价格控制采摘消费量。

**（二）消费需求的多样化拓展趋势**

为丰富消费者草莓采摘的附加供给，在北京市草莓主产区昌平区的部分草莓园，一方面开始尝试在草莓棚空档之间种韭菜、甘薯和鲜食玉米等“红配绿”模式，也在草莓棚内试验洋葱套种草莓的栽培模式。这样不但能减少草莓病虫害发生率，提高草莓安全性，更能在满足消费者顺便品尝早春优质韭菜、采摘更多优质鲜活农产品需求的同时，显著增加生产者收益。

## 四、新型经营主体现状

新型农业经营主体主要包括专业大户、家庭农场、农民专业合作社、农业产业化龙头企业者等。大力培育新型农业经营主体，发展多种形式的农业规模经营和社会化服务，提升农业生产经营的集约化、专业化、组织化与社会化程度，是促进农业现代化发展的必经之路。本研究重点分析北京农民专业合作社发展现状。

2018 年，北京市农民专业合作社的分布，按从事的行业而言，集中在种植业方面的占 60% 以上，其次是畜牧业占 22%。按区域而言，主要集中于密云区和平谷区，分别占全市总量的 20.8% 和 17.9%（见图 12－4、图 12－5）。

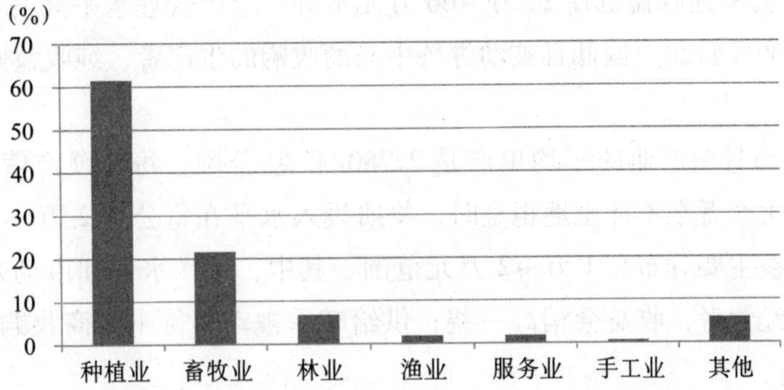


**图 12－4　2018 年北京农民专业合作社行业分布**

资料来源：北京市农业农村局。

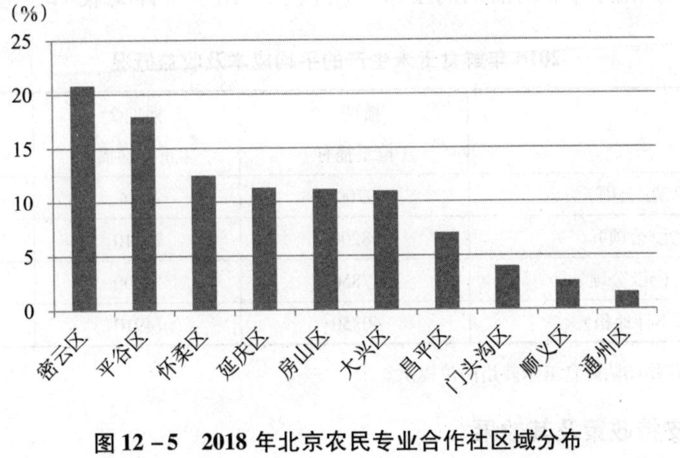


**图 12－5　2018 年北京农民专业合作社区域分布**

资料来源：北京市农业农村局。

北京市农民专业合作社的行业和区域结构，既与产业发展的比较优势有关，又与当地的重视有关：密云区和平谷区都专门设立了农民专业合作社服务中心，重点从事合作社登记注册、指导服务等相关工作，对促进当地合作社发展具有明显推动作用。

## 五、成本收益及其产业支持政策实施效果

### （一）北京市粮经作物生产的成本收益水平

粮经作物的生产，因其不同的经营主体在生产规模、技术管理、产品质量、市场开拓能力等各方面的水平参差不齐，导致其生产成本和收益水平也各不相同。结合统计资料和粮经团队相关岗位专家的实地调研，可以得出粮经作物的平均成本及收益水平。

1. 草莓

2018 年北京市草莓产业平均单产是 20260 千克/公顷。每公顷产值因生产经营水平不同而在 30 万～80 万元之间。本地生产者不计大棚租金时，物质投入水平在每公顷 15 万～60 万元不等，每公顷纯收益也在 20 万～60 万元不等。生产管理水平高的经营主体，收益会稍高一些，生产经营能力偏低且被动等待中间商收购的生产者，纯收益则相对较低。

2. 甘薯

2018 年北京市甘薯产业的平均单产是 27780 千克/公顷，每公顷产值平均在 3 万～4 万元之间。本地生产者在不计土地租金时，物质投入水平在每公顷 2 万～3 万元范围的居多，每公顷纯收益主要分布在 1 万～2 万元范围。其中，生产水平和市场开拓能力或产后储藏条件较高的经营者，收益会稍高一些；供给旺季被动等待中间商收购的小规模农户，则纯收益相对低。

3. 鲜食玉米

鲜食玉米的产量水平，主要因生产区域、品种、播期和种植密度及生产者经营水平等因素的影响而各不相同。不同播期的全市平均投入产出水平详见表 12－4。

**表 12－4　　2018 年鲜食玉米生产的平均成本及收益概况**

| | 播期 1（抢早播种） | 播期 2（正常春播） | 播期 3（正常夏播） |
|---|---|---|---|
| 产量（千克/公顷） | 9700 | 7714 | 7354 |
| 产值（元/公顷） | 58200 | 29310 | 17650 |
| 生产成本（元/公顷） | 17850 | 14400 | 10575 |
| 纯收益（不计地租） | 40350 | 14910 | 7075 |

资料来源：粮经作物团队鲜食玉米栽培岗位提供。

### （二）产业支持政策及其效果

1. 现有产业支持政策

（1）草莓主产区昌平区，对符合条件的草莓生产者，给予产业链多个环节的全方位的政策补贴。

①在种苗方面，每栋 400 平方米（50 米×8 米）标准日光温室按 5000 株种苗量、每株种苗 0.5 元标准，每栋标准日光温室最多补贴 2500 元。

②栽培管理环节，包括：一是草莓立体基质栽培补贴政策；二是温室草莓半基质栽培补贴；三是温室草莓后墙壁挂式管道栽培补贴。

③植保和环境安全绿色生产方面，一是草莓和蔬菜生产的农药、生物菌剂和土壤消毒补贴；二是对草莓生产者使用区内养蜂户蜜蜂授粉的，每栋（亩）补贴100元；三是对包括草莓在内的“菜篮子”产品取得无公害、绿色和有机农产品认证证书的基地，一次性补贴资金2万元；对同一基地同时获得认证的不重复补贴；有机农产品认证需经过转换期后才可享受资金补贴。

④试验示范及推广补贴，一是温室高架草莓套种食用菌补贴；二是温室葡萄与草莓立体栽培补贴。

（2）甘薯主产区以种苗补贴为主。密云区项目区种苗补贴约占全区种植面积的80%以上；大兴区甘薯种植每亩补贴200元。

（3）农机具补贴支持政策。经申报批准从正规渠道购买、纳入国家补贴农业机械名录且适合本区农业生产实际需要的小型农业机械，经验收合格后按购买价格的50%给予补贴。

（4）储藏加工环节的补贴政策。农业农村部有对果蔬冷藏保鲜库的补助。

2. 现有产业支持政策实施效果

（1）经济效果。草莓及甘薯的种苗补贴，以及草莓生产中的栽培、植保和试验示范等补贴，一是直接降低了生产者成本；二是有利于生产者应用高质量种苗和采用优质投入品，促进了产品质量提高和农户增收。例如，昌平区约3500户草莓种植户，草莓大棚5200多栋。各种补贴直接使农户每栋大棚投入至少节约2500元，提高了农户种植意愿和采用优质投入品的意愿，在获得理想收益的同时促进了产业的持续发展。甘薯种苗补贴促进了优新品种及良种（苗）的推广应用，使得生产者每亩节约成本200~600元，亩增收达800~1000元。

（2）生态效果。良种（苗）补贴和推广，一是鼓励农户应用抗性强的高质量健壮种（苗），能明显达到节药和节水效果，如甘薯应用良苗每亩能节药20元，节水4立方米；二是鼓励农户使用正规、低毒、安全的农药，既不会产生药害，也能提高农产品的安全性，更有利于环境保护。

草莓植保用品补贴，鼓励使用环境友好型农药，可避免高毒农药使用，在保护生物多样性和地下水资源的同时提高了产品安全性。

草莓立体基质栽培和温室半基质栽培补贴，能有效地克服土壤重茬和连作障碍，减轻病虫害的发生，也能有效减少农药和化肥的用量，提高农产品的安全性。

草莓生产用授粉蜜蜂补贴政策，提高了授粉率和产品的产量及品质。同时减少劳动用工和节省成本，提高了农户种植无公害、绿色和有机农产品的积极性。

（3）社会效果。鼓励甘薯种苗的集约化、规模化育苗，在增加农村劳动就业机会的同时，有利于培育更多甘薯专业村。例如，密云区车道峪，在甘薯规模化育苗环节实现人均增收 1000 元。提高经济效益的同时又给村里提供 50 余个劳动力就业机会。

农药、生物菌剂和土壤消毒等植保投入品的补贴，有利于提高农户安全用药意识，推进生物防治措施的推广，提高农产品安全质量和社会认可度。

农机补贴有利于现代农业规模化和产业化发展。

## 第二节 产业发展中创新团队的技术支撑作用

### 一、2018 年团队技术研发现状

#### （一）品种与种苗技术研究——种业工程

1. 草莓

（1）储备有苗头重点观察的草莓新品系 3 个——昌平公主、怀柔公主、海淀公主；

（2）引进草莓育种野生资源 30 份；

（3）筛选 2 个草莓优质新品系——光点、弥生姬；

（4）开展远缘杂交和自交系选系育种；

（5）创制具有抗性的 10 倍体新种质；

（6）建立草莓品种 DNA 指纹图谱构建；

（7）草莓秋植种苗覆膜技术效果；

（8）构建草莓的三级育苗技术体系：草莓脱毒苗生长健壮、移栽成活率达到 98%以上。

2. 甘薯

（1）储备有苗头重点观察的甘薯新品系 2 个：农大 50 ~ 10，农大 2 ~ 27；

（2）引进 25 份与筛选 7 份甘薯育种资源；

（3）筛选 5 个甘薯优质新品系；

（4）开展胚性悬浮细胞辐射诱变育种；

（5）构建甘薯的三级育苗技术体系。

3. 鲜食玉米

（1）选育出分别通过北京市农作物品种审定委员会和国家农作物品种审定委员会审定的鲜食玉米新品种各 2 个；

（2）储备有苗头重点观察的鲜食玉米新组合 2 个；

（3）引进20份与筛选10份鲜食玉米育种资源；

（4）筛选5个鲜食玉米优质新品系；

（5）采取分子标记辅助育种和品质检测辅助育种；

（6）通过DNA分子指纹鉴定技术，将引进的新种质进行类群划分，建立育种模式，加快育种效率。

**（二）资源节约技术研究——提高资源利用率**

1. 草莓

（1）节药技术中，一是筛选出白粉病防治药剂1种，二是明确不同种类捕食螨防治红蜘蛛效果。

（2）节水节肥中，一是明确草莓耗水规律与气象因素相关性，二是研发适于草莓的大量元素和氨基酸中微量元素水溶肥，三是明确生物刺激素在草莓上的应用效果。

（3）节约资源中，应用一膜多用技术。

2. 甘薯

（1）节药技术中，一是优化病毒病生物防治技术，二是提出根腐病水药一体化防治技术。

（2）节水节肥上，明确了甘薯节肥增效技术措施。

（3）节约资源中，应用可降解地膜达到节本增效。

3. 鲜食玉米

（1）节药技术上，一是明确性引诱剂诱杀玉米穗期害虫；二是筛选优化蛀穗害虫的生物农药用药方法；三是筛选出高效低毒化学农药1种。

（2）节水节肥中，一是明确水肥一体化对鲜食玉米品质影响；二是明确缓控释肥在鲜食玉米上应用效果。

秸秆综合利用：研发的秸秆快速转化技术，实现了玉米、甘薯、草莓秸秆快速转化。关键点是发酵环节无污染排放。

**（三）轻简装备与技术研究——提高劳动生产率**

1. 草莓

（1）优化改进2种草莓机械化起垄机；

（2）开展厚膜重复利用。

2. 甘薯

（1）提高甘薯机械化移栽质量；

（2）提高甘薯机械化收获质量；

（3）应用可降解地膜节本增效。

3. 鲜食玉米

筛选出鲜食玉米气吸式精量播种机。选用马特马克2BMQE－2型气吸式播种机，成活率90%以上，检测指标满足NY/T1628－2008玉米免耕播种机作业质量标准，基本满足单粒精播要求。

**（四）产后储藏、加工与销售技术**

1. 草莓

（1）产后贮藏方面，应用短波紫外线照射提高草莓营养品质。

（2）加工技术方面，一是优化草莓低糖果酱配方和工艺，二是研究草莓啤酒加工工艺。

（3）产后销售技术方面，一是举办第四届“北京草莓之星”评选活动，北京163个园区参赛、津冀20园区参展；“三品一标”草莓果品展、草莓花束、草莓DIY互动、网上直播5000余人观看，二是通州区卫红草莓园对接超市，年销售草莓5000千克，30元/千克，年产值15万元。昌平区鑫城缘果品专业合作社，接待市民采摘7.5万千克，采摘价格60～160元/千克，产值600余万元。

2. 甘薯

（1）产后贮藏方面，一是明确预贮愈伤处理技术要点，二是明确臭氧灭菌保鲜适宜浓度，三是制定鲜食甘薯高效贮藏保鲜技术操作规程。首次明确了甘薯采收后的预贮方法及贮藏过程中臭氧应用。

（2）加工技术方面，一是研发了微波膨化甘薯脆片，二是研发了风味薯干，三是研发了鲜食甘薯泥。

（3）产后销售技术方面，一是举办第二届“北京优质甘薯推介会”。在全国农展馆“2018北京国际农业·农产品展览会”举行，推介了5个优新品种和6个优质种植基地，展位获得展览会“最佳人气奖”，薯小恬红薯获得“参展农产品金奖”。二是产销一体模式中的B2B模式：“种植合作社＋大单品销售公司”模式，甘薯对接合作社，组建产业联合体，探索“产、销、研”对接与共建，成立了天地清源公司、石匣甘薯合作社、和合园合作甘薯产业联合体，种植烟薯25、心香200亩，生产35.7万千克优质鲜薯。并且联合北京华联事农国际、北京超市零售渠道，打通产后销售流通环节。

3. 鲜食玉米

（1）产后贮藏方面，一是联合开发微波鲜玉米新产品。二是明确葡萄糖氧化酶（GOD）、乳酸菌以及真空处理对贮藏品质影响。

（2）加工技术方面，一是酥脆甜玉米粒制作工艺研究。二是加工鲜食玉米甜酒酿。

（3）产后销售技术方面，一是举办第四届“北京鲜食玉米节”。汇集了新品种150个，邀请企业和市民代表进行现场品鉴，评选出最佳风味金奖、银奖各三个新品种。二是完成团队微商平台建设，设立鲜食玉米公众号，为高质量鲜食玉米的生产提供技术培训和科普宣讲。

## 二、2018 年团队技术研发主要成果

审定京科糯 609 等新品种 4 个；新品种保护权 4 个，其中 1 个为获得，3 个为申请，出版《草莓的生理生态及栽培技术》等著作 4 部。获得国家发明专利、实用新型专利和软件著作权 23 项。发表团队研究成果发表相关论文 43 篇。

## 三、2018 年团队主推技术情况及效益

### （一）品种与种苗技术

1. 草莓

（1）品种引进筛选与示范：从引进的品种中筛选出 2 个品种：白雪公主、燕香和冬香；“京香”和“公主”系列全国推广种植面积 5000 亩，其中白雪公主：2018 年全国种植 3800 亩、在京津冀种植 400 亩；“京香”系列草莓种苗出口俄罗斯 600 万株。

（2）组培脱毒上，在茎尖剥离环节，脱毒品种为红颜、甜查理、白草莓，脱毒数量 500 多个，达到效果为主要病毒脱毒率 100%。

（3）优质种苗繁育上，在组培苗繁育环节，繁育品种为红颜、圣诞红、桃熏、小白，繁育数量 2.5 万株，繁殖系数得到提高。

（4）新品种示范推广应用上，在 5 个区建立国有品种示范点 12 个 10 亩，示范越心、黔莓 2 个品种，包括高架基质、半基质和土壤 3 种栽培模式。

（5）品种权转让方面，白雪公主、燕香和冬香 3 个品种的繁殖权授权给涿州市星辰农业技术开发有限公司。

2. 甘薯

（1）品种引进筛选与示范：示范推广烟薯 25、济薯 26 和普薯 32，搭配高胡萝卜素鲜食甘薯品种“黄玫瑰”“黄香蕉”等；繁育黄玫瑰、黄香蕉和农大白 3 个自育新品种 1.5 万多千克种薯，示范应用 120 多亩，辐射推广 200 多亩。

（2）组培脱毒与优质种苗繁育上，在茎尖剥离环节，脱毒品种为普薯 32、心香、苏薯 16 等 11 个，脱毒数量 1000 多个，达到效果为主要病毒脱毒率 100%；在组培苗繁育环节，繁育品种为烟薯 25、黄玫瑰、京薯 6、黄香蕉、农大白，繁育数量 2.6 万株，达到效果为繁殖系数提高。

（3）新品种示范推广上，示范推广烟薯 25、济薯 26 和普薯 32，搭配高胡萝卜素鲜食甘薯品种“黄玫瑰”“黄香蕉”等。2018 年全市甘薯种植中烟薯 25、济薯 26、普薯 32、黄玫瑰等新品种覆盖率达到 66.2%；平均亩产 2159 千克/亩，较当地种植品种增产 10.1%、增效 24.3%。

（4）申请甘薯品种权保护 3 项。草莓和甘薯的组培脱毒方面，明确 38 ~ 42℃高温处理 2 ~ 8 小时可有效脱除甘薯和草莓部分病毒；完成 6 个草莓品种以及 12 个甘薯品种的组

培脱毒，获病毒检测合格的草莓和甘薯组培试管苗用于试验示范（见表12－5）。初步编写了草莓、甘薯脱毒和组培快繁技术规程。

表12－5　　2018年粮经团队草莓和甘薯种苗工程示范推广情况

| 作物 | 种苗企业（个） | 育苗（亩） | 年繁优质种苗（万株） | 外销优质种苗（万株） | 脱毒种苗应用率（%） | 比上年增（百分点） |
|---|---|---|---|---|---|---|
| 草莓 | 28 | 2256 | 7330 | 3476 | 15.4 | 1.8 |
| 甘薯 | 15 | 28 | 3841 | 329 | 56.9 | 5.2 |
| 合计 | 43 | 2281 | 11171 | 3805 | — | — |

资料来源：粮经团队草莓、甘薯产业育种及栽培岗位专家提供。

3. 鲜食玉米

（1）品种引进筛选与示范：从引进的品种中筛选出4个玉米品种：农科玉368、京科糯2000E8、京科甜608、京科糯609，其中京科糯609获得植物新品种保护；

（2）新品种示范推广上，2018年甜玉米两大类型（优质型、高产型）10个优新品种在京郊种植面积达5700亩，占全市甜玉米种植面积的55%以上。其中，BMB380北京种植面积达500亩以上，京津冀种植面积达2000亩以上，江浙沪种植面积达5000亩以上，全国种植面积总和过万亩。详见表12－6。

表12－6　　2018年粮经作物自育与筛选品种推广应用情况

| 作物 | 自育品种 | | 筛选品种 | |
|---|---|---|---|---|
| | 主推品种名称 | 2018年全国推广（万亩） | 主推品种名称 | 2018年北京推广（万亩） |
| 草莓 | 京香、白雪公主 | 0.5 | 圣诞红、越心、黔莓等3个 | 0.05 |
| 甘薯 | 黄玫瑰、黄香蕉和农大白 | 0.03 | 烟薯25、济薯26、普薯32等3个 | 1.33 |
| 鲜食玉米 | 农科玉368、京科甜608、京科糯2000E | 100 | BMB380、美珍206、斯达甜221等10个 | 0.57 |

资料来源：粮经团队草莓、甘薯、鲜食玉米产业育种及栽培岗位专家提供。

## （二）资源节约技术

1. 草莓

（1）节水节肥：主要推广精量灌溉施肥技术达到节水节肥效果，精量灌溉施肥技术是首部精准施肥系统，少量多次追施，坐果前以平衡肥为主，开花坐果期追施高钾肥。草莓品质得到改善，维生素C含量提高8.9%，可滴定酸含量降低5.7%；

（2）节药：及时清除病残体、棚室消毒和施用捕食螨防治草莓红蜘蛛。

2. 甘薯

（1）节水节肥：主要采用应急灌溉技术的节水节肥方式，喷施含氨基酸的水溶性肥料，甘薯的维生素 C 含量提高 16.8%；硝酸盐的含量有明显的降低，减少 15.3%。

（2）节药：推广茎线虫病“选、控、封、防”综合防治技术。

3. 鲜食玉米

（1）节水节肥：主要推广水肥一体化、缓控释肥等技术达到节水节肥效果。水肥一体化使鲜食玉米品质改善：维生素 C、可溶性糖和淀粉含量分别较对照增加 3.1%、15.6% 和 2.2%；缓控释肥通过 3 个缓控释肥的处理，减氮 25%，使甘薯产量没有显著性差异，维生素 C 含量、可溶性糖含量、可溶性蛋白质含量分别提升了 19.6% ~30.4%、19.6% ~39.0%、12.0% ~42.5%。详见表 12－7。

表 12－7　2018 年粮经作物节水节肥技术示范应用情况

| 作物 | 节水节肥技术措施 | 示范田（亩） | 全市技术覆盖率（%） | 亩灌水（立方米） | 亩施纯养分（千克） | 亩节水（立方米） | 亩节肥（千克） |
|---|---|---|---|---|---|---|---|
| 草莓 | 精量灌溉技术 | 4000 | 57.2 | 145 | 150.4 | 70 | 62.2 |
| 甘薯 | 应急灌溉技术 | 8000 | 49.1 | 18.3 | 28.1 | 9.2 | 0.9 |
| 鲜食玉米 | 喷灌施肥<br>微喷灌溉 | 5000 | 60.3 | 45 | 29.6 | 18.5 | 4.8 |

资料来源：粮经团队水肥岗位专家提供。

（2）节药：利用性诱芯进行诱集、利用生物农药对穗期害虫进行防治；在蛀穗害虫的羽化盛期，玉米授粉期前后，进行防治，蛀穗率为 22%，同比下降了 8 个百分点。详见表 12－8。

表 12－8　粮经作物团队 2018 年节药技术示范应用情况

| 作物 | 节药技术措施 | 示范田（亩） | 全市技术覆盖率（%） | 农药亩用量（克/亩） | 单位面积节药（克/亩） |
|---|---|---|---|---|---|
| 草莓 | 1. 及时清除病残体、棚室消毒<br>2. 施用捕食螨防治草莓红蜘蛛 | 200 | 62 | 385 | 150 |
| 甘薯 | 甘薯茎线虫病“选、控、封、防”综合防治技术体系 | 180 | 75 | 320 | 100 |
| 鲜食玉米 | 1. 利用性诱芯进行诱集<br>2. 利用生物农药防治穗期害虫 | 1000 | 58 | 80 | 35 |

资料来源：粮经团队植保岗位专家提供。

### （三）推广轻简装备技术，提高劳动生产率

1. 草莓

昌平区建立3个示范点，面积100亩，占行业总规模1.7%，运用脱毒种苗、水肥一体化技术、机械起垄、病虫生物防控等技术进行推广，达到亩产2177千克，亩效益8.1万元，较全市提高1.5%、3.2%，单方水产出、纯养分产出、劳动生产率提高40.9%、39.7%、28.9%。

2. 甘薯

推建设基地4个，石垡村、赵村、石匣村、塔沟村甘薯种植基地。面积1863亩，运用应急灌溉及节水灌溉、因墒适时起垄、高效轻简栽培技术、机械化技术进推广，达到亩产2367千克，亩效益1621元，较全市提高6%、54.8%，单方水产出、纯养分产出、劳动生产率提高15.7%、24.5%、52.9%。

3. 鲜食玉米

在房山区琉璃河、窦店，密云区河南寨，通州区漷县，顺义区赵全营等6块示范田1100亩，运用优新品种、抢早播种、病虫害防控、水肥一体化、贮藏保鲜等技术，达到亩产1148.2千克，亩效益2002.8元，较全市提高11.6%、119.1%，单方水产出、纯养分产出、劳动生产率提高18.2%、13.9%、36.5%。详见表12－9。

表12－9　粮经作物团队2018年示范点与全市的“三率”及效益比较

| 作物 | 类型 | 播面（万亩） | 亩产（千克） | 亩效益（元） | 亩灌水（立方米） | 亩纯施养分（千克） | 亩用工（个） | 单方水产出（千克/立方米） | 纯养分产出（千克/千克） | 劳动生产率（千克/工日） |
|---|---|---|---|---|---|---|---|---|---|---|
| 草莓 | 示范田 | 0.01 | 2177 | 8.1 | 235 | 212.6 | 125 | 9.3 | 10.2 | 17.4 |
| | 全市 | 0.6 | 1894 | 7.85 | 285 | 260 | 139 | 6.6 | 7.3 | 13.5 |
| | 较全市 | 1.7 | 0.015 | 0.032 | －0.246 | －0.477 | －0.107 | 0.409 | 0.397 | 0.289 |
| 甘薯 | 示范田 | 0.1863 | 2367 | 1621 | 32.5 | 28.1 | 7 | 7.1 | 84.2 | 338 |
| | 全市 | 1.61 | 1963 | 1047 | 28.5 | 29 | 8.9 | 6.2 | 67.7 | 221 |
| | 较全市 | — | 0.266 | 0.548 | 0.141 | －0.031 | －0.214 | 0.157 | 0.245 | 0.529 |
| 鲜食玉米 | 示范田 | 0.11 | 1148.2 | 2002.8 | 60 | 34.3 | 4.5 | 19.1 | 33.5 | 255.2 |
| | 全市 | 3 | 1028.5 | 914.1 | 63.5 | 35 | 5.5 | 16.2 | 29.4 | 187 |
| | 较全市 | 0.036 | 0.116 | 1.191 | －0.055 | －0.02 | －0.182 | 0.182 | 0.139 | 0.365 |

资料来源：粮经团队成员综合提供。

### （四）产后销售技术

1. 举办主题活动，推介优质产品

举办第四届“北京草莓之星”评选活动、鲜食玉米系列推介活动、第二届“北京优质甘薯推介会”。

2. 探索三种产销一体化模式

一是商业机构对商业机构的批发型销售模式（B2B）。主要涵盖种植合作社 + 批发商、种植合作社 + 高端超市直供、种植合作社 + 大单品销售公司 3 种类型。二是商业机构对消费者的互联网销售模式（B2C）；三是种植户对用户点对点销售模式（C2C）。

3. 对接合作社，组建产业联合体，探索“产、销、研”对接与共建

一是成立了天地清源公司、石匣甘薯合作社、和合园合作甘薯产业联合体，种植优质鲜薯。二是联合北京华联事农国际、北京超市零售渠道，打通产后销售流通环节。三是“种植合作社（家庭农场） + 互联网电商”的销售模式。密云区河南寨 400 亩示范田，注册专门销售公司，对接淘宝、京东等互联网电商，以“净鲜园”商标，面向高端消费人群。四是通过开拓微信群销售渠道。海东源农场建立了专属于自己的微信销售群。由农场主在群里为大家跟踪作物的种植过程和分享所收获的农作物。当有人需要购买时，农场主则会进行采摘并发送快递至用户家中。昌平区天润园通过微信群在高档社区进行销售，年销售草莓 1.2 万千克，为网络平台提供草莓 1.3 万千克，产值 137 万元。四是“家庭农场 + 休闲采摘”模式，集科普宣传、采摘销售为一体。

4. 建设电商销售平台

开发建立特色粮经作物微信服务号和微信电商系统。一是为海东源农场建立微信服务号，并做线下推广活动。二是建设微信电商系统，系统可以实现正常售卖功能外，还可以进行农产品预定、会员充值、红包发放、优惠券发放。在电商系统中，整合农场休闲游预定功能、增加公益活动组织功能、整合农产品宅配功能；三是开拓二级分销（代理）功能。消费者可代理销售农场商品，得到推广返利。建立消费者社区，促进消费者在社区互动，增加消费的信心及安全感。

5. 资源库平台建设

设立鲜食玉米公众号，为高质量鲜食玉米的生产提供技术培训和科普宣讲。包括新闻模块、论坛模块和课程模块，全方位指导生产经营者。让农民群体可更方便、快捷地了解有关鲜食玉米的从种植到加工和销售等各环节的前沿成果。

## 四、2018 年团队主推技术的综合效益

### （一）经济上的收益增加和生产上“三率”提高均比较明显

以 2018 年三种粮经作物播种面积计算，2018 年团队主推技术在带动全市三种粮经作物增产提质的基础上，总经济效益比 2016 年提高了 7.5%，实现增收 3607 万元。在种植业面积持续萎缩的情况下，鲜食玉米播种面积 2018 年逆势增加 2%；草莓和甘薯两种作物分别亩产增加 2.2%、3.7%，效益增加 30.8%、15.9%，纯养分产出和劳动生产率均有不同程度提高；鲜食玉米亩产减少 21.5%，效益减少 39.3%，亩纯施养分及其产出有所提升，劳动生产率有所下降（见表 12 - 10）。

表 12－10　粮经作物团队 2018 年带动全市粮经产业的“三率”及效益提升情况

| 作物 | 年度（年） | 播面（万亩） | 亩产（千克） | 亩效益（元） | 亩灌水（立方米） | 亩纯施养分（千克） | 亩用工（个） | 单方水产出（千克/立方米） | 纯养分产出（千克/千克） | 劳动生产率（千克/工日） |
|---|---|---|---|---|---|---|---|---|---|---|
| 草莓 | 2017 | 0.7 | 1853 | 60000 | 320 | 280 | 140 | 5.8 | 6.6 | 13.2 |
| | 2018 | 0.6 | 1894 | 78500 | 285 | 260 | 139 | 6.6 | 7.3 | 13.5 |
| 甘薯 | 2017 | 1.63 | 1893 | 896 | 27 | 63.3 | 8.9 | 6.4 | 63.3 | 213 |
| | 2018 | 1.61 | 1963 | 1047 | 28.5 | 67.7 | 8.7 | 6.2 | 67.7 | 221 |
| 鲜食玉米 | 2017 | 3 | 1250 | 1505 | 75 | 34 | 6.5 | 2.8 | 36.8 | 192.3 |
| | 2018 | 3.06 | 1028.5 | 914.1 | 63.5 | 35 | 5.5 | 16.2 | 29.4 | 187 |

资料来源：粮经团队成员综合提供。

### （二）技术协同提升综合绿色生态效益

绿色安全生产方面，从全产业链的各个环节、各个岗位协同作战，进行综合把控：

（1）品种和种苗上，通过抗病品种和扩大脱毒种苗的应用范围，达到减药。

（2）栽培和植保上，通过优化草莓种苗繁育技术，降低病虫害（特别是炭疽病）的发生。采用脱毒甘薯机械化高效栽培技术提高劳动生产率。优化鲜食玉米抢早播种技术，缩短播种和上市周期。

（3）通过示范草莓套种洋葱（水果苤蓝、水果玉米）高效种植模式和鲜食玉米一年两茬高效种植模式，达到有效减轻病虫害和提升植保效果；同时，通过水分/养分产出率及劳动生产率等“三率”提升综合技术的应用，也进一步提高了产业发展的生态效益。

### （三）多措并举获得更大社会效益

1. 线下线上举办宣传活动，提升产业影响力

线下活动：（1）2018 年，团队成功举办了第四届“北京草莓之星”评选活动，“北京草莓之星”参加全国擂台赛，获得金奖 2 项、银奖 3 项，电视台宣传 2 期；（2）举办鲜食玉米系列推介活动和第二届“北京优质甘薯推介会”。“薯小恬”获得国际农业农产品国际展览会参展农产品（食品）金奖及最佳人气奖；经业内专家和区县代表品评打分，评选出最受北京市民欢迎的鲜食玉米品种 6 个，甜玉米为“京科甜 608”“京白甜 456”“美珍 206”“BMB380”；甜加糯为“京科糯 928”“密花甜糯 3 号”，其中有 3 个是团队成员选育的。

粮经作物生产经营主体通过参加活动，促进了自身种植技术水平和安全优质意识的提升，提高了北京粮经作物在消费者中的知名度。

线上推介：通过开发建立特色粮经作物微信服务号和微信电商系统，为生产经营者产后销售市场的开拓提供了便捷渠道。

2. 依托多类媒体宣传报道，提高产品知名度

团队岗位专家分别在北京电视台、《农民日报》《经济日报》《北京晚报》《北京农

业》《京郊日报》以及北京农业微信公众号等媒体，进行宣传报道62次；网络宣传90余次。在宣传北京草莓、甘薯和鲜食玉米优质品种和产品、安全生产先进技术等方面，提高了生产者和消费者对产业工作的认知度和认可度。

3. 通过国内外交流、培训、服务大型活动等，提升新技术互动范围和扩散能力

粮经团队成员在2018年共参加国内外交流和考察活动47次，接待国内外专家交流26次，组织发放各类宣传材料17600余份，向国内外同行学习并交流最新研究成果。

通过发表文章、申请国家发明专利、申请新品种保护权等途径，也扩大了团队知识产权保护和扩散范围。

## 第三节　团队支撑产业的典型案例及其作用分析

### 一、草莓：示范基地以优质种苗供给和多种育苗管理模式促进草莓产业提质增效

草莓的重要科技实验示范基地——北京万德园农业科技发展有限公司，主要从事草莓种苗繁育和优质草莓果品生产。公司占地约150亩，现有育苗温室大棚108栋，日光温室23栋，现代化智能连栋温室4000平方米。采用日前大力推广的避雨、无土、基质槽育苗技术，每年向市场提供480万~500万株优质草莓苗，其中，92%销往本市，占全市种苗产出10%。同时，园区还在日光温室以东西垄覆膜栽培方式为主，每年为市场提供3万千克品质优良的草莓鲜果。

团队在园区通过实验应用水肥一体化技术，能够省工75%以上，节约肥料支出成本50%以上；在北京高温、雨季集中、草莓种苗繁育后期，通过使用轴流风机促进棚室内空气流动，缓解种苗繁育后期死苗率高而影响产量和效益的问题。同时，综合应用环境调控、定期预防、资材净化、适宜密度等绿色防控技术，减少了病虫害的发生。2018年红颜种苗单位面积产量增加4.5%，全园种苗总产量增加6.7%，节本增收10.8%。

通过团队的技术支撑，万德园的种苗繁育技术进一步完善，成为种苗生产的龙头企业，不但为北京草莓园区提供了450株优质种苗，还在同行业中发挥了技术引领作用，年接待国内外技术交流2000余人次，培训技术人员和农民200余人次。

2018年，为落实昌平区委区政府京津冀协同发展和对口支援河北尚义县的产业扶贫精神，万德园在河北省尚义县建设并运营“昌平区—尚义现代高效草莓产业园”，开展草莓育苗、夏冬季鲜果种植、科普展示等试验和推广。预计每年可以繁育100万株原原种苗、

1000 万株商品苗、5 万千克草莓鲜果。

案例支撑作用表现在以下两方面。

1. 种苗工程方面建立优质种苗繁育技术体系

园区已逐步建立起草莓三级育苗体系，与中国农业大学合作，开展种苗的脱毒与组培快繁，得到原原种苗；在昌平区基地与尚义基地，繁育原原种后得到原种和商品苗。

高质量种苗生产繁育体系，对北京草莓质量提升起到一定范围支撑作用。通过在北京和京外分别协同生产原种苗和相对冷凉区域繁育生产苗，每年能对北京草莓生产者提供约360 万株的高质量种苗。在种苗供应、现金生产技术试验示范方面有一定辐射作用。

2. 栽培管理技术上创建 5 种育苗模式

包括高架基质育苗模式、半高架基质育苗模式、塑料大棚地栽基质育苗模式、阴棚地栽基质育苗模式和玻璃温室 A 字型高架基质育苗模式。这五种相对成熟的栽培管理模式，对提高昌平区草莓生产管理水平有一定技术示范和辐射带动作用。

## 二、鲜食玉米：重点在产前新品种引领质量和产后多渠道销售带动增收

通过粮经团队技术支撑，房山区窦店镇下坡店村建立了 100 亩鲜食玉米示范田，开展新品种、新技术示范工作。引进 BMB380、京科糯 728、京白甜 456 等团队选育、筛选优质高端鲜食玉米品种，配套抢早播种技术、绿色防控技术和水肥一体化技术等团队研发关键技术。该示范点 2018 年鲜食玉米育苗拱棚移栽技术应用面积 15 亩，移栽区亩收获穗数2456 穗，亩产 1116. 6 千克，平均销售价 5 元/千克，亩产值 5833. 0 元，亩效益 4443. 0 元。与传统常规播种技术相比，亩产值增加 3878. 9 元，亩效益增加 3528. 9 元，总效益增加 52933. 4 元。“深 V 覆膜播种”技术应用面积 40 亩，示范效果：示范区亩穗数 2763. 5 穗，亩产 1293. 3 千克，销售价 3. 0 元/千克，亩产值 3880. 0 元，亩效益 2840. 0 元。与传统常规播种技术相比，亩产值增加 1925. 9 元，亩效益增加 1925. 9 元，总效益增加了77036 元。通过粮经团队工作，该示范点种植效益实现扭亏为盈并连续三年收益翻倍：自2016 年团队介入进行技术指导当年结束了之前连续亏损的局面，2017 年示范抢早播种技术，年收益 10 万元；2018 年集成鲜食玉米高效种植模式，年收益 35 万元。

案例支撑作用表现在以下三方面。

1. 优新品种引领产业发展

鲜食玉米育种岗培育的京科糯等优质品种，不但在北京地区受到欢迎，在越南等一带一路国家也有一定市场。

2. 立体化渠道开拓的产销一体模式，促进了生产者增收

粮经团队开展以鲜食玉米为主的特色粮经作物产销一体链条化服务，突破制约产业发展的产后销售瓶颈。主要应用的典型销售模式包括：商业机构对商业机构的批发型销售模式（B2B）、商业机构对消费者的互联网销售模式（B2C）、种植户对用户点对点销售模式

（C2C）。通过多种模式的立体化多种销售渠道的开拓，在保障销售的前提下，提升了生产经营收益和产业发展动力。

3. 明确了适应市场需求的育种和产业链重点研发方向

调研显示，品种上的甜味糯型品种有较大的消费需求市场，白色糯玉米在非洲市场很受欢迎。这是新品种进一步开拓国内外市场的研发方向。产后的冷冻玉米、储藏保鲜技术有较大市场需求，相关技术对产业的支撑作用将更大。

## 三、甘薯：密云区石匣村优质鲜食甘薯提质增效关键技术集成与示范推广

随着种植业结构调整，北京市创新团队粮经作物团队，以甘薯作物为抓手，围绕优质甘薯提质增效，通过产前的优质品种推荐及健康种苗繁育，产中的轻简提质技术应用，产后的贮销、减损、增值等措施，打造出高岭镇石匣村甘薯产业高质量全产业链发展的种植模式。

案例支撑作用表现在以下几方面。

1. 以优质品种、健康种苗繁育来引领绿色生产

更新换代优质传统品种“遗字 138”“丰产型密选 1 号”2 个甘薯品种；引进推广“烟薯 25”“济薯 26”“普薯 32”“心香”4 个鲜食优质、抗病型、稳产型等品种。储备特色黄玫瑰、黄香蕉 2 个加工型品种。构建优质、多样、稳产型品种布局，新品种覆盖率达到 90% 以上。

在密云区石匣村健康种苗繁育基地，实现甘薯种薯（苗）繁育两个统一：统一供应育苗繁育种薯，统一供应生产用健康种苗，扎实有效的推进山区甘薯产业健康发展。2017 年翻新改造 12 个育苗棚，总育苗面积 2700 平方米，单位面积产苗量 4500 株/平方米，满足当地近 2000 ~ 3000 亩甘薯生产种苗的需求，降低了种薯（苗）外调引种病虫害侵染的风险。

2. 以集成示范轻简高效栽培，提质增效安全生产

（1）推广提质增效栽培技术：以适期定植、种苗船底型水平移栽、宽垄增密化学控旺、前期重氮后期促钾平衡施肥 4 项关键技术，实现抗旱保苗，提升甘薯商品性 25% 以上，亩产增产 15%。

（2）以病虫害绿色综合防控实现安全生产：全面推广以“选、控、封、防”为主的综合防治技术体系。选：选用抗病品种、选用无病种薯、选择无病留种田；控：清洁田园，控制田间虫口基数；喷施茉莉酸甲酯，控制苗床线虫侵入速度；采用高剪苗措施，控制薯苗带线虫入田；封：三唑磷微胶囊封口减少茎线虫从剪口处侵入；防：薯苗移栽时，选用 10% 福气多（噻唑磷）颗粒剂 2.5 千克/亩穴施 +35% 辛硫磷微胶囊剂 1 千克/亩灌根。甘薯茎线虫的平均防效为 75.1%，地下害虫的平均防效为 83.3%。

（3）普及甘薯全程机械化轻简高效提高劳动生产率：推广甘薯不覆膜全程机械种植技

术：机械化旋耕、起垄、移栽、中耕、杀秧收获等，作业效率较人工提升 5 ~ 20 倍以上，每亩地节本增效 750 元以上。

3. 以产后减损增值技术，促进生产经营者增收

集成专家优势，协助设计建设甘薯贮藏窖并引进先进成熟贮藏技术，使鲜食甘薯保鲜出库率提升到 80% 以上。已建储存窖 1750 平方米，年贮藏容量超 200 万千克，为错峰销售和提高收益创造了条件。

4. 构建产销一体模式，促进生产经营主体合作共赢

通过“产、销、研”对接与共建，带动甘薯产业发展等。将天地清源公司、石匣甘薯合作社、和合园种植合作社等生产经营主体组建甘薯产业联合体，结合北京华联事农国际、北京超市零售渠道，打通生产销售环节，为甘薯产业发展提供动力。

2018 年石匣村辐射带动周边村落种植规模达 2200 亩，按亩产 2 吨计，全年甘薯产量可达 4400 吨，收益达到 200 万元左右，村民人均增收 2000 元。提高经济效益的同时，又提供 300 余个劳动就业机会，结合互联网“微店”销售渠道，初步实现生产、加工和销售的服务链条及产品优质优价和绿色生态农业的发展。

# 第四节　产业发展政策建议

## 一、产业发展亟待解决的主要问题

### （一）草莓产业存在的主要问题

1. 种苗质量存在潜在的风险

其原因在于以下三方面。

（1）正宗纯种资源不足，存在品种退化的问题：原原种组培方面，因目前主栽品种是日系品种，一般企业拿到正宗纯种比较困难，大多选择田间表现较好的植株进行组培，经过长时间多次组培后，存在品种退化的问题。

（2）原种与商品苗繁育方面的过程管理不如国外严格。原种与商品苗繁育时缺乏区分与隔离，缺乏相应的试种记录和繁育记录，仅靠常规经验进行，代际区别不够严格。

（3）病毒检测方面不够严谨严格：虽然在原原种生产中进行了检测，但只是采用抽检方式，没有按国外原原种阶段每一种均需要检测；繁育过程采取随机检测，没有定期定量检测；对于检测出来的结果，可能仅能证明检测株有问题，无法做到溯源追踪销毁。

2. 市场监管力度不足阻碍种苗行业良性发展

无序竞争导致劣币驱除良币现象明显。根据园区反映，目前生产模式下，每株苗成本为0.8元。由于大量无证照经营者存在，一株苗售价仅在1元左右，增加质量控制措施后必会增加成本，企业压力更大。种苗低价无序竞争挤压了正规生产商发展空间。

3. 技术人才和产业工人稀缺

出身于生产一线、眼界和知识结构满足行业发展需要的人才明显缺乏。懂专业、懂技术的大专院校毕业生，不愿意在一线从事比较辛苦的农业，现实难以满足技术人才对工资和劳动强度的期望，存在科技人才和一线工人的用工荒和雇工难。

**（二）甘薯产业存在的主要问题**

1. 品种（苗）技术

一是遗传资源贫乏导致突破性品种数量不多；二是甘薯组织培养的成苗率和试管苗的快繁结果受品种、操作熟练程度等因素影响而各有差异。三是北京甘薯生产上的主栽品种相对单一且严重退化；四是北京脱毒种薯（苗）的供给能力和质量尚不能满足本地需求（育苗量占需求量的50%左右，其中脱毒薯苗仅占10%左右），且与先进地区（江苏等）仍有差距。

2. 机械化技术

我国甘薯的生产机械化，在旋耕起垄、移栽定植、杀秧割蔓和采收等环节，与国外甘薯机械都存在一定差距。特别是我国不同区域的甘薯生产，因生产方式和规模、产地的地形和气候等情况不同，对甘薯机械的机型需求各异，因而技术标准和质量评价指标尚未统一，对机械的大小和作业性能要求不一，不利于推动机械生产和应用的标准化。

3. 产后贮藏与保鲜技术

因甘薯自身水分较大，贮藏生理反应较活跃，不同品种间的含水量差别也很大，储藏质量受温湿度、外界环境和人为管理因素影响较大。因而，国内商业化、规模化、安全化贮藏甘薯的研究一直是科研重点和难点。

**（三）鲜食玉米产业存在的主要问题**

1. 育种所需优质种质资源不足

随着种植资源保护意识的强化，国内育种者得到国外优质种植资源的难度较大，制约了育种技术创新空间。好品种国外多一些，特别是甜玉米，70%～80%属于国外品种（品系），国内甜玉米育种方面与国外仍有差距。

2. 产后储藏及保鲜技术与发达国家尚有一定差距

例如，日本甜玉米采后迅速降温冷藏的速冷技术，对保持产品原始风味具有良好作用。国内尚需在冷链支持和产后储藏保鲜技术上进一步突破，以更好地适应消费需求。

## 二、产业发展的政策建议

根据产业发展现状和目前存在的主要问题及发展需求，提出的参考建议重点，一是狠抓两头（产前种业、产后储运及销售）；二是重视人力资源的吸引及培育；三是营造适宜的市场竞争制度软环境。

**（一）支持国外优质遗传及育种资源的合理合法引进，深入挖掘育种（苗）新技术对产业支撑的潜力**

无论是甘薯、草莓还是鲜食玉米，均存在优质育种（苗）资源匮乏问题，这已成为制约鲜活植物类农产品提质增效的主要瓶颈之一。因而，从政策导向上探索对引进优质育种（苗）资源的支持政策，是促进相关产业的提质增效的重要切入点。

**（二）加大对产后储藏保鲜技术研发的重视力度，促进产后增值和提质增效**

过硬的产后储藏保鲜技术对降低鲜食农产品销售风险、通过错峰销售调节供求及增加收益具有重要保障作用。

**（三）全方位吸引和培育产业发展的人力资源**

一是不断优化农民培训政策；二是提高典型专业村、典型企业以及生产经营大户的示范带动和辐射作用；三是从制度上探索北京专家资源服务京郊农业的机制，以实现技术供求的及时顺利对接。四是探索吸引文化程度较高的新型农民投身农业、带动农户共同发展的鼓励政策。

**（四）强化育种（苗）市场的监管力度，营造公平竞争的市场环境**

合法正规育种（苗）企业的资质获得及高质量种苗生产成本相对较高，在无序低价竞争中处于不利地位。提高对无证照经营者的处罚力度和违法成本，能够为种业市场良性竞争提供重要保障。

**（五）适度推进规模化经营**

适度的规模经营能够吸引优质生产资源进入产业链各环节，并带来优质产品在市场交易中的品牌效应和话语权。如果整体产业规模不足，产前的生产资料市场不易找到生产者所需优质资源（如优质种子、植保药剂等）供应商，进而影响产中和产后相关节点的顺利衔接。

# 第十三章　北京市西甜瓜产业发展报告

西甜瓜产业作为北京市特色农业产业在北京农业发展中占有重要地位，以其特有的生物、生态、经济和社会属性成为北京都市农业的重要组成部分，北京市西甜瓜产业的发展在推进农村三次产业融合发展、现代都市农业升级换代、构建现代农业经营体系、促进农业信息化建设、引领京津冀现代农业一体化协调发展、科技示范等方面均起着重要作用。

随着北京农业供给侧结构性改革的深入推进，农业“调转节”步伐的加快，2018 年北京市西甜瓜产业平稳发展。种植面积稳中有降，区域分布略有微调，品种不断适应都市消费需求，先进适用型技术研发推广面积有所增加，品牌建设意识不断增长，流通市场变化不大，消费需求多样，有向中高端发展趋势。本章从 2018 年北京市西甜瓜产业发展现状、西甜瓜产业技术体系北京市创新团队在产业发展中的支撑作用、产业典型案例分析、产业发展中存在的问题和对策建议几个方面进行了描述和分析。

## 第一节　西甜瓜特色产业发展状况

### 一、生产现状

#### （一）基本情况

1. 生产结构

北京市西甜瓜产业生产主要以集约化育苗和设施栽培为主，2018 年集约化育苗量 1400 万株，是 2017 年的 5.8 倍；设施包括温室、大棚、中小棚。2018 年北京市西甜瓜种植面积共 4400 公顷，与 2017 年持平。西甜瓜平均单 46870.5 千克/公顷，远高于全国平均水平（35713.5 千克/公顷）。全年总产量 20.62 万吨，总产值 11.96 亿元，与 2017 年相比增加 0.76 亿元，水肥一体化技术应用使得西甜瓜产业总节水 15.5 万立方米；立体防控技术应用，总减少化学农药使用4.34吨。

2. 品种结构

2018年，高品质西瓜品种6个、甜瓜3个，对其中4种高品质品种集约化育苗并且农业技术推广站进行补贴，补贴品种为“L600”“超越梦想”“京颖”“华欣”。品种由多样化向优良化转变，优良品种覆盖率达到了90%。

3. 地区结构

北京市西甜瓜主产地位于延庆区、大兴区、昌平区和顺义区等，大兴区（庞各庄和魏善庄）、顺义区（李桥、李遂、杨镇、北务）等8个乡镇形成了两个重要的西甜瓜产业带，占总生产面积的85%。此外，通州、房山、平谷等区也有小面积生产种植，密云、昌平、顺义、大兴等区的农业观光采摘园区也有部分种植。根据北京市农业农村局统计，大兴区西瓜播种面积占全市西瓜播种面积的50%左右，西瓜产量占全市西瓜总产量的60%左右，是北京市西瓜种植的主产地。

4. 从业人口结构

同北京市农业种植人口发展趋势一致，目前西甜瓜产业从业人口面临严重老龄化、女性化问题，劳动力不足现象日趋严重，2018年全市从业人员有1.2万人，生产经营单位以农户为主，占总生产面积70%左右。

2018年雇工价格与上年持平，为130元/人·天，并提供食宿。雇工目前嫁接、整枝等技术性劳动力极为短缺，因此雇工费用还有继续上涨的可能性。以季节性雇工为主，本地约占三分之一，外地占三分之二，外地雇工多来自贵州等地区。

5. 技术结构

围绕西瓜产业“四化”（生态化、安全化、简约化、融合化）内在发展需求，以基础性研究和技术攻关的实验研究为主，重点研究无土栽培、简约化栽培技术，示范“一控两减”绿色技术体系和高密度栽培、采摘栽培等高效综合技术和观光采摘技术的集成与示范，促进西甜瓜高效生产，保障北京西甜瓜产业持续稳定发展和瓜农收入持续稳定增长。

（1）“三节”技术。北京市西瓜产业中，所应用与推广的节肥技术主要以水肥一体化技术为主，通过此项技术的应用与推广可以节省西瓜种植过程中的成本效益，从而为北京市西瓜产业达到提质增效的作用。2018年北京市西甜瓜产业的灌溉方式：大水漫灌占46.67%，微喷带占40%，滴灌占23.33%；水肥施用：底肥中有机肥施用比重最大的为鸡粪，占69.67%，复合肥比重最大为三元复合肥，占85.34%；平均灌溉次数5.19次；平均追肥4.9次。

（2）栽培技术。按照北京设施特点、气候特点和种植习惯，集成栽培模式进行示范和推广应用，新引入技术为基质化栽培与两蔓一绳高密度栽培技术。集成的模式包括：西甜瓜高密度抢早栽培模式、小型西瓜长季节栽培模式、西甜瓜无土栽培技术模式、多年生廊架植物创新廊架景观营造技术、创新西瓜“扇形”栽培、春秋棚葡萄套种特色西瓜种植模式。

（3）销售技术。改造研发了一套小型西瓜分级设备，加长上料传输系统长度50cm；降低保护装置，放平托盘；机械整件高度降低，移动轮设计为可活动拆卸；托盘增加减震装置，调整托盘长度适应西瓜长度；下料工作平台增加减震装置；增加一个滚筒运输。该套设备分选速度可达10000个/小时，较人工分选速度提高20~30倍；该套设备分选范围20~9000克，较人工分选更精确。

6. 本地生产情况

2018年延庆区西甜瓜种植面积41.6公顷，新品种39.8公顷，占到总面积的95.7%；大兴区、顺义区、延庆区的西瓜生产面积分别为1422.93公顷、1126.33公顷、41公顷。这三个地区的亩产量均远高于全国平均水平（35713.5千克/公顷），处于全国前列。昌平区西新城村为草莓套种L600小西瓜，西瓜6000千克/公顷。2018年北京市大兴、顺义、延庆、昌平西瓜、甜瓜播种面积、单产、总产量，如表13－1、表13－2所示。

**表13－1　2018年北京市大兴、顺义、延庆区西瓜播种面积、单产、总产量**

| 地区 | 总面积（公顷） | 产量（千克/公顷） | 总产量（吨） |
|---|---|---|---|
| 大兴区 | 1422.93 | 54600 | 77692.16 |
| 顺义区 | 1126.33 | 65700 | 74000.1 |
| 延庆区 | 41 | 56250 | 2306.3 |
| 昌平区 | 3.4 | 6000 | 37.5 |

数据来源：调研数据。

**表13－2　2018年北京市大兴、顺义、延庆区甜瓜播种面积、单产、总产量**

| 地区 | 总面积（公顷） | 产量（千克/公顷） | 总产量（吨） |
|---|---|---|---|
| 大兴区 | 4.467 | 39945 | 178.42 |
| 顺义区 | 94.53 | 44925 | 4246.91 |
| 延庆区 | 0.6 | 43050 | 25.83 |

数据来源：调研数据。

## （二）生态环境

2018年，监测40个示范点“温、光、水、汽”等环境因子，结果表明：种植地区平均气温、地温、光照强度较上年同期上升，平均空气相对湿度较去年下降。

2018年，大兴区、延庆区等多地多次出现强冷空气来袭、7~9级大风、大雪等灾害性天气，灰霉病等突发性病症，综合试验站和相关技术人员均立即响应成立应急小组，及时下乡解决问题，有效控制病情，确保西甜瓜安全生产。针对低温阴冷天气，指导西甜瓜种植户及育苗大户采取增温补救措施。

### （三）安全情况

1. 病虫害发生情况

在西瓜育苗、嫁接、定植、生长、发育、成熟等不同阶段均会发生多种重要的病害，这些重要的病害大体上可以分为三大类：种传病害、土传病害和气传病害。有些种传病害也可以通过土传或气传，有些土传病害也可以通过种传或气传，但大多数气传病害不能通过种传或土传。降低气传病害的初侵染菌量，迅速地采用叶面或地上部喷雾可以全面预防气传病害进一步大范围地传播和蔓延。

北京地区西瓜上主要害虫以蚜虫、蓟马和红蜘蛛为主。但由于地理气候差异，顺义区和延庆区病虫害发生规律差异性较大。

2. 标准化程度

全区市级以上标准化蔬菜生产基地面积 693.33 公顷。延庆区西甜瓜种植各基地标准化程度参差不齐。2018 年延庆区西甜瓜种植方式主要为地爬式长季节和吊蔓式栽培两种。沈家营以及西五里营 320 亩 21.33 公顷均采用地爬式长季节栽培模式，在北京市西甜瓜创新团队多年扶持下，基本上采用标准化操作；其他基地均采用吊蔓栽培，广积囤的标准化程度已经达到了 90%。西红寺村的全村育苗户统一购买西瓜种子、砧木，统一进行药剂包衣处理，统一育苗并且已经对全村西瓜茬口进行了统一，而其他基地由于刚接触该产业，技术水平及标准化程度较低。

3. 品牌建设情况

北京市西甜瓜产业在都市型现代农业发展的大背景下，品牌意识逐年增强，品牌建设良性发展。在西甜瓜经济岗专家的指导下，进行生产与市场分析，推动品牌化销售 5 年累计 20 万吨以上。从 2016 年开始，西甜瓜团队实施“亮牌计划”，围绕北京市西甜瓜产业休闲采摘和规模化生产、品牌化销售两个发展方向。在地理标志的带动下，龙头企业、种植大户和合作社以及瓜农开始着重打造西甜瓜品牌。目前，北京大兴区已经注册的西瓜商标有 10 多个，“京庞”“乐平”“宋宝森”“九元”“巴特农”“永定河”等一批西瓜品牌逐渐呈现在消费者眼前。顺义区蔬菜瓜类农业品牌有 30 余家，其中有北京市著名商标 2 个，为北务镇种植业联合会的“绿中名”商标与大孙各庄镇北京绿奥蔬菜合作社的“绿奥”商标。

## 二、流通情况

北京市西甜瓜产业中，小农户的西瓜主要由合作社收购、销往批发市场、瓜贩子在田间收购，合作社在收购时会利用分选机等进行有标准地选择，收购价格也高于瓜贩子和批发市场 0.5 ~0.8 元。瓜贩子的西瓜最终会流向批发市场，西瓜专业合作社和企业的西瓜以电商、订单、商超供应、新零售业态（例如盒马鲜生）直接流向消费者。

各大批发市场的合作方式分为达成口头协议、实时交易、签订年度订单、签订 1 年以上合同。调研发现，合作方式仍以传统的市场交易为主，这样的情况下整个供应链管理的效果处于低水平状态。批发商合作方式占比情况，如图 13－1 所示。

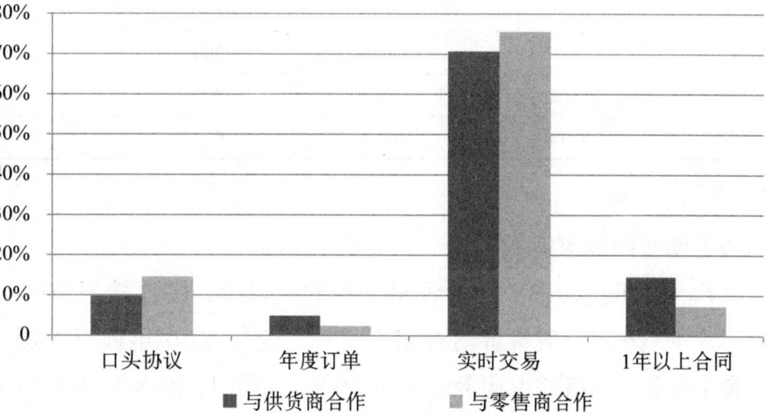


**图 13－1　批发商合作方式占比情况**

数据来源：调研数据。

调研超市的三种物流方式占比比较平均，对方运输占比 39.1%，自行运输占比 34.8%，第三方物流占比 26.1%。

## 三、市场消费现状

北京市西瓜创新团队针对北京市西瓜消费情况，对北京市西瓜消费者进行调研。本次调研包括对普通西瓜消费者及采摘西瓜消费者的调研，均采取实地抽样问卷调查方法，调查对象包括北京顺义区、大兴区、通州区、昌平区、石景山区、海淀区、朝阳区的西瓜消费者，调查时间为 2018 年 7～8 月份。普通西瓜消费者共发放 620 份问卷，其中有效问卷有 600 份，问卷有效率为 96.8%；采摘消费者共发放 310 份问卷，其中有效问卷有 300 份，问卷有效率为 96.8%。

### （一）消费者产品需求现状

1. 西瓜消费者对西瓜型号的偏好

根据调查数据，2018 年消费者购买小型西瓜（1～3.5 千克）占比最高为 45.2%，人数为 271 人；购买中型西瓜（3.5～6 千克）的人数为 167 人，占比 27.8%，购买大型西瓜（6 千克以上）的人数为 100 人，占比 16.7%（见表 13－3）。与 2016 年的调研数据相比较，发现并无较大的差别。可以看出，西瓜消费者对于购买西瓜仍然朝着小型瓜的方向发展。北京市 2018 年小型西瓜种植面积略有上升，占到了总体西瓜种植面积的 35%左右。

表 13－3　　消费者对西瓜型号偏好统计

| | 2018 年 | | 2016 年 | |
|---|---|---|---|---|
| | 频率（人） | 百分比（%） | 频率（人） | 百分比（%） |
| 偏好大型西瓜 | 100 | 16.7 | 123 | 18.2 |
| 偏好中型西瓜 | 167 | 27.8 | 166 | 24.6 |
| 偏好小型西瓜 | 271 | 45.2 | 300 | 44.5 |
| 无偏好 | 62 | 10.3 | 85 | 12.6 |
| 合计 | 600 | 100.0 | 674 | 100 |

数据来源：调研数据。

2. 西瓜消费者购买西瓜重视的因素

2018 年，在购买西瓜过程中，消费者最重视的是口感，占比接近 70%，其余包括西瓜产地、价格、品种、外观，消费者均有相应重视。这与 2016 年调研数据反映的情况大致相同。但在重视因素中价格的占比上升了近 10%，可能与 2018 年水果价格有小幅度提升有关，具体数据见图 13－2。

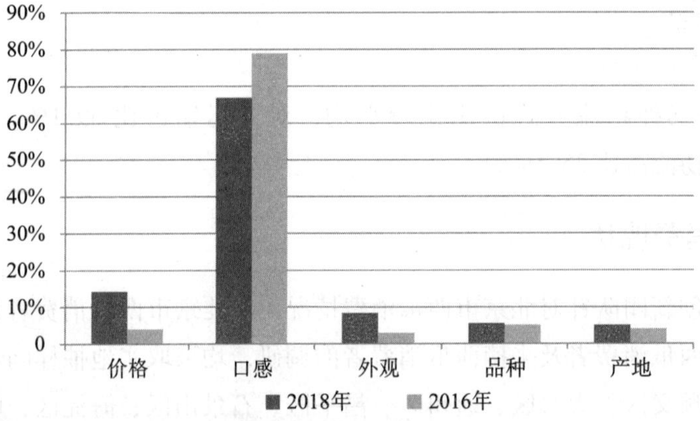


图 13－2　西瓜购买决策重视因素占比情况

数据来源：调研数据。

3. 西瓜消费者对西瓜品质的偏好

2018 年，西瓜消费者对甜度的选择上，更偏好甜度较高的品种，占比达 58%，适中甜度的也达到 37%；在对口感的选择上，脆瓤与沙瓤的比例大致相同，为 46%；对汁液的选择上，更偏好汁液多的，占比高达 82%；在对有无籽的选择上，有籽和无籽的选择比例分别为 51.8%、42.5%。

西瓜消费者在对纤维含量的选择上，选择纤维含量丰富的占比最高，基于调研中对实际情况的了解，发现绝大多数的消费者对西瓜纤维含量的认识并不充分。具体情况见图13－3。

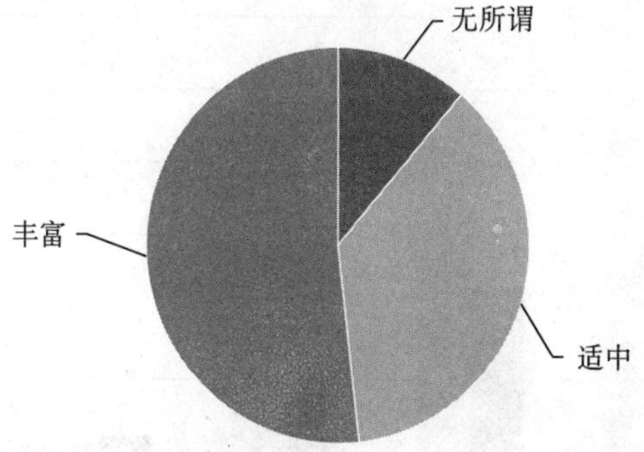


图 13－3　西瓜消费者对纤维含量的选择占比

数据来源：调研数据。

根据调查数据，2018 年消费者认为每个西瓜重 2.5～3.5 千克的占比最高，且对西瓜重量的选择上集中在 1.5～6 千克范围，这与西瓜型号的偏好选择上大致相同。具体情况见图 13－4。

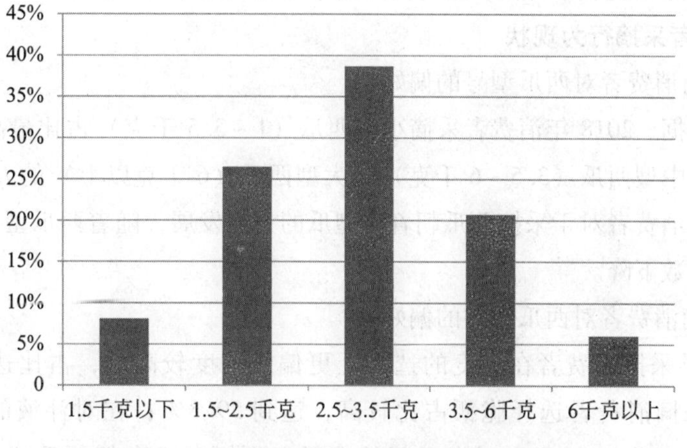


图 13－4　西瓜消费者对单个西瓜重量的选择占比

数据来源：调研数据。

4. 西瓜消费者对西瓜购买的场地偏好

2018 年北京市居民购买西瓜的主要场所是农贸市场和超市，分别占比为 22.7% 和 50.7%，其次为流动摊贩和社区便利店，占比为 13.5% 和 10.8%。因为西瓜的体积以及运输中易发生损坏以及成本因素，所以网上购买的消费者仍占较小比例，仅占 2.3%，跟 2016 年的相比，比例大致相同，具体情况见图 13－5。

5. 西瓜消费者对西瓜消费的季节偏好

受访的西瓜消费者购买西瓜主要集中在夏秋季，比例高达 74.2%，春冬季购买者比例仅为 0.3%，另外，四季均购买西瓜的人群比例为 25.5%。

在主要消费季节西瓜的购买频次多为一周 2～4 次，占比达到了 59.8%，一周 5 次及

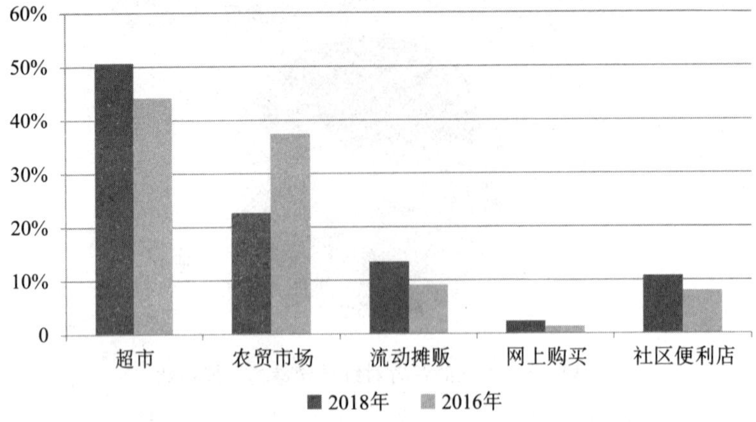


**图 13－5　西瓜消费者购买地点的占比**

数据来源：调研数据。

以上的占比也达到了 17.3%，在非主要消费季节，四周一次及以下占比高达 64.0%。可见，西瓜消费仍然以夏秋季为主，这与西瓜属于寒凉性水果有关。

**（二）消费者采摘行为现状**

1. 西瓜采摘消费者对西瓜型号的偏好

根据调查数据，2018 年消费者采摘小型西瓜（1～3.5 千克）占比最高 87.7%，人数为 263 人；采摘中型西瓜（3.5～6 千克）与大型西瓜（6 千克以上）的人数均占比较小。可见，西瓜采摘消费者对于采摘西瓜朝着小型瓜的方向发展，随着西瓜型号的增大，选择采摘的消费者人数下降。

2. 西瓜采摘消费者对西瓜品质的偏好

2018 年西瓜采摘消费者在甜度的选择上更偏好甜度较高的，占比达 52.3%；在口感的选择上，采摘消费者选择脆瓤占比较高，达到 59.3%；在对汁液的选择上更偏好汁液多的，占比高达 86%；在对有无籽的选择上更倾向于有籽西瓜，占比达到 54%；在对纤维含量的选择上，选择纤维丰富的占比最高，占比高达 79.7%；在香味选择上，西瓜采摘消费者普遍选择香味适中的西瓜。在对瓜型的选择上，椭圆形占比最高，高达 67.3%。通过调研发现，西瓜采摘消费者对西瓜品质的偏好与普通西瓜消费者的偏好情况基本相同。

3. 消费者获取西瓜采摘信息的渠道

对消费者获取西瓜采摘信息的主要渠道进行调查，结果表明，消费者主要是通过朋友介绍来获取西瓜采摘信息，通过网络获取西瓜采摘信息的占比也达到了近 40%，具体情况见图 13－6。据实际调研情况，发现现今北京市西瓜采摘的宣传力度正逐年加大，主要宣传的方式也是通过互联网来进行。可见，我国西瓜采摘信息的宣传力度还有大幅度提升的空间，潜力巨大。

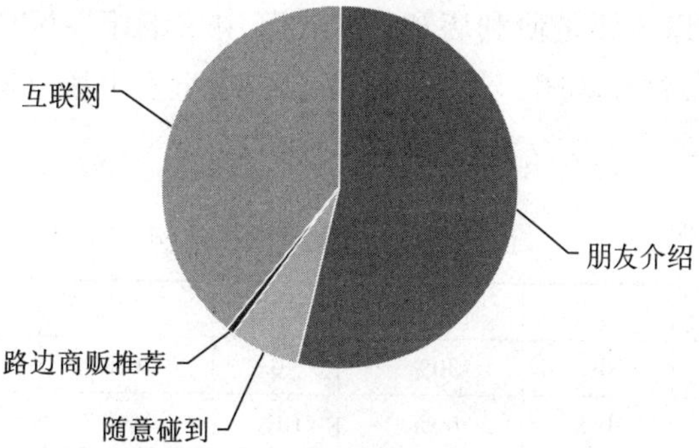


**图 13－6　西瓜消费者获取采摘信息的渠道**

## 四、新型经营主体现状

### （一）新型农业经营主体发展现状

1. 合作社

合作社中，合作社理事长担任职务年限多为 8 年以上，年龄在 36～50 岁居多，文化程度大专及本科以上占 63.60%；高中水平占比 15.90%；初中及以下为 20.50%。

合作社提供服务环节中，所有调查的合作社对所属社员都在生产环节提供技术支持，有 81.80% 的合作社对所属社员在销售环节提供销售渠道的帮助，72.70% 合作社对所属社员在生产环节提供生产资料的采购帮助，63.60% 合作社对所属社员在西瓜生产全过程中提供组织参观学习与培训的机会。其中，有 54.55% 合作社对所属社员提供生产资料采购、生产技术支持、销售渠道以及组织参观学习与培训四项综合服务；18.18% 合作社对所属社员只提供生产技术的支持（见表 13－4）。

**表 13－4　合作社提供服务环节**

| | 频率 | 百分比 |
|---|---|---|
| 生产资料采购 | 8 | 72.70% |
| 生产技术支持 | 11 | 100.00% |
| 销售渠道 | 9 | 81.80% |
| 组织参观学习与培训 | 7 | 63.60% |

数据来源：调研数据。

2. 企业

西瓜企业除了本地的生产基地还会从农户和外埠生产基地收购西瓜，因此种植规模都比较大。“老宋”和“乐平”的种植面积分别为 133.33 公顷和 150 公顷；“四季阳坤”同时种植果蔬，西瓜种植面积 3 公顷；“地源遂航”由于成立时间较短，种植面积仅为 0.93 公顷。四家公司销售的西瓜主要来自本地自产，其中“地源遂航”和“乐平”达到 95% 以上，“老宋”除了本地自产，还会从本地农户和外埠生产基地收购西瓜。

公司销售西瓜的渠道主要是便利店和集团，其中“老宋”60%的西瓜都是销往便利店，“乐平”40%的西瓜销往集团；其次，西瓜会销往批发市场、超市以及通过采摘销售，具体分布见表13－5。

**表13－5　企业销售西瓜的渠道及比例**

| | 批发市场 | 超市 | 便利店 | 电商 | 采摘 | 集团 | 事业单位 |
|---|---|---|---|---|---|---|---|
| 地源遂航 | 0 | 20% | 30% | 0 | 10% | 20% | 20% |
| 老宋 | 0 | 10% | 60% | 10% | 15% | 5% | 0 |
| 乐平 | 30% | 10% | 0 | 10% | 10% | 40% | 0 |
| 四季阳坤 | 0 | 50% | 50% | 0 | 0 | 0 | 0 |

数据来源：调研数据。

公司和收购商的合作方式，“老宋”和“乐平”主要是通过年度订单，其中“乐平”80%的销售都是通过年度订单达成；其次，“地源遂航”和“四季阳坤”均通过实时交易的方式销售（见表13－6）。

**表13－6　企业与收购商的合作方式及比例**

| | 实时交易 | 年度订单 | 一年以上合同 | 其他 |
|---|---|---|---|---|
| 地源遂航 | 100% | 0 | 0 | 0 |
| 老宋 | 0 | 60% | 40% | 0 |
| 乐平 | 10% | 80% | 0 | 10% |
| 四季阳坤 | 100% | 0 | 0 | 0 |

数据来源：调研数据。

3. 种植大户

种植大户集中表现为家庭农场的新型生产主体模式，是指以家庭成员为主要劳动力，从事农业规模化、集约化、商品化生产经营的新型农业经营主体。家庭农场一般家里有青壮年劳动力，素质较高，既有家庭经营优势，可以有效解决农业生产活动空间大、周期长、过程难监管等问题，又具备规模经营的优势，规模经济和规模效益都较明显。2018种植大户的种植面积集中分布在0.6～1.2公顷，占83.33%，其余的种植大户种植面积为2.2公顷以上。

在所调研的种植大户中，33.33%的温室、大棚等设施由种植大户自己建造，66.67%是由政府补贴建造，平均补贴为28536.9元/公顷。

**（二）新型农业经营主体经营情况**

北京市经营主体主要分为家庭经营、种植大户、合作社和企业。在北京市生产西瓜的地区，农户种植是最为常见的模式。农户模式，就是分散的农民在自有或租借的土地上自主种植西瓜，不参加任何合作社性质的组织，经济实力较弱，科技水平达不到较高的层次。调查的北京市的种植大户共 122 户，其中顺义区 120 户，延庆区 2 户，其主要的销售渠道是批发。

调查的家庭农场 2918 个，其中顺义区 2916，延庆区 2 个。家庭农场主要的销售渠道是地头销售和地头批发。

合作社就是将一些农户集中起来，形成一个为社员统一购买农资和销售产品的组织。从整体看，北京市西瓜产业的农民合作社规模偏小，竞争力较弱，主要为社员提供信息、技术、营销等信息和服务，并不具备统一生产、统一销售的能力。在调研的 44 家合作社中，现阶段合作社在市场中具有的竞争力要素中，质量领先要素占 36%，品牌领先占 26%，销售渠道领先占 16%，技术领先占比 11%（见图 13 -7）。

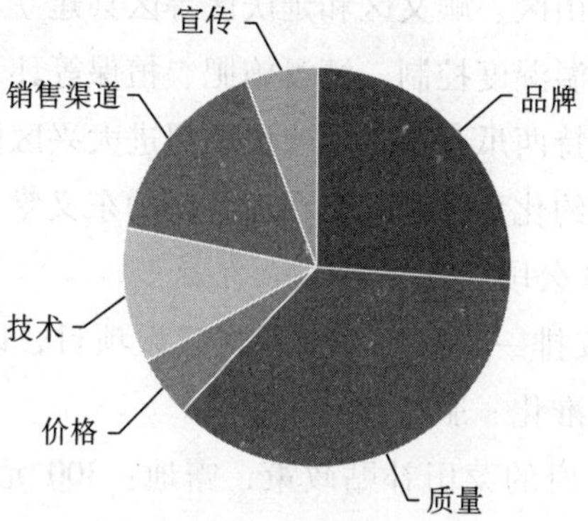


**图13 -7　合作社市场中竞争力要素分布**

数据来源：调研数据。

根据调研数据分析，合作社的销售方式主要有七种，其中电商占比重最大，同为 22%；产地批发和采摘次之，占比同为 21%；大小型超市为 15%，具体分布如图 13 -8 所示。合作社在销售蔬菜等农产品时，采用多种的销售方式并存的比重占 90.9%。

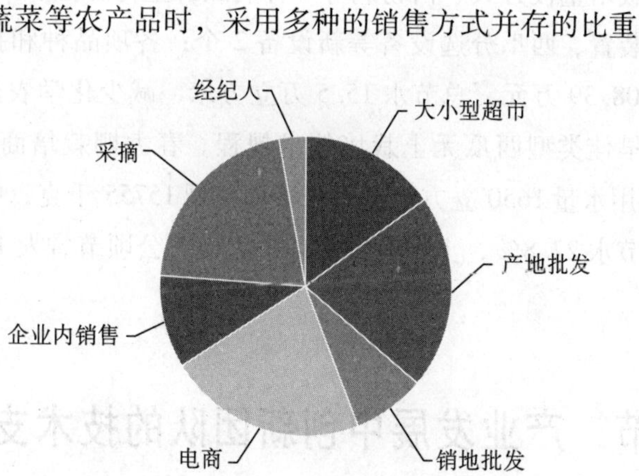


**图 13 -8　合作社主要销售渠道分布**

数据来源：调研数据。

## 五、产业支持政策实施效果

### （一）现行产业支持政策

为保护和促进北京西瓜生产，提高西瓜生产者的积极性，政府除加强农业基础设施等方面投入外，应继续推进良种补贴，加大化肥、农药、薄膜等生产投入品的政策性补贴。

第一，重点持续推广西瓜蜂授粉技术，实行区种植业服务中心牵头 + 市农科院植保所专家指导 + 北京农之翼养蜂场等供蜂 + 主产镇镇农业部门 + 农民专业合作社组织落实模式，对蜜蜂授粉技术进行补贴，蜜蜂每箱补贴 100 元。

第二，2018 年利用市级农业转移支付资金开展现代农业发展，打造出一批高标准园区。在昌平区、大兴区、房山区、顺义区和延庆区等区县建立示范点 5 个，实现设施西瓜无土栽培品种、植株管理、温湿度控制、灌溉施肥、植保等环节的标准化管理。

第三，大兴区多方式扶持西瓜育苗基地建设，促进大兴区西瓜集约化育苗的发展。通过项目补贴扶持 9 家西瓜集约化育苗基地。在庞各庄的东义堂、北顿垡、王家场、民生等村免费安装节水装置 233. 33 公顷。

第四，顺义区 2018 年安排一个村实施专业村建设项目，以实现布局区域化、管理规范化、装备现代化、生产标准化、服务社会化要求。

第五，延庆区享受市政府的菜田补贴政策，露地：300 元/亩，冷棚：500 元/亩，温室：1000 元/亩，政策款直接划拨到农户卡上，用于购置种子、肥料、农膜等，可减少部分种瓜成本。

### （二）产业支持政策效果评价

在一系列的产业政策支持下，北京市西甜瓜产业初步形成了小型西瓜无土栽培调亏灌溉、西瓜廊架采摘栽培整枝方式、白粉病等 4 种病虫害生物防控、园区景观作物配置等关键技术，廊架栽培装置、西瓜分选设备等新设备 2 个；各项品种和技术示范应用 3342 公顷，总增收节支 3708. 39 万元，总节水 15. 5 万立方米，减少化学农药使用 4. 34 吨。其中集成了小型西瓜和早佳类型西瓜无土栽培技术规程。春大棚栽培商品瓜亩产量稳定达到 4000 千克、每公顷用水量 1650 立方米，每公顷单质肥 15755 千克，中心糖含量 13% 以上，较常规生产每公顷节水 22. 8%，上市时间提前 7 天，每公顷节省人工 45 个。

# 第二节　产业发展中创新团队的技术支撑作用

2018 年西甜瓜创新团队坚持创新、协调、绿色、开放、共享的发展理念，紧紧围绕

“调、转、节”，依据北京市当前西甜瓜发展的实际现状而进行的具有现实意义的团队定位，以“质优、境佳、效高、标清”五年规划的总体工作目标为指导，立足于提升农业发展水平和服务首都的能力，确保北京市西甜瓜安全供应，发挥科技创新和示范推广的辐射带动作用。

## 一、团队基本情况

### （一）创新团队功能定位及其建设任务

西甜瓜创新团队在成立之时，在时间紧、任务重的情况下，定下了要对北京市西甜瓜产业发展发挥带动、组织、推动、督导作用，做到微观操作与宏观视野的结合，“把论文写在大地上，把成果用在农民家”，达到“质优、境佳、效高、标清”五年规划的总体工作目标，与国家产业技术体系顺利对接。

### （二）创新团队组成架构

西甜瓜创新团队 2018 年聘任首席专家 1 名、岗位专家 11 名、综合试验站站长 3 名、田间学校工作站站长 12 名，总工作经费 670 万元。为加强组织化管理，创新团队设置功能研究室、综合试验站与农民田间学校工作站三个管理层级，其中功能研究室包括育种、栽培、植保和产业经济发展四个研究室，综合试验站以大兴区、顺义区、延庆区三个区的种植业服务中心与农技推广中心为依托，农民田间学校工作站由 13 个工作站组成，涉及大兴区、顺义区、延庆区、通州区、房山区、昌平区共 6 个区，形成由首席专家领导，各部门分工明确的组织化程度高而且统一协调的团队。

### （三）创新团队作用与交流机制

创新团队机构健全，分工明确，制定了健全的团队管理办法，严格按照“谁主管，谁负责”的原则，制定考核奖惩制度以及考评测评机制，在每个实施阶段对各项指标实行严格考评，按照工作完成情况和实施结果分阶段进行测评考核、排序和评比，对于先进的个人给予表彰，落后的给予批评，考核不合格的给予变更或取消资格。在完整的团队理念指导下，团队成员之间密切合作、配合默契，提高了整个团队的工作效率。

## 二、技术研发与主推技术

### （一）团队技术研发情况

2018 年，创新团队育成新品种 2 个、筛选新品种 3 个，分别有 2 个品种通过登记和新品种保护；开展试验研究 27 项，初步形成了小型西瓜无土栽培调亏灌溉、西瓜廊架采摘栽培整枝方式、白粉病等 4 种病虫害生物防控、园区景观作物配置等关键技术 10 项，筛选和研发了种子包衣剂、天敌、海藻酸调节剂等新产品 6 个，廊架栽培装置、西瓜分选设备等新设备 2 个。

### （二）团队主推技术情况

团队 2018 年主推技术具体情况见表 13 - 7：

表 13－7　主推技术应用一览表

| 主推技术 | 区域和对象 | 目标 | 责任主体 |
| --- | --- | --- | --- |
| 新品种与配套栽培技术应用 | 园区、合作社、农户 | 小型西瓜、中型西瓜及厚皮甜瓜中心含糖量分别达到 13%、10.5% 和 15% 以上。 | 育种岗 |
| 集约化育苗技术 | 园区、合作社 | 建设集约化育苗场 2 家以上，培育育苗大户 25 户，年供应商品苗能力达到 525 万株，形成集约化育苗技术。 | 栽培岗 |
| 提高“三率”及标准化生产技术 | 园区、合作社、农户 | 西甜瓜亩用工量减少 3 个，亩灌水量减少 10 立方米，亩化肥用量减少 5 千克，延长供应期 35 天，增加 7～8 月自产供应量，亩效益提高 10%，水肥一体化和节水灌溉技术覆盖率达到 25% 以上。 | 栽培岗 |
| 病虫害绿色防控 | 园区、合作社、农户 | 西甜瓜病虫害的整体发生率低于 10%，对病虫害相对防治效果达到 75% 以上，每亩化学农药施用量减少到 1.2 千克以内，5 年减少化学用药量 20%。 | 植保岗 |
| 生产与市场分析 | 园区、合作社、农户 | 对西甜瓜产业的评估，经济效益评价，做强做大西甜瓜北京品牌，探索新型营销模式，实现优质优价，推动品牌化销售五年累计 20 万吨以上。 | 经济岗 |

数据来源：调研数据。

### （三）团队研发成果情况

团队在 2018 年度发表文章 35 篇，其中 SCI 文章 1 篇，在媒体报纸宣传 180 次，形成和申报专利 5 项。登记西瓜品种 2 个分别为华欣和京美；获得西瓜新品种保护权 2 个，分别为“京颖”（CNA20150422.9）“华欣 2 号”（CNA20150421.0）。获发明专利 3 项，分别为“西瓜果肉硬度基因分子辅助选择技术体系”“精品网纹甜瓜日光温室栽培技术”“拟长毛钝绥螨的规模化收集与包装方法”，实用新型专利 2 项，分别为“网纹甜瓜吊瓜系统装置”“休闲季节历”。

## 三、技术示范推广效益

### （一）技术示范推广经济效益

在品种繁育方面，2018 年“京欣砧 8 号”进行了 4 个区约 80 公顷的多点示范，增加经济效益约 62 万元；“京颖”进行了 5 多个区约 260 公顷的多点示范，增加经济效益约 427 多万元，已经成为可以与国外品种相媲美的小型西瓜品种。小型哈密瓜品种“京友蜜翠”，主要是以观光采摘园区推广种植为主，带动经济产值增长 90 多万元，效益显著。“京美”是新育成的高品质、耐裂中型有籽西瓜，抗裂性较强、减少了裂瓜15%左右，2018年在顺义区示范推广面积80公顷以上，平均每公顷产量78000千克，每亩减少裂瓜780千克，每公顷可增加收入27000元，推广面积1200亩，合计增加经济效益约216万元。中型西瓜新品种“华欣307”“京美8K”，推广经济效益可达135万元。实际增收可达800多万元。

在栽培技术方面，甜瓜栽培技术示范面积4公顷，技术辐射推广81.3公顷，新技术在重点村应用率达到80%，每公顷增收1575元，技术推广增收12.81万元；小型西瓜高密度抢早栽培技术的实施运用，比普通种植增加产量15%，提早上市5天，商品率（1.5～1.8千克）达到92%，提高40%，辐射推广233.3公顷，商品瓜总增产65万个、113.8万千克，增收650万元；中型西瓜简约化栽培技术示范点平均每公顷产量79657.5千克，辐射推广166.67公顷，总增产192.5万千克，增收417.8万元；天窗放顶风和采用瓜垫上半年累计推广90公顷，增收263万元；优质厚皮甜瓜塑料大棚抢早栽培技术预计产出直接经济效益4275万元，中型西瓜简约化栽培技术、小型西瓜长季节栽培技术、草莓套种西瓜甜瓜技术产出直接经济效益达1628万元。栽培技术的试验示范与推广产生直接经济效益总计6400万元。

在植保技术方面，2018年各项技术示范面积累计为23.8公顷，技术辐射80公顷。西甜瓜病虫害全程绿色防控技术示范0.8公顷，总经济效益为200万元。2018年利用种子处理剂来防治种传及土传病害，提高种子发芽质量，共计示范26.67公顷。种子处理技术可以提高发芽率，节省用种量，减少种子投入5%～10%；降低死苗率，避免后期补苗，也减少用工量和劳务投入5%；种子处理成本非常低，每粒种子处理后增加投入不超过0.02元（公顷按30000粒用种量计算，大约只需投入600元）；平均每公顷节支增收效益大约为1500元，总效益大约为100万元。天敌防控西甜瓜害虫技术和土传病害高效绿色防控技术体系累计示范面积23.8公顷，辐射面积80公顷亩，总的经济效益为142.74万元。植保技术的试验示范与推广产生直接经济效益总计442.74万元。

**（二）技术示范推广生态效益**

西瓜团队在水肥一体化技术方面实现有效节水节肥，降低了资源消耗，加强生态系统的良性、高效循环，使资源得到合理的开发、利用和保护，促进了生态可持续发展，使公顷用水量减少580.5立方米、用化肥减少225千克，总节水15.5万立方米；立体防控技术应用使亩用药次数减少6次，用药量减少31%，总减少化学农药使用4.34吨。

**（三）技术示范推广社会效益**

团队培育的西瓜新品种在大兴区西瓜节全国西甜瓜擂台赛摘取多项桂冠。高产、抗病的大型西瓜品种“京欣6号”又一次囊括了大型西瓜重量组的所有奖项，连续4年捍卫了单瓜重瓜王的地位；最新培育的中型西瓜品种“京美4K”，获得了中型西瓜综合瓜王奖季军，“京颖”获得小型组的亚军和季军，最新培育的小型功能性西瓜品种“京彩1号”获得新品种奖。这些西瓜品种的获奖进一步提升和丰富了市民的果盘子，同时也为北京大兴区西瓜产业的发展提供了强有力的科技支撑。

蜜蜂授粉技术的推广应用减少了人工投入，提高了劳动生产率，解决了农村劳动力不足的问题，对北京市西瓜规模生产起到了积极促进作用。同时，蜜蜂授粉以其绿色健康的特点，正逐步打消消费者对激素西瓜等生产安全的顾虑，对北京西瓜品牌提升起到了推动作用。长季节栽培技术与小型西瓜高密度抢早栽培技术对栽培时间的抢早与延后，相对传统大棚延长了收获期，弥补采摘期断档现象的发生，大大增加了采摘园区的休闲观光职能，有利于当地更好地发展休闲农业与观光采摘。

西瓜病害综合立体防控技术总试验示范面积达 40 公顷。通过释放天敌防控西甜瓜害虫和应用以生物为主的绿色防控技术防控土传病害，可大幅减少和替代化学杀虫剂使用，在保证防治效果的前提下，每个生产季防治亩用药量较常规防治减少 260 克，减少了化学药剂对土壤和水源的污染，并保障农产品质量安全和消费者身体健康。团队媒体宣传报道 32 次，参与国内外交流 29 次，宣传了北京西甜瓜产业，扩大了团队社会影响。

### 四、团队对产业支撑作用

北京市西甜瓜创新团队自成立以来，充分发挥农业科研、推广团队在现代农业发展中的技术支撑作用，促进北京市农科教、产学研的紧密结合，加快推进农业技术创新与应用。西甜瓜团队围绕北京市西甜瓜产业休闲采摘和规模化生产、品牌化销售两个发展方向，以“质优、境佳、标清、效高”为目标，实施“优质品种选育、节水减肥技术示范、病虫害立体绿色防控技术集成、简约化栽培试验集成、休闲模式开发、规模化生产技术研发、品牌化销售模式探索”等八大课题，引领和支撑产业发展，促进西甜瓜产业持续稳定发展和瓜农收入稳定增长，给我国农业规模化、现代化发展提供了宝贵的研究成果，产生了较好的社会影响力。

## 第三节　西甜瓜产业典型案例分析

北京市西甜瓜产业为北京都市型现代农业的重要组成部分，在西甜瓜创新团队的支持和指导下，西甜瓜产业持续稳定发展。当前，北京市西甜瓜产业已经进入转型发展新阶段，西甜瓜创新团队在新品种示范与推广以及新技术研发与应用方面持续发力，进一步促进了北京市西甜瓜产业健康持续发展。本部分通过实地调研与访谈相结合的方式，以北京老宋瓜王科技有限公司、北京世同瓜园合作社和北京八达岭老齐西瓜专业合作社三个典型案例进行分析，以期为其发展提供借鉴意义。

## 一、科技引领，品牌带动，实现企业化经营——北京老宋瓜王科技有限公司

### （一）公司基本情况

1994 年，北京老宋瓜王科技发展有限公司总经理宋绍堂投资 20 万元创建西瓜种植基地。2000 年 9 月注册“宋宝森”牌西甜瓜品牌，投资建成“老宋西甜瓜销售中心”，组建自己公司的产销网络，走上品牌经营的道路。2003 年，公司开始扩大特型西瓜种植，搞规模经营，因此牵头成立了北京老宋瓜王农民专业合作经济组织。同时，在各级政府的大力支持下，投资 300 万元成立老宋瓜王科技发展有限公司，并建立老宋瓜园，正式走上产业化发展的道路。

### （二）公司产业化经营现状

公司坚持走“公司 + 合作社 + 农户”产业化经营模式、以“龙头带动、产业互促、增加农民收入”为发展宗旨，为本地区瓜农提供“产供销”一条龙的全方面服务。通过新品种、新技术试验示范，进行科普宣传，积极带动周边农户致富。

合作社充分发挥了在新品种推广、管理技术等方面的优势，根据瓜农的实际需求主要实施了三个服务：一是种苗服务，为会员和周边瓜农提供优质的种子和瓜苗；二是技术服务，通过发放技术资料向瓜农传授科技种瓜的知识，同时开通技术咨询电话；三是市场服务，提供市场需求信息，帮助农户联系销售产品，发挥了带头服务作用。

### （三）品牌建设情况

公司在实施产品和市场多元化经营的同时，最具特色的是其品牌战略。公司为了扩大品牌优势，进一步将品牌优势转化为经济优势，坚持以市场为导向，以科技为动力，强化品牌管理为手段，不断提升公司市场的竞争力。

品牌战略的第一步，严格控制管理产品的质量，从种植到采摘都做好详细的生产记录，从而确定有效的产品资源，即品牌资源。经过几年的努力，公司创造了“老宋”“老宋瓜王”和“宋宝森”等知名品牌。第二步，用优质服务呵护品牌资源。公司精心挑选员工参加专业服务的培训，让成熟的服务成为市场支持强有力的手段。第三步，积极推广品牌。通过多维的网络渠道，为瓜农建设一个信息交流的平台。

### （四）科技投入

“老宋瓜王”近几年的科技投入不断增加，且随着品牌知名度的提升，“老宋瓜王”将市场开拓得越来越广阔，销售金额也在逐年递增。随着科技的引领及品牌的带动，“老宋瓜王”的西甜瓜品质也在不断改善，效益增加明显。

2014 年至今，“老宋瓜王”在科技方面的投入不断增加。2018 年，“老宋瓜王”的科技投入继续提升，补光灯、嫁接机、育苗室以及新建冷库共花费 101 万元，其中新建冷库 120 平方米，花费 18 万元，农机局补贴 50%，自投 50%。近 5 年，“老宋瓜王”在科技方

面的自投入达到 44 万元，政府补贴高达 361 万元。

### （五）优点

1. 品牌建设情况良好，重视电商业务

公司多年以来非常重视品牌建设，重视电商业务发展，先后与中粮网、京东商城达成合作，公司品牌在线上和线下均有一定认知度。电商运营中租赁费用、设备更新维护等费用远低于传统门店。电商配货仓库多处在郊区，拥有更低的房屋租金成本。同时电商宣传推广信息迭代更快，依靠线上的内容推送与客服热情介绍，消费者更容易察觉到其产品的更新。

2. 与科研单位交流频繁

公司经常和北京市西甜瓜创新团队进行植保、信息化方面的交流，团队专家也经常来到园区以及周边瓜农所在的种植区进行指导，尤其是栽培、防病虫害、节水灌溉和蜜蜂授粉等方面的技术指导。

3. 积极为合作社会员服务

为了更好地普及科技知识，展示现代化都市农业，更好地为农民服务，合作社定期举办各种农业生产技术培训班，满足广大农民多元化的需求。组织农民到园区实地参观学习，让农民切实体会到农业科学技术在农业发展中的重要性，并大大改变了农民的传统耕种观念。

### （六）不足

1. 农机具应用效果较差

政府投入大量的资金补贴购买农业生产设备，由于缺乏相关懂设备、懂技术的专业人员指导，有些设备在“老宋瓜王”实际生产中利用率不高，一些嫁接机、水肥机等设备发挥的作用并不明显，影响了“老宋瓜王”科技水平的进一步提高。

2. 机械化程度低

受目前技术水平限制，嫁接、定植、授粉等高强度、重复性工作难以实现机械化，专用机械应用效果欠佳。且受保护地结构和面积限制，大型农机具难以应用，进一步阻碍了西甜瓜机械化栽培模式的发展。推广高效、实用和小型化的专业农机具是未来趋势，西甜瓜产业机械化水平的提高同时也能促进劳动生产率的提升。

## 二、创新服务模式，实现科技扩散——北京世同瓜园合作社

### （一）世同瓜园发展现状

北京世同瓜园合作社于 2007 年成立，以专业合作社为西瓜种植户服务为基本，致力于庞各庄西瓜种植户的生产、销售问题服务。当前主要负责为合作社成员服务功能，以公司为主要销售主体，负责农资与生产资料的采购等功能，以通过不同种植方式生产优质西瓜为特色，走精品、优质西甜瓜的道路。合作社以科技服务为主，集实验、观摩、培训、宣传等服务功能于一身，带动并服务于周边瓜农共同发展。

到目前为止，合作社中拥有种植地的成员共365人，分别来自于庞各庄镇中的6个村庄；每户拥有七八个大棚，占地面积平均为50公顷；产品以春季西甜瓜、秋季蔬菜为主。以种植“超越梦想”“传奇”“1600”系列等小型西瓜品种为主，皮薄、瓤脆、多汁且含糖量高，尤为香甜；中果型西瓜有“华欣”“莎蜜佳”和“1777”。

### （二）世同瓜园经营情况

合作社自成立以来，一直保持以专业合作社为西瓜种植户服务为基本，致力于为北京市西瓜种植户的生产、销售问题服务。伴随着种植西瓜技术不断成熟，园区自身西瓜种植水平也不断提升。因此，当前园区为适应消费者的购买需求，以发展精品西瓜为主，采用最新的半有机模式进行栽培，生产有机的精品西瓜。

1. 产品销售方式多元化

当前“世同瓜园”采用的销售渠道有四种，分别是：批发销售、采摘销售、电商销售与精品西瓜销售。但是在“世同瓜园”的西瓜销售过程中，位于首位的是批发销售，其次是采摘销售，在近年网络销售平台的带动下，当前产值较高的电商、精品西瓜的销售方式也占据主要销售方式的第三四位。线上经营模式以公众号和相关网站的销售来实现。线下经营主要包括：观光采摘、礼品销售、零售与批发等方式，也是“世同瓜园”的主要销售渠道。合作社在线下销售方面的客源基本比较稳定，因此通常以每斤高于市场批发价0.5～0.6元的价格收购其他农户的西甜瓜，统一代理销售，并且以社员优先，仅收购符合标准的瓜品。

2. 技术服务

为推动大兴区西瓜产业化发展，也为了向社员和周围瓜农提供高效种植解决方案与信息化服务，合作社不断转换观念，从最初的单一生产销售转变为综合销售，成立了“世同一站式技术服务组织”。通过优化产品结构，提高产业链各主体之间的资源配置，节约人力、财力、物力等生产要素，不但解决农户在种植栽培中的遇到的难题，还解决了农户小生产与大市场之间的矛盾，将科学化管理有效的融入生产和市场中，充分发挥服务优势。除此之外，合作社常常派人到周边和地方种瓜农户中给予技术指导。

### （三）优点

1. 与科研单位交流多，技术有保障

合作社接触的科研单位多，技术方面有保障。合作社的核心区13.33公顷示范基地，同时兼具绿色防控示范基地、增效示范基地、无公害示范基地等技术示范功能。为了推动大兴区西瓜产业化发展，合作社不断转变观念，从最初单一的生产销售转变为综合服务，成立了“世同一站式技术服务组织”，为瓜农提供西甜瓜高效种植解决方案和信息化服务。

2. 电商销售不断发力

近年诸多水果生鲜网络销售平台兴起，如许仙、盒马鲜生等，建设网络平台的销售渠道已经悄然成为水果生鲜类物品的重要销售方式。为了跟紧社会的大环境，“世同瓜园”

在微信平台上也开办了名为“思密达乐园”的微店和“智慧农农”公众号商城，实现了让顾客每天18点前下单，隔天必定吃上心仪的新鲜西瓜这一承诺，并且确保西瓜在运输过程中、在精美的包装礼盒中完好无损。也因此赢得了新一批慕名而来的消费群体，网络平台也成为“世同瓜园”的又一大销售平台。

3. 定期组织种植技术培训

世同瓜园合作社为保障西瓜种植的质量，保证每一社员的生产技术能力，不定期得与北京市农业推广中心和西甜瓜创新团队的专家们为种植户开展有关各个品种的西瓜生产、种植与栽培的讲座，解决种植户们在栽培过程中的实际难题。通过西瓜的种植培训，可以较为系统地介绍西瓜种植的新思路、新方法，还可以为创新农民素质提升的新模式、新思路，以及确定下一步生产的重点方向与内容、目标等。

### （四）不足

1. 标准化程度低

以合作社为最初形态的“世同瓜园”，始终以为社员承担更多销售方面的责任为己任，在瓜熟期，积极为农户寻找高于市场收购价的渠道。但由于种植西瓜的农户较多，西瓜品种多、杂、乱，生产种植过程中采用的种植方法、栽培方式、施肥施药标准等方面不统一，因此各种植农户种植出的西瓜品种质量不均等，导致合作社无法大规模进行收购并出售，严重影响精品西瓜的发展道路。

2. 技术服务体系有待完善

西瓜是一种劳动与技术密集型产业的作物，种植西瓜需要较高素质的劳动力和新技术、新知识的指导。“世同瓜园”地处京郊，基层农业技术服务网络体系还不健全，且农技人员知识老化，对新技术的接收能力较弱，实用技术应用到位率不高。此外，从事西瓜种植与培育的技术人员数量较少，其服务能力及水平无法满足西甜瓜产业的发展需求。

## 三、品种优先，技术创新，开拓栽培新模式——北京八达岭老齐西瓜专业合作社

### （一）基本情况

1. 发展现状

北京八达岭老齐西瓜专业合作社的基地位于北京市延庆区沈家营镇下花园村，主要生产西瓜、厚皮甜瓜产品。合作社采用的是社长负责制，齐文彤作为生产技术部门负责人，生产技术过硬。齐文彤家住河南，2010年携二子一女来到北京延庆区租地种瓜，8年来其种植规模与效益逐年提高。延庆地区土壤质地以壤土、沙壤土为主，水质纯净，各项条件较适宜西甜瓜生长，所以出产的西甜瓜质量上乘、外形周正。

2. 发展规模

通过对北京八达岭老齐西瓜专业合作社生产经营情况调研，可以看出，其2014～2018年雇工人数略有增加，从2014年的12人，增加到2018年的18人。种植面积变化不大，从2014年的6.7公顷，扩大到现在的8公顷（见表13－8）。

**表13－8　　2014～2018年雇工及种植面积发展情况**

| 年份 | 雇工人数 | 种植面积（公顷） |
| --- | --- | --- |
| 2014 | 12 | 6.7 |
| 2015 | 12 | 6.7 |
| 2016 | 15 | 8 |
| 2017 | 15 | 8 |
| 2018 | 18 | 8 |

数据来源：调研数据。

### （二）长季节栽培模式

由于其种植区地处延庆区，独特的气候条件可以使其应用长季节栽培模式。合作社采用的长季节栽培技术采收期可以从6月中旬持续到10月上旬，能够连续采收4茬左右。种植的小果型西瓜有对环境的适应性强、易坐果、果型小、生育期短、持续结果能力强的特性。

### （三）取得的效益

1. 经济效益

合作社种植新品小型西瓜“超越梦想”，在技术方面运用长季节栽培模式，提高了单位产量；新模式、新品种的运用提高了产品的质量，产品走向高端路线，从原来的2元/斤，到现在的3.5元/斤，每公顷经济效益提高62500元。其次，采用周转箱的组装方式，节省了运费。

2. 社会效益

合作社采用水肥一体化、生物天敌防控害虫等技术，有效地控制了化肥、农药的使用，达到了优质高效、生态节水的目标。分级机设备的使用，有效地对西瓜进行分选，节省了人工。

### （四）优点

1. 长季节栽培模式的优势明显

西瓜长季节栽培缓解淡季西瓜的供应不足，可达到品质优、产量高、投工少、效益好、上市期长、长季节均衡供应的效果。该技术不仅可以有效规避和防范市场风险，而且可以建立起均衡供应的生产栽培体系，弥补7～9月北京市场没有当地瓜的空缺和增加农民的经济收入，促进西瓜产业持续稳定健康发展。长季节栽培的关键是保证西瓜植株长期保持稳健的长势而不早衰，保证北京西瓜的市场均衡供应和增加合作社的经济收入，促进西瓜产业持续稳定健康发展。

2. 技术创新力度大

合作社与各科研单位建立了紧密合作，通过优选良种和技术创新，利用延庆区得天独厚的气候条件优势积极开拓栽培新模式。同时，合作社与各科研院所和农业技术推广站保持了长期良好的交流，使其可以得到及时有效的帮扶，目前，其在技术创新领域已走在行业前列。

（五）不足

1. 劳动力成本上升

由于园区内大部分的工作仍然需要依赖人工进行操作，而随着近些年老龄化现象的不断加重与青壮年劳动力越来越多地转向非农部门，以及忙时合作社还需额外雇佣短工以满足生产，导致了合作社用工成本持续上升，人工成本已成为合作社花费最多的成本之一，劳动力成本的不断上升给其发展带来了极大的压力。

2. 栽培模式种植技术要求高

西瓜属短生育期、浅根系作物，受环境影响较大。长季节栽培易发生植株早衰、产量不稳、病虫害严重等问题，在西瓜的生长后期易出现砧木根系衰老和生理性急性凋萎，此栽培模式对种植技术要求非常高。

3. 缺乏管理与技术人才

种植园区距离市区较远，且由于农业的特殊性以及合作社自身的力量薄弱，使其很难招募到适合自身发展的技术与管理人才。目前其经营管理活动和技术指导还是主要由负责人齐文彤全面处理，严重缺乏技术与管理人才，使其合作社发展面临困境。

## 第四节　产业发展政策建议

### 一、产业发展问题及其技术需求

（一）技术方面

1. 种植及推广技术亟须加强

根据北京市西瓜消费者购买西瓜品种的偏好来看，中小型西瓜是消费者的首选。但北京市在西瓜品种种植方面小型西瓜品种占比不足40%，且选育的品种在抗病、抗逆性状上都有不同程度的衰减、退化，对西甜瓜的品质和产量均有一定的影响，还需要调整种植品种。除此之外，西甜瓜种子处理技术参差不齐、新品种和新技术推广力度不足都是北京市西甜瓜产业进一步创新发展的制约因素。

2. 科技服务体系有待完善

西甜瓜是劳动与技术密集型的产业，需要较高素质的劳动力和新技术、新知识的支撑。我国在西甜瓜技术研发、推广等方面人才紧缺，且受乡村农业技术服务网络不健全、农村老龄化导致农技人员知识老化等影响，服务能力与水平不能满足产业发展的需要，管理水平还需要进一步加强。

3. 贮运及采后处理技术亟待提高

当前，顺义区、大兴区等地的西甜瓜企业通过公司＋农户等产业化方式运作，采取连锁配送等营销方式，实施产、供、销一体，解决鲜食西瓜的生产与市场脱节问题。其中，最难攻克的还是对于西甜瓜的贮藏与运输。要考虑西瓜的成熟度、瓜皮厚度与硬度、贮运期间瓜内部的生理变化等内因问题，还要尽量避免无机械损伤、湿度、温度、病虫危害等外因问题。西瓜在装卸和运输过程中会因颠簸、振动相挤压，经过振动和挤压的西瓜，当时无明显伤害，但会造成表面上难以发现的内伤。在贮藏过程中，这种受内伤的瓜极易腐烂。因此，西瓜最好能实行产地贮藏，减少长途运输。因此，这一方面也是西甜瓜产业科技攻关中亟待解决的问题。

**（二）产业经营方面**

1. 区域布局，规模化经营程度低

以合作社为最初形态的经营方式，始终以为社员承担更多销售方面的责任为己任，在瓜熟期，积极为农户寻找高于市场收购价的渠道。但由于种植西瓜的农户较多，西瓜品种多、杂、乱，生产种植过程中采用的种植方法、栽培方式、施肥施药标准等方面不统一，因此各种植农户种植出的西瓜品种质量不均等，导致合作社无法大规模进行收购并出售，严重影响精品西瓜的发展道路，规模化程度较低。

2. 基础设施条件有待改善

近年来，虽然国家从政策及资金上加大了对农业基础设施的投资，但还是远远未能满足农业农村的发展需要，且随着城市化进程加快，农村土地资源更加紧张。同时，受土地流转成本不断上升、西瓜农租地成本加大等问题，土地分散不易集中连片，西甜瓜连作障碍重，需要经常轮作换茬。由于设施综合利用率不高，瓜农投入不足，新种植基地基础条件差，设施栽培标准化水平较低，抗击自然灾害能力差，制约了规模化的进一步发展。

3. 劳动力成本不断增加

西甜瓜在种植过程以及采收过程中实现集约化栽培、自动化管理还存在一定难度，机械化程度较低，过度依靠人工管理方式，导致种植成本逐年增高。且随着农村老龄化程度的不断加深，青壮年劳动力流失越来越严重，这也就导致了人工成本的持续上升。如何减少人工成本，实现西甜瓜种植集约化栽培，提高机械化、自动化管理水平，是西甜瓜产业化发展亟须解决的问题。

### （三）产品质量方面

1. 标准化生产难度大

受目前技术“瓶颈”限制，嫁接、定植、授粉等高强度、重复性工作难以实现机械化，专用机械应用效果欠佳。受保护地结构和面积限制，大型农机具难以应用，进一步阻碍了西甜瓜机械化栽培模式的发展。急需高效、实用和小型化的专业农机具，提升西甜瓜产业机械化水平，从而促进劳动生产率的提升。

2. 病虫危害不易控制

近几年北京地区病虫灾害发生逐渐减少，但依然有部分病虫害存在加重趋势，且干旱、洪涝等灾害性天气频繁出现，再加上部分老产区多年连作，病虫害综合防控技术措施和规模有待提高。除此之外，综合防控技术实施规模较小，多数产区病虫害综合防控技术落实不到位，连片型、规模型、有组织型的病虫害防控有待提高。

## 二、产业发展趋势及其亟待解决的技术问题

### （一）科技支撑不断加强

科技进步是农业发展的首要环节，发展高效生态农业、提高农业产业化水平，迫切需要增强农业科技支撑力。加强农业科技源头创新，提高农业自主创新能力，增加农业技术储备。发挥科技人才支撑作用是乡村振兴战略中非常重要的一部分，西甜瓜产业的不断发展，同样需要继续加大科技投入，深化改革，创新思路，完善农业科技成果的转化和推广体系。

### （二）推进标准化生产，着力做优产品质量

为提高山地西瓜标准化生产水平，一要加快简约化、效益化、集约化栽培技术的集成和示范；二要研究和制定山地西瓜标准化生产技术规程，确保山地西瓜生产优质、高效、安全；三要推广应用山地西瓜病虫害绿色防控技术，建立标准化生产基地；四要确定产品采收标准，改善产品包装、运输质量，提高产品的档次和效益；五要做好产品生产、市场信息分析和市场营销等研究，抓好生产和市场信息跟踪和指导，以不断解决山地西瓜生产中存在的问题。

### （三）社会化服务体系

健全农村社会化服务体系，提升服务功能。把科技服务延伸到龙头企业、专业大户，积极发挥龙头企业、农民专业合作组合的社会化服务作用；加大培训力度，提高队伍素质，建立科学的考核、评价、奖惩制度和培训机制，优化农村社会化服务队伍。

## 三、具体建议

### （一）提高种植技术，加快新品种研发

从北京市西瓜消费者购买西瓜品种的偏好来看，中小型西瓜是消费者的首选。为满足

各个层次的消费者对西瓜的多样性需求，需对现有品种进一步优化，技术进一步创新，充分发挥北京科研的差异性优势，并积极培育新品种和独特性品种。农民专业合作社则需发挥其带动作用，进一步优化品种结构，小果型、早熟、晚熟的反季节品种要在需求的引导下进一步增加，以满足各个层次的消费者日趋增大的多样性需求。另外，在种植技术中亟待解决的难题：一是品种和育苗问题，针对不同需求引进筛选适销对路品种，提高育苗水平和技术；二是针对不同认证完善配套技术，降低用水、用肥与用药量；三是轻简化、机械化栽培技术的研究和应用。即使是种植经验丰富的瓜农，对新技术的掌握上也会有偏差，需要系统的培训指导。

**（二）加强机械化生产，降低劳动力成本**

农业机械化水平的提升，能够减少传统农业作业中对人力的依赖程度。尤其是在当前劳动力成本过高的形势下，提高机械化程度是提高农业生产率、改善农业生态环境的重要措施。用工成本在西甜瓜种植中占很大比重，加之现在从事农事劳动人员结构越来越老龄化，愿意从事农事劳动的年轻人越来越少，亟须轻简化栽培技术及机械的研究和应用，有效降低成本，提高劳动生产率。加快鼓励科技创新法规政策的落实，鼓励科技创新的法规实施细则及政策规定，切实降低劳动力成本。

**（三）技术培训**

政府在开展实用技术为主的科技培训基础上，开展现代农业经济管理知识技能培训工作，解决老龄化问题；此外，合作社可以和工头达成长久合作关系，解决劳动力短缺问题。聘请专家不定期现场指导，培育瓜农，解决在生产管理中遇到的问题。

**（四）政府有效扶持**

在原有政策基础上，针对西甜瓜种植户给予建棚补贴，并针对推广新技术所配套的肥料、农药、机械进行补贴，减少种植户生产成本，促进农户积极性投身到西甜瓜种植产业中来。政府应进一步制定并完善相关补贴、扶贫政策，加快中央各部门及各级地方政府制定落实更为细化的实施方案，正确认识到瓜农们真正所需之处，对症下药，以免再次出现投钱多、效果小的现象。此外，电商扶贫企业在物流环节的压力较大，政府适当给予资金扶持来减轻这些企业在物流环节的压力，从而吸引更多企业加入到电商扶贫的队伍中来，有效减轻扶贫压力。

**（五）改善基础设施条件**

农村基础设施是为农村经济社会文化发展提供公共服务的各种硬件。只有完善好基础设施的建设才能推动北京市西甜瓜产业的进一步发展。政府相关部门应尽快制定切实有效的投入措施，进一步加强西甜瓜主产区的农业生产基础设施建设，加强简约化与标准化栽培技术集成创新及推广应用，提高西甜瓜生产集约化与标准化程度，为实现农业现代化、农业增产、提高经济效益、农民增收打下坚实基础。

# 第十四章　北京市生猪产业发展报告

《全国生猪生产发展规划（2016—2020 年）》《北京市“十三五”时期都市现代农业发展规划》和《京津冀畜牧业协同发展合作框架》等政策密集出台显示，北京市畜牧业发展的内外部环境面临更加深刻的结构调整，着重突出发展的质量和效益。北京市生猪产业发展处于转型升级关键期，受到资源约束趋紧、环境保护高压、养殖效率有待提升、质量安全隐患凸显、非洲猪瘟疫病防控风险加剧等多方因素的综合影响。为进一步摸清北京市生猪产业 2018 年发展状况，探索都市型生猪产业稳定发展途径，特编写《北京市生猪产业发展报告（2018）》。

本报告主要依据《中国畜牧兽医年鉴》、《全国农产品成本收益资料汇编》、《北京统计年鉴》、北京市农业农村局和生猪产业技术体系北京市创新团队的内部资料，分析北京市生猪产业发展现状与成效，剖析面临的挑战与趋势，探索都市型生猪产业可持续发展路径，以破解制约生猪产业发展中的难点问题，加快推进生猪养殖业转型升级，促进生猪产业持续健康有序发展。

## 第一节　生猪产业发展现状

### 一、生产现状

#### （一）基本情况

1. 全市总体情况

2018 年，北京市生猪出栏 169.44 万头，比 2017 年、2011 年分别下降 30% 和 44.65%；生猪出栏毛重 18.04 万吨，比 2017 年下降 29.59%；平均每头生猪出栏毛重 106.47 千克，略高于 2017 年。2018 年，全市生猪年末存栏 45.43 万头，比 2017 年、2011 年分别下降 59.50% 和 75.76%，其中，能繁母猪存栏 5.13 万头，比 2017 年、2011 年分别下降61.08%和78.54%。2018年，北京市猪肉产量为13.53万吨，比2017年、2011年分别下降29.60%和43.49%（见图14-1）。

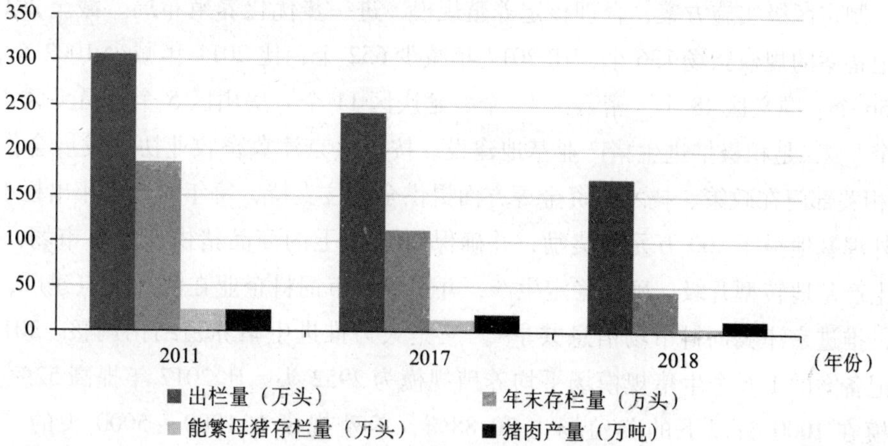


**图14-1　北京市生猪生产情况**

数据来源：北京市农业农村局和《北京统计年鉴（2012）》。

2. 主产区情况

从全市生猪生产分布看，顺义区、平谷区、房山区、大兴区、通州区、密云区、怀柔区、延庆区和昌平区9个区为生猪主产区，这些地区2018年生猪出栏量、年末存栏量、猪肉产量分别占全市的99.45%、99.75%和99.49%，比2017年分别提高0.25、0.41和0.31个百分点，形成京北和京南两条生猪产业带。其中，顺义区产能最大，生猪出栏量、年末存栏量、猪肉产量分别占全市的31.94%、55.83%和32.85%，平谷区次之，房山区紧随其后（见图14-2）。值得注意的是，2018年年末，大兴区、通州区、门头沟和丰台4个区生猪存栏量为0，海淀区生猪存栏量仅0.12万头，"无猪区"逐渐增多。

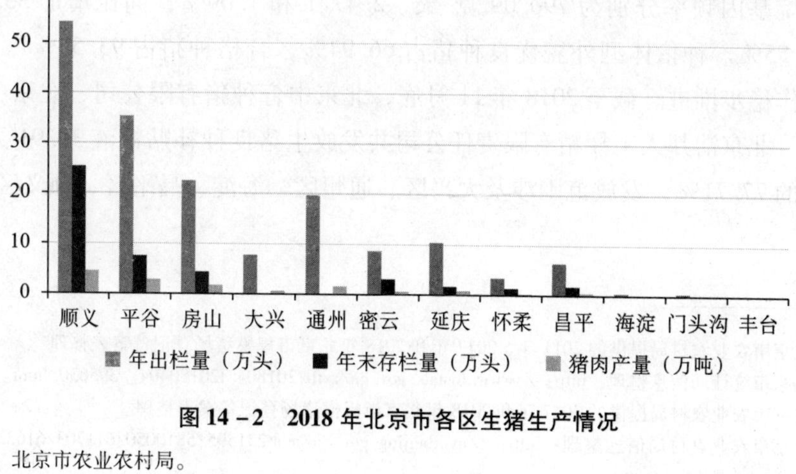


**图14-2　2018年北京市各区生猪生产情况**

数据来源：北京市农业农村局。

### （二）产业布局

一是继续优化生猪养殖业布局。北京市各区开展经营性和非经营性畜禽养殖户标准认定工作，制定区级实施方案，合理核定养殖规模，进一步优化养殖布局。截至2018年底，全市登记备案的规模猪场136个，比2017年减少652个，比2011年减少1002个，其中，平谷区56个、顺义区48个、密云区11个、延庆区11个、房山区5个、昌平区4个、怀柔区1个①。二是积极推进生猪产业基地建设。按照《京津冀畜牧业协同发展合作框架》，2017年相关部门在政策、技术、资金等方面提供全方位支持，每年对5家年出栏1.5万头以上的外埠基地给予200万元的奖励，并确保60%以上的商品猪供应北京市场，促进57个外埠生产基地转型升级，确保稳定生产，并引导本市饲料企业在河北设点建厂，实现产业互补，推进京津冀饲料市场信息共享②。三是大力推进生猪养殖结构调整。2018年底，全市登记备案的136个生猪规模场平均养殖规模为2952头，比2017年提高52%。其中，养殖规模在1000头以下的养殖场占30.88%，养殖规模在1000~5000头的养殖场占52.94%，养殖规模在5000头以上的养殖场占16.18%，分别比2017年提高-2.52%、-0.6%和3.12%，大型规模场比例明显提高③。

### （三）良种繁育

一是种猪基因组选择技术推广顺利。2018年，全市种猪参考群体规模达到4883头，新增863头种猪的生产性能和基因组数据，基因组选择示范点达到6个，新增3个；应用规模达到3105头，其中2018年推广应用1381头；累计开展基因组遗传评估20次。基因组选择技术落地，为做“精”做“强”种猪产业提供了技术支撑④。二是母猪繁殖生产水平基本保持平稳态势。母猪窝平均产仔数为11.55头，同比上升0.6%；窝平均产活仔数为10.67头，同比下降0.8%；平均断奶仔猪头数为9.97头，同比上升4.67%；仔猪成活率为93.3%，同比下降3.8%；母猪非生产天数NPD为53.36天，同比减少天数显著⑤。三是种猪性能达到较高水平。全市种猪活体质量监测结果显示，30~100千克平均日增重、料重比与氟烷基因频率分别为790.09克/天、2.47∶1和1.09%，同比增加33.27克/天、-0.17和5.55%。种猪体型外貌优良种猪占66.94%，合格种猪占93.55%⑥。四是生猪良种补贴工作稳步推进。截至2018年11月底，北京中育种猪有限公司、北京中顺景盛养殖有限公司、北京浩邦人工授精有限责任公司共发放生猪良种补贴精液36.91万剂，完成全年任务量的77.71%，发放范围涉及大兴区、通州区、海淀、昌平区、顺义区、平谷区、

① 根据北京市农业农村局提供的2011年、2017年和2018年北京市规模猪场登记备案表整理。

② 根据北京市统计局信息整理：http：//www.bjstats.gov.cn/zxfb/201804/t20180404_395630.html。

③ 根据北京市农业农村局提供的2017年和2018年北京市规模猪场登记备案表整理。

④ 根据北京市农业农村局信息整理：http：//nyj.beijing.gov.cn/nyj/231595/5810050/611703/616324/8115904/index.html。

⑤⑥ 同上。

怀柔区、延庆区和密云区 9 个区[①]。

**（四）粪污处理和利用**

2018 年，全市 161 个登记的生猪养殖场（小区）中，配备雨污分流、干湿分离设施的有 153 个，资源化利用的有 160 个，参与政府和自筹建设项目的有 156 个。其中，87 个生猪备案场（小区）中，配备雨污分流、干湿分离设施的有 81 个，资源化利用的有 86 个，参与政府和自筹建设项目的有 83 个[②]。

**（五）外埠基地建设**

按照《京津冀畜牧业协同发展合作框架》，相关部门从产业对接、资源共享、人员科技信息协作等方面加强合作、积极推动京津冀生猪养殖协同发展，布局生猪养殖和加工基地。一是加大对外埠生产基地的扶持力度，在政策、技术、资金等方面提供全方位支持，确保外埠基地成为北京市场稳定的主要供应点；二是主动与北京周边县市政府沟通协调，引导本市饲料企业在河北设点建厂，实现产业互补，推进京津冀饲料市场信息共享，全市在河北共建有饲料生产企业 27 家；三是管理联动，通过京津冀三地品牌、技术、质量互通互认，推进环京地区优质畜产品快速进京，确保首都“菜篮子”稳定供应；四是推进京津冀畜牧研发优势互补，科技创新协同，促进生猪新品种的培育和新技术的推广[③]。

**（六）质量安全保障**

一是加大屠宰环节监督整治力度。2018 年，全市屠宰环节官方抽检“瘦肉精”样品 20.74 万份，检测 80.12 万项次。同时，组织执法队伍开展行业专项整治监督执法，全市共出动执法人员 2851 人次，开展各类执法活动 1089 次，检查各类屠宰加工企业 898 家次，依法取缔私屠滥宰窝点 28 个，查获违规动物 451 头（只），动物产品 14.8 吨。形成了屠宰环节整治的强大声势，有力净化了行业环境。二是严把关键环节，做好重大活动保障工作。为保障“北京两会”“全国两会”“中非合作论坛”在京顺利召开，先后督导供应企业及货源基地 40 余家次，抽检畜禽产品样本 130 个，检测样品 1904 项次。累计供应安全优质猪肉 87673.6 千克[④]。

**（七）非洲猪瘟疫情防控**

2018 年，北京市确诊 4 起非洲猪瘟疫情，其中房山区 2 起、通州区和顺义区各 1 起，受感染养殖场户存栏生猪 13050 头、死亡生猪 129 头。疫情发生后，北京市政府立即启动应急预案，采取措施果断处置。对疫点及半径 3 公里范围内生猪进行扑杀和无害化处理，对进出人员及车辆严格消毒，严禁疫区生猪和猪肉产品流出，并对由疫区边缘向外延伸 10 公里的受威胁区的生猪和猪肉产品流通进行严格管控。在此基础上，北京市还加强生猪养

① 根据北京市农业农村局信息整理：http：//nyj.beijing.gov.cn/nyj/231595/5810050/611703/616324/8116809/index.html。

② 根据北京市畜牧总站提供的《2018 年下半年北京市畜禽养殖场（小区）登记备案情况报告》整理。

③ 根据北京市统计局信息整理：http：//www.bjstats.gov.cn/zxfb/201804/t20180404_395630.html。

④ 根据《2018 年度北京市畜禽屠宰工作总结》整理。

殖、饲料（添加剂）投入品使用等各项安全监管工作，实施网格化管理制度和生猪经纪人登记备案制度，加大养殖环节泔水猪排查处置力度和生猪散养户安全监管力度，强化防疫消毒、人员进出、车辆运输全过程监管，启动猪用饲料安全抽检程序，开展生猪运输车辆备案管理，对全市生猪运输车辆信息实施日报告制度。通过严格执行疫情处置措施和监测排查，全市无新增疫点，非洲猪瘟疫情得到有效控制。

## 二、加工流通现状

### （一）屠宰加工现状

随着首都发展定位确立、禁限目录出台、屠宰企业分布调整，北京市生猪定点屠宰企业减少到9家，2018年实际屠宰量为625.13万头。9家企业经营情况主要有两点：一是屠宰能力利用率下降，产能过剩。屠宰能力平均利用率为44.86%，比2017年下降近4个百分点。除“郎中”“千喜鹤”“大红门”和“宇航”4家企业以外，其余5家企业屠宰能力有所下降，其中“大红门”和“五肉联”2家企业屠宰能力利用率较高，分别达到86.92%和72.66%（见表14－1）。由于受北京市及周边近距离的猪源供应不足、国外肉食品大量进口和外埠货源进京争夺北京市场，以及非洲猪瘟疫情封锁多重挤压，北京市屠宰行业开工不足和产能过剩，部分屠宰企业亏损。二是屠宰成本偏高，竞争能力偏弱。受人工成本上升、煤改气、屠宰设施装备与技术工艺升级改造，以及开工不足设备闲置、远距离运输等因素影响，生猪屠宰成本偏高，市场竞争力偏弱。

**表14－1　2018年北京市屠宰企业屠宰能力利用率情况**

| 企业名称 | 设计年屠宰量（万头） | 2018年屠宰量（万头） | 2018年利用率（%） | 2017年利用率（%） |
|---|---|---|---|---|
| 北京顺鑫农业股份有限公司鹏程食品分公司 | 300 | 136.73 | 45.58 | 50.33 |
| 北京市郎中屠宰厂 | 100 | 17.41 | 17.41 | 15.74 |
| 北京资源亚太食品有限公司 | 120 | 53.54 | 44.62 | 55.83 |
| 北京中瑞食品有限公司 | 108 | 46.97 | 43.49 | 56.06 |
| 北京千喜鹤食品有限公司 | 200 | 68.75 | 34.38 | 34.02 |
| 北京二商大红门肉类食品有限公司 | 150 | 103.38 | 86.92 | 83.71 |
| 北京宇航肉联加工有限公司 | 150 | 27.75 | 18.50 | 17.47 |
| 北京市第五肉类联合加工厂 | 180 | 130.79 | 72.66 | 81.39 |
| 北京燕都立民屠宰有限公司 | 100 | 40.19 | 40.19 | 44.85 |

数据来源：《北京市畜禽屠宰行业供给侧改革调研报告》和北京市畜牧屠宰统计系统。

### （二）流通格局

1. 生猪购销[①]

北京市屠宰加工企业多设有专门的生猪采购部门，负责企业生猪收购。屠宰加工企业根据当日猪肉市场销售情况制订次日的生猪采购计划，并与生猪购销商达成购猪协议。屠宰加工企业与生猪购销商多签有长期购销协议，从提供猪源的数量、质量等方面进行约定。对于生猪合作社和较大规模生猪养殖场，屠宰加工企业会直接与他们签订生猪购销合同，直接进行生猪采购。一个生猪购销商通常与多家企业签订购销协议，根据企业提供的生猪价格决定猪源去向。此外，屠宰加工企业从自有养殖基地通过内部交易的方式收购生猪也是一种重要方式。

2. 生猪屠宰

2018 年，北京市 9 家生猪定点屠宰加工企业中既有拥有现代化屠宰加工设备和生产工艺的大型企业，也有主要从事代宰业务的中小型企业。屠宰加工企业购入生猪后，按照国家规定的操作规程和技术要求，将大部分生猪加工成白条猪，少部分加工成分割肉。屠宰加工企业的产品中，白条猪根据不同的等级销往超市、专营店、批发市场、农贸市场、集团客户和外埠市场。分割肉部分以小包装和礼品盒的形式销往高端市场，部分销往企业内部熟食加工车间或者其他肉制品加工企业。

2018 年 8 月非洲猪瘟疫情发生后，全国活猪流通受到严格限制，北京市屠宰加工企业的商品猪源减少，屠宰量和猪肉上市量大幅下降，并远低于北京市场的猪肉需求量。为保障市场供应，生猪定点屠宰加工企业承担起在外埠寻找商品猪源和通过外埠屠宰加工企业代宰后运回猪肉的任务。因此，非洲猪瘟疫情威胁下，北京市生猪定点屠宰加工企业的开工率极低，企业经营模式发生巨大变化。

3. 猪肉销售

北京市生鲜猪肉的销售主体主要有批发市场、大型连锁超市、商场专柜、猪肉专营店、小型超市、农贸市场的小摊贩和社区便利店。其中，批发市场分为猪肉一级批发大厅和猪肉批发零售大厅，一级批发大厅的猪肉经营者为一级批发商，一级批发商主要从事批发业务，客户群体是本市场猪肉零售大厅的二级猪肉批发零售商和大型集团客户。批发市场批发零售大厅的二级猪肉批发零售商直接从所在批发市场的猪肉一级批发大厅进货，并在批发零售大厅内销售。二级猪肉批发零售商从事批发和零售业务，主要客户群体是下游的农贸市场以及单位、工地、学校和普通消费者。

## 三、市场消费现状

### （一）总体情况

一是猪肉需求量由增到减。2011～2016 年全市猪肉需求量逐年递增，2017 年和 2018

① 根据《基于质量安全的猪肉流通主体行为与监管体系研究》和相关数据整理。

年受常住人口负增长影响，猪肉需求量开始下降。二是猪肉自给率不断下滑。受畜禽养殖业布局优化和结构调整影响，北京市猪肉自给率由 2011 年的 43% 下降到 2018 年的 22%，年均下降 2.63 个百分点（见表 14－2）。

**表 14－2　　2011～2018 年北京市猪肉需求量及自给率**

| 年份 | 2011 | 2012 | 2013 | 2014 | 2015 | 2016 | 2017 | 2018 |
|---|---|---|---|---|---|---|---|---|
| 年消费量（万吨） | 56.53 | 57.93 | 59.22 | 60.26 | 60.79 | 60.84 | 60.78 | 60.32 |
| 年生产量（万吨） | 24.21 | 23.94 | 24.63 | 24.01 | 22.48 | 21.84 | 19.22 | 13.53 |
| 自给率（%） | 43 | 41 | 42 | 40 | 37 | 36 | 32 | 22 |

注："自给率"指本市生产的"菜篮子"产品在市场上的供应量占日常消费需求总量的百分数。年消费量根据北京市农业农村局提供数据（人均消费 28 千克/年）和北京市国民经济和社会发展统计公报中的常住人口数计算。

### （二）消费者购买情况

2019 年 1 月，北京市生猪产业创新团队对北京市城市居民猪肉消费者进行了问卷调研。本次调研采取分层抽样的方法，选取城六区（东城区、西城区、朝阳区、海淀区、丰台区和石景山区）为样本区域。受访对象有北京城区户籍或没有北京城区户籍但在北京城区居住并从事非农工作的居民，且为家庭猪肉的主要购买者。调研地点包括超市、居民社区、公园等。调研共发放问卷 500 份，回收问卷 489 份，剔除无效问卷 21 份，有效问卷 468 份，有效率达 95.7%。

1. 样本基本特征（见表 14－3）

**表 14－3　　样本的基本特征**

| 特征变量 | 指标 | 样本数量（个） | 所占比例（%） |
|---|---|---|---|
| 性别 | 男 | 195P | 41.70 |
| | 女 | 273 | 58.30 |
| 年龄 | 21～30 岁 | 101 | 21.60 |
| | 31～40 岁 | 143 | 30.60 |
| | 41～50 岁 | 108 | 23.10 |
| | 51～60 岁 | 60 | 12.80 |
| | 61～70 岁 | 37 | 7.90 |
| | 70 岁以上 | 19 | 4.10 |
| 学历 | 小学及以下 | 9 | 1.90 |
| | 初中 | 36 | 7.70 |
| | 中专/高中 | 63 | 13.50 |
| | 大专 | 68 | 14.50 |
| | 本科 | 132 | 28.20 |
| | 研究生及以上 | 160 | 34.20 |

续表

| 特征变量 | 指标 | 样本数量（个） | 所占比例（%） |
|---|---|---|---|
| 家庭人均月收入 | 2000 元以下 | 5 | 1.10 |
| | 2001～4000 元 | 66 | 14.10 |
| | 4001～6000 元 | 120 | 25.60 |
| | 6001～8000 元 | 118 | 25.20 |
| | 8001～15000 元 | 99 | 21.20 |
| | 15000 元以上 | 59 | 12.60 |

从表 14－3 来看，本次调研样本的性别、年龄、受教育程度及收入基本符合北京市城镇居民总体特征，调查的样本家庭能较好地代表北京市城市居民家庭猪肉消费总体情况。

2. 消费者购买特征

调查结果显示（见表 14－4），猪肉仍是大多数样本家庭的肉类消费必需品。从猪肉购买量比重来看，173 个（36.9%）家庭猪肉消费量占肉类消费总量的比重达到 50% 以上，118 个（25.2%）家庭猪肉消费量占比在 31%～50%，只有 74（15.8%）个家庭猪肉消费量所占比重在 10% 以下。相应地，从购买金额来看具有一致趋势。

**表 14－4　样本家庭猪肉消费数量与金额占肉类消费比重的分布**

| 比重区间 | 购买量的样本数（个） | 购买金额的样本数（个） |
|---|---|---|
| 10% 及以下 | 74 | 83 |
| 11%～30% | 103 | 100 |
| 31%～50% | 118 | 124 |
| 51%～70% | 97 | 87 |
| 70% 以上 | 76 | 74 |

3. 购买场所

如表 14－5 所示，79.8% 的样本家庭猪肉主要购买场所在普通超市（包括沃尔玛、家乐福、物美、京客隆、卜蜂莲花等），26.92% 的样本家庭选择在农贸市场购买，19.40% 的样本家庭选择在高档超市购买，17.31% 的样本家庭选择在社区便利店或小超市购买。

**表 14－5　样本家庭猪肉购买场所**

| 购买场所 | 频数（个） | 比例（%） |
|---|---|---|
| 高档超市 | 91 | 19.40 |
| 普通超市 | 370 | 79.06 |
| 专卖店 | 30 | 6.41 |
| 社区的便利店或小超市 | 81 | 17.31 |
| 农贸市场 | 126 | 26.92 |
| 批发市场 | 28 | 5.98 |
| 网络电商 | 25 | 5.34 |

4. 包装类型及品种类型

如图 14－3 所示，散装猪肉是样本家庭选择的主要包装类型，占比高达 83.97%，而选择购买氮气盒装和真空袋装的样本有 8.97% 和 6.84%。猪肉品种类型方面，58.12% 的样本家庭平时主要消费白猪肉，而消费黑猪肉、土猪肉、花猪肉的样本家庭分别占比 23.93%、11.54%、4.91%（见图 14－4）。

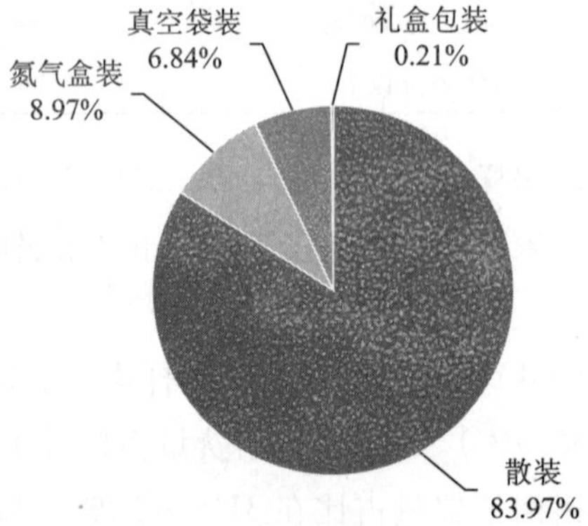


图 14－3　消费者选择的猪肉包装类型

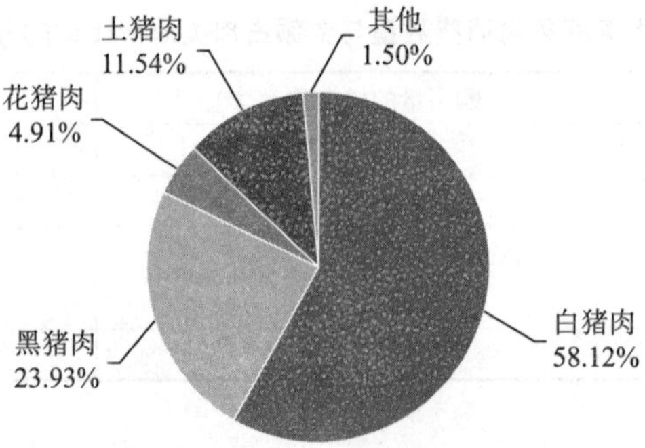


图 14－4　消费者选择的猪肉品种类型

5. 购买品牌

北京市场上特色品牌猪肉众多，购买“壹号土猪”的样本最多，占比 54.74%，其次为“黑六”“中粮家佳康”（见表 14－6）。而样本家庭中购买最多的普通品牌是“大红门”，占比 57.05%，其次为“鹏程”和“五肉联”。

表 14－6　特色品牌和普通品牌猪肉购买比例

| 特色品牌 | 比例（%） | 普通品牌 | 比例（%） |
| --- | --- | --- | --- |
| 壹号土猪 | 54.74 | 大红门 | 57.05 |
| 黑六 | 32.98 | 鹏程 | 51.07 |
| 中粮家佳康 | 22.46 | 五肉联 | 37.39 |
| 鹏宇 | 19.65 | 双汇 | 31.63 |

续表

| 特色品牌 | 比例（%） | 普通品牌 | 比例（%） |
|---|---|---|---|
| 大红门君健 | 16.14 | 金锣 | 19.66 |
| 北旺 | 15.44 | 雨润 | 12.61 |
| 精气神 | 14.39 | 千喜鹤 | 11.54 |
| 圣野 | 13.69 | 得利斯 | 10.04 |
| 膳博士 | 10.18 | 资源 | 1.50 |
| 湘村黑猪 | 9.82 | 中瑞 | 1.07 |
| 中润长江 | 8.42 | 郎中 | 0.64 |
| 其他 | 16.48 | 精武 | 0.64 |

## 四、新型农业经营主体现状

### （一）养殖企业（公司）

2018 年登记备案的 136 个生猪规模场中，养殖企业（公司）22 个，比 2017 年减少 37 个，养殖企业（公司）占登记备案的生猪规模场的比重为 16%，比 2017 年增加 3 个百分点，养殖企业（公司）平均养殖规模为 5072 头，比 2017 年增加 17.73%。其中，养殖规模 1000～5000 头和 5000 头以上的企业分别占比为 72.73% 和 27.27%，分别比 2017 年提高 1.54 和 6.93 个百分点①，大型规模养殖企业（公司）占比明显提高。

### （二）合作社

2018 年登记备案的 136 个生猪规模场中，养殖合作社 6 个，比 2017 年减少 19 个，养殖合作社占登记备案生猪规模场的比重为 4.3%，比 2017 年下降 1.1 个百分点，平均养殖规模为 950 头，比 2017 年下降 40.1%。其中，养殖规模 1000 头以下和 1000～5000 头的合作社分别占比为 66.67% 和 33.33%，分别比 2017 年提高 14.67 个百分点和下降 6.67 个百分点②。

## 五、成本收益及产业支持政策

### （一）成本收益

1. 饲料转化率

受资源环境双重约束和非洲猪瘟疫情影响，生猪养殖成本快速上涨，尽管饲料转化率还有微弱优势，但成本效益存在劣势，尤其是大规模生猪养殖。2017 年全市中规模生猪养殖饲料转化率为 2.76，较 2016 年、2011 年分别下降 0.09 和 0.55，低于全国平均水平（3.05）和天津（3.09）及河北（2.85）；大规模生猪养殖饲料转化率为 2.98，较 2016

① 根据 2017 年和 2018 年北京市生猪规模场登记备案表整理。
② 同上。

年、2011 年分别下降 0.14 和 0.51，低于全国平均水平（3.02）和天津（3.12），高于河北（2.82）（见图 14－5）。

2. 成本利润率

2017 年全市中规模生猪成本利润率为 19.96%，较 2016 年上升 2.38 个百分点、比 2011 年下降 4.76 个百分点，高于全国平均水平、天津和河北 12.10、8.25 和 13.23 个百分点；大规模生猪养殖成本利润率为－4.33%，较 2016 年、2011 年分别下降 18.59 和 21.11 个百分点，低于全国平均水平、天津和河北 13.16、12.87 和 10.76 个百分点（见图 14－5）。

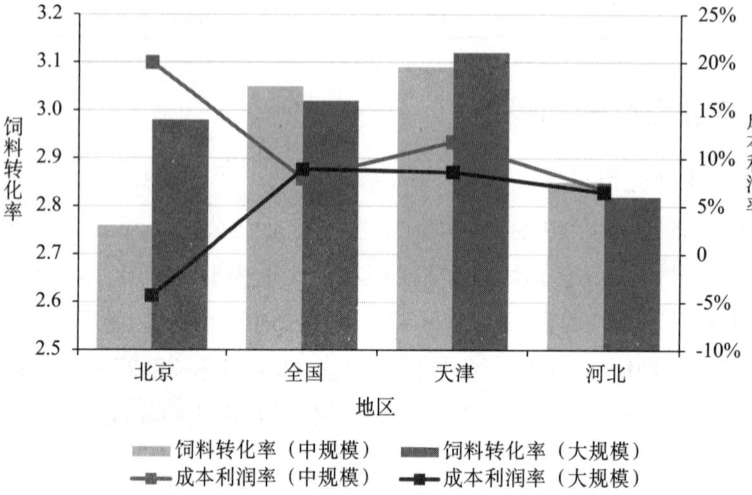


**图 14－5　2017 年北京市生猪养殖效率比较情况**

数据来源：《全国农产品成本收益资料汇编（2018）》。

## （二）重点产业政策

北京市发布的生猪产业政策大体可以分为支持性政策和限制或约束性政策，包括相关法律和法规、文件、规划、措施和手段等。本报告结合目前生猪产业发展实际，从综合、资源环境、效率效益、质量安全四个方面进行总结，主要就 2017～2018 年国家和北京市层级比较重要的现行生猪产业代表性政策进行梳理（见表 14－7）。

**表 14－7　代表性生猪产业政策**

| 类别 | 名称 | 颁布/实施单位（时间） |
|---|---|---|
| 综合 | 《关于创新体制机制推进农业绿色发展的意见》 | 国务院（2017） |
| | 《乡村振兴战略规划（2018—2022 年）》 | 国务院（2018） |
| | 《关于实施乡村振兴战略的意见》 | 国务院（2018） |
| | 《畜牧业统计调查制度》 | 农业农村部（2018） |
| | 《种养结合循环农业示范工程建设规划（2017—2020 年）》 | 农业农村部（2018） |

续表

| 类别 | 名称 | 颁布/实施单位（时间） |
|---|---|---|
| 资源环境 | 《关于深化环境监测改革提高环境监测数据质量的意见》 | 国务院（2017） |
| | 《关于建立资源环境承载能力监测预警长效机制的若干意见》 | 国务院（2017） |
| | 《关于加快推进畜禽养殖废弃物资源化利用的意见》 | 国务院（2017） |
| | 《关于划定并严守生态保护红线的若干意见》 | 国务院（2017） |
| | 《关于全面加强生态环境保护坚决打好污染防治攻坚战的意见》 | 国务院（2018） |
| | 《关于做好畜禽养殖场粪污治理工作的指导意见》 | 北京市（2017） |
| | 《关于进一步加强畜禽养殖污染防治工作的通知》 | 北京市（2017） |
| | 《北京市推进畜禽养殖废弃物资源化利用工作方案》 | 北京市（2018） |
| | 《北京市开展“疏解整治促提升推进畜禽生态养殖”实施方案》 | 北京市（2018） |
| 效率效益 | 《非洲猪瘟疫情应急预案》 | 农业农村部（2017） |
| | 《畜禽养殖标准化示范创建活动工作方案（2018—2025年）》 | 农业农村部（2018） |
| | 《生猪产地检疫规程》 | 农业农村部（2018） |
| | 《生猪屠宰检疫规程》 | 农业农村部（2018） |
| | 《无规定动物疫病区评估管理办法》 | 农业农村部（2017） |
| | 《动物防疫等补助经费管理办法》 | 财政部（2017） |
| | 《无规定动物疫病区管理技术规范》 | 农业农村部（2017） |
| | 《生态环境损害赔偿制度改革方案》 | 国务院（2018） |
| 质量安全 | 《关于进一步加强农药兽药管理保障食品安全的通知》 | 国务院（2017） |
| | 《关于加快发展冷链物流保障食品安全促进消费升级的意见》 | 国务院（2017） |
| | 《“十三五”国家食品安全规划》 | 国务院（2017） |
| | 《北京市农业局关于下达2017年北京市动物及动物产品兽药残留监控计划的通知》 | 北京市（2017） |
| | 《北京市农业局关于下达2017年北京市兽药质量监督抽检计划的通知》 | 北京市（2017） |
| | 《北京市创建“国家农产品质量安全市”实施方案》 | 北京市（2017） |

数据来源：相关政府部门网站。

### （三）社会化服务概况

北京市生猪产业依托生猪产业技术体系北京市创新团队，联合中国农业科学院和北京农林科学院等科研院所、中国农业大学和北京农学院等大专院校的科研人才资源，整合畜牧总站、动物疫病预防控制中心、兽药监察所、饲料监察所、动物卫生监督所、畜牧业环境监测站、家畜繁育改良站、乡镇畜牧兽医站、畜牧技术推广站等畜牧技术机构的技术力量，购买浩邦、中顺景盛、新华保险公司等企业社会化服务，以及培育相关合作社、协会等主体，构建起了“政府—院校—企业—协会”多方参与的完整社会化服务平台，有力推动了全产业链上的技术研究与实用技术推广，提升了产业科技创新能力与技术水平。

## 第二节　生猪产业发展中创新团队的技术支撑

### 一、团队基本情况

#### （一）创新团队功能定位及其建设任务

1. 功能定位

团队坚持创新、绿色、协调发展理念，以种猪生产为主要创新领域，以环保、高效、安全为目标，研发、筛选、集成、推广节水减排技术、循环低碳技术、提质增效技术、生物安全技术，最终构建可促进生猪产业素质提升的技术支撑体系。发挥科技创新和示范推广的辐射带动作用，分阶段、分层次实现生态环境友好、生产效率较高、产品优质安全的北京生猪生产模式。

2. 建设任务

团队采取项目型复合组织管理模式，组建环保、高效、安全 3 个攻关协作组，进一步整合团队力量，目标更加明确。

（1）环保任务。以环境保护与改善为目标，开展节能减排、循环经济等低碳技术筛选、研发、集成、示范、推广。

（2）高效任务。以提高生产效率、经济效益为目标，开展提高母猪年生产力、劳动生产率和饲料转化率等节本增效技术的筛选、研发、集成、示范、推广。

（3）安全任务。以畜产品安全为目标，开展从农场到餐桌的一系列生产与产品安全保障技术的筛选、研发、集成、示范、推广。

#### （二）创新团队组成架构

生猪产业技术体系北京市创新团队组建于 2009 年 4 月。团队由 3 个层级构成，设置功能研究室、综合试验站、农民田间学校工作站，专业涵盖生猪产业链的各个环节。9 年多来，团队采取项目型复合组织管理模式，推行用制度管人、管事、管钱。为更好完成团队“十三五”规划攻关任务和强化团队竞争机制，2018 年共聘任 44 名团队成员，其中，首席专家 1 名、岗位专家 18 名、综合试验站站长 8 名、农民田间学校工作站站长 17 名。

#### （三）创新团队管理与交流机制

团队机构健全、分工明确、管理规范，形成一套完整的团队理念。2018 年，团队研发设计一系列物化产品，如专业著作、科普读物、技术产品、宣传材料、示范场牌匾等，凭借 LOGO 基础，彰显团队元素，提升团队形象。团队坚持项目绩效管理理念，引进美国

PMI 项目管理办法理念，参照 ANSI/PMI 标准，对团队工作任务的范围、进度、成本、质量、人员、沟通、风险、采购 8 个方面进行标准化管理。团队全面推行成本绩效指数（CPI）、进度绩效指数（SPI）和质量评价指数（QPI）评价，显著提升团队绩效管理水平。团队积极参加各领域论坛及峰会，扩大团队影响力；同时，密切关注国外发展动态，时刻掌握国内外产业发展水平，不断加强与国内外沟通交流，扩大团队影响力，提高团队知名度。

## 二、技术研发与主推技术

团队聚焦生猪产业“环保、高效、安全”三大攻关方向，围绕 2018 年重点任务要求，全年开展 28 项技术攻关、研发、示范、推广，取得丰硕成果。

### （一）团队技术研发情况

第一，聚焦生态环保，开展技术攻关研发，主要包括污水处理及循环利用关键技术示范与推广、生长育肥猪节水饮水器的研发与示范、猪粪重金属钝化处理技术的研究与应用、规模猪场空气环境净化技术的研究与应用、供暖猪舍保温天棚与天棚预热新风系统设计与示范、90～120 千克生长育肥猪的低蛋白日粮研发与应用、氮磷减排饲粮技术在育肥猪上的试验示范等。

第二，围绕高产高效，开展技术攻关研发，主要包括母猪繁殖力的遗传改良研究、同期排卵定时输精技术研究、种猪自动化测定系统完善、种猪高效育种技术集成与应用、繁殖母猪妊娠检测配套技术的研究和示范、中草药等复合添加剂对母猪少乳症疾病的防治技术研究及示范应用、猪瘟和伪狂犬疫病净化防治技术示范应用、益生菌与中药的联合应用对断奶仔猪抗病促生长性能的试验示范、苦荞黄酮对仔猪生长性能的研发与示范、猪场饲料采集和检测技术服务工作、烯丙孕素药物的研发、肠杆菌肽的研究与开发等。

第三，紧盯优质安全，开展技术攻关研发，主要包括无抗生素低氮排放日粮不同必需氨基酸水平对断奶仔猪生长性能的影响研究、断奶仔猪减抗饲料研发、利用饲料添加剂代替饲料中的抗菌素养猪技术示范应用、亚硝酸盐替代物的研发、发酵肉制品产细菌素菌株的筛选及鉴定、肉品加工过程 HACCP 控制系统的建立、猪肉肌球蛋白的有效解离研究、黄酮醇类天然防腐剂研究、中国好猪肉 APP 平台发布与推广等。

### （二）团队主推技术情况

2018 年团队共开展主推技术培训、新技术培训和职业技能培训等多种形式的各层级培训、观摩等活动 89 次，累计达 4673 人次。

第一，聚焦生态环保，开展技术示范推广，主要包括污水治理关键技术试验示范、全自动干清粪技术示范与推广等。

第二，围绕高产高效，开展技术示范推广，主要包括低剂量深部输精结合缩宫素技术示范、种猪性能测定与遗传评估技术推广、仔猪脐带血检测疾病及综合防治技术示范、专用益生菌在育肥猪群的试验示范等。

第三，紧盯优质安全，开展技术示范推广，主要包括生猪养殖减抗技术示范、亚硝基血红蛋白的开发与应用、中国好猪肉平台推广和运营及维护等。

**（三）团队重要技术成果**

1. 猪场污水处理关键技术取得新突破

猪场粪污处理严格遵照“源头减量、过程控制、末端利用”的原则，采用黑膜厌氧发酵、仿生携氧曝气及人工湿地处理等技术过程，对猪场污水进行处理与循环利用研究。通过不断地钻研与改进整个处理过程的关键环节，特别是仿生携氧曝气材料携氧能力的提升，污水处理技术取得了突破性的进展，通过第三方监测，污水湿地出口COD降到60mg/L、BOD降到30mg/L、氨氮降到5mg/L。此外，镶嵌式黑膜水生池、生化曝气池及沼液调节池等中的水生植物成活率均达到80%以上。猪场不仅实现了污水的循环利用，而且也改善了猪场景观，为猪场提供了青绿饲料。通过运行测算，该技术处理污水的成本为3.0元/吨。低成本运行、无人看守，使其成为市场上最具竞争力的猪场污水处理技术之一。

该研究成果受到各方关注，2018年示范点接待了来自农业农村部粪污办、北京市农业农村局、安徽省人民代表大会常委会、江苏环保厅、山东环科院、吉林省敦化市政府等部门的参观考察团，以及正大集团、牧原食品公司等养殖相关企业的参观人员，累计达200多人。此外，丹麦驻华大使馆参赞一行、日本东京城市大学环境工程系教授史中超一行也分别到示范点观摩了养殖场污水治理工艺。中央电视台第7频道也于2018年9月制作了专题报道节目。

该研究成果在北京、河北、安徽、江苏已示范推广了4家养殖企业，还应用于2个其他类型水体的生态净化。

2. 猪低蛋白日粮推广工作取得重要成效

团队自成立以来，一直进行猪低蛋白日粮配置技术的宣传与推广工作，通过多年的积累与实践，终于以岗位专家谯仕彦教授研发团队为主起草了以低蛋白质和低磷日粮为主导、绿色环保为理念的中国饲料工业协会团体标准《仔猪、生长肥育猪配合饲料》，并于2018年10月26日批准发布，11月1日正式实施。该标准聚焦降低配合饲料蛋白含量，倡导高效低蛋白日粮体系应用，具有前瞻性和指导性，在我国饲料行业内有里程碑式意义，并将对绿色发展产生深远影响。

该项研究将《中国猪饲养标准（2004）》推荐的生长肥育猪日粮蛋白质水平降低3~4个百分点，相应的豆粕用量可减少6~8个百分点；而在生产应用中，该团体标准将不同阶段猪日粮蛋白质水平降低1~3个百分点，根据该标准测算，猪配合饲料平均蛋白水平下调1.5个百分点，有望将生产1千克猪肉的蛋白质消耗从0.45千克降至0.39千克，降幅达13%。新标准在全行业全面推行后，养殖业豆粕年消耗量有望降低约1100万吨，带动减少大豆需求约1400万吨。该成果近3年新增销售额428.8亿元，新增利润36亿元；

培训人员15万余人次，推广新型饲用氨基酸120多万吨，低氮排放饲料1.1亿吨，推广面达45%；年减少豆粕用量500多万吨，减少氮排放超过35万吨。团队研制的赖氨酸硫酸盐、NCG等新型饲用氨基酸产品已推广到全国31个省（市、自治区）和台湾地区，以及欧美和东南亚的35个国家，专利转让和服务收入2640万元。相关成果获发明专利10余件，获新饲料添加剂证书2个，主持修订国家标准3项，发表论文100余篇。项目成果获2014~2015年度中华农业科技奖一等奖和2015年度大北农科技成果一等奖。

3. 生猪批次化生产关键药物成功研发

2018年2月22日，岗位专家田见晖教授研发团队与宁波三生生物科技有限公司联合研制药物烯丙孕素及内服溶液获批二类新兽药（兽药原字110912981），获得了国家新兽药注册证书，填补了我国在本领域的空白，为我国生猪产业现代化流程再造提供了物质保障。烯丙孕素及其内服溶液的获批，为我国生猪养殖批次化管理提供了重要技术和药物支撑，其在猪场的推广应用，对于提高我国生猪养殖生产效率和后备母猪利用率具有重要意义，并将推动我国养猪业走向工业化管理。

## 三、技术示范推广效益

### （一）经济效益

2018年，团队聚焦生态环保、围绕高产高效、紧盯优质安全，开展各类技术示范与推广工作，包括节水减排、循环低碳技术，提质增效生产技术，生物安全技术等，推广规模达90余万头（存栏数，累积推广190.36万头次），实现经济效益4298万元。

### （二）生态效益

1. 源头减量

团队专家谯仕彦教授科研团队研发了低氮排放日粮技术，该技术将《中国猪饲养标准(2004)》推荐的生长肥育猪日粮蛋白质水平降低3~4个百分点，豆粕用量可减少6~8个百分点，其日粮产品可有效降低仔猪和育肥猪粪便、尿液中的氮含量和磷含量，经测算，最高实现氮减排27.2%、磷减排25%，同时不会影响生长性能各项指标，做到了从源头控制养殖废弃物的产生。

2. 过程控制

针对规模养殖场常用的鸭嘴式饮水器因猪只玩耍及饮水器压力过大等原因造成的饮水普遍浪费现象，团队研发、推广了新型节水饮水器。对生长育肥猪饮水器进行了水位控制方面的改进，饮水器中水位实现无动力自动控制，猪只在饮水的过程中水不易溢出，减少了饮水过程中产生的因漏水、玩水而产生的浪费。结果显示，生长育肥猪（饲养110天）每天的实际饮水需要量在5.5~7.5千克，研制的碗式饮水器（水位自动控制）可以较鸭嘴式饮水器节水77%左右。使用碗式饮水器和全自动干清粪技术，每万头存栏猪可节水1.65万吨以上。

开展养殖过程中的节能减排技术工作。通过猪舍保温节能改造技术和猪舍空气源热泵供暖技术，有效解决了养殖业煤改清洁能源后，用电量大的问题。应用空气源热泵供暖，与直接电供暖相比节能60%。以煤改电（空气源热泵供暖）的猪舍比例为50%计算，没有节能改造的猪舍单位建筑面积能耗为118k·Wh/$m^2$，则20万平方米供暖猪舍可节能118×0.6×20×10000=14160000k·Wh，节省了大量用电量和能耗。

3. 末端利用

猪粪快速无害化处理对改善养殖场的环境卫生，促进生猪健康生长具有重要作用，也将为发展无公害、绿色及有机农产品提供便利条件。

首先，应用黑膜厌氧技术系统将猪粪发酵，该系统利用黑膜厌氧技术具有厌氧发酵容积大、污水滞留期长、沼气产生量大、运行处理费低等优点，经过黑膜厌氧发酵环节处理，能杀灭有毒有害病菌、病毒和寄生虫卵，根除蚊蝇的滋生场所，减少人畜病害。生产出的有机肥可供养殖场周边果园使用，也可装袋作为商品出售，为养殖场增加额外收益。

再次，应用污水生化曝气系统，将沉淀后的污水，通过微曝气技术和微生物技术的结合，做进一步脱氮除磷处理，经微生物—植物复合湿地净化后的污水，COD在150mg/L以下，可以用作猪舍的冲洗废水或果园的浇灌用水。湿地种植的四季植物，可为猪场提供青绿饲料。同时，该项技术的处理费用相较于其他设备可节约成本50%以上。较好的处理效果，加之较低的处理成本，有效解决了养殖业废水处理问题，而且实现了资源的循环利用，发展了生态养殖。

**（三）社会效益**

1. 深入开展培训工作，提升从业人员素质水平

科技兴农，培训先行。团队统筹部署，开展主推技术培训，新技术培训和职业技能等多种形式的培训，各级成员也经常深入生产一线，结合实际生产需要，采用专题座谈、技术观摩、入户指导等多种方式与养殖场户交朋友结对子，拓展养殖场户视野，使其生产技术、安全意识显著增强，组织化程度明显提高。基层技术人员通过观摩学习，已经逐步认识到科技对农业生产的巨大推动力。通过各类型教育培训，养殖场户的生产理念已经发生很大转变。

2. 广泛开展宣传工作，扩大团队影响力

团队积极参加各领域论坛及峰会，在大会上作专题报告并得到业内外人士的高度认可，扩大团队影响力。岗位专家王楚端，先后接受路透社和彭博社采访，就中国养猪的规模化和智能化进行介绍；岗位专家谯仕彦，接受《中国日报》（*China Dairy*）采访，发表中国养猪业应用低氮排放日粮应对豆粕供应压力的问题；综合试验站站长李文祥接受中央电视台第7频道“聚焦中美贸易农业企业”采访以及其他成员在不同的场合，以不同的方式做了大量宣传工作，扩大了团队影响力，得到社会的高度认可。

特别需要提出的是，2018年是中国改革开放40周年，也是中国养猪业蓬勃发展的40

年，为了展示40年发展成果及总结发展经验，促进中国养猪业持续、健康发展，团队组织参与了《改革开放40年中国猪业发展与进步》丛书的编写工作，首席专家云鹏为主编之一。该书被中宣部列为“十三五”国家重点图书。

3. 积极开展国内外交流，促进京津冀协同发展

团队密切关注国外发展动态，时刻掌握国内发展水平，不断加强与国内外沟通交流，提高团队知名度。2018 年，团队开展多次国内外交流活动，特别是通过举办第 13 届全国猪人工授精关键技术研讨会，巩固了团队在全国生猪产业技术方面的引领地位。同时，进一步加强与兄弟团队的交流，尤其是与河北、天津生猪创新团队开展技术交流活动，在国内首次组织举办了“中国好猪肉嘉年华”活动，促进京津冀在生猪产业方面的协同发展。

4. 调研报告与咨询服务为政府决策提供数据支持

2018 年，团队针对全市规模养殖情况进行重点了解、分析，结合生猪产业的资源总量、生产优势、生产调整、现有政策等具体内容开展调研，为深入开展生猪产业调转节提供思路，为政府部门科学决策提供了翔实的基础资料和数据支持。同时，团队开展了生猪养殖废弃物治理情况调研，提出《关于健全生猪养殖废弃物治理机制的政策建议》《关于促进和优化农业技术扩散模式的政策建议》《关于优化完善猪肉可追溯体系的政策建议》4 项研究报告和政策建议，提交全国政协、农业农村部办公厅等部门，并得到领导认可。

5. 建立低收入农户科技帮扶机制

根据与团队联系的低收入村——延庆区珍珠泉乡小铺村对接和掌握的基本情况，团队成立生猪创新团队科技帮扶专班，建立“一人一户一对策”的责任制度和联络工作机制，保障科技帮扶工作落实到位、到人。在前期制定调研方案的基础上，2018 年 11 月 21 日，团队岗位专家和综合试验站站长深入延庆区珍珠泉乡小铺村，开展低收入村入户对接工作，走访慰问低收入农户。

## 四、团队对产业的支撑作用

### （一）以需求调研为基础，明确产业发展问题和攻关方向

团队通过调研策划、工作准备、人员培训、产业调查（概查和专题调查）、产业分析汇总等一系列过程，全面调研北京市生猪产业发展需求，发现产业发展的问题，探讨解决问题方案。

### （二）多渠道、多形式开展培训工作，推动科技进步，实现科技兴农

团队统筹部署，开展主推技术、新技术和职业技能等多种形式的培训，各级成员根据产业需求，采用专题座谈、技术观摩、入户指导等多种方式多层面多角度与养殖场户进行技术交流。通过各种类型技术培训，养殖场户的生产经营理念已经发生很大转变。

**（三）扩大团队影响力，积极开展对外宣传和国内外交流工作**

团队积极参加各领域论坛及峰会，在大会上作专题报告并得到业内外人士的高度认可，扩大团队影响力。团队还以灵活多样的方式开展全方位、多角度、深层次的宣传工作，广泛报道团队试验示范和服务农民的成果，并将收获到的技术应用到实践中去。

**（四）以环保、安全和高效为目标，推进规模化养殖场绿色可持续发展**

团队以环保、安全和高效为目标，推进产业品牌化、养殖规模化发展，从饲料营养、饲养环境等方面，使养殖场向节水、节能、节饲料、高效能、低排放的绿色养殖模式转变，减少能源消耗和环境污染，整体提高经济、社会、生态效益。

# 第三节　生猪产业典型案例分析

## 一、北京清泉湾养猪有限公司概况

北京清泉湾养猪有限公司（以下简称“公司”）① 于2008年2月18日注册成立，并于2008年3月开始动工兴建标准化生态猪场，生产基地位于延庆区永宁镇清泉铺村及河湾村，占地169亩，饲养基础母猪500头，日常存栏3900头左右，年出栏商品猪（含小猪）1.1万头左右。公司生猪产品注册商标为“熙苑游牧”。公司依托当地良好的自然环境与原料资源，充分发挥自身福利、生态环保与节水养猪等技术优势，致力于生态猪的养殖与技术推广。其中，公司在分点生态养殖技术、生物发酵床技术（实现粪污零排放）、太阳能沼气系统、专利节水装置（节水四成以上）、猪群健康管理等技术应用方面处于国内领先水平。

公司自2012年以来获得如下荣誉与成绩：2014年9月，荣获“四星级国际福利养殖金猪奖”（世界农场动物福利协会）；2014年11月，荣获“全国标准化规模养猪示范场”称号；2014年12月，获得国内首张“农场动物福利评价证书”；2015年10月，荣获“中国美丽猪场”称号；2016年12月，被评为北京市“优级农业标准化基地”；2012年6月至2017年12月，先后3次荣获全国健康养猪技术比赛一等奖。

公司通过一系列生态饲养改进举措及其他精细化管理，猪群健康水平持续稳定，生产经营保持良好收益，场区环境得到显著改善。

① 根据清泉湾公司提供资料整理。

## 二、北京清泉湾养猪有限公司的生物安全体系建设

公司创建以来，始终秉持做好生物安全是确保养殖场长久稳定发展基础的原则，不断加强基础设施、管理制度、人员培训等建设，使养殖场不断增强抵抗生猪疫病风险的能力。在具体实践中，主要做到“外堵内升”，在种猪繁育和投入品使用方面，公司从建场初期引进种猪后即实行封闭全程自繁自养，“一次引种，终生不引”，有效隔绝了后续引进种可能带来的动物疫病入侵；严格按照少用、慎用、有效利用的原则，合理使用疫苗，自建场以来，一直坚持在饲料中不添加抗生素，并通过改善养殖环境、提高生猪居养舒适度等来提升猪群自身非特异免疫力。在养殖管理方面，公司遵循两点式饲养模式，将 30 日龄左右的仔猪转移到3000 米之外的育肥场进行保育饲养，以切断母猪和仔猪之间的疫病垂直传播；种公猪精液主要从生物安全水平高的公司定点购进（用于种猪纯繁），长期坚持本场自培纯种和二元种猪；猪场实施小单元全进全出管理，长期坚持对清洗干燥后的栏圈进行火焰消毒。在车流管理方面，运猪车在出发地、中途、目的地接受三次消毒，本场运猪车实行专车专用，且一切进场车辆都需在距离猪场 3 公里处的消毒点进行 25 分钟的喷雾消毒（消毒药采用 100 倍稀释的过硫酸氢钾）。在人员管理方面，为减少人员出入可能带来的疫病隐患，养殖场只雇佣长期驻场员工，实行封闭式管理，避免员工上下班等频繁出入；全场禁止食用一切外来猪肉制品；定期开展技术培训，不断提高员工业务水平和疫病防控意识。在饲料、兽药、疫苗等运输方面，相关物质全部实现场外对接，并对一切入场物品进行高浓度臭氧消毒 45 分钟。在野生动物阻止方面，加固养殖场围墙及加密大门，防止狗、猫等进入，同时加大养殖场内部的火蝇、灭鼠工作。

## 三、北京清泉湾养猪有限公司的养殖废弃物治理

公司长期坚持“两保证”原则治理和利用养殖废弃物，即保证不外流一滴污水和保证基本无臭味。公司采用太阳能沼气装置、生物发酵床技术、干清粪技术、添加益生素及酶类措施等处理粪便、减少异味，划设专门的区域用于堆肥、自然发酵、污水存储和生产沼气。养殖场年生产粪肥 600 立方米左右，向外出售 400 立方米左右。粪肥的资源化利用途径主要包括四种：一是本场外围自有的 100 多亩青饲料苜蓿田以及周边种植户的需求；二是满足附近公司生产鲜切花卉出口日韩等国对优质粪肥的需求；三是满足北沟村 200 多亩林果生产的粪肥需求；四是满足附近农场种植有机蔬菜供应世园会、高档酒店等对优质粪肥的需求。此外，公司正在进行技术攻关，将沼液和污水生产为有机营养液用于无土栽培的有机农业。通过一系列技术措施，公司将养殖废弃物治理变成种养有机结合的生态循环中重要的一环，这样既维持了良好的生态环境，也与周边村民等建立起良好的和谐关系。

# 第四节　生猪产业发展政策建议

## 一、产业发展问题及其技术需求

### （一）产业发展面临的主要问题

1. 环境污染治理与产业发展矛盾突出

环保高压下，养殖场户配套建设粪污处理设施需要大量资金投入，也缺乏技术工艺完备、运行成本低廉的成熟处理模式，加之实际生产中农牧结合不紧密，种养结合脱节严重，导致养殖场生产运营成本增加，大量养殖场户退出。这也致使北京市本地的猪肉自给率降低到历史最低水平，一定程度威胁着首都猪肉市场稳定。

北京市生猪产业不仅承担着满足本地居民生活消费需求，更肩负着国家重大活动猪肉保障供应的职责。而发展受阻的生猪产业无法完成“菜篮子”工程要求，也不能适应消费升级的趋势，更不能有效保证重大活动的生猪产品数量和质量供应。北京市生猪产业面临着环境规制带来的供给减少与经济社会发展引致的需求扩大的尖锐矛盾。

2. 生产效率亟待提高

北京市生猪养殖效率高于全国平均水平，但与国际先进水平还有较大差距，与全国科技创新中心的地位不符，不能充分发挥引领和示范功能。同时，受日益趋紧的资源环境双重约束和非洲猪瘟疫情影响，北京市生猪养殖成本快速上涨，养殖效益比较劣势明显，生产效率亟待提高。根据《全国农产品成本收益资料汇编》数据计算，2017 年北京市大规模生猪养殖成本利润率为 -4.33%，与同期全国平均水平和相邻省份存在一定差距。

3. 猪肉质量安全保障任重道远

北京市猪肉质量安全监管水平在全国一直处于领先地位，但猪肉质量安全隐患仍然客观存在。比如，多数养猪场户自配饲料且缺乏饲料质量安全检测，饲料原料质量无法有效控制，容易诱发疾病而过量用药，存在不规范使用饲料添加剂和抗生素的情况；生猪流通环节参与主体多，难以实现对生猪购销和运输过程的有效监管；猪肉及猪肉加工品存在质量安全隐患。猪肉质量安全问题不仅会严重损害消费者利益、挫伤消费者信心、扰乱市场秩序，也将使政府形象大打折扣。因此，从中央到地方的政策法规都在持续强调农产品质量安全保障与监管的重要性和紧迫性。

4. 非洲猪瘟防控压力增大，经营不确定性增加

2018 年以来，受非洲猪瘟疫情影响，生猪主产区的一些养殖户重度亏损或者被强制清

退，大量从业者被迫转产、转业。在政策执行过程中还由于关停标准、补偿标准、执法方式不明晰造成养殖场户生产信心不足、预期不稳，行业生存前景不乐观。目前，针对尚无有效药物治疗非洲猪瘟的严峻形势，疫病防控成为一场持久战，养殖场户生存压力和政府社会压力增大。无法同步提升生物安全水平和养殖管理的中小养殖户会最先被淘汰。北京市生猪产业从业者数量和结构将发生显著变化。

### （二）产业发展的技术需求

1. 环保技术需求

（1）种养结合与循环经济节点技术。一是全程监控减量化投入、无害化处理以及资源化利用三个关键节点，保障肥料化产品质量；二是确立肥料化的农地、水源可承载能力，通过卫星遥感系统等全面了解区域内种养面积、作物品种及数量，理清不同自然环境下种植不同作物所需的肥料数量，控制超载。

（2）废弃物资源化利用技术。积极研发推广肥料化、能源化、基质化等新型资源化技术；推动成本低、利用率高、便于推行的病死猪资源化技术。

（3）节能节水技术。推动煤改电、煤改气、雨污分流、干湿分离、污水无害化处理及资源化利用等技术。

（4）清洁能源应用技术。安全推进沼气工程，选择成熟、便于运行的沼气技术模式，探索适合不同养殖规模的沼气配备运行技术。

（5）微生物系统工程。继续研发推广微生物在环保饲料、兽药研发、养殖废弃物无害化处理环节的应用，形成系统工程项目。

2. 高效技术需求

（1）母猪生产力提升技术。提升育种效率的常规和分子育种技术，提升繁殖效率的定时输精技术，提升生物安全水平的重大疫病防控技术，以及预防仔猪腹泻、提高仔猪成活率的相关技术等。

（2）饲料转化率提升技术。促进猪群消化吸收提高饲料利用效率的生物饲料、降低废弃物排放的低排放饲料以及分阶段精准日粮与精细化管理技术等。

（3）劳动生产率提升技术。引进成熟的机械化自动化设施设备、物联网大数据云计算管理技术、积极开展养猪从业者技能培训以及设备管护方面的技术培训等。

3. 安全技术需求

（1）生产过程安全控制技术。疫病防控和疫病净化等减少乃至摆脱某些药物添加剂技术等，替代或减少生猪养殖和生猪流通过程中可能导致猪肉质量安全隐患的添加剂、抗生素等的替代或减量化技术等。

（2）猪肉产品安全控制技术。控制生猪和猪肉质量安全隐患的 HACCP 体系、追溯技术等，消除或减少亚硝酸盐残留、化学防腐剂和有害微生物等的替代或减量化技术等。

## 二、产业发展趋势及其亟待解决的技术问题

### （一）产业发展趋势

根据北京市农业“调、转、节”有关政策、《北京市国民经济和社会发展第十三个五年规划纲要》《北京市“十三五”时期都市现代农业发展规划》和《全国生猪生产发展规划（2016—2020年）》部署，坚持创新、绿色、协调发展理念，以种猪生产为主要创新领域，以环保、高效、安全为目标，筛选、研发、集成、示范、推广节水减排技术、循环低碳技术、提质增效技术、生物安全技术，最终构建可促进生猪产业素质提升的技术支撑体系。发挥科技创新和示范推广的辐射带动作用，分阶段、分层次实现环境友好度高、生产成本低、产品质量佳、盈利水平高的北京生猪生产模式。

### （二）亟待解决的技术问题

1. 聚焦生态环保，开展技术攻关研发

按照减量化、资源化和无害化原则，从过程减排、末端治理和循环利用三个阶段开展技术研究，先突破单个节点技术，再实现全过程粪污治理技术贯通，粪污废水达到有效治理并实现综合利用、猪舍节能降耗。具体技术包括：种养结合与循环经济节点技术、废弃物资源化利用技术、节能节水技术、清洁能源应用技术、微生物系统工程技术等。

2. 围绕高产高效，开展技术攻关研发

以提高生产效率、经济效益为目标，开展提高生物安全水平、母猪年生产力、劳动生产率和饲料转化率等节本增效技术的筛选、研发、集成、示范、推广。

3. 紧盯优质安全，开展技术攻关研发

以畜产品安全为目标，开展从农场到餐桌的一系列生产与产品安全保障技术的筛选、研发、集成、示范、推广。具体技术包括：生产过程安全控制技术和猪肉产品安全控制技术。

## 三、主要政策建议

### （一）适应资源环境约束，推动生猪产业可持续发展

面临日益趋紧的资源和环境约束，应主动适应、积极应对，争取环境治理与产业发展的最大主动权。根据种养品种和环境可承载能力优化种养业结构和布局，推动养殖废弃物收集、转化、利用的种养循环发展体系；鼓励不能直接实现种养循环发展的养殖密集区域建立废弃物集中处理中心，扩大有机肥市场需求，鼓励研究推广新技术，进一步推进种养结合的农牧循环养殖模式；在切实贯彻落实禁限养区规定基础上，稳步推进土地流转，保障消纳用地和基础设施配置；根据种养结合程度加强养殖废弃物治理纵向关系，发挥新型经营主体示范作用；建立权威与明确、全面与合理的治理政策体系，提高废弃物经济价值。加快建立生猪粪污综合利用标准体系，研究制订适合北京市的土地承载力测算方法、

粪肥还田利用规范、污染物减排核算制度等，解决生猪粪污综合利用相关标准和技术规范缺乏问题。利用环境治理这一契机，顺势调整优化生猪产业结构，提高可持续发展能力。

**（二）进一步提高养猪效率和效益**

生猪产业各主体的生产效率和效益的提高，是支撑北京市生猪产业发展的根本。进一步稳定和完善生猪养殖业扶持政策；鼓励种猪企业根据自身资源和优势，在种猪生产的选育和扩繁环节通过专业分工和紧密纵向协作，积极参与联合育种，提升北京市种猪产业的整体竞争优势；继续提高规模化养殖比重，鼓励“公司＋合作社＋农户”或“公司＋农户”的经营模式，提高生猪养殖的产业化、组织化水平；扶持龙头企业建立紧密型外埠基地，提高资源使用效率和养殖效益；依托产业技术体系的科研力量，围绕种、料、病、管等关键环节开展攻关研究，转变生猪产业发展方式，形成以科技进步为主的内涵式增长模式，提升生猪产业科技创新能力。

全面启动北京市生猪品牌建设活动，着力打造知识产权保护下的品牌产品，挖掘增值潜力。以注册生猪产品商标及认证绿色、有机和地理标志生猪产品为契机，创建“名、优、特”生猪产品品牌，建立层级递进的品牌培育机制，加快形成“培育一批、提升一批、推荐一批”的品牌发展良好局面。制定出台扶持生猪产业品牌发展的长效机制，比如通过免税、提供贴息贷款、设立专项扶持资金等措施，为生猪生产企业营造适宜的发展环境。吸引“域外资本、民间资本、工商资本”参与北京市生猪产业开发，鼓励中、小企业与具有强大品牌知名度的龙头企业联合，发挥各自的比较优势，实现双方的品牌共赢。

**（三）切实保障猪肉质量安全和稳定首都“菜篮子”供应**

安全的猪肉产品才能满足日益增大的市场需求。生猪产业链条上每一环节、每一主体都应高度重视质量安全问题。加强京津冀三地以及其他猪肉产品来源地区质量安全监管、动物疫情防控等方面的互联互通与合作，建立质量安全预警预报合作机制与安全风险预警会商制度。

北京市应认真研究全市地产猪肉产品最低保有量制度，使其成为确保首都应急供应和地产农产品自给率的重要措施。将确保“菜篮子”产品质量、市场价格基本稳定、产销衔接顺畅、市场主体行为规范、突发事件处置及时、风险控制迅速有力、农业生态环境得到保护等纳入各区“菜篮子”工程建设考核指标体系，作为市长以及各区目标责任考核的重要内容。

**（四）构建非洲猪瘟防控工作长效机制，稳定产业信心**

当前，非洲猪瘟防控形势依然严峻。北京作为首都和国际化大都市，人流物流频繁，再次引发非洲猪瘟疫情的风险不容忽视，必须强化京津冀区域联防联控，建立非洲猪瘟防控工作长效机制。进一步明确各部门、各区在疫情排查监测、消毒灭原、生猪调运监管、屠宰监督执法、餐厨剩余物监管、疫情应急准备、开展宣传引导等方面的职责和任务，与广大养殖户上下联动，共同打赢非洲猪瘟防控持久战。同时，面对巨大的猪肉产品消费刚性需求，北京市要结合本埠生猪供应短缺的实际情况，合理调配、充分利用定点屠宰场及外埠基地，完善调运监管方案，加强与主产省区“点对点”调运，科学统筹做好生猪生产和保障市场供应工作。还要切实落实应急防控补偿政策，妥善安置清退养殖场户，做好转产、转业扶持工作，维护好受损养殖户养殖利益，稳定其他从业者生产信心和心理预期。

# 第十五章　北京市家禽产业发展报告

## 第一节　北京市家禽产业发展概况

### 一、生产情况

#### （一）基本情况

1. 家禽产业继续缩减，但仍然是北京市畜牧业的重要组成部分

2018 年，北京市家禽业继续缩减。从家禽存栏来看，2017 年北京市家禽年末总存栏量 990.74 万只，是 2017 年 1382.41 万只的 71.7%。其中，产蛋鸡、肉鸡和鸭存栏分别是 887.89 万只、58.63 万只、43.01 万只，分别比 2017 年减少了 26.2%、42.5% 和 42.2%（见表 15－1）。

表 15－1　　北京市家禽存栏情况

| | 2018 年（万只） | 2017 年（万只） | 2018 年为 2017 年（%） |
|---|---|---|---|
| 总存栏 | 990.74 | 1382.41 | 71.7 |
| 产蛋鸡 | 887.89 | 1202.79 | 73.8 |
| 肉鸡 | 58.63 | 101.89 | 57.5 |
| 鸭 | 43.01 | 74.47 | 57.8 |

数据来源：北京市统计局发布的数据《北京统计年鉴》。

从禽产品产量来看，2018 年禽肉产量 2.39 万吨，只有 2017 年禽肉产量 4.64 万吨的 51%，占北京市肉类总产量 17.47 万吨的 13.7%，是仅次于猪肉的第二大肉类；2018 年生产禽蛋 11.25 万吨，是 2017 年禽蛋产量 15.7 万吨的 71.7%（见图 15－1），在保证北京市居民禽蛋供应中发挥着不可替代的作用。

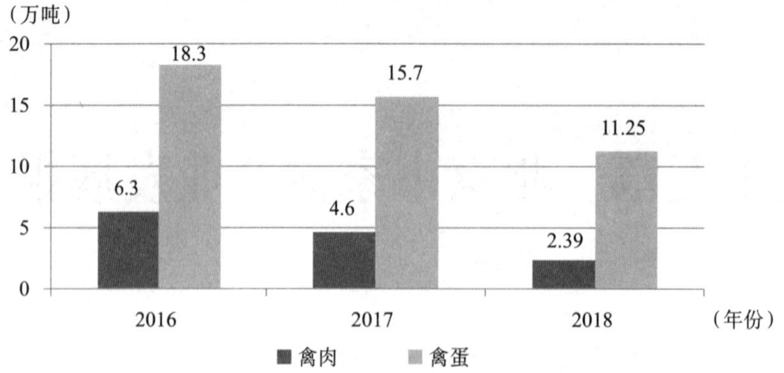


**图 15 -1　北京市禽肉、禽蛋产量**

数据来源：北京市统计局：《北京统计年鉴》。

2. 蛋鸡在北京市家禽养殖中占有绝对优势

从存栏数量上看，蛋鸡占的比重最高。北京市的家禽养殖种类主要是蛋鸡、肉鸡和鸭，2018 年北京市家禽总存栏 990.74 万只，其中蛋鸡 887.89 万只，占存栏总量的 89.62%；肉鸡 58.63 万只、鸭 43.01 万只，分别占家禽存栏总量的 5.92% 和 4.34%（见图 15 -2）。

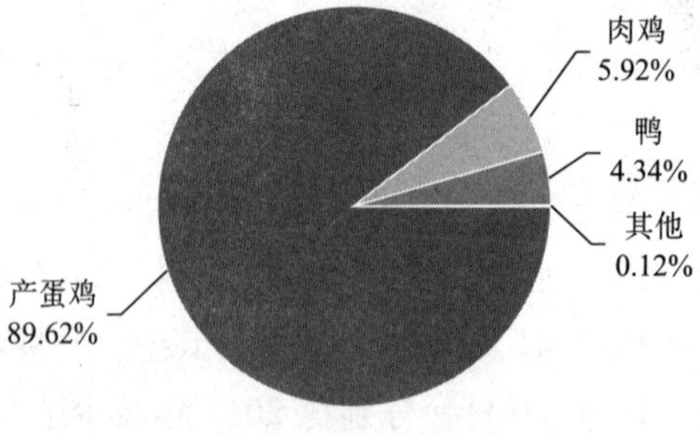


**图 15 -2　2018 年北京市家禽养殖构成**

数据来源：北京市统计局：《北京统计年鉴》。

家禽养殖场数量继续减少。2016 年以来，在家禽产业调减的基础上，北京市家禽养殖场数量继续减少。

2018 年年底登记的家禽养殖场（小区）有 132 个，比 2017 年的 269 个减少了 50.93%，2017 与 2016 年相比减少 41.39%。2018 年蛋鸡场（小区）、肉鸡场（小区）、蛋鸭场（小区）、肉鸭场（小区），与 2017 年相比分别减少了 40.37%、70.33%、0 和 57.14%；与 2016 年相比，2017 年相同指标减少量分别为 14.81%、58.82%、25%、68.89%（见表 15 -2）。

2018 年年底登记并备案的家禽养殖场（小区）有 93 个，比 2017 年的 134 个减少了 30.60%，2017 与 2016 年相比减少 52.65%。2018 年蛋鸡场（小区）、肉鸡场（小区）、蛋鸭场（小区）、肉鸭场（小区），与 2017 年相比分别减少了 26.83%、35.13%、0 和

50%；与2016年相比，2017年相同指标减少量分别为24.77%、73.19%、25%、62.5%（见表15－2）。

**表15－2　　北京市家禽养殖场数量**

| | 登记场（个） | | | 登记并备案场（个） | | |
|---|---|---|---|---|---|---|
| | 2018年底 | 2017年底 | 2016年底 | 2018年底 | 2017年底 | 2016年底 |
| 蛋鸡 | 96 | 161 | 189 | 60 | 82 | 109 |
| 肉鸡 | 27 | 91 | 221 | 24 | 37 | 138 |
| 蛋鸭 | 3 | 3 | 4 | 3 | 3 | 4 |
| 肉鸭 | 6 | 14 | 45 | 6 | 12 | 32 |
| 小计 | 132 | 269 | 459 | 93 | 134 | 283 |

数据来源：北京市畜牧总站。

3. 主要禽产品产量区域集聚特征明显

禽蛋生产主要集中在生态涵养发展区。2018年，北京市禽蛋产量的85.50%，96159吨产自生态涵养发展区。其中，平谷区的禽蛋产量最大，为57739吨，占全市禽蛋总产量的51.34%；其次是延庆区生产禽蛋27850吨，占全市禽蛋总产量的24.76%；第三位的是密云区生产禽蛋9963吨，占全市禽蛋总产量的8.86%。

禽肉主产地为平谷、通州、房山、顺义等区。2018年北京市禽肉产量共23913.95吨。其中，平谷区的禽肉产量最大，为4563.96吨，占全市禽肉总产量的19.08%；其次是通州区、房山区和顺义区，分别为4160.48、3107.8、3029.15吨，占全市禽肉总产量的17.40%、13.00%和12.67%。

4. 北京市家禽种业地位稳固

从家禽种业来看，北京市是名副其实的全国种禽之都。2018年北京市种蛋产量为29456.0万枚，是2017年28364.6万枚的103.8%；种雏禽产量为2734.4万只，是2017年2833.5万只的96.5%（见图15－3）。

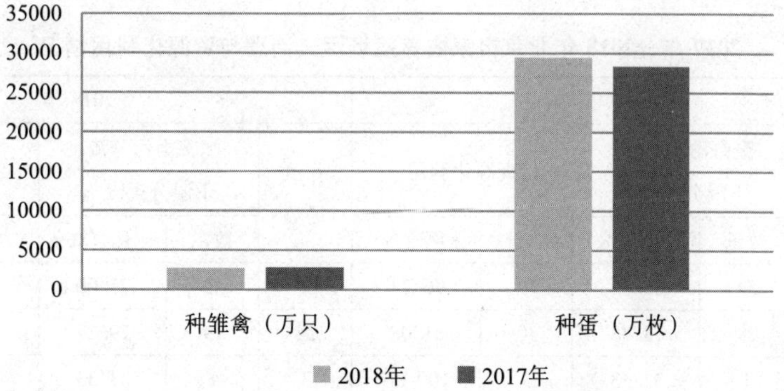


**图15－3　北京市种蛋、种雏禽产量**

数据来源：《北京统计年鉴》。

种禽业收入在种业中具有绝对优势。2018 年北京市种牧业收入 108381. 4 万元，是 2017 年 110730. 7 万元的 97. 9%，占种业总收入 124351. 6 万元的 87. 16%。其中，种蛋、种雏禽收入分别为 39356. 2 万元、42324. 4 万元，是 2017 年的 34268. 4 万元和 30869. 9 万元的 114. 8% 和 137. 1%，分别占种牧业收入的 36. 31% 和 39. 05%（见图 15－4）。

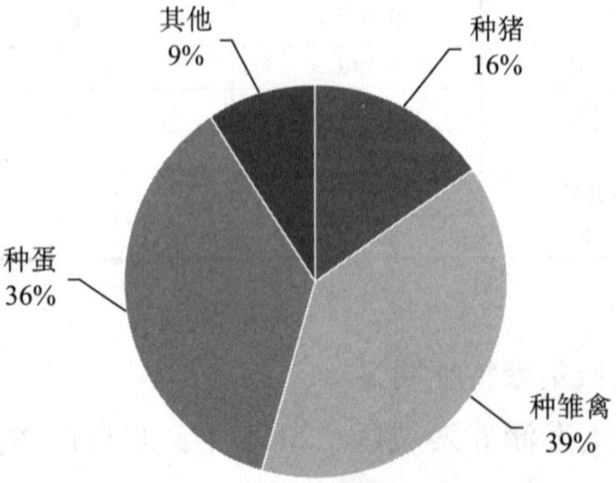


**图 15－4　2018 年北京市种业收入构成**

数据来源：《北京统计年鉴》。

### （二）生态环境压力与废弃物处理

2018 年北京市登记并备案的家禽养殖场中，配备雨污分流、干湿分离设施的比例在 70% 以上，其中，肉鸡、蛋鸡养殖场的设施配备比例较高，在 70% 以上；肉鸭、蛋鸭比例相对较少，分别为 33. 33% 和 66. 67%。与 2017 年相比，蛋鸡、肉鸡、肉鸭养殖场的设施配备比例，分别提升 9. 15%、0. 97%、25%。

2018 年北京市登记并备案的家禽养殖场中，资源化利用率均在 96% 以上，其中，蛋鸭、肉鸭养殖场的资源化利用率达 100%，蛋鸡的资源化利用率达 98% 以上，肉鸡养殖场的资源化利用率在 90% 以上。与 2017 年相比，蛋鸡、肉鸡养殖场的资源化利用比例，分别提升 1. 99%、10. 59%（见表 15－3）。

**表 15－3　2017 年、2018 年北京市家禽养殖场污染治理与资源化利用情况**

| | 2017 年 | | | | | 2018 年 | | | | |
|---|---|---|---|---|---|---|---|---|---|---|
| | 养殖场数 | 配备雨污分流、干湿分离设施 | | 资源化利用 | | 养殖场数 | 配备雨污分流、干湿分离设施 | | 资源化利用 | |
| | | 数量 | 比例（%） | 数量 | 比例（%） | | 数量 | 比例（%） | 数量 | 比例（%） |
| 蛋鸡 | 82 | 54 | 65. 85 | 79 | 96. 34 | 60 | 45 | 75. 00 | 59 | 98. 33 |
| 肉鸡 | 37 | 29 | 78. 38 | 30 | 81. 08 | 24 | 19 | 79. 17 | 22 | 91. 67 |
| 蛋鸭 | 3 | 1 | 33. 33 | 3 | 100. 00 | 3 | 1 | 33. 33 | 3 | 100. 00 |
| 肉鸭 | 12 | 5 | 41. 67 | 12 | 100. 00 | 6 | 4 | 66. 67 | 6 | 100. 00 |
| 合计 | 134 | 89 | 66. 42 | 124 | 92. 54 | 93 | 69 | 74. 19 | 90 | 96. 77 |

### （三）北京市家禽产业的效益水平

家禽养殖的总成本主要分为生产成本和土地成本，其中生产成本又分为物质与服务费用（雏鸡费、饲料费等）、人工成本。下面从蛋鸡养殖的成本、收益以及与全国其他地区的比较三个方面来分析北京市大、中规模蛋鸡养殖的成本收益特征。本部分数据来源为《全国农产品成本收益资料汇编（2018）》。

北京市中规模蛋鸡养殖总成本下降明显，大规模蛋鸡养殖成本上升明显，生产成本都占总成本比重较大。与2016年的13884.15元/百只相比，2017年中规模蛋鸡养殖总成本为13131.23元/百只，减少了5.42%。大规模蛋鸡的总成本为16776.29元/百只，较2016年的15463.52元/百只增加了8.49%。大、中规模蛋鸡生产成本占总成本的比重较大，均在99%以上（见图15-5）。

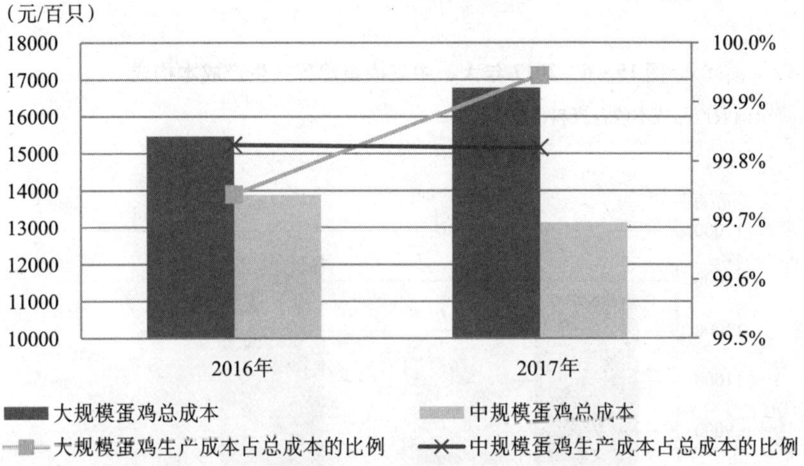


**图15-5　北京市大、中规模蛋鸡养殖成本变化**

数据来源：《全国农产品成本收益资料汇编》。

生产成本中物质与服务费用所占比例大。2017年北京市大、中规模蛋鸡养殖的生产成本分别为16767.04元/百只、13107.90元/百只，物质与服务费用分别为16029.22元/百只、11972.17元/百只，二者占各自生产成本的96%、91%。其中大规模蛋鸡饲料费为11803.50元/百只，占物质与服务费用的70%。雏鸡费为3300元/百只，占物质与服务费用的20%；中规模蛋鸡饲料费为9392.00元/百只，占物质与服务费用的72%。雏鸡费为2286.67元/百只，占物质与服务费用的17%（见图15-6）。

北京市大规模蛋鸡养殖物质服务费上升明显。与2016年的12747.66元/百只相比，2017年大规模蛋鸡养殖物质服务费为16029.22元/百只，增加了10.83%。与2016年的14463.47元/百只相比，2017年中规模蛋鸡的物质服务费为11972.17元/百只，减少了6.08%（见图15-7）。

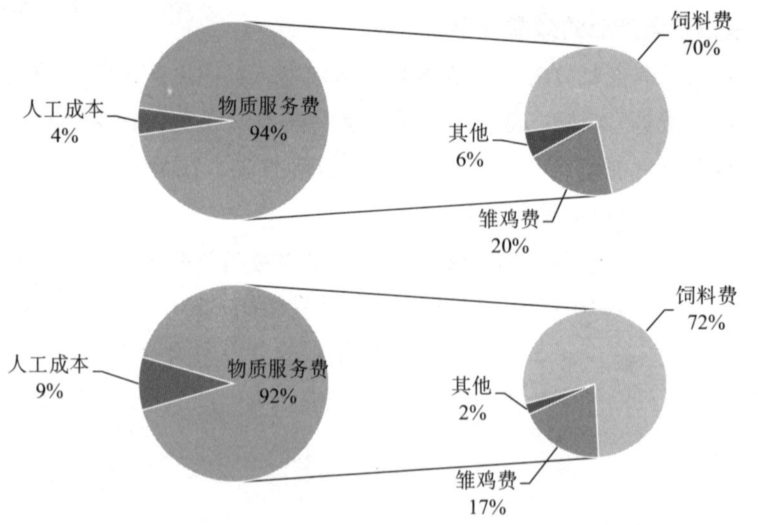


**图 15－6　2017 年大、中规模蛋鸡养殖生产成本构成**

数据来源：《全国农产品成本收益资料汇编》。

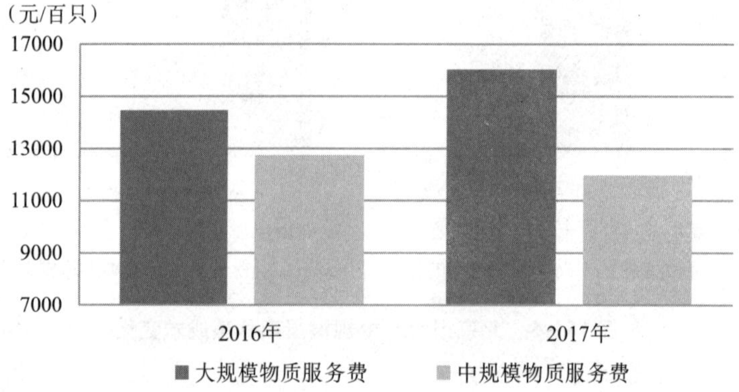


**图 15－7　大、中规模蛋鸡养殖物质与服务费用变化**

数据来源：《全国农产品成本收益资料汇编》。

北京市中规模蛋鸡养殖饲料费明显减少，大规模蛋鸡养殖饲料费明显增加。与 2016 年的 9961. 67 元/百只相比，2017 年中规模蛋鸡饲料费为 9392 元/百只，减少了 5. 72%。与 2016 年的 110573. 63 元/百只相比，2017 年大规模蛋鸡的饲料费为 1180. 5 元/百只，增加了 11. 63%（见图 15－8）。

北京市大规模蛋鸡养殖的雏鸡费略有上升，中规模蛋鸡养殖的雏鸡费略有减少。与 2016 年的 3200 元/百只相比，2017 年大规模蛋鸡养殖的雏鸡费为 3300 元/百只，增加了 3. 13%。与 2016 年的 2480 元/百只相比，2017 年中规模蛋鸡养殖的雏鸡费为 2286. 67 元/百只，减少了 7. 80%（见图 15－9）。

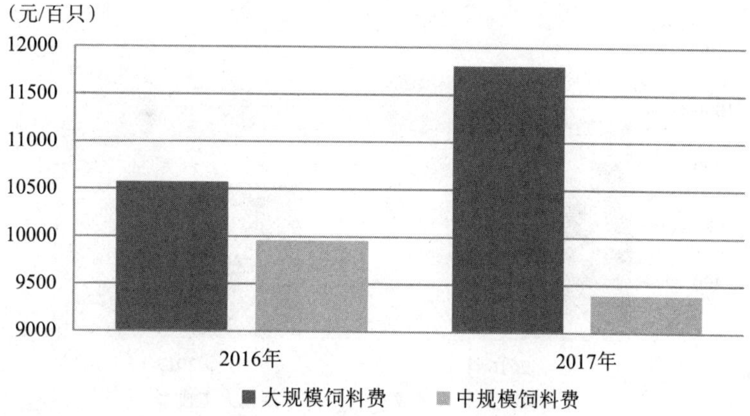


**图 15-8　大、中规模蛋鸡饲料费变化**

数据来源：《全国农产品成本收益资料汇编》。

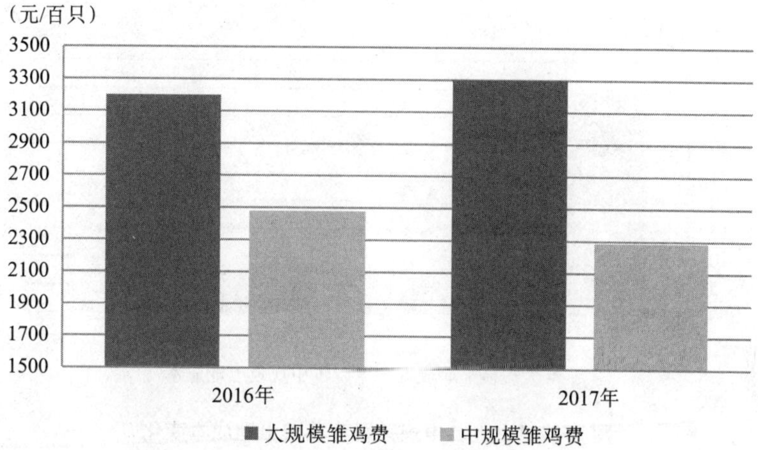


**图 15-9　大、中规模蛋鸡养殖雏鸡费变化**

数据来源：《全国农产品成本收益资料汇编》。

北京市大规模蛋鸡养殖的人工成本减少明显，中规模蛋鸡养殖的人工成本略有增加。2017 年大规模人工成本为 737.82 元/百只，较 2016 年的 960.42 元/百只，减少了 23.18%。中规模蛋鸡的人工成本为 1135.73 元/百只，较 2016 年的 1112.49 元/百只，增加了 2.09%（见图 15-10）。

北京市大、中规模蛋鸡养殖的土地成本均有减少。2017 年北京市大、中规模蛋鸡养殖土地成本分别为 9.25 元/百只、23.33 元/百只，与 2016 年的 39.63 元/百只、24 元/百只相比分别减少了 76.66%、2.79%（见图 15-11）。

北京市大、中规模蛋鸡养殖的净利润下降明显。2017 年北京市大规模蛋鸡养殖的净利润为 -4462.79 元/百只，较 2016 年的 -1127.52 元/百只减少了 295.81%。中规模蛋鸡养殖的净利润为 -803.40 元/百只，较 2016 年的 844.85 元/百只减少了 195.09%（见图 15-12）。

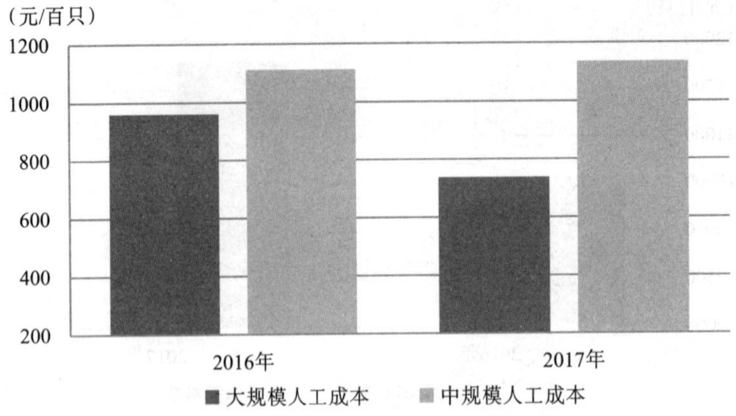


**图 15－10　大、中规模蛋鸡人工成本变化**

数据来源：《全国农产品成本收益资料汇编》。

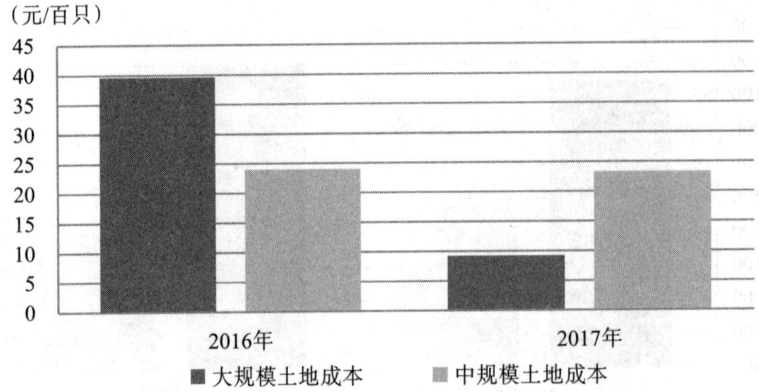


**图 15－11　大、中规模蛋鸡养殖土地成本变化**

数据来源：《全国农产品成本收益资料汇编》。

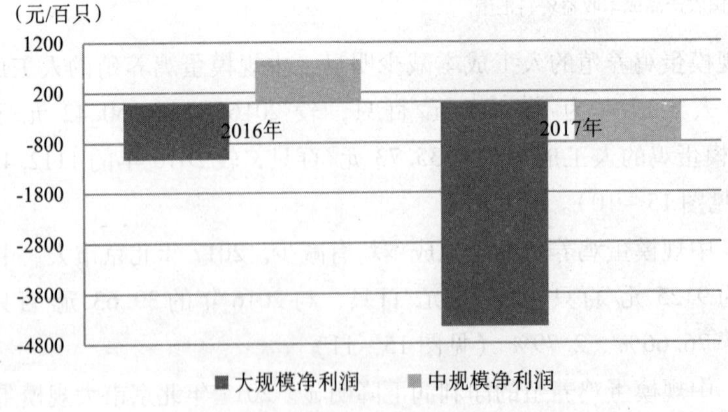


**图 15－12　规模蛋鸡净利润和利润率变化**

数据来源：《全国农产品成本收益资料汇编》。

## 二、加工流通现状

### （一）目前北京市蛋制品加工水平相对较低

禽蛋产品绝大多数均以鲜蛋的形式消费，进行深加工利用的比例只有1%，与日、美、欧等发达国家相比（日本50%、美国32%、欧盟25%），差距巨大。

北京市几家大型蛋制品加工企业生产的蛋品的形式还局限于壳蛋、传统蛋制品（皮蛋、咸蛋等再制蛋）等，少数企业（如德清源、北京禽蛋公司）生产一些蛋粉、液蛋等，但品种及产量远远比不上发达国家生产水平。此外，目前国内鸡蛋深加工制品基本以糕点房、食品加工厂、宾馆饭店、烘焙业等企业消费需求为主，还没有走进家庭的迹象。

北京市场上流通的新型蛋制品种类主要有：液蛋制品（液全蛋、液蛋黄和液蛋白等）、冰蛋制品（冰全蛋、冰蛋黄、冰蛋白等）、干燥蛋制品（普通及加糖全蛋、蛋白及蛋黄粉等）以及一些保健产品（溶菌酶、卵转铁蛋白、蛋清多肽、卵黄抗体、卵磷脂和卵高磷蛋白等）。

### （二）流通渠道多样化，生鲜电商平台成为禽蛋流通重要途径

调研发现，北京市居民购买禽蛋的渠道呈现多样化的特征，除了传统的批发市场、农贸市场、路边早（夜）市场外，社区菜市场、蛋鸡养殖场、生鲜电商平台等也成为禽蛋流通的重要渠道。

超市仍然是鸡蛋购买的主要渠道，调研发现，超市鸡蛋流通量占消费者鸡蛋消费量的81.1%；其次是社区菜市场和农贸市场，两者基本持平，分别占37%和35.5%（见图15－13）。

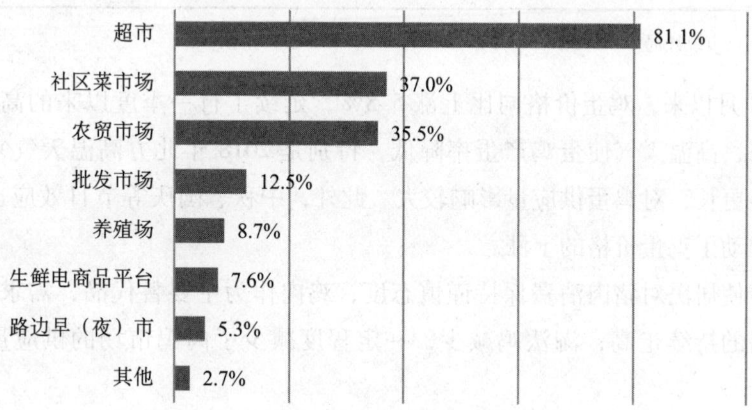


**图15－13　北京市鸡蛋零售的主要渠道**

数据来源：团队调研数据。

尤其值得注意的是，随着包装等物流技术的快速发展，生鲜电商平台成为禽蛋流通的重要渠道，调查结果表明有7.6%的禽蛋消费是通过生鲜电商平台，购买者以年轻人居多，

并且受教育水平较高。

电商模式是近些年新发展起来的销售模式，由养殖户、生产企业或加工商在电商平台发布产品信息，消费者通过电商平台下单后，产品将直接邮寄到消费者手中。随着生鲜农产品电子商务的快速发展，北京市部分大型品牌鸡蛋企业已经在京东、天猫、1号店等电商平台上开店销售，电商模式在未来的禽产品流通中有巨大的发展潜力。

### （三）市场消费现状

2018年，北京市食品价格指数同比上涨3.2%，自2016年四季度以来首次呈现上涨态势。禽肉价格指数为103，高于畜肉99.2的价格指数；禽蛋零售价格指数为115.8（见表15－4）。

表15－4　2018年北京市零售价格指数（2017年＝100）

| 指标名称 | 全年累积 |
| --- | --- |
| 食品 | 103.2 |
| 粮食 | 101.4 |
| 食用油 | 100.6 |
| 菜 | 111.9 |
| 畜肉 | 99.2 |
| 禽肉 | 103.0 |
| 水产品 | 100.6 |
| 蛋 | 115.8 |
| 奶 | 100.8 |
| 干鲜瓜果 | 102.7 |

数据来源：北京市统计局。

2018年8月以来，鸡蛋价格同比上涨5.8%，延续了自一季度以来的高位运行态势。进入夏季以来，高温天气使蛋鸡产蛋率降低，特别是2018年北方高温天气来得较早，持续时间较往年更长，对鸡蛋供应量影响较大。此外，中秋、国庆等节日效应也加大了市场的需求量，拉动了鸡蛋价格的上涨。

猪瘟疫情使居民对猪肉消费保持谨慎态度，鸡肉作为主要替代品，需求量有所增加。加之鸡蛋价格的持续走高，淘汰鸡减少，一定程度减少了肉鸡市场的供应量，带动价格走高。

### （四）新型经营主体现状

2018年上半年登记并备案的117个家禽养殖场（小区）中，养殖企业、养殖合作社、家庭养殖场、研究中心分别为72个、10个、30个、5个，较2017年上半年分别减少6个、2个、8个、1个。

2018年上半年登记并备案的家禽养殖场（小区）主要是蛋鸡养殖养殖场（小区），共有73个，其中养殖企业45个、蛋鸡养殖合作社5个、蛋鸡家庭养殖场20个、研究中心3个；登记并备案的肉鸡养殖养殖场（小区）有31个，其中，养殖企业22个、肉鸡养殖合作社4个、肉鸡家庭养殖场5个；登记并备案的3个蛋鸭养殖养殖场（小区）中，养殖合作社1个、研究中心2个；登记并备案的有10个肉鸭养殖养殖场（小区）中，养殖企业5个、家庭养殖场5个（见表15－5）。

**表15－5　家禽养殖经营主体情况（个）**

| | 蛋鸡 | | 肉鸡 | | 蛋鸭 | | 肉鸭 | | 总计 | |
|---|---|---|---|---|---|---|---|---|---|---|
| | 2017年 | 2018年 | 2017年 | 2018年 | 2017年 | 2018年 | 2017年 | 2018年 | 2017年 | 2018年 |
| 企业 | 49 | 45 | 22 | 22 | — | — | 7 | 5 | 78 | 72 |
| 合作社 | 5 | 5 | 6 | 4 | — | 1 | 1 | — | 12 | 10 |
| 家庭养殖场 | 24 | 20 | 9 | 5 | 1 | — | 4 | 5 | 38 | 30 |
| 研究中心 | 4 | 3 | — | — | 2 | 2 | — | — | 6 | 5 |

### （五）产业支持政策实施效果

2018年5月17日，为贯彻落实党的十九大精神，按照国务院办公厅《关于加快推进畜禽养殖废弃物资源利用的意见》要求，紧紧围绕实施乡村振兴战略，大力推进质量兴牧、绿色兴牧，全面提升畜牧业质量效益竞争力，农业农村部制定印发《畜禽养殖标准化示范创建活动工作方案（2018—2025年）》。2018～2025年，以生猪、奶牛、蛋鸡、肉鸡、肉牛和肉羊规模养殖场为重点，兼顾其他特色畜禽规模养殖场，开展示范场创建活动，通过养殖场申请创建、专家指导、省级验收、材料复核、现场核查、评审确定，每年创建100个左右现代化的家禽养殖标准化示范场，共创建1000个。

随着一系列调转节政策措施和《中华人民共和国环境保护税法》的实施，尤其是北京地区禁养区的划定，北京市家禽养殖场的数量明显减少。截至2018年12月31日，全市满足条件并进行登记的家禽养殖场（小区）有132个，比2017年的269个减少137个；全市登记备案的家禽养殖场（小区）有93个，比2017年的134个减少41个。

## 第二节　产业发展中创新团队的技术支撑作用

### 一、团队基本情况

2018年北京市家禽创新团队由首席科学家1人，依托北京市畜牧总站建设研发中心；岗位专家20人，来自中国科学院、中国农业大学、中国农业科学研究院、北京农学院等在京科研院所，分别隶属于育种与繁育研究室、疫病控制研究室、营养与饲料研究室、健康养殖与环境控制研究室、加工流通与产业经济研究室 5 个功能研究室；综合试验站为区畜牧技术推广部门和家禽产业龙头企业，试验站设站长 6 人；田间学校工作站为乡镇畜牧兽医技术推广单位和家禽养殖中小型企业，农民田间学校工作站 14 个，站长 14 人。团队成员具有正高职称 16 人，副高职称 6 人。

## 二、团队技术研发情况

2018 年，家禽团队围绕“国产蛋鸡高效生产技术示范与推广工程”“功能性家禽产品生产体系研发与示范工程”“北京鸭北京油鸡地理标志产品开发、管理与推广工程”“家禽生态环保养殖技术研发与示范推广工程”和“家禽主要疫病监测及综合防控工程”五大工程开展联合攻关，进行技术研发，共开展试验研究 54 项、新技术研究 26 项。

### （一）围绕“国产蛋鸡高效生产技术示范与推广”工程

1. 新品种培育和现有品种选育提高

绿壳蛋鸡新品系持续选育：在家禽分子辅助育种平台框架下，在创新团队经费唯一支持下，通过多年的培育，形成了一个绿壳蛋鸡新品系。该新品系是利用团队前期研究形成的绿壳蛋色分子育种标记和常规育种方法形成，目前已经形成了一个很好的蛋鸡品系，并根据羽毛颜色进行分群，最终将形成一个产蛋量高、蛋壳颜色为绿色、羽毛颜色为花羽的蛋鸡品系。目前对高产绿壳有色羽蛋鸡的选育已经进行了第 9 个世代，2018 年 F9 代正在进行扩繁。

2. 利用全基因组关联分析研究鸡对鸡白痢沙门氏菌的抗性遗传基础

2018 年，团队的研究工作主要是在之前的研究基础之上，进一步解析鸡白痢沙门氏菌抗性的遗传基础。在此之前，团队已经完成了沙门氏菌的攻菌试验，鉴定了不同鸡群的死亡和带菌情况。通过对抗病表型进行遗传参数估计，团队发现抗病力具有中低遗传力，具有进一步研究的基础。在此基础上，团队通过两种方法深入挖掘沙门氏菌抗性的分子遗传机制：全基因组关联分析和转录组分析。

3. 提高自主培育蛋用种公鸡繁殖性能的饲料配制技术研发

团队在原有研究基础上结合我国自主培育蛋用种公鸡品种“京红一号”的生理特点，进一步改进升级营养素综合调控技术，旨在提高配种后期种公鸡机体特别是睾丸组织的抗氧化能力，改善肠道健康，提高机体免疫力和抗应激能力，有效缓解人工采精对精液品质的影响，从而改善配种后期种公鸡精液品质下降快的问题，提高配种后期种公鸡的繁殖能力。团队已于 2018 年上半年与峪口禽业总场开展了相关试验研究。结果表明，团队改进的种公鸡专用饲料可使得“京红一号”种公鸡精子活力提高 61.84%，精液量提高 55.42%，有效延缓了鸡群受精率下降的趋势。相关成果申报国际专利（美国）1 项。

2018 年，团队已在田间学校工作站——平谷区京雨润种鸡场和昌平区富佳种禽中心开展了种公鸡繁殖性能营养调控饲料配制技术示范推广。结果显示改善精液品质效果十分显著。

4. 鸡蛋品质研究与示范应用

2018 年在鸡蛋品质方面的研究主要集中在：鸡蛋表面霉菌污染菌的分离鉴定与控制、运输过程中鸡蛋品质变化规律研究和鸡蛋涂膜材料的开发（见表 15－6）。结果显示：（1）未清洗鸡蛋表面霉菌曲霉属占比达 83.16%、镰刀霉属占 15.46%。其余霉菌种属占比均不到 1%。将新鲜柴鸡蛋（产后 24 小时内）放置在温度 25℃、湿度 75% 的恒温恒湿箱中贮藏 35 天，蛋壳表面有肉眼可见霉菌生长。（2）运输过程会明显加速鸡蛋品质下降，车厢不同部位对鸡蛋品质影响的强度不同，车厢后面的鸡蛋品质下降比车厢前部更快，减震包装可以减缓运输过程中鸡蛋品质的下降，延长鸡蛋储藏期。（3）抑菌效果最好的种植物精油依次为肉桂精油、牛至精油和丁香精油。经鸡蛋涂膜保鲜实验，结果显示复合水溶性抑菌物质最佳配方：纳他霉素的含量为 0.50mg/mL，脱氢醋酸钠的含量为 0.20mg/mL，尼泊尔金酯的含量为 0.70mg/mL。

**表 15－6　　鸡蛋包装及运输实验测试数据**

| | | | | | | | |
|---|---|---|---|---|---|---|---|
| 最小抑菌浓度（MIC 值） | | | | | | | |
| 复合抑菌物质 | D1 | D2 | D4 | D5 | D6 | D8 | D9 |
| （mg/mL） | 0.25 | 0.25 | 0.50 | 0.125 | 0.25 | 0.25 | 0.25 |
| 最小杀菌浓度（MBC 值） | | | | | | | |
| 复合抑菌物质 | D1 | D2 | D4 | D5 | D6 | D8 | D9 |
| （mg/mL） | 0.50 | 0.25 | 0.50 | 0.50 | 0.25 | 0.50 | 0.50 |

5. 鸡蛋快速腌制技术研究与产品开发

鸡蛋快速腌制技术将鸡蛋的腌制时间从 30～45 天缩短到 7 天，腌制 7 天后的咸蛋与传统腌制 43 天后的咸蛋在感官评价总得分上无显著性差异。相关技术已经成熟，并在家禽团队田间学校工作站推广应用。

利用快速腌制技术还开发出了新型松花蛋产品。将蛋清蛋黄分离，分别腌制后，重新组合置于合适的模具中，恒温下保存 24 小时后，即可脱模、成型、包装。成品形状新颖多样，可根据消费者喜好做成不同形状和颜色，腌制时间也大大缩短，提高了生产效率，具有很高的市场价值。

### （二）围绕“功能性家禽产品生产体系研发与示范”工程

1. 富硒营养强化蛋的研发

硒是人和动物一种必需的微量元素，是谷胱甘肽过氧化物酶的组成成分，可消除体内存在的自由基，保护细胞膜的正常功能。近年来研究表明，硒有抗氧化、防癌、保护心脏、防治白内障、防治克汀病和大骨节病、延缓衰老等诸多生物学功能。然而我国超过 70% 的地区属于缺硒地区，缺硒省份高达 22 个。联合国卫生组织指出：“膳食摄取硒是最理想的补硒方式。”中国营养学会推荐人体每日摄硒量为 50～250 微克，而实际上国人每天从饮食中仅能摄入 17～30 微克的硒。团队以北京油鸡鸡蛋为富集载体，开发富硒营养强化蛋，通过人们正常饮食即可补充硒。本技术采用第三代微量元素添加剂技术，通过在日粮中添加氨基酸金属元素配位化合物蛋氨酸硒，同时结合调节鸡肠道健康技术以及改善蛋鸡肝脏代谢功能技术，安全高效地生产富硒营养强化蛋，以满足人们对高品质鸡蛋的需要，促进北京市家禽产业供给侧结构改革。目前，团队主要在田间学校工作站——密云区诚凯成养殖合作社开展了相关试验研究。

2. 天然虾青素营养强化鸡蛋研发

团队在已有研究基础上进一步优化配方，提高虾青素富集效率的同时又不影响产蛋鸡的生产性能和蛋品质，同时筛选适宜添加剂量以满足消费者对营养强化蛋的感官评价。目前本技术已在平谷区双银鸡场开展了该技术的示范与推广。初步结果表明，该技术对产蛋鸡生产性能和蛋品质无显著影响，但可显著加深鸡蛋蛋黄颜色。

### （三）围绕“北京鸭北京油鸡地理标志产品开发、管理与推广”工程

1. 隆重发布北京鸭农产品地理标志

“保护知识产权，传承北京鸭味”，4 月 25 日上午，2018 年全国知识产权周活动暨北京鸭农产品地理标志发布会在京隆重召开。将北京鸭申请登记成为地理标志产品，是北京市农业农村局落实国家知识产权保护相关要求的重要体现，也是落实农业农村部质量兴农、绿色兴农、品牌强农，全面提升农业质量效益竞争力相关部署的重要举措，更是部市共建北京农产品绿色优质安全示范区的具体措施。发布会上中国绿色食品发展中心刘平副主任和北京市农业农村局总农艺师陶志强分别就我国和北京市地理标志工作开展情况致辞，强调“北京鸭”已经不单单是北京市菜篮子工程建设的内容之一，更是北京历史和文化遗产的重要载体，希望“北京鸭”以此为契机，打造好农产品地理标志这块金字招牌，传承北京鸭饮食文化，保护好北京烤鸭这一北京名片、中国名片。

2018 年 11 月 1～5 日，北京鸭农产品地理标志在第十六届“农交会”上再次亮相（见图 15－14），与其他地理标志农产品同台展示，并在湖南卫视的农产品推介晚会上受到重点宣传。

2. 建立北京鸭农产品地理标志管理与研究平台

管理平台：重点开展北京鸭农产品地理标志的申请与认证，监督管理标志使用人规范生产、规范使用标志；北京鸭区域品牌影响力的提升。

研究平台：做好北京鸭地理标志，必须从对北京鸭的基础品质的挖掘入手，从品种差异性、品质特异性、营养与饲料专一性以及外部形态学研究、特异性基因挖掘、产后加工和疫病防控等多方面入手，全面了解北京鸭的各个基础环节，从而指导北京鸭农产品地理标志的管理。因此，依托北京市家禽创新团队，建立北京鸭农产品地理标志研究平台，旨在全面系统挖掘北京鸭的特异性品质。

**图 15－14　北京鸭农产品地理标志发布**

3. 北京鸭特异性基因挖掘及品质检测

2018 年 4 月，国际著名杂志《Giga Science》（5 年平均影响因子 10.64）发表北京市家禽创新团队岗位专家曲鲁江、贾亚雄等在动物遗传育种领域鸭驯化方向取得的新成果《利用全基因组重测序研究家鸭驯化的选择信号及驯化时间》，该成果是由北京市创新团队经费唯一支持，也是家禽团队在遗传育种领域的重要成果（见图 15－15）。

图 15－15　《利用全基因组重测序研究家鸭驯化的选择信号及驯化时间》

4. 北京油鸡在贮藏过程中风味及品质变化和北京油鸡肉的鉴别技术研究

通过测定北京油鸡鸡胸肉在4℃真空贮藏条件下的主要品质指标变化，并采用电子鼻技术对其贮藏过程中的挥发性风味物质进行检测，探讨北京油鸡鸡胸肉贮藏过程中的品质及风味变化规律，以期为北京油鸡的品质控制和贮藏提供理论依据，为其申请国家农产品地理标志提供一些理论参考。结果显示：真空包装北京油鸡鸡胸肉在4℃冷藏过程中，不饱和脂肪酸和鲜味核苷酸（IMP 和 GMP）的含量不断下降，TVB－N 含量和 TBARs 值不断上升，导致鸡肉风味的劣变和营养价值的丧失。综合理化指标、微生物指标和感官评分，北京油鸡鸡胸肉在真空包装、4℃冷藏条件下的贮藏期为6天。

在前期多趾油鸡肉鉴别技术研究的基础上，通过多重 PCR、实时荧光定量 PCR、限制性片段长度多态性 PCR、随机扩增多态性 PCR 等技术，鉴定北京油鸡肉与其他鸡肉的区别，为北京油鸡肉（加工制品）的真伪检测提供理论依据和技术支撑。

**（四）围绕“家禽生态环保养殖技术研发与示范推广”工程**

推进家禽生态环保养殖。

工艺家禽生态环保养殖工艺主要集成了：中草药与蛋鸡健康、自主设计建造禽用光照仓设施和设备、微生态制剂与家禽肠道健康、低氮排放技术等7项专利技术。家禽生态环保养殖工艺结合低氮排放日粮配制技术将《鸡的饲养标准》（NY/T 33－2004）推荐的产蛋鸡、肉仔鸡日粮粗蛋白水平降低2个百分点，豆粕用量可减少4个百分点，促进非常规蛋白资源利用，降低对进口大豆的依赖。3年来，京津冀地区推广低氮排放饲料2000万吨，覆盖1亿只老龄蛋鸡，节省80万吨豆粕，减少氮排放6万吨。

对20家家禽养殖场有针对地提出健康养殖方案，结果显示：饲料中粗蛋白降低2个百分点，示范场氮排放降低5%；饲料中无机磷降低40%以上，示范场磷排放降低20%以上；饲料中微量元素平均降低20%以上，示范场重金属（铜、铁、锰、锌）排放降低10%以上；示范场氮排放降低10%。

**（五）围绕“家禽主要疫病监测及综合防控”工程**

1. 建立基于突变网络的流感病毒候选疫苗预测方法

家禽团队在一期五年建设中曾提出了H7N9流感病毒产生的“市场”理论假说，从生态学角度揭示了新亚型H7N9禽流感病毒产生的可能机制，是对于禽流感的溯源、流行和进化全新的认识，对禽流感的未来研究具有重要意义。流感病毒具有变异快的特点，因此疫苗需要定期更换，以保持其对当前流行毒株的匹配度，为实现对主要流行毒株的预测，2018年家禽团队建立了一种基于突变网络的流感病毒候选疫苗预测方法，该方法预测结果与世界卫生组织推荐疫苗株相一致，可以为疫苗选择提供科学依据。

2. 鸡新城疫（ND）和禽流感（H9N2亚型）二联灭活疫苗研制

新城疫（ND）和H9N2亚型禽流感是我国当前主要通过疫苗进行防控的两种鸡重要疫病，根据流行株的变化研发匹配性更好的疫苗是控制两种疫病的关键。针对当前两种疫病疫苗免疫保护效果不佳的实际情况，利用筛选得到的流行毒株进行了“新流”二联灭活疫苗研制。目前已经完成产品的复核检验。

3. 2018年鸡主要疫病的流行动态分析

该项工作内容主要是进行鸡常见主要疫病的流行病学监测与分析，在此基础上通过分析血清学差异、流行毒株的特点和市售疫苗的免疫保护情况，提出2018年鸡主要疫病流行动态分析预测报告，供相关从业人员参考，针对的主要疫病包括传染性支气管炎（IB）、鸡传染性鼻炎（IC）、禽流感（AI）、滑液囊支原体（MS）等。

## 三、团队主推技术情况

2018年团队示范推广新技术33项，推广新品种3个，推广新产品28个，覆盖京津冀家禽7000余万只，创造的直接经济效益达4890万元。

**（一）开展蛋鸡产业带技术推广工作**

平谷区、房山区是北京市蛋鸡养殖比较集中的两个区，家禽团队平谷区、房山区综合站积极发挥所在推广机构的辐射带动优势，组建技术推广示范场20家，推广成熟主推技术17项，覆盖蛋鸡推广110万只。2018年重点推广了：规模化禽舍环境和节能光照技术、鸡舍节能光照技术、气雾免疫与人工免疫技术对比试验示范、播种式消毒技术、减抗养殖技术试验示范、高卵磷脂富硒功能性鸡蛋的生产试验、浒苔多糖示范应用、鸡舍热回收通风技术、益生菌制剂示范应用等，取得很好的推广效果。

**（二）加强企业型综合站管理，打造家禽种业优势品牌**

2018年北京市家禽创新团队综合站有4个设立在知名度较高的企业，分别是中农榜样综合站、峪口禽业综合站、优帝鸽业综合站和大伟嘉综合站，家禽团队本年度加强对企业型综合站的管理，着力打造家禽种业优势品牌。

**（三）开展 ω－3 鸡蛋的生产与技术推广**

在2018年团队新的岗位专家—综合站对接机制下，大伟嘉综合试验站全面引进团队岗位专家的技术成果，生产富含 ω－3 多不饱和脂肪酸的功能性鸡蛋。通过引进—示范—推广，反复验证团队的技术成果，并形成稳定的产品，在市场上推广，取得很好的效果。

2018年，大伟嘉综合站依托自身饲料生产实力，联合团队田间学校工作站（平谷区的北京绿都峪口兴合养殖有限公司和北京双银养殖户）及河北地区的翟佐养殖场，开展了富含 ω－3 多不饱和脂肪酸鸡蛋的生产技术指导及产品推广工作，将这3个养殖场作为生产富含 ω－3 多不饱和脂肪酸鸡蛋的示范基地。

**（四）禽舍内环境调控技术示范**

推广禽舍环境智能化调控技术、禽舍智能化节能光照技术、禽舍可调控无助力通风技术、禽舍节水型消毒技术、禽舍节水型饮水技术、禽场粪便抗生素等关键指标监测分析6项成熟技术，集成2项舍内装备，实现禽舍氨气浓度降低35%～49.2%，恶臭气体浓度降低22%，实现节水率28.43%，实现节电率71%，取得很好的示范效果。

**（五）禽舍外环境调控技术示范**

禽舍外环境调控技术示范主要开展了堆肥菌剂的应用示范和禽场废弃物中抗生素与性基因去除技术研究，实现粪污资源化利用率90%，禽场粪便抗生素等关键指标监测均在标准范围内。

开展了养殖废弃物中抗生素与抗性基因的定量分析工作：建立了粪污中常见抗生素的检测方法（UPLC－MS/MS）、抗生素抗性基因（ARGs）的检测方法（ddPCR）。

## 四、技术示范推广效益

**（一）技术示范推广经济效益**

通过团队技术示范推广与培训，实现了高产蛋鸡年产蛋量达到296枚，较全市平均水平增产1.2%，较上一年度增产0.8%，单产水平达到全国先进水平，按照技术推广600万只蛋鸡，可实现增收1260余万元；北京油鸡料肉比2.72∶1，较全市平均水平降低了30%，较上一年度降低5%，技术整体水平达到世界先进水平，累计产生经济效益720万元；烤制型北京鸭料肉比为2.9∶1，较全市平均水平降低了6%，较上一年度降低了2%，达到国内领先水平，实现经济效益470万元；通过肉鸽机械化养殖技术支持下，全市20万对肉鸽累计带来经济效益290万元；在团队项目支持下农大系列蛋鸡累计推广0.8亿只，按每只商品鸡增收0.2元计算，可产生经济效益1600万元；团队研发的种公鸡专用料应用于种鸡8万套，按照受精率和孵化率提高2%，种母鸡平均产蛋率85%，鸡苗3元/只计算，一年可提高经济效益达150万元；另外，研发的功能性鸡蛋在市场上的售价为3元/枚，按照示范场年生产功能性鸡蛋200万枚，每枚鸡蛋的经济效益增加2元计，年可提高经济效益400万元。上述累计可带来直接经济效益4890万元。

### （二）技术示范推广生态效益

北京市家禽创新团队通过科技示范和引领，不断提高家禽养殖生态化水平，2018年，家禽团队围绕“调转节”工作重点，围绕循环养殖、节水生态、抗生素减量、禽产品质量安全等方面进行了大量工作，累计示范推广家禽节能减排技术术4项、循环利用技术3项、生态节水技术6项、健康养殖技术13项，开发环保型饲料等产品5个，实现节水约15万吨，示范场节电71%，氮排放降低10%，粪污资源化利用率超过90%，禽场粪便抗生素等关键指标监测均在标准范围内，初步形成“节水型、生态型、友好型”家禽产业集群。

### （三）技术示范推广社会效益

针对北京市家禽产业“高效、生态、优质、安全”的发展方向，北京市家禽创新团队通过科技攻关和交流，通过技术交流对接与合作，同时以北京“四个中心”功能定位与国家“京津冀协同发展”战略为指引，加强国际合作纵深推进，加强京津冀家禽产业协同发展，加强产业升级与新型产业培育，社会影响力显著增强，产业社会综合效益不断提升。团队积极发现并培养农村乡土专家和科技示范户，有效地推进了科技成果整村转化，很好地辐射带动了周边村镇技术进步，产生了显著的社会效益。

## 五、团队对产业支撑作用

2018年是北京市家禽创新团队“十三五”（团队二期）建设的第三年，在2011~2015年一期工作基础上，在团队“十三五”规划指导下，在2016~2017年工作延续下，北京市家禽创新团队按照北京市农业局“调、转、节”的总体思路，根据现阶段北京市家禽产业发展现状及产业发展需求，围绕京津冀家禽产业新形势，重点开展五大工程联合攻关及成熟技术示范推广工作。实施了成熟技术集成、示范与推广，兼顾前瞻性技术研究，以提高产业科技含量为抓手，加强数量型向质量型转变，打造产业发展科技支撑与产业引领双引擎。

按照北京市建设“政治中心、文化中心、国际交往中心、科技创新中心”的具体要求和家禽产业京津冀协同发展的重大需求，立足于从过去对北京家禽产业的科技支撑作用，转为科技支撑与引领产业发展相结合的发展方向，以“调转节”“供给侧改革”作为团队发展的总体目标，通过“京津冀”协同合作提升团队辐射范围，“打造高精尖，引领京津冀”，实现团队在部分领域引领北京市家禽产业的发展。围绕北京市农业“调转节”的总体部署，制定了以加快转变生产方式为主线，建立以“国产蛋鸡推广”“功能性禽产品开发”“地理标志保护”“生态环保养殖模式建立”和“家禽疫病防控”五大工程为基础的北京家禽产业发展模式，凝聚全团队之力，充分体现多学科、多专业合作的系统优势，以联合攻关为主要工作方式，引进、研发、改进、集成一批切实可行并覆盖全产业链的关键技术与产品，建立一批新时期下新模式的家禽产业示范场，培训一批有科技意识的新时期农民，推广一批行之有效的实用技术，为建设北京市现代家禽产业打下基础。

# 第三节　产业典型案例分析

## 一、产业发展新业态案例——北京绿多乐农业有限公司

1. 公司基本情况

北京绿多乐农业有限公司得益于油鸡地理标志注册产品，通过生态健康养殖提升产品品质，表现出产业发展的新档次。公司成立于2011年，注册资本946万元，是一家以从事北京油鸡林下散养及销售业务为主的公司，坚持“改善动物福利、提升蛋禽品质、回归自然生态”的原则，致力于发展保护性林下经济。公司现为动物福利金鸡金蛋奖认证基地，CCTV农业频道、BTV生活频道等主流媒体均对公司实地考察、拍摄报道。

2. 油鸡种质资源利用现状

该公司主要饲养的家禽品种为北京油鸡，北京油鸡是北京本地特色禽类品种，拥有三百余年历史，曾经被作为宫廷黄鸡饲养，肉质鲜嫩风味十足。改革开放初期，受国外高产性能禽类品种冲击，北京油鸡饲养量减少并逐渐野外消失。目前北京油鸡在种源保护基地经过选育改良，保证了过去北京油鸡的体表特征（凤头、胡须、毛腿、五指）及风味特征，成为能够适应北京本地环境特点、林下放牧散养的优秀品种。

3. 公司运行状况

该公司的产品主要为“绿嘟嘟”牌散养冰鲜鸡和鸡蛋系列，多种类有机标准蔬菜产品。以会员制销售和电商销售为主，线上要依靠顺丰优选、微信等渠道进行营销活动与销售，线下采用基地直供会员与供货高端商超的模式，为北京市场的消费者提供生态安全的禽蛋产品。公司在发展林下养殖的同时，也开始涉足绿色蔬菜、水果的种植，充分利用畜禽养殖冲洗用水、禽类粪便发酵的有机肥料，以发展循环型农业，实现可持续发展。该公司目前还开展了油鸡文化旅游项目，帮助市民了解油鸡林下生态散养的生产过程。在儿童教育方面，公司还和森林户外教育企业合作，共同打造有益中小学生健康、拓展其视野的高品质兴趣课程。

4. 公司生产模式

该农场所在的林场面积接近1000亩，树龄均在15年以上，经过间伐，形成行距8

米、株距 6 米的较大间隙。围绕生态养殖，开发了优点是成本较低、设施简陋的鸡舍。该养殖模式的优点在于造价成本低廉，坚固耐用。参观时观感好，鸡群被分割成较小群体（50 只）方便管理，鸡舍配备自动水路。其缺点在于冬季保暖性差，蛋鸡无产蛋箱，无法过冬和饲养蛋鸡。

通过在原有土地上进行进一步的升级改造形成了别墅式散养鸡舍，其 40 栋林间整齐排列，每栋饲养北京油鸡 100 只，提供人工光照及自动水路。鸡舍内部占地 20 平方米，地面铺设益生菌垫料减少鸡粪产生氨气，并配有产蛋箱 24 个，保证鸡蛋生产卫生。此类鸡舍能够饲养蛋鸡，保证冬季鸡舍温度，为鸡群提供更好的庇护。同时在林间种植牧草，种类包括二月兰、菊苣、紫花苜蓿、白花三叶草、板蓝根、黄芩、串叶松香草、黑麦草等多种品种。林下种植牧草不仅能够为散养油鸡提供自由采食，丰富油鸡营养。还能够完善生态循环，避免土地板结和裸露，美化环境。

第三种养殖模式借鉴了目前的标准化养殖理念，设计了第三代鸡舍，鸡舍单栋全长 100 米、宽 6 米，计划饲养油鸡 3500 只。共两栋占地 50 亩，油鸡散养，可自由出入鸡舍。三代鸡舍提供全自动喂料、喂水、集蛋功能，节省了劳动力，提高了生产性能。

5. 成果应用与转化

该公司从 2018 年加入北京市家禽创新团队，充分利用北京市家禽创新团队的专家和平台优势，在模式建立、种质资源保护与利用、产品开发、品牌建立等方面有一定提高。

（1）生态放养模式建立。该公司的养殖模式充分体现了动物福利和健康养殖的理念，发挥北京油鸡自由采食的天性，同时在林间种植了大量的植物，包括二月兰、菊苣、紫花苜蓿、白花三叶草、板蓝根、黄芩、串叶松香草、黑麦草等，这种模式的建立对提升北京油鸡的鸡蛋和鸡肉品质具有很重要的作用。同时由于采取动物福利养殖，帮助该基地取得动物福利金鸡金蛋奖认证。

（2）种质资源保护与利用。为了对北京油鸡地方资源进行有效的保护，该基地采取保护与利用相结合的方式，利用团队的专家资源和专项技术，对北京油鸡的种质进行进一步的提纯，特别是利用分子标记技术对该基地的北京油鸡五趾性状进行提纯，保证北京油鸡种质资源的有效保护和利用。

（3）品牌建立与提升。该公司采用“公司 + 农户”的农业产业化经营模式，这种模式在农业中实行产业集中化、生产专业化、经营一体化，以形成规模经济，对带动周边地区农业结构调整和产业化经营，壮大主导产业有重要作用。油鸡养殖不仅可以促进企业自身的发展，而且通过产业化的经营模式，起到示范带动作用，通过对农民的技术培训、加强技术推广，提高农民的油鸡养殖的科技含量，推进生产、销售、服务一体化的发展方式。在当地形成以养殖油鸡为主导的新型主导产业，使之向现代农业方向更近一步。

## 二、产业发展典型案例——北京优帝鸽业有限公司

1. 公司基本情况

野谷集团北京优帝鸽业有限公司占地 236 亩，现存栏优质种鸽 10 万对，每年可向市场提供优质种鸽 20 万对，肉鸽 180 万只。野谷集团优帝鸽业着力于硒鸽养殖，为中国肉鸽行业十大影响力品牌，中国肉鸽行业创新示范企业，中国肉鸽行业 50 强企业，北京市农业产业化重点龙头企业，为北方最大的肉鸽养殖基地，中国唯一的硒鸽基地，拥有中国第一个标准化自动肉鸽屠宰线。野谷集团自主研发的专利技术生产有机硒，用精选原粮加入有机硒饲养肉鸽，使鸽肉、鸽蛋的硒含量均达到国家规定的富硒食品标准。北京优帝鸽业有限公司生产的富硒鸽，在北京农展馆举行的第十五届中国国际农产品交易会上获得金奖。

北京优帝鸽业有限公司在河北省阜平县建立阜平硒鸽实业有限公司，深入挖掘鸽文化内涵，通过鸽文化博物馆、鸽文化长廊，推广鸽文化，提升公众对鸽文化的认识。公司拥有中国首家鸽产业信息化大数据控制中心，建立阜平职业教育学校鸽专业实践基地、阜平硒鸽主题餐厅、中国鸽业研究院、阜平硒鸽精准扶贫讲习所、全国首家青少年鸽文化教育基地、世界鸽文化展览展示基地、中国养鸽技术交流服务中心。

2. 新技术的引进与吸收

（1）人工孵化。鸽蛋孵化一般采取种鸽自然孵化的方式，即一对种鸽生产两枚蛋后，就自然孵化出雏、哺育。但受外界干扰因素比较大，尤其是夏天潮湿，容易产生臭蛋；冬天温度低，容易产生冻蛋和种鸽踩烂蛋、弃孵蛋等，对养鸽业影响非常大。北京优帝鸽业有限公司率先引进了国际先进的人工孵化技术，在孵化过程中，给每对种鸽孵化 3 枚蛋，鸽蛋的自然孵化期一般为 18 天，人工孵化因温湿度相对稳定孵化期可缩短 0.5 ~ 1 天。鸽蛋不需要保存，一般当天捡蛋、消毒后随即入孵。孵化机要派专人看管，温湿度每小时记录一次，孵化室温度保持在 15 ~ 25℃。产量由以前的 13 ~ 14 只/对/年，提高到 17 ~ 21 只/对/年。

（2）健康养殖。与中国科学院动物研究所、中国农业科学院北京畜牧兽医研究所与北京市畜牧总站等单位合作开展健康养殖新模式探索。根据北京地区鸽类养殖主要疫病流行现状，建立了包括新城疫病毒、圆环病毒、毛滴虫、白色念珠菌、沙门氏菌、大肠杆菌等主要病原在内的诊断体系；完善了新城疫免疫程序；开展抗菌肽等对提高个体免疫能力，抵抗毛滴虫等疫病的研究；探索鸽舍主要消毒技术，研制鸽舍消毒剂并评价其应用效果。通过以上技术成果，对现有规范进行修改完善，形成了一套鸽病监测、诊断和防控的技术方案，形成了一套完善的健康养殖体系。

3. 社会影响力

（1）建立国内首个肉鸽养殖推广模式。转变科研思路和技术定位，将农业科研从以知

识创造为导向转变为以市场需求为导向，从满足生产实际的需求，即养殖初级生产者的技术需求为目标，确定项目的研究内容，为养殖户定制有针对性的生产技术。

以基层养殖户为主角，采取“自下而上”的方式。技术人员作为“辅导员”与养殖户保持互动互助关系。不是“填鸭式”地一味灌输，而是通过实践和讨论，培养农民自己自主决策和解决问题的能力，让农民成为专家，再通过他们带动更多的农户。这样的推广方式，充分体现了农民平等参与的“以人为本”的推广理念。在推广过程中，农民养殖户成了主角，养殖场变为课堂，着重培养农民动手、动脑、动口能力，以启发和诱导等方式，调动农民养殖户参与的积极性，深入浅出地将技能教给农民，帮助农民快速脱贫致富。

（2）开展肉鸽养殖精准扶贫工作。项目助推产业精准扶贫新模式。产业扶贫是脱贫攻坚的根本。依托现代农业产业技术体系北京市家禽创新团队和国家鸽业科技创新联盟，在政府引导和积极推动下，北京优帝鸽业作为企业主体，积极整合中国科学院、中国农业科学研究院、中国农业大学国家级科研机构和高校的科技力量和优势，致力于河北阜平硒鸽产业项目和南疆四地州精准扶贫的创新发展。将北京市现代农业科技成果和特色种业资源优势与京津冀、新疆地区发展特色农业的需求紧密结合，为全国科技创新助推精准扶贫探索新路子。

# 第四节　产业发展政策建议

## 一、产业发展问题

随着北京市“四个中心”战略定位的确立和“调、转、节”等一系列政策的实施，北京市家禽产业面临新的发展机遇和挑战。

### （一）环境保护压力较大

作为国际化大都市，北京对环境质量要求越来越高，但目前日益严重的水资源短缺与水体污染并存的问题。现有未经改造的基础设施、设备和尚存的传统家禽养殖业仍然是产生废气、废水、废物，破坏生态平衡，造成环境影响的隐患。

### （二）动物疫情仍不时发生

北京作为重要的动物产品消费的大市场，大量畜禽产品调入给重大动物疫情传播提供了机会，北京市动物疫病防控工作面临的任务依然十分繁重。

### （三）供需发展之间存在矛盾

市民对优质安全禽产品的多样化需求和市场供应的不平衡不充分发展之间存在矛盾。

一方面是产业规模不断缩减，自给率逐步下降，另一方面是消费者对鸡蛋质量安全的需求不断提高。近年来，北京市家禽创新团队与国际健康产业对接和交流，研究发达国家功能性食物发展经验，结合中关村“大健康”发展计划，可以预见，在“安全农产品”的基础上，北京市居民对功能性家禽产品的需求将不断增加。

### （四）缺乏知识产权保护的配套技术、管理措施和开发利用手段

地理标志登记是产业化升级的重要手段，通过知识产权保护可以将北京油鸡和北京鸭所蕴含的历史、文化和地理元素进行有效的固定和展现。地理标志保护作为公益性的管理手段可以有效地提升北京鸭和北京油鸡的产业化水平，促进特色高效家禽产业发展。但是，现在还没有相应的配套管理措施和技术手段，限制了地理标志产品价值和竞争力水平的提升。

### （五）全球化对北京市家禽产业的影响不容忽视

全球一体化对北京市家禽产业提出了新的要求，国际的产业集聚和分工将不可避免。同时，面临消费者需求的改变、家禽养殖模式的变革，功能性食物的发展，必须根据国际发展状况和国际分工，从供给端进行改革，应对当前发展的新趋势。

### （六）缺少禽产品质量安全相关的法规、标准

以鸡蛋来说，目前市场的供应仍然以壳蛋为主，加工率低；散装鸡蛋多，包装品牌鸡蛋少；鸡蛋包装标签信息（如营养成分、生产日期、货架期等）不规范；洁蛋比率低，大多数鸡蛋都未经过任何加工处理直接进入市场，存在较大的安全隐患；鸡蛋质量安全标准不全面，缺少对生产和流通过程的质量管控。

## 二、产业发展趋势

### （一）将 H7N9 防控工作放在首要位置

在前期 H7N9 防控工作基础上，拟进一步开展北京市家禽产业的调研和研讨，以人为本，从生产者和消费者的角度研究 H7N9 的防控。将开展北京市规模以下家禽养殖调研，重点针对疫病防控工作调研规模以下家禽养殖户的从业现状及从业意愿分析，从“三农”角度多维度的认识 H7N9 防控，并以北京市家禽团队的名义提出北京市防控 H7N9 的意见。

### （二）继续落实“产业升级计划”，推进北京市家禽产业转型升级

在“调转节”的前期工作基础上，北京市畜牧业从环保角度已经调减 379 家规模养殖场，其中家禽养殖场同样缩减很多。为推进本阶段北京市家禽产业转型升级，北京市家禽团队亟待落实“产业升级计划”，在北京市家禽团队内部创建核心示范基地，打造“可看可说可复制，有图有文有数据”的 6 种家禽产业发展模式，从而促进北京市家禽产业转型升级。

### （三）实施北京鸭、北京油鸡地理标志保护工程，推动产业升级

为做好北京鸭农产品地理标志的管理与特性分析，北京市家禽团队将围绕北京鸭基础

品质的挖掘，从品种差异性、品质特异性、营养与饲料专一性，以及外部形态学研究、特异性基因挖掘、产后加工和疫病防控等多方面入手，提出北京鸭农产品地理标志“一揽子研究规划”，全面研究北京鸭的各个基础环节，从而指导北京鸭农产品地理标志的管理，促进北京鸭产业升级。

北京油鸡农产品地理标志申报将于年内启动，结合北京油鸡蛋用新配套系的推广，以及北京油鸡的基础特性分析，促进北京油鸡地理标志申报，深入挖掘北京油鸡的特异性品质，为市民提供更多优质的油鸡鸡蛋及油鸡鸡肉，促进北京油鸡的产业发展及转型升级。

**（四）推动特色家禽品种的发展**

2017 年 2 月 14 日，北京市家禽团队首席科学家陈余调研北京优帝鸽业综合站。2017 年 4 月 6 日，北京市家禽团队组织“肉鸽产业对接座谈会”，确定了团队专家与优帝鸽业的对接机制与对接意向。上半年，岗位科学家熊波、何宏轩，首席办李复煌等先后赴优帝鸽业开展技术推广。“十三五”期间，北京市家禽团队将针对北京市家禽产业结构调整的现状，重点开展北京市肉鸽规模化、标准化、自动化养殖技术研发、示范推广工作，通过设施设备提升改造、标准化养殖模式构建、肉鸽主要疫病防控技术的研究，实现北京地区肉鸽养殖技术的升级，促进北京肉鸽产业的集群式发展，建立北方地区肉鸽养殖模式。

## 三、具体建议

**（一）发展生态养殖，实现可持续发展**

家禽养殖的环保问题已经刻不容缓。发展家禽生态环保养殖，实现可持续发展是未来家禽产业的必然选择。

需要紧密围绕农业供给侧结构性改革，以“绿色生态”为主题，减少抗生素的使用，实现福利养殖和粪污资源的高效利用；实现养殖过程中水资源减量使用。加强生态环保技术与现代化家禽装备技术的综合性应用。坚持“政产学研推”的产业发展思路，激发企业和科研机构活力，构建现代家禽产业技术平台，集成绿色生态产业发展模式，应对当前产业发展的关键矛盾。

**（二）建立综合性产业风险管理体系**

首先，目前北京市家禽业多重风险叠加，尽管家禽业生产者对风险防范需求强烈，但是对风险防范的重视不够，对风险规避的各种工具并不了解，因此今后应该借鉴国外经验、政府对提高市场风险规避的手段和国外养殖业进行风险管理的经验加强宣传和讲解，提高农户自身的抗风险能力。其次，针对北京市养禽业保险产品有效供给不足、区县发展不平衡的问题，要进一步宣传和完善政策性农业保险制度，对政策性保险公司加大财政扶持，在家禽专业协会发展壮大基础上逐步引入合作性保险。再次，在当前生态安全形势日益严峻的情况下，北京家禽业需要解决综合防疫体系建设和生态环境保护问题以及综合食品安全质量控制体系建设问题，实现风险防控和质量提升的目标。最后，要从产业安全视角尽快开展一体化风险管理体系的设计和制度安排，包括市场化风险管理工具的设计、政策性风险管理措施的优化组合模式，提出北京家禽业风险有效管理的体系。

（三）发展高端优质禽产品，满足消费者需求

实施乡村振兴战略和“农业质量年”，对于鸡蛋产销来说，就是以供给侧改革为主线，解决北京市消费者对优质安全禽产品的多样化需求和市场供应的不平衡不充分发展之间的矛盾。在新的发展形势下，急需借鉴发达国家和地区鸡蛋质量安全管理实践和成功经验，进一步完善北京市鸡蛋质量安全监督管理体系，这对于保证政府监管力、保证居民享受优质安全鸡蛋供应具有重要意义。

以“功能性食物”为突破，急需进行功能性家禽产品研发、转化系列功能性家禽产品技术成果的示范、推广，建立功能性家禽产品生产示范基地，并构建功能性家禽产品评测体系，以满足市场对安全营养农产品的需求。

（四）发挥“种业之都”的优势，参与国际分工

北京在家禽良种繁育上具有独特优势，2010 年北京正式实施《北京种业发展规划》，首次明确了打造“种业之都”。“十二五”畜牧业发展规划北京突出做强良种业，形成“两头在内，中间在外”的跨区域产业布局，有利于产业集聚效应和规模效益的发挥，辐射带动外埠规模化商品性养殖基地的建设，促进生态健康养殖模式的推广和扩张，促进科技资源优势向产业优势再到区域综合带动优势的转变。

（五）加强禽产品地理标志保护和开发利用，提升产业化水平

通过地理标志这一“利剑”，将北京油鸡和北京鸭所蕴含的历史、文化和地理元素进行有效的固定和展现，可以有效地提升北京鸭和北京油鸡的产业化水平，促进特色高效家禽产业发展。需要政府和行业专管部门、机构携手进行禽产品地理标志保护和开发利用的管理技术和法规、标准等制度建设，以提升北京油鸡和北京鸭（烤制型）的产业竞争力。

（六）培养产品和技术创新能力，提升产业核心竞争力

目前北京市家禽产业发展正处于结构调整和产业升级的转型阶段。北京聚集了 61.1% 的国家重点试验室、23.7% 的涉农国家工程技术研究中心、29 家全国一流的农业高校和涉农科研机构，具备整合高端科技资源、人才、服务和发展家禽产业技术集成优势，构建产学研结合的产业技术集成创新产品和技术的能力。通过研发具有自主知识产权和国际竞争力的家禽产品、集成包括饲养技术、产品质量、工艺装备等在内的安全高效化生产关键共性技术，实现科技资源整合和衔接，形成公共技术支撑平台，提高技术创新资源利用效率，实行知识产权分享；加速创新成果转化，完全可以推动产业核心竞争力的提升。

（七）加强相关法规、标准的建设和政策支持

第一，循序渐进，分步实施，完善北京市场鸡蛋生产供应的质量安全法规、制度和标准。第二，梳理现有法规、制度和标准，发现北京市鸡蛋质量安全管控的漏洞，以及与欧美发达国家的差距；第二，开展全面调研，全面了解和把握北京市鸡蛋质量安全需求；第

三，总体设计北京市鸡蛋质量安全管控体系；第四，制订北京市鸡蛋质量安全管控体系的目标、步骤和时间表；第五，逐步完善北京市鸡蛋质量安全法规、制度和标准。

另外，今后北京市家禽业还要加强政策和金融支持。第一，要改变在科技支撑、基础设施、环境设施和服务设施建设方面的分散投入，加强在良种繁育、健康养殖及配套综合服务方面资源整合力度；第二，要通过政府主导建立以北京为核心的良种繁育信息网，在质量安全监督、行业资源共享等方面提供公共服务，实现种畜禽市场、畜禽管理、品种资源以及联合育种等信息资源共享和有效利用；第三是健全基层推广体系，扩大推广人员队伍和人才培养。

# 第十六章　北京市奶牛产业发展报告

奶业是健康中国、强壮民族不可或缺的产业，是食品安全的代表性产业，是农业现代化的标志性产业和三次产业协调发展的战略性产业。北京奶业虽然在养殖数量上不是优势，但是它独特的种质资源、逐渐提升的单产水平，在我国奶牛产业中占据着不可忽视的地位。

本报告主要分为四个部分：一是从奶牛生产、加工、市场消费、成本收益等方面阐述了北京奶牛产业特色发展情况以及取得的喜人成就。二是从产业发展中创新团队的技术支撑作用出发，介绍了2018年北京市创新团队助推北京奶牛产业发展所开展的一系列工作。三是开展典型案例研究，介绍衡安堂166益生菌风味酸奶，对中国荷斯坦牛长寿性状进行分析。四是产业发展的问题及政策建议，分析了产业发展的技术需求、产业发展的趋势、需要解决的问题并提出了相应的政策建议。

## 第一节　产业发展现状

### 一、生产现状

#### （一）总体情况

1. 奶业发展布局

据北京市统计数据显示，近年来北京奶牛存栏量和成乳牛数量总体呈双线下降趋势。截至2018年12月，北京市奶牛总存栏75236头，成乳牛存栏42812头。自2011年以来，奶牛存栏量和成乳牛存栏量持续下降，2017年比2011年分别下降50.06%和57.13%；比2017年同比下降10.63%和15.4%（见图16－1）。

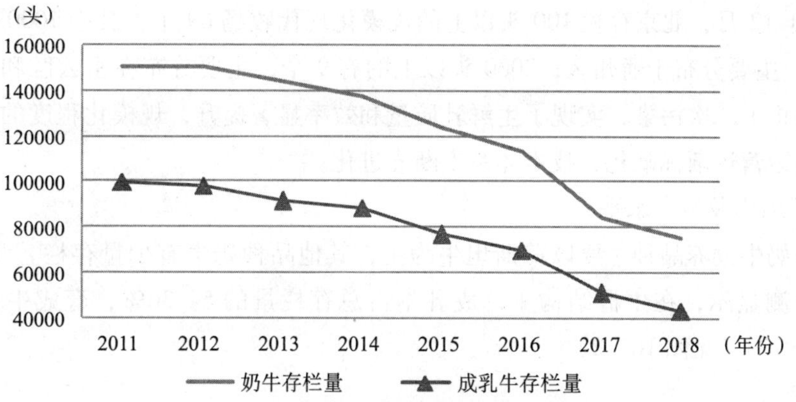


**图 16-1 北京市奶牛存栏量和成乳牛存栏量**

数据来源：畜牧兽医总站。

北京市奶牛养殖在 13 个区均有分布，城市发展新区一直是奶牛养殖集中地，2018 年奶牛存栏达到 49077 头，成乳牛 27642 头，分别占到北京市总量的 65.23% 和 64.57%。奶牛养殖规模较大的区是通州区、顺义区、延庆区和密云区。另外，丰台区于 2018 年完成养殖场腾退工作，达到零存栏（见表 16-1）。

**表 16-1　　北京市各区奶牛存栏情况**　　单位：头

| 单位 | 2011 年 | 2012 年 | 2013 年 | 2014 年 | 2015 年 | 2016 年 | 2017 年 | 2018 年 | 2018 年比（%） |
|---|---|---|---|---|---|---|---|---|---|
| 北京市 | 150650 | 151013 | 144435 | 137663 | 124213 | 111803 | 84188 | 75236 | 100 |
| 城市功能拓展区 | 6789 | — | 5172 | 3755 | 1446 | 1222 | 426 | 369 | 0.49 |
| 朝阳 | 3179 | 164 | 2520 | 1911 | 824 | 626 | 152 | 187 | 0.25 |
| 丰台 | 968 | 564 | 760 | 158 | 39 | 39 | 15 | 0 | 0.00 |
| 海淀 | 2642 | — | 1892 | 1686 | 583 | 557 | 259 | 182 | 0.24 |
| 城市发展新区 | 90050 | 72395 | 93909 | 88520 | 79535 | 74424 | 55623 | 49077 | 65.23 |
| 昌平区 | 10938 | 4524 | 10821 | 10459 | 8740 | 6776 | 4564 | 4166 | 5.54 |
| 房山区 | 10408 | 10778 | 14071 | 11516 | 11278 | 9623 | 8634 | 7923 | 10.53 |
| 通州区 | 20211 | 13552 | 23036 | 22786 | 22388 | 20436 | 19804 | 19860 | 26.40 |
| 顺义区 | 18487 | 19594 | 17380 | 16672 | 16876 | 17787 | 14566 | 11746 | 15.61 |
| 大兴区 | 30006 | 23947 | 28601 | 27087 | 20253 | 19802 | 8055 | 5382 | 7.15 |
| 生态涵养发展区 | 53811 | — | 45767 | 45388 | 43232 | 36157 | 28139 | 25790 | 34.28 |
| 门头沟 | 316 | — | 30 | 29 | 10 | 10 | 7 | 7 | 0.01 |
| 怀柔区 | 10952 | 11743 | 9285 | 8664 | 7819 | 4667 | 1297 | 44 | 0.06 |
| 平谷区 | 1036 | 1125 | 760 | 1042 | 1080 | 936 | 238 | 493 | 0.66 |
| 延庆区 | 20443 | 21749 | 16855 | 16839 | 14850 | 12180 | 11421 | 11339 | 15.07 |
| 密云区 | 22411 | 22273 | 18837 | 18814 | 19473 | 18364 | 15176 | 13907 | 18.48 |

注："—"代表数据缺失。

数据来源：《中国奶业年鉴》。

奶牛养殖规模化水平较高，现代化奶业建设步伐加快。2011 年，散养奶牛入场入区工程顺利完成，奶牛标准化、规模化水平稳步提升，奶牛养殖场 100% 实现了机械化挤奶。

截至 2018 年 12 月，北京存栏 100 头以上的规模化现代牧场 69 个，其中 1000 ~ 1999 头以上有 14 个，主要分布于通州区；2000 头以上的有 9 个，主要分布在密云区和通州区。机械化养殖防止了二次污染，实现了生鲜乳质量和效率显著提升，规模化程度的不断提高使奶牛场管理运营逐渐标准化，技术体系不断先进化。

2. 牛群结构及生产水平

北京市奶牛饲养品种主要以荷斯坦牛为主，其他品种奶牛有少量存栏。北京 20 家示范牛场的监测显示，在牛群结构中，成乳牛占总存栏量的 54.36%，育成牛占 31.79%，犊牛占 13.85%（见图 16－2）。

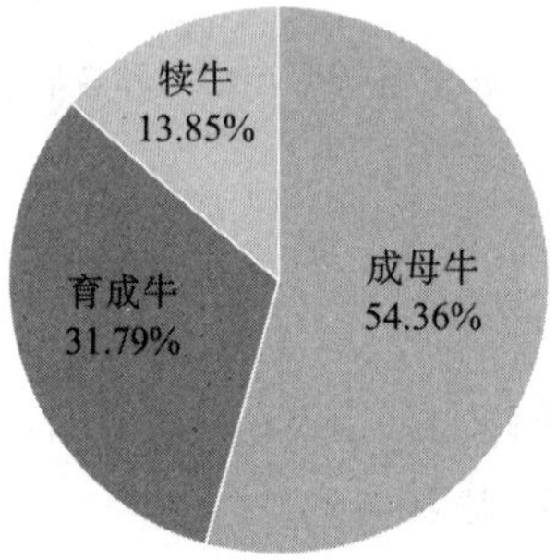


**图 16－2　2018 年北京市示范牛场牛群结构图**

数据来源：北京示范牛场月度数据监测。

北京生鲜乳总产量稳中有降，单产波动式上升。近年来，随着现代奶牛饲养管理实用、新技术的积极推广，北京市成乳牛单产水平整体呈波动式上升趋势。2018 年北京市牛奶产量 31.1 万吨，比 2011 年减少了 51.39%，主要集中于城市发展新区，占总产量的 65.8%；此外，2018 年成母牛平均单产为 7.25 吨，与 2017 年相比略有下降，跌幅为 1.85%（见图 16－3）。

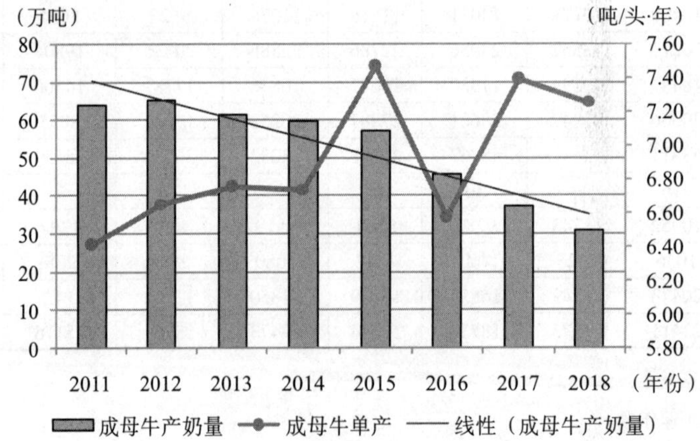


**图 16－3　2011 ~ 2018 年北京市牛奶产量及成乳牛单产情况**

数据来源：畜牧兽医总站。

从区域分布构成来看，海淀区、昌平区、大兴区和怀柔区的成乳牛头均年产奶量显著高于北京市总体水平7254千克；分别为9732、9036、11281和16846千克；而朝阳区、门头沟区、顺义区、平谷区和延庆区明显低于北京市总体水平，仅分别为2719、3450、5815、5858和5822千克（见图16－4）。

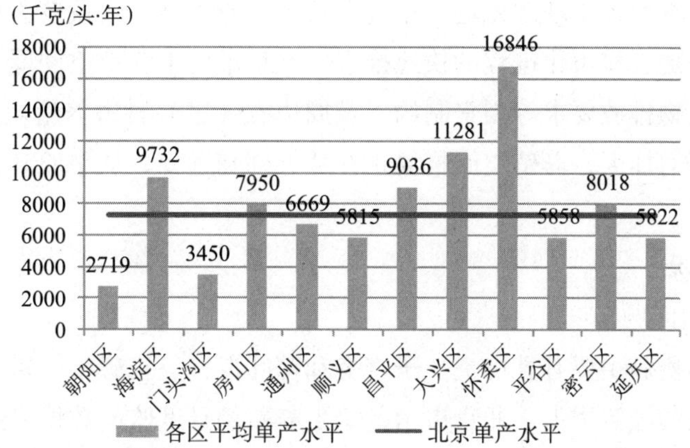


**图16－4　2018年不同区成乳牛头均年产奶量**

数据来源：畜牧兽医总站。

3. 奶源基地建设

实施标准化生产，有效推进了首都“菜篮子”生鲜乳保障体系的建设。通过实施畜牧业“菜篮子”系统工程、奶牛标准化规模场改扩建项目等，对北京市奶牛规模养殖场进行标准化改造升级。标准化、规模化有力提升了生鲜乳质量安全水平，促进了产业化发展和生产方式的转变。

完善良种繁育体系，有效推进了奶牛产业化水平。通过奶牛良种补贴和奶牛生产性能测定等项目，完善奶牛良种繁育体系，推动良种产业发展，进一步提高优质牛奶生产能力和良种供种能力。2018年对北京市20个示范牛场进行生产性能测定，目前北京市示范牛场生鲜乳质量达到国家优质乳工程中的特优级。

进一步推进京津冀协同发展，优化了奶业布局。按照《京津冀畜牧业协同发展合作框架》协议，相关部门及组织从产业对接，资源共享、人员科技信息协作、示范基地共建等方面积极推动京津冀奶业协同发展，布局了奶牛养殖和加工基地。通过龙头企业外埠基地建设等政策，按优化布局、协同发展的原则，引导产业向河北等周边省市转移。

**（二）生态环境**

1. 环境污染问题

环境污染是制约奶牛产业发展的主要因素之一，虽然目前对奶牛粪尿的处理技术已经具有新的突破，但成本过高，养殖压力过大。根据国家环保总局推荐畜禽排泄系数，一头奶牛一年排放的粪尿约0.95吨，2018年北京市奶牛存栏量为7.5万余头，年均废弃物接近92.19万吨，如何处理仍是突出问题。在粪污处理技术方面，部分示范牛场引进了生物酵素技术，但价格昂贵且普及率不高。

2. 奶牛养殖发展空间受限

经过多年规划和发展，奶牛养殖向标准现代化示范场方向发展，向规模化生态养殖和特色养殖发展，基本形成了理念先进、布局合理、品质优良、效益较为显著的都市型现代奶牛产业体系。但随着城市化进程的快速推进，北京市奶牛养殖空间受土地资源减少、城市缺水和降低污染物排放要求等因素制约，及周边省（区）牲畜养殖规划不规则发展的影响，奶牛场防疫压力加大，养殖空间格局正在从近郊到远郊，从平原到山区，从京内向京外转移。

### （三）安全情况

1. 牛疫病防治问题

对于奶牛常见疾病主要有乳房炎、子宫炎和蹄叶炎，一旦感染，短期内难以治愈，给奶牛场带来了巨大的经济损失。北京市示范奶牛养殖场月度监测数据显示北京奶牛发病率较低，其中，乳房炎发病率平均为2%，子宫炎发病率平均为1%，蹄病发病率平均为2%。虽然其发病率相对较低，但是常见病的发生对奶牛养殖场的经济效益产生不可逆转的影响，因此应该继续加强奶牛疾病的防治工作，达到奶牛零发病率。此外，在奶牛用药过程中不仅要注重“质”的标准，还要符合“量”的要求，不仅要确保奶牛的健康福利问题，还要保证人体健康。

2. 健康养殖问题

健康养殖可以在很大程度上降低奶牛发病率，因此改善奶牛的生活福利是现代奶牛养殖场的必备工作，也是奶牛养殖场由数量型转变质量型的关键一环。目前北京市奶牛养殖场在改善奶牛生活环境方面做了诸多工作，如置办防暑降温设施、饮水槽加热装置、卧床垫料和运动场地面设计、奶牛福利设施等，总体上在国内处于相对较高的水平，但与国际主要奶业生产国相比仍存在差距。美国、澳大利亚等国家普遍采用太阳能、电子围栏以及防冻供水系统，同时配有先进的装卸和运输奶牛的装置和设备。

3. 生鲜乳质量安全状况

北京示范牛场生鲜乳平均品质水平高于国家标准，达到优质乳工程中特优级水平。和2010年颁布实施的《食品安全国家标准——生乳》相比，北京示范牛场2018年生鲜乳的乳脂肪率高0.75个百分点；生鲜乳的乳蛋白率高0.4个百分点，另外，生鲜乳的体细胞数达到了20.4万个/mL，菌落数达到了6.22万CFU/mL，均达到了优质乳工程中的特优级水平，与2017年相比，生鲜乳质量各项评价指标均有显著提升（见表16－2）。

4. 地方标准

截至2016年底，北京市制定与奶牛产业相关的地方标准共计12项，2017年新立项地方标准1项，对推动本地区奶牛产业规范、健康、有序发展起到积极作用（见表16－3）。

表 16－2　2018 年北京示范牛场生鲜乳质量情况

| 指标 | 乳脂率（%） | 乳蛋白率（%） | 体细胞数（万个/mL） | 菌落数（万 CFU/mL） |
|---|---|---|---|---|
| 国家标准 | 3.1 | 2.8 | — | 200 |
| 北京示范牛场 | 3.85 | 3.2 | 20.4 | 6.22 |
| 特优级 | ≥3.3 | ≥3.1 | ≤30 | ≤10 |
| 优级 | ≥3.3 | ≥3.1 | ≤40 | ≤20 |
| 良级 | ≥3.2 | ≥3.0 | ≤50 | ≤30 |
| 合格级 | ≥3.1 | ≥2.9 | ≤75 | ≤100 |

数据来源：《中国奶业年鉴》，北京示范牛场监测月度数据。

表 16－3　北京市奶牛产业地方标准

| 标准号 | 标准中文名称 | 实施日期 |
|---|---|---|
| — | 全株玉米青贮生产技术规范 | — |
| DB11/T1332－2016 | 奶牛机械挤奶操作规范 | 2016/8/1 |
| DB11/T1021－2013 | 奶牛电子耳标技术规范 | 2014/2/1 |
| DB11/T902－2012 | 秸秆复合颗粒饲料制备及质量要求 | 2013/1/1 |
| DB11/T868－2012 | 生鲜乳贮运技术规范 | 2012/9/1 |
| DB11/T708－2010 | 生鲜乳收购站建设与管理技术规范 | 2010/8/1 |
| DB11/T631－2009 | 有机生鲜乳生产技术规范 | 2009/5/1 |
| DB11/T150.5－2007 | 奶牛饲养技术规范第 5 部分：卫生防疫 | 2007/12/1 |
| DB11/T425－2007 | 种奶牛场舍区、场区、缓冲区环境质量 | 2007/3/15 |
| DB11/T150.1－2002 | 奶牛饲养技术规范第 1 部分：育种 | 2002/4/1 |
| DB11/T150.2－2002 | 奶牛饲养技术规范第 2 部分：繁殖 | 2002/4/1 |
| DB11/T150.3－2002 | 奶牛饲养技术规范第 3 部分：饲养与饲料 | 2002/4/1 |
| DB11/T150.4－2002 | 奶牛饲养技术规范第 4 部分：卫生保健 | 2002/4/1 |

数据来源：北京市畜牧总站。

## （四）效益水平

### 1. 净利润分析

2018 年北京示范奶牛养殖场每头净利润呈波动式上升趋势，团队对示范场的技术推广起到了关键作用，示范场经营逐渐改善。1 月，北京示范牛场每头净利润为 275 元，同比下降了 33.21%，之后经过缓慢波动至 9 月达到峰值，示范牛场每头净利润为 489 元，同比增长了 153.99%，截至 2018 年 12 月，北京示范牛场每头净利润为 344 元，环比下降 3.1%，同比增长 42.51%。北京市示范牛场全年累计每头净利润为 3982 元（见图 16－5）。

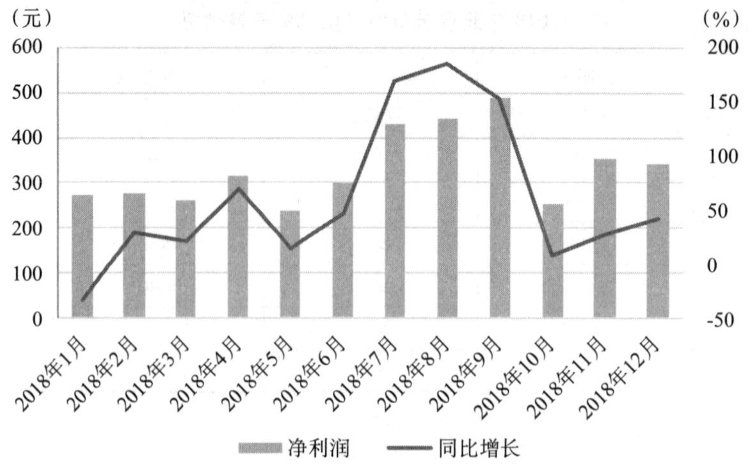


**图 16－5　2018 年北京示范牛场净利润**

数据来源：北京示范牛场月度监测数据。

2. 劳动生产率分析

北京市奶牛养殖业劳动生产率明显高于全国平均水平，且呈明显上升的趋势。2016 年，北京 50～500 头中规模牛场的牛奶的劳动日产量为 813 千克，相比 2015 年略微下降 32.3 千克；500 头以上的大规模牛场牛奶的劳动日产量为 798.1 千克，分别比全国水平高出了 612.1 千克和 547.2 千克，比北京 2013 年水平分别升高了 343.5 千克和 181 千克。

从劳动日产值看，北京奶牛养殖业也远高于全国平均水平，除了 2014 年有所回落外，其他年份呈增长趋势。2016 年，北京 50～500 头中规模牛场的牛奶的劳动日产值为 2780.3 元，500 头以上的大规模牛场牛奶的劳动日产值为 3172.4 元，分别比全国水平高出了 1927.8 元和 2077.6 元（见表 16－4）。

**表 16－4　　全国及北京规模化牛场劳动生产率表**

| 年份 | 劳动日产量（千克/日） | | | | 劳动日产值（元/日） | | | |
|---|---|---|---|---|---|---|---|---|
| | 全国 | | 北京 | | 全国 | | 北京 | |
| | 大规模 | 中规模 | 大规模 | 中规模 | 大规模 | 中规模 | 大规模 | 中规模 |
| 2010 | 149.7 | 216.0 | 273.0 | 360.2 | 540.5 | 753.7 | 998.8 | 1243.5 |
| 2011 | 154.9 | 217.3 | 274.7 | 629.3 | 571.9 | 838.9 | 1002.6 | 2412.5 |
| 2012 | 169.6 | 432.9 | 341.3 | 511.7 | 669.4 | 1775.0 | 1188.8 | 1919.8 |
| 2013 | 222.8 | 181.7 | 617.1 | 469.5 | 1006.9 | 773.8 | 2622.6 | 1944.4 |
| 2014 | 247.5 | 171.4 | 700.6 | 252.4 | 1190.6 | 769.0 | 3327.6 | 1100.7 |
| 2015 | 235.6 | 197.1 | 756.9 | 845.3 | 1060.6 | 836.0 | 3063.9 | 3475.6 |
| 2016 | 250.9 | 200.9 | 798.1 | 813.0 | 1094.8 | 852.5 | 3172.4 | 2780.3 |

数据来源：2011～2017 年《中国奶业年鉴》。

## 二、加工流通现状

### （一）乳企基本情况

北京大型乳企主要有三元、蒙牛（含达能）、伊利、光明4家，并在新一届的D20峰会换届选举中入选，其中三元为北京本土企业。2018年三元奶粉荣获中国社会影响力奶粉品牌，作为北京乳业的老品牌，三元有责任、有义务为北京乳业发展，为社会经济进步贡献力量。2018年仅三元一家企业在北京营业收入达到35亿余元，与2017年相比增加2.95%。北京市场各品牌产品涵盖了几乎所有的乳制品种类，北京市乳制品的产品结构以液态乳为主，与其他所有乳制品的产量相当，表现在生产形式上主要是发酵乳、灭菌乳、巴氏杀菌乳和调制乳等液态乳制品。2018年北京乳品加工的乳制品总产量为56万吨，与2017年相比略微下降。

### （二）乳制品产量稳中有降

总体来看，北京市乳制品产量总体呈上升趋势，但近年来稳中有降，如图16-6所示。2010年北京市乳制品产量为52.3万吨，至2016年升至最高为62.19万吨；2018年北京市乳制品产量为56万吨，与2017年相比下降了6.2%，但是与2010年相比上升了7.07%。北京乳品加工以液态奶为主，历年均占总产量的92%以上。如图16-7所示，从月度数据来看，除1月和2月同比增长外，其余月份同比均呈现下降，2018年北京乳制品产量集中于上半年，特别是3月、4月和5月，其总产量为14.9万吨，占全年的26.61%。

**图16-6 2010~2018年北京乳制品产量变化情况**

数据来源：《中国奶业年鉴》，2018年数据来源于中商产业研究院数据库。

### （三）乳制品流通渠道多样化

随着市场细分的逐步加强，各大乳制品商在北京市场的竞争中，乳制品的销售渠道进一步拓宽，形成了多样化的流通渠道。目前北京市场上流通的乳制品品牌主要有伊利、蒙

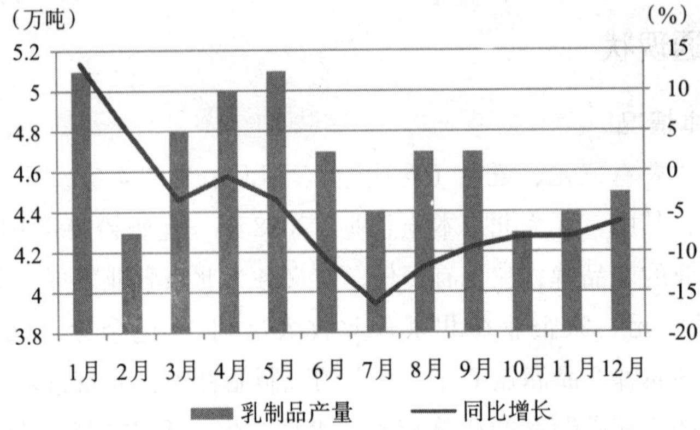


**图 16－7　2018 年北京乳制品产量及增长情况**

数据来源：中商产业研究院数据库。

牛、三元、光明等，因此也形成了以各个企业为代表的流通渠道。其中伊利提出了“一级配送、二级强化、决胜终端”的销售模式；蒙牛采用三级渠道分销网络；而三元以地域销售为主构成，分区划片，统一销售。

## 三、市场消费现状

### （一）北京居民乳制品消费潜力较大

通过对北京 191 名消费者实地调研，对受调研人群乳制品的消费频率与周人均消费量进行了解。发现每周都会购买乳制品的消费者总共占了样本的 96.3%，说明受调研人群已经基本有乳制品消费习惯。根据《中国居民膳食指南》的建议，我国居民每人每天应摄入相当于鲜奶 300 克的乳制品，因此每人每周乳制品消费量应不低于 2100 克，但是调查结果显示被调查者每人每周乳制品平均消费量低于 2100 克的消费者占了 76.44%，所以对于很多家庭乳制品每日人均摄入量依然不足，也说明北京的乳制品消费潜力依然巨大（见表 16－5）。

**表 16－5　　消费者乳品周人均消费量**

| 选项 | 频数 | 百分比 |
|---|---|---|
| 低于 2100 克 | 146 | 76.44% |
| 2100～5000 克 | 33 | 17.28% |
| 高于 5000 克 | 12 | 6.28% |

数据来源：北京农学院实地调研。

### （二）北京居民乳制品消费结构日趋合理

长期以来，常温奶因为价格便宜、方便储藏、保质期长，受到大多数消费者青睐。巴氏杀菌奶营养高于常温奶，但是保质期较短，只有 1～3 天，目前消费者对巴氏杀菌奶的优点认知还不完全，接受度并不高。在国外，市场上的鲜奶几乎都是巴氏消毒奶，而很少有保质期超过 30 天的乳制品。2018 年有 35.1%的消费者增加了常温奶的消费，有 50.8%的消费者对常温奶的消费保持不变。在常温奶仍然占据主导消费地位的情况下，2018 年有 28.3%的消费者增加了低温奶的消费，另外关于巴氏杀菌奶，其消费情况显著增加。以 2018 年的趋势来看，北京市居民乳制品消费正在向巴氏杀菌奶过渡。

### （三）北京居民乳制品消费趋于理性

消费者在选择乳制品时趋于理性，更多地关注产品品牌、质量安全、口感风味，其次才是价格等其他因素。调研中发现对于购买的乳制品第一关注的是乳制品的品牌，这表明我国乳制品品牌建设效果逐渐增强，消费者对大品牌乳制品的质量信任度增强。其次，消费者对质量安全方面的关注度仍然比较高，这一方面是受到“三聚氰胺”事件的影响，另一方面体现了消费者对乳制品安全意识的增强。消费者对口感风味的关注度逐渐增强，说明消费者对乳制品的需求趋于多样化，乳企需要加大对新口味产品的研发；也从侧面说明消费者的消费信心逐步得到了恢复，开始关注除质量安全之外的因素。

### （四）北京居民品牌消费意识不断增强

关于乳制品消费品牌的调研显示，在北京，居民消费的乳制品品牌前三位的是蒙牛、伊利和三元。北京市消费者对于三元有本地情结，而对于外地品牌的喜爱程度较低。在北京市消费者第一喜欢的品牌中，喜欢三元的消费者占比最大，其次是伊利、蒙牛；在第二喜欢的品牌中，喜欢蒙牛的消费者占比最大，其次是伊利；第三喜欢的品牌排序依然是三元、蒙牛、伊利（见表 16－6）。

**表 16－6　北京居民对乳制品品牌的喜爱度排名**

| 喜欢程度 | 品牌 | 百分比 |
|---|---|---|
| 第一喜欢 | 三元 | 41.1% |
| | 伊利 | 33.7% |
| | 蒙牛 | 12.1% |
| 第二喜欢 | 蒙牛 | 40.3% |
| | 伊利 | 24.1% |
| | 三元 | 7.9% |
| 第三喜欢 | 三元 | 26.2% |
| | 蒙牛 | 19.4% |
| | 伊利 | 14.7% |

数据来源：北京农学院实地调研。

### （五）国产乳制品消费信心提升

经过政府、行业协会、乳企多年来对消费信心的积极建设，北京市消费者对国产乳制品的消费信心已恢复并开始提升。消费者购买低温奶、常温奶、酸奶、奶粉的首选产地中，国产的占比分别为 86.4%、90.6%、96.9%、57.6%，虽然国产奶粉的消费信心还是较低，但综合来说，消费者对国产乳制品的信任度已得到了很大程度的恢复。

另外，消费者认为加强对国产乳制品消费信心的关键是及时公布信息和维护消费者权益，所以，乳品行业的信息透明度与消费者权益法律法规的建立健全对进一步提振国产乳制品消费信心有较大帮助。

### （六）民族奶业发展仍然面临着国际市场的挑战

调研发现，消费者虽对国产乳制品的信心在逐步地提升，但是仍有一部分消费者对进口乳制品情有独钟，如表 16－7，一般不会购买乳制品的消费者仅占了 35.6%，有 55.5% 的消费者偶尔或经常购买进口乳制品，愿意尝试进口乳制品的消费者群体规模仍然较大，民族奶业发展面临着国际市场的持续挑战。

表 16－7　　消费者进口乳品消费频率

| 选项 | 频数 | 百分比 |
|---|---|---|
| 经常 | 36 | 18.9% |
| 偶尔 | 70 | 36.6% |
| 一般不会 | 68 | 35.6% |
| 不确定 | 17 | 8.9% |

数据来源：北京农学院实地调研。

## 四、新型经营主体现状

### （一）北京奶牛养殖企业性质与分类

北京奶牛养殖场中，国有养殖场占 13.1%，集体和个体养殖场占 48.2%，民营、独资和股份制牛场 38.7%。根据规模、技术、资金、人才等大致可分为三类，第一类以国有大型企业为主，技术、资金、人才等方面力量雄厚，基础条件好，以三元绿荷奶牛养殖中心和北京奶牛中心等 28 家国有牛场为主，代表着北京奶业乃至全国奶业发展的最高水平；第二类以民营、独资和股份制规模牛场为主，规模适度，有一定的竞争意识，能够主动接纳行业内的新技术、新方法和新事物，愿意为提高生产性能而加大科技投入，如果加以有效引导和培训，整体实力可得到进一步提升；第三部分由养殖小区、合作社和养殖户组成，规模小、管理意识粗放、技术落后，是整个养殖环节的薄弱点所在（见图 16－8）。

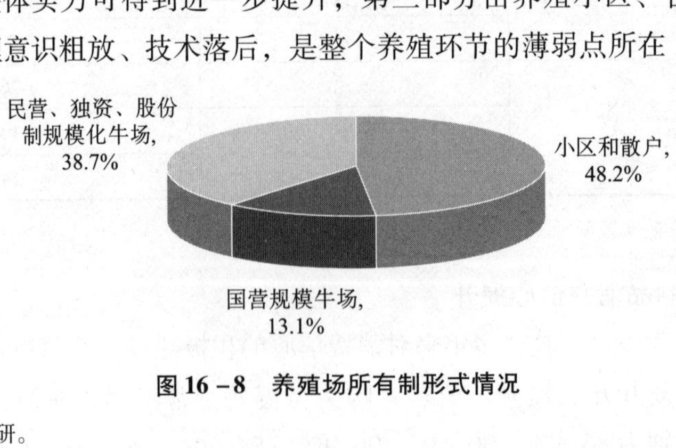


图 16－8　养殖场所有制形式情况

数据来源：实地调研。

### （二）奶牛合作社的作用有待于进一步发挥

奶牛养殖户入社率不高。调研发现，只有36%的奶牛养殖场户加入了奶牛合作社，其中包括了32.8%规模牛场、43.8%养殖小区和28.2%的小规模养殖场。64%的场户没有加入奶牛合作社（见图16－9）。

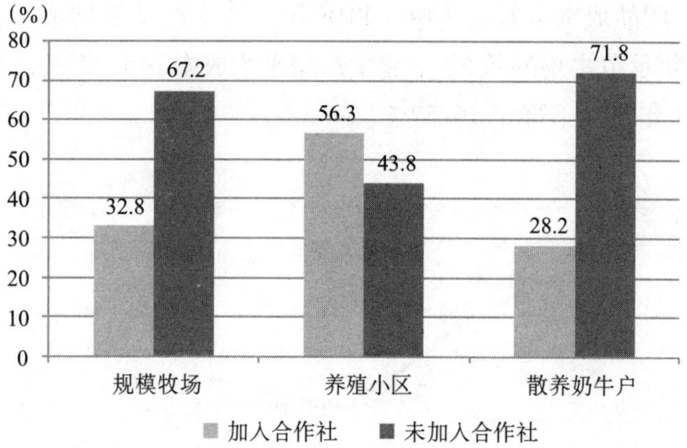


**图16－9　养殖场户加入合作社情况**

数据来源：实地调研。

## 五、成本收益及其产业支持政策实施效果

### （一）成本构成分析

北京示范场饲料成本占比较高。根据对20家北京示范牛场月报监测，2018年北京市示范牛场饲养成本中饲料成本占比最高，每头牛平均饲料成本为1516元，占总成本的75.67%，其中精饲料成本平均每头1145元，占总成本的45.32%，粗饲料成本平均每头692元，占总成本的30.35%，人工成本平均每头为119元，占总成本的7.785%，其他成本平均为每头252元，占总成本的16.56%，见表16－8。

**表16－8　　2018年北京示范场养殖场成本构成情况**　　单位：%

| 时间 | 饲料成本 | 精饲料成本 | 粗饲料成本 | 人工成本 | 其他成本 |
|---|---|---|---|---|---|
| 1月 | 74.43 | 46.50 | 27.92 | 7.95 | 17.63 |
| 2月 | 75.62 | 46.88 | 28.74 | 7.95 | 16.43 |
| 3月 | 76.07 | 47.34 | 28.73 | 7.95 | 15.97 |
| 4月 | 75.49 | 48.95 | 26.54 | 8.39 | 16.12 |
| 5月 | 73.73 | 45.84 | 27.90 | 7.68 | 18.59 |
| 6月 | 75.47 | 46.43 | 29.03 | 8.19 | 16.34 |
| 7月 | 77.28 | 47.07 | 30.22 | 7.62 | 15.10 |
| 8月 | 72.65 | 42.38 | 30.27 | 7.40 | 19.95 |
| 9月 | 75.01 | 44.08 | 30.93 | 7.87 | 17.11 |
| 10月 | 78.34 | 42.55 | 35.79 | 7.15 | 14.50 |
| 11月 | 75.42 | 41.27 | 34.15 | 7.44 | 17.14 |

续表

| 时间 | 饲料成本 | 精饲料成本 | 粗饲料成本 | 人工成本 | 其他成本 |
|---|---|---|---|---|---|
| 12 月 | 78.50 | 44.54 | 33.96 | 7.72 | 13.78 |
| 平均值 | 75.67 | 45.32 | 30.35 | 7.78 | 16.56 |

数据来源：北京示范牛场月度数据监测。

从每50千克主产品成本来看，2014～2018年，其主产品平均成本呈现下降趋势（见图16－10）。2018年示范牛场的每50千克主产品平均成本145.87元，与2017年相比下降了6.47%，与2014年相比下降了16.57%。

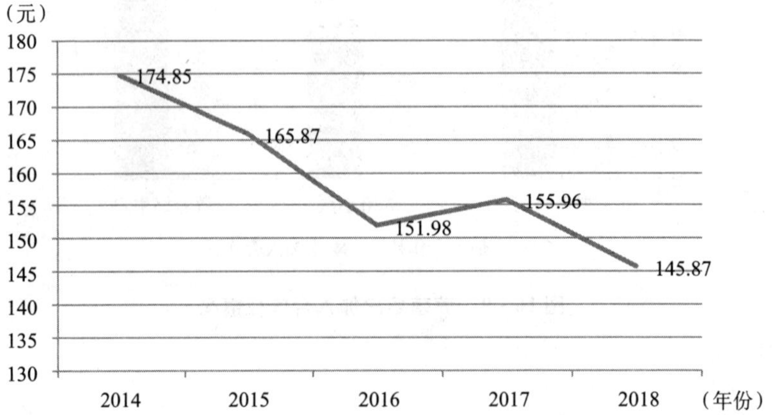


**图16－10　2014～2018年每50千克主产品成本**

数据来源：京示范牛场月度数据监测。

### （二）成本收益率分析

北京示范牛场成本收益显著提高。2014～2018年，北京示范牛场的成本收益率呈上升趋势，2014年北京示范牛场平均成本收益率为17.2%，2018年北京示范牛场平均成本收益率为29.3%，增长了12.1%，与2017年相比成本收益率增加了8.78%（见图16－11）。从各区构成来看，2018年顺义区示范牛场平均收益率最高，为46.36%，房山区最低，为5.78%（见图16－12）。

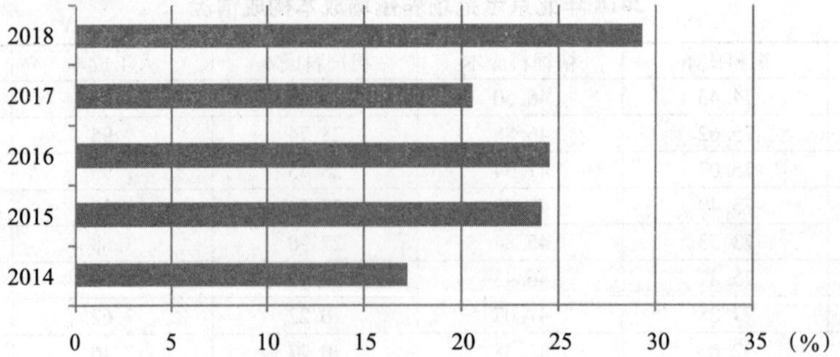


**图16－11　2014～2018年北京示范场成本收益率**

数据来源：北京示范牛场月度数据监测。

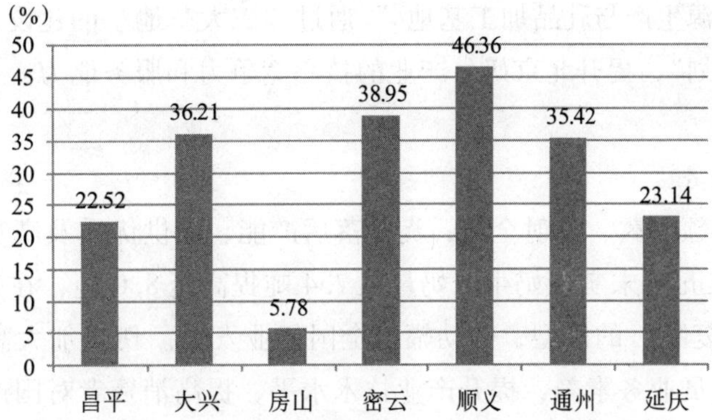


图 16－12 2018 年北京各区示范场成本收益率

数据来源：北京示范牛场月度数据监测。

### （三）产业支持政策实施效果

近年来，北京为了推动奶牛产业的发展，出台了一系列鼓励政策，对奶牛产业发展起到了较好的推动作用。主要包括：

1. 生母犊牛补贴每年 500 元/头，后备牛补贴每年 100 元/头；

2. 冷冻精液每只国家补贴 10～15 元，超出自己支付；

3. 旧厂房改造、小区道路地面硬化，给予设备补贴 50%，以及挤奶设备、奶罐车，旧牛舍的补贴；

4. 污水处理，沼气补贴标准基本为 80%；

5. 免费疫苗、免费消毒用品等。

# 第二节 产业发展中创新团队的技术支撑作用

## 一、团队基本情况

### （一）创新团队功能定位及其建设任务

1. 团队功能定位

随着北京市行政副中心建设、北京市农业“调转节”、农业供给侧改革、“水十条”和“减煤换煤”等工作的落实，结合北京市环境资源承载能力、北京畜牧业生产实际和市场需求，按照“一核五区”的北京市畜牧业发展空间布局规划，北京奶牛产业的产业定位为：“持续打造‘三大基地’，即立足北京、引领津冀、辐射全国的奶牛优秀种质资源供应基地；高新技术、成果落地应用的现代都市奶业技术集成示范基地；生态环保、适度规模、优质高效的奶源生产与乳品加工基地。”通过“三大基地”的建设，全面践行“北京市畜牧业十三五规划”，提升北京奶牛产业的核心竞争力和服务能力、牛奶自给率和市场控制力。

2. 团队建设任务

立足北京、引领津冀、辐射全国；淘汰落后产能、提供优质及高契合消费者需求的乳产品，至“十三五”末实现奶牛产奶量从7.4吨提高至8.0吨，在生态环保方面做到“可看、可学、可复制”的模型，带动辐射全国奶业发展。切实加大高新技术成果转化水平，提高从业人员业务素养，提升产业技术水平，提高消费者对国产牛奶的认知度和信心，促进北京乃至津冀地区奶牛产业的高质量、健康和可持续发展。致力将示范场成乳牛年单产从8.0吨提高到9.2吨，提高15%，辐射带动全市成乳牛年均产奶量从7.4吨提高至8.0吨。在“四率”转化方面，示范场饲料转化率从1.2提高到1.3；土地产出率从6.86万元/亩提高至7.89万元/亩，提高15%；劳动生产率从60.21万元/人提高至69.25万元/人，提高15%；水资源利用率5.12吨水/吨奶降低到4.5吨水/吨奶，降低12.0%；为津冀地区乃至全国提供高端模板。力争打造“和谐、高效、务实、创新”的一流技术支撑团队。

### （二）创新团队组成架构

北京市奶牛创新团队组建于2012年4月，共设置技术研发中心、功能研究室、综合试验站和农民田间学校工作站4个层级，专业涵盖繁育、饲料与营养、疫病防控、环境控制、乳品加工、生鲜乳安全、产业经济等领域，可全方位为奶牛产业健康发展提供技术支撑。团队共设有功能研究室5个、综合试验站8个和农民田间学校工作站8个，200余名成员及助手分别来自中国农业大学、中国农业科学院、北京农学院、北京农林科学院、北京农职院等大专院校、科研院所，各级畜牧兽医技术推广机构及首农集团、中地畜牧、北京京鹏畜牧等企业。此外，团队还设有执行专家组，执行专家组由首席专家、5个功能研究室主任、1位综合试验站站长、1位田间学校工作站站长和5位相关领域的岗位专家，共13人组成，首席专家为组长。同时，聘请了2位业内知名专家为顾问。

### （三）创新团队作用与交流机制

1. 团队作用

北京奶牛创新团队作为北京奶业技术研究、集成与推广应用的重要支撑组织，根据“十三五”发展规划，以“促进奶业优质安全发展”、《全国奶业发展规划（2016—2020年）》、“供给侧结构性改革”和“京津冀协同发展”为方针，以优质安全为前提，以生态环保为基础，为研发高端高效乳制品为目标，在产业中起到示范引领作用。奶牛创新团队不仅关注行业发展趋势，也为养殖场提供技术需求，大大减少了奶牛疫病的发生，提高了奶牛的健康水平以及生鲜乳的质量水平，提高了产业核心竞争力，不仅支撑了北京奶业的发展，也促进北京乃至津冀地区奶牛产业的高质量、健康和可持续发展。

2. 团队交流机制

精细化管理模式：从最初的全部依靠专项办发放各项管理制度管理团队，到以专项办发放的管理制度为基础，学习其他团队先进的管理经验，结合团队实际情况，制定并执行本团队的8项基础性管理制度，再到以“量化”指标考核管理团队成员日常活动、参加团队活动情况、反馈信息报送情况、任务应答情况等，到要求团队成员必须以产业发展需要的技术支持方向为主，设定产业需求调研实施方案，到确定“奶牛保姆行动”为团队开展技术培训与服务的统一品牌，到逐步探索“一对一对接服务”实施方案等，经过不断的探索和实践，实现了团队管理工作的逐步完善，团队文化的凝练与践行。

## 二、技术研发与主推技术

### （一）团队技术研发情况

经过上级领导部门的持续支持和不断的工作聚焦，2018年团队共开展试验研究106项，覆盖牛群245645头次，在各个领域取得大量的科研成果并惠及产业技术发展的诸多方面。

1. 皮下注射褪黑素对产后荷斯坦奶牛配种妊娠率的作用分析

（1）灌服和埋植褪黑素对荷斯坦奶牛配种妊娠率的影响。本试验共使用45头经产荷斯坦奶牛，随机平均分为三组，所有奶牛均是产后首次输精。灌服和埋植褪黑素提高产后首配妊娠率和产后100天怀孕率，灌服褪黑素可以提高第二次配种妊娠率和产犊率，但是样本量少，统计结果不显著，需进行进一步实验和调整。

（2）注射褪黑素对不同发情方式荷斯坦奶牛配种妊娠率的影响。本试验共使用了321头经产荷斯坦奶牛，所有的奶牛是产后首次输精。皮下注射能够显著提高荷斯坦奶牛的妊娠率和产犊率。不注射褪黑素自然发情和定时输精妊娠率和产犊率无显著差异，注射褪黑素能够显著提高妊娠率和产犊率（$P<0.05$），且自然发情组提高幅度高于定时输精组。

（3）注射褪黑素对产后荷斯坦奶牛配种妊娠率的影响。本试验共使用620头经产荷斯坦母牛，所有奶牛均是产后输精。皮下注射褪黑素能够提高荷斯坦奶牛首次配种妊娠率和怀孕率，结果不显著。

本试验结果表明褪黑素能够提高荷斯坦奶牛产后配种妊娠率。灌服褪黑素比埋植褪黑素效果好；自然发情和同期发情注射褪黑素均能显著提高首次配种妊娠率。产犊率也相应地提高；皮下注射褪黑素能够显著提高荷斯坦奶牛产后首次配种妊娠率和产犊率，但是对二次配种妊娠率无显著影响。

2. 奶牛乳房健康指数的研究

本研究为建立奶牛乳房炎风险评估模型并提高其预测价值，利用Logistic模型采集北京地区1998年以来的121个牛场的78386头中国荷斯坦牛的DHI数据（共计1967310次DHI测定记录）中各测定指标进行分析，筛选出对不同程度奶牛乳房炎的预测具有统计学意义的风险因素，构建 Logistic 风险评估模型，以实现对具有高乳房炎发病风险的牛只提前防范，防止其发展成为奶牛乳房炎牛只。根据分析可得，该风险评估模型预测价值可接受且模型预测价值优秀。

3. 开展奶牛性控精液的高效利用技术研究

本研究将前期筛选的适宜奶牛性控冻精的输精技术方案结合我们自主研发筛选的精液复合添加剂在青年奶牛和头胎奶牛中开展了性控精液输精试验。统计分析了 2016 年精液添加剂试验以来的整体试验数据情况，结果显示该复合添加剂可使青年奶牛性控精液输精后的受胎率达 65.88%（$P<0.05$）；可使头胎奶牛性控精液输精后的受胎率达 54.29%。

4. 奶牛发情期活动量变化规律研究

本研究系统揭示了母牛发情活动量变化受胎次、季节和发情处理类型等的显著影响，探究了荷斯坦奶牛发情时活动量变化规律，根据荷斯坦奶牛的品种特点，确定了活动量高于前 11 天同一时间点活动量 2.5 倍且持续 2.5 小时的自动预警阈值，其对自然发情牛的检出率达到 88.43%，假阳性为 9.86%，具有较高的检出率和较低的假阳性率。确定活动量自动发情检测阈值时应兼顾上述因素及品种因素，养殖企业应综合考虑上述因素后，根据本场情况设定一个与本场相适合的预警阈值。

5. 不同浓度壳聚糖对奶牛瘤胃微生物发酵及甲烷生成的影响

本研究旨在探究不同浓度壳聚糖对奶牛体外瘤胃发酵参数及甲烷生成的影响，为壳聚糖作为反刍动物饲料添加剂实践应用提供科学依据和理论支持。结果表明，体外条件下添加壳聚糖可改变瘤胃发酵模式为丙酸型发酵，并通过对微生物菌群结构的调控，显著降低甲烷的生成。壳聚糖作为一种潜在的饲料添加剂来改善动物生产性能，降低甲烷排放，具有广阔的应用前景。

**（二）团队主推技术情况**

在持续开展“套装主推技术”的高新技术、产品转化应用工作的基础上，以奶牛养殖为中心，分别向上下游开展了技术集成与转化推广工作，如与种植业结合，在延庆区大地群生养殖合作社开展了青贮玉米专用品种、土壤测肥等产品、技术的引进与合作，初步解决了养殖场的饲料原料供应和粪污资源化利用的难题。与知名媒体结合，开展面对消费端的乳及乳制品知识、饮用知识推广与培训，受到了消费者的欢迎。

2018 年，团队共示范推广“连续回分式活性污泥处理工艺”“牛场精准改良技术服务体系”等技术、产品、模式 88 项，覆盖牛群 247671 头次；团队筛选出“犊牛早期营养调控技术”“全株玉米青贮制作技术”“奶牛用增犊灵”3 项技术，作为团队主推技术报送农业农村局，被收录入北京市农业局编发的“现代农业产业技术体系北京市创新团队主导品种与主推技术”向社会推广。研发“衡安堂 166 超级酸奶”等新产品 14 项，新品衡安堂 166 超级酸奶和冰岛酸奶果酱系列销售额超过 2800 万元。

### （三）团队研发成果情况

1. 技术成果

2018 年，团队获得大北农科技奖动物医学奖等集体、个人奖励 17 项；出版专著 15 部；授权专利 37 项，其中发明专利 12 项；申报发明专利 17 项，其中发明专利 14 项；申请软件著作权 8 项，授权 3 项；申报北京市地方标准 5 项；发表标准团队科技论文 165 篇，其中 SCI 43 篇，核心期刊 101 篇，新投 15 篇；撰写调研报告等研究报告 44 篇，撰写政策建议 9 项，上报农业农村部、工程院等机构。

2. 服务成果

“示范场建设”“示范奶牛场动态信息月监测表报送与分析”“一对一对接服务”“奶牛保姆行动”等一系列举措，将团队与产业，与服务对象紧紧地连接起来，使团队在产业技术提升、为服务对象解急救困、提高技术人员业务素养、提高团队成员业务水平等方面发挥了重要的作用，取得了众多成果。

（1）彻底解决了困扰牛场生存的环保问题。在密云区北京市久兴养殖场集成示范了“连续回分式活性污泥处理工艺”，建成并运行了全自动无人值守奶牛场废水回用示范线，不仅使牛场彻底摆脱了废水无处可排，环保压力无法逾越的“死亡威胁”，而且伴随着解决了牛场的臭气、蚊蝇等相关难题，使牛场获得了“新生”，为牛奶养殖场废水资源化利用创造出了“北京模式”。随着其推广面的扩大，将会给更多的牧场带来“生”的希望。

（2）协助牧场明确发展方向。按照因地制宜、打造特色示范基地的思路，对示范基地进行了归类支持，依据示范牛场的基本资源、牧场意愿、团队资源辐射情况等因素打造了多个特色示范基地。建成了废水资源化利用示范牧场——北京市久兴养殖场，种养结合示范基地——北京大地群生养殖专业合作社，高新技术养殖示范基地——北京奶牛中心良种场，规模化饲养示范基地——北京中地畜牧科技有限公司，观光牧场示范基地——北京农机试验站，这些特色示范基地已逐渐展示出了其独特的优势被市场和产业所接受，为自身的发展赢得了主动。

（3）协助牧场综合实力发生率翻天覆地的提升。持续的技术支撑和服务，使示范牧场从理念、管理、技术消化吸收、生产性能、盈利能力等方面发生了“翻天覆地”的变化，如北京市久兴养殖场成乳牛平均单产从 2012 年的 29 千克增至 38.6 千克，已经成为中小牧场转型升级的典型代表，被蒙牛集团作为华北大区的 A + 牧场典型向全国推介。

（4）培养了队伍，提高了业务素养。奶牛保姆行动、众多参与式服务生产一线的活动，提高了团队成员的业务能力，拓宽了生产一线技术、管理人员的视野和业务素养，基层技术人员的自身职称晋升能力较之前有了显著的提高，在取得经济效益的同时，社会效益凸显。

（5）奶牛保姆行动、北京市奶牛创新团队已成为北京周边牧场应对生产应急难题的重要支撑力量。2018 年，团队成员按照“四有四必原则（有求必应、有问必答、有需必到、有难必帮）”多次排解北京及周边牧场的燃眉之急，为牛场挽回了损失。如鼎盛誉玖牧场的犊牛拉稀，三石牛场和大地群生牛场的牛奶拒收，康源牛场的体细胞居高不下，大地群生的配种率降低……在团队成员的支持下均在最短的时间内得到了圆满的解决。

## 三、技术示范推广效益

### （一）技术示范推广经济效益

与2017年相比，团队示范场“三率”有了明显的提升。土地生产率由2017年的7.5万元/亩增加到8.05万元/亩，提高了7.34%；劳动生产率由48.49万元/人增加到53.24万元/人，提高了9.80%；水资源利用率由11.22吨水/吨奶下降到11.22吨水/吨奶，跌幅为20.94%；成乳牛单产从8.27吨提升为9.01吨，提升了12.09%。

据不完全统计，重点示范场覆盖14055头成乳牛，平均单产达到33.8千克/天/头，均头产奶量增加2.5千克/天/头，已全年生鲜乳收购均价3.6元/千克核算，新增效益3858万余元。如果按照全部示范场或团队技术、服务所能辐射的存栏母牛核算，效益将更加巨大。

### （二）技术示范推广生态效益

团队多措并举，将“生态环保”作为团队2018年工作的重中之重，不仅发挥平台优势，组织集成人员、技术，完成了“北京市久兴养殖场污水处理项目”的竣工交接，而且协助多个牧场申报“美丽牧场”，取得了显著的成果，“源头减排、过程控制、终端利用”的废弃物处理路径已被团队成员及辐射牛场、工厂普遍接受，生态环境得到了很大的改观，生态效益将逐步呈现。综上可以看出，本团队有效地提升了生态效益。

### （三）技术示范推广社会效益

在团队扎实工作的推动下，示范场等奶牛养殖场的规范化、标准化、精细化程度不断进步，管理水平和技术水平得到提升，牧场技术人员、基层工作人员的技术水平与专业能力得到了很大的提高，管理意识等得到了显著强化；消费者对中国奶业、北京奶业的认识不断提高，国产奶消费稳步回升，社会效益进一步凸显。

## 四、团队对产业支撑作用

### （一）创新团队对产业支持模式

奶牛创新团队在建立伊始通过调研发现奶牛产业特点，团队在北京都市型现代农业发展的背景下，形成了一条自上而下的主导控制模式。由于牛场在职人员专业水平不一，文化知识和获取信息资源的能力不平衡，因此团队利用聘请岗位专家的专业知识，根据用户实际需求制定服务方案，调整服务方式，以提高农技服务的效率和实现效果，明确团队服务主体，建立以基层需求为根本取向的农技服务运行机制（见图16－13）。

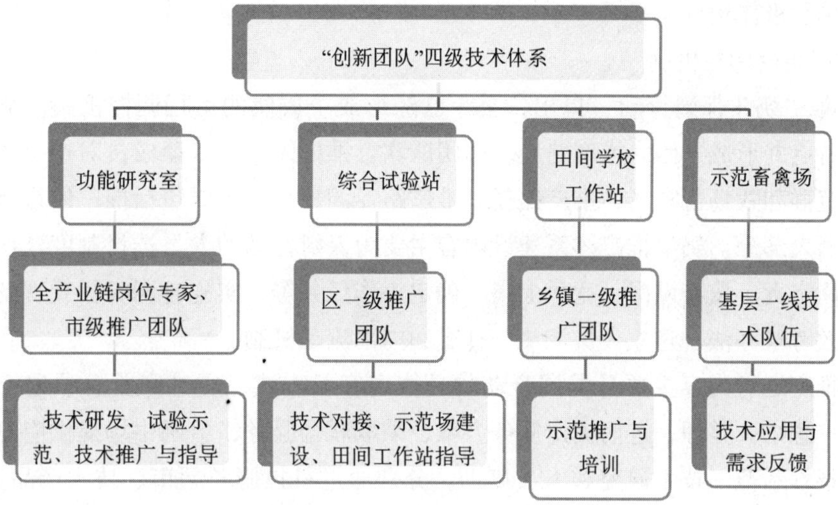


图 16－13　创新团队技术服务体系

### （二）创新团队产业支持案例分析

1. "奶牛保姆行动"持续发力

"奶牛保姆行动"作为团队越来越靓丽的名片，经过多年发展，为服务对象带来巨大收益，因此得到了社会各界的高度认可，对产业源头的技术支撑、人员技术水平提高、单产水平提升起到重要作用。基于京津冀一体化的宏观政策，2017 年三地奶牛创新团队签署了战略框架协议，在技术集成、产品研发、产品推广、团队内部管理进行了多次交流合作，"奶牛保姆行动"走出北京，走进了津冀，辐射全国。继承 2017 年团队对奶牛保姆行动在升级的使命，在"公益性参与，免费服务"的原则下，2018 年团队与相关企业签订了"奶牛保姆行动战略合作伙伴协议"，在充分利用团队资源的同时，引入社会资源，为奶牛养殖产业的健康发展、降本增效保驾护航。

"奶牛保姆行动"以技术示范推广为主要方式，以实用技术、操作技能培训为主要内容，以提高奶农收益为主要目标，以恢复产业活力为宗旨，针对北京市奶业存在的"瓶颈"问题，加强与生产基地的紧密联系，开展"一对一""多对一"技术交流和现场指导，更好地为京津冀奶牛产业高效、健康发展提供精准对接的技术支撑，进一步提升团队将科研成果高效运用到牧场、推动奶业振兴能力。

2. 管理机制与运行模式

从细节入手，通过日常管理以及服务对象的评价进行管理服务，构建全产业链的服务体系，将农科教和产学研相结合的高效社会化服务平台，通过团队推广人员进行日常管理，通过基层畜牧兽医技术推广人员进行辐射管理，通过月报报送与分析反馈支撑团队示范牛场管理与发展，通过示范推广带动北京奶牛养殖场技术创新，管理组织结构层层递进。以产业一体化的管理模式为团队工作指南，在考评考核动态管理机制、推广路径调控机制、合作带动协同机制、基层服务保障机制 4 个方面相辅相成，运用综合管理机制发挥团队的整体积极作用。

3. 推广路径调控机制

2012 年“奶牛保姆行动”提出，至今已经形成了成熟的运行调控机制，结合奶牛产业现状和特点并形成了四大推广路径，即团队联合推广体系、专家成员对接示范场、示范场形成示范群和牧场帮牧场的推广路径。推广路径调控机制主要包括推广体系建设和推广运行调控两大部分。奶牛推广体系建设内容主要为保姆行动的人员选择制度建设，从资格准入、定岗定责、按需设岗、竞争上岗、确定工作任务等，实施合同责任管理制，同时制定量化绩效考核办法，建立人员淘汰、补充和内部流动机制。

技术推广运行内容主要是保姆行动的具体内容及方式，通过产业需求进行调研并分析、归纳、总结、整理，进而提出服务方案，采取联合服务，给奶牛场提供应急服务、技术推广、技术示范、技术研究和人员培训，分别通过科技服务超市、技术产品定制服务、信息宣传及普及等方式，形成一条完整的服务链条（见图 16－14）。

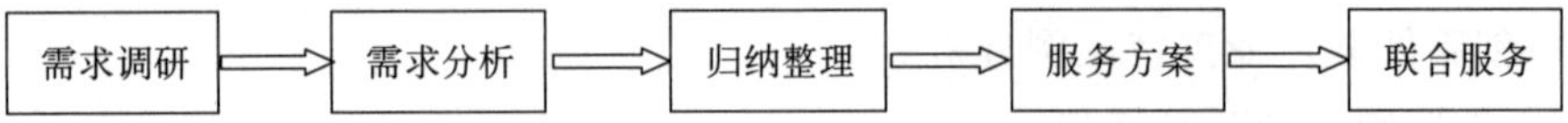


**图 16－14　技术推广运行路径**

4. 奶牛保姆行动主要成效

2018 年奶牛保姆行动共计培训 11002 人次，覆盖牛群 24 万余头次；开展实验研究 106 项；推广新产品 16 个，技术 24 项；观摩 51 次，发放资料 17500 余份；获得专利 17 项，软件著作权 8 项；发表论文 165 篇。截至 2018 年，北京成乳牛单产提高至 9.01 吨，与 2012 年相比提升了 2.61 吨，保姆行动不仅带来了社会效益，对奶牛场的经济效益也起到了助推作用，特别是新技术的实施，对北京奶业的发展功不可没。

# 第三节　产业典型案例分析

## 一、产业发展新业态案例——衡安堂 166 益生菌风味发酵乳开发

衡安堂 166“超级酸奶”（见图 16－15）采用意大利西班牙进口益生菌群，连同高比例复合膳食纤维，独创“166 精研复合配方”，以“1 重主力菌＋6 重活力菌＋6 重膳食纤维”的全新组合，即“1”指特别添加 1 重主力益生菌——格氏乳杆菌，科学含量，调理肠道；“6”指除传统益生菌（保加利亚乳杆菌、嗜热链球菌）外，复合添加了 6 重活力菌（嗜酸乳杆菌、植物乳杆菌、副干酪乳杆菌、短双歧杆菌、乳双歧杆菌、长双歧杆菌），

为肠道增添新活力；“6”——添加 6 种益生元与膳食纤维，改善肠道健康，提高免疫力。“166 酸奶”除了生牛乳、益生菌、益生元、膳食纤维外，无任何添加剂等其他成分，强效激活肠道动力，改善肠道问题，尤其为饮食作息紊乱人群与肠道功能衰退人群与带来福音。新品“衡安堂 166 超级酸奶”销量达 114.94 吨，创造销售额 642.54 万元。

**图 16－15　衡安堂 166“超级酸奶”发布与产品**

## 二、典型案例分析——中国荷斯坦牛长寿性状分析

针对北京三元绿荷牛场的部分牛场 2013～2016 年的淘汰数据并进行了初步分析，基于此，2018 年进一步增加了数据量，现有数据集包括：①北京三元绿荷 45 个牛场 2001～2018 年的 122299 条数据；②北京奶牛创新团队 8 个牛场的 2014～2018 年的 4592 条数据；③上海光明 43 个牛场 2017～2018 年的 22017 条数据；共计 96 个牛场的 148909 条有效数据，其中北京三元占 82%、北京其他占 3%、上海光明占 15%。

本报告对大量原始数据进行了严格的质量控制（见图 16－16），以得到准确的分析结果；针对北京三元、北京部分非三元、上海光明三类牛场进行了淘汰胎次、淘汰原因分析。这些结果为进一步的淘汰性状遗传参数估计、与体型性状的相关分析及我国奶牛选择指数优化提供了研究基础。

北京三元、北京其他示范场以及上海光明的淘汰胎次主要分布在前四胎（见图 16－17）；北京其他示范场前三胎比例分别为 27%、23% 和 19%，占总比例的 69%；北京三元前三胎比例分别是 22%、24% 和 19%，占总比例的 65%。上海光明前三胎比例分别是 18%、23% 和 18%，占总比例的 59%。

由表 16－9 可以看出，除去不明记录（第 1 类）和其他原因（第 14 类）外，按比例从大到小排序，各地区淘汰原因排名前六位如下：

（1）北京其他示范场的主要离群类型依次为繁殖障碍（3，25.61%）、乳房疾病（4，14.18%）、消化系统（2，11.50%）、肢蹄疾病（6，8.97%）、传染病（11，6.01%）和低产（5，3.51%），占总比例的 69.78%。

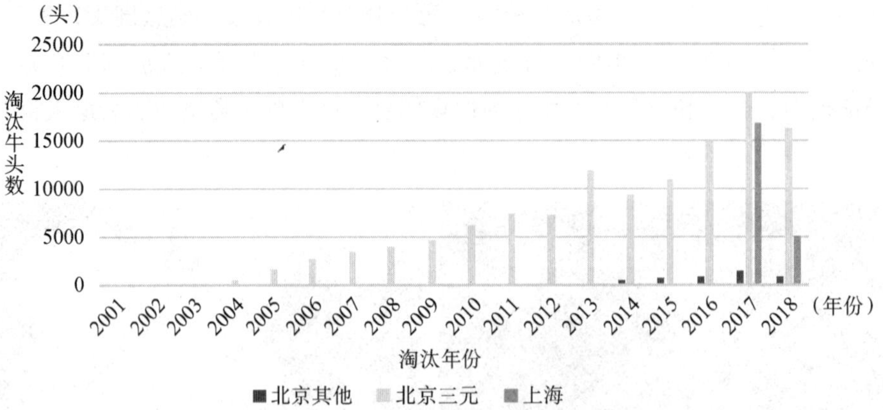


图16－16　三个地区的奶牛淘汰年份分布情况

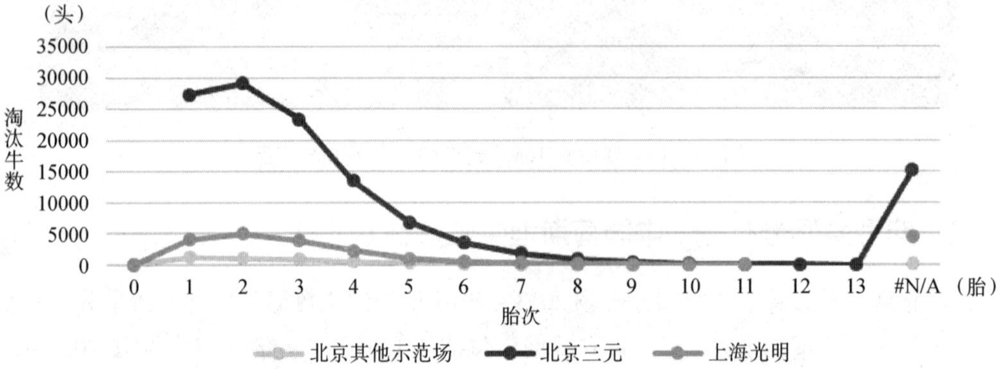


图16－17　三个地区淘汰牛淘汰胎次分布情况

（2）北京三元地区的主要离群类型依次为消化系统（2，18%）、繁殖障碍（3，17%）、乳房疾病（4，10%）、低产（5，8.84%）、肢蹄疾病（6，6.02%）和营养代谢疾病（7，4.06%），占总比例的64.55%。

（3）上海地区的主要离群类型依次为乳房疾病（4，15.76%）、繁殖障碍（3，15.74%）、肢蹄疾病（6，15.62%）、消化系统（2，12.41%）、死亡（8，7.06%）和呼吸系统疾病（10，5.23%），占总比例的71.82%。

表16－9　三个地区各淘汰原因分类的数据量

| 编号 | 离群类型 | 北京其他 | | 北京三元 | | 上海 | |
|---|---|---|---|---|---|---|---|
| | | 数据量 | 百分比（%） | 数据量 | 百分比（%） | 数据量 | 百分比（%） |
| 1 | 不明记录 | 460 | 10.02 | 23811 | 19.47 | 2235 | 10.15 |
| 2 | 消化系统疾病 | 528 | 11.50 | 22617 | 18.49 | 2732 | 12.41 |
| 3 | 繁殖障碍疾病 | 1176 | 25.61 | 21096 | 17.25 | 3466 | 15.74 |
| 4 | 乳房疾病 | 651 | 14.18 | 12100 | 9.89 | 3469 | 15.76 |
| 5 | 低产 | 161 | 3.51 | 10807 | 8.84 | 735 | 3.34 |

续表

| 编号 | 离群类型 | 北京其他 | | 北京三元 | | 上海 | |
|---|---|---|---|---|---|---|---|
| | | 数据量 | 百分比（%） | 数据量 | 百分比（%） | 数据量 | 百分比（%） |
| 6 | 肢蹄疾病 | 412 | 8.97 | 7362 | 6.02 | 3438 | 15.62 |
| 7 | 营养代谢疾病 | 136 | 2.96 | 4966 | 4.06 | 719 | 3.27 |
| 8 | 死亡 | 53 | 1.15 | 3822 | 3.13 | 1554 | 7.06 |
| 9 | 外伤与感染 | 104 | 2.26 | 4161 | 3.40 | 450 | 2.04 |
| 10 | 呼吸系统疾病 | 70 | 1.52 | 3111 | 2.54 | 1152 | 5.23 |
| 11 | 传染病 | 276 | 6.01 | 2522 | 2.06 | 248 | 1.13% |
| 12 | 生长发育与体况 | 12 | 0.26 | 1836 | 1.50 | 581 | 2.64 |
| 13 | 心血管系统疾病 | 49 | 1.07 | 978 | 0.80 | 513 | 2.33 |
| 14 | 其他原因 | 444 | 9.67 | 957 | 0.78 | 353 | 1.60 |
| 15 | 老龄 | 29 | 0.63 | 1213 | 0.99 | 73 | 0.33 |
| 16 | 意外事故 | 31 | 0.68 | 940 | 0.77 | 299 | 1.36 |
| | 总计 | 4592 | 100.00 | 122299 | 100.00 | 22017 | 100.00 |

三类牛场的数据统计分析结果见表16－10至表16－13。北京三元、北京其他示范场、上海光明的平均在群时间分别为4.72年、4.34年和3.93年。上海地区在群时间最短，但上海地区数据为2017～2018年淘汰数据，而北京三元淘汰年份范围更广。北京三元、北京其他示范场、上海光明的平均生产寿命分别为2.5年、2.98年和2.54年。北京三元的牛群生产寿命最短，上海光明与北京三元接近，北京其他示范场牛生产寿命相对更长，但生产寿命都少于3年。

北京三元、北京其他示范场、上海光明的初次产犊日龄分别为2.25年、2.18年和2.18年。北京三元的初次产犊日龄相对更长，比上海光明和北京其他示范场约长一个月龄，上海光明与北京其他示范场接近。但三者差别不大，均在2年又三分之二个月左右。

**表16－10　　不同地区的在群时间统计量**

| 地区 | 计数（头） | 平均值（天） | 平均值（年） | 最大值（天） | 最小值（天） | 标准差 | 方差 |
|---|---|---|---|---|---|---|---|
| 北京其他 | 4592 | 1724.11 | 4.72 | 5556 | 2 | 769.52 | 592157.07 |
| 北京三元 | 122299 | 1585.39 | 4.34 | 6674 | 0 | 798.53 | 637658.07 |
| 上海光明 | 22017 | 1433.01 | 3.93 | 4991 | 0 | 820.03 | 672441.41 |
| 总计 | 148908 | 1567.14 | 4.29 | 6674 | 0 | 803.17 | 645083.03 |

**表16－11　　不同地区的生产寿命统计量**

| 地区 | 计数（头） | 平均值（天） | 平均值（年） | 最大值（天） | 最小值（天） | 标准差 | 方差 |
|---|---|---|---|---|---|---|---|
| 北京其他 | 1544 | 1088.38 | 2.98 | 4448 | 0 | 781.86 | 611308.18 |

续表

| 地区 | 计数（头） | 平均值（天） | 平均值（年） | 最大值（天） | 最小值（天） | 标准差 | 方差 |
|---|---|---|---|---|---|---|---|
| 北京三元 | 108990 | 913.73 | 2.50 | 5544 | 0 | 673.10 | 453059.57 |
| 上海光明 | 17424 | 928.12 | 2.54 | 4254 | 0 | 633.39 | 401188.15 |
| 总计 | 127958 | 917.80 | 2.51 | 5544 | 0 | 669.54 | 448277.50 |

注：由于部分数据无初次产犊日龄，因此存在部分生产寿命缺失数据。

**表 16－12　　不同地区的初次产犊日龄统计量**

| 地区 | 计数（头） | 平均值（天） | 平均值（年） | 最大值（天） | 最小值（天） | 标准差 | 方差 |
|---|---|---|---|---|---|---|---|
| 北京其他 | 1544 | 796.65 | 2.18 | 1785 | 515 | 150.00 | 22499.90 |
| 北京三元 | 108990 | 820.37 | 2.25 | 1799 | 500 | 140.52 | 19745.36 |
| 上海光明 | 17424 | 795.87 | 2.18 | 1794 | 508 | 100.12 | 10024.52 |
| 总计 | 127958 | 816.75 | 2.24 | 1799 | 500 | 136.13 | 18530.03 |

**表 16－13　　不同地区的离群胎次统计量**

| 地区 | 计数（头） | 平均值（胎） | 最大值（胎） | 最小值（胎） | 标准偏差 | 方差 |
|---|---|---|---|---|---|---|
| 北京其他 | 4473 | 2.62 | 11 | 0 | 1.69 | 2.84 |
| 北京三元 | 107146 | 2.72 | 13 | 1 | 1.62 | 2.62 |
| 上海 | 17501 | 2.69 | 11 | 0 | 1.53 | 2.33 |
| 总计 | 129120 | 2.71 | 13 | 0 | 1.61 | 2.59 |

注：北京三元、北京其他示范场、上海光明的平均胎次使用基本一致，在 2.71 胎左右；北京三元为 2.72 胎，相对最久；其次是上海光明，2.69 胎和北京其他 2.62 胎。

# 第四节　产业发展政策建议

## 一、产业发展技术需求

结合奶牛养殖场发展现状，北京市牛场对产业技术需求也在逐渐强化，按照团队岗位分为 7 项技术，分别为育种与繁殖、饲料与营养、疫病防治、健康养殖与环境控制、乳品加工、生鲜乳安全和产业经济，另外对生产记录标准体系方面也有相应的技术需求。

### （一）育种与繁殖

①母牛使用年限较短，情期受胎率低。②繁殖障碍问题频发，繁殖技术推广力度不够。③奶牛育种数据自动化高效采集与质量控制普及程度有待提高。④奶牛精准化群体改

良综合方案的推广与实施范围不够。⑤奶牛选育技术的创新研发需加强。

**（二）饲料与营养**

①高产牛场营养代谢和应激性疾病发生率较高。②饲料，特别是粗饲料，营养评价的基础性工作需要持续开展。③奶牛精细化管理、动态营养供给等有待提高。④后备牛培育关键技术及其对未来牛群质量的影响研究滞后。⑤以饲料营养调控提高生鲜乳品质研究。⑥需要从养殖源头关注节本减排。

**（三）疫病防治**

1. 奶牛重大疫病综合防控能力需进一步加强。需完善应对布病种间传播的防控技术。缺乏用于区分布病感染抗体与免疫抗体的检测方法。需进一步提高结核检测技术的准确性，防止人为干扰导致假阳性。

2. 奶牛主要普通病诊断水平与防治措施有待提高。牛病毒性腹泻病毒检测需要扩大应用范围，需要有效疫苗免疫。牛传染性鼻气管炎诊治水平偏低。乳房炎用药成本高，用药次数多，弃奶期长，国产新药有待推广。子宫内膜炎检测手段缺乏普及，用药价格贵，效果差、周期长，新药物有待进一步研发及推广。奶牛营养代谢性疾病和肢蹄病防治措施需进一步规范。

3. 需进一步关注犊牛健康。

**（四）健康养殖与环境控制**

①环境精准控制参数缺乏。②粪污处理技术研究较少。③粪污处理工艺不合理。④粪污处理与资源化利用模式不科学。

**（五）乳品加工**

①乳制品品种结构单一。②婴幼儿配方乳粉功能配料多依赖进口，缺少自主研发的关键生产技术。③母乳数据库缺乏基础数据，婴幼儿配方乳粉加工技术和质量尚待提升。④益生菌商业化程度有待提高，益生功能评价有待完善。

**（六）生鲜乳安全**

①生鲜乳品质和质量控制尚需进一步提升。②缺乏奶牛营养代谢病等因素对生乳品质和加工特性影响的系统评价；缺乏见效快、抗菌效果好的化学药物替代品。

**（七）产业经济**

研发与升级北京奶业信息预警平台，在生产信息监测、市场价格信息采集以及奶业安全损害预警系统方面进行全面升级。对产业监测数据分析与数据挖掘，探索数据背后的产业发展规律，提升产业的信息化管理水平。进行产业前沿问题研究方法的追踪与应用，进一步提升产业发展理论与实际对接的能力。

**（八）生产记录标准体系**

目前北京奶牛场生产记录标准不统一，部分牛场记录体系不完善，牛场采集的数据不能被有效利用，因此建立生产记录标准体系，利用生产记录数据形成企业优化方案，可以用于指导生产、降低成本、增加效益。

## 二、产业发展趋势

### （一）将北京打造成奶牛种质资源的生产基地

“十二五”期间，按照北京市农村工作委员会、农业局等单位颁发的《有关加快推进北京种业发展方式转变的意见》与《北京种业发展规划（2010—2015 年）》的最新政策，通过自主公牛培育和奶牛遗传物质生产技术创新，全面提高优秀种牛冷冻精液、胚胎（包括性控）的生产效率。同时，形成包括隐性有害基因检测、分子血缘追溯和遗传物质质量检测等在内的技术平台，北京地区全部种公牛及种母牛均纳入上述种牛质量安全监测体系。最终将北京建成全国最大、遗传水平最高的奶牛良种自主繁育体系及供种基地，进一步巩固北京市作为全国奶牛良种基地的核心地位，加速全国奶牛遗传改良整体步伐。

### （二）将北京建成生态环保、优质高效、适度规模化的奶源生产示范基地

以《北京市畜牧业发展规划（2010—2015 年）》为指导，以促进北京市农业结构调整和产业升级为目标，以奶业密集技术集成为手段，以科技开发、示范为主要内容，辐射北京郊区及周边地区，通过规模化、标准化奶牛养殖设施的升级改造，全面示范应用奶牛精细养殖技术，全面提高种质资源及饲料资源的利用效率，全面提升生鲜乳品质，促进养殖业、种植业和加工业的可持续发展，并带动饲料工业及其他相关产业的发展，促进当地经济发展和农业结构调整，进而提高北京奶业的整体水平和国际竞争力，将北京建成生态环保、优质高效、适度规模化的奶源生产示范基地。

### （三）将北京打造成奶业新技术应用、成果推广与产业化示范基地

依托在京相关科研院所、大专院校、优势企业和技术推广部门等单位的紧密合作，实现人才、技术、设备的资源共享，建立起产、学、研、推一体化的技术服务体系，为北京现代奶业发展提供技术支撑。同时，加强与国内外奶业科研机构的交流与合作，实现技术自主创新，使北京奶业在奶牛繁育、饲料营养、疾病防治、健康养殖、乳品加工与质量安全等领域的重大关键技术达到奶业发达国家水平，并面向全国全方位展示和推广，建成具有世界先进水平的现代化奶业科技成果转化示范和辐射基地。

## 三、具体建议

### （一）优化奶源基地建设

2019 年中央一号文件中明确指出，实施奶业振兴行动，加强优质奶源基地建设，升级改造中小奶牛养殖场。北京作为首都功能性城市，可用土地逐渐减少，外加环境压力下的腾退工作，奶牛存栏骤然下降，因此为维持北京奶业发展，应寻找新契机，以高端奶为突破点，带动优质奶源基地建设，从奶牛投入品使用到休药期执行，对规范牛场进行档案管理。在育种方面可以采用胚胎移植技术，进一步采用犊牛基因组检测技术，不仅降低成

本，同时保持优质奶源的稳定性，提高收益。

### （二）促进优质饲料生产

促进优质饲料生产可以在奶牛饮食方面确保其奶源的优质性，推进饲草料种植和奶牛养殖配套衔接，就地就近保障饲草料供应，实现农牧循环发展，提升饲料质量和饲料自给率。不仅降低原料奶成本，同时缓解因土地缺乏带来的饲草饲料短缺问题。

注重营养平衡理念，采用营养调控技术措施，提高奶牛健康水平，改善料奶比，提高养殖效益；减少粪污氮磷和温室气体排放，促进奶牛养殖业向绿色、环保、健康、减排的方向发展。

### （三）增加政府资金支持

据调研发现，目前对于奶牛粪污处理方法最为有效的是生物酵素处理技术，建造粪污处理池缺乏实用性，企业提供COD，实现效果差，但是生物酵素处理技术费用高，给大部分奶农造成了资金压力。同时应原料奶质量要求的不断提高，生产基础设施和仪器设备成本居高不下，这成为目前养殖企业运营的重要资金压力。希望政府对奶农给予资金支持或增加相应的设备、设施补贴，免费提供兽医、疫苗，加大产业政策的引导和有效扶持。

### （四）设立合理的生鲜乳“保护价”

目前北京大型原料奶收购企业主要是蒙牛、伊利和三元。三家的原料奶定价原则各不相同，奶农对企业缺少定价话语权，奶农与企业利益联结机制不完善，是影响奶源稳定的深层原因。三元按照原料奶中蛋白质、脂肪、干物质含量进行定价，确保奶源质量安全。上海、天津等地区实施生鲜乳“保护价”价格机制，规范生鲜乳收购价格的形成机制，稳定生鲜乳的收购程序，为奶农提供了一份保险，只要正规经营，就确保了奶农的生产经营收益，同时保护他们的生产积极性，助推北京奶业的规模化、标准化和规范化的进程。

### （五）加快京津冀协同发展

为了规避北京土地资源紧张、产业结构转型的压力，要积极鼓励本市奶业龙头企业到外埠建立标准高、可控性强的奶牛生产基地，缓解北京奶源的供需不均问题。以《京津冀协同发展规划纲要》的实施为契机，以产业协调为出发点，以科技创新为动力，以推动区域奶业种养加一体化为目标，优化奶业布局，发展适度规模化养殖，构建现代化奶业社会服务体系，推动奶业转型升级，打造京津冀奶业生态圈，形成目标统一、优势互补、联动创新、互利共赢、组织有效的京津冀奶业新格局。

### （六）加强乳品消费引导

通过定期发布乳品质量安全抽检信，加大对中国乳品质量安全成效的宣传，通过新型休闲观光牧场对消费者展示乳品安全生产的全过程，提高国人对国产奶的认可度，进而激发消费活力。发挥骨干乳品企业引领作用，促进企业大联合、大协作，提升中国奶业品牌影响力，积极引导乳制品消费。大力推广国家学生饮用奶计划，增加产品种类，保障质量安全，扩大覆盖范围。

# 第十七章　北京市观赏鱼产业发展报告

北京市观赏鱼创新团队是现代农业产业技术体系北京市创新团队建设的重要组成部分，经市财政局、市农业农村局批准，于2009年正式启动，为北京市观赏鱼产业的可持续发展发挥着越来越重要的作用。观赏鱼团队的鱼文化建设是产业发展的巨大动力，既要服从市农业农村局的统一要求，又体现了观赏鱼产业特色。团队在“十三五”期间，根据北京市农业“调、转、节”政策，以“高效、节水、怡情、乐享”为目标，研发、筛选、集成、推广提质增效技术、生态节水技术、家庭养殖技术，并着力加强特色文化宣传，最终构建可持续促进产业提升的技术支撑体系。通过五年的努力，着力解决观赏鱼产业种质混杂、高效节水养殖技术模式尚少，病害绿色防治、专用饲料缺乏及文化宣传、水族器材及衍生品等方面研究缺乏的现状。全面推进观赏鱼产业转型升级，充分发挥科技创新和示范推广的辐射带动作用，努力将北京市打造成可持续发展的全国观赏鱼产业示范区、全国观赏鱼种业之都。

2018年，团队积开展了观赏水生动物品种引进驯化、繁养殖及节水养殖、生物育种、病害与饲料、水族器材及产品开发、文化宣传和产业链经济等各类任务49项。在产业调研方面，需求调研103次，受调研人数2730人次，北京覆盖率达到了98%；在科学研究方面，开展各类科研项目30项，形成论文22篇，撰写研究报告25篇、专利17项、软著3项、编写标准1项；在示范推广方面，共引进、驯化、筛选品种12个，研发新产品22个，示范推广主推技术22项，已覆盖苗种5.8亿尾，品种、产品、技术在京郊推广0.65万亩，示范推广观赏鱼饲料105吨，防病中草药示范、推广面积910亩，建立观赏鱼病害监测点15个；在科技服务方面，开展各种活动208次，服务市民40余万个家庭、118万人次、科技服务166次，培训指导2560人次，工作指导121次，田间学校工作站培训实地操作18次，技术采纳率达到98%。在文化宣传与交流方面，共组织宣传39次，发放资料1860份，20万人次参加，其中报纸2次，网络宣传14次，采访2次，其他观赏鱼进城入园、入社区或品鉴活动等21次，共开展国内外交流27次，385人次参与，承办农民丰收节并协办学术论坛1次，组织、参与观摩活动21次，480人次参与。总之，在环保风暴下，观赏鱼团队通过一年的努力工作，积极开展主推技术、主推品种、主推产品等推广服务，实现了京郊良种覆盖率83%，产生直接经济效益4500万元。

观赏鱼团队建设推动了产业进步。第一，国内外首次开展三色锦鲤转录组组研究，并获得较好的开端。不仅为观赏鱼团队从基因组水平挖掘锦鲤生长、体色、免疫等重要性状的分子机制提供指导，而且也为基因杂合的鱼类基因组演化和分化机制等的理论研究奠定重要基础，同时也将为观赏鱼全基因组分子高效育种和品种改良奠定基础。第二，观赏鱼品质显著提升。观赏鱼团队选育的自产锦鲤在2018中国（高唐）第三届海豚杯锦鲤（若鲤）大赛中获得3个组别冠军和3个组别亚军，彻底打破了“日本锦鲤”垄断奖项的局面。观赏鱼团队通过品种选育、专用饲料研发、中草药及菌蜕疫苗研发等综合手段，显著提升了养殖观赏鱼的品质，养殖品种在国内的影响不断增加。

# 第一节　产业发展现状

## 一、养殖现状

### （一）总体情况

2018年，北京市观赏鱼养殖面积呈不断下降趋势，养殖面积为6268.7亩，较2017年减少2186.8亩，养殖户355户，减少47户，其中通州区作为观赏鱼养殖重点区，2018年养殖面积减少1296.8，占总面积的59.30%，其次是顺义区，养殖面积减少756亩，占减少面积的34.57%。

### （二）品种构成

北京市观赏鱼养殖，在品种构成上，金鱼、草金鱼约占60%，锦鲤约占30%，其他（热带鱼、水生观赏动物）约占10%。由于养殖水面减少，2018年金鱼、草金鱼养殖面积约占全国的20%，锦鲤养殖面积约占全国的8%。金鱼包括龙睛、珍珠、王字虎头、鹅头红、蓝鹅、蓝虎头、水泡和草金等10个品种，锦鲤包括红白、墨底三色、白底三色、黄金、丹顶、浅黄、秋翠等30余个品种。养殖模式逐渐向工厂化、生态节水方向发展，占比养殖面积达到40%。

## 二、加工流通现状

### （一）消费者流通情况

通过对消费者调研访谈，了解普通消费者观赏鱼消费特点及其对观赏鱼产业的认识，明确消费者对观赏鱼的认知和消费特征，全面了解了北京市观赏鱼消费现状。采用随机调研的方式，对北京市观赏鱼消费者进行随机调研，本次调研共发放问卷300份，收回问卷

290份，有效问卷215份。

1. 青年与老年人群尝试意愿强，中年人群是养殖主体

在所调研人群中，中青年人群中从未养殖的比例达到该类人群的40.3%，占比最高，其次是56岁以上的老年人群。48.8%的青年人曾经尝试养殖但又放弃，而且也有29.3%的青年人也正在养殖观赏鱼，但其放弃养殖的比例也最高，与之具有相似比例和变化的则是56岁以上的老年人群，说明青年和老年人群尝试养殖观赏鱼的意愿较其他年龄人群略强，但其无论是因养殖技术还是精力受限，两类人群放弃养殖的比例也最高。约有40%的41~55岁的中年人群正在养殖观赏鱼，在各类人群中占比最高（见图17-1）。

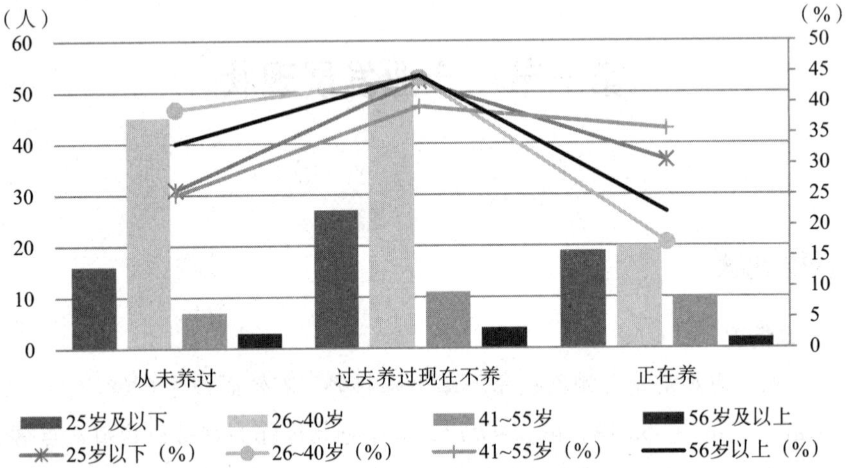


**图17-1　不同年龄人群养殖行为**

2. 各类学历人群均有养殖尝试，高中学历人群养殖比例高

在所调研不同学历人群中，除初中及以下学历人群外，各类学历人群均有养殖经历，其中高中学历人群放弃养殖比例高达近60%，其他学历人群放弃养殖的比例稳定在40%左右。尽管高中学历人群放弃养殖比例最高，但该人群中仍有41.2%正在养殖。大学本科和专科学历人群正在养殖比例相当，约25%左右，研究生学历人群仅有16.1%正在养殖。但如果与北京人群学历层次分布比例相结合，由于北京大学本科及以上学历人群占比较高，大学本科及以上人群仍应为主要养殖群体（见图17-2）。

3. 收入并不直接影响养殖选择，中等收入人群养殖比例较高

整体上，在所调研人群中，正在养殖的比例仅为23.7%，曾经有过养殖经历的比例达到43.3%。从收入角度来看，月收入在4601~8000元和8001~11000元的中等收入家庭正在养殖比例最高，但月收入在11001元以上的人群尽管曾经养殖比例最高，但正在养殖的比例最低。月收入低于3000元的人群，无论是曾经养殖还是正在养殖的比例均比较低（见图17-3）。

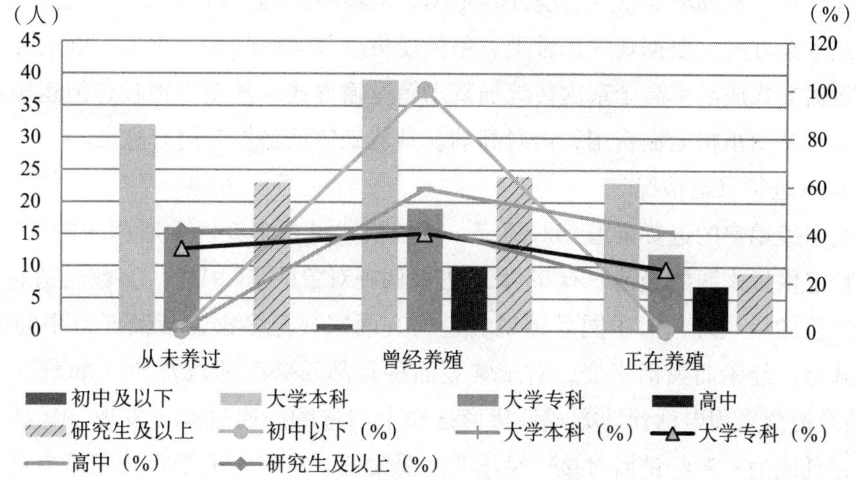


图 17－2　不同学历人群养殖行为

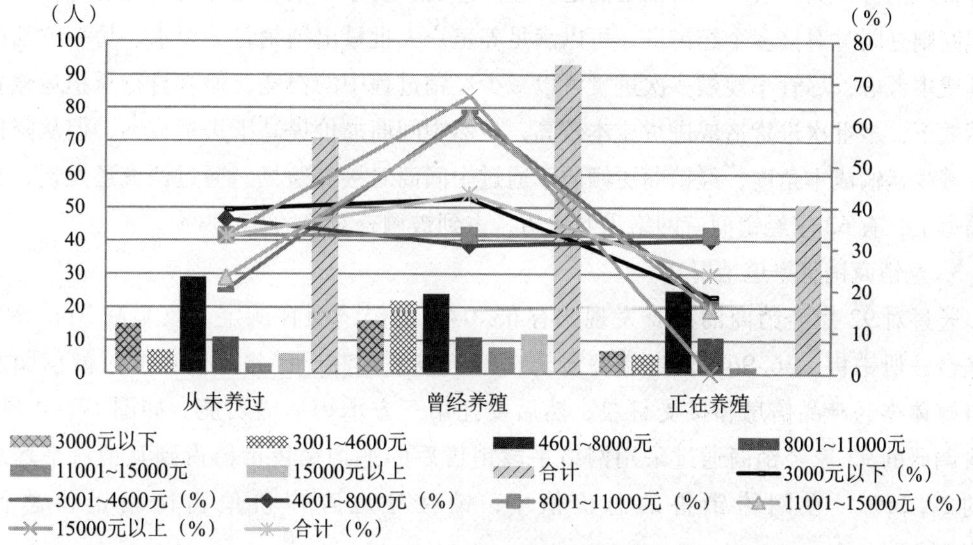


图 17－3　不同收入人群养殖行为

### （二）观赏鱼流通情况

1. 运输方式情况

通过对92家经销商的调研发现，所销售的温水性观赏鱼（金鱼、锦鲤、草金鱼等）多产自本地，以从通州区和顺义区进货为主。通常使用加氧活鱼运输袋进行运输，平均成活率为93.25%。而对于热水性观赏鱼（龙鱼、血鹦鹉等）多从天津批发市场进货，在运输过程中，由于需要保持适宜的水温，因此，采用加氧运输袋和保温箱进行运输，平均成活率为92.20%。通过调研还发现，空运是北京市经销商采购高品质观赏鱼、对接南方和海外养殖场的主要运输方式，在被调查对象中，有21.74%的经销商进货渠道则是直接对接广州、福建甚至新加坡等京外、境外养殖场，运输距离远、时间长，为提高成活率，空运是其首选运输方式。根据观赏鱼种类、单体规格以及运输时间，采取不同的加氧、保温方式，该运输方式成活率高于京内传统加氧水箱运输方式，甚至零损耗，但运输费用相对较高，且由经销商承担运输费用，但对高端观赏鱼销售价格提升更有意义。

2. 经销商进货渠道情况

不同类型经销户的进货渠道相对固定，订货模式灵活多变。在所调研的 92 家经销商中，具有稳定供货来源的经销户有 68 家，占被调查对象的 73. 91%。多数经销商为稳定货源和降低经营供货风险，对于同品种观赏鱼均有两家甚至多家供货商（以中间商为主）。在订货模式上，经销商灵活多变，对于常见品种且品质一般的观赏鱼（如草金、锦鲤），72. 59% 的经销商采用电话预约方式订货商选择上门选购。通过调查发现，观赏鱼中间商发展迅速，且成为一般经销商对接养殖场的主要渠道。一方面由于养殖场极少对接一般零售商，无论是一般观赏鱼养殖户还是精品观赏鱼养殖户，一般不对外零售，或者整塘销售或者整网销售。而一般经销商很难满足养殖户进货量要求，或者几十尾或几百尾左右，而中间商则是同时对接多个经销商，可以满足养殖户大批量出塘销售的要求。另一方面则是进货成本考虑，尽管小规模多次进货可以减少经销过程中的损耗，但在自行承担运输费用的模式下，多批次进货造成进货成本较高，虽然中间商加价提高了进货成本，但从降低损耗和减少运输成本角度，经销商更倾向于通过中间商对接养殖场。通过调查还发现，在进货渠道上，有 62 家经销商有网络采购经历，占到被调查对象的 67. 39%。

3. 经销商销售渠道情况

通过对 92 家经销商的调查发现，有 63. 04% 的经销商在淘宝、京东和 App 等第三方平台注册销售，36. 96% 的经销商虽未在第三方平台注册销售，但也通过微信朋友圈等自媒体推送产品信息和接受订单，然后委托第三方承担运输功能，如图 17－4 所示。本次调研的 92 家经销商通过采用网络手段销售后的平均销售价值占到其销售平均总价值的 29. 24%，在网络销售的总价值中，销往外地客户价值占网络销售总价值的 88. 67%。

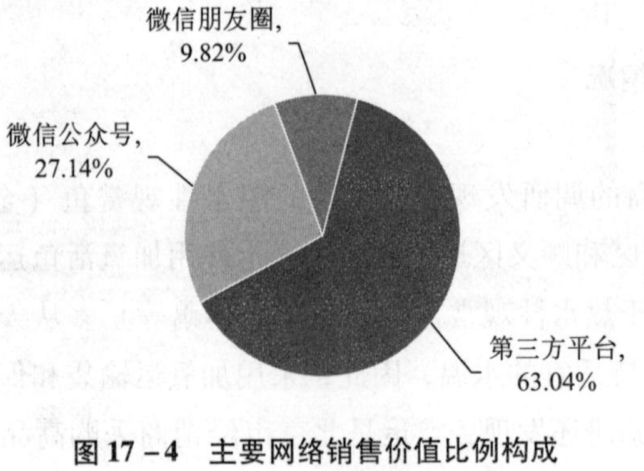


**图 17－4　主要网络销售价值比例构成**

## 三、市场消费现状

通过实地走访了通厦花卉市场、西三旗农贸市场、玉泉营花卉市场、陶然亭观赏鱼市场、花乡花卉市场、八里桥批发市场和黄寺鱼洋观赏鱼大世界 7 个的观赏鱼批发零售市场，调研观赏鱼经销商 102 家，共发放调研问卷 102 份，回收 98 份，回收率为 96.08%，其中有效问卷 92 份，有效收率 93.88%。

### （一）经销商数量和销售面积变化情况

调研结果显示，7 个观赏鱼销售市场中 1 个（通厦花卉市场）正处于搬迁状态，6 个（西三旗农贸市场、玉泉营花卉市场、陶然亭观赏鱼市场、花乡花卉市场、八里桥批发市场和黄寺鱼洋观赏鱼大世界）销售市场呈现萎缩趋势。

根据图 17－5 所示的结果，7 个调研市场经销商数量由 2017 年的 124 家减少到现在的 102 家，减少 17.74%。2018 年经销商数量与 2017 年相比，西三旗农贸市场和花乡花卉市场增加，但增幅比例不高。而通厦花卉市场、玉泉营花卉市场、陶然亭观赏鱼市场、八里桥批发市场和黄寺鱼洋观赏鱼大世界均有不同程度的减少，其中陶然亭观赏鱼市场数量减少比例最大，为 66.67%。八里桥批发市场 2017 年具有经销商数量（22 家）最多，但 2018 年减少至 15 家，减少 31.82%。7 个销售市场经销商缩减比例排序为：陶然亭观赏鱼市场 > 玉泉营花卉市场 > 通厦花卉市场 > 八里桥批发市场 > 黄寺鱼洋观赏鱼大世界。

与 2017 年相比较，2018 年经销商平均摊位面积有所增加，单位经销商平均单位面积增加 3.41 平方米。调研结果显示，平均摊位面积增加主要来自于新加入观赏鱼销售的经销商。新入行经销商摊位面积在 38.17 ~ 52.34 平方米，且经营观赏鱼品种比较广泛，但与原有经销商相比较，观赏鱼养殖附属品，如水族器材、鱼药、鱼食等相对较少。

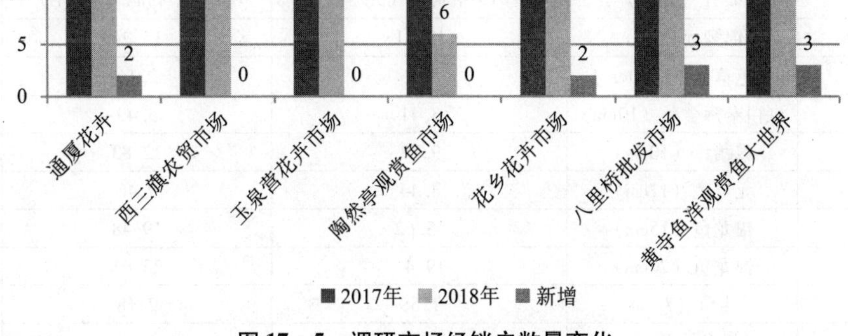


**图 17－5　调研市场经销户数量变化**

### （二）销售商销售观赏鱼品种情况

在观赏鱼种类上，除了常见的草金鱼、锦鲤、鹦鹉等观赏鱼之外，宫廷金鱼、斑马鱼、神仙鱼、斗鱼等观赏鱼品种也走上了各经销商的货架。各类水族观赏动物，如观赏龟、螺、蟹等也成为观赏鱼市场的重要组成部分。所销售的观赏鱼品质也较过去有较大提升。

### （三）销售商观赏鱼销售价格情况

受渔业整体经济发展水平影响，2018 年观赏鱼销售市场发展不景气。尽管在市场整合的基础上，经销商经销摊位面积有所增加、观赏鱼种类更加丰富、鱼的品质有所提升，整体上观赏鱼销售价格略有提高。如图 17 –6 所示，在观赏鱼常见品种销售中，银龙鱼价格增长最大，鹦鹉鱼价格增加最小。鹦鹉、元宝和银龙等观赏鱼价格增加幅度高于锦鲤、草金鱼和红白泰狮金鱼等观赏鱼品种。但是观赏鱼销售利润却呈现下降趋势，如表 17 –1 所示，常见观赏鱼销售品种销售利润下降均在 10% 以上，其中体长为 10cm 的红白泰狮金鱼价格波动最大，下降了 37.89%。

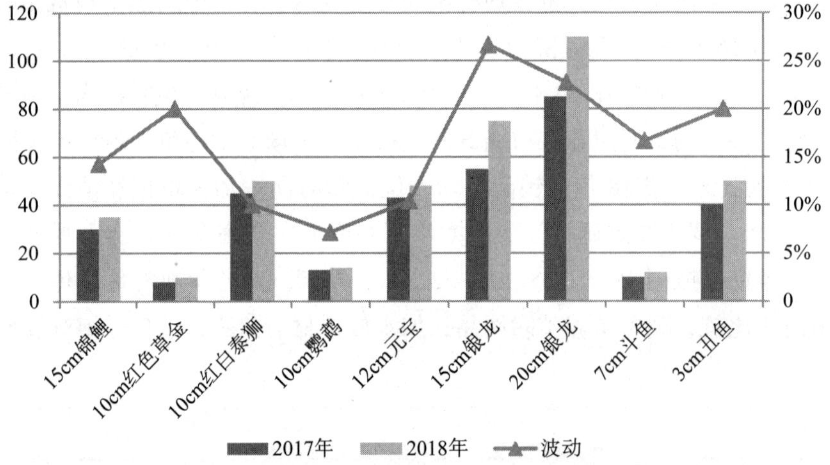


**图 17 –6　常见观赏鱼销售价格波动情况**

**表 17 –1　　常见观赏鱼销售利润波动情况**

| 序号 | 品种（体长） | 2018 年利润（元/尾） | 2017 年利润（元/尾） | 波动（%） |
|---|---|---|---|---|
| 1 | 锦鲤（15cm） | 13.41 | 15.24 | 12.01 |
| 2 | 红色草金鱼（10cm） | 1.56 | 2.16 | 27.78 |
| 3 | 红白泰狮金鱼（10cm） | 3.41 | 5.49 | 37.89 |
| 4 | 鹦鹉鱼（10cm） | 9.78 | 12.83 | 23.77 |
| 5 | 元宝鱼（12cm） | 8.44 | 9.46 | 10.78 |
| 6 | 银龙鱼（15cm） | 15.62 | 19.48 | 19.82 |
| 7 | 银龙鱼（20cm） | 19.41 | 23.61 | 17.79 |
| 8 | 斗鱼（7cm） | 1.58 | 2.18 | 27.52 |
| 9 | 丑鱼（3cm） | 0.82 | 1.14 | 28.07 |

### （四）附属品销售情况

通过调查显示，在经营观赏鱼的同时，有84家经销商销售观赏鱼附属品，占被调查对象（92家）的91.30%。由表17－2可知，有20家经营大型水族器材，但鱼药、鱼食经营较少，附属品销售额占总销售额的比例15.41%～40.53%，销售利润占店面总利润10.17%～45.28%，平均占比27.03%。64家经销鱼药、鱼食，附属品销售额占店面总销售额的22.07%～47.98%，销售利润占店面总利润28.47%～49.18%，平均占比37.56%。通过与经销商详细访谈后，发现在所有经销水族器材的经销商中，各种新型材料和各类设计水族箱均有售卖，甚至根据养殖需要进行私人定制。各类鱼药、鱼食也更具有针对性，针对不同鱼种、不同规格观赏鱼具有针对性的鱼药和鱼食，有效提高了养殖的便捷性和观赏鱼成活率。各类规模经销户附属品经营业务比例较往年均有所增加，多数经销商承认自己的固定客户均会接受相关配套产品的推荐，且在考虑观赏鱼损耗的情况下，附属品利润也远高于观赏鱼销售利润。

表17－2　被调查对象销售副产品情况统计

| 序号 | 经销商数量 | 附属品对象 | 销售额占比（%） | 利润占比（%） | 平均利润占比（%） |
|---|---|---|---|---|---|
| 1 | 20 | 主营大型水族器材，有少量渔药、鱼食经营 | 15.41～40.53 | 10.17～45.28 | 27.03 |
| 2 | 64 | 主营渔药、鱼食 | 22.07～47.98 | 28.47～49.18 | 37.56 |

## 四、新型经营主体现状

2018年，北京市共有观赏鱼养殖企业、养殖户355个（户），其中通州区有299个（户），朝阳区有20个（户），顺义区有19个（户），房山区有14个（户），大兴区有3个（户）。

## 五、成本收益及其产业支撑政策实施效果

### （一）成本收益

通过深入北京市通州区、顺义区、大兴区、房山区和朝阳区等观赏鱼主要养殖区，与17个养殖企业或者养殖户对2018年养殖观赏鱼情况进行面对面的访谈和问卷调查，问卷当场填写后立即回收。根据北京市观赏鱼养殖现状，按照养殖对象将17个养殖企业或养殖户分成三类，即单养锦鲤型、单养金鱼型和混合养殖型，其中混合养殖型指养殖锦鲤、金鱼、草金鱼三种或者其中两种观赏鱼的养殖企业或养殖户，如表17－3所示。本报告主要通过各类型观赏鱼养殖成本收益、单位产量收益及其变异系数的定量比较分析，并在此基础上结合成本收益分析理论，对影响观赏鱼养殖成本和经济效益的主要因素进行探讨分析。根据观赏鱼的销售特点，本报告以单位产量（元/尾）进行核算。

表 17 - 3　　调查样本观赏鱼养殖情况

| 样本编号 | 渔场面积（平方米） | 有效养殖面积（平方米） | 池塘面积（平方米） | 设施面积（平方米） | 养殖类型 |
|---|---|---|---|---|---|
| 1 | 52026 | 45356 | 43350 | 2000 | 混合养殖型 |
| 2 | 23345 | 13340 | 13340 | 0 | 单养金鱼型 |
| 3 | 26680 | 22011 | 22011 | 0 | 单养锦鲤型 |
| 4 | 60030 | 29348 | 4348 | 25000 | 单养锦鲤型 |
| 5 | 40020 | 28014 | 20014 | 8000 | 单养锦鲤型 |
| 6 | 53360 | 20010 | 16675 | 3335 | 单养锦鲤型 |
| 7 | 46690 | 33350 | 26850 | 6500 | 单养锦鲤型 |
| 8 | 53360 | 33350 | 33350 | 0 | 混合养殖型 |
| 9 | 10005 | 2001 | 0 | 2001 | 单养金鱼型 |
| 10 | 52026 | 45356 | 40356 | 5000 | 混合养殖型 |
| 11 | 16675 | 15341 | 13341 | 2000 | 混合养殖型 |
| 12 | 10005 | 6003 | 5303 | 700 | 单养锦鲤型 |
| 13 | 5336 | 4002 | 4002 | 0 | 单养锦鲤型 |
| 14 | 6670 | 4669 | 4669 | 0 | 单养金鱼型 |
| 15 | 10005 | 4469 | 4069 | 400 | 单养金鱼型 |
| 16 | 13340 | 9338 | 7338 | 2000 | 单养锦鲤型 |
| 17 | 26680 | 20010 | 20010 | 0 | 混合养殖型 |

数据来源：观赏鱼产业技术体系北京市创新团队产业经济岗位专家调研数据。

1. 养殖成本

根据观赏鱼养殖特点，将观赏鱼养殖成本通过物质成本和人工成本进行核算，其中物质成本视为固定成本，包括养殖设施折旧、饲料成本、苗种成本、渔药成本、电费成本。人工成本包括雇工劳务成本和劳动力成本。目前在北京市的观赏鱼养殖过程中，有些区在适当的收取水费，但大多数养殖企业或养殖户处于安装水表待收费，或收取一部分水费的状态，本报告调研的 17 家样本未涉及水费。需要特别说明的是，国家 2006 年开始实行免征部分农业税的政策，本报告调研的 17 家样本均为自繁自育类型的养殖企业或养殖户，可以享受此优惠政策，因此，无税费支出。

表 17 - 4 显示了观赏鱼养殖企业或养殖户调查样本单位成本金额和各项成本在总成本中所占比例的情况。从成本金额来看，饲料成本平均金额为 11. 09 元/尾，电费成本平均金额为 3. 02 元/尾，人工成本平均金额为 3. 51 元/尾，其中饲料成本单位平均值最大。就成本比例来看，最大的成本支出是饲料成本，所占比重为固定成本的 67. 48%，为总成本的 50. 19%；其次是人工成本，在总成本中所占比例为 21. 37%。除其他费用外，6 项养殖成本中，渔药成本所占比例最低，为总成本的 0. 19%。综合各项成本来看，饲料成本、电

费成本、苗种成本 3 项成本占养殖总成本的 79.12%。

结合表 17－3 和表 17－4 可以看出，调研样本虽然养殖类型不同，但养殖成本具有相似性，样本 3、样本 7、样本 12、样本 13 和样本 16 等单养锦鲤型样本饲料成本、电费成本、人工成本占养殖总成本的 78.11%；样本 2、样本 9、样本 14 和样本 15 等单养金鱼型样本上述三项成本占养殖总成本的 74.08%；样本 1、样本 8、样本 10、样本 11 和样本 17 等混合养殖型样本上述三项成本占养殖总成本的 84.78%。可见，无论从 7 项养殖成本整体来看，还是从不同养殖类型样本来看，饲料成本、电费成本、人工成本对观赏鱼养殖具有重要影响，是重要开支。

**表 17－4　　观赏鱼调查样本单位成本构成**

| 样本编号 | 设施成本 | | 饲料成本 | | 苗种成本 | | 电费成本 | | 渔药成本 | | 人工成本 | | 其他费用 | | 总成本 |
|---|---|---|---|---|---|---|---|---|---|---|---|---|---|---|---|
| | 金额（元/尾） | 比重（%） | 金额（元/尾） | 比重（%） | 金额（元/尾） | 比重（%） | 金额（元/尾） | 比重（%） | 金额（元/尾） | 比重（%） | 金额（元/尾） | 比重（%） | 金额（元/尾） | 比重（%） | 金额（元/尾） |
| 1 | 1.12 | 40 | 174 | 61.80 | 0.5 | 1.96 | 4.57 | 17.94 | 0.03 | 0.12 | 3.34 | 13.11 | 0.17 | 0.67 | 25.47 |
| 2 | 1.43 | 6.86 | 13.12 | 62.93 | 0.8 | 3.84 | 2.13 | 10.22 | 0.01 | 0.05 | 3.12 | 14.96 | 0.24 | 1.15 | 20.85 |
| 3 | 1.52 | 8.48 | 9.84 | 54.91 | 0.3 | 1.67 | 2.45 | 13.67 | 0.03 | 0.17 | 2.89 | 16.13 | 0.89 | 4.97 | 17.92 |
| 4 | 2.41 | 9.74 | 6.57 | 26.56 | 0.2 | 0.81 | 1.87 | 7.56 | 0.02 | 0.08 | 3.57 | 14.43 | 1.1 | 4.45 | 24.74 |
| 5 | 2.12 | 8.44 | 12.13 | 48.31 | 0.7 | 2.79 | 5.45 | 21.70 | 0.12 | 0.48 | 4.45 | 17.72 | 0.14 | 0.56 | 25.11 |
| 6 | 1.05 | 5.91 | 8.57 | 48.23 | 0.45 | 2.53 | 3.54 | 19.92 | 0.03 | 0.17 | 3.78 | 21.27 | 0.35 | 1.97 | 17.77 |
| 7 | 2.13 | 11.47 | 6.44 | 34.68 | 0.5 | 2.69 | 3.57 | 19.22 | 0.02 | 0.11 | 4.47 | 24.07 | 0.44 | 2.37 | 18.57 |
| 8 | 2.06 | 10.66 | 9.38 | 48.53 | 0.7 | 3.62 | 2.18 | 11.28 | 0.02 | 0.10 | 4.58 | 23.69 | 0.41 | 2.12 | 19.33 |
| 9 | 1.94 | 13.02 | 5.17 | 34.70 | 0.5 | 3.36 | 3.14 | 21.07 | 0.01 | 0.07 | 3.91 | 26.24 | 0.23 | 1.54 | 14.9 |
| 10 | 1.87 | 7.80 | 15.12 | 63.11 | 0.5 | 2.09 | 3.97 | 16.57 | 0.02 | 0.08 | 2.17 | 9.06 | 0.31 | 1.29 | 23.96 |
| 11 | 1.35 | 5.14 | 18.13 | 68.99 | 0.5 | 1.90 | 2.87 | 10.92 | 0.01 | 0.04 | 2.97 | 11.30 | 0.45 | 1.71 | 26.28 |
| 12 | 2.08 | 10.69 | 11.14 | 57.28 | 0.5 | 2.57 | 2.05 | 10.54 | 0.01 | 0.05 | 3.41 | 17.53 | 0.26 | 1.34 | 19.45 |
| 13 | 1.93 | 9.41 | 12.11 | 59.02 | 0.5 | 2.44 | 3.17 | 15.45 | 0.02 | 0.10 | 2.68 | 13.06 | 0.11 | 0.54 | 20.52 |
| 14 | 1.45 | 5.17 | 12.15 | 43.36 | 0.5 | 1.78 | 1.34 | 4.78 | 0.01 | 0.04 | 3.45 | 12.31 | 0.12 | 0.43 | 28.02 |
| 15 | 1.57 | 6.18 | 10.34 | 40.72 | 0.5 | 1.97 | 2.46 | 9.69 | 0.5 | 1.97 | 3.89 | 15.32 | 0.13 | 0.51 | 25.39 |
| 16 | 1.49 | 5.15 | 11.12 | 38.46 | 0.8 | 2.77 | 3.12 | 10.79 | 0.12 | 0.42 | 4.15 | 14.35 | 0.11 | 0.38 | 28.91 |
| 17 | 1.88 | 7.18 | 11.45 | 43.72 | 0.4 | 1.53 | 3.45 | 13.17 | 0.06 | 0.23 | 2.81 | 10.73 | 0.14 | 0.53 | 20.19 |

由表 17－5 可以看出，各项成本费用变异系数差异较大。总成本变异系数为 0.38，这意味着，调查样本养殖总成本具有较大差异。在 7 项成本支出中，变异系数从大到小排列为：苗种成本 > 设施成本 > 渔药成本 > 其他费用 > 电费成本 > 人工成本 > 饲料成本，其中饲料成本变异系数最小，说明在所有调查样本中，饲料成本支出是成本构成中影响最大的。

表 17－5　　观赏鱼调查样本单位产品成本差异情况

| | 设施成本 | 饲料成本 | 苗种成本 | 电费成本 | 渔药成本 | 人工成本 | 其他费用 | 总成本 |
|---|---|---|---|---|---|---|---|---|
| 平均成本(元) | 1.73 | 11.09 | 0.52 | 3.02 | 0.06 | 3.51 | 0.33 | 22.20 |
| 标准差 | 1.44 | 4.5 | 0.51 | 1.45 | 0.05 | 1.51 | 0.26 | 8.44 |
| 变异系数 | 0.83 | 0.41 | 0.99 | 0.48 | 0.88 | 0.43 | 0.79 | 0.38 |

2. 养殖收益

本报告通过净利润指标说明观赏鱼养殖收益水平。水产养殖净利润是指养殖对象销售后获得的销售收入与养殖过程中总成本和企业所得税的差值。该指标是水产养殖经济效益评估的重要指标。由于观赏鱼按尾销售的特殊性，本报告所统计的销售额为调查样本商品鱼数量销售额之和。特别说明的是，观赏鱼销售时，养殖者如果认为单位个体销售价格较低，或者有些个体需要养殖到一定规格后，待花纹、体色等特征达到理想效果时销售价格会更高，所以有些养殖者可能会等到恰当时间进行销售，这也许会形成隔年销售的情况。因此，在本报告中，商品鱼数量指的是调查样本已销售的商品鱼数量，也包含水花、夏花的销售数量。

从表 17－6 可以看出，被调查样本收益具有较大差异，这主要与养殖者苗种挑选技术水平和日常管理及亲鱼品质有关系。在 17 个调查样本中，净利润最高的为 34.54 万元，最低的为 2.14 万元。综合调查数据来看，将三种养殖类型的调查样本按照商品鱼单位产品收益平均值排序，则为：混合养殖型 > 单养锦鲤型 > 单养金鱼型。

表 17－6　　观赏鱼调查样本收益情况

| 样本编号 | 商品鱼数量（尾） | 水花、夏花数量（万尾） | 销售额（万元） | 净利润（万元） | 商品鱼单位产品收益平均值（元/尾） |
|---|---|---|---|---|---|
| 1 | 3250 | 388 | 82.75 | 27.24 | 87.45 |
| 2 | 1675 | 150 | 32.18 | 11.14 | 60.11 |
| 3 | 1724 | 170 | 45.49 | 15.48 | 71.25 |
| 4 | 1910 | 220 | 62.41 | 19.77 | 73.45 |
| 5 | 2000 | 250 | 63.37 | 20.45 | 69.11 |
| 6 | 1810 | 100 | 48.24 | 16.71 | 72.45 |
| 7 | 2124 | 120 | 79.11 | 26.45 | 70.55 |
| 8 | 2345 | 180 | 78.34 | 27.79 | 82.45 |
| 9 | 1357 | 0 | 7.45 | 2.14 | 59.44 |
| 10 | 2310 | 200 | 75.63 | 34.54 | 91.27 |
| 11 | 1820 | 50 | 41.17 | 13.45 | 89.25 |
| 12 | 1514 | 0 | 25.68 | 8.11 | 71.47 |
| 13 | 1380 | 0 | 12.77 | 3.91 | 68.45 |

续表

| 样本编号 | 商品鱼数量（尾） | 水花、夏花数量（万尾） | 销售额（万元） | 净利润（万元） | 商品鱼单位产品收益平均值（元/尾） |
|---|---|---|---|---|---|
| 14 | 1357 | 0 | 11.69 | 4.16 | 45.11 |
| 15 | 1518 | 0 | 16.18 | 5.09 | 57.15 |
| 16 | 1658 | 20 | 25.91 | 8.12 | 65.41 |
| 17 | 1924 | 80 | 36.43 | 11.45 | 83.26 |

### （二）产业支撑政策实施效果

2018 年中央一号文件《关于实施乡村振兴战略的意见》全面描绘了我国乡村振兴的宏伟蓝图，提出要构建农村三次产业融合发展体系，大力开发农业多种功能，延长产业链，提升价值链，完善利益链；要实施休闲农业和乡村旅游精品工程，建设一批设施完备、功能多样的休闲观光园区、森林人家、康养基地、乡村民宿、特色小镇，为加快发展休闲渔业指明了方向，提供了遵循。

2018 年农业农村部发布《关于开展 2018 年休闲渔业质量提升年活动的通知》，全面推进休闲渔业健康有序发展。

随着农业乡村振兴和休闲渔业政策的实施，北京市观赏鱼产业前景光明。

# 第二节　产业发展中创新团队的技术支撑作用

## 一、团队建设情况

### （一）创新团队功能定位及其建设任务

1. 团队功能定位

观赏鱼产业作为可充分体现北京市都市农业主要产业之一，必须关注社会经济生活，走进市民家庭；必须立足于北京的区域优势和观赏鱼产业发展现状，走集观赏鱼养殖、观赏鱼饲料、水族器材、观赏鱼文化等要素为一体的综合性产业发展之路；必须立足于调整苗种自主繁育量，通过科技创新提高苗种质量，以“文化鱼”的思维提高观赏鱼产业的附加值；必须立足于品种多元化及配套关键技术的集成、创新和推广，以“可持续健康发展”为目标，走优质高效、品种多样、循环生态、年生产量适度之路，为北京市乃至全国观赏鱼产业提供高端的种质资源、节水生态养殖模式、都市型现代渔业产业化模式及诸多新技术和新成果。“十三五”期间观赏鱼产业的定位为：研发新技术，开发新产品，提高从业者技术水平，提高产业链条各环节的生产效率和效益；加强宣传引导，提高市民养殖观赏鱼的技术水平，使观赏鱼走进千家万户，从而实现产业的可持续发展。

2. 团队建设任务

“十三五”期间，根据“高效、节水、怡情、乐享”的团队发展思路和定位，在团队首席专家的带领下，团队充分发挥各聘任岗位的人才、技术、资源等优势，全面提升北京市观赏鱼产业的技术水平和引领示范作用。团队重点开展观赏鱼及观赏龟等观赏水生动物品种引进驯化、繁养殖及节水养殖模式研究；基因编辑育种技术研究；系列专用饲料、细菌菌蜕疫苗、免疫增强剂、病害监测、抑菌中草药免疫效果研究与示范；水族器材成品及观赏鱼水族箱养殖技术研究与示范；进一步推动观赏鱼文化产业发展，逐步增强市民对金鱼、锦鲤的鉴赏能力。以提高观赏鱼产业整体水平为目标，开展北京市观赏鱼产业“养殖—流通—消费（市场）”环节的动态研究，为政府提出北京市观赏鱼养殖模式与产业发展合理性建议。通过五年的时间，全面推进观赏鱼产业转型升级，充分发挥科技创新和示范推广的辐射带动作用，努力将北京市打造成可持续发展的全国观赏鱼产业示范区、全国观赏鱼种业之都。

### （二）创新团队组成架构

2018 年，观赏鱼产业技术体系北京市创新团队共聘任团队成员 24 名，其中，首席专家 1 名，岗位专家 10 名，综合试验站站长 2 名，农民田间学校工作站站长 12 名。

### （三）创新团队作用与交流机制

1. 团队作用

现代农业产业技术体系北京市创新团队（以下简称创新团队）的建设目标是，以推动首都都市型现代农业发展为核心，围绕市场需求，在不打破现有管理体制的前提下，优化整合现有在京科研力量和科技资源，以产品为单元，以产业为主线，建设从产地到餐桌、从生产到消费、从研发到市场各个环节紧密衔接、环环相扣、服务“人文北京、科技北京、绿色北京”的现代农业产业技术体系，更好地发挥科技对首都都市型现代农业的支撑作用，建立促进农业持续发展、农民持续增收的长效机制，提升首都农业整体竞争能力。观赏鱼团队建设正是基于这一目标，按照全市一盘棋的思路，遴选集聚了一批北京市水产科学研究所、北京市水产技术推广站、中国农业大学等观赏鱼科技创新的行业领军人物和学术骨干组建团队，拥有了一支服务于北京市观赏鱼产业目标的市级创新团队，为北京市观赏鱼产业发展提供了科技支撑和技术保障。

2. 团队交流机制

观赏鱼团队成立以来，充分发挥执行专家组和首席专家办公室的职能，共同商讨团队目标、技术创新与推广难题，强调团队内部不同岗位专家之间的交流，提倡岗位之间的合作，共同推进观赏鱼产业发展；牵头组织全国性观赏鱼产业研讨会，多次组织观赏鱼进城入园、入社区、入学校，以及观赏鱼品评会、交流会等，促进行业内交流；利用产业技术研发中心依托单位北京市水产科学研究所承担国家体系建设任务的优势，组织团队与体系间的交流；团队成员通过技术指导、培训观摩等，促进成果落地，产生了典型的带动作用；通过赴国内外考察学习，接待国内外专家考察团等形式，追踪国内外行业发展动态。观赏鱼团队内外的广泛交流使团队日常运行充满了活力。

## 二、技术研发与主推技术

### （一）团队技术研发情况

1. 围绕高效目标，促进观赏鱼产业效益提升

（1）国内外首次开展三色锦鲤转录组研究，并获得较好的开端。研究共完成三色锦鲤9个样品的转录组测序分析，获得61.71Gb Clean Data。与鲤鱼基因组比对，比对效率从60.06%到61.73%不等，发掘新基因7950个。初步获得了三色锦鲤转录组数据库，不仅为观赏鱼团队从基因组水平挖掘锦鲤生长、体色、免疫等重要性状的分子机制提供指导，而且也为基因杂合的鱼类基因组演化和分化机制等的理论研究奠定重要基础，同时也将为观赏鱼全基因组分子高效育种和品种改良奠定基础。

（2）金鱼提纯复壮的研究。此为应用性研究，并已经推广1000尾，深受市场欢迎。重点开展了短尾红弓背水泡金鱼的泡质和背型两个表型性状的改良。结果显示饵料营养对泡质有显著影响，采取“草履虫4天、红珠虫3个月、冻红虫1个月，之后全部用颗粒饲料”的投喂方式，泡质泡壁较厚，水泡透明度适宜，且无发炎。由于金鱼至少1龄背部骨骼才能定型完成，目前研究进行6个月，对背型的塑造效果尚不显著，需要进一步观察分析。

（3）观赏鱼精准营养需求研究，实施精准饲料配方，实现精准配方生产。此研究为国家建立水产养殖动物精准营养需求数据库提供基础数据，所开展的精准配方技术生产，在缓解水产饲料环保问题的同时，也提高了养殖效益。

（4）病害技术研发与示范。

①菌蜕：本报告研究为延续性工作，在锦鲤示范的基础上，2018年开展了在金鱼养殖中的试验和示范。投喂5%菌蜕组免疫效果最好，相对免疫保护率为34.06%～35.4%。②锦鲤主要细菌性病的预防药物研发：筛选最优中药组方1个，为中草药在锦鲤养殖病害防治中的应用提供理论依据。③金鱼造血器官坏死病流行学调查：国内外首次在金鱼脾脏、肾脏、鳃中的细胞内观察到大量的CyHV－2病毒颗粒，证实了感染细胞内疱疹病毒粒子的存在。

（5）观赏鱼选育及苗种养殖技术研究。观赏鱼团队通过品种选育、专用饲料研发、中草药及菌蜕疫苗研发等综合手段，显著提升了观赏鱼养殖的品质，养殖品种在国内的影响不断增加。2018年，选育的自家产锦鲤在2018中国（高唐）第三届海豚杯锦鲤（若鲤）大赛中获得3个组别冠军和3个组别亚军，彻底打破了“日本锦鲤”垄断奖项的局面。目前，观赏鱼团队经过多年苗种推广技术的推广，普及率达到了100%，彻底颠覆了金鱼、

锦鲤“不挑选、论斤称”的理念。通过技术研发和技术培训，将养殖户金鱼苗种挑选率从32%提高到35%，锦鲤苗种挑选率从12%提高到15%；北京祥龙渔场苗种成活率由2017年的70%，提高到72%。

（6）观赏龟体型和增色技术研究。开展了投喂量对黄缘闭壳龟体型变化的研究，从生产高品质观赏龟角度来看，1天投喂1次和5天投喂1次有利于高背的形成，即该试验组背甲纯高/背甲长生长显著高于3天投喂1次的试验组（$p<0.05$），3天投喂1次不利于高背的形成，即其背甲纯高/背甲长生长较慢。开展了黄缘闭壳龟增色技术研究，研究证明含有10%螺旋藻饲料的增色效果较好，饲料投喂1个月有初步的增色效果，投喂3个月以后增色效果明显。

（7）无线远程水质动态监控技术日渐成熟，效果全面显现。2018年，观赏鱼团队建立了水质监测技术推广示范点，该技术降低了人工使用和养殖管理的劳动强度，提高了劳动生产率，降低成本15%。节能减排，精确测量与控制，做到精准增氧、精准投喂、降低饵料投放，节省换水次数与用电量25%。提高产品品质，减少鱼病，增加收益10%。利用该项新技术，年综合提高收益20%。

2. 围绕节水目标，实现观赏鱼产业节约用水

（1）观赏龟节水养殖技术研究。2018年团队以观赏龟养殖最广泛的黄缘闭壳龟和黄喉拟水龟为研究对象，开展了养殖需水量分别对其体重和体型影响的研究。结果显示，黄缘闭壳龟中水量试验组在一定程度上抑制了试验龟体重的生长，低水量和高水量试验组的水量有利于的体重的生长。从体型方面来看，低水量抑制了黄缘闭壳龟的背甲高和背甲宽的生长，高水量促进了试验龟背甲高和背甲宽的生长，尤其是背甲高生长明显；黄喉拟水龟低水量抑制了的其背甲高和背甲宽的生长，高水量促进了其背甲高和背甲宽的生长，尤其是背甲高生长明显。

（2）观赏鱼节水养殖技术研究。团队开展了微生态制剂节水技术研究，此研究为小水体试验性对比研究，但取得了较好的效果。通过75天的试验，在接近相同用水量情况下，金鱼与锦鲤试验池分别比对照组用水效率提高了39%和37%。在池塘养殖条件下，利用光合细菌实现金鱼万元GDP耗水量868立方米，比对照组节水294立方米；锦鲤万元GDP耗水量889立方米，比对照组节水634立方米。

3. 围绕怡情目标，使市民更加熟悉观赏鱼

为了给广大市民提供多个观赏鱼景观区，使市民更加熟悉观赏鱼，在休闲散步时愉悦身心，舒缓工作压力，同时提高市民家庭养殖技术水平。开展了各类观赏鱼进城入园、入社区工作，2018年开展观赏鱼进公园6次、进社区5次、进学校7所，观赏景观5处、观赏鱼交流站2处、观赏鱼品评会4次。

4. 围绕乐享目标，使市民更加愿意养殖观赏鱼。

（1）原生观赏鱼的引进及驯化研究。野外采集光唇鱼、鳑鲏和长鳍鬣3种原生观赏

鱼，光唇鱼和鳑鲏25天和30天后驯化成活率为93%和87.5%；长鳍鬣驯化期成活率不足50%。

（2）桌面水族造景设计。基于观赏鱼生活习性、水草生长情况和水质净化等方面的研究，设计了适宜家庭及办公室桌面摆放的造景生态鱼缸。

**（二）团队主推技术情况**

1. 示范推广主导品种、产品和主推技术

2018年，观赏鱼团队共引进、驯化、筛选观赏鱼新品种12个，包括短尾红弓背水泡金鱼、鹅头红金鱼、凤尾鹅头红金鱼、红白虎头金鱼、红蛋球金鱼、光唇鱼、长鳍鱲、鳑鲏、鸭绿江野生鲤鱼和红白锦鲤杂交后代、（彩鲤）红辉黑龙与菊水锦鲤杂交种、草金鱼与彩鲤杂交种、黄缘闭壳龟等。研发观赏鱼繁育、养殖、营养、病害、水族、信息装置和文创产品22个，包括蓝色系金鱼保色饲料，金鱼鱼种饲料，金鱼开口饲料，龙鱼专用饲料，高档型金鱼饲料，锦鲤育成饲料，环保型金鱼饲料，多功能顶滤型水族箱盖，底滤型智能水族箱系统，鱼池泡沫去除装置，新型桌面鱼缸，造景生态鱼缸，鱼植共养生态产品，木海（小），木海（大），菌蜕，中草药，观赏鱼团扇、T恤、笔袋、拖鞋和新版手机壳等。

示范推广主推技术22项，已覆盖苗种5.8亿尾，品种、产品、技术在京郊推广0.65万亩，同时在示范推广过程中，重点依托大兴区综合试验站和顺义区综合试验站，积极创响“雅仕锦鲤”“宫廷金鱼苑”两个品牌，经济效益、社会效益和生态效益显著，充分发挥了观赏鱼团队对北京市观赏鱼产业的引领示范与技术支撑。

2. 团队病害监测技术持续保障产业健康发展

（1）观赏鱼病监测。观赏鱼团队在通州区设立观赏鱼病监测点15个，检测寄生虫和细菌性常见疾病，以点带面，了解把握本地区观赏鱼病的流行规律和特点，为疫情预测预报提供基础数据。目前已发现的疾病主要为车轮虫、小瓜虫为主的寄生虫性疾病，以及细菌性烂鳃、肠炎等疾病。还有一些以烂鳃、浮肿为症状的鲤鱼浮肿病病例。

（2）重大水生动物疫病抽样监测。观赏鱼团队在全市主要观赏鱼养殖区域内，抽样监测鲤春病毒血症样品30个、锦鲤疱疹病毒病样品26个、金鱼造血器官坏死病样品20个、鲤浮肿病样品20个。检出鲤春病毒血症阳性1个、锦鲤疱疹病毒病阳性2个、金鱼造血器官坏死病阳性8个、鲤浮肿病阳性7个。

（3）药敏监测。观赏鱼团队在通州区唐大庄王铁明、陈晓敏渔场建立药敏监测点，养殖对象：普通龙睛金鱼。2018年下乡采集样品13次，采集样品31个，共分离菌株42株。

**（三）团队研发成果情况**

1. 技术成果

2018年，团队开展了各类任务49项，其中试验研究项目数30项、示范推广项目数15项、其他项目数4；发表论文22篇，撰写研究报告25篇，专利17项，其中授权9项、申请8项、软著3项、编写标准1项。

2. 其他成果

2018年全年开展各种产业需求调研103次，受调研人数2730人次，北京覆盖率达到了98%，调研共发放问卷403份，收回问卷393份，有效问卷307份，问卷回收率和有效率分别达到了97.52%和76.18%。共引进、驯化、筛选观赏鱼新品种12个，研发新产品22个，示范推广主推技术22项，已覆盖苗种5.8亿尾，品种、产品、技术在京郊推广0.65万亩。示范推广观赏鱼饲料105吨，防病中草药示范、推广面积910亩。建立观赏鱼病害监测点15个，发现常见病害10种，药敏监测点2个，监测重大疫病样品96个。共开展各种活动208次，开展科技服务166次，服务市民40余万个家庭、118万人次、培训指导2560人次，开展工作指导121次，田间学校工作站培训实地操作18次，技术采纳率达到98%。共组织宣传39次，发放资料1860份，20万人次参加，其中报纸2次，网络宣传14次，采访2次，其他观赏鱼进城入园、入社区或品鉴活动等21次，受众人群20余万人次。共开展国内外交流27次，385人次参与，承办农民丰收节，并协办学术论坛1次，组织、参与观摩活动21次，480人次参与。

## 三、技术示范推广效益

### （一）技术示范推广经济效益

2018年，在渔业调转节政策下，观赏鱼产业急需转型升级。观赏鱼团队积极开展主推技术、主推品种、主推产品等推广服务，实现了京郊良种覆盖率83%，产生直接经济效益4500万元。

### （二）技术示范推广社会效益

通过观赏鱼团队的品种、技术推广、科技培训和宣传等工作，观赏鱼养殖企业和养殖户的技术水平、知名度以及市民认可度都得到了大幅度的提高，观赏鱼的健康养殖、标准化养殖得到了大幅提高，极大地促进了观赏鱼产业的转型升级。此外，团队创新观赏鱼宣传方式，通过观赏鱼“大赛、品评会、展览、进社区、进学校、进公园”等方式，受众人群20余万人次，服务市民40余万个家庭、118万人次，大大地促进了观赏鱼产业融入市民生活，多渠道推动产业升级。此外，团队积极对口开展科技帮扶低收入村工作，为实现全面脱低做出了积极的贡献。

### （三）技术示范推广生态效益

团队在积极利用品种、技术，推进观赏鱼产业经济效益和社会效益的同时，时刻注重环境保护、节约水资源等生态效益。

## 四、团队对产业支撑作用

### （一）新局面引领观赏鱼产业可持续发展

环保风暴下不同程度的“一刀切”现象使观赏鱼产业面临新的困难局面，迫使观赏鱼全产业链关注环境和可持续发展问题。“新常态”经济发展特征表现为“保护与合理利用资源”“适度规模”“最佳效益”“重视质量与安全”“重视环境与持续发展”。为此，观赏鱼团队积极开展各类转变养殖方式的科技支撑，通过引进驯化光唇鱼、鳑鲏、长鳍鱲等原生观赏鱼，补充良种缺失、良种单一的问题；通过育种技术、苗种挑选技术的提升，提高养殖品质；通过利用光合细菌等综合手段进行调水技术研究，推进生态健康养殖，实现“节水”；通过“金鱼越冬前后专用饲料研究”“金鱼环保型饲料研究”等，开展观赏鱼精准营养需求研究，实施精准配方投喂，从而提高饲料效率，实现合理的能蛋比饲料对水体氮磷含量影响下降15%；通过研发“菌蜕疫苗”“免疫增强剂”“中草药”等实现绿色防病；通过研究“水质参数采集传感器搭载装置”“水质光谱观测技术”“多功能智能水族箱投喂装置的远程可视化控制技术”等，推进观赏鱼产业数字化、智能化养殖；通过研发“水族箱”“水族箱造景”“水族箱高效率循环过滤系统”等，使市民更加愿意去养观赏鱼，促进良好消费，提高产业效益。

**（二）积极促进三产融合发展观赏鱼养殖附产品**

引导观赏鱼活体消费的同时，拓展创意产品、文化产品的消费空间。2018 年，观赏鱼团队积极开发多功能顶滤型水族箱盖、底滤型智能水族箱系统、鱼池泡沫去除装置、新型桌面鱼缸、造景生态鱼缸、鱼植共养生态产品、木海（小）、木海（大）及观赏鱼团扇、T 恤、笔袋、拖鞋和新版手机壳等文创产品 13 种，极大地促进了活鱼和附产品的共同增效。

**（三）把养殖与科技帮扶结合提升农民福利**

在政策引导的同时，2018 年，观赏鱼团队积极在房山区石楼镇夏村的低收入户中推广主导养殖品种，以观赏龟养殖为例，岗位专家对接农民田间学校工作站，根据不用养殖时期，有侧重地进行服务指导，实现了低收入户年均 8000 元的纯收入，实现了低收入线 11160 元的 71.68%，帮扶成效极为显著。

# 第三节　产业典型案例分析

## 一、产业发展新业态案例

北京雅仕锦鲤养殖技术有限公司成立于 2016 年，位于北京市大兴区长子营李家务村委会西北 1000 米，是北京市现代农业科技企业。公司大力倡导“科学养殖、健康养殖、环保养殖”的理念，整个养殖过程中全部执行无公害养殖标准。总占地面积 500 亩，养殖面积150亩。现有锦鲤工厂化养殖车间4000平方米，孵化、育苗车间3500平方米，现有锦鲤品种20余种，年孵化锦鲤观赏鱼苗3000万尾，推广至全国10余个省市。

北京雅仕锦鲤养殖技术有限公司目前作为北京市观赏鱼创新团队的综合试验站，每年建设经费为30万元，公司做得比较多的工作是承担团队岗位专家试验工作，示范推广岗位专家引进、选育的品种及研发、集成技术的示范推广工作，例如配合团队育种与繁殖岗位专家开展了锦鲤三个主流品系的基因组、转录组数据库建设，推广了岗位专家研发的遗传性状稳定、抗病力强的锦鲤品系6个，配合岗位专家延续锦鲤家系的筛选试验，根据锦鲤的不同观赏特征及初级选优率，建立锦鲤家系40个，获得优良家系10个，初级优选率高达35.82%，配合岗位专家构建了锦鲤相关技术规程8项，其中4个规程为行业标准或地方标准。试验站也积极配合其他岗位专家的工作，配合营养与饲料岗位专家，病害防治岗位专家，病害监测岗位专家，金鱼、锦鲤养殖岗位专家等开展了18项技术的试验研究，在京津冀范围内示范推广3180亩，示范推广了锦鲤苗种饲料、锦鲤增色饲料、锦鲤育成饲料和锦鲤防病中草药2250亩。此外，试验站为团队经济岗位专家提供北京市观赏鱼产业发展数据，并针对农民需求，每年多次组织本区、北京市其他主养区，以及全国观赏鱼养殖企业、养殖户的培训、观摩活动，年均培训约630余人次。从科研、生产到示范推广，试验站为北京市观赏鱼创新团队及北京市观赏鱼产业的持续发展起到了重要的支撑作用。

“以前，我在锦鲤养殖企业工作，后来因为酷爱锦鲤，成立了自己的公司，这些年的产业打拼和企业经营，我感触最深的是科技创新对一个企业来说不易，观赏鱼品种、技术的创新对于团队内的岗位专家来说很难，对于众多企业中的一个普通民营企业来说更是难上加难。2009年时，北京市的观赏鱼产业刚刚起步，繁育技术基本使用的都是食用鱼技术，企业和养殖户基本不知道锦鲤的苗种还需要挑选，以及如何挑选。团队岗位专家通过引进、集成、创新锦鲤苗种挑选技术，综合试验站、农民田间学校工作站通过各类培训方法进行大面积推广。但是，由于人们‘不舍得扔’的思想观念，使得技术推广较为困难，以低廉的价格论斤出售各种规格锦鲤。后来团队通过创新农技推广方法，更深层次地扭转了农民的思想观念，强调了高品质锦鲤的经济效益要远高于传统生产方式所获得的锦鲤。后来团队编制了《锦鲤养殖技术规程》这个北京市地方标准，更加规范了技术要点。在锦鲤苗种挑选技术的推广应用下，北京市的锦鲤产业发生了翻天覆地的变化，也为农民带来了较大的经济效益。经过多年的积累，我粗略统计了一下，技术的推广实现了京郊锦鲤良种覆盖率98.37%，对比2009年提高了89.42%，单产增加值为328.75%，效益显著。”大兴区综合试验站站长说。

## 二、典型案例分析

案例充分展示了北京市观赏鱼创新团队创新技术的推广过程和机制。从案例中，我们可以看出：

这是一个以农业科技重点项目支撑产业发展的典型案例，同时也是一个以新技术带动产业高质量发展的典型案例。本案例中，以北京市水产科学研究所为主持单位的市农业农村局“北京市观赏鱼创新团队”建设项目的实施充分显示了农业科技重点项目对一个产业巨大的推动作用，同时项目实施过程中，各产业链条上的技术研发、引进、集成、创新也对产业的高质量发展起到了较大的带动作用。观赏鱼团队建设是北京市当前用来解决都市农业实践问题的典型现代农业体系建设的重点体现。

政府对以观赏鱼为主的特色农业产业的支持力度非常大，他们是促进传统食用鱼繁养殖技术在观赏鱼产业中被代替的重要推动力量。北京市观赏鱼创新团队成立于 2009 年，也就是说从 2009 年起，北京市的观赏鱼产业才得以发展。观赏鱼产业虽然不属于民生“菜篮子”产业，但为不断创造人民美好生活做出了较好的贡献。由于市农业农村局 10 余年来农业产业技术体系创新团队的连续大力支持，加上观赏鱼团队在观赏鱼产业科技创新、科技推广方面的扎实工作，使得观赏鱼育种与繁殖、营养与病害、养殖技术与模式等多项前沿观赏鱼科学技术在北京市得到了比较普遍的应用，有些技术甚至对产业产生了翻天覆地的变化。这些情况一方面说明北京市政府重视能为市民带来美好生活的观赏鱼产业，另一方面说明观赏鱼团队所研发、引进集成技术的高效益给农民带来了真正的富裕。例如，锦鲤苗种挑选技术使得农民现在毫不犹豫的淘汰垃圾鱼，选留精品，扭转饲料，抛弃传统食用鱼繁育方法。

高效益是农民选择技术最主要的依据，在团队创新技术推广过程中，虽然有些创新技术与传统技术发生了冲突碰撞，但是当农民看到先进技术带来的高效益时，思想观念和传统方式的扭转是很迅速的，这也是有些传统技术快速被创新技术代替的主要原因。

## 第四节　产业发展政策建议

### 一、产业发展问题及其技术需求

#### （一）“做精水产业”提升渔业发展水平

土地资源、水资源紧缺和养殖环境恶化已经为观赏鱼产业发展的主要制约因素。随着城市化进程和工业化发展，观赏鱼的养殖条件遭到破坏，观赏鱼养殖空间遭到制约，养殖面积不断减少。因此，北京市提出“做精水产业”的目标，要求水产业坚持量水发展，按照以水定产的方针，大力推进渔业结构调整，提升渔业种业发展水平，在农业发展中更加重视水产的生态功能，观赏鱼产业可全面提升渔业生态建设水平，实现提质增效的同时，强化北京市观赏鱼产业“高端、高效、高辐射”的引领示范作用，增强观赏鱼产业在全国的影响力和带动力。为满足北京市观赏鱼产业的高效技术需求，亟须以实现观赏鱼产业效益提升为目标，开展锦鲤高效繁育体系研发与示范；观赏鱼遗传改良和“新”品种研发与示范；提高繁殖力、免疫力和促生长技术的研发与示范；锦鲤运动行为和认知功能研究与示范；观赏龟、热带鱼新品种引进及配套高效养殖模式研发；专用饲料研发与示范；病害防治与监测技术研发与示范；锦鲤金鱼高效养殖模式研发与示范；养殖成本收益调研；北京市观赏鱼种质资源库建立等不同生产流通环节的技术集成，全方位、全产业链地实现观赏鱼产业的高效目标。

### （二）发展节水农业构建节水型社会

发展节水渔业是保障水资源可持续利用和经济稳定快速发展的一项重大战略措施，是构建节水型社会的重要组成部分。北京水土资源的高效利用是可持续农业所追求的一个目标，发展节水农业不仅是解决水危机的首要途径，也是建设都市型现代渔业本身的需要。根据《关于调结构转方式、发展高效节水农业的意见》和《北京主要行业用水定额》，规定了2020年水产养殖稳定在3333.3公顷左右，农业年用水量将由2013年的9.1亿立方米减少到2020年8亿立方米，通过相关资料可计算出北京市2020年水产养殖业年需水量为5000万立方米。根据近10年北京农业用水情况，农业和工业用水量呈下降趋势，分别由2003年的13.80亿立方米、8.4亿立方米下降到2013年的9.1亿立方米和5.1亿立方米，这说明了调整农业种养结构在农业节水方面的有效性；生活和环境用水量呈上升趋势，分别由13亿立方米、1.10亿立方米上升到16.3亿立方米和5.9亿立方米。据此，可以推论出到2020年农业用水供水量将少于9.1亿立方米，甚至少于2020年的年需水量8亿立方米。同时，由于农业年供水量的逐年减少、农业用水新定额的制定等因素，如果不通过采取其他措施，这将会造成农业用水量的供求矛盾。因此，亟须加强节水品种、技术和模式的研发和推广应用，包括金鱼、锦鲤节水养殖模式，观赏龟节水养殖模式，环保型饲料，水质监控管理技术等，通过技术集成全产业模式，切实推进渔业高效节水技术创新，实现渔业高效、农业节水的目标。

### （三）弘扬传统文化提升团队知名度

随着消费者鉴赏能力的提高，“十三五”期间需要为市民提供更多更好的休闲方式。观赏鱼文化有更大的发展空间，亟须进一步增大宣传力度，以建立观赏鱼文化交流站，举办观赏鱼品评活动、进社区、进学校等多种弘扬观赏鱼文化，同时，通过微信群等现代形式传播观赏鱼繁养殖、品鉴、文化等方面的知识，使观赏鱼的文化传承和拓展受众群体不断增加。

### （四）利用市场潜力提高产业技术水平

在观赏鱼市场快速增长的背景下，作为饲养容器的水族箱及用品市场也一样增长迅速，2014年全国销售额达到100亿元。在这个背景下，北京市的水族箱及辅助用品的销量也不断攀升。水族箱及用品需求具有三个需求趋势：第一，从水族箱消费用途来看，包括普通居民室内、公共场所和企业单位的陈设，其中普通居民将成为水族箱及用品消费的主力军；第二，从产品风格来看，水族箱设计迈入时尚家居化，小型水族箱引领时尚；第三，在科技服务生活的背景下，水族产品科技化将是重要的需求方向，加之我国的水族箱及用品行业还比较年轻，随着国外的水族箱品牌的不断进入，我国水族箱及用品公司遇到了前所未有的挑战，因此对具有自主知识产权的低成本且实用性强的水族器材的研发就显得尤为必要了。因此，亟须通过新技术与产品完美融合，增强水族器材不同场所的装点理念，并具有较强的实用性，具体包括研发适用不同场所水族箱，研发构建高效循环系统，研发水族辅助器材，水族箱养殖技术的研发与示范，从而满足市民观赏鱼家庭养殖的需求。

## 二、产业发展趋势

为了充分发挥科技对现代农业的引领、支撑、保障和带动作用，发挥首都科技、人才与资源优势，加快都市型现代农业建设步伐，不断提升本市农业科技创新能力，增强农业活力和竞争力，北京市委制定了《关于调结构转方式、发展高效节水农业的意见》，北京市农业局制定了《北京市地下水超采区农业结构调整实施方案》，明确今后一个时期北京农业工作的总体思路是：以服务首都为出发点，以做精产业、富裕农民为落脚点，按照“高效、节水、生态、安全”的基本原则，着力推进现代农业规模化发展、园区化建设、标准化生产，着力提升现代农业的核心竞争能力、城乡服务能力、生态涵养能力，全力打造管理服务精细、产业产品高端、田园乡村秀美、城市郊区共融的都市农业“升级版”，为建设国际一流的和谐宜居之都提供有力支撑和坚实保障。

具体目标：一是以“调粮、保菜、做精畜牧水产业”为核心，调整农业产业结构，使农业成为首都鲜活安全农产品供给的基础保障；二是以农业生产、经营和服务为对象，转变农业发展方式，使农业成为农民增收的基础保障；三是以农业内涵和价值提升为内容，丰富农业发展内涵，使农业成为首都和谐宜居之都生态景观的基础保障。

对于水产养殖业而言，北京市提出“做精水产业”的目标，稳定现有水产养殖面积。将水产与农作物、畜禽、林果等作为北京市农业的四大种业，打造全国种业创新中心、交流交易中心和企业聚集中心，全面提升现代种业发展水平，建设好“种业之都”。要求水产业坚持量水发展，按照以水定产的方针，大力推进渔业结构调整，全面推广高标准节水技术，提高用水效率，为首都水安全做出应有贡献。坚持生态优先，在农业发展中更加重视水产的生态功能，全面提升生态建设水平，大力发展休闲观光渔业。

## 三、具体建议

### （一）加强品种选育，尽快建立观赏鱼种业发展体系

强化观赏鱼种业科技创新，加强品种选育工作，在观赏鱼产业技术体系创新团队的基

础上，进一步组织实施一批观赏鱼遗传育种关键性技术研发项目，提高种业创新能力。开展观赏鱼新品种开发与引进，研究其规模化繁养殖技术，研究野生性水生动物繁育及驯养技术，进一步丰富京郊观赏鱼养殖种类，如具有观赏性的原生土著鱼类的种质资源开发，形成育种批量生产，提高苗种的供给能力。同时，积极掌握国内外观赏鱼优质良种的养殖情况，根据北京市场的发展需求，适当引进、驯化具有高效益、高品种的良种，加快北京本地化品种的选育工作，尽快建立观赏鱼种业发展体系。

**（二）尽快制订休闲观赏渔业发展规划，推进产业技术推广体系的机制创新**

目前，非首都功能疏解及环保压力，使得观赏鱼养殖面积锐减，休闲观赏渔业符合现代人的生活方式，为观赏鱼产业发展提供了新的契机。建议应由政府、行业主管部门提出，并尽快制定休闲观光渔业发展规划，在远郊区规划产业布局，为市民休息日提供可以享受美好生活的休闲场所。同时，加快观赏鱼良种配套技术的推广工作，推进观赏鱼产业技术推广体系的机制创新。

**（三）建议制订观赏鱼产业扶持政策，以政策推动产业适度发展**

目前，有关观赏鱼产业的政策全部集中于国家及有关地区发布的休闲渔业政策，没有针对观赏鱼产业的政策，建议尽快制定行业产业的扶持政策，可依据观赏鱼企业不同经营类型进行详细分类制订，如种业型企业、苗种型企业、科研型企业等分别阐述，以政策保产业的同时推动产业适度发展。

**（四）加强家养技术的推广，探索观赏鱼走进市民家庭的对策**

观赏鱼家庭养殖已成为市民家庭生活重要的组成部分，家庭养殖的市民多数为业余爱好者，无相关知识背景，科研、推广单位、企业应在公益性活动或企业经营中配套推广针对性较强的家养技术规范，形成多种观赏鱼进家庭的模式，探索观赏鱼走进家庭的对策，着力解决市民的后顾之忧，促进产业转型发展。

# 第十八章　北京市鲟鱼、鲑鳟鱼产业发展报告

鲟鱼、鲑鳟鱼产业是北京都市型现代农业的重要组成部分，北京市鲟鱼、鲑鳟鱼种业在全国具有举足轻重的地位。近年来，受农业“调结构、转方式”及水生态环境治理等因素的影响，养殖面积和产量下降较快。但鲟鱼种业、休闲渔业仍保持稳步增长，京津冀冷水鱼产业协同发展的趋势更加明显，基本形成集苗种繁育、商品鱼养殖、产品加工、销售、休闲、餐饮于一体的全产业链体系，成为引领京津冀、影响全国的都市型现代农业特色产业。

## 第一节　产业发展现状

### 一、生产情况

#### （一）养殖面积调整到位

受北京市水环境整治的影响，近年来北京市水产品养殖面积和产量逐年下降，2018 年北京市水产品养殖面积 63 万公顷，水产品产量 4.85 万吨。鲟鱼、鲑鳟鱼养殖主要分布在怀柔、房山、密云、延庆和平谷 5 个区（见表 18 - 1）。2018 年全市鲟鱼、鲑鳟鱼养殖面积约 91.27 公顷，比上年减少近 24.3%。“小、散、低”养殖户逐渐被清退，养殖户由 170 户减少到 130 户。

表 18－1　　2018 年北京市鲟鱼、鲑鳟鱼养殖情况　　单位：吨

| 项　目 | | 合计 | 平谷 | 房山 | 怀柔 | 密云 | 延庆 |
|---|---|---|---|---|---|---|---|
| 鲑鳟鱼 | 产量 | 854 | 15 | 225 | 589 | 7 | 18 |
| | 其中：池塘 | 40 | 15 | 0 | 0 | 7 | 18 |
| 鲟鱼 | 产量 | 1598 | 0 | 313 | 1126 | 159 | 0 |
| | 其中：池塘 | 287 | 0 | 128 | 0 | 159 | 0 |

数据来源：来自区县水产技术推广部门入户统计。

鲟鱼、鲑鳟鱼是北京冷水鱼养殖的主要品种，从 2013 年开始，鲟鱼、鲑鳟鱼养殖产量呈下降趋势，到 2017 年降到最低。主要原因是由于病害原因，养殖户积极性不高，产量下降较明显，鲟商品鱼销售价格从 2014 年开始，一直徘徊在 30 元/千克。具体见表18－2。

表 18－2　　2014～2018 年北京市鲟鱼、鲑鳟鱼养殖产量和产值变化情况表

| | | 2014 年 | 2015 年 | 2016 年 | 2017 年 | 2018 年 |
|---|---|---|---|---|---|---|
| 鲟鱼 | 产量（吨） | 3132 | 2968 | 2552 | 2968 | 1598 |
| | 产值（万元） | 11275 | 8904 | 7656 | 8904 | 4794 |
| 鲑鳟鱼 | 产量（吨） | 2044 | 2075 | 1465 | 2075 | 854 |
| | 产值（万元） | 8176 | 7470 | 5274 | 7470 | 3074 |

数据来源：产量数据来自 2012～2018 年《中国渔业统计年鉴》；价格数据来自北京市养殖企业，2011～2014 年鲟鱼平均 36 元/千克，鲑鳟鱼 40 元/千克；2015～2018 年鲟鱼平均 30 元/千克，鲑鳟鱼 36 元/千克。

### （二）养殖品种不断优化

北京市利用区域品种资源优势，加快新品种选育工作。北京市房山区有 1 家国家级鲟鱼原种场和 1 家国家级良种场，以及具有鲟鱼繁殖能力的龙头企业北京中科天利水产科技有限公司。结合现代繁育技术，采取传统选育和 BLUP 复合育种技术及系统设计理念加快新品种选育工作，尤其是区域主导品牌鲟鱼的品种选育工作。目前，位于房山区的国家级施氏鲟原种场北京渔夫水产技术开发中心不但建立了选育核心群体，为鲟鳇鱼的良种选育打下了坚实的科研基础，而且进行了鲟鳇鱼的群体杂交育种，获得了生长性能和抗病性能良好的新品种杂交鲟“鲟龙 1 号”。延庆区综合试验站培育出了杂交金鳟，生长速度较纯种金鳟提高 20%；配合鲑鳟鱼繁育岗位专家开展马苏大麻哈鱼人工繁殖，细鳞鲑、哲罗鲑人工繁殖技术试验示范，亲鱼催产率从 40% 提高到 95%，亲鱼产后成活率达到 95%，人工繁殖技术整体处于国内先进水平，在怀柔区渤海镇 2 家养殖场开展养殖试验示范。

### （三）生态养殖持续推进

由于北京市对水资源环境保护的力度逐年加强，自然养殖资源缩减，2018 年北京市淡水养殖总面积有所下降，但由于工厂化和生态池塘养殖面积的增加。在“调结构，转方式”总体要求下，由粗放型向集约化精养型发展，增加名特优品种，创新养殖技术，改进

渔业设施，大力发展节水、节地、节能、生态、高端、高效、安全的现代养殖方式，初步形成了“三节二高”鲟鱼工厂化养殖模式、山区流水鲟鱼（鲑鳟）养殖模式、平原池塘鲟鱼养殖模式，以及高密度苗种培育模式，使不同养殖模式下单产水产和效益得到提高。通过推广液氧技术，工厂化养殖、温室微流水养殖和山区流水养殖模式的单产水平得到大幅度提高。

### （四）品牌价值不断提升

从生态、节能、高端、高效为重点，积极推广使用先进渔业装备，大力推进渔业高产高效基地建设，塑造了以“北水”牌、“中科天利”为代表的一批高附加值的自主品牌鲟鱼加工产品，其中，“北水定制”鲟鱼籽酱已经两次进入了国家特殊服务保障活动贵宾餐食供应。同时，伴随休闲渔业的发展，也形成了以密云区山水野泉缘农庄、怀柔区鲟香来和房山区鲟鱼食府等为代表的鲟鱼特色餐饮品牌，备受消费者青睐。

### （五）种业发展全国领先

北京鲟鱼种苗年产量约占全国产量70%以上，2012～2018年总产鲟鱼苗种29206尾。鲟鱼和虹鳟鱼苗种销售到湖北、广东、贵州、新疆、四川等20余个省（市和自治区）；怀柔、延庆、房山等区形成以种苗繁育为主，成鱼养殖为辅的冷水鱼产业格局。2018年，北京市鲟鱼年产量约为2亿尾（粒），销售至全国21个省（市、自治区），占全国鲟鱼苗种总量的70%以上。鲑鳟鱼年产量约为0.2万尾（粒），销售至全国7个省（市、自治区），占全国鱼苗种产量的30%左右。

### （六）休闲渔业提档升级

随着北京都市型现代农业的发展，传统的养殖模式日益突显出产量低、污染环境的劣势。引导有条件的养殖场（户）把旅游观光、娱乐与现代渔业有机结合起来，打造集观景、垂钓、娱乐、餐饮、科教于一体的休闲渔业，形成了以房山区十渡镇、青龙湖镇为代表的鲟鱼休闲产业带和怀柔区不夜谷、夜渤海两条鲑鳟鱼休闲产业带。2018年怀柔区、房山区、密云区、平谷区四个区经营鲟鱼、鲑鳟鱼休闲渔业的大约有67家，占地面积达到1439亩，休闲渔业产值约达6225万元，与2011年相比，增加了4425万元。

## 二、加工流通情况

### （一）挖掘精深加工潜力，产品开发取得突破

鲟鱼全身都是“宝”，出肉率高，肉质紧密；鲑鳟鱼头小、肉厚、骨头少、肉中无肌间刺、出肉率也非常高，都属于适合加工的鱼类。随着鲟鱼、鲑鳟鱼养殖业的迅速发展，市场供给量将会迅速增加。按照不同消费需求，采用多渠道、多样化的供给方式，将是发展这一产业的有效途径。

开展鲟鱼骨系列精深加工产品鲟鱼硫酸软骨素高纯度提取方法、胶囊制备技术和鲟鱼骨汁乳液制备技术研发，提取鲟鱼脊骨和头骨中的硫酸软骨素，纯度均达到95%左右。利

用鲟鱼软骨为原料开发了发酵骨汁乳饮料、鲟鱼软骨咀嚼片、胶囊等深加工保健品种，并且包装具有防潮、剂量科学、便于口服和贮藏的优点。

### （二）“互联网 +”助推发展，区域协同格局形成

目前，基本形成商超、“互联网 +”、就地餐饮、批发市场等新型营销模式和传统流通模式并存。2018 年，通过与“京东商城”、著名网络电商“沱沱工社”的合作，以及走进实体连锁店“华普超市”，开辟推广新渠道。以生产加工企业为主体，流通形式以商超、“互联网 +”为主。以北水食品为例，其与沱沱工社合作，利用沱沱工社众多高端消费人群的平台推广“北水定制”鲟鱼籽酱；同时，利用北水食品销售平台，进社区、开展会等，对风味鱼片产品与鱼糜制品进行市场推广，销售了 5 万个包装产品。

近年来，通过扶持北京水产企业在津冀地区开展水产养殖，协调津冀地区在政策、土地等方面为北京企业提供优惠政策。积极推进农超对接、农企对接、农校对接，鼓励津冀大型水产养殖企业在京建立直营店、直销点和专柜，共同出资打造 20 个水产品农超对接基地，统一标记，为北京市民提供优质水产品。建立三地渔业部门协作沟通机制，协调京津冀地区水产养殖苗种供应，扶持河北、天津的冷水鱼养殖。建立京津冀重要水域的水生生物资源保护和增殖放流协调投入机制，设立增殖放流专项资金，协同开展水生生物资源保护和增殖放流活动。协调建立京津冀渔业一体化信息管理网络，为三地渔业管理部门、企业、市场等提供信息，促进三地渔业发展。

## 三、市场消费情况

消费者对鲟鱼、鲑鳟鱼产品的需求逐渐增加。冷水鱼是公认的优质名贵鱼类，被中国营养协会评为“向全国人民推荐的最佳健脑食品”。有资料显示，全球冷水鱼年需求量约 500 万吨，年产量约 100 万吨；国内冷水鱼年需求量约 13 万吨，而年产量约 1 万吨；随着国民经济的快速发展和人民生活水平的不断提高，预计每年对冷水鱼的需求量会以 35% ~ 40% 的速度递增。目前，受人们消费习惯的影响，由于北方有吃全鱼的习惯，主要销售规格为 0.75 千克/尾，而鲟鱼是大型经济鱼类，从营养学角度最佳销售规格应该在 10 千克以上，虽然目前也有 10 ~ 15 千克/尾的大规格鲟鱼出售，销量非常少。因此，多年来，以创新团队带头，不断加大各种形式的宣传，鲟鱼、鲑鳟鱼产品市场逐渐向好。目前，受消费者喜欢的有“北水”的黑胡椒风味、泰式咖喱风味、新奥尔良风味的鱼片和鲟鱼软骨丸。从国际国内市场需求来看，在人们追求健康消费方式的趋势推动下，只要改进产品形态或是销售方式，冷水鱼产业定是一个市场前景广阔的健康产业，与新常态下的健康消费需求高度契合。

## 四、新型农业经营主体现状

### （一）新型主体发展壮大，龙头企业实力较强

在产业转型升级和市场机制优胜劣汰的推动下，北京鲟鱼、鲑鳟鱼产业的经营主体呈

现以企业为龙头，合作社、专业养殖户为主体的格局。龙头企业以北京渔夫水产技术开发中心、北京中科天利水产科技有限公司、北京鲟龙种业有限公司、北京利康万茂种养殖有限公司、北京鹏娜水产养殖场等龙头企业为代表，共有21家企业，多数企业集种苗繁育、科技研发、产品开发、市场开拓于一体，企业领导者的专业水平和管理素质较高，企业员工的年龄结构、学识结构也相对合理。合作社和专业养殖户分布于5个主要的鲟鱼、鲑鳟鱼养殖区，经营形式多是养殖、养殖和休闲餐饮结合两种方式，经营主体年龄在50岁以上，文化水平较低但养殖经验丰富，随着休闲渔业的发展，也有一些年轻人投身到京郊渔业的发展中。

**（二）经营模式不断创新，农民利益得到保障**

“龙头企业+农户”是主要的经营模式，以北京渔夫水产技术开发中心为代表，以低于市场价供应苗种，统一回收订单，保护农民利益，带动全国养殖户200多家，产品销售辐射到全国各地。“龙头企业+专业合作社+农户”模式，以河北阜平淡水鱼养殖专业合作社为代表，以东庄子鲟鱼养殖场为龙头，以合作社为纽带，以农户为主体，为成员提供生产、经营、销售等服务，成员之间互相合作，共同维护，有力地保护了农户的切身利益。伴随休闲渔业发展，多数合作社、专业养殖户主要通过养殖、休闲观光、餐饮等方式，成为带动山区农民致富的重要途径。以怀柔区为例，虹鳟鱼一条沟、鱼师傅等产业就业人数近万人；以密云区的山水野泉缘农庄为例，凭借地理优势，联合民俗旅游合作社，开展“农游对接”，通过养殖与餐饮结合，产品销售与旅游结合等方式，打造泉水鲟鱼品牌，生产的鲟鱼馅饺子备受欢迎。

## 第二节　产业发展中创新团队的技术支撑作用

### 一、团队基本情况

**（一）功能定位及建设任务**

团队紧扣北京都市型现代农业应急保障、生态休闲、科技示范三大功能，以市场需求为导向，以北京鲟鱼、鲑鳟鱼产业供给侧结构性改革为动力，以市场为导向，充分发挥人才聚集、专业融合的团队优势，构建集繁殖与育种、饲料营养与安全、养殖与病害防控、产品加工流通于一体的科技创新链。种业引领，做强良种繁育体系；厚植优势，做精科技研发体系；市场驱动，做活市场流通体系；服务为本，做实支撑保障体系。立足北京，服务京津冀，辐射全国，构建集研发试验、推广应用、技术培训于一体的科技服务链，带动农民增收致富，全面打造“生态、环保、安全、高效”的新型鲟鱼、鲑鳟鱼产业体系。主要建设任务包括以下几个方面：

1. 种业引领，做强良种繁育体系

充分发挥北京科技资源优势、山区的自然条件优势，进一步完善院地、院企合作机制，在冷水鱼人工繁殖、苗种培育方面取得新突破，以种质鉴定技术优化、亲鱼和仔稚鱼专用饲料研发、育种设备更新应用为重点，加大提升冷水鱼种业发展。重点培育水产苗种企业，采取“两头在内，中间在外”的模式，苗种繁育和市场在京内，亲鱼培育、养殖和选育在外，建立高效的种业产业链和技术链，示范、引领全国现代化水产养殖。

2. 厚植优势，做精科技研发体系

紧扣深化渔业供给侧结构性改革，围绕产业链，做精科技创新链，实现要素优化配置，提高全要素生产率，进一步释放团队创新红利，把冷水鱼产业打造成高效、生态的可持续产业。放眼全球视野，持续在现代渔业关键技术上实现突破；围绕节水节能、生态环保，加大环保型饲料研发，强化水环境安全技术研发，持续开展生态型养殖模式推广；立足安全、营养，强化水产品质量安全技术、病害防控技术、鲟鱼鲑鳟鱼加工技术的研发与应用，支撑鲟鱼、鲑鳟鱼安全健康产品供给体系。

3. 服务为本，做实支撑保障体系

坚持服务生产者、服务产业、服务京津冀三位一体的服务思路，转变服务思维，创新服务模式，提升服务质量，把团队建成北京乃至京津冀冷水鱼产业的有力支撑，保障产业健康、快速发展。整合新品种培育、技术研发、科技培训、鲟鱼鲑鳟鱼市场等信息资源，建设北京市鲟鱼鲑鳟鱼信息平台，为生产企业、物流企业、政府机构、中介服务机构提供全面、及时、精准的信息服务与应急保障服务，实现数据共用、资源共享、信息互通。加大科技培训与技术服务，进一步强化与农户尤其是新型经营主体的对接和合作，加速科研成果转化。加大产品宣传力度，提高鲟鱼鲑鳟鱼产品的知名度，提升市场竞争力。

4. 需求导向，加快休闲渔业发展

把推进渔业供给侧结构性改革作为团队“十三五”时期工作任务的主线，牢固树立“创新、协调、绿色、开放、共享”五大发展理念，立足保供给、保安全、保生态，坚持“调结构、提品质、促融合、去库存、降成本、补短板”，围绕市场需求，优化科技创新供给，优化渔业资源配置，扩大水产品有效供给，增强供给结构的适应性和灵活性，提高发展效率，扎实推进冷水鱼产业转型升级，加快都市休闲渔业发展，不断增强冷水渔业综合生产能力、市场竞争能力和可持续发展能力。

5. 市场驱动，做活市场流通体系

瞄准京津冀消费市场，利用互联网等现代信息技术完善水产品市场流通体系，培育一批龙头企业，加大北京鲟鱼、鲑鳟鱼品牌建设，倒逼产业规范和产业升级，塑造产业信誉，提高产品品质，走“高精尖”之路。以企业为龙头，采取直供直销、会员制等多种销售形式，形成冻品从出库到消费者的全程冷链无缝对接，完善冷链物流直销配送网络，打造京津冀1小时冷链配送链。积极推进冷水鱼电子商务发展，构建低成本、广覆盖的信息化配送网络。鼓励经营主体推行会员制营销，强化体验服务，通过产品品质、订制配送等特色化服务，提高产品竞争力、提升附加值。

**（二）团队架构**

北京市鲟鱼、鲑鳟鱼产业创新团队按照市农业农村局创立农业产业技术体系北京市创新团队的统一架构安排，也是由技术研发中心、综合试验站和田间学校工作站三部分组成。团队整合中央科研院校、市级科研机构和高等院校、国企、区县渔业管理部门，由北京市水产技术推广站牵头，成立4个功能研究室、5个综合试验站、12所农民田间学校工作站。团队有首席专家1名：张黎（北京市水产技术推广站），岗位专家12人，其中8名研究员、4名高级工程师，分布在2个中央科研院校，4个市级科研究机构和院校、国企；综合试验站站长4人，其中2名高级工程师、1名工程师，主要分布在鲟鱼、鲑鳟鱼养殖业占95%的房山、怀柔、通州、延庆4个区。田间学校工作站站长7人，涉及3个区，7个乡镇。

1. 技术研发中心

技术研发中心的依托单位为北京市水产技术推广站，2012~2014年首席专家是殷守仁研究员，2014~2018年首席专家是张黎高级工程师；在技术研发中心模块，组建了涉及产业链不同研发环节的繁殖与育种、饲料营养和安全、养殖与病害、产品加工流通与产业经济4个功能研究室，聘请岗位专家12人作为鲟鱼、鲑鳟鱼产业链上技术研发及创新等科研骨干。岗位专家分别来自北京市水产技术推广站（2人）、北京市水产科学研究所（4人）、北京市水生野生动植救护中心（1人）、中国农业大学（1人）、中国农科院饲料所（2人）、北京农学院（1人）、北京北水食品有限公司（1人）。其中高级工程师4名、教授1名、副教授1名、研究员6名。研发内容涉及繁殖育种、养殖模式、病害防控、产品加工技术和流通、产业经济等领域。

技术研发中心主要职责：围绕北京市鲟鱼、鲑鳟鱼产业技术体系的任务规划，在上级技术研究单位、相关功能研究室和综合试验站的指导和协调下，以落实北京市鲟鱼、鲑鳟鱼产业技术体系相关任务为纽带，开展相关研究及试验示范工作；系统梳理本地产业链各个环节中已有的技术和在研项目，对单项技术进行系统集成和组装配套，研究北京产业发展战略、产业经济政策和产业技术的基础性、公益性工作，为地方政府决策提供咨询建议。

2. 综合试验站

根据北京鲟鱼、鲑鳟鱼产业区县布局特点，2012~2016年分别在房山、怀柔、密云、延庆、通州建立5个综合试验站，聘请试验站站长5人；2017~2018年分别在房山、怀柔、延庆、通州建立4个综合试验站，聘请试验站站长4人，综合试验站的依托单位主要是相关区县的渔业主管部门。

3. 农民田间学校

2012～2016 年根据各区县鲟鱼、鲑鳟鱼生产布局特点，在相关区县代表性产业村设立 12 所农民田间学校，聘请田间学校工作站站长 12 人；2017～2018 年设立 7 所农民田间学校，聘请田间学校工作站站长 7 人。

### （三）团队作用与交流机制

为加强合作交流，团队建立了执行专家组，讨论制定体系的规划、人员和机构变动、经费分配、管理制度、运行机制等重大事项；负责实施鲟鱼、鲑鳟鱼产业技术体系发展规划和年度计划；指导、协调和监督各功能实验室、综合试验站和田间学校工作站的业务活动；对各功能研究室、综合试验站和田间学校工作站实施年度考评。首席专家办公室负责体系内部联络、文件起草、档案管理、信息采集编报、会议准备及体系日常工作，负责与其他产业技术体系的沟通与联络。

加强团队内部岗位专家、综合试验站及田间学校间的合作交流，集成、共享先进的科技成果，使团队成果能够通过综合试验站、田间学校等平台落地、转化并有效推广，实现科技成果共享，在种业、养殖、生态、加工、休闲等领域综合运作发展，形成一个有机发展的整体，使得我们的团队充满团结奋进的积极向上的蓬勃局面。

加强机制创新，进一步优化团队管理机制。一方面打破技术限制，联合研发，共创成果，针对重大问题设立项目，聚集各领域专家开展集中攻关，切实形成强有力的生产力。另一方面进一步明确岗位权责利，完善评价体系、激励机制，加强后备人才培养，实现团队高效运转。

加强区域联合，不仅北京市各个养殖区域要联合，而且要进一步加强京津冀联合乃至全国性的产业联合。在科技共享、人才交流、技术服务、产业发展研讨等环节实现资源优势互补、发展联动。加强京津冀地区先进渔业技术合作，建立京津冀区域合作平台与示范基地，突出技术协同，促进产业联动，科技成果共享。与黑龙江、吉林、辽宁等冷水鱼主产区科研及生产单位联合开展哲罗鲑、细鳞鲑育种技术研究，提高北京市国产鲑鳟鱼育种技术水平，推动北京市鲑鳟鱼籽种产业的健康发展。与河北省联合开展细鳞鲑生态保护技术、大水面生态增养殖技术研究，探索京津冀生态渔业发展模式。

## 二、技术研发与主推技术

### （一）团队技术研发情况

2017 年，团队围绕人工繁育技术研发与示范推广，重点研发技术 7 项，包括鲟鱼（4 项）：完善鲟鱼全年人工繁殖技术、鲟鱼精子冷冻技术示范及应用，建立鲟鱼家系，开展鲟鱼基因敲除实验；鲑鳟鱼（3 项）：引进推广适合北京养殖的优良品种，开展鲑鳟鱼多倍体育种试验，使用组合激素催产哲罗鲑试验。建立鲟鱼家系 7 个：建立西伯利亚鲟家系

1个、小体鲟家系4个，利用雌雄同体鱼催产后自交，建立2个小体鲟自交系，开展小体鲟性别分化与性腺发育技术研究。

围绕节水、环保和节能减排方面，开展技术研发攻关，研发技术6项：开展鲟鱼工厂化循环水养殖水体生物过滤技术研究，开展鲟鱼养殖的新型循环流水养殖系统的改进试验，开展一种典型鱼类养殖池循环水流态特性研究，低鱼粉沉性膨化饲料加工技术研究试验，鲟鱼低鱼粉高效膨化沉性饲料养殖技术试验，开展诺氟沙星在鲟鱼体内代谢规律研究。

围绕提高养殖生产效率开展技术研究：开展工厂化条件下不同养殖密度对杂交鲟苗种生长的影响试验，开展提高鲟鱼亲鱼营养强化饲料的实验示范，开展相同条件下不同食性鲟鱼肠道菌群的结构和发展趋势研究，研究脂肪肝条件下史氏鲟的脂肪代谢应答机制。

围绕鱼类病害防治技术研发技术6项：开展鲟鱼、鲑鳟鱼疾病病原诊断监测及其流行病原调查，开展抗菌药物对鲟鱼免疫力影响的研究，开展IHNV灭活疫苗的研究，开展鲟鱼、虹鳟鱼综合防控技术推广，开展木糖苷酶的分泌机制的研究，AI06和AI96的黏附力改造及其功能研究。

围绕产品开发及相关技术研发技术6项：开展鲟鱼骨发酵乳酸菌的筛选研究，开展鲟鱼骨硫酸软骨素抗肿瘤功效研究，发酵骨汁乳饮料的制备方法，发酵鲟鱼软骨咀嚼片的制备，3种海鲜味鱼糜制品加工工艺，催产取卵替代杀鱼取卵技术试验。

**（二）团队主推技术情况**

团队研发技术成果主要推广到本市的房山、怀柔、密云、延庆和平谷、通州6个区和河北、云南、山东、浙江等省份，推广技术25项，累计示范推广面积10000多亩，工厂化车间16万平方米；在北京辐射带动260多家农户（企业）。其中鲟鱼周年全人工繁殖技术、鲟鱼种质鉴定技术推广到云南阿穆尔鲟鱼集团、浙江杭州千岛湖渔业有限公司、山东省鲟鱼良种场等国内大型鲟鱼企业及良种场。累计推广鲟鱼加工调理产品10余吨；促进了高品质鲟鱼子酱产品在北京市场的推广，并进入特殊服务保障餐食名录；鲟鱼鱼糜产品进入市委、市人大、政协、纪委、安全局等政府机构餐食供应。

1. 优质品种繁育

通过鲟鱼种质鉴定技术、冷冻精液技术应用、产前营养优化强化培育、养殖水质自动监控系统的技术集成，实现鲟鱼繁育过程的全人工控制，能耗降低30%以上，孵化率提高50%以上，出苗率达到90%以上。通过生态调控、营养强化和药物催产等手段，突破国产鲑科鱼类细鳞鲑、哲罗鲑、马苏大马哈鱼的人工繁殖技术。土著鲑鳟品种哲罗鲑、细鳞鲑、马苏大马哈鱼在北京人工繁殖成功，受精率、孵化率均达到90%以上；上浮率达到35%~40%（国内为20%~30%）；亲鱼产后成活率达到90%（国内平均为60%）。2017年鲟鱼人工繁殖苗种产量达到9000万尾以上，产值为3000多万元，约占全国产量的70%，优质苗种推广辐射到全国25个省（市）和地区。鲑鳟鱼苗产量约为2000万尾，产值为约1500万元。

2. 高效节水技术

从工厂化养殖模式、池塘养殖模式和环保饲料研究三个方面开展节水技术研发。构建了一套鲟鱼工厂化循环水养殖生物集污排污新装置；形成一套鲟鱼池塘循环流水养殖系统集污装置一套。集污率达到80%以上，养殖过程达到零排放。按1.2米水深计，则每亩每年节约用水9000吨，推广水处理技术应用水面60000平方米。构建低鱼粉沉性膨化饲料加工关键参数及容重模型，每吨饲料降低成本200~300元，降低养殖过程中氮排放10%，磷排放20%，节约水交换量10%，每亩年节约用水5000吨，2017年示范环保饲料15吨。以上累计示范点节约成本100多万元。

3. 生态健康养殖技术

一是鲟鱼微流水池塘综合养殖技术。采用水生植物种养、鱼类混养模式，结合液氧增氧技术，放养密度增加100%~150%，养殖产量达到16.38千克/立方米，产值达到491.4元/立方米，比传统养殖提高15%以上，节约用水量10%~15%。二是鲟鱼工厂化生态养殖技术集成与应用。将智能化控制水体溶氧量、水质生态处理和养殖废弃物回收技术集成应用，放养密度增加100%~150%，生长速度增快15%左右，成活率提高8%左右，养殖产量可以达到40千克/立方米水体，产值达到1110元/立方米。三是鲟鱼山区流水养殖技术集成与应用。将智能化控制水体溶氧量、生态湿地除污技术集成应用，放养密度增加100%~150%，养殖产量可以达到32千克/立方米水体，产值达到960元/立方米。四是池塘循环流水养殖系统应用：开展鲟鱼养殖所产生的经济效益。以北京中科天利鲟鱼养殖基地为例，试验池塘面积约15亩，利用设施并配套生物浮床养殖俄罗斯鲟鱼，总产值24.12万元，总成本15.57万元，总经济效益为8.55万元，每立方米经济效益为425元。

4. 优质饲料

鲟鱼低排放饲料的价格平均可控制在每吨7500元，饲料系数为1.1~1.2；而鲟鱼商用饲料的价格差异较大，价格从每吨7200~8500元不等，而饲料系数则非常不稳定，市场价格在7200的低价饲料，饲料系数达到1.5以上。综合饲料价格和养殖成本，按一个养殖场一年用100吨饲料计，其中一半用该实验料，则每年可节约养殖饲料成本10万元/户。目前市场上鲟鱼亲鱼专用饲料和养成期饲料营养价值没有太大区别，少数品牌的专用饲料价格偏高，每吨可达到1.2万~2万元，而本项目开发的亲鱼营养强化饲料可在此价格范围内，达到更加专业水平，有效提升鲟鱼亲本质量，按目前鲟鱼亲鱼养殖场的平均产量250万尾水花计，通过本项目的实施，可以使鲟鱼亲鱼怀卵量提高10%，受精率提高10%，仔稚鱼成活率提高20%，至少可能增加50万尾水花，按每尾鱼苗0.5元计，可使养殖户增产25万元/户。

5. 疫病防控及产品质量安全技术

一是率先在国内攻破鲑鳟鱼IHNV（传染性造血器官坏死病）综合防控技术。国际上对发病鱼场通常采用全场扑灭和消毒、停止养殖数年后再逐渐恢复生产的方式进行防控。建立 IHNV 免疫荧光和 ELISA 检测技术，免疫荧光检测时间与传统方法比缩短 3 ~4 天。示范点室外池虹鳟鱼苗种成活率达到 50% ~70%，孵化池苗种成活率达到 95% 以上。二是促生长用抗生素替代及药用抗生素减量研究具有国际原创性。自主研发的抗生素替代品淬灭酶（防治细菌病）和几丁质降解酶（防治寄生虫病及促进生长）稳定性更好，酶的损失率均不超过 10%。

6. 产后加工流通技术

主要开展鲟鱼硫酸软骨素的相关技术研发。筛选了一种产酸能力更强、发酵液的残糖量最低、发酵上清液中的钙离子含量最高的菌种组（A1）；开展鲟鱼骨硫酸软骨素抗肿瘤功效研究，发现硫酸软骨素对三种结肠癌细胞有抑制作用，最高抑制率达 90%，最低达 58%。完善和丰富鱼糜制品种类，进行 3 种口味鲟鱼糜制品的试验，研发了鲟鱼中端产品鲟鱼馅饺子约出售 8000 千克。

**（三）团队研发成果情况**

7 年来，团队协同合作、创新务实，形成了一批多形式的研究成果，成为持续开展鲟鱼、鲑鳟鱼研究与推动产业发展的重要基础。出版著作 13 本，获得专利授权 53 项，发表论文 187 篇（其中 SCI 文章 68 篇）。制定行业标准 1 项，制定北京地方标准 6 项；获得科技奖励 19 项。各岗位专家发挥专业优势，立足全球视野，不仅持续突破制约北京市鲟鱼、鲑鳟鱼产业发展的技术问题，更加注重从国际角度、全国形势来展开研究，真正做到了“顶天立地”，产生了一批有前瞻性、可推广、有效益的技术成果。在以下几个方面取得重大突破：

1. 在主导品种繁育规模和技术上取得突破

通过设施精准化控制进行环境调控，通过营养优化进行产前强化培育，实现繁育环境的全人工控制，使繁育过程摆脱了对环境气候条件的依赖，提高孵化率，使得鱼类繁育生产较传统模式能耗降低 30% 以上，孵化率提高 50% 以上，出苗率达到 90% 以上。繁育生产水质要求设计研制的养殖水质自动监控系统，可确保繁育环境的稳定和可控，水质指标的检测精度达到 pH：±0. 2，DO：±0. 2mg/l，T：±0. 5℃，ORP：±2%，对致力于北京市种业之都发展意义重大。

2. 促生长用抗生素替代研究具有国际原创性

5 项关键生物制剂创制及应用具有国际原创性。从包括饲料加工在内的水产养殖环境适应性、工业化生产经济性、产品有效性等角度，项目组所创制淬灭酶、几丁质酶两项产品具备国际先进性。

3. 在节水生态养殖模式上取得突破

鲟鱼、鲑鳟鱼流水养殖、微流水养殖和工厂化养殖节水技术研究工作，使养殖模式的单位养殖水体鱼载量增加，水环境质量改善，鱼病减少，提高水体使用效率，产生显著的经济效益，比原有的养殖容量提高 2～3 倍，同时节约养殖用水 90% 以上。养殖废弃物收集装置的试验研究工作开发出成本低廉、效果明显、操作方便的废弃物处理设施或设备，对减轻环境的污染压力、提高物质的循环利用率有很大的促进作用。

4. 冷水鱼产品质量安全上取得新进展

通过重点养殖场的水环境监测，以及对北京市鲟鱼和鲑鳟鱼产品药残的检测以及重点药物的代谢规律研究，提出限用药物在冷水性鱼类养殖中的休药期，有效保障产品质量安全，提高养殖鲟鱼和鲑鳟鱼产品品质。

5. 加工技术上取得突破

研究开发了鲟鱼肉系列特色加工产品（烟熏鲟鱼片产品、烟熏鲟鱼头产品、烟熏鲟鱼片、鲟鱼快速发酵肠、鲟鱼干发酵香肠）和鲟鱼软骨系列精深加工产品（鲟鱼硫酸软骨素产品的研制、发酵鲟鱼骨系列产品、鲟鱼硫酸软骨素结构与功能研究、鲟鱼头骨和脊骨硫酸软骨素抗血栓功能研究）。产品形式实现丰富多样，具有良好的市场前景和巨大的开发价值。在加工环节将生物型防腐剂乳酸菌细菌素和来源于芽孢杆菌的群体感应淬灭酶创新性地应用于鲟鱼和鲑鳟鱼的防腐保鲜研究，取得了良好的应用效果。这一系列生物防腐剂的研发将有利于保证鲟鱼、鲑鳟鱼产品安全，增加产品经济效益，并最终提高鲟鱼、鲑鳟鱼在鱼类加工市场的竞争度。

## 三、技术示范推广效益

以科技创新为动力，以生态、节水为核心，以市场需求为导向，通过养殖品种结构的调整、养殖技术的示范与推广，北京鲟鱼、鲑鳟鱼产业的经济、社会、生态效益显著提升。

### （一）经济效益

通过养殖品种结构的调整、养殖技术的示范与推广，节水、健康、生态、高效的养殖理念逐步深入人心，广大渔民在技术应用、设施升级、健康养殖等观念上得到了质的飞越。7 年来产生经济产值 5 亿多元。比如：推广液氧技术，不同养殖模式条件下单位产量大幅度提高，鲟鱼生长速度增加 5%～10%，节约用水 10%～15%。工厂化养殖增收 7 千克/平方米、约 210 元/平方米；温室微流水模式增收 5.38 千克/平方米、约 161 元/平方米；山区流水模式增收 22 千克/平方米、约 660 元/平方米。

### （二）社会效益

截至 2018 年，共开展技术培训服务 901 期，入户指导 1802 余次，累计受益农户 31520 余人次，发放各类技术资料 63050 多份。在团队的努力下，培育了一批以北京渔夫水产技术开发中心、北京中科天利水产科技有限公司、北京鲟龙种业有限公司、北京利康万茂种养殖有限公司、北京鹏娜水产养殖场等龙头企业、专业养殖户为代表的新型经营主体。养殖、休闲观光、餐饮等方式成为带动山区农民致富的重要途径。以怀柔区为例，鲟鱼、鲑鳟鱼产业带动如虹鳟鱼一条沟、鱼师傅等就业人数近万人。

### （三）生态效益

通过水质净化技术、低氮低磷饲料应用、病害防控技术、生态养殖技术、渔业废弃物综合利用等，全面提升水环境安全和鱼产品的质量安全水平，实现“以鱼治水”和“以鱼养水”，生态效益突出。节约用水效率达到10% ~15%。

## 四、对产业支撑作用

### （一）推动产业高端化发展

为提高鲟鱼种质水平，团队针对鲟鱼繁育中亲鱼种质背景混乱、盲目存留杂交鲟、反季节人工繁殖效率低等制约产业发展的重大问题展开持续研究。制定了北京市地方标准《鲟鱼种质鉴定技术规范西伯利亚鲟》（DB11/T 987 -2013）和《西伯利亚鲟全人工繁殖技术规范》（DB11/T 1220 -2015），不断完善鲟鱼反季节人工繁殖技术。这两项标准推广应用到北京市乃至全国的鲟鱼繁育企业。研发推广亲本营养调控、仔稚期营养规划专用饲料，提高繁殖率和苗种成活率。通过对多种杂交鲟的多年跟踪研究，从生物学特征、生长速度、繁殖性状、肉质分析等多方面考量杂交种的优势性状，选育了具有优良性状的杂交鲟（西杂和施杂），并开始规模化苗种生产和技术试验、示范和推广。除此之外，为了产业健康持续发展，开展了鲟鱼性别调控育种、影响亲鱼繁殖力的基因筛选及多态性分析、鲟鱼基因编辑平台构建等一些前瞻性研究，进一步储备我们的育种技术，提升苗种质量。

### （二）推动产业生态化发展

一是团队研发的生态环保型投入品和技术的使用，引导行业向健康、环保、安全的模式发展。如团队研发成果“鲟鱼低氮磷排放环保型膨化饲料”，氮排放降低 14.9%，总磷排放降低 40.5%，节水率可提高 10% 以上；“鲟鱼、鲑鳟鱼投喂策略”的推广，能精准饲料投喂量，减少残饵对水质的污染；使用淬灭酶、几丁质酶，通过改善水产动物肠道菌群，提高免疫力，实现防治细菌性疾病，发病率可下降 60%，大幅度降低抗生素的使用。二是生态净水技术的应用，节水降耗作用显著。在微流水鲟鱼养殖水质调控、工厂化循环水养殖上采取了鱼 - 菜共生模式、鱼 - 鱼共生模式、加注液氧养殖模式，达到了生态、节水、高效的现代养殖模式，这些模式在北京及周边地区逐渐推广应用，取得了很好的效果。三是工厂化循环水利用技术应用，节水、高效、生态模式促进产业持续发展。团队专家对鲟鱼工厂化循环水养殖生物过滤技术研究，初步构建了鲟鱼工厂化循环水养殖生物过滤系统；并引导北水华通鲟鱼繁育有限公司、海墨威养殖场等企业进行生态、节水养殖系统改造，通过改造，养殖水循环使用，定期排除污水，水体利用率达到 90% 以上；初步开展池塘养殖废弃物收集技术的研究，设计并制作一套废弃物处理设施，排污效果达到 80% 以上。

# 第三节　产业典型案例分析

## 一、种业开辟出了行业发展的新道路

围绕“种业之都”建设，依托国家基础条件平台种质资源保存库华北分中心、1 家鲟鱼原种场北京市施氏鲟原种场、1 家良种场北京北水华通鲟鱼繁育有限责任公司以及北京中科天利水产科技有限公司，加快新品种选育工作。北京鲟鱼种苗年产量约占全国产量 70% 以上，2012 ~ 2018 年总产鲟鱼苗种 29206 尾。鲟鱼和虹鳟鱼苗种销售到湖北、广东、贵州、新疆、四川等 20 余个省（市、自治区）；怀柔区、延庆区、房山区等区形成以种苗繁育为主，成鱼养殖为辅的冷水鱼产业格局。2018 年，北京市鲟鱼年产量约为 2 亿尾（粒），销售至全国 21 个省（市、自治区），占全国鲟鱼苗种总量的 70% 以上。鲑鳟鱼年产量约为 0. 2 万尾（粒），销售至全国 7 个省（市、自治区），占全国鱼苗种产量的 30% 左右。

引进与自培并进，优化鲟鱼、鲑鳟鱼品种结构。目前国内养殖鲟鱼主要集中在西伯利亚鲟、施氏鲟、俄罗斯鲟、达氏鳇以及一些杂交品种。北京市的养殖种类主要有西伯利亚鲟、杂交鲟、少量施氏鲟、达氏鳇、俄罗斯鲟、匙吻鲟。而其中杂交鲟的品种比较混乱，生产性能不齐（生物学性状、生长速度、肉质等）。为优化鲟鱼种类，2012 年从欧洲引进欧洲鳇（Huso huso）200 尾、闪光鲟（Acipenser stellatus）原种 600 尾，在团队示范基地北京市水产科学研究所十渡国家级名优鱼类良种场养殖；目前有 4 龄欧洲鳇 50 尾左右、闪光鲟 80 余尾。以西伯利亚鲟（A. baerii）、施氏鲟（A. schrenckii）、小体鲟（A. ruthenus）、俄罗斯鲟（A. gueldenstaedtii）为母本与达氏鳇（Huso dauricus）父本杂交以及以施氏鲟、俄罗斯鲟为母本与西伯利亚鲟父本杂交获得 6 种杂交鲟，即西鳇杂交鲟、施鳇杂交鲟、小鳇杂交鲟、俄鳇杂交鲟、施西杂交鲟和俄西杂交鲟。持续开展达氏鳇和匙吻鲟的人工繁殖和苗种培育。引进了白点鲑、硬头鳟、雅鱼、拉氏鱼岁等新品种，持续开展细鳞鲑、马苏大马哈鱼、哲罗鲑人工繁殖。

利用区域品种资源优势，加快新品种选育工作。北京市房山区不但有国家基础条件平台种质资源保存库华北分中心，还有 1 家鲟鱼原种场北京市施氏鲟原种场及 1 家良种场北京北水华通鲟鱼繁育有限责任公司，另外，北京中科天利水产科技有限公司也具备相应条件。结合现代繁育技术，采取传统选育和 BLUP 复合育种技术及系统设计理念加快新品种选育工作，尤其是区域主导品牌鲟鱼的品种选育工作。目前，房山区龙头企业北京渔夫水产技术开发中心不但建立了选育核心群体，为鲟鳇鱼的良种选育打下了坚实的科研基础，而且进行了鲟鳇鱼的群体杂交育种，获得了生长性能和抗病性能良好的西杂1号和大杂交1号两个品种。

## 二、产后加工大幅提升产品附加值

主要开展鲟鱼硫酸软骨素的相关技术研发。筛选了一种产酸能力更强、发酵液的残糖量最低、发酵上清液中的钙离子含量最高的菌种组（A1）；开展鲟鱼骨硫酸软骨素抗肿瘤功效研究，发现硫酸软骨素对三种结肠癌细胞有抑制作用，最高抑制率达90%，最低达58%。

在已完成的一些鲟鱼肉产品的基础上，开展多种口味的品种开发。推广已完成的产品鲟鱼骨丸、鲟鱼豆腐、面鱼、鲟鱼薯条4种鲟鱼糜制品的试验，已进入市场推广，鲟鱼鱼糜制品列入全国两会、北京两会供应产品名录。完善和丰富鱼糜制品种类，进行3种口味鲟鱼糜制品的试验。

利用央联E家网、社区平台果然公社、京东商城、微商平台，以及盒马生鲜、便利店、会供、展卖等渠道，销售鱼子酱500多套，鲟鱼骨丸约10000千克，鲟鱼馅饺子约8000千克，鱼糜产品加工量10000千克，市场推广鱼糜产品10000个包装。发放宣传材料共6000余份。

# 第四节　产业发展政策与建议

## 一、产业发展问题及技术需求

### （一）渔业发展空间受限

在调结构转方式的发展背景下，受自然资源和政策的制约，2016年以来，我国鲟、鲑鳟的生产规模逐年减少。随着渔业生产成本上升较快，劳动力成本逐年增加，生态红线的划定导致养殖水面面积缩减，水面租金不断上升，农业用水也将开始收费，渔业生产中像饲料、渔机等投入品越来越多，渔业的成本快速上升。导致水产品价格的上升空间受到了挤压，我国冷水鱼产业发展受限，需要三次产业融合来降低成本。

### （二）高端产品供给不足

“安全、优质、健康”是现代消费者的消费需求，好品相（外观指标、形体指标）、好口感（味道好），更要安全化（无药物残留、重金属残留、致病微生物）的水产品是消费者的偏爱，但目前由于鲜活水产品质量得不到消费信赖，加工产品较少，品牌建设滞后以及宣传不到位等，水产品的市场竞争力不足，水产品的市场需求受到制约。

### （三）全产业链建设不足

提升全产业链建设是解决产业供给不足的根本，不论从产前、产中、产后的纵向产业链来看，还是从水产品加工、水产品流通、渔业科技、信息服务、渔业休闲以及渔业文化等融合链条来看，渔业全产业链的提升空间巨大，在产业化、标准化、社会化、品牌化发展上还有很长的路要走。

### （四）先进技术渗透不足

现代技术要素，如“互联网＋现代渔业”“互联网＋休闲渔业”“互联网＋体验渔业”等还没有深入到互联网技术深度融合的渔业产业链中，大多数冷水鱼渔业企业、农户仍然停留在网络营销、水产品配送等环节，智能化养殖、渔业大数据等先进技术未能得到有效推广与应用。

## 二、产业发展趋势及其亟待解决的技术问题

### （一）发展趋势

1. 冷水鱼产业是生态产业，与北京农业生态化发展高度契合

冷水鱼一般生长在冰冷而纯净的水域里，水温不高于20℃，因其特有的生理循环系统，养殖投饵少，排放物少，生长缓慢等特点，对区域生态环境影响极小，而且多数水域面积大的区域都是通过养殖冷水鱼来改善水生态环境，因此，冷水鱼是典型的生态产业。近年来，通过简易工厂化养殖鲟鱼技术、微生态制剂应用技术、中草药防治技术等技术的推广应用，节水型、生态型、优质冷水鱼产业稳步发展。

2. 冷水鱼产业是健康产业，与新常态下的健康消费需求高度契合

冷水鱼是公认的优质名贵鱼类，被中国营养协会评为“向全国人民推荐的最佳健脑食品”。有资料显示，全球冷水鱼年需求量约500万吨，年产量约100万吨；国内冷水鱼年需求量约13万吨，而年产量约1万吨；随着国民经济的快速发展和人民生活水平的不断提高，预计每年对冷水鱼的需求量会以35%～40%的速度递增。因此，从国际国内市场需求来看，在人们追求健康消费方式的趋势推动下，只要改进产品形态或是销售方式，冷水鱼产业定是一个的市场前景广阔的产业。

3. 冷水鱼产业是战略产业，与京津冀协同发展、首都功能定位高度契合

北京作为首都，科技优势可以说到了“举国无双”的程度，以种业、信息化为重点，打造农业科技创新高地是北京在京津冀农业协同发展中的战略定位；大力发展冷水鱼种业不仅是发挥首都科技和人才优势的优势产业，而且是加快提升“种业之都”建设、引领京津冀农业协同发展的战略性产业。

4. 冷水鱼产业是民生产业，与山区发展致富高度契合

山水资源是山区发展的珍稀资源，多年来，困扰京郊山区发展的重要难题是如何处理

好生态涵养、水源保护与山区脱贫致富的关系；如今，冷水鱼养殖已经被实践证明是可以实现山区产业生态化和生态产业化的重要产业。“一条小小的虹鳟鱼，游出了整个北京怀柔区地区蓬勃的餐饮旅游产业”，北京怀柔区虹鳟鱼餐饮旅游产业经过了30年左右的发展已经初具产业规模，拉动了当地农业经济和旅游经济的发展，也使“虹鳟鱼”成了北京怀柔区地区旅游的一张名片。在经济结构转型升级的过程中，大力推动冷水鱼产业发展，不仅是转变山区发展方式，促进山区致富的重要途径，而且是当地居民、北京市民的利益诉求。

5. 冷水鱼产业是休闲产业，与消费者休闲需求高度契合

随着北京非首都功能疏解工作的有序推进，北京冷水鱼产业发展至今，已经不仅仅是资源型农业产业，更是一种融合型休闲产业，越来越多承载了满足市民休闲需求、满足和谐城市建设需求、满足生态文明建设需求等方面的内容。因此，立足北京四大中心功能定位，紧扣京津冀协同发展提出的“打造京津市民1日休闲农业圈”，要着力实现冷水鱼产业向有档次、有品位的休闲产业跃升。

**（二）亟待解决的技术问题**

1. 产业快速发展对良种选育提出迫切需求

面对国际市场和鲟鱼、鲑鳟鱼产业快速发展，良种选育“瓶颈”问题愈加突出。一是优质亲鱼缺乏成为影响鲟鱼生产效率及国际竞争力的突出问题。现存的大多数鲟亲鱼是养殖场早期滞销的商品鱼，几乎没有经过选育，品质良莠不齐，雌鱼怀卵量、催产率、繁殖周期以及产出苗种的抗逆性、生长速率等生产性状差异很大，生产效率很低；随着产业快速发展、鲟鱼人工养殖群体的增加，亲鱼质量对产业发展的不利影响将越来越严重。目前，鲟鱼产业的发展已经凸显出对优良品种的迫切需求，良种选育是产业发展的必然趋势。鲟鱼性成熟晚，即使养殖条件下性成熟年龄缩短一半，也要7龄以上，育种周期长是限制鲟鱼良种选育的最大障碍。因此，如何缩短良种选育的周期，实现良种快速产业化应用，是鲟鱼产业发展面临的急需解决的问题。国际上鲑科鱼类的养殖产量和产值一直稳步上升，养殖种类或品种相对比较稳定，大西洋鲑占养殖总产量60%以上，虹鳟养殖产量排名第二，占产量的近30%。中国鲑科养殖种类多达13种以上，但主要产量是虹鳟，占总产量的91%。长期品种的单一化，对突发性疾病的抵抗存在巨大风险。国产土著鱼类开发没有形成规模。具有世界养殖发展趋势的全雌三倍体制种技术还不能应用到规模化生产。因此，要实现鲑鳟鱼产业的快速发展，必须突破良种选育和新技术推广这个“瓶颈”。

2. 消费市场对产业发展提出新方向

目前国内的水产品消费市场已经从数量的满足向质量的满足转变，要求养殖的水产品安全系数高、食用品质高、营养价值高，我们养殖的水产品要好看（外观指标、形体指标）、好吃（味道好、口感好），更要安全（无药物残留、重金属残留、致病微生物）。而国际市场对养殖水产品的质量要求更高。而我们养殖的水产品因为质量不稳定导致价格

低，养殖效益低，很难参与国际市场的竞争。这种形势要得到改变，只有从提升养殖水产品质量入手，改变养殖方式和养殖模式，全面提升养殖水产品的质量，参与全球化的水产品市场竞争，满足已经改变了的国内、国际水产品市场需求。

3. 多元化需求为加工产品提供巨大市场空间

鲟鱼、鲑鳟鱼加工企业的技术创新能力匮乏，精深加工滞后，加工产品种类少。鲟鱼、鲑鳟鱼营养丰富、肉质鲜嫩、无腥味、无须刮鳞，是非常适宜加工的鱼类，可开发出多种加工产品。但目前加工形式单一，加工品种少，产量有限，直接导致消费者对此类商品选择性小，消费需求受限，不利于品牌建立和扩大消费市场。这主要是由于企业在研发方面投入不足，没有建立独立的企业研发机构，研发人员较少，学历层次不高，制约着企业的技术创新。同时，互联网下市场的消费行为发生了巨大的变化。从提升深加工的能力，改变单一的加工方式入手，全面提升深加工产品的质量，开发功能性的系列产品，通过科技创新延长产品的保质期，开发旅游便携礼品，满足国内外消费者日益增长的美味健康需求，将为鲟鱼、鲑鳟鱼找到更多的产品出口，带动产业的快速发展。

4. 渔业供给侧结构性改革对关键技术环节提出新要求

一是水产饲料产品要适应对养殖水产品质量的需求。水产饲料原来的职能主要是使养殖的水产动物生长速度快、饲料转化效率高、养殖水产品的饲料成本低，但围绕着要养殖出更多“好看、好吃、安全且营养价值更平衡的鱼”的目标，水产饲料需要适应新形势下的新要求。二是加工环节安全控制体系亟须完善。企业一般采用冷杀菌、二次杀菌的方法来控制产品有害微生物的生长、产品安全控制手段单一、产品保质期短（一个月左右）。而烟熏虹鳟鱼、冷熏三文鱼等产品因不能经高温杀菌而在贮藏期后期极易出现微生物腐败问题。因此，根据产品特点及加工工艺要求，开发出新型生物防腐剂，并结合现代食品安全控制新技术，是企业保障产品安全、提高产品质量、减少资源浪费和提高经济效益的根本措施。三是鲟鱼、鲑鳟鱼加工下脚料及废弃物利用率低，需要研发鲟鱼不同部位的加工工艺。四是需要不断提升渔业设备设施、提高企业生产经营能力、提高养殖户整体素质。

**（三）具体政策与建议**

1. 进一步完善产业技术体系

完善鲟鱼、鲑鳟鱼七大体系：一是建立完善的鲟鱼、鲑鳟鱼产业体系。建立以种业为引领，以生态渔业为基础，以加工渔业为支撑，以休闲渔业为特色的现代化、高效渔业产业体系。二是建立高效、稳定的鲟鱼、鲑鳟鱼良种选育体系。优良品种是农业产业发展的基础，建立高效、稳定的鲟鱼良种体系是鲟鱼产业建康发展的基石。持续开展鲟鱼选育关键技术的研究，建立鲟鱼亲鱼综合选育技术，通过常规育种和生物技术手段培育优质虹鳟品种。三是建立和完善鲟鱼、鲑鳟鱼产品安全控制体系。水产品产业健康有序发展的过程中，保证产品的质量安全是最重要的基础之一。尽快推动水产品相关标准与制度的建设，完善鲟鱼、鲑鳟鱼特定产品的安全控制方法，有利于规范产品质量，有利于树立行业规范，有利于提升消费者信心，进而推动水产品行业的发展。四是建立完善的鲟鱼、鲑鳟鱼加工体系。北京发展鲟鱼、鲑鳟鱼加工产业的条件优越，内容丰富，潜力巨大，市场前景十分广阔。丰富鲟鱼、鲑鳟鱼基本加工产品种类，开发鲟鱼、鲑鳟鱼精、深加工产品，加强鲟鱼、鲑鳟鱼加工废弃物利用。五是建立营养导向型的新型水产饲料产业化体系。调控鱼肉品质营养与饲料配制技术是保证质量型水产品的重要手段之一。研究不同蛋白源饲料对鲟鱼和鲑鳟鱼肉质的影响及调控作用，通过物理评价和化学分析相结合的方法，制定鱼肉品质标准，提升并稳定产品价值对促进鲑鳟鱼和鲟鱼养殖业良性发展具有重要作用。六是建立完善的鲟鱼、鲑鳟鱼组织体系。加强领导，规范生产企业生产标准；提高组织化程度，逐步引导一些具有一定的养殖经验、有一定的经济实力、有意愿提升品种多样化的养殖户进行新品种的养殖和推广；加强科技成果转化；加强产业联系，发展鲟鱼产业链，在养殖、休闲渔业、加工产业等方面协同发展，形成完整的产业链，才能使之达到可持续发展。七是建立完善的鲟鱼、鲑鳟鱼品牌体系。在全球经济时代，国外各种水产品长驱直入，北京冷水鱼产业必须实施品牌战略，实现品牌打造倒逼产业规范和产业升级，塑造产业信誉，提高产品品质，规避规模发展劣势，走“高精尖”之路。

2. 巩固全国鲟鱼、鲑鳟鱼种业中心的地位

着力发展籽种产业，以打造“种业之都”为目标，强化种业大区地位，以国家级和市级水产原良种场为重点，提高市场占有率，打造全国，乃至全世界的优势品牌，全力推进籽种产业发展。充分发挥首都聚集科技人才的优势，厘清院地、院企合作机制，在鲟鱼、鲑鳟鱼人工繁殖、苗种培育方面取得新突破，以种质的鉴别、设备的更新引进、新品种引进为重点，加大对鲟鱼、鲑鳟鱼种业的提升改造，积极引进节水型品种。启动配套资金，支持企业搞基础设施改造、亲本培育和培养专业技术人员。重点培育水产苗种企业，采取“两头在内，中间在外”的模式，示范和引领全国水产养殖。借助北京科技资源优势、山区的自然条件优势，苗种繁育和市场在京内，亲鱼培育、养殖和选育在外，建立完整种业产业链条和技术链条。同时，在成鱼养殖、饲料配方、冷藏保鲜、活鱼运输等技术方面加大研发、推广和应用，全面提升产业的科技支撑水平。

3. 进一步推动生态节水渔业发展

推广节水、节能、生态、高效的品种和健康养殖技术。如匙吻鲟对药物较为敏感，在与其他养殖品种进行套养时，可以减少药物投入和换水，对净化水质、节水、保证水产品质量安全具有重要意义。细鳞鲑对生存水域条件要求很高，通过山区水库大水面增殖，既可以警示渔业水域生态环境优劣，又可以提高渔业产品的附加值，对发展北京都市型冷水鱼生态渔业具有引领作用。

在基础设施上，继续做好鲟鱼、鲑鳟鱼高产、高效生产基地建设，推广循环水处理设备和数字信息化设备的使用范围，以高标准设施和现代化装备提高产业生产效能，推进产业向生态节水方向转变。

4. 持续培育知名品牌和高端产品

市场调研表明，北京鲟鱼养殖技术趋于成熟、鲟鱼产量不断增加，目前开发鲟鱼深加工产品的时机已经成熟，必须改变以原始产品形式进入水产批发市场和餐馆这种传统方式向鲟鱼产品的深加工开发转变。瞄准国际国内两大市场，培育和扶持鲟鱼加工龙头企业，开发精深加工产品，发展功能性、休闲性食品和药物产品；瞄准消费者，了解不同层次的社会需求，满足群众消费，拉开产品档次，生产不同类型的鲟鱼产品，让产品为社会各层次所接受，产生良好的经济效益和社会效益；同时重视产品的贸易，不断开拓沿海与内地消费市场。鲟鱼深加工可优先选择鲟鱼肉制品（半成品、成品、方便食品）、鱼子酱，适当发展药用保健品、化妆品、工业用骨胶、鱼体各部位分割制品等。开发新的鲟鱼饮食方式，比如引入延年益寿、健康美食、营养保健品的概念等等，研发市场上广为接受的产品形式，比如旅游小吃、鲟鱼药膳、鲟鱼片火锅、美容药片、营养口服液、鳃鱼软骨胶囊等等。

5. 进一步推动渔业三次产业融合

随着周末游、生态游、农村游、文化游、养生游等城市休闲需求不断增加，以冷水鱼为特色的农家乐、虹鳟鱼一条沟等休闲农业必须升级提档以满足消费者多元化、高端化、文化型消费需求。京郊休闲农业与民俗旅游的盈利点不再是简单地吃农家饭、住农家屋，需要深入挖掘优美景观、自然环境的生态价值，挖掘农村文化、历史资源的文化价值，建设一批首都特色、国际水平的休闲农业新产业、新形态是大势所趋。持续举办冷水鱼文化节，鼓励引进社会资本建设冷水鱼博物馆，挖掘、传承冷水鱼文化，推动冷水鱼产业、都市农业、旅游业、文化产业深度融合。